ℰℛ reinhardt

Beiträge zur Frühförderung interdisziplinär — Band 19

Klaus Sarimski

Handbuch interdisziplinäre Frühförderung

Mit 22 Abbildungen und 10 Tabellen

Ernst Reinhardt Verlag München Basel

Prof. Dr. Klaus Sarimski, Dipl.-Psych. lehrt sonderpädagogische Frühförderung und allgemeine Elementarpädagogik an der Pädagogischen Hochschule Heidelberg mit den Arbeitsschwerpunkten: Fragen der sozialen Teilhabe und Umgang mit Verhaltensauffälligkeiten von Kindern mit unterschiedlichen Behinderungen.

Hinweis
Die Wiedergabe von Gebrauchsnamen, Handelsnamen, Warenbezeichnungen usw. in diesem Werk berechtigt auch ohne besondere Kennzeichnungen nicht zu der Annahme, dass solche Namen im Sinne der Warenzeichen- und Markenschutz-Gesetzgebung als frei zu betrachten wären und daher von jedermann benutzt werden dürften.

Bibliografische Information der Deutschen Nationalbibliothek

Die Deutsche Nationalbibliothek verzeichnet diese Publikation in der Deutschen Nationalbibliografie; detaillierte bibliografische Daten sind im Internet über <http://dnb.d-nb.de> abrufbar.
ISBN 978-3-497-02691-3 (Print)
ISBN 978-3-497-60407-4 (PDF)

© 2017 by Ernst Reinhardt, GmbH & Co KG, Verlag, München

Dieses Werk, einschließlich aller seiner Teile, ist urheberrechtlich geschützt. Jede Verwertung außerhalb der engen Grenzen des Urheberrechtsgesetzes ist ohne schriftliche Zustimmung der Ernst Reinhardt GmbH & Co KG, München, unzulässig und strafbar. Das gilt insbesondere für Vervielfältigungen, Übersetzungen in andere Sprachen, Mikroverfilmungen und für die Einspeicherung und Verarbeitung in elektronischen Systemen.

Printed in EU
Cover unter Verwendung eines Fotos von © Volker Witt / Fotolia
Satz: JÖRG KALIES – Satz, Layout, Grafik & Druck, Unterumbach

Ernst Reinhardt Verlag, Kemnatenstr. 46, D-80639 München
Net: www.reinhardt-verlag.de E-Mail: info@reinhardt-verlag.de

Inhalt

1	**Grundlagen und Arbeitsprinzipien der Frühförderung**	**10**
1.1	Geschichte, Organisation und Versorgungsstrukturen	10
1.1.1	Entstehung des „Hilfesystems Frühförderung"	10
1.1.2	Medizinisch-therapeutische und pädagogische Leistungsangebote	12
1.1.3	Herausforderungen für die Praxis	13
1.1.4	Frühförderung als Komplexleistung	14
1.1.5	Rahmenbedingungen und Leistungsstrukturen der allgemeinen Frühförderung	17
1.1.6	Frühfördersystem im Wandel – die Diskussion über die „Große Lösung"	23
1.2	Grundprinzipien der Frühförderung	24
1.2.1	Resilienzorientierung	24
1.2.2	Familienorientierung	28
1.2.3	Interaktions- und Beziehungsorientierung	38
1.2.4	Interdisziplinäre Kooperation und Teamorientierung	46
1.2.5	Qualitätssicherung	49
1.3	Diagnostik	56
1.3.1	Diagnostik im Kontext des ICF-Systems	56
1.3.2	Rahmenbedingungen der Untersuchung	59
1.3.3	Auswahl von Testverfahren	60
1.3.4	Einschätzung des sozialen Umfeldes und der familiären Belastung	70
1.3.5	Planung diagnostischer Arbeitsschritte	73
1.3.6	Integration diagnostischer Befunde	75
2	**Kernaufgaben der Frühförderung**	**79**
2.1	Frühförderung bei Beeinträchtigung der kognitiven Entwicklung	79
2.1.1	Entwicklung unter den Bedingungen einer globalen Entwicklungsbeeinträchtigung	80
2.1.2	Soziale Teilhabe von Kindern im Vorschulalter	102
2.1.3	Förderung zur Prävention schulischer Lernschwierigkeiten	107
2.2	Förderung bei Beeinträchtigung der sprachlichen Entwicklung	119
2.2.1	Verspäteter Sprechbeginn	121

2.2.2	Spezifische Sprachentwicklungsstörung	129
2.2.3	Einschränkungen der sozialen Teilhabe	140
2.3	Förderung bei Beeinträchtigung der motorischen Entwicklung	146
2.3.1	Entwicklung unter den Bedingungen einer motorischen Störung	148
2.3.2	Physiotherapeutische Behandlung	152
2.3.3	Behandlung von umschriebenen motorischen Entwicklungsstörungen	163
2.3.4	Spiel- und Kommunikationsförderung	166
2.4	Förderung bei Beeinträchtigung der sozial-emotionalen Entwicklung	177
2.4.1	Bindungsentwicklung und frühe Regulationsstörungen	178
2.4.2	Sozial-emotionale Verhaltensauffälligkeiten im Kindergartenalter	185
2.4.3	Autismus-Spektrum-Störung	195
2.5	Förderung der Entwicklung unter der Bedingung einer Hörschädigung	210
2.5.1	Sprachentwicklung hörgeschädigter Kinder	211
2.5.2	Laut- und gebärdensprachliche Konzepte der Förderung	218
2.5.3	Praxis der familienorientierten Förderung	223
2.5.4	Förderung der sozialen Teilhabe in Kindertagesstätten	227
2.6	Förderung unter den Bedingungen einer Sehschädigung	233
2.6.1	Entwicklung sehbehinderter und blinder Kinder	234
2.6.2	Behinderungsspezifische Förderbedürfnisse	240
2.6.3	Soziale Teilhabe in Kindertagesstätten	248
2.7	Förderung bei schwerer und mehrfacher Behinderung	253
2.7.1	Komplexe Behinderung	254
2.7.2	Unterstützung der sozialen Teilhabe	256
2.7.3	Elternbegleitung bei spezifischen Pflegebedürfnissen	267
3	**Kooperationsaufgaben der Frühförderung bei ausgewählten Entwicklungsstörungen**	**275**
3.1	Entwicklungsrisiken und Begleitung von frühgeborenen Kindern	275
3.1.1	Entwicklungsverlauf nach unreifer Geburt	277
3.1.2	Unterstützungsbedarf von Eltern frühgeborener Kinder	282
3.1.3	Effektivität früher Beratung und Förderung	287
3.1.4	Kooperation in der interdisziplinären Nachsorge	291
3.2	Unterstützung von Kindern in Armutslagen	299
3.2.1	Kinderarmut in Deutschland	300
3.2.2	Kompensation sozialer Benachteiligung	308
3.3	Unterstützung für Familien mit Migrationshintergrund	319

3.3.1	Pädagogischer Unterstützungsbedarf	319
3.3.2	Kinder mit Behinderungen	324
3.4	Unterstützung von Kindern mit psychisch kranken Eltern	332
3.4.1	Psychische Erkrankungen der Eltern als Risikofaktor	332
3.4.2	Aufgaben der Frühförderung	336
3.4.3	Alkohol- oder Drogenabhängigkeit in der Familie	341
3.4.4	Umfassender Hilfebedarf	346
3.5	Beratung von Früh- und Elementarpädagogen in inklusiven Kindertagesstätten	352
3.5.1	Aufgaben von Früh- und Elementarpädagogen	352
3.5.2	Unterstützung der sozialen Teilhabe bei besonderem Förderbedarf	356
3.5.3	Konsultative Beratung und Coaching	366
4	**Belastungen und Beratung von Familien mit Kindern mit Behinderungen**	**373**
4.1	Herausforderungen für Familien und Ressourcen zur Bewältigung	374
4.1.1	Erste Reaktionen auf die Diagnose	374
4.1.2	Elterliches Belastungserleben im weiteren Verlauf	377
4.2	Empowerment als Ziel familienorientierter Frühförderung	383
4.2.1	Stärkung der persönlichen Bewältigungskräfte	384
4.2.2	Stärkung der sozialen Ressourcen	386
4.2.3	Förderung von Erziehungskompetenzen	388
4.2.4	Partnerschaftliche Kommunikation mit den Eltern	389
4.2.5	Vermittlung von sozialrechtlichen Hilfen	391
4.3	Väter, Geschwister und Großeltern	397
4.3.1	Erlebte Belastung und Bewältigungsstile von Vätern	397
4.3.2	Belastungen und Bedürfnisse von Geschwistern	400
4.3.3	Großeltern behinderter Kinder	402
Literatur		**405**
Sachregister		**456**

Vorwort

Als ich vor mehr als 35 Jahren meine Tätigkeit in der Frühförderung begonnen habe, hätte ich mir ein Handbuch gewünscht, das umfassend über dieses Arbeitsfeld informiert: Was ist über die Entwicklung von Kindern mit Beeinträchtigungen in den unterschiedlichen Entwicklungsbereichen bekannt? Wie wirken sich biologische und soziale Risiken auf die Entwicklung aus? Welche Methoden stehen zur Förderung zur Verfügung? Was lässt sich aus der Entwicklungsforschung und aus Evaluationsstudien über die Wirksamkeit dieser Methoden sagen? Welche Schlussfolgerungen für die praktische Arbeit lassen sich daraus ziehen?

Damals standen Praxis und Forschung zur Frühförderung von Kindern mit Behinderungen und Entwicklungsgefährdungen noch am Anfang. Mittlerweile hat sich ihr Arbeitsfeld um viele neue Aufgaben erweitert und ausdifferenziert. Die Vielfalt der Forschungsergebnisse – insbesondere in der internationalen Fachliteratur – und ihre Relevanz sind für den Praktiker kaum noch zu überblicken.

Hans Weiß (2005) hat die Aufgaben der Frühförderung in einem Aufsatz unter dem Titel „Woher und Wohin – Entwicklungslinien und Perspektiven" in Kernaufgaben und kooperative Beiträge gegliedert. Zu den Kernaufgaben gehören die Förderung behinderter und von Behinderung bedrohter Kinder vom Säuglings- bis zum Kindergartenalter und die Beratung ihrer Eltern. Darüber hinaus unterstützt die Frühförderung mit kooperativen Beiträgen andere Systeme mit dem Ziel, die soziale Teilhabe aller Kinder zu sichern, deren Entwicklung von unterschiedlichen biologischen und sozialen Risiken bedroht ist.

Ein Handbuch über ein solch umfassendes Arbeitsfeld „aus einer Hand" anzubieten, birgt Chancen und Risiken. Leserinnen und Leser werden darin Leitlinien für die Arbeit finden, die sich für mich in meiner praktischen Tätigkeit in einer Frühförderstelle, in einem Sozialpädiatrischen Zentrum und in der Lehre an einer Hochschule sowie in der stetigen Auseinandersetzung mit der Forschungsliteratur herausgebildet haben. Diese Leitlinien folgen konsequent familienorientierten und evidenz-basierten Prinzipien. Allerdings: Die Auswahl der Methoden, ihre Beurteilung – es ist eben meine Sicht der Dinge. Andere Autoren würden den einen oder anderen Akzent anders setzen, Forschungsergebnisse anders bewerten. Für sie wäre es vielleicht weniger wichtig, ob sich eine Methode auf nachvollziehbare empirische Forschungsergebnisse stützen kann. So bleibt es den Leserinnen und Lesern überlassen, zu entscheiden, was sie aus diesem Handbuch überzeugend finden und in ihre Arbeit integrieren möchten. Meine Hoffnung ist, dass ihnen die Darstellung der Kern- und Kooperationsaufgaben der Frühförderung für ihre praktische Tätigkeit nützlich ist — so wie ich es nützlich gefunden hätte, vor 35 Jahren ein Handbuch dieser Art vorzufinden.

Heidelberg/München, im Frühjahr 2017
Prof. Dr. Klaus Sarimski

1 Grundlagen und Arbeitsprinzipien der Frühförderung

Das System „Frühförderung" ist ein System im Wandel. Um seine Entwicklung zu verstehen, ist es sinnvoll, sich seine Struktur, seine Finanzierungsgrundlagen und seine Arbeitsprinzipien bewusst zu machen.

1.1 Geschichte, Organisation und Versorgungsstrukturen

Der systematische Aufbau des „Hilfesystems Frühförderung" geht in Deutschland auf den Beginn der 1970er Jahre zurück. Von Anfang an entwickelten sich dabei zwei Teilsysteme: die allgemeinen (interdisziplinären) Frühförderstellen (IFS) und die Sozialpädiatrischen Zentren (SPZ).

1.1.1 Entstehung des „Hilfesystems Frühförderung"

Die folgenden Ausführungen beziehen sich auf das Hilfesystem Frühförderung in Deutschland. Auch in Österreich und der Schweiz bestehen vielfältige Angebote zur Frühförderung. Das Versorgungssystem in diesen beiden deutschsprachigen Ländern ist jedoch teilweise anders organisiert.

Die ersten Sozialpädiatrischen Zentren wurden 1968 und 1971 in München und Mainz durch die Professoren Hellbrügge und Pechstein gegründet. In diesen überregional organisierten Zentren arbeiten interdisziplinäre Teams aus Ärzten, Psychologen, Pädagogen und Therapeuten. Die Leitung liegt in ärztlicher Hand. Die Finanzierung ist nach dem Sozialgesetzbuch V (SGB V) als Leistungen der Krankenkasse geregelt. Inzwischen gibt es in Deutschland ca. 140 Sozialpädiatrische Zentren.

Die ersten allgemeinen Frühförderstellen wurden zur gleichen Zeit gegründet. Treibende Kraft war dabei die Bundesvereinigung Lebenshilfe e. V. als Elternverband sowie Professor Speck in München, auf dessen Initiative zunächst in Bayern ein flächendeckendes Netz von Frühförderstellen aufgebaut wurde. Im Unterschied zu den SPZs werden diese Einrichtungen von Pädagogen oder

Psychologen geleitet. Sie bieten (heil-) pädagogische Leistungen und medizinisch-therapeutische Leistungen (Sprachtherapie, Physiotherapie, Ergotherapie) an und sind regional organisiert. Mittlerweile gibt es etwa 750 solcher allgemeinen Frühförderstellen im Bundesgebiet. Die Arbeit der Frühförderstellen umfasst folgende Aufgaben (Weiß et al. 2004):

- Früherkennung von Entwicklungsrisiken und Entwicklungsproblemen,
- kindbezogene Hilfen durch Entwicklungsdiagnostik, Therapie und Förderung,
- Eltern-Kind-bezogene Hilfen durch Information, gemeinsame Beobachtung und Zielsetzung, Anleitung und Beratung der Eltern,
- Eltern- und familienbezogene Hilfen durch Information, Begleitung und Unterstützung der Familie und
- Integrationshilfen für Kind und Familie durch umfeld- und netzwerkbezogene Maßnahmen, z. B. Vermittlung von Kontakten, Elterngruppen, Zusammenarbeit mit Kindergärten, Öffentlichkeitsarbeit.

Eine Sonderstellung nimmt das Land Baden-Württemberg ein. In diesem Bundesland wurden nur etwa 35 interdisziplinäre Frühförderstellen gegründet. Die Aufgabe der frühen pädagogischen Förderung von Kindern, die behindert oder von einer Behinderung bedroht sind, wurde schwerpunktmäßig an 338 Sonderpädagogische Beratungsstellen übertragen. Diese Beratungsstellen sind den Sonderschulen (Sonderpädagogischen Bildungs- und Beratungszentren) angegliedert. Ihre Aufgaben werden vom Kultusministerium finanziert.

Für Kinder mit Sinnesbehinderungen (Hör- oder Sehschädigungen) sind die pädagogischen Frühförderstellen bundesweit an die jeweiligen Sonderschulen bzw. Förderzentren angegliedert. Ihr Einzugsgebiet ist in der Regel größer als das Einzugsgebiet der allgemeinen Frühförderstellen bzw. der Sonderpädagogischen Beratungsstellen. Es stehen etwa 100 solcher spezifischer Frühförderstellen zur Verfügung.

Die Zahl der Frühförderstellen und Sozialpädiatrischen Zentren ist bis 2016 in den neuen Bundesländern niedriger als in der „alten" Bundesrepublik. Dies ist dadurch bedingt, dass in der ehemaligen DDR ein umfassendes flächendeckendes System der frühen Kinderbetreuung in Krippen und Kindertagesstätten bestand, in das auch Kinder mit Behinderungen einbezogen waren. Ein Unterstützungssystem zur Betreuung von Kindern mit besonderem Förderbedarf in der Familie wurde erst mit der Übernahme der gesetzlichen Grundlagen aus den alten Bundesländern nach der Wiedervereinigung entwickelt.

1.1.2 Medizinisch-therapeutische und pädagogische Leistungsangebote

Die Zuständigkeit für medizinisch-therapeutische Leistungen in der Frühförderung liegt bei den Krankenversicherungen. Sie finanzieren die kinderärztlichen Vorsorgeuntersuchungen zur Früherkennung von kindlichen Entwicklungsstörungen und sozialpädiatrische Basisleistungen, die in der Praxis des Kinderarztes angeboten werden, sowie auf der Basis der Heilmittelverordnung die Behandlung von Kindern mit Physiotherapie, Ergotherapie oder Sprachtherapie (Logopädie) in den entsprechenden Praxen.

Mit der Einführung der gesetzlichen Grundlagen für die Sozialpädiatrischen Zentren im SGB V wurden sowohl Kriterien für die Zulassung von Einrichtungen als SPZ, Richtlinien für die Zusammensetzung ihres Personals sowie die Finanzierung der Leistungen festgelegt. Die meisten Sozialpädiatrischen Zentren rechnen ihre Leistungen im Rahmen von Quartalspauschalen ab, die von den Krankenkassen für jedes Kind gezahlt werden, das im SPZ betreut wird. Im § 119 SGB V ist ihr Aufgabenbereich geregelt. Sie sollen als überregionale Zentren für Kinder mit einer besonderen Schwere und Dauer der Entwicklungsbeeinträchtigung zuständig sein und sind zur Behandlung von Kindern bis zum Alter von 18 Jahren ermächtigt. Eine strikte Trennung zu den Aufgaben der allgemeinen Frühförderstellen ist jedoch nicht intendiert, so dass auch beide Einrichtungen parallel mit jeweils spezifischer Fragestellung in Anspruch genommen werden können und eine Kooperation der SPZ mit niedergelassenen Ärzten und Frühförderstellen vorgesehen ist.

In der Praxis erfolgen die Klärung der Ursache einer Entwicklungsstörung und die Behandlung komplexer Entwicklungsstörungen häufig in einem Sozialpädiatrischen Zentrum. Die kontinuierliche Behandlung oder pädagogische Förderung findet dagegen mit engmaschigeren Terminen meist in einer allgemeinen Frühförderstelle statt.

Zielgruppe für die Förderung in allgemeinen Frühförderstellen sind alle Kinder, die durch eine Behinderung in ihrer Fähigkeit, an der Gesellschaft teilzuhaben, wesentlich eingeschränkt sind oder von einer solchen Behinderung bedroht sind (§ 53, SGB XII). Die Altersspanne ist auf Kinder beschränkt, die noch nicht eingeschult sind (§ 55, SGB IX). Die Einbeziehung von Kindern, die von einer Behinderung bedroht sind, bedeutet, dass auch Kinder gefördert werden können, die eine Entwicklungsgefährdung aufweisen, während die Kostenübernahme medizinisch-therapeutischer Leistungen durch die Krankenkasse an eine ärztliche Diagnose (nach ICD-10 oder DSM-IV/V) gebunden ist.

Die Einbeziehung von Kindern mit Entwicklungsfährdung in die Zielgruppe der Frühförderung entspricht den Ergebnissen der entwicklungspsychologischen Forschung, die die Bedeutung von ungünstigen Lebens- und Sozialisationsbedingungen für die Entwicklung von Kindern aufgezeigt hat. Die Zielgruppe ist damit grundsätzlich erweitert von Kindern mit Behinderungen auf Kinder mit sehr unterschiedlichen Entwicklungs- und Verhaltensauffälligkeiten, die in Wechselwirkungen zwischen kindlichen Dispositionen, deprivierenden sozialen Entwicklungsbedingungen und dysfunktionalen Familienbeziehungen entstehen. Die Zahl der Kinder, die damit potenziell für eine Frühförderung infrage kommen, ist damit sehr groß und übersteigt — als Hilfesystem für so breit gefächerte Bedürfnisse von Kindern und Familien — die Kapazität der meisten Frühförderstellen.

Für die Perspektiven der Weiterentwicklung des Systems Frühförderung bedeutet dies, dass zwischen „Kerngeschäft" und „kooperativen Beiträgen" unterschieden werden muss (Weiß 2005). Die Kernaufgaben betreffen die Beratung und Förderung behinderter und von Behinderung bedrohter Kinder vom Säuglings- bis zum Kindergartenalter und im Kindergartenalter. Kooperative Beiträge können von den Frühförderstellen z. B. zur Nachsorge frühgeborener Kinder, zur Früherkennung von Entwicklungsproblemen im Kindergarten, zur Unterstützung der Integration von Kindern im allgemeinen Kindergarten oder bei niedrigschwelligen Hilfen für Kinder und Eltern in Armutsquartieren geleistet werden. Die Angebote müssen bedarfsgerecht differenziert und flexibilisiert werden, um den unterschiedlichen Bedürfnissen hinsichtlich Entwicklungsproblemen, Lebenslagen, Familienstrukturen und Herkunft gerecht zu werden.

1.1.3 Herausforderungen für die Praxis

Die Erweiterung der Zielgruppe der Frühförderstellen bringt verschiedene Herausforderungen für die Praxis mit sich. Die Fachkräfte bedürfen zum einen einer hohen fachlichen Qualifikation für die Diagnostik und eines fundierten Wissens über die Wirksamkeit verschiedener Förder- und Behandlungsansätze, um zu entscheiden, bei welchen Kindern eine Förderung in der Frühförderstelle angezeigt ist und bei welchen Kindern eine Überweisung an eine andere Einrichtung sinnvoll ist. Zum anderen müssen sie verbindliche Kooperationsstrukturen aufbauen, z. B. zu Nachsorge-Einrichtungen für frühgeborene Kinder, Einrichtungen der Frühen Hilfen zur Prävention von Kindeswohlgefährdungen, sozialpsychiatrischen Hilfesystemen für Familien, in denen die Entwicklung eines Kindes im Kontext einer psychiatrischen Erkrankung eines Elternteils gefährdet ist, und Kindertagesstätten, die sich als inklusive Einrichtungen für Kinder mit sozialen Benachteiligungen und Kinder mit Behinderungen verstehen.

Die Konfrontation mit Familien mit komplexen Unterstützungsbedürfnissen stellt das Selbstverständnis vieler Fachkräfte der Frühförderung infrage. Einige entscheiden sich für eine kindorientierte Förderung in der Annahme, damit „wenigstens etwas für das Kind zu tun". Sie unterschätzen jedoch, dass eine Förderung nur dann nachhaltig effektiv sein kann, wenn sich auch die Eltern im Alltag auf die besonderen Bedürfnisse ihrer Kinder einstellen und entwicklungsförderliche Impulse setzen. Andere Fachkräfte nehmen die Wechselwirkungen zwischen kindlichen Entwicklungsproblemen und sozialen Entwicklungsbedingungen zum Anlass, sich familientherapeutisch-systemische Kompetenzen anzueignen. Sie überfordern damit jedoch vielfach ihre fachlichen, persönlichen und zeitlichen Ressourcen.

Weder eine rein auf die Förderung des Kindes ausgerichtete Arbeit der Fachkraft noch familientherapeutische Interventionen werden dem Unterstützungsbedarf der Kinder und ihrer Familien gerecht, die in den Frühförderstellen vorgestellt werden. Es geht vielmehr um ein familienorientiertes Konzept der Förderung und verbindlich geregelte Kooperationen mit anderen Unterstützungssystemen.

1.1.4 Frühförderung als Komplexleistung

Der Gesetzgeber ist dem komplexen Unterstützungsbedarf von Kindern, die behindert oder von einer Behinderung bedroht sind, nachgekommen, indem er im SGB IX die Frühförderung als Komplexleistung definiert hat. Danach sind medizinisch-therapeutische Leistungen und (heil-)pädagogische Leistungen gleichwertig und sollen auf einer gemeinsamen Grundlage finanziert werden. Der Gesetzgeber folgt damit der Empfehlung der Bundesarbeitsgemeinschaft der Rehabilitationsträger (BAR 2002, 7f.):

„Wesentliche Merkmale aller Leistungen der Früherkennung und Frühförderung sind Ganzheitlichkeit, Familien- und Lebensweltorientierung sowie die Beachtung der Ressourcen von Kind und Familie. Alle Elemente werden *interdisziplinär und nahtlos in diesen Kontext eingebunden und sind darauf gerichtet, sowohl die Kompetenzen des Kindes zur Teilhabe am Leben in der Gesellschaft als auch die Entwicklungskräfte der Familie zu erkennen, zu fördern und zu stärken."*

Das Konzept der Frühförderung als Komplexleistung in interdisziplinären Frühförderstellen entspricht dem Verständnis der Einschränkungen von Aktivitäten und gesellschaftlicher Teilhabe, wie es die WHO im Rahmen der „Internationalen Klassifikation der Funktionsfähigkeit, Behinderung und Gesundheit bei Kindern und Jugendlichen" (ICF-CY; WHO 2011) festgeschrieben hat. Die Grundlage für die Finanzierung von Komplexleistungen wurde mit der Verabschiedung der „Frühförderverordnung" (FrühV) 2003 gelegt. Die konkrete Auslegung dieser Verordnung wurde jedoch den einzelnen Bundesländern überlassen, die dieser Verpflichtung in unterschiedlicher Form und z. T. erst mit mehrjähriger zeitlicher Verzögerung nachkamen. Die Frühförderverordnung regelt „die Leistungen zur medizinischen Rehabilitation und heilpädagogische Leistungen, die unter Inanspruchnahme von fachlich geeigneten Frühförderstellen und sozialpädiatrischen Zentren unter Einbeziehung des sozialen Umfelds der Kinder ausgeführt werden" (http://www.bmas.de/SharedDocs/Downloads/DE/PDF-Gesetze/fruehfoerderungsverordnung.pdf?__blob=publicationFile, 03.02.17).

Eine Frühförderstelle gilt dann als interdisziplinär, wenn sowohl medizinisch-therapeutische als auch pädagogische Fachkräfte zu ihrem Team gehören oder wenn verbindliche Kooperationsvereinbarungen getroffen sind, die eine Zusammenarbeit der pädagogischen Fachkräfte mit niedergelassenen Therapeuten sicherstellen. Wie diese Zusammenarbeit ausgestaltet wird, bleibt den Einrichtungen vor Ort überlassen.

Die Umsetzung der Komplexleistung Frühförderung bringt wesentliche Veränderungen in den Leistungsstrukturen mit sich (ISG 2008; Engel et al. 2009). Für die Entscheidung über die Indikation hat sich eine „Zwei-Kreuze-Regelung" als Konsens durchgesetzt. Eine Komplexleistung ist dann indiziert, wenn bei einem Kind sowohl medizinisch-therapeutische Leistungen als auch pädagogische Leistungen vom behandelnden Kinderarzt bestätigt werden. Diese Interpretation der Vereinbarung lässt allerdings die Möglichkeit offen, dass die Diagnostik zunächst in beiden Bereichen unabhängig voneinander erfolgt und u. U. die Notwendigkeit einer pädagogischen Leistung vom Kinderarzt nicht bestätigt wird (und damit die Kostenübernahme nach den Finanzierungsvorschriften der FrühV nicht gedeckt ist).

Weiterhin wurde in der FrühV geregelt, dass Frühförderstellen auch als offene Anlaufstellen zur Verfügung stehen sollen, wenn Eltern sich um die Entwicklung ihrer Kinder sorgen. Ein Erstkontakt und eine diagnostische Einschätzung, um den Förderbedarf des Kindes zu klären und die Eltern zu beraten, sollen möglich sein, ohne dass zuvor eine förmliche Antragstellung und ärztliche Begutachtung erfolgt. Dies ist allerdings nur in einigen Landesrahmenempfehlungen (z. B. in Nordrhein-Westfalen und Bayern) explizit so vorgesehen.

Nach der Diagnostik ist ein Förder- und Behandlungsplan zu erstellen. Er soll in der Regel die Diagnosestellung nach ICD 10, die wesentlichen Befunde zu Kompetenzen und Förderbedürfnissen des Kindes, die geplanten Förder- und Behandlungsangebote für das Kind unter Einbeziehung seiner Bezugspersonen, die Behandlungsform und die Zielsetzung beinhalten. Für den Förder- und Behandlungsplan sind jedoch keine formalen Kriterien vorgesehen, die die fachliche Qualität sichern.

Der Förderplan ist mit dem behandelnden Kinderarzt abzustimmen, wenn die Maßnahmen als Komplexleistung durchgeführt und finanziert werden sollen. Die konkrete Ausgestaltung des damit intendierten Genehmigungsverfahrens wird in den einzelnen Regionen sehr unterschiedlich gehandhabt. Teilweise wird für die Kostenübernahme von heilpädagogischen Leistungen in einer Frühförderstelle von den Eltern erwartet, dass sie ihr Kind zusätzlich einem Arzt im Gesundheitsamt vorstellen. Dies erleben viele Eltern als zusätzliche Belastung.

Leistungen für die Beratung, Unterstützung und Anleitung der Eltern werden unterschiedlich gehandhabt. Bei einem Teil der Einrichtungen sind sie im pauschalen Vergütungssatz pro gefördertem Kind enthalten, in anderen können sie analog zu heilpädagogischen Förderleistungen für das Kind abgerechnet werden, ohne dass zwischen kind- und elternbezogenen Leistungen unterschieden wird. In einer dritten Variante ist dieser Teil der Aufgaben in die Zeitwerte und Vergütungssätze einer heilpädagogischen Fördereinheit integriert. Grundsätzlich ist damit die Einbeziehung der Eltern in die Förderung gesichert. Die Vergütungssätze selbst variieren jedoch erheblich. Pro Quartal standen im Jahr 2016 den Frühförderstellen pro Kind zwischen 200 und 1.500 Euro zur Verfügung. Die Vergütungssätze für einzelne heilpädagogische und medizinisch-therapeutische Leistungen variieren zwischen 31 und 53 Euro/Stunde (ISG 2008).

Ort der Leistungserbringung kann die Frühförderstelle oder die Wohnung der Familie sein. Mobile (Hausfrüh-)Förderung ist dabei nur im Leistungskatalog der allgemeinen und spezifischen Frühförderstellen vorgesehen. In einigen Bundesländern muss jede Hausfrühförderung gesondert begründet werden. Dies widerspricht der Intention des Gesetzgebers und ist lediglich durch das Streben der Kostenträger nach einer Kostensenkung begründet, da mobile Frühförderung durch die damit verbundenen An- und Abfahrten mehr zeitliche Ressourcen der Fachkräfte bindet.

Zusätzlich werden von einigen Sozialpädiatrischen Zentren stationäre Leistungen angeboten. Sie dienen der Abklärung von medizinischen Ursachen einer Entwicklungsstörung oder Erkrankung (z. B. eines Anfallsleidens) oder der Einleitung von intensiven Behandlungsmaßnahmen bei komplexen Störungsbildern unter Einbeziehung der Eltern.

Leistungen der Frühförderung können auch in teilstationären Einrichtungen (Kindertagesstätten) erbracht werden. Dies trägt einerseits der Entwicklung Rechnung, dass zunehmend mehr Eltern von ihrem Rechtsanspruch Gebrauch machen und ihr Kind ab dem ersten Geburtstag in einer Kinderkrippe anmelden. Somit ergibt sich für die Frühförderung der Auftrag, sowohl die familiären Erziehungs- und Bewältigungskompetenzen zu stärken als auch die Fachkräfte in der Kindertagesstätte darin zu unterstützen, sich auf die besonderen Bedürfnisse der Kinder einzustellen (Sarimski et al. 2013a). In der Praxis sehen die meisten kommunalen Kostenträger mobile oder ambulante Leistungen der Frühförderstelle und Leistungen in einer Kindertagesstätte als äquivalent an und schließen eine gleichzeitige Finanzierung als „Doppelbetreuung" aus.

Damit die soziale Teilhabe eines Kindes mit besonderem Förder- und Unterstützungsbedarf in einer Krippe oder einem Kindergarten gelingt und seine Entwicklung umfassend unterstützt wird, bedarf es der Kompetenz von Fachkräften der Frühförderung. Sie müssen sowohl die Mitarbeiter in der Gruppe im Umgang mit den besonderen Bedürfnissen des Kindes beraten als auch die Eltern in ihren Möglichkeiten bestärken, die Entwicklung im familiären Alltag zu fördern. Ein Ausschluss von familienorientierten Frühförderleistungen im Moment der Aufnahme in eine Krippe oder einen Kindergarten, wie er pauschal von einigen Kostenträgern gehandhabt wird, ist deshalb nicht zu akzeptieren.

1.1.5 Rahmenbedingungen und Leistungsstrukturen der allgemeinen Frühförderung

Im Auftrag der Bundesregierung hat das Institut für Sozialforschung und Gesellschaftspolitik (ISG) die Rahmenbedingungen und Leistungsstrukturen der deutschen Frühfördereinrichtungen untersucht (ISG 2008). Engel et al. (2009) fassen die Ergebnisse zusammen. „Steckbriefe" der Frühförderstrukturen in den einzelnen Bundesländern auf der Grundlage dieser Daten beschreibt Sohns (2010). Es wurde eine schriftliche Befragung von 265 allgemeinen Frühfördereinrichtungen, 35 spezifischen Frühförderstellen sowie 86 Sozialpädiatrische Zentren in Deutschland durchgeführt. Nicht berücksichtigt wurden die 338 Frühförderstellen in Baden-Württemberg, die an Sonderschulen angegliedert sind. Die schriftliche Befragung wurde durch die Erstellung anonymer „Kinder-Fallstudien" auf der Grundlage von 905 Aktenanalysen ergänzt, Diskussionen der lokalen Situation der Frühförderung mit den Beteiligten im Rahmen von „Runden Tischen" sowie eine schriftliche Befragung von 1236 Eltern, deren Kinder in den teilnehmenden Frühförderstellen betreut werden.

Nach den Ergebnissen dieser bundesweiten Erhebung sind zwei Drittel der Einrichtungen interdisziplinär besetzt, ein Drittel ist (heil-)pädagogisch ausgerichtet. Der Anteil der interdisziplinär besetzten Stellen schwankt zwischen 20 % (Sachsen-Anhalt) und 87 % (Bayern). Nach den Ergebnissen der Erhebung verfügt eine allgemeine Frühförderstelle im Bundesdurchschnitt über 9.45 fest angestellte Fachkräfte (mit 6.58 Vollzeitstellen). Abbildung 1 zeigt die Verteilung der Berufsgruppen auf der Basis der 2475 Fachkräfte, die in den teilnehmenden Einrichtungen tätig waren.

Der Bundesdurchschnitt für ambulante Leistungen liegt nur bei 35 %, d. h. in 65 % aller Frühförderstellen liegt der Schwerpunkt auf mobil-aufsuchender Förderung. Der Anteil mobiler Arbeitsformen ist jedoch regional sehr unterschiedlich. In einzelnen Bundesländern (z. B. Schleswig-Holstein, Brandenburg) beträgt er weniger als 10 %.

10 % der heilpädagogischen Förderung und 4 % der medizinisch-therapeutischen Förderung werden als Gruppenförderung angeboten. Kooperationen mit anderen Frühförderstellen, therapeutischen Praxen, niedergelassenen Ärzten und Sozialpädiatrischen Zentren werden von fast allen allgemeinen Frühförderstellen angegeben, sind aber nur in wenigen Fällen vertraglich geregelt. Feste Vereinbarungen mit therapeutischen Praxen wurden z. B. in 21 % der Einrichtungen geschlossen.

Nach den Befragungsergebnissen förderten die befragten Frühförderstellen am Stichtag (31.12.2006) rund 32.500 Kinder. Die Betreuungszahlen pro Einrichtung schwanken stark. Die Hälfte der Einrichtungen versorgte weniger als 100 Kinder. 31 % der geförderten Kinder erhielten sowohl heilpädagogische als auch medizinisch-therapeutische Leistungen als Komplexleistung, 57 % ausschließlich heilpädagogische Leistungen. Aus diesen Daten lässt sich eine Hochrechnung über die Zahl der bundesweit versorgten Kinder erstellen.

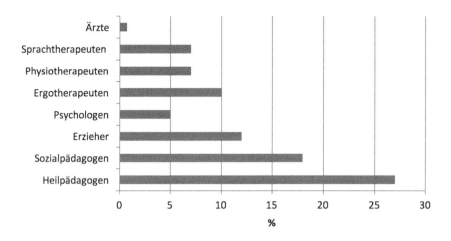

Abb. 1: Verteilung der Berufsgruppen (fest angestellte Mitarbeiter) in allgemeinen Frühförderstellen (ISG 2008)

 Es werden 85.500 Kinder in Frühförderstellen versorgt, das sind 1.67 % aller Kinder in den 16 Bundesländern.

In den befragten 35 spezifischen Frühförderstellen (für Kindern mit Sinnesbehinderungen) sind insgesamt 252 Pädagogen (davon 154 Sonderpädagogen) mit 142 Vollzeitstellen beschäftigt. Fast alle kooperieren mit allgemeinen Frühförderstellen und niedergelassenen Therapeuten. Das Leistungsangebot konzentriert sich auf heil- und sonderpädagogische Leistungen, die in 90 % der Einrichtungen überwiegend mobil-aufsuchend erbracht werden. Insgesamt wurden in den spezifischen Frühförderstellen zum Stichtag 3.618 Kinder betreut (im Durchschnitt 113 Kinder je Frühförderstelle).

Die 128 Sozialpädiatrischen Zentren verteilen sich bundesweit sehr unterschiedlich. Über ein dichtes Netz verfügt z. B. Nordrhein-Westfalen mit 33 Zentren, während in Sachsen-Anhalt und Mecklenburg-Vorpommern zum Erhebungszeitpunkt nur jeweils zwei Zentren zur Verfügung standen, so dass die Eltern weite Anfahrtswege in Kauf nehmen müssen. Die Zusammensetzung der Mitarbeiterteams verteilt sich – entsprechend den Zulassungsvoraussetzungen für SPZ – auf Ärzte (17 %), Psychologen (15 %), medizinisch-therapeutische Fachkräfte (34 %) und heilpädagogische Fachkräfte (10 %).

Aus den Angaben der teilnehmenden SPZ lässt sich auch für dieses Teilsystem eine Hochrechnung erstellen. Danach wurden etwa 91.100 Kinder im Alter bis einschließlich sechs Jahren in Sozialpädiatrischen Zentren versorgt, was einer Versorgungsquote von 1.8 % entspricht. Das kleinste Zentrum versorgte zum Erhebungszeitpunkt 193 Kinder, die größte Einrichtung 2.883 Kinder.

Aus den Ergebnissen einer vertiefenden kinderbezogenen Aktenanalyse von 905 zufällig ausgewählten Akten kann schließlich die Zusammensetzung des geförderten Klientels abgeschätzt werden. 19 % der geförderten Kinder waren unter zwei Jahre alt, 33 % im Alter von drei bis vier Jahren, knapp die Hälfte der Kinder jedoch über fünf Jahre alt. Bei 13 % der Kinder begann die Frühförderung erst mit fünf Jahren oder später, d. h. viele Kinder erhalten erst dann Leistungen der Frühförderung, wenn sich abzeichnet, dass der Besuch einer allgemeinen Schule infrage gestellt ist. 85 % der Kinder waren deutscher Nationalität, 15 % hatten einen Migrationshintergrund. Dies entspricht etwa dem Bevölkerungsanteil nach den Angaben des Statistischen Bundesamtes.

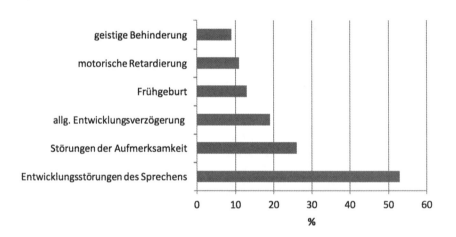

Abb. 2: Ärztliche Diagnosen bei 905 Kindern (ISG 2008)

Aus den ärztlichen Diagnosen der Kinder, die in diese Aktenanalyse einbezogen wurden, ergibt sich, dass mehr als die Hälfte der Kinder wegen Entwicklungsstörungen des Sprechens und ein Fünftel der Kinder wegen allgemeiner Entwicklungsverzögerung vorgestellt werden (Abb. 2). Dies bestätigt sich in den Angaben der Eltern, die sich an der Befragung beteiligten. Etwa 40 % von ihnen gaben zudem an, dass ihr Kind sowohl Leistungen des SPZs als auch Leistungen von Frühförderstellen und/oder Therapeuten erhält.

Sonderpädagogische Frühberatungs- und Frühförderstellen in Baden-Württemberg

Zur Struktur der Angebote in den sonderpädagogischen Frühförderstellen in Baden-Württemberg, die an Sonderpädagogische Beratungs- und Förderzentren angeschlossen sind, liegt eine unveröffentlichte Erhebung vor, die im Jahre 2012 durchgeführt wurde (Sarimski 2013a). In die Auswertung konnten 525 Fragebögen einbezogen werden, die 10.237 Kinder in diesem Bundesland mit 5166 Lehrer-Deputatsstunden betreuen. Das entspricht etwa 60 % der personellen Ressourcen, die dafür zur Verfügung stehen.

Die Mitarbeiterzahl der Frühförderstellen schwankt zwischen 2.12 (Schulen für erziehungsschwierige Kinder) und 8.94 (Schulen für Sprachbehinderte). Mehr als 70 % der Teilnehmer sind überwiegend im Schuldienst eingesetzt. Anders als in allgemeinen Frühförderstellen macht die Frühförderung somit nur einen Teil ihrer Aufgaben aus. Im Durchschnitt betreuen die Mitarbeiter 19.5 Kinder. 25 bis 30 % der Kinder, die in Frühförderstellen für Körperbehinderte, Geistigbehinderte, Hörgeschädigte und Sehbehinderte/Blinde betreut werden, sind unter drei Jahre alt.

Nur 13 % der Fachkräfte geben an, dass sie bei den von ihnen betreuten Kindern die Eltern regelmäßig in die Einzelförderung einbeziehen. Die kindbezogene Einzelförderung macht in vielen Frühförderstellen somit einen beträchtlichen Anteil der Leistungen aus. Für 26 % gehört die systematische Elternberatung und Elternanleitung bei den meisten von ihnen betreuten Kindern zu ihren Angeboten. Der Anteil solcher elternbezogener Maßnahmen ist in Frühförderstellen für Kinder mit Hörschädigungen relativ hoch, in Frühförderstellen, die an Förderschulen oder Schulen mit Schwerpunkt sozial-emotionale Entwicklung angegliedert sind, deutlich niedriger; dort nehmen diagnostische Aufgaben einen größeren Raum ein.

Leistungsangebot der bayerischen interdisziplinären Frühförderstellen

Weiteren Aufschluss über Leistungsangebote der interdisziplinären Frühförderung gibt eine flächendeckende Untersuchung, die 2010 in Bayern durchgeführt wurde („Fragen zur Lage", FranzL, Thurmair et al. 2010). Ihre Ergebnisse sind in einem dreiteiligen Forschungsbericht im Internet zugänglich (http://www.fruehfoerderung-bayern.de/projekte/franzl-2010/, 03.02.17) und ergänzen die Erhebung des ISG mit weiteren Daten, exemplarisch erhoben in diesem Bundesland. Der ausführliche Fragebogen wurde von 89 Leiterinnen und Leitern aus 130 Frühförderstellen ausgefüllt. Zusätzlich machten 590 Mitarbeiter Angaben zu ihrer Arbeitssituation.

In den bayerischen interdisziplinären Frühförderstellen waren 22.8 % der betreuten Kinder unter drei Jahre alt. Dies entspricht dem relativen Anteil, der in der bundesweiten ISG-Studie ermittelt wurde. Auch diese Studie macht deutlich, dass sich die Zielgruppe der Frühförderung seit Ende des 20. Jahrhunderts gewandelt hat. Störungen der sozial-emotionalen Entwicklung und des Verhaltens nehmen einen hohen Anteil ein, Kinder mit körperlichen oder genetisch bedingten Behinderungen stellen die Minderheit dar.

Bei einem Drittel der Kinder, deren Eltern sich in Frühförderstellen melden, übernimmt die Frühförderstelle eine „Lotsenfunktion" und nicht selbst die regelmäßige kind- und elternbezogene Förderung. Gegenüber den Aufbaujahren der Frühförderung hat die Hausfrühförderung als Angebotsform deutlich abgenommen. Nach den Angaben der FranzL-Studie beträgt der Anteil der mobilen Frühförderung noch 43 %. Fast die Hälfte der Frühförderstellen erbringen ihre mobilen Leistungen überwiegend in Kindertagesstätten. Dies wird damit begründet, dass die Kinder den ganzen Tag über in der Kindertagesstätte und beide Eltern berufstätig sind, so dass eine Förderung in der Familie nicht in Betracht komme.

Im Rahmen dieser Erhebung wurden die Fachkräfte auch nach den Konzepten gefragt, die sie bei den von ihnen geförderten Kindern einsetzen. Am häufigsten werden dabei für die kindbezogene Förderung die psychomotorische Übungsbehandlung (47.3 %), die Sensorische Integrationstherapie (43.3 %), Basale Stimulation (34.7 %) und das Frostig-Konzept (34.2 %) genannt (Kap. 2.1, 2.3, 2.7). Es folgen Konzepte der Verhaltenstherapie (21.6 %), personenzentrierten Spieltherapie (20.8 %) sowie der Physiotherapie nach Bobath (21.0 %), Castillo-Morales (13.4 %) oder Vojta (6.7 %; Kap. 2.3). Bei der Elternberatung werden klientenzentrierte Gesprächsführung (46.5 %) und Familientherapie/systemische Beratung (26.0 %) als Arbeitsgrundlagen genannt. Jeweils etwa 10 % der befragten Fachkräfte greifen auf verschiedene Konzepte der videogestützten Arbeit zurück (entwicklungspsychologische Beratung nach Ziegenhain, Marte Meo, Interaktionsberatung nach Papousek; Kap. 1.2.3).

Das Spektrum der Methoden, die in der Frühförderung eingesetzt werden, ist sehr vielfältig. Für die Qualitätssicherung ist es deshalb unerlässlich, dass sich die Fachkräfte mit dem Forschungsstand zu ihrer Wirksamkeit vertraut machen und ihre Interventionen systematisch evaluieren.

1.1.6 Frühfördersystem im Wandel – die Diskussion über die „Große Lösung"

Die Leistungen für Kinder und Jugendliche mit Behinderungen sind bisher in unterschiedlichen Sozialleistungssystemen geregelt. Bestimmungen für die Eingliederung von Kindern und Jugendlichen mit Lernbehinderung, geistiger und körperlicher Behinderung finden sich in §§ 53 ff im SGB XII (Sozialhilfe). § 35a SGB VIII (Kinder- und Jugendhilfe) räumt seelisch behinderten Kindern und Jugendlichen, d. h. Kindern mit sozial-emotionalen Störungen mit erzieherischem Bedarf, einen Anspruch auf Leistungen zur Eingliederungshilfe ein.

Diese Zweiteilung führt zu Streitigkeiten über die Zuständigkeit der verschiedenen Ämter für die Kostenübernahme von Leistungen und Verzögerungen bei der Bewilligung. Uneinigkeit besteht über die Abgrenzung zwischen geistiger und/oder körperlicher und seelischer Behinderung, Wechselwirkungen werden ignoriert. Die Ämter bestehen nicht selten auf wiederholten Diagnoseverfahren, die allein das Ziel haben, Zuständigkeiten zu klären. Die Orientierung an Behinderungsformen und Institutionenlogik anstelle von individuellen Ressourcen und Bedürfnissen steht sinnvollen Kooperationsformen entgegen, wie sie insbesondere für die Verwirklichung inklusiver Konzepte erforderlich sind.

In der Fachöffentlichkeit besteht mittlerweile Einigkeit darüber, dass eine leistungsrechtliche Zusammenführung von erzieherischem und behinderungsbedingtem Bedarf zu einer Gesamtzuständigkeit der Kinder- und Jugendhilfe sinnvoll ist („Große Lösung"). In diesem Zusammenhang wird auch eine Aufnahme der Komplexleistung Frühförderung ins SGB VIII diskutiert, um die Kostenteilung zwischen Trägern der Sozialhilfe und der Krankenversicherung zu überwinden. Eine Leistungsgewährung aus einer Hand würde damit möglich, die an dem spezifischen Entwicklungs- und Förderbedarf des Kindes statt einer Behinderungsdiagnose orientiert wäre.

Die gesetzliche Zusammenführung aller Leistungen für Kinder und Jugendliche im System des SGB VIII bedeutet für sich allein allerdings noch keine Verbesserung. Sie bietet zwar die Chance, dass bei der Ausgestaltung der Hilfeangebote verstärkt (sozial)pädagogische Kompetenz einfließt und die umfassenden Unterstützungsbedürfnisse des Kindes bei der sozialen Teilhabe anerkannt werden. Auf Seiten der Jugendämter setzt dies aber fachliche Kompetenzen in allen Fragen von Pflege, Erziehung und Teilhabe von Kindern mit Behinderungen voraus, die meist dort nicht vorhanden sind, und erfordert eine ausreichende finanzielle und organisatorische Ausstattung, um den neuen Aufgaben gewachsen zu sein.

Die Mittel für Eingliederungshilfeleistungen müssten im Rahmen der „Großen Lösung" dann von den Kommunen als Träger der Jugendhilfe finanziert werden. Viele Kommunen haben jedoch bereits große Schwierigkeiten, allein ihre Pflichtaufgaben in der Jugendhilfe zu erbringen. Das bedeutet unwägbare Risiken für die Finanzierung der Frühförderung als Komplexleistung und birgt die Gefahr, dass Leistungen der Frühförderung unter Kostengesichtspunkten gekürzt werden.

ZUSAMMENFASSUNG

Das System der Frühförderung umfasst interdisziplinäre Frühförderstellen, Sonderpädagogische Beratungsstellen und Sozialpädiatrische Zentren. Ihre Aufgaben umfassen die Früherkennung von Entwicklungsproblemen, Diagnostik, Förderung und Therapie sowie eltern- und familienbezogene Hilfen.

Pädagogische und medizinisch-therapeutische Leistungen werden in den meisten Einrichtungen als Komplexleistung angeboten und auf der Grundlage der bundesweit gültigen Frühförderverordnung finanziert. Die Zahl der Einrichtungen und die Vergütungsstrukturen variieren allerdings in den einzelnen Bundesländern erheblich. Heil- und Sozial- sowie Sonderpädagogen stellen den größten Anteil der fest angestellten Mitarbeiter in Frühförderstellen.

1.2 Grundprinzipien der Frühförderung

Frühförderung orientiert sich an einem bio-psycho-sozialen Entwicklungsmodell. Im frühen Kindesalter entwickeln sich Kinder eigenaktiv in ihrer sozialen Umwelt von Familie und Kindertagesstätte. Der Verlauf ihrer Entwicklung wird von biologischen und sozialen Risiko- und Schutzfaktoren beeinflusst, die miteinander in einer dynamischen Wechselwirkung stehen. Frühförderung hat das Ziel, die Resilienz der Kinder, d. h. ihr Potential für eine günstige Entwicklung trotz beeinträchtigender Risikokonstellationen, zu stärken (Kühl 2003).

1.2.1 Resilienzorientierung

Der Begriff der Resilienz bezieht sich auf die Erfahrung, dass es Kinder gibt, die entgegen aller Wahrscheinlichkeit extrem ungünstige Lebensbedingungen meistern.

> **DEFINITION**
>
> **Resilienz** bezeichnet eine psychische Widerstandsfähigkeit gegenüber biologischen, psychologischen und sozialen Entwicklungsrisiken.

Diese Widerstandsfähigkeit ist kein individuelles, stabiles Persönlichkeitsmerkmal des Kindes, sondern ergibt sich aus seinen Kompetenzen zur Bewältigung der alltäglichen Entwicklungsaufgaben und der Unterstützung, die es dabei in seiner sozialen Umwelt erfährt. Welche Faktoren dabei jeweils von Bedeutung sind, hängt von der individuellen Lebenslage des Kindes ab und kann sich über die verschiedenen Lebensphasen hinweg verändern.

Weltweit gibt es eine Reihe von Langzeitstudien, die den Entwicklungsverlauf von Kindern, die unter ungünstigen sozialen Bedingungen aufwachsen, bis in das spätere Schul- oder Erwachsenenalter begleiten (Bengel et al. 2009). Dazu gehört z. B. die Kauai-Studie, die bereits in den 1950er Jahren in Hawaii begonnen wurde (Werner 2011). In Deutschland wurde eine repräsentativ zusammengestellte Kohorte von Kindern mit unterschiedlichen biologischen und sozialen Risiken in der Mannheimer Risikokinderstudie (Laucht 2012) bis ins späte Schulalter begleitet. Im Minnesota-Parent-Child-Project (Sroufe et al. 2005) wurde die Entwicklung von Kindern in Armutslagen und zusätzlichen sozialen Belastungen bis zum Alter von 25 Jahren dokumentiert.

Die Langzeitstudien belegen einen kumulativen Effekt von Risikofaktoren, d. h., die Entwicklung eines Kindes wird umso stärker beeinträchtigt, je mehr Risikofaktoren vorliegen. Eine solche Kumulation findet sich häufig bei Kindern in Armutslagen. Armut bedeutet nicht nur reduzierte materielle Möglichkeiten zur Entwicklungsförderung, sondern geht häufig mit psychischer Belastung der Eltern, familiären Konflikten und sozialer Isolation einher, die es den Eltern erschweren, ihre Aufmerksamkeit den Bedürfnissen des Kindes zuzuwenden.

Weitgehend übereinstimmend kommen diese Studien zu ähnlichen Ergebnissen, welche personalen und sozialen Ressourcen die Entwicklung der Kinder auch unter den Bedingungen sozialer Risiken begünstigen (Bengel et al. 2009; Weiß 2010; Grotberg 2011). Zu diesen Schutzfaktoren gehören:

- Eigeninitiative zur Auseinandersetzung mit der Umwelt,
- Zutrauen in die eigenen Fähigkeiten, Herausforderungen zu bewältigen (Überzeugung von Selbstwirksamkeit),
- Fähigkeit zur Selbstregulation von Emotionen und Handlungen und
- Fähigkeit zur Gestaltung positiver sozialer Beziehungen.

Günstige Bedingungen für die Entwicklung dieser „Schlüsselkompetenzen" sind:

- mindestens eine stabile, verlässliche Bezugsperson, die Sicherheit, Vertrauen und Autonomie fördert und als positives Rollenmodell fungiert,
- wertschätzendes, unterstützendes Klima zuhause und in Bildungseinrichtungen,
- individuell angemessene Leistungsanforderungen, die Erfolgserlebnisse ermöglichen und
- gute Bewältigungsfähigkeiten der Eltern in Belastungssituationen.

Resilienzorientierung

Im Sinne einer Förderung von Schlüsselkompetenzen und sozialer Schutzfaktoren ersetzt Resilienzorientierung den Begriff der „Ganzheitlichkeit", der traditionell zur Beschreibung eines Prinzips der Frühförderung verwendet wurde. Er diente den Autoren zur Abgrenzung von funktionalen Trainingsverfahren und Föderansätzen, die auf die isolierte Übung einzelner kindlicher Fertigkeiten in den Bereichen der Wahrnehmung, Motorik, Sprache oder Kognition ausgerichtet waren, war aber unzureichend definiert. Dies führte nicht selten dazu, dass Fachkräfte der Frühförderung ihre Angebote als allgemeine Förderung der Persönlichkeitsentwicklung der Kinder verstanden, ohne ausreichend zu spezifizieren, welche spezifischen Bedürfnisse das Kind hat, welche Kompetenzen es im Einzelnen erlernen und mit welchen Strategien dies geschehen sollte. Resilienzorientierung stellt dem gegenüber einen Bezug her zum empirischen Forschungswissen, welche Faktoren für die kindliche Entwicklung förderlich und durch gezielte Interventionen beeinflussbar sind.

Diese Grundprinzipien geben der Frühförderung von Kindern mit biologischen und sozialen Entwicklungsrisiken einen gemeinsamen Rahmen. Innerhalb dieses Rahmens vollzieht sich die Entwicklung von kognitiven, sprachlichen, motorischen und sozialen Kompetenzen in Verbindung mit den übergeordneten „Schlüsselkompetenzen" der Eigeninitiative, des Zutrauens in die eigenen Fähigkeiten, der Selbstregulation von Emotionen und Handlungen sowie der sozialen Fähigkeiten.

> Das Kind erwirbt Schlüsselkompetenzen in den alltäglichen Interaktionen, die es inner- und außerhalb seiner Familie erlebt. Die Entwicklungsprozesse werden bestimmt von Anlagen und Dispositionen des Kindes, der Qualität der Eltern-Kind-Interaktionen und den Lerngelegenheiten, die es innerhalb der Familie, den sozialen Beziehungen zu weiteren Bezugspersonen und später in sozialen Gruppen erhält. Die Qualität der Eltern-Kind-Interaktionen und die Entwicklungsimpulse im Alltag hängen wiederum von den persönlichen und sozialen Ressourcen der Eltern ab (Guralnick 2011; Abb. 3).

Kinder mit biologischen Risiken und Behinderungen weisen eine erhöhte Verletzlichkeit auf und benötigen, „die kompetente, stützende, schützende und begleitende Interaktion mit einem Erwachsenen viel intensiver und viel länger als wenig vulnerable Kinder" (Rauh 2008, 181).

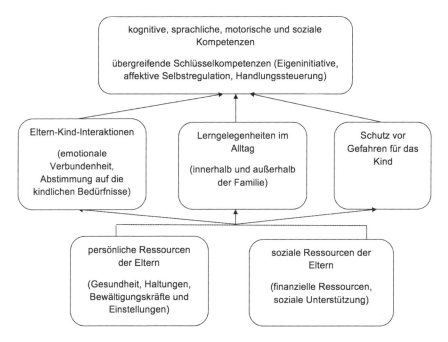

Abb. 3: Entwicklungszusammenhänge bei biologischen und sozialen Entwicklungsrisiken (nach: Guralnick 2011)

1.2.2 Familienorientierung

Motivation zur eigenständigen Auseinandersetzung mit der Umwelt, Zutrauen in die eigenen Fähigkeiten, Kompetenzen zur Selbstregulation und soziale Fähigkeiten entwickeln sich im Kontext sozialer Beziehungen in der Familie und in den sozialen Alltagserfahrungen des Kindes. Eltern haben um ein Vielfaches mehr Gelegenheiten, Entwicklungsanregungen zu setzen, als es Fachkräfte in einer Förderstunde oder in einer Kindertagesstätte können.

Elemente familienorientierter Arbeit

Es ist die Vielfalt von Aktivitäten, die sich zwischen den Förderstunden ergeben – nicht die einzelnen Stunden, in denen die Fachkraft anwesend ist –, in denen Entwicklungsförderung stattfindet. Familienorientierung der Frühförderung ist charakterisiert durch folgende Merkmale (McWilliam 2010; Guralnick 2011; Sarimski et al. 2013b):

- Das übergeordnete Ziel ist es, die Familie in die Lage zu versetzen, ihre Probleme selbstständig erfolgreich zu lösen.
- Die Beziehung zwischen den Fachkräften und den Eltern ist durch gegenseitiges Vertrauen, Respekt, Ehrlichkeit und offene Kommunikationsformen bestimmt.
- Die Eltern sind aktive Partner bei allen Entscheidungsprozessen. Sie haben die letzte Entscheidung über die Art der Unterstützung, die sie wünschen.
- Der Arbeitsprozess von Familien und Fachkräften konzentriert sich auf die Identifizierung von Bedürfnissen, Zielen und Sorgen der Familie, ihre Stärken und die Hilfen, deren sie bedürfen, um ihre Ziele zu erreichen.
- Fachkräfte aller Fachrichtungen arbeiten mit den Familien zusammen, um die Ressourcen zu organisieren, die am besten den familiären Bedürfnissen entsprechen.
- Die Unterstützung wird flexibel und individuell auf die sich verändernden Bedürfnisse der Familien abgestimmt.
- Entwicklungsförderung im frühen Kindesalter gelingt, wenn die erwachsenen Bezugspersonen ihre Beziehung zum Kind so gestalten, dass seine Eigenaktivität in der Auseinandersetzung mit der Umwelt angeregt wird und es im Alltag und im gemeinsamen Spiel Impulse erhält, die Entwicklungsfortschritte in der „Zone der nächsten Entwicklung" des Kindes anstoßen. Familienorientierung ist jedoch nicht nur ein Prinzip der Frühförderung von Kindern in den ersten drei Lebensjahren. Auch in der Altersgruppe der drei- bis sechsjährigen Kinder ist es das Ziel der Förderung von kognitiven,

sprachlichen, adaptiven und sozial-emotionalen Fähigkeiten, die soziale Teilhabe des Kindes an den Aktivitäten inner- und außerhalb der Familie zu stärken. Dieses Ziel kann nur durch aktive Partizipation der Eltern am Förderprozess und Abstimmung der Interventionen auf ihre Bedürfnisse und Ressourcen erreicht werden.

> Eine Förderung kindlicher Kompetenzen in einzelnen Entwicklungsbereichen, die ausschließlich in der Kindertagesstätte, Frühförderstelle oder Therapiepraxis ohne aktive Einbeziehung der Familie stattfindet, entspricht nicht den fachlichen Standards einer „guten Praxis" in der Frühförderung.

Eine effektive Förderung im Alltag setzt voraus, dass die Eltern sich den Herausforderungen ihrer Lebenssituation gewachsen fühlen und auf die individuellen Bedürfnisse ihres Kindes einstellen können. Dies bedeutet, dass elterliche Belastungen, Sorgen und Nöte von den Fachkräften bei der Diagnostik und Planung von Fördermaßnahmen beachtet werden müssen. Dabei sind die Bedürfnisse aller Familienmitglieder zu berücksichtigen. Unterschiedliche Erziehungshaltungen und kulturelle Traditionen werden dabei respektiert. Die Maßnahmen der Frühförderung sind damit nicht allein auf die unmittelbare Förderung des Kindes, sondern auf die Unterstützung der gesamten Familie in ihrem sozialen Umfeld auszurichten.

Das Prinzip der Familienorientierung ist eng verbunden mit dem Begriff des „Empowerment", der seit den 1990er Jahren zu einem zentralen Leitmotiv der Pädagogik für Menschen mit Behinderung und der Gesundheitspsychologie geworden ist (Hintermair 2014). Keupp (1992, 149) hat diesen Begriff prägnant definiert:

__ DEFINITION __

Empowerment ist ein Prozess, innerhalb dessen Menschen sich ermutigt fühlen, ihre eigenen Angelegenheiten in die Hand zu nehmen, ihre eigenen Kräfte und Kompetenzen zu entdecken und ernst zu nehmen und den Wert selbst erarbeiteter Lösungen schätzen zu lernen.

> **!** Eltern von behinderten oder von Behinderung bedrohten Kindern in diesem Prozess des Empowerments zu unterstützen, bedeutet, sie aktiv in den Förderprozess einzubeziehen und ihre eigenen Ressourcen zur Förderung zu nutzen und zu stärken.

Ressourcenorientierung und Verarbeitung der Diagnose der Behinderung durch die Eltern stehen dabei in einem engen Zusammenhang. Antonovsky (1997) hat dafür den Begriff des „Kohärenzgefühls" geprägt. Eltern entwickeln dann Kompetenzen zur Förderung ihres Kindes, wenn sie die Entwicklungsprobleme ihres Kindes verstehen und das Gefühl haben, dass sie für ihr Leben eine Bedeutung haben und zu bewältigen sind. Eltern mit einem ausgeprägten „Kohärenzgefühl" erleben z. B. die Diagnose einer Hörbehinderung mehr als Herausforderung denn als Bedrohung, betrachten die Probleme aus verschiedenen Perspektiven und finden geeignete Copingstrategien (Hintermair 2003). Hier kann die Beratung in der Frühförderung ansetzen.

TIPP

Säuglinge und Kleinkinder lernen am besten in Alltagssituationen mit vertrauten Bezugspersonen in vertrauter Umgebung. Die Eltern erkennen, wie sie mit den ihnen verfügbaren Spielsachen und in alltäglichen Situationen die Entwicklung fördern können. „Therapiematerialien" oder isolierte Übungen einzelner Fertigkeiten sind nicht erforderlich.

Die Förderung muss von den Routinen ausgehen, die sich in einer Familie im Alltag ausgebildet haben. Fehlende „Mitarbeit" der Eltern an der Förderung wird nicht als Desinteresse oder fehlende „Compliance" interpretiert, sondern als Anlass, die Empfehlungen besser auf die Sichtweise und die vordringlichen Bedürfnisse der Eltern abzustimmen.

Die primäre Aufgabe der Fachkraft ist es, die Familie in einer vertrauensvollen Zusammenarbeit mit Informationen und emotionaler Unterstützung beim Umgang mit der Behinderung des Kindes sowie bei der Gestaltung entwicklungsförderlicher Interaktionen und Beziehungen zu unterstützen („Coaching"). Die Eltern bleiben weder passive Zuschauer der Förderung noch werden sie in eine Co-Therapeutenrolle gedrängt.

Familien- und Alltagsorientierung in der Praxis

Von den Fachkräften der Frühförderung erfordert dies, sich einen fundierten Überblick über den Alltag der Familie und ihre sozialen Beziehungen zu verschaffen und die Unterstützung auf ihre Ressourcen und individuellen Bedürfnisse abzustimmen. Die Kommunikation mit den Eltern muss darauf ausgerichtet sein, ihre aktive Beteiligung an der Förderung des Kindes zu stärken und ihre eigenen Kompetenzen zur Bewältigung von besonderen Herausforderungen zu mobilisieren (McWilliam 2010).

Sie setzt ein vertrauensvolles Verhältnis zwischen den Fachkräften und den Eltern voraus. Dabei sollte die Fachkraft über folgende Kompetenzen zur Gesprächsführung verfügen:

- aktives Zuhören,
- offenes Fragen, um die elterlichen Sichtweisen kennenzulernen,
- paraphrasierendes Zusammenfassen, um das wechselseitige Verstehen zu sichern,
- Verzicht auf rasche Ratschläge,
- Respekt vor den Erfahrungen der Eltern und
- Sensibilität und Empathie für Äußerungen, die die elterliche Belastung erkennen lassen.

Eltern müssen bereits im Erstgespräch die Familien- und Alltagsorientierung der Angebote der Frühförderstelle wahrnehmen können. Es sollten möglichst beide Elternteile in das Erstgespräch einbezogen werden. Neben der Erhebung von Daten zum Entwicklungsverlauf des Kindes und seinen Auffälligkeiten sollte genügend Zeit vorhanden sein, um die „Geschichte" der Beziehung zwischen dem Kind und seinen Eltern, ihre Sichtweise der Probleme, ihre Erwartungen und Sorgen kennen zu lernen. Die Eltern sollten von Beginn an wissen, dass ihre aktive Beteiligung an der Diagnostik und Förderung erforderlich ist.

TIPP

> Um die Förderung am familiären Alltag und am Ziel der sozialen Teilhabe des Kindes zu orientieren, sollten die Fachkräfte die Eltern bitten, einen typischen Tagesablauf mit dem Kind zu erzählen („routine-based interview", McWilliam 2010, 2012). Auf diese Weise gewinnen sie einen ersten Eindruck von den familiären Ressourcen, der aktuellen Belastung und den Alltagsabläufen.
>
> Es sollten dabei möglichst viele Aktivitäten, die zur Routine des Alltags gehören, angesprochen werden – vom Wecken des Kindes über das Anziehen, Frühstücken, Spielen, Einkäufe, Besuche, Therapien bis hin zum Abendessen und Zu-Bett-Gehen. Für die Förderplanung werden einige dieser Aktivitäten ausgewählt, d. h. sie wird individuell darauf abgestimmt, was der jeweiligen Familie wichtig ist und was zu ihren Alltagsgewohnheiten gehört. Eine direkte Beobachtung der Aktivitäten ist nützlich, um den Unterstützungsbedarf des Kindes einzuschätzen und mit den Eltern zu besprechen, wie sie seine Kompetenzen zur Teilhabe an der Aktivität gezielt fördern können.

Wirksamkeit der Förderung

Die Wirksamkeit von alltagsorientierten Fördermaßnahmen ist hoch, wenn
- Lernsituationen ausgewählt werden, die im Familienleben bedeutsam sind und sich als Kontext eignen, um sozial-adaptive „Schlüsselkompetenzen" zur Teilhabe am Geschehen zu erwerben.
- Lernsituationen ausgewählt werden, die dem Kind die Möglichkeit zu Eigeninitiative und zum Erwerb von Fähigkeiten geben, mit denen es eigene Ziele erreichen kann. Sie können von den Vorlieben und Interessen des Kindes ausgehen, d.h. vom Kind initiiert sein, oder von den Eltern und Fachkräften vorbereitet werden.
- die Beratung der Eltern darauf ausgerichtet ist, ihr Zutrauen in ihre eigenen Fähigkeiten zu stärken, dass sie die Entwicklung ihres Kindes wirksam beeinflussen können.
- die Fachkraft konkrete Strategien vermittelt, wie kindliche Fähigkeiten unter den Bedingungen einer bestimmten Behinderung nachhaltig gefördert werden können.

Die Fachkraft gibt somit keine Anregungen zur Förderung aus einem standardisierten Förderprogramm vor; ihre Aufgabe ist es vielmehr, die Eltern zu beraten, wie sie im „natürlichen Kontext" ihr Kind beim Erwerb von Kompetenzen zur aktiven sozialen Teilhabe unterstützen können. Sie macht ihnen bewusst, welche Handlungsmöglichkeiten sie im Alltag haben, bestärkt sie in ihrer Sensibilität für die kindlichen Bedürfnisse und ermutigt sie, Lösungen zu erproben, die für sie selbst und ihren Familienalltag passend sind.

Pretis (2014a, 2015) befragte 1428 Eltern zu ihren Eindrücken von der Frühförderung. Sie schätzten die Familienorientierung der Frühförderstelle im Allgemeinen hoch ein – unabhängig von der Frage, ob die Förderung zuhause oder in einer Frühförderstelle stattfand. Sie erlebten die Fachkraft überwiegend als verlässlichen Ansprechpartner, der dazu beiträgt, dass sie sich über die Entwicklung des Kindes gut informiert fühlen, Sicherheit gewinnen, wie sie das Kind im Alltag fördern und Probleme in der Erziehung lösen können und die Stärken des Kindes sehen können.

Checkliste: Alltagsintegrierte Förderung planen und evaluieren

- Habe ich Alltagsaktivitäten erfragt, an denen sich das Kind mit Interesse beteiligt?
- Habe ich die Eltern dabei unterstützt, selbst Entscheidungen zu treffen, welche Alltagsaktivitäten sie für die Förderung auswählen möchten?
- Habe ich mit den Eltern Aktivitäten ausgewählt, die im Alltag häufig vorkommen?
- Habe ich mit ihnen Aktivitäten ausgewählt, in denen sich unterschiedliche Entwicklungsimpulse setzen lassen?
- Im Verlauf: Hat sich die Häufigkeit und Vielfalt der Lerngelegenheiten des Kindes bei unterschiedlichen Alltagsaktivitäten erhöht?
- Hat sich die Beteiligung des Kindes an Alltagsaktivitäten erhöht?
- Hat sich die Selbstständigkeit des Kindes in Alltagsaktivitäten erhöht?
- Ist es mir gelungen, die Eltern für die vielfachen Möglichkeiten zu sensibilisieren, ihr Kind im Alltag zu fördern?

Zufriedenheit der Eltern mit der Frühförderung

Zahlreiche Studien, die in den USA, in verschiedenen europäischen Ländern und in Deutschland durchgeführt wurden, sprechen dafür, dass die Eltern mit den Angeboten der Frühförderung ganz überwiegend zufrieden sind. Dies ergibt sich aus qualitativen Studien, in denen Elterngruppen persönlich befragt wurden, ebenso wie aus quantitativen Erhebungen, in denen die Zufriedenheit der Eltern mit den Angeboten mittels standardisierter Fragebögen ermittelt wurde (Bailey et al. 2004; Mahoney/Filer 1996; Peterander 2000; Lanners/Mombaerts 2000; Ziviani et al. 2010; Thätner/Vogel 2012; Pighini et al. 2014; Pretis 2015).

In einer umfangreichen bayerischen Studie (Peterander 2000) gaben z. B. 70 bis 80 % der befragten Mütter an, dass sie aktiv in die Förderung des Kindes einbezogen sind und Vorschläge zur Förderung in den Alltag integrieren. 85 % fühlten sich zufriedenstellend einbezogen in die Planung von Fördermaßnahmen, 60 % zufriedenstellend aufgeklärt über die Ursachen der Behinderung und die Prognose des Kindes. Über 90 % äußerten sich insgesamt sehr zufrieden mit der Förderung und der Zusammenarbeit mit den Fachkräften.

Die Qualität der Beziehung zu einer Fachkraft, die erlebte Unterstützung beim Verständnis der Bedürfnisse des Kindes und die Stärkung der eigenen Kompetenz, die Situation zu meistern, bestimmen dabei die Wirksamkeit der Frühförderung aus der Sicht der Eltern (Lanners et al. 2003; Thätner/Vogel 2012).

Allerdings gilt die hohe Zufriedenheit nicht für alle Eltern und alle Aspekte der Frühförderung gleichermaßen. So ergibt sich z. B. aus amerikanischen Studien der Eindruck, dass gerade die Familien, die selbst über relativ gute und stabile Ressourcen (z. B. hinsichtlich des familiären Zusammenhalts und ihrer zeitlichen und finanziellen Möglichkeiten) verfügten, mit den erhaltenen Hilfen zufrieden waren, nicht aber Familien aus benachteiligten Bevölkerungsgruppen, die ihrer am stärksten bedurften. In anderen Studien äußern sich Eltern, die berufstätig sind und deren Kinder ausschließlich in der Kindertagesstätte gefördert werden, tendenziell weniger zufrieden mit der Frühförderung (Thätner/Vogel 2012).

Im Vergleich zur Förderung des Kindes werden die erlebte emotionale Unterstützung und die Berücksichtigung der Bedürfnisse der Familie als Ganzes von den Eltern deutlich weniger positiv bewertet. So äußerten sich die Eltern, die Pretis (2015) befragte, z. B. zu Items wie „Durch Frühförderung kann ich besser über meine Sorgen sprechen", „... kann ich auftretende Probleme in der Familie alleine lösen", „... komme ich besser mit meinen Gefühlen klar" deutlich weniger zufrieden als zu Items, die sich auf die Förderung des Kindes selbst bezogen.

Einen differenzierten Aufschluss über die Zufriedenheit mit den erhaltenen Hilfen und der Zusammenarbeit mit den Fachkräften gibt eine Studie von Sarimski et al. (2012a, 2013b), in der 125 Eltern von Kleinkindern mit geistiger Behinderung, Hör- oder Sehschädigung befragt wurden. Der Bereich „Zufriedenheit mit den erhaltenen Hilfen" umfasste Fragen zu Hilfen zur Bewältigung von Schwierigkeiten im Alltag, zum Umgang mit Verhaltensproblemen des Kindes, zur Entwicklungsförderung in den einzelnen Bereichen, zur Klärung von Zukunftsperspektiven sowie zur Mobilisierung von sozialen Ressourcen zur Bewältigung. Der Bereich „Zufriedenheit mit der Zusammenarbeit" umfasste Fragen wie die Offenheit der Fachkraft für Fragen der Eltern, Berücksichtigung der Bedürfnisse aller Familienmitglieder, Aufklärung über die Ursache und die Entwicklungsaussichten des Kindes, emotionale Unterstützung bei der Bewältigung der besonderen Herausforderungen. Abbildung 4 zeigt die Bedürfnisse, zu denen mindestens 25 % der befragten Eltern aus ihrer Sicht nicht die Hilfe erhalten haben, die sie benötigt hätten. Dies betrifft besonders Informationen zu finanziellen (sozialrechtlichen) Hilfen und Unterstützung beim Umgang mit Krankenkassen und Behörden – die auch Eltern in anderen Studien vermisst haben (Lanners/Mombaerts 2000) – sowie Unterstützung beim Umgang mit schwierigen Verhaltensproblemen.

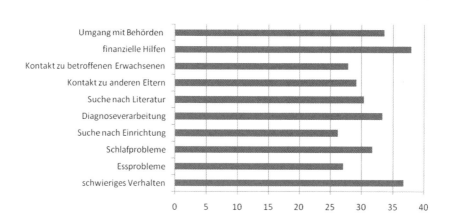

Abb. 4: Bedürfnisse von Eltern, für die keine ausreichenden Hilfen angeboten wurden (Prozentangaben, Befragungszeitpunkt 1, N = 125; Sarimski et al. 2012a)

Auch hinsichtlich der Zusammenarbeit mit den Fachkräften zeigen sich einige Bereiche, mit denen die Eltern nicht zufrieden sind (Abb. 5). So hätten sich mehr als 25 % der befragten Eltern mehr Berücksichtigung der Familienbedürfnisse, mehr Aufklärung zu Entwicklungsaussichten der Kinder, mehr Hilfen zur persönlichen Stärkung und emotionalen Unterstützung sowie generell mehr Verständnis der Fachleute und mehr Alltagsbezug der Fördervorschläge gewünscht. 40 % der Eltern sehen die Bedürfnisse der Familie als Ganzes nicht ausreichend in der Frühförderung wahrgenommen. Die allgemeine Zufriedenheit der Eltern mit der Frühförderung korreliert mit ihrer erlebten Belastung. Zufriedene Eltern zeigen sowohl eine geringere Belastung in der Interaktion mit ihrem Kind als auch weniger familiäre Belastungsmomente. Die Ergebnisse der Studie unterstreichen, dass die Qualität familienorientierter Arbeit hinsichtlich der emotionalen Unterstützung der Eltern, der Berücksichtigung der Bedürfnisse aller Familienmitglieder, der Vermittlung von sozialrechtlichen Hilfen sowie der Unterstützung beim Umgang mit belastenden Verhaltensproblemen der Kinder verbessert werden kann.

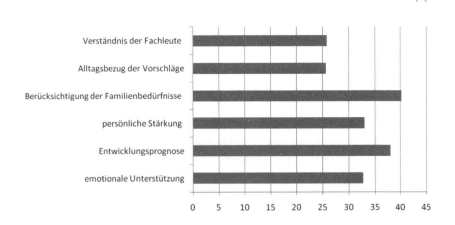

Abb. 5: Wünsche an die Zusammenarbeit mit Fachkräften, die nicht erfüllt wurden (Prozentangaben, Befragungszeitpunkt 1, N = 125; Sarimski et al. 2012a)

Dass familiäre Belastungen in der emotionalen Auseinandersetzung mit der Behinderung und der Interaktion mit dem Kind in Alltagssituationen in der Praxis der Frühförderung oft nicht ausreichend thematisiert werden, ergibt sich auch aus einer Studie von Krause (2012). Er befragte Fachkräfte nach der Zeit, die sie im Rahmen der Frühförderung für Elterngespräche vorsehen. Zwar nehmen sich danach die meisten Pädagogen pro Kontakt 10 bis 15 Minuten Zeit für Gespräche mit den Eltern. Fast die Hälfte der befragten Frühförderer gibt jedoch an, nur bis zu maximal zwei Stunden je halbes Jahr für Elterngespräche aufzubringen, die nicht unmittelbar im Kontext der Förderung des Kindes stehen und sich auf die Belastungen und Zukunftssorgen der Eltern im Allgemeinen beziehen.

Wirkungen von familienorientierter Arbeit

Erfolgreiche familienorientierte Förderung zeigt sich nicht nur in der Zufriedenheit der Eltern mit den angebotenen Hilfen. Dunst et al. (2007) und Dempsey & Keen (2008) legten zwei Meta-Analysen zum Zusammenhang zwischen familienorientierten Prozessen in der Frühförderung und Effekten für die Kinder und die Eltern vor. Sie kamen übereinstimmend zu dem Ergebnis, dass familienorientierte Konzepte der Frühförderung sich nicht nur positiv auf die Zufriedenheit der Eltern mit der Frühförderung auswirken, sondern auch ihr Gefühl von Selbstwirksamkeit, die erlebte soziale Unterstützung und Verfügbarkeit von Hilfen stärken sowie ihre psychische Belastung reduzieren. Eltern schätzen dabei sowohl eine vertrauensvolle, partnerschaftliche Beziehung zur Fachkraft als auch die erlebte Unterstützung in der eigenen Gestaltung förderlicher Interaktionen im Alltag als wichtig ein (Abb. 6).

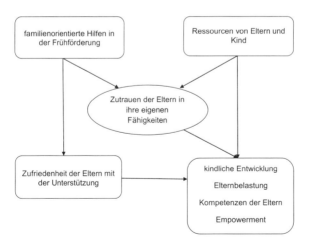

Abb. 6: Prozesse und Wirkungen in einem familienorientierten Konzept der Frühförderung bei Kindern mit Entwicklungsbeeinträchtigungen (nach Dempsey & Keen 2008)

> In einer pfadanalytischen Auswertung der Daten zu mehr als 900 Kindern ließen sich zudem indirekte Effekte auf den kindlichen Entwicklungsverlauf belegen. Je mehr Unterstützung die Eltern für die Gestaltung entwicklungsförderlicher Interaktionen erhalten, desto größer ist ihr Zutrauen in die eigene Kompetenz und desto mehr Gelegenheiten nutzen sie im Alltag zur Förderung. Die Förderung des Zutrauens in die eigene Kompetenz und der psychischen Stabilität der Eltern wirken sich indirekt über die Qualität der Eltern-Kind-Interaktion auf den kindlichen Entwicklungsverlauf aus (Trivette et al. 2010).

Ob es im Einzelfall gelungen ist, ein familienorientiertes Konzept von Frühförderung in der Praxis zu verwirklichen, lässt sich grundsätzlich an folgenden Kriterien erkennen (Bailey et al. 2008; Dempsey/Keen 2008):

- Die Eltern kennen die Fähigkeiten und individuellen Hilfebedürfnisse ihres Kindes.
- Sie sind in der Lage, Entwicklungsprozesse ihres Kindes selbst erfolgreich zu unterstützen.
- Sie verfügen über befriedigende Unterstützungssysteme.
- Sie kennen ihre Rechte und können für die Bedürfnisse ihres Kindes eintreten.
- Sie nehmen teil an den alltäglichen Aktivitäten ihres Lebensumfeldes.

1.2.3 Interaktions- und Beziehungsorientierung

Ein zentrales Element der familienorientierten Arbeit in der Frühförderung ist die Beratung der Eltern in der Gestaltung entwicklungsförderlicher Interaktionen im Alltag.

Kindorientierte Arbeit und Interaktionsberatung als Spannungsfeld

Interaktions- und Beziehungsberatung und kindorientierte Förderung stehen jedoch in einem Spannungsfeld. In der Praxis erleben die Eltern allerdings nicht selten, dass die Förderung primär darin besteht, dass die Fachkraft mit dem Kind eine Förderaktivität gestaltet und am Schluss den Eltern Vorschläge macht, was sie im Laufe der Woche bis zum nächsten Termin mit ihrem Kind „üben" sollten. Sie geht dabei von der Annahme aus, dass sie den Eltern durch ihre

„Förderstunde" ein Modell bietet, wie sie ihr Kind fördern können — sofern die Eltern überhaupt bei der Therapie im Raum sind. Nur einen geringen Teil der Zeit verwendet sie aber darauf, sich den Eltern direkt zuzuwenden und ihnen Strategien zur Entwicklungsförderung zu erklären, ihre Fragen aufzugreifen und sie zu beraten, wie sie eine solche Strategie in den Alltag integrieren können.

Es liegen inzwischen mehrere Studien vor, bei denen Videoaufzeichnungen von Förderstunden bei Kindern mit unterschiedlichen Behinderungen ausgewertet wurden (McBride/Peterson 1997; Hebbeler/Gerlach-Downie 2002; Peterson et al. 2007; Campbell/Sawyer 2007). Sie kommen übereinstimmend zu dem Ergebnis, dass die direkte Interaktion zwischen Fachkraft und Kind deutlich überwiegt und die Fachkräfte nur einen geringen Anteil ihrer Zeit auf die Beratung der Eltern zur Gestaltung ihrer Interaktion mit dem Kind verwenden.

Dies zeigt sich auch in Befragungen von Fachkräften und Eltern. Sawyer & Campbell (2012) befragten anhand von sechs typischen Fördersituationen mehr als 1500 Fachkräfte, welche Prioritäten sie in der Förderung setzen würden. Etwa die Hälfte der Fachkräfte konzentrierte sich auf die direkte Förderung der Kinder, fast ebenso viele waren der Meinung, dass die Eltern aus der Beobachtung ihres Vorgehens ebenso viel lernen könnten wie aus Situationen, in denen sie aktiv beteiligt sind und ein Feedback erhalten. Insbesondere Fachkräfte mit geringer Berufserfahrung bevorzugten die direkte Arbeit mit dem Kind bzw. die Demonstration des Vorgehens, statt die Eltern aktiv einzubeziehen und zu beraten.

Eine gezielte Interaktions- und Beziehungsberatung unterscheidet sich deutlich von traditionellen, kindorientierten Formen der Förderung und lässt sich als „Coaching" der Eltern bezeichnen. Die Eltern reflektieren ihre Handlungen in der Interaktion mit dem Kind, bewerten ihre Wirkungen und entwickeln einen Plan, wie sie den Kompetenzerwerb des Kindes systematisch unterstützen können (Rush/Sheldon 2011). Fachkraft, Eltern und Kind interagieren in der Förderung als Triade, die Eltern nehmen aktiv an der Förderung teil, die Fachkraft kommentiert die gemeinsamen Interaktionen und berät die Eltern in der Art und Weise, wie sie ihre Interaktionsformen an die individuellen Bedürfnisse ihres Kindes beim Erwerb neuer Kompetenzen anpassen können („guided practice with feedback"; Dunst/Trivette 2009; Friedman et al. 2012).

Ein solches Verständnis der Zusammenarbeit mit Eltern ist nicht gleichbedeutend mit einer Anleitung von Eltern zu Co-Therapeuten, wie sie in den Anfängen der Frühförderung vorherrschte. Bei Coaching-Prozessen treten die Fachkraft und die Eltern in einen wechselseitigen Dialog über ihre Erfahrungen, respektieren ihre Sichtweisen als gleichberechtigt, suchen gemeinsam nach Lösungen für Probleme und reflektieren die Erfahrungen bei der Umsetzung von Lösungsideen gemeinsam. Das setzt seitens der Fachkraft die Fähigkeit zu einer offenen, respektvollen Kommunikation, Wissen über entwicklungsförderliche Interaktionsformen und effektive Formen der Rückmeldung an die Eltern bei der Anpassung ihrer Interaktion an die Bedürfnisse des Kindes voraus.

> Kompetenzen zur Gestaltung von Coaching-Prozessen können im Rahmen von Professionalisierungsmaßnahmen von Fachkräften erworben werden. So zeigten Campbell/Sawyer (2009) und Salisbury/Cushing (2013), dass Fachkräfte nach einer solchen Fortbildung die Förderung mehr als dreimal so häufig als eine Vergleichsgruppe als gemeinsame Interaktionen gestaltete und Gelegenheiten zur Anwendung der Prinzipien des Coachings in der Interaktion mit den Eltern nutzten. In Förderprozessen, bei denen diese Prinzipien beachtet wurden, waren die Eltern wesentlich aktiver an der Förderung ihrer Kinder beteiligt (Campbell/Sawyer 2007).

Aus Sicht der Fachkräfte sind familien- und interaktionsorientierter Konzepte in der Frühförderung allerdings nicht in jedem Fall zu verwirklichen. Sie nennen auf Seiten der Eltern eine geringe Motivation zur aktiven Partizipation, ein geringes Bildungsniveau und spezifische Belastungen (z. B. psychische Erkrankungen) als Hindernisse (Fleming et al. 2011).

Videoaufzeichnungen als Beratungsgrundlage

Eine Alternative zur Gestaltung triadischer, gemeinsamer Interaktionen in der Frühförderung besteht darin, die Eltern am Beispiel von einzelnen Videosequenzen aus dem Alltag (z. B. einer Spielsituation, eine Mahlzeit oder Baden des Kindes) zu ihrer Interaktion mit dem Kind zu beraten. Videogestütztes Lernen an Beispielen von Interaktionen mit dem eigenen Kind ist eine wirksame Form, Veränderungen im Interaktions- und Beziehungsverhalten einzuleiten und zum „Empowerment" der Eltern, d. h. zu einer Stärkung ihrer eigenen Kompetenzen zur Gestaltung des Alltags, beizutragen.

Eine videogestützte Beratung gehört zu den Bestandteilen unterschiedlicher Interventionskonzepte zur Behandlung von Interaktions- und Beziehungsproblemen im frühen Kindesalter. Sie gehen u. a. auf Erfahrungen mit dem „Video

Home Training" in den Niederlanden, bzw. „Video Interaction Guidance" in englischsprachigen Ländern zurück (Kennedy et al. 2011). Im deutschen Sprachraum gehört die videogestützte Beratung zu den Konzepten der

- „Entwicklungspsychologischen Beratung" (EPB), die ursprünglich von Ziegenhain et al. (2004) für die Arbeit mit jugendlichen Müttern konzipiert und dann für die Frühförderung adaptiert wurde (Fries et al. 2005),
- „Kommunikationsberatung zur Förderung intuitiver elterlicher Kompetenzen", die Papousek et al. (2004) in der Münchener Sprechstunde für Schreibabys für die Unterstützung von Kindern mit Regulationsstörungen und ihren Eltern entwickelt haben,
- „Steps to enjoyable and effective Parenting" (STEEP; Erickson/Egeland 2006; Kißgen/Suess 2005), das für die frühe Beratung von Müttern gedacht war, die mit unterschiedlichen sozialen Risiken zu kämpfen haben und
- „Marte-Meo-Beratung" (Bünder et al. 2010), das für die ressourcen-orientierte Beratung von Eltern und pädagogischen Fachkräften in unterschiedlichen Beratungskontexten entwickelt wurde.

Im Wesentlichen geht es dabei um die Abstimmung des elterlichen Verhaltens auf die kindlichen Initiativen und Bedürfnisse in wechselseitig befriedigenden Dialogen im Spiel und Alltag. Das Kind erlebt in diesen Wechselspielen eine Passung („intersubjektive Verständigung und emotionale Bezogenheit") zwischen seinen Interessen und Emotionen mit den Antworten des Erwachsenen und weiterführende Anregungen zur Ausgestaltung der Interaktionen, die ihm als Gerüst („scaffolding") für den Erwerb neuer Kompetenzen dienen („Erfahrungsintegration"). Papousek (2006) hat insbesondere auf die adaptiven Funktionen der vorsprachlichen Kommunikation und die Forschungsergebnisse zur intuitiven elterlichen Früherziehung als Modell für die Frühförderung hingewiesen.

In der Praxis hat es sich bewährt, kurze Videoaufzeichnungen (nicht mehr als zehn 10 bis 15 Minuten) zu machen, um sich einen Eindruck von den Interaktionsformen der Eltern und ihrer Passung zu den kindlichen Bedürfnissen zu machen. Daraus wählt die Fachkraft einzelne Szenen aus, die — entsprechende Erfahrung der Fachkraft vorausgesetzt — unmittelbar im Anschluss mit den Eltern gemeinsam betrachtet und besprochen werden. Dabei werden explorative und bindungsrelevante Verhaltensweisen des Kindes in den Blick genommen, interpretiert, wie das Kind die Situation erlebt und welche emotionalen Reaktionen in der Interaktion miteinander zu erkennen sind.

Im Dialog mit der Fachkraft gewinnen die Eltern an Sicherheit in der Wahrnehmung der kindlichen Ausdrucksformen und Handlungsansätze und erhalten ein Feedback, das ihr Zutrauen in die eigenen Kompetenzen zur Gestaltung entwicklungsförderlicher Interaktionen stärkt. In diesen Dialog fließen Gedanken, Einstellungen, Hoffnungen und Sorgen der Eltern ein und können in ihren Auswirkungen auf die Interaktion und Beziehung mit dem Kind reflektiert werden. Standbilder von gut gelingenden Interaktionen aus den Videoaufzeichnungen wirken als Ankerpunkte für die Veränderung von Interaktionsmustern im Alltag. Die Praxiserfahrungen mit dieser Methode zeigen, dass die Eltern auf diese Weise rasch erkennen, wie sie durch ihr eigenes Verhalten in der Interaktion Einfluss auf die kindliche Beteiligung nehmen und Entwicklungsimpulse setzen können.

> **TIPP**
>
> Die Fachkraft achtet dabei auf drei Aspekte:
>
> - Wie ist das Spiel- und Kommunikationsverhalten des Kindes, seine Eigeninitiative, Aufmerksamkeit, Ausdauer, Selbstregulationsfähigkeit und Kooperationsbereitschaft in der Situation?
> - Wie ist die Spielbereitschaft des Erwachsenen einzuschätzen? Entstehen balancierte Episoden sozialen Spiels? Ist der Erwachsene sensibel für die kindlichen Signale und geht er auf die Beiträge des Kindes ein? Wie lenkt der Erwachsene die Situation? Gibt er angemessene Hilfen und Anregungen, die der Entwicklungsstufe des Kindes entsprechen?
> - Besteht eine gute Passung zwischen dem elterlichen Verhalten und dem Hilfebedarf des Kindes?

Die gemeinsame Besprechung mit den Eltern beginnt mit der Frage, welche Fähigkeiten sie selbst im Spiel des Kindes sehen und wo sie noch Hilfebedarf erkennen. Diese Verständigung, welche Kompetenzen des Kindes gefördert werden sollen, ist notwendig, um die Wahrnehmung der Eltern auf Momente zu fokussieren, in denen eben diese Kompetenzen relevant sind.

In einem zweiten Schritt geht die Fachkraft auf Momente des Geschehens ein, in denen die Interaktion gut aufeinander abgestimmt ist, und versucht mit den Eltern zu reflektieren, was zum Gelingen dieser positiven Momente beigetragen haben könnte. Auf diese Weise werden sie für die entwicklungsförderlichen Möglichkeiten sensibilisiert, über die sie in ihrem eigenen Verhaltensrepertoire verfügen, und im Zutrauen zu ihren eigenen Fähigkeiten gestärkt, dass sie die Entwicklung des Kindes selbst wirksam fördern können. Erst wenn die Eltern hinreichendes Zutrauen in ihre eigenen Kompetenzen gewonnen haben und eine vertrauensvolle Arbeitsbeziehung zur Fachkraft besteht, können dann auch ungünstige Verhaltensweisen der Eltern angesprochen werden, z. B. eine übermäßige Lenkung des kindliches Verhaltens, eine Überforderung oder eine unzureichende Sensibilität für seinen Hilfebedarf.

Checkliste: Videogestützte Interaktionsberatung

- Habe ich den Eltern den Zweck der Videoaufzeichnung erklärt?
- Ist es mir gelungen, zunächst positive Interaktionsmomente aufzugreifen, in denen die Eltern Initiativen des Kindes angemessen abwarten und bestärken?
- Habe ich den Eltern zeigen können, wie sie durch ihre Beiträge das Kind zu komplexeren Handlungen im Spiel anregen können?
- Habe ich den Eltern auf Wunsch gezeigt, welche Vorgehensweisen in der jeweiligen Situation entwicklungsförderlich sind?
- Ist es mir gelungen, den Eltern durch die gemeinsame Analyse der Videoaufzeichnungen zu zeigen, wo ihre Kompetenzen liegen?

Effektivität von videogestützter Beratung

Forschungsergebnisse zur Effektivität von videogestützten Beratungskonzepten wurden zunächst in Anwendungsfeldern der Bindungstheorie zusammengetragen. Bakermans-Kranenburg et al. (2003), Juffer et al. (2008) sowie Klein Velderman (2011) belegten die Wirksamkeit von videogestützter Interaktionsberatung zur Stärkung der mütterlichen Sensibilität und zur Prävention von unsicheren Bindungsmustern bei Kindern im frühen Kindesalter. In Meta-Analysen (Kap. 1.2.5), die diese Autoren vorlegten, wurden mehr als 70 Studien mit mehr als 6000 Familien einbezogen. Es handelte sich dabei meist um Familien mit sozialen und biologischen Risikofaktoren, z. B. Mütter mit mehrfachen sozialen Belastungen oder unreif geborene Kinder mit Entwicklungsgefährdungen.

Die Interventionen setzten meist kurz nach der Geburt, spätestens im Alter von sechs bis zwölf Monaten ein. Wenn ausschließlich randomisierte Kontrollgruppenstudien berücksichtigt wurden, ergaben sich in diesen Auswertungen mittlere Effektstärken von $d = .33$ (Kap. 1.2.5) auf die mütterliche Sensibilität und — in geringerem Maße — auf die kindliche Bindungsqualität. Die Effekte waren in Hochrisiko-Familien gleichermaßen deutlich wie in weniger belasteten Familien. Kürzere, auf die Interaktion fokussierte Interventionen erwiesen sich dabei als erfolgreicher als zeitliche ausgedehntere Beratungsangebote.

Fukkink (2008) legte eine Meta-Analyse vor, die sich auf einen etwas breiteren Altersbereich (bis zum Alter von acht Jahren) bezog und in der 29 Interventionsstudien zusammenfassend beurteilt wurden. Auch diese Analyse kommt zu dem Schluss, dass durch eine videogestützte Beratung die Qualität der Eltern-Kind-Beziehungen wirksam gestärkt wird. Die Eltern entwickeln eine positive Einschätzung des eigenen Erziehungsverhaltens, haben mehr Freude an der Interaktion und erleben weniger Probleme im alltäglichen Umgang mit ihrem Kind. Es ergeben sich mittlere Effektstärken für die Veränderung des elterlichen Er- und Beziehungsverhaltens (d = .49) sowie etwas niedrigere Effektstärken für die Veränderung der elterlichen Einstellungen (d = .37) und des Verhaltens der Kinder in der Interaktion mit ihren Eltern (d = .33). In Familien mit Kindern mit belastenden sozial-emotionalen Verhaltensweisen (z. B. Regulationsstörungen, Hyperaktivität) waren die Effekte ausgeprägter.

Die Effektivität videogestützter Beratung zur Veränderung des Verhaltens und der Einstellungen von Eltern junger Kinder kann damit als hinreichend empirisch belegt gelten. Weniger eindeutig sind die Antworten auf die Frage, welche Elemente für die Wirksamkeit dieses Interventionskonzepts entscheidend sind. Einige Konzepte sehen neben der Reflexion des beobachtbaren Interaktionsgeschehens auch eine Thematisierung der eigenen Beziehungserfahrungen der Eltern und ihrer möglichen Auswirkungen vor (z. B. im STEEP-Programm). Die Befunde, ob eine solche – eher psychotherapeutische – Komponente für die Nachhaltigkeit von Veränderungen im Er- und Beziehungsverhaltens wichtig ist, sind jedoch nicht konsistent (z. B. Juffer et al. 2008; Svanberg 2009).

Es liegen zusätzlich drei Meta-Analysen vor, die die Wirksamkeit videogestützter Beratung von Eltern auch für die Förderung von Kindern mit Beeinträchtigungen der kognitiven, sprachlichen und sozialen Entwicklung belegen. Auf die Ergebnisse einzelner Studien wird in den jeweiligen Kapiteln Bezug genommen.

Roberts/Kaiser (2011) analysierten die Ergebnisse von 18 Studien zu elternbasierten Interventionen bei Kindern mit unterschiedlichen Spracherwerbsproblemen. Sie wiesen einen positiven Effekt auf verschiedene Sprachmaße im Vergleich zum Entwicklungsverlauf in Kontrollgruppen nach und korrelative Zusammenhänge zwischen der Verbesserung der elterlichen Responsivität, der Häufigkeit von dialogischen Interaktionen zwischen Eltern und Kindern und dem Sprachentwicklungsfortschritt.

Young Kong/Carta (2011) identifizierten 26 Studien, die zwischen 1990 und 2010 erschienen sind. In diese Studien wurden Kinder mit allgemeinen Entwicklungsverzögerung, sozialen Risiken, Spracherwerbsproblemen und Autismus-Spektrum-Störungen einbezogen. In der Mehrzahl handelte es sich um randomisierte Kontrollgruppenstudien. Die Dauer der Interventionen variierte zwischen 6 und 27 Wochen.

Es zeigten sich fast ausnahmslos signifikante Veränderungen in der Responsivität der Eltern im Vergleich zu den Kontrollgruppen, z. B. eine Zunahme kontingenter Antwortbereitschaft der Eltern auf kommunikative Beiträge der Kinder und entwicklungsförderlicher Merkmale ihres Sprachangebots. In diesen beiden Variablen waren große Effektstärken zu beobachten ($d=0.52 - 1.79$). Die Studien dokumentierten auch positive Auswirkungen auf die sozial-kommunikativen Fähigkeiten (vorsprachliche Kommunikationsfähigkeiten, rezeptiver und expressiver Wortschatz, Komplexität der sprachlichen Äußerungen) sowie auf die soziale Beteiligung und Kooperationsbereitschaft der Kinder. Fünf Studien belegten zusätzlich positive Effekte auf die Bindungsqualität, die Fähigkeit zur affektiven Selbstregulation und eine Abnahme von negativen Affekten in der Interaktion bei den Kindern, deren Eltern an videogestützten Beratungsprogrammen teilgenommen hatten. Ebenso viele Studien stellten Effekte auf die kognitiven Fähigkeiten der Kinder bei Spielbeobachten oder in standardisierten Entwicklungstests fest. Bei allen Studien, die Nachuntersuchungen vornahmen, blieben die Effekte auch nach vier, sechs oder zwölf Monaten stabil erkennbar.

Kemp/Turnbull (2014) analysierten ergänzend acht Studien, die zwischen 2011 und 2013 erschienen. Es handelte sich auch hier um Kinder mit allgemeiner Entwicklungsverzögerung, Spracherwerbsproblemen, motorischen Störungen oder Autismus-Spektrum-Störung. Die Beratungsprozesse umfassten wöchentliche Sitzungen (überwiegend zuhause) von 20 bis 90 Minuten Dauer über einen Zeitraum von 11 bis 36 Wochen. Übereinstimmend zeigten auch diese die Studien, dass die Eltern responsive Interaktionsstrategien übernahmen und ihre subjektive Belastung in der Erziehungssituation abnahm. Auf Seiten der Kinder wurden Verbesserungen in sprachlichen Fähigkeiten, sozial-kommunikativen Fähigkeiten und adaptiven Fähigkeiten dokumentiert.

1.2.4 Interdisziplinäre Kooperation und Teamorientierung

Ein weiteres Grundprinzip der Frühförderung ist die interdisziplinäre Kooperation. In Sozialpädiatrischen Zentren wird von einer interdisziplinären Kooperation zwischen Kinderärzten, Psychologen, medizinischen Therapeuten und (Sozial-)Pädagogen als charakteristisches Merkmal der Arbeit ausgegangen. Interdisziplinäre Frühförderstellen kooperieren mit anderen Frühförderstellen, therapeutischen Praxen, niedergelassenen Ärzten und Sozialpädiatrischen Zentren. Solche Kooperationen werden in einer bundesweiten Erhebung von fast allen Frühförderstellen angegeben (ISG 2008).

Sonderpädagogische Frühförderstellen, die an Sonderschulen angegliedert sind, haben deutlich seltener regelmäßige Kontakte zu Kinderärzten oder Sozialpädiatrischen Zentren. Am ehesten pflegen Mitarbeiter von Frühförderstellen für sprachbehinderte oder hörgeschädigte Kinder einen Kontakt zu niedergelassenen Sprachtherapeuten, bzw. Mitarbeiter von Frühförderstellen für körperbehinderte Kinder einen regelmäßigen Kontakt zu Physiotherapeuten (Sarimski 2013a). Hier kann eher von regionaler Vernetzung als von interdisziplinärer Kooperation gesprochen werden.

_ DEFINITION _

> **Kooperation** lässt sich auf einer allgemeinen Ebene beschreiben als Interaktion zwischen verschiedenen autonomen Systemen (Schnittstellen), die in einem gemeinsamen Kommunikationsprozess zwischen gleichberechtigten Partnern Differenzen klären, gemeinsame Ziele aushandeln und diese gemeinsamen Ziele in verbindlichen Regelungen umsetzen (Behringer/Höfer 2005).

Grundsätzlich sind dabei je nach Intensität der Kooperation multi-, inter- und transdisziplinäre Konzepte der Teamarbeit voneinander zu unterscheiden. Multidisziplinäre Teams bestehen aus Fachkräften mit unterschiedlichen beruflichen Qualifikationen. Sie führen ihre diagnostischen und therapeutischen Maßnahmen weitgehend unabhängig voneinander durch, stimmen sich aber nicht auf ein gemeinsames Förder- oder Therapiekonzept ab. Bei diesem Ansatz haben die Eltern mehrere Fachkräfte als Partner; eine Koordination der Empfehlungen und Interventionen ist nicht gesichert.

In interdisziplinären Teams informieren sich die einzelnen Fachkräfte über ihre Befunde, ihre Überlegungen zur Förder-/Therapieplanung und die Beobachtungen zum Entwicklungsverlauf und beraten sich in regelmäßigen Fallbesprechungen. Sie klären die Erwartungen aller Beteiligten, handeln gemeinsame Ziele aus und tragen dafür Sorge, dass diese Ziele auch von allen als verbindlich angenommen werden. Damit ist die Wahrscheinlichkeit höher, dass die Eltern die Angebote der Frühförderung als aufeinander abgestimmt und gut koordiniert erleben.

In transdisziplinären Teams bringen alle Fachkräfte ihr Fachwissen ein und fühlen sich gemeinsam für die Planung und Begleitung von Kind und Familie verantwortlich. Ein Teammitglied übernimmt dabei die Begleitung des Kindes und der Familie. Es bezieht die anderen Fachkräfte ein, indem es sich bei fachspezifischen Fragen mit ihnen berät oder einzelne Termine mit der Familie gemeinsam organisiert werden („Frühförderung aus einer Hand"). Damit ist die Wahrscheinlichkeit hoch, dass die verschiedenen Interventionen gut koordiniert und auf die besonderen Bedürfnisse der Familie und ihre Ressourcen abgestimmt sind. Das transdisziplinäre Konzept entspricht der Philosophie familienorientierter Förderung am besten.

Ein solches Verständnis von Kooperation stellt jedoch besondere Anforderungen an die beteiligten Fachkräfte. Sie müssen bereit sein, ihr Fachwissen weiterzugeben und sich in flexibler Weise auf die Fragen der Fachkraft einzustellen, die die Familie begleitet. Sie müssen die Rolle, professionelle Sichtweise und die fachliche Kompetenz der jeweils anderen Berufsgruppen respektieren und zu einem Prozess der gemeinsamen Problemlösung und Verständigung über Ziele und Vorgehensweisen bereit sein. Grundsätzlich kann dabei jede Fachkraft – Heil-, Sozial- oder Sonderpädagoge, Ergotherapeut, Sprachtherapeut oder Physiotherapeut – die Rolle der Koordination gegenüber der Familie übernehmen.

Interdisziplinäre Zusammenarbeit wird von allen Beteiligten in der Frühförderung als wichtig und als Voraussetzung für eine hohe Qualität familienorientierter Frühförderung erachtet. Die Fachkräfte nennen aber auch Hindernisse für die Zusammenarbeit. Dazu gehören Zeitmangel, unzureichende Berücksichtigung in den Vergütungsregelungen und Personalknappheit.

> **TIPP**
> Wichtig für das Gelingen der Kooperation ist eine offene Form der Kommunikation, wechselseitiger Respekt vor den fachlichen Kompetenzen der verschiedenen Berufsgruppen und eine verbindliche positive Grundeinstellung zur Zusammenarbeit sowie zu einem familienorientierten Konzept (Yang et al. 2013).

Im internationalen Kontext betonen die Berufsverbände der Physiotherapeuten, Sprachtherapeuten und Ergotherapeuten die Bedeutung des Erwerbs von Kompetenzen zur interdisziplinären Zusammenarbeit in der Vorbereitung auf eine Tätigkeit in der Frühförderung (Catalino et al. 2015; Muhlenhaupt et al. 2015; Prelock/Deppe 2015).

Schlüsselprozesse interdisziplinärer Zusammenarbeit sind die Eingangsdiagnostik zur Beurteilung der Indikation für Frühförderung als Komplexleistung (Kap. 1.1), fallbezogene Kontakte zu Ärzten und die Abstimmung von Förder- und Therapiemaßnahmen, wenn mehrere Leistungen parallel oder nacheinander erbracht werden, sowie ein berufsübergreifender Austausch innerhalb des Teams einer Frühförderstelle (Behringer 2005; Thurmair 2013). Ein solcher Austausch findet in der Mehrzahl der interdisziplinären Frühförderstellen in regelmäßigen Teamsitzungen statt, in anderen Fällen jedoch nur dann, wenn eine Fachkraft einen Bedarf zu Absprachen anmeldet. Teamsitzungen können als Gesamt-, Bereichs- oder fallbezogenes Team organisiert werden. Jenni (2004) formuliert „Spielregeln" für interdisziplinäre Sitzungen und Aufgaben der Gesprächsleitung, die ein Gelingen der Zusammenarbeit erleichtern, an denen sich die folgende Checkliste orientiert.

Checkliste: Entwicklung von Teamstrukturen

- Sind wir uns des eigenen fachlichen und persönlichen Förderkonzeptes bewusst?
- Respektieren wir die Förderkonzepte der anderen beteiligten Disziplinen?
- Sind die wechselseitigen Erwartungen aneinander geklärt?
- Haben wir uns auf ein familien-, beziehungs- und alltagsintegriertes Konzept der Förderung verständigt?
- Haben wir Zeit für Kooperationsgespräche geschaffen?
- Haben wir uns auf verbindliche Strukturen für die Zusammenarbeit verständigt?

Kooperation muss auf Dauer angelegt sein, damit Hierarchien aufgebrochen, Vorurteile abgebaut und eine gemeinsame Sprache entwickelt werden kann. Nur auf diese Weise kann ein wechselseitiger Austausch von Informationen gesichert und eine Vertrauensbasis für die Zusammenarbeit entwickelt werden. Dies erfordert einen erhöhten organisatorischen Aufwand.

Wenn interdisziplinäre Kooperation gelingt, erleben alle Beteiligten dies als Erweiterung von Kompetenzen und Wissen, Möglichkeit zur Reflexion und zur Aufteilung der Verantwortung sowie kontinuierlichen Impuls zur konzeptionellen Weiterentwicklung

Niedergelassene Kinderärzte und Sozialpädiatrische Zentren sind die wichtigsten externen Kooperationspartner der Frühförderstellen. Sie sind meist nicht direkt an der Förderung des Kindes beteiligt, ihnen wird aber von den Eltern die größte Kompetenz zur Aufklärung über die Entwicklungsprobleme des Kindes und Beratung zu den Entwicklungsperspektiven zugemessen. Die relative Distanz zur konkreten Förderung oder Behandlung des Kindes erlaubt es ihnen, Veränderungen im Entwicklungsverlauf deutlicher zu erkennen und Schwerpunkte der weiteren Förderung, ihrer Intensität und Zielsetzung mit den Eltern zu reflektieren. Ihnen kommt damit eine wichtige Rolle zu. Es ist aber erforderlich, dass die Inhalte der Gespräche mit den Eltern eng abgestimmt werden mit den Sichtweisen der beteiligten Pädagogen, Psychologen oder Therapeuten.

„Vertikale" Kommunikationsstrukturen, bei denen den Einschätzungen des Kinderarztes a priori Vorrang eingeräumt wird, erschweren die Zusammenarbeit in einem interdisziplinären Team. Der Aufbau vertrauensvoller und verlässlicher Kooperationsstrukturen mit den Ärzten in einer Praxis oder einem SPZ setzt ein hohes Maß persönlichen Engagements aller Beteiligten voraus. Die Initiative zur Kooperation geht dabei meist von den Frühförderstellen aus, die dies auch als ihre Aufgabe ansehen. Sie beschränkt sich jedoch häufig auf die Absprache zur Förder- und Therapieplanung nach Abschluss der Diagnostik. Eine intensivere Form der Zusammenarbeit scheitert oft aus Zeitmangel und mangelnder Berücksichtigung von Prozessen der interdisziplinären Kooperation in den Vergütungsstrukturen von Ärzten und Therapeuten.

1.2.5 Qualitätssicherung

Zu den Prinzipien der Frühförderung gehört die Sicherung der Struktur-, Prozess- und Ergebnisqualität. Die Fragen, was förderliche Bedingungen für die Arbeit in den Einrichtungen, was Qualitätskriterien für eine „gute Praxis" sind und wie der Erfolg von Frühförderung beurteilt werden kann, sind Gegenstand der Diskussion in der Fachöffentlichkeit (z. B. Peterander 2002, 2008; Pretis 2002; Weiß 2002). Grundsätzlich steht die Frühförderung dabei vor der Herausforderung, individuell auf die Bedürfnisse der Kinder und ihrer Familien abgestimmte Maßnahmen in ihrer Wirksamkeit zu überprüfen. Jede Fachkraft muss (für sich selbst und die Eltern) nachvollziehbar beschreiben können, welche Methoden sie im Einzelfall einsetzt, objektiv beurteilbare Zielkriterien auswählen und Strategien benennen, wie diese Ziele erreicht werden sollen. In den Nachbardisziplinen der Medizin und Psychotherapie wurden zu diesem Zweck Leitlinien entwickelt, die sich auf die Zusammenstellung von wichtigen Forschungsergebnissen stützen („evidenz-basierte Leitlinien"). Zur Erstellung solcher Leitlinien kann ein breites Spektrum von Forschungsmethoden von Experimental- und Kontrollgruppenstudien, Korrelationsstudien, systematischen Einzelfallstudien und qualitativen Untersuchungsdesigns einen Beitrag leisten (Hartke/Koch 2008). Für die Beurteilung der Forschungslage werden dabei mindestens fünf Stufen von Evidenz unterschieden:

- systematische Reviews und Meta-Analysen,
- randomisiert-kontrollierte Studien,
- Studien mit einem Prä-Post-Design,
- Fallberichte und
- Konsens von Experten in einem Fachgebiet zu potenziell wirksamen Maßnahmen.

Methodisches Vorgehen bei Wirksamkeitsstudien

Für jede empirische Studie zur Überprüfung der Wirksamkeit einer Förder- oder Therapiemaßnahme ist zunächst einmal zu fordern, dass die Zielgruppe genau definiert wird, für die die Wirksamkeit der Intervention überprüft werden soll. Ein- und Ausschlusskriterien sind festzulegen. Das bedeutet z. B., dass bei Interventionen zur sprachlichen Förderung festzulegen ist, ob die Maßnahme an Kindern mit einer spezifischen Sprachentwicklungsstörung überprüft werden soll oder auch für Kinder mit einer audiogenen Spracherwerbsproblematik (Hörschädigung) bzw. Kinder mit sekundären Sprachentwicklungsproblemen (im Rahmen einer intellektuellen Behinderung) Wirksamkeit beansprucht. Im ersten Fall müssen entsprechende Einschlusskriterien für die Zusammensetzung der Stichprobe (in diesem Beispiel „Ausschluss einer Hörschädigung" und „altersgemäße kognitive Entwicklung") festgelegt werden. Danach wird eine Stichprobe ausgewählt, die bei hinreichender Größe als repräsentativ für die Zielpopulation gelten kann.

Für die Prüfung der Wirksamkeit einer Förderung oder Therapie bestehen dann im Prinzip zwei Möglichkeiten. Entweder wird die Ausprägung der Variablen, auf die die Maßnahme wirken soll, vor und nach der Intervention gemessen (Prä-Post-Design). Bei einem Prä-Post-Vergleich muss gesichert werden, dass die beobachteten Veränderungen im Zielkriterium tatsächlich auf die Intervention zurückzuführen sind und es nicht womöglich andere Variablen waren, die diesen Effekt bewirkt haben (z. B. die vergangene Zeit oder eine vermehrte Zuwendung und Beschäftigung der Eltern mit ihrem Kind während des Interventionszeitraums).

Eine sichere Aussage über die Wirksamkeit einer Förderung oder Therapie kann getroffen werden, wenn die Veränderung verglichen werden kann mit der Entwicklung in einer (randomisierten) Kontrollgruppe. Dazu wird die Stichprobe nach dem Zufallsprinzip aufgeteilt. Durch die zufällige Aufteilung soll gewährleistet werden, dass die beiden Teilgruppen auch hinsichtlich solcher Eigenschaften vergleichbar sind, die in der Zielpopulation nicht explizit kontrolliert werden können, auf den Entwicklungsverlauf aber hätten Einfluss nehmen können. Solche unkontrollierten „Störvariablen" können z. B. der Besuch von Kindertagesstätten unterschiedlicher Qualität sein oder parallel durchgeführte Fördermaßnahmen unterschiedlicher Intensität.

Bei der Bildung von Kontrollgruppen steht die Forschergruppe vor der Frage, ob eine bestimmte (potenziell wirksame) Intervention einer Gruppe aus Gründen der Forschung vorenthalten werden kann. Dieses Problem lässt sich auf zweierlei Weise lösen.

In der Praxis stellt sich die Situation oft so dar, dass eine Intervention zunächst aus Gründen begrenzter Ressourcen nur an einer kleinen Gruppe erprobt werden kann. In diesem Fall lässt sich eine sogenannte Warte-Kontrollgruppe bilden, bei der die Intervention zu einem späteren Zeitpunkt durchgeführt wird. Zeigt sich in dem Zielkriterium, auf die die Intervention wirken soll, sowohl in der Experimentalgruppe wie auch (später) in der Kontrollgruppe, wenn dort die Intervention einsetzt, der erwartete Effekt, spricht das für die Wirksamkeit der Maßnahme. Zweitens kann ein Vergleich zwischen einem innovativen Förderkonzept mit der regional üblichen Versorgung oder einer bereits etablierten Interventionsmethode gezogen werden. Die Forscher benennen die Kontrollgruppe im diesem Fall als „Treatment-as-usual" (TAU)-Gruppe.

Schließlich ist es notwendig, die Generalisierung von Förder- oder Therapieeffekten und ihre Dauerhaftigkeit zu dokumentieren. So kann z. B. nicht von vornherein angenommen werden, dass sich Entwicklungsfortschritte, die ein Kind in einer Einzelförderung macht, auch im Alltag zu einer Verbesserung seiner sozialen Teilhabe beitragen. Ebenso wenig kann als sicher angenommen werden, dass Entwicklungsfortschritte stabil sind, d. h. auch einige Zeit nach Abschluss der Intervention noch Unterschiede erkennbar sind zu den Kompetenzen von Kindern, die keine Intervention erhalten haben. Beides muss in Evaluationsstudien systematisch überprüft werden.

Möglichkeit und Grenzen von Wirksamkeitsstudien in der Frühförderung

Im Vergleich zur Medizin und Psychotherapie ist die Frühförderung ein relativ junges Arbeitsfeld. Der Forschungsstand zur Wirksamkeit ihrer Maßnahmen ist deshalb noch lückenhaft. Dennoch gilt es, auch in diesem Arbeitsfeld die Förder- und Therapiemaßnahmen bestmöglich auf ihre wissenschaftliche Evidenz hin zu beurteilen (Lambert 2001).

Diese wissenschaftliche Überprüfung trifft auf mehrere spezifische Schwierigkeiten. Die Interventionen der Frühförderung müssen auf die individuellen Bedürfnisse des Einzelfalls abgestimmt werden. Es ist deshalb nur begrenzt möglich, homogene Stichproben zu definieren und die Vorgehensweisen bei einer Intervention soweit zu standardisieren, dass ihre Ergebnisse über den Einzelfall hinaus verallgemeinert werden können.

Hinzu kommt, dass ein Teil der Entwicklungsstörungen im Arbeitsfeld der Frühförderung eine niedrige Prävalenz haben. Das bedeutet, dass es schwierig ist, hinreichend große, repräsentative Stichproben für Wirksamkeitsstudien zusammenzustellen. In der Praxis wird die Effektivität deshalb oft an Kindern untersucht, die mit einem bestimmten Störungsbild bereits in einer Frühförderstelle oder einem Sozialpädiatrischen Zentrum vorgestellt wurden (sog. „klinische" Stichproben oder „In-Anspruchnahme-Populationen"). Es kann nicht ausgeschlossen werden, dass sich diese Gruppe in einzelnen Merkmalen (z. B. im sozialen Bildungsstatus der Eltern) von Kindern unterscheidet, die eben (noch) nicht im System der Frühförderung betreut werden.

Für viele Teilbereiche lassen sich jedoch durchaus Forschungsergebnisse finden, aus denen empirisch validierte Leitlinien für die Frühförderung abgeleitet werden können. Besonders wertvoll sind dabei Reviews und sogenannte Meta-Analysen, die eine große Zahl von Einzelstudien nach einheitlichen Kriterien bewerten und ihre Ergebnisse zusammenfassen. Aus ihnen kann eine Aussage über die Stärke von Effekten und über den Einfluss von verschiedenen Einflussfaktoren („Moderatorvariablen") gemacht werden. Die Effektstärken werden in einem statistischen Maß — mit dem statistischen Kennwert d bezeichnet — ausgedrückt, der zeigt, wie groß der Unterschied im Zielkriterium bei einem Prä-Post- oder Kontrollgruppenvergleich ist in Beziehung zur Variabilität innerhalb der Untersuchungsgruppen. Solche Reviews und Meta-Analysen liegen z. B. zur Wirksamkeit von Interventionen bei Kindern mit Spracherwerbsproblemen und sozial-emotionalen Entwicklungsstörungen vor oder zur Wirksamkeit von Konzepten, mit denen entwicklungsförderliche Interaktionsmuster oder Erziehungskompetenzen von Eltern gefördert werden sollen.

> **!** Leitlinien für die Praxis der Frühförderung müssen die Ergebnisse von Reviews, Meta-Analysen sowie Untersuchungen mit Prä-Post- oder Kontrollgruppendesign berücksichtigen, sofern sie vorliegen.

Für Aufgaben der Frühförderung, in denen eine solche Forschungsbasis (noch) nicht vorliegt, sollten die Interventionen auf Entwicklungsmodelle bezogen werden, die auf der Analyse von Zusammenhangsmustern in Entwicklungsprozessen beruhen. Solche Zusammenhänge lassen sich aus Korrelationsanalysen erkennen. Sie identifizieren die Faktoren, die mit dem Entwicklungsverlauf in einem bestimmten Bereich assoziiert sind. Dabei sind längsschnittlich angelegte Untersuchungen besonders aufschlussreich, um Prädiktoren für den weiteren Entwicklungsverlauf zu bestimmen, die durch gezielte Frühfördermaßnahmen beeinflussbar sind.

Eine weitere methodische Schwierigkeit liegt in der Wahl eines geeigneten Kriteriums für die Beurteilung des Erfolgs. Es bietet sich auf den ersten Blick an, die Wirksamkeit von Förder- und Therapiemaßnahmen am Entwicklungsverlauf der Kinder zu messen, wie er in Entwicklungstests dokumentiert wird. Sie zeigen den Fortschritt eines Kindes beim Erwerb von einzelnen Fertigkeiten im Vergleich zum Entwicklungsstand von gleichalten Kindern, bei denen keine Entwicklungsgefährdung vorliegt. Es ist jedoch nicht anzunehmen, dass sich bereits Effekte auf das Ergebnis von Entwicklungstests zeigen, wenn eine Intervention nur wenige Wochen durchgeführt wird.

Eine Alternative besteht in der Beurteilung von Variablen, von denen aufgrund bekannter entwicklungspsychologischer Zusammenhänge eine positive Wirkung auf den längerfristigen Entwicklungsverlauf erwartet werden kann. Dabei geht es darum, „Schlüsselkompetenzen" wie Motivation und Eigeninitiative, Zutrauen in die eigenen Fähigkeiten, Selbstregulation von Handlungen und Affekten, Kooperationsbereitschaft und andere soziale Kompetenzen zu beurteilen.

So kann bspw. eine Intervention in ihrer Wirkung auf die Eigeninitiative oder Ausdauer der Kinder im Spiel oder in ihrer Wirkung auf die Häufigkeit und Dauer der Beteiligung an kommunikativen Dialogen gemessen werden. Es liegen zahlreiche korrelative Forschungsergebnisse (Mahoney et al. 2006) vor, die belegen, dass diese qualitativen Merkmale des Spiel- oder Sprachverhaltens als „Schlüsselkompetenzen" mit dem längerfristigen Verlauf der kognitiven oder sprachlichen Entwicklung assoziiert sind. Daher ist es plausibel zu schließen, dass eine Intervention, die zu einer Veränderung in diesen Merkmalen führt, sich langfristig positiv auf den weiteren Entwicklungsverlauf der Kinder auswirken wird.

Die Prinzipien der Resilienz-, Familien-, Interaktions- und Beziehungsorientierung der Förderung implizieren schließlich, dass die Wirksamkeit von Förder- und Therapiemaßnahmen nicht ausschließlich an positiven Auswirkungen auf den Entwicklungsverlauf der Kinder gemessen werden sollte. In die Evaluation müssen die Gesamtheit der Beziehungen zwischen dem Kind und seiner Umwelt und die Qualität seiner sozialen Teilhabe einbezogen werden. Eine Reduzierung von familiären Belastungen, das Gelingen der familiären Anpassungsprozesse, die Stärkung der elterlichen Kompetenzen zur Bewältigung der besonderen Herausforderung und die Erweiterung ihrer sozialen Unterstützungsnetze sind als Evaluationsmaße in der Frühförderung ebenso bedeutsam wie Entwicklungsfortschritte der Kinder selbst.

Ein kritische Haltung und ein evidenzbasiertes Handeln, bei dem Maßnahmen der Frühförderung auf die Ergebnisse von Interventionsstudien und auf empirisch fundierte Entwicklungsmodelle gestützt werden, ist zur Qualitätssicherung der Frühförderung unerlässlich. Kinder mit Entwicklungsgefährdungen und ihre Familien haben einen Anspruch darauf, dass sich ihre Förderung, Therapie und Unterstützung bestmöglich auf das verfügbare Wissen stützt, welche Maßnahmen wirksam sind. Das gilt umso mehr angesichts der Vielfalt der Verfahren, die in der Praxis eingesetzt werden. Sofern Studien zur Wirksamkeit von Förder- und Therapiemaßnahmen in der Frühförderung vorliegen, wurden sie deshalb für die Leitlinien berücksichtigt, die in diesem Handbuch formuliert werden.

Alle Verfahren der Ergotherapie, Sprachtherapie, Physiotherapie oder Heilpädagogik, die in der Aus- oder Fortbildung vermittelt werden und die sich in den Augen vieler Praktiker bewährt haben, müssen sich der Überprüfung ihrer Wirksamkeit für die verschiedenen Zielgruppen der Frühförderung stellen. Dies gilt z. B. für die Sensorische Integrationstherapie, die Förderung nach Frostig, die Psychomotorik oder die verschiedenen Methoden der Physiotherapie. Besonders wichtig ist aber eine kritische Haltung gegenüber alternativen Verfahren, z. B. der Kinesiologie, der Heileurythmie, des Hörtrainings nach Tomatis, der Methoden der neurologischen Re-Organisation nach Doman-Delacato oder Padovan, und gegenüber anderen „exotischen" Verfahren, deren Verfechter Hoffnungen auf nachhaltige Veränderungen bei Kindern mit Entwicklungsstörungen schüren, die einer wissenschaftlichen Überprüfung nicht standhalten (Karch 2002).

> Verfahren, die sich auf empirisch nicht gesicherte Entwicklungsmodelle berufen, und Verfahren, bei denen systematische Evaluationsstudien keinen Beleg ihrer Wirksamkeit gefunden oder erhebliche Risiken dokumentiert haben, haben keine Berechtigung im Arbeitsfeld der Frühförderung.

ZUSAMMENFASSUNG

Die Arbeit im System der Frühförderung ist charakterisiert durch die Prinzipien der Resilienz- und Familienorientierung. Zentrale Elemente sind die Unterstützung von Eltern-Kind-Interaktionen und Beziehungen zur Gestaltung einer entwicklungsförderlichen Umgebung in der Familie. Die Fachkräfte orientieren sich dabei an den Bedürfnissen, Sorgen und Ressourcen der Familien und beziehen die Eltern in vertrauensvoller Kommunikation bei allen Entscheidungsprozessen ein. Das Ziel ist die Stärkung des Zutrauens der Eltern in ihre eigenen Fähigkeiten, die besondere Herausforderung zu meistern, die mit den Entwicklungsproblemen des Kindes verbunden sind. Die Unterstützung entwicklungsförderlicher Interaktionsformen seitens der Eltern (Coaching) und die kindorientierte Förderung bilden dabei ein Spannungsfeld, in dem für jede Familie flexible Lösungen gefunden werden müssen. Die Wirksamkeit von Maßnahmen zur Förderung der elterlichen „Responsivität" kann als gut belegt gelten.

Evaluationsstudien sprechen dafür, dass die Eltern weit überwiegend mit den Leistungen der Frühförderung zufrieden sind. Das gilt jedoch nicht für alle Eltern und nicht für alle Aspekte des Leistungsangebotes. Ein Teil der Eltern wünscht sich eine stärkere emotionale Unterstützung durch die Fachkräfte, mehr Verständnis für die Bedürfnisse der Familie als Ganzes und einen stärkeren Alltagsbezug der Fördervorschläge.

Interdisziplinarität und Teamorientierung sowie die Orientierung der Frühfördermaßnamen an wissenschaftlicher Evidenz sind weitere Grundprinzipien der Arbeit in der Frühförderung. Leitlinien für die Praxis der Frühförderung berücksichtigen die Ergebnisse von Reviews, Meta-Analysen sowie Untersuchungen mit Prä-Post- oder Kontrollgruppendesign, sofern sie vorliegen. Für Aufgaben der Frühförderung, in denen eine solche Forschungsbasis (noch) nicht vorliegt, sollten die Interventionen aus Entwicklungsmodellen abgeleitet werden, die auf der empirischen Analyse von Zusammenhangsmustern in Entwicklungsprozessen beruhen.

1.3 Diagnostik

Entsprechend den Grundprinzipien der Frühförderung geht es bei der Diagnostik in diesem Arbeitsfeld um einen komplexen Prozess, bei dem sowohl die Kompetenzen des Kindes im Vergleich zu Kindern gleichen Alters und ihr Förder- und Unterstützungsbedarf als auch die Qualität seiner sozialen Teilhabe an den Eltern-Kind-Interaktionen und an den sozialen Aktivitäten in seinem sozialen Umfeld analysiert werden müssen.

1.3.1 Diagnostik im Kontext des ICF-Systems

Das Konzept der Diagnostik bezieht sich dabei auf das bio-psycho-soziale Modell von Entwicklung, das dem System der „Internationalen Klassifikation der Funktionsfähigkeit, Behinderung und Gesundheit" (ICF) zugrundeliegt. Danach gilt als Leitsatz:

> „Behinderung stellt kein Merkmal einer Person dar, sondern repräsentiert ein gesellschaftlich verursachtes Problem und betrifft im Wesentlichen die Frage der vollen Integration Betroffener in der Gesellschaft." (WHO 2011, 48)

Es handelt sich dabei um ein System zur systematischen Beschreibung von Gesundheitsproblemen, in dem Einschränkungen der Körperfunktionen und -strukturen, der Aktivitäten der Person und der sozialen Partizipation gleichermaßen berücksichtigt werden. Das ICF-System soll dazu beitragen, die komplexen Auswirkungen von Behinderungen (Schädigungen) oder biologischen und sozialen Risiken im Kontext seiner Aktivitäten und Partizipation am sozialen Alltag sowie förderlichen oder hinderlichen Kontextfaktoren zu verstehen (Abb. 7). Es soll die medizinischen Klassifikationssysteme (ICD-10 bzw. DSM-V) ergänzen, die zur Erstellung von Diagnosen und Diagnoseverschlüsselung (gegenüber Krankenkassen und anderen Kostenträgern) verwendet werden. Die Klassifikation von Behinderungen oder Entwicklungsauffälligkeiten innerhalb der medizinischen Klassifikationssysteme liefert diagnostische Kategorien als ätiologischer Rahmen, die ICF eine ergänzende Beschreibung der Auswirkungen auf die soziale Teilhabe als Orientierungshilfe für die Förder- und Behandlungsplanung.

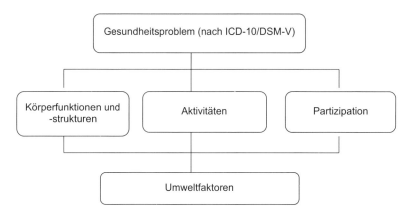

Abb. 7: Wechselwirkungen zwischen den Komponenten der ICF

Seit 2007 steht eine Kinder- und Jugendversion (ICF-CY) zur Verfügung, die mittlerweile auch als deutsche Übersetzung erhältlich ist (Hollenweger/Kraus de Camargo 2011; WHO 2011). Erste Erfahrungen mit der Implementierung dieses Systems in der Frühförderung sowie Überlegungen zur Aus- und Fortbildung liegen vor und wurden z. B. in einem Themenheft der Fachzeitschrift „Frühförderung Interdisziplinär" geschildert (Wolf et al. 2016; Simon/Seidel 2016).

Um die Handhabung für diesen Arbeitsbereich zu vereinfachen, wird diskutiert, für die einzelnen Altersgruppen jeweils eine Auswahl von Codes vorzubereiten, an der sich die Nutzer orientieren können. Solche altersbezogene Listen wurden in einer interdisziplinären Arbeitsgruppe der „Vereinigung für Interdisziplinäre Frühförderung" (VIFF) über eine Expertenbefragung für die Altersgruppen von null bis drei und drei bis sechs Jahren erstellt und publiziert (Kraus de Camargo/Simon 2015).

Der Bezug auf das ICF-Modell entspricht einem familienorientierten Konzept von Frühförderung und erlaubt die Berücksichtigung von familiären Ressourcen, Prioritäten und Belastungen bei der Gestaltung von entwicklungsförderlichen Bedingungen. Ausgangs- und Ansatzpunkt für eine Intervention muss damit nicht zwangsläufig die Funktionseinschränkung des Kindes sein. Umweltfaktoren und Aspekte der sozialen Teilhabe können ebenfalls als Interventionsziele festgelegt werden. Während sich ICD-10 bzw. DSM-V an ätiologischen und pathogenetischen Prozessen und damit an Defiziten des Kindes orientiert, werden auf diese Weise die komplexen Interaktionen eines Kindes in seiner Gesamtheit zur Grundlage der Förder- und Behandlungsplanung gemacht.

Diese Zielsetzung für die Diagnostik ist in der Fachdiskussion nicht mehr strittig. Kontrovers wird dagegen diskutiert, ob dazu die komplexe, sehr zeitaufwändige Kodierung der einzelnen Einschätzungen im ICF-CY-System erforderlich ist, wie sie in den Monografien von Kraus de Camargo/Simon (2015) und − an Beispielen − von Pretis (2016) vorgestellt wird. Die Bewertung nach diesem System umfasst 1700 Einzelitems, die auf mehreren Ebenen in 30 Kapiteln (Oberkategorien) organisiert sind. Dazu zählen u. a. „Lernen und Wissensanwendung", „Kommunikation", „Mobilität", „Selbstversorgung", „Interpersonelle Interaktionen und Beziehungen". Jede einzelne Bewertung ist mit einer Buchstaben-Ziffernkombination zu kodieren und mit einer Schweregradeinschätzung zu versehen.

Der sehr zeitaufwändige Prozess der Kodierung und die Schwierigkeit, Einschränkungen in der Funktion, Aktivitäten und Partizipation sowie ihre Schweregrade eindeutig zu unterscheiden, lassen daran zweifeln, dass eine flächendeckende Implementierung des Systems in der Praxis in einem angemessenen Verhältnis zur damit erreichten Qualitätsverbesserung der Förder- und Behandlungsplanung steht.

Auch in einem bio-psycho-sozialen Modell der Entwicklung bleibt die Stellung einer Diagnose der Ausgangspunkt für die weitere Planung der Frühfördermaßnahmen. Das bedeutet, dass auf „klassische" Messinstrumente wie standardisierte Testverfahren nicht verzichtet werden kann.

Im Rahmen dieses Handbuchs kann kein vollständiger Überblick über die entwicklungsdiagnostischen Verfahren gegeben werden, die für den Altersbereich der Frühförderung zur Verfügung stehen. Ausführliche Informationen über die Grundlagen der klinischen Diagnostik bei Kindern, die Methoden der Datenerhebung und die Diagnostik von Fähigkeiten und Fertigkeiten bei Kindern in den ersten sechs Lebensjahren finden sich in einem Handbuch, das Irblich/Renner (2009) herausgegeben haben. An dieser Stelle sei lediglich auf einige Grundsätze für die Anwendung standardisierter Entwicklungs- und Intelligenztests in der Praxis und auf eine Auswahl von Verfahren hingewiesen. Verfahren zur Beurteilung von kognitiven Teilfunktionen (Aufmerksamkeit, Gedächtnis, exekutive Funktionen) und Komponenten der Sprachentwicklung sowie Verfahren, die spezifisch zur Diagnostik bei sinnes- und körperbehinderten Kindern konzipiert sind, werden in den entsprechenden Kapiteln dieses Handbuchs vorgestellt.

1.3.2 Rahmenbedingungen der Untersuchung

Die Durchführung einer entwicklungsdiagnostischen Untersuchung setzt eine gute Vorbereitung des Untersuchers und der räumlichen Bedingungen voraus. Der Untersucher muss sich mit den Aufgaben und den Durchführungsrichtlinien eines Testverfahrens ausreichend vertraut gemacht haben und eine möglichst ablenkungsarme Umgebung für die Untersuchung sicherstellen. Das Gelingen der Beziehungsaufnahme zum Kind ist Voraussetzung für valide diagnostische Ergebnisse.

 In der Altersgruppe bis drei Jahre sollte die Einführung der Aufgaben spielerisch erfolgen und die Eltern sollten bei der Untersuchung durchgehend anwesend sein, um dem Kind das höchstmögliche Maß von Sicherheit zu vermitteln.

Bei Kindern ab vier Jahren kann die Durchführung auch ohne die Eltern stattfinden. In jedem Fall ist aber eine ausführliche und differenzierte Besprechung aller Beobachtungen und Testergebnisse mit den Eltern erforderlich, um die diagnostischen Ergebnisse für sie nachvollziehbar zu machen und um ihnen die Möglichkeit zu geben, die Eindrücke aus der Untersuchungssituation mit den Erfahrungen zu vergleichen, die sie im Alltag zu den Kompetenzen ihres Kindes machen.

Die Befundbesprechung ist auf die Persönlichkeit, die Erwartungen, Sorgen und Fragestellungen der Eltern abzustimmen. Auch wenn es vordergründig zunächst um die Mitteilung von Diagnosen und Förder- oder Behandlungsvorschlägen geht, müssen die emotionalen Reaktionen der Eltern, mögliche Schuldgefühle oder Selbstvorwürfe in der Befundbesprechung wahrgenommen und thematisiert werden. Bei gravierenden Diagnosen kann nicht erwartet werden, dass die Eltern alle Informationen und die daraus gezogenen Schlussfolgerungen bereits in der ersten Befundbesprechung aufnehmen können, so dass die Möglichkeit zu einem zweiten Gespräch angeboten werden sollte, damit Nachfragen, mögliche Zweifel und Sorgen der Eltern besprochen werden können.

1.3.3 Auswahl von Testverfahren

Die Auswahl der verwendeten Entwicklungs- oder Intelligenztests richtet sich nach der Fragestellung, der Altersgruppe und den Gütekriterien der infrage kommenden Tests.

 Nur wenn die Voraussetzungen der Objektivität, Reliabilität und Validität der Verfahren erfüllt sind, können Aussagen über die Kompetenzen eines Kindes im Vergleich zu gleich alten Kindern und die Indikation zu einer gezielten Förderung gemacht werden.

Testverfahren unterscheiden sich in diesen Gütekriterien sowie in der Aktualität der Normierung, auf die die Auswertung der Beobachtungen zu den kindlichen Fähigkeiten bezogen wird. Darüber hinaus unterscheiden sie sich in der Differenzierungsfähigkeit, d. h. der Fähigkeit, mit ihnen auffällige Kinder zu identifizieren und spezifische Risikogruppen (frühgeborene Kinder, Kinder mit geistiger Behinderung oder Sinnesbehinderung) einzuschätzen, und in der Aussagekraft über das Fähigkeitsprofil eines Kindes. Eine solche Profilanalyse erfordert Testverfahren, die die Fähigkeiten eines Kindes in verschiedenen Teilbereichen weitgehend unabhängig voneinander zu beurteilen erlauben (Macha et al. 2005). Grundsätzlich sind Screeningverfahren von allgemeinen Entwicklungstests zu unterscheiden (Tab. 1).

Tab. 1: Verfahren zur Entwicklungs- und Intelligenzdiagnostik (Auswahl)

Verfahren	Altersgruppe	Autoren
Neuropsychologisches Entwicklungsscreening	0-2	Petermann/Renziehausen (2005)
Münchener Funktionelle Entwicklungsdiagnostik	0-3	Hellbrügge (1994, 2001)
Griffiths Entwicklungsskalen	0-2	Brandt/Sticker (2001)
Entwicklungstest 6 Monate bis 6 Jahre	0-6	Petermann et al. (2008)
Bayley Scales of Infant Development	0-3	Reuner et al. (2007), Reuner u. Rosenkranz (2014)

Verfahren	Altersgruppe	Autoren
Kaufman Assessment Battery for Children – II	3-18	Melchers/Melchers (2015)
Wechsler Preschool and Primary Scale of Intelligence – III	3-7	Petermann (2009)
Snijders-Oomen Nonverbaler Intelligenztest	2 ½ - 7	Tellegen et al. (2007)
Wiener Entwicklungstest	3-6	Kastner-Koller/Deimann (2012)
Bildbasierter Intelligenztest für das Vorschulalter	3-6	Schaarschmidt et al. (2004)
Coloured Progressive Matrices	3-12	Raven et al. (2010)
Wechsler Nonverbal Scale of Ability	4-21	Petermann (2014)
Kognitiver Entwicklungstest für das Kindergartenalter	3-6	Daseking/Petermann (2009)
Intelligenz- und Entwicklungsskalen für das Vorschulalter	3-5	Grob et al. (2009)

Ein Screening hat die Aufgabe, auf möglichst zeitökonomische und verlässliche Weise jene Kinder zu erfassen, bei denen eine Entwicklungsauffälligkeit besteht und eine ausführlichere Untersuchung angezeigt ist. Dazu eignet sich z. B. das „Neuropsychologische Entwicklungsscreening" (NES; Petermann/Renziehausen 2005). Es ist für Kinder im Alter von drei bis 24 Monaten konzipiert und normiert. Es besteht aus altersspezifischen Aufgabensammlungen zur Haltungs- und Bewegungssteuerung, kognitiven Leistungen, visueller Wahrnehmung, Exploration und Visuomotorik sowie Feinmotorik und Sprache, die nach dem „Grenzsteinprinzip" zusammengestellt sind. Jeder dieser Bereiche ist mit drei Items repräsentiert. Dabei handelt es sich vorrangig um leichte Aufgaben, damit Kinder identifiziert werden können, die die altersentsprechenden Mindestanforderungen noch nicht bewältigen.

Für eine ausführliche Entwicklungsdiagnostik von Kindern in den ersten drei Lebensjahren stehen die „Münchener Entwicklungsdiagnostik" (MFED 1 und 2 bis 3; Hellbrügge 1994, 2001), die „Griffiths Entwicklungsskalen" (GES; Brandt/Sticker 2001), der „Entwicklungstest 6 Monate bis 6 Jahre" (ET 6-6; Petermann et al. 2008) sowie die „Bayley Scales of Infant Development" (BSID-II; Reuner et al. 2007) zur Verfügung.

Beim ET 6-6 handelt es sich um ein Verfahren mit, zum Zeitpunkt seiner Veröffentlichung, relativ aktuellen Normen, das testkonstruktiven Gütekriterien entspricht und 2008 in einer dritten Auflage publiziert wurde. Die Normen wurden an 950 Kindern erhoben. Die Autoren verwenden auch hier das Konzept der „Grenzsteine", d. h. sie wählen für jeden von sechs Entwicklungsbereichen in zwölf Altersgruppen einzelne Fertigkeiten aus, an denen sich beurteilen lässt, ob das untersuchte Kind altersgemäß entwickelt ist oder eine unterdurchschnittliche Entwicklung (Risikobereich) bzw. eine gravierende Entwicklungsabweichung vorliegt. Allerdings variiert die Zahl der Items in einzelnen Bereichen so stark, dass nur eine grobe Orientierung möglich ist und der Test durch weitere Untersuchungen ergänzt werden muss, wenn sich in einem Entwicklungsbereich ein unterdurchschnittliches Ergebnis zeigt.

Die deutsche Übersetzung der Bayley-Skalen (BSID-II) bezieht sich auf die 1993 in den USA publizierte Fassung mit den dort angegebenen Normen. Es wurde für die deutsche Version keine erneute Normierung durchgeführt. Die Erfahrungen bei der Anwendung in der Nachsorge frühgeborener Kinder und eine aktuelle Normierungsstudie, die für eine holländische Version durchgeführt wurde, sprechen jedoch dafür, dass die amerikanischen Normwerte für die deutsche Population übernommen werden können. Das Verfahren differenziert allerdings nur zwischen einer kognitiven (mentalen) und einer motorischen Skala und lässt darüber hinaus nur qualitative Aussagen über Stärken und Schwächen eines Kindes in einzelnen Teilbereichen zu.

Eine differenziertere Profilauswertung in fünf Entwicklungsbereiche ist in einer weiter entwickelten Fassung vorgesehen, die in den USA als Bayley-III (Bayley 2006) veröffentlicht wurde. Sie enthält eine kognitive Skala, eine Sprachskala, eine Motorikskala, einen Fragebogen zur sozial-emotionalen Entwicklung und einen Fragebogen zu Alltagsfertigkeiten (adaptive Kompetenzen). Das Verfahren setzt eine besondere Qualifikation des Untersuchers und große Sorgfalt bei der Durchführung und Interpretation voraus, erlaubt in dieser Version jedoch wesentlich bessere Aussagemöglichkeiten zu Stärken und Schwächen der untersuchten Kinder, insbesondere eine Differenzierung zwischen non-verbalen kognitiven und sprachlichen Fähigkeiten. Die deutsche Version ist als Bayley-III (Reuner/Rosenkranz 2014) mittlerweile veröffentlicht.

Für die Beurteilung der intellektuellen Entwicklung von Kindern im Alter von drei bis sechs Jahren wird empfohlen, sich auf die Intelligenztheorie von Cattell, Horn und Carroll (CHC-Theorie) zu beziehen (Renner/Mickley 2015). Auf der Basis von faktorenanalytischen Studien werden danach zehn Faktoren und weitere spezifischere kognitiven Fähigkeiten voneinander abgegrenzt. Zu den übergreifenden Faktoren („broad abilities") gehört schlussfolgerndes, logisches Denken, erworbenes Wissen, Kurzzeitgedächtnis, visuelle und auditive Verarbeitung, Langzeitspeicherung und -abruf sowie Verarbeitungsgeschwindigkeit bei kognitiven Prozessen.

Intelligenzdiagnostik reduziert sich bei diesem Ansatz nicht auf die Anwendung eines einzelnen Intelligenztests, sondern erlaubt die Kombination von Teiltests aus verschiedenen Verfahren, da kein Intelligenztest alle CHC-Faktoren vollständig abdeckt. Auf diesem Wege werden differenzierte Aussagen zum Profil der kognitiven Funktionen angestrebt, statt eine Aussage über die intellektuellen Fähigkeiten mittels eines einzelnen IQ-Wertes zu machen. Infrage kommen Aufgaben aus der Kaufman-Assessment Battery for Children (K-ABC), der „Wechsler Preschool and Primary Scale of Intelligence III" (WPPSI-III), dem „Snijders-Oomen Nonverbalen Intelligenztest" (SON-R 2 ½ – 7) und dem „Wiener Entwicklungstest" (WET).

Bei der Untersuchung mit der K-ABC können die Leistungen eines Kindes in einer Skala einzelheitlichen Denkens, einer Skala ganzheitlichen Denkens und einer Fertigkeitsskala sowie auf der Ebene der Subtests interpretiert werden. Damit ist das Verfahren grundsätzlich für eine Profilauswertung nach dem CHC-Modell geeignet. Allerdings sind einige Aufgaben mittlerweile veraltet, es ist keine Aussage über sprachgebundene intellektuelle Fähigkeiten möglich und die Gültigkeit der Normen der 1991 erschienenen deutschen Fassung ist zweifelhaft, so dass diese Version nicht mehr verwendet werden sollte.

Das Testverfahren wurde mittlerweile zum KABC-II (Melchers/Melchers 2015) weiterentwickelt, der gezielt für die Anwendung des CHC-Modells konzipiert ist. Dazu wurden einzelne Subtests aus der K-ABC übernommen. Neue Subtests enthalten Aufgaben zum assoziativen Gedächtnis und Abruf nach einem längeren Zeitintervall, zur Konzeptbildung, zum räumlichen Denken, zur Strategiebildung und zu induktiven sequenziellen Denkprozessen (Muster und Geschichten ergänzen) sowie zum Wort- und Sachwissen. Die deutschen Normen basieren auf einer repräsentativen Stichprobe von Kindern ab dem Alter von drei Jahren. Durch eine alternative Auswertungskonzeption, bei der sprachliche Fähigkeiten und Wortwissen für die Beurteilung der intellektuellen Fähigkeiten nicht berücksichtigt werden, wurde die Testfairness auch für Kinder aus bildungsfernen Familien und Kinder mit Migrationshintergrund erhöht.

Der WPSSI-III (Petermann 2009) stellt eine deutsche Version der entsprechenden Wechsler-Skalen für das Vorschulalter dar und erlaubt eine Differenzierung in Verbal- und Handlungs-IQ, eine Wortschatzskala sowie eine Beurteilung der Verarbeitungsgeschwindigkeit. Das Verfahren wurde an einer repräsentativen Stichprobe von 710 Kindern neu normiert und gehört (im Original) zu den international am weitesten verbreiteten Intelligenztests. Bei mehreren Subtests zeigen sich allerdings Bodeneffekte, so dass die Untersuchung bei leistungsschwachen Kindern unter vier Jahren nicht sinnvoll ist. Bilingual aufwachsende

Kinder mit Migrationshintergrund erzielen in den sprachlichen Subtests niedrigere Ergebnisse, so dass für diese Zielgruppe zusätzlich ein sprachfreies Verfahren zur Anwendung kommen sollte.

Der SON-R (2 ½ – 7; Tellegen et al. 2007) eignet sich in besonderer Weise für Kinder mit geringen deutschen Sprachkenntnissen, Spracherwerbsproblemen oder Hörschädigungen. Dieses Verfahren hat den Vorteil, dass die Instruktionen und Lösungen des Kindes sprachfrei erfolgen. Wenn sprachbezogene kognitive Fähigkeiten untersucht werden sollen, ist jedoch eine Untersuchung mit ergänzenden Verfahren erforderlich. Die konvergente Validität mit anderen Intelligenztests wurde in verschiedenen Studien belegt. Bodeneffekte zeigen sich allerdings auch hier bei Kindern vor dem vierten Lebensjahr.

Weitere intelligenzdiagnostische Verfahren, die im Vorschulalter eingesetzt werden können, sind der „Wiener Entwicklungstest" (WET; Kastner-Koller/Deimann 2012), der „Bildbasierte Intelligenztest für das Vorschulalter" (BIVA; Schaarschmidt et al. 2004) und die „Coloured Porgressive Matrices" (CPM; Raven et al. 2010). Der WET differenziert visuelle Wahrnehmungsleistungen, Lern- und Gedächtnisfähigkeiten, schlussfolgerndes Denken, Wortschatz und Sprachverständnis in 13 Subtests und basiert seit der zweiten Auflage auf einer breiter angelegten Normstichprobe von mehr als 1200 Kindern. Je nach Alter des Kindes werden die kognitiven Fähigkeiten jedoch nur durch drei Aufgabentypen repräsentiert, so dass die Aussagemöglichkeiten über spezifische Stärken und Schwächen beschränkt sind. Für die dritte Auflage wurde zusätzlich ein Subtest zur mathematischen Entwicklung und zum Erfassen von Regelhaftigkeiten ergänzt.

Im BIVA werden kognitive Kernkompetenzen voneinander abgegrenzt, indem – mit bildlichen Vorlagen – Objekte nach gemeinsamen Merkmalen klassifiziert, Regelhaftigkeiten erkannt und Analogien auf neue Strukturen übertragen werden sollen. Die Aussagekraft beschränkt sich damit auf allgemeine Problemlösefähigkeiten. Die CPM sind zwar zeitökonomisch einsetzbar, erfassen jedoch ebenfalls nur die Fähigkeit zu schlussfolgerndem Denken auf der Basis von Analogieaufgaben anhand von visuellem Material. Beide Tests müssen für eine umfassende Beurteilung der kognitiven Fähigkeiten durch andere Verfahren ergänzt werden.

Zu den neueren Verfahren gehören schließlich die „Wechsler Nonverbal Scale of Ability" (WNV; Petermann 2014), der „Kognitive Entwicklungstest für das Kindergartenalter" (KET-KID; Daseking/Petermann 2009) und die „Intelligenz- und Entwicklungsskalen für das Vorschulalter" (IPS-P; Grob et al. 2009). Der WNV ist für Kinder ab vier Jahren normiert. Durch bildunterstützte Instruktionen können mit diesem Test auch Leistungen von Kindern erfasst werden, die die deutsche Sprache nicht oder nicht ausreichend verstehen. Zudem muss das

Kind nicht aktiv sprechen, um eine Aufgabe zu bearbeiten. Die Normierung erfolgte an 1449 Kindern und Jugendlichen.

Der KET-KID erfasst kognitive Basiskompetenzen und Teilleistungen (visuelle Wahrnehmung, auditive und visuelle Gedächtnisleistungen), Sprachkompetenzen und Merkmale der Ausdauer und kann als zeitökonomisches Breitband-Screening zur Identifikation von Teilleistungsstörungen verwendet werden. Die Reliabilität der Ergebnisse ist hoch; Untersuchungen an verschiedenen klinischen Gruppen mit dem spanischen Original und der deutschen Adaptation belegen die Differenzierungsfähigkeit bei Kindern mit Entwicklungsauffälligkeiten.

Die „Intelligenz- und Entwicklungsskalen" (IDS-P) umfassen 15 Untertests, die in die Bereiche Kognition, Psychomotorik, sozial-emotionale Kompetenzen, logisch-mathematisches Denken und Sprache aufgeteilt sind. Die Einschätzung der kognitiven Fähigkeiten geschieht überwiegend sprachfrei, die Auswahl der Untertests kann flexibel der Fragestellung angepasst werden. Erste Erfahrungen im Einsatz bei Kindern mit Spracherwerbsstörungen, Down-Syndrom und frühgeborenen Kindern sprechen auch hier für die Differenzierungsfähigkeit bei Kindern mit unterschiedlichen Entwicklungsauffälligkeiten.

Befragung von Eltern und Erziehern

Die Beurteilung der Kompetenzen eines Kindes in den einzelnen Entwicklungsbereichen mittels standardisierter Testverfahren wird durch die Einschätzung von sozial-emotionalen Kompetenzen und Auffälligkeiten ergänzt. Dazu dienen die Befragung von Eltern und Erziehern sowie der Einsatz von standardisierten Fragebögen, mit denen differenzierte Beobachtungen aus dem Elternhaus oder Kindergarten erhoben werden können (Tab. 2).

International weite Verwendung findet die Child Behavior Checklist (CBCL), die in einer deutschen Fassung als Elternfragebogen für Klein- und Vorschulkinder (CBCL 1 ½ – 5) sowie einer Version für die Befragung von Erziehern (C-TRF 1 ½ – 5) vorliegt. Problematisches Verhalten wird u. a. in den Bereichen „emotionale Reaktivität", „Ängstlichkeit/Depression", „sozialer Rückzug", „Aufmerksamkeitsprobleme" erfragt. Die Angaben lassen sich zu übergeordneten Skalen („externalisierende Auffälligkeiten", „internalisierende Auffälligkeiten", „Gesamtauffälligkeit") zusammenfassen. Eine Evaluation und Normierung im deutschen Sprachraum steht noch aus, so dass die US-Normen zur Auswertung herangezogen werden müssen.

Tab. 2: Verfahren zur Einschätzung sozial-emotionaler Kompetenzen und Auffälligkeiten (Auswahl)

Verfahren	Altersgruppe	Autoren
Child Behavior Checklist	1 ½ - 5	Achenbach/Dt. Arbeitsgruppe CBCL (2000)
Verhaltensbeurteilungsbogen für Vorschulkinder	3-6	Döpfner et al. (1993)
Strengths and Difficulties Questionnaire-Deu	4-17	Klein et al. (2013)
Infant-Toddler Social & Emotional Assessment	1-3	Carter/Briggs-Gowan (2006)
Kompetenzen und Interessen von Kindern	3-6	Mayr et al. (2011)

Auch der „Verhaltensbeurteilungsbogen für Vorschulkinder" (VBV 3-6) liegt in einer Eltern- und Erzieherversion vor. Die Items werden vier Dimensionen zugeordnet: „Sozial-emotionale Kompetenzen", „Oppositionell-aggressives Verhalten", „Hyperaktivität vs. Spielausdauer" und „Emotionale Auffälligkeiten".

Als Screening-Verfahren hat sich der „Strengths and Difficulties Questionnaire" (SDQ) bewährt, der nur 25 Items umfasst. Der Fragebogen ist in einer deutschen Fassung und Normen zur Auswertung im Internet kostenlos zugänglich (u. a. http://www.sdqinfo.com/py/sdqinfo/b3.py?language=German, 03.02.17). Der SDQ wurde in einer deutschen Stichprobe von 1738 Kindern im Alter von drei bis fünf Jahren erprobt (Klein et al. 2013). Es liegen auch Normen für eine Erzieherversion vor (Koglin et al. 2007).

Die genannten Fragebögen zielen auf die Identifikation von Kindern mit behandlungsbedürftigen emotionalen Störungen oder Verhaltensauffälligkeiten ab, sind also defizit-orientiert. Ein Verfahren, bei dem darüber hinaus auch sozial-emotionale Kompetenzen im frühen Kindesalter erfasst werden, ist das „Infant-Toddler Social & Emotional Assessment" (ITSEA; Carter/Briggs-Gowan 2006). Es enthält Fragen zur Aufmerksamkeit, Folgsamkeit, Empathie, Imitation/Spielfähigkeit, Ausdauer bei herausfordernden Aufgaben und prosozialen Verhaltensweisen im Kontakt mit Gleichaltrigen. Eine deutsche Version des Fragebogens wurde z. B. in der Nationalen Untersuchung zur Beurteilung von Kindern in Kindertagesstätten (NUBBEK; Kap. 3.2, Kap. 3.3) verwendet, ist allerdings bisher nicht veröffentlicht.

Im Kindergartenalter können emotionale und soziale Fähigkeiten mit dem Erzieherfragebogen „Kompetenzen und Interessen von Kindern" (KOMPIK, Mayr et al. 2011) erhoben werden. Der Fragebogen umfasst Fragen zu elf — getrennt auswertbaren — Entwicklungsbereichen und ist für Kinder in der Altersgruppe von 3,5 bis 6 Jahren gedacht. Die Normierung beruht auf der Erziehereinschätzung von mehr als 1500 Kindern im genannten Altersspektrum. Allerdings liegen für diesen Fragebogen noch keine unabhängigen Studien zur Reliabilität und Validität bei Kindern mit Entwicklungsbeeinträchtigungen vor. Tabelle 3 zeigt einen Ausschnitt aus den Items, die sich auf diesen Entwicklungsbereich beziehen.

Tab. 3: Beispielitems zum Bereich sozial-emotionaler Kompetenzen aus dem KOMPIK (Mayr et al. 2011)

Verhaltensmerkmal	Beispielitems
Kooperation	hält Regeln, Anweisungen und Absprachen ein kann Dinge, die begehrt sind, mit anderen Kindern teilen (z.B. Spielsachen oder Süßigkeiten)
Selbstbehauptung	traut sich zu sagen, wenn es sich von der Erzieherin ungerecht behandelt fühlt kann eine Grenze setzen, wenn etwas passiert, was es nicht mag
sprachlicher Emotionsausdruck	äußert sich zu den Gefühlen anderer Kinder (z.B. sagt es „Anna ärgert sich") kann Situationen und Gefühle stimmig zuordnen, z.B. etwas verlieren und traurig sein
Emotionsregulation	steigert sich in seine Wut hinein® beruhigt sich schnell wieder, wenn es aufgeregt ist (z.B. nach einem Streit)
Empathie	fühlt mit, wenn ein anderes Kind traurig ist hilft von sich aus Kindern, die Hilfe brauchen

® = umgekehrt auszuwerten

Verhaltensbeobachtungen in sozialen Beziehungen

Um sozial-emotionalen Kompetenzen und ihre Auffälligkeiten zu beurteilen, bedarf es neben den Informationen aus Eltern- und Erzieherbefragungen möglichst direkter Beobachtung des Verhaltens der Kinder in sozialen Alltagssituationen.

 Zur Einschätzung der sozialen Kompetenzen eines Kindes können bestimmte Gruppensituationen zur Beobachtung ausgewählt werden, in denen sich z. B. die Fähigkeiten zur Kontaktaufnahme zu anderen Kindern, zur Beteiligung am gemeinsamen Spiel oder Gespräch oder zur Lösung alltäglicher sozialer Konflikte um Beschäftigungs- oder Arbeitsmaterialien erkennen lassen.

Tabelle 4 zeigt einige Fragen, die durch solche direkten Beobachtungen beantwortet werden können.

Tab. 4: Leitfragen für die Beobachtung in ausgewählten sozialen Situationen

Beteiligung am gemeinsamen Spiel	Lösung sozialer Konflikte
Zeigt es anderen Kindern sein Interesse daran, mitspielen zu dürfen?	Kontrolliert es destruktive oder aggressive Handlungsimpulse?
Stellt es sich z.B. zu den anderen Kindern und beobachtet sie, um eine günstige Gelegenheit zum Mitspielen abzuwarten?	Kann es Ärger oder Frustration in einer sozial akzeptablen Form ausdrücken?
Ahmt es Spielhandlungen eines anderen Kindes nach?	Schlägt es einen Kompromiss vor?
Bietet es ein Spielzeug an, das zum Spielthema des anderen Kindes passt?	Droht es einem anderen Kind?
Bietet es einem anderen Kind seine Hilfe an? Teilt es Spielsachen mit anderen Kindern?	Besteht es auf seinem Wunsch in forderndem Ton?
Spricht es andere Kinder an oder antwortet es auf die Äußerungen anderer Kinder?	Zieht es sich zurück, wenn es ausgegrenzt wird?

„Schlüsselkompetenzen" wie Eigeninitiative, Ausdauer und Motivation zur Auseinandersetzung mit herausfordernden Aufgaben sowie die Fähigkeit zur Selbstregulation von Affekten und Handlungen lassen sich sowohl im Spiel von Eltern und Kind als auch in Gruppensituationen in Kindertagesstätten durch Verhaltensbeobachtungen einschätzen. Dazu müssen die Kategorien, nach denen das Verhalten des Kindes bewertet werden soll, vorab festgelegt werden. Die Einschätzung selbst erfolgt qualitativ, evtl. unter Verwendung einer Ratingskala. Ein Beispiel, wie die Kriterien für die Beurteilung der Ausprägung eines Merkmals spezifiziert werden können, gibt die „Child Behavior Rating Scale" (CBRS; Mahoney 2001; dt. Fassung in Hintermair/Sarimski 2014). Sie umfasst die Kategorien: Aufmerksamkeit, Übung/Problemlösen, Interesse/Beteiligung, Kooperation, Initiative, Geteilte Aufmerksamkeit, Spaß und Freude am Spiel.

In ähnlicher Weise lassen sich im gemeinsamen Spiel mit vertrauten Bezugspersonen auch die Merkmale des Interaktions- und Beziehungsverhaltens der Eltern einschätzen. Trotz der unbestrittenen Bedeutung der Eltern-Kind-Interaktion für die kindliche Entwicklung und die Planung von Interventionen in einem familienorientierten Konzept der Frühförderung gibt es bisher allerdings im deutschen Sprachraum kein Beobachtungsinventar, das sich in der Praxis durchgesetzt hätte. Einzelne Ratingverfahren für die Beurteilung der emotionalen Responsivität von Eltern und der affektiven Abstimmung auf das Kind wurden für Forschungsarbeiten übersetzt. Dazu gehört z. B. die „Emotional Availability Scales" (EAS; Biringen 2008) oder der CARE-Index (Crittenden 2005).

Eine deutsche Version eines amerikanischen Verfahrens, das unter dem Titel „Parenting Interactions with Children – Checklist of Observations Linked to Outcomes" (PICCOLO; Roggman et al. 2013b) die zentralen Kriterien entwicklungsförderlichen Verhaltens in der Altersgruppe unter drei Jahren zu erfassen vermag, ist in Vorbereitung. Es wurde aus der Begleitforschung zu Frühförderprojekten bei Kindern mit sozialen Risiken und Behinderung entwickelt.

Als Grundlage für die Beurteilung der Eltern-Kind-Interaktion empfehlen die Autoren eine Beobachtungsdauer von zehn Minuten, bevorzugt unter häuslichen Bedingungen, und ein kombiniertes Angebot von Spielmaterialien: Bilderbücher, Spielsachen, die zu explorativem und konstruktivem Spiel anregen (z. B. einfache Puzzles, Bausteine, Formenkiste) sowie Miniaturobjekte für einfache Symbolspiele (z. B. Puppengeschirr, Puppe oder Stofftiere, Spielzeugautos). Eine Videoaufzeichnung erleichtert die Beurteilung und spätere Nutzung zur Beratung der Eltern, ist aber für die Durchführung nicht unbedingt erforderlich.

Für die Beurteilung der vier Beobachtungsdimensionen sind jeweils sieben bis acht Merkmale definiert, die als „nicht beobachtet", „teilweise beobachtet" und „eindeutig beobachtet" mit jeweils null, eins und zwei Punkten bewertet werden. Das Manual enthält sowohl eine klare Definition der einzelnen Merkmale wie auch spezifische Regeln zur Abgrenzung zwischen einer Beurteilung als „teilweise" bzw. „eindeutig" beobachtbaren Verhaltensweisen. Tabelle 5 zeigt einen Ausschnitt aus den Beobachtungsdimensionen.

Tab. 5: Beobachtungsdimensionen von PICCOLO (Ausschnitte)

Dimension	Beobachtungsmerkmal
Affektive Zuwendung	1 spricht in warmer Tonlage
	2 lächelt das Kind an
	6 ist an einer Interaktion mit dem Kind beteiligt
Responsivität	1 zeigt Aufmerksamkeit für das, was das Kind tut
	4 folgt der Führung des Kindes
	6 schaut zum Kind, wenn es spricht oder vokalisiert
Unterstützung	1 wartet auf die Antwort des Kindes nach einem Vorschlag
	3 unterstützt das Kind in seiner Eigenaktivität
	6 macht dem Kind Vorschläge als Hilfen
Anleitung	2 schlägt Aktivitäten vor als Erweiterung zu dem, was das Kind macht
	4 benennt Objekte oder Handlungen für das Kind
	5 beteiligt sich an Rollenspielen mit dem Kind

Anhand der Einschätzungen lassen sich Stärken der Eltern beschreiben, die in der Beratung unterstützt werden können, aber auch Verhaltensmerkmale identifizieren, die im elterlichen Verhalten gering ausgeprägt sind und durch die fachliche Beratung gefördert werden können.

1.3.4 Einschätzung des sozialen Umfeldes und der familiären Belastung

Zur Beurteilung der Entwicklungsbedingungen und der erleichternden oder hemmenden Umweltfaktoren gehört auch die Einschätzung des sozialen Umfeldes der Familie. Dazu kann z. B. eine soziale Netzwerkkarte nützlich sein (Sarimski et al. 2013b).

Checkliste: Erstellung einer Netzwerkkarte

- Wer lebt alles mit dem Kind zusammen?
- Wer gehört darüber hinaus zum Lebensumfeld des Kindes?
- Wie oft sprechen Sie mit diesen Personen? Wie gut kommen Sie mit ihnen zurecht?
- Gibt es weitere Personen aus Ihrem Freundeskreis, die Sie häufiger sehen?
- Mit welchen Fachleuten haben Sie in Bezug auf Ihr Kind zu tun?
- Welche finanziellen Entlastungen nehmen Sie in Anspruch?

Das Hauptziel der Erstellung der sozialen Netzwerkkarte ist es, das Lebensumfeld des Kindes und die verfügbaren sozialen Ressourcen einer Familie kennen zu lernen. Natürlich können dabei auch gleichzeitig mögliche Problemfelder sichtbar werden:

- Hat die Familie ausreichende Möglichkeiten, Grundbedürfnisse zu erfüllen (Einkommen, Wohnung, finanzielle Möglichkeiten zur Beschaffung von Hilfsmitteln etc.)?
- Hat die Familie ausreichend Zugang zu medizinischen Hilfen?
- Hat die Familie ausreichende positive soziale Beziehungen, um emotionale Unterstützung im Alltag zu erfahren?
- Hat die Familie ausreichende Möglichkeiten zur Entlastung von den besonderen Anforderungen, die mit der Behinderung des Kindes verbunden sind?
- Hat die Familie ausreichende Kenntnis von und Möglichkeiten zum Zugang zu pädagogischen Einrichtungen zur Unterstützung des Kindes?

Die Klärung der sozialen Situation der Familie kann durch eine gezielte Einschätzung ihrer subjektiven Belastung und ihrer Bewältigungsformen mittels standardisierter Fragebögen ergänzt werden. Dazu eignet sich z. B. das „Eltern-Belastungs-Inventar" (EBI, Tröster 2011), der „Fragebogen zu Familienbelastungen" (FaBel; Sarimski/Steinhausen 2007) und der Fragebogen „Soziale Orientierung von Eltern behinderter Kinder" (SOEBEK; Krause/Petermann 1997; Tab. 6).

Beim Eltern-Belastungs-Inventar (EBI) handelt es sich um die deutsche Bearbeitung des „Parenting Stress Index" (PSI; Abidin 1995). Auf einer fünfstufigen Skala gaben sie dabei jeweils an, inwieweit die entsprechende Aussage für sie zutrifft („gar nicht" – „voll und ganz"). 20 Items beziehen sich auf den Kindbereich und fragen nach Belastungen, die durch kindliche Hyperaktivität/Ablenkbarkeit, Stimmungsschwankungen, schwer akzeptierbares Verhalten, forderndes Verhalten oder geringe Anpassungsfähigkeit des Kindes bedingt sind. Im Elternbereich wird mit 28 Items nach Belastungen gefragt, die die Bindung zum Kind betreffen, das Gefühl sozialer Isolation, Zweifel an der elterlichen Kompetenz, depressive Stimmungen, körperliche Beschwerden, erlebte persönliche Einschränkungen und Beeinträchtigungen der Beziehung zum Partner.

Tab. 6: Fragebögen zur Einschätzung der familiären Belastung

Verfahren	Autoren
Eltern-Belastungs-Inventar	Tröster (2011)
Fragebogen zu Familienbelastungen	Ravens-Sieberer et al. (2001); Sarimski/Steinhausen (2007)
Soziale Orientierung von Eltern behinderter Kinder	Krause/Petermann (1997)

Die entstehenden Skalenwerte können zu Summenwerten für den Kindbereich und den Elternbereich sowie einen EBI-Gesamtwert zusammengefasst werden. Zur Beurteilung können Vergleichswerte herangezogen werden, die bei 538 Müttern von Kindern ohne Entwicklungsstörungen im Alter zwischen einem und sechs Jahren erhoben wurden. Das Eltern-Belastungs-Inventar hat sich z. B. in Untersuchungen zum familiären Belastungserleben bei Eltern von Kindern mit Sehschädigungen und Epilepsie (Tröster 1999a, b) oder Kindern mit einer intellektuellen Behinderung und einer Autismus-Spektrum-Störung (Sarimski 2016a) bewährt.

Beim „Familienbelastungsbogen" (FaBel) handelt es sich um die deutsche Bearbeitung der „Family Impact Scale", die Ravens-Sieberer et al. (2001) für die Diagnostik bei Familien chronisch kranker und behinderter Kinder vorgenommen haben. Er enthält 27 Items und bezieht sich auf folgende Themenbereiche: alltägliche/soziale Belastungen, persönliche Belastung/Zukunftssorgen, finanzielle Belastungen und Probleme der partnerschaftlichen Bewältigung. Jedes Item wird auf einer vierstufigen Skala zwischen „trifft überhaupt nicht zu" bis „trifft ganz zu" bewertet.

Bevorzugte individuelle Bewältigungsstile von Eltern behinderter Kinder lassen sich mit dem Fragebogen „Soziale Orientierungen von Eltern behinderter Kinder" (SOEBEK; Krause/Petermann 1997) bestimmen. Neben Fragen zur allgemeinen Stressbelastung, Erschöpfung und Zufriedenheit mit sozialer Unterstützung enthält der Bogen insgesamt 23 Fragen zu den Bewältigungsstilen „Intensivierung der Partnerschaft", „Nutzung sozialer Unterstützung", „Fokussierung auf das behinderte Kind" und „Selbstbeachtung und Selbstverwirklichung". Der

Fragebogen wurde in einer Stichprobe normiert, die Eltern von 677 Kindern mit körperlichen oder geistigen Behinderungen einbezog.

1.3.5 Planung diagnostischer Arbeitsschritte

Die Entscheidung, in welchen Schritten die Diagnostik durchgeführt wird, hängt von der Fragestellung und den Vorinformationen über die Entwicklungsauffälligkeiten des Kindes ab, die von den Eltern oder dem Kinderarzt vorliegen. Bei Kindern mit Entwicklungsverzögerungen unklarer Genese, biologischen oder sozialen Risiken geht es in der Regel zunächst darum, die Indikation für die Einleitung der Frühförderung zu klären.

Dazu muss ein standardisiertes Entwicklungsscreening oder ein Entwicklungstest durchgeführt werden, der es erlaubt, den Entwicklungsstand des Kindes in den einzelnen Entwicklungsbereichen im Vergleich zum Durchschnitt der Altersgruppe zu beurteilen. Wenn der Entwicklungsstand in einem oder mehreren Bereichen bedeutsam von der Schwankungsbreite der Fähigkeiten der Altersgruppe abweicht, ist dies ein Argument für die Einleitung von Fördermaßnahmen. Die Entscheidung sollte sich aber nicht an festen Grenzwerten (z. B. Entwicklungsabweichung um mehr als eine Standardabweichung vom Altersdurchschnitt) allein orientieren, sondern immer im Blick auf die Anamnese, das Gesamtbild und die Entwicklungsbedingungen des Kindes getroffen werden.

Bei Kindern mit geistiger Behinderung, schweren und mehrfachen Behinderungen oder Sinnesschädigungen ist die Durchführung eines standardisierten Entwicklungstests nicht obligatorisch.

Bei ihnen ist die Abweichung von der altersgemäßen Entwicklung bzw. der Bedarf einer spezifischen Förderung aufgrund der Hör- oder Sehschädigung evident. In diesen Fällen geht es darum, die Auswirkungen der Schädigung auf die Aktivitäten des Kindes und seine soziale Teilhabe einzuschätzen und die Förderplanung darauf auszurichten.

Dazu gilt es, die Routineabläufe in einer Familie zu erfragen und herauszufinden, an welchen Aktivitäten das Kind besonderes Interesse zeigt und welche Schwierigkeiten die Eltern beim Versuch wahrnehmen, es an diesen Alltagsaktivitäten teilhaben zu lassen. Die kritischen Situationen können während eines Hausbesuchs beobachtet werden. Aus den Angaben der Eltern zum Tagesablauf und den Beobachtungen der Fachkraft gilt es dann, gemeinsam mit den Eltern die Ziele der Förderung abzuleiten. In der englischsprachigen Fachliteratur wird dieser Zugang zur Förderplanung als „Routine-based Interview" (RBI; McWilliam 2012) bezeichnet.

Bei Kindern mit intellektuellen Beeinträchtigungen, neuromotorischen Schädigungen oder Sinnesbehinderungen ist es zudem sinnvoll, die Diagnostik der kognitiven Fähigkeiten mittels Entwicklungs- und Intelligenztests durch eine Beurteilung der adaptiven Kompetenzen zu ergänzen. Diese lassen sich z. B. in die Bereiche der Kommunikation, der lebenspraktischen Selbstversorgung und der Teilhabe an sozialen Beziehungen gliedern.

Die diagnostische Einschätzung von adaptiven Fähigkeiten kann über informelle Beobachtungen und Checklisten erfolgen.

Im englischen Sprachraum werden verschiedene adaptive Kompetenzskalen verwendet, die sich auch bei Kindern mit allgemeinen Entwicklungsstörungen bewährt haben. Dazu gehören die „Vineland Adaptive Behavior Scales – Second edition" (VABS-II; Sparrow et al. 2005) und das „Adaptive Behavior Assessment System – Second Edition" (ABAS-II; Harrison/Oakland 2003). Die Skalen liegen als Interviewfassung und als Fragebogen vor, der von Eltern oder pädagogischen Fachkräften ausgefüllt werden kann. Die Ergebnisse bei Verwendung beider Verfahren sind bei Kindern im Vorschulalter weitgehend kongruent (Milne/McDonald 2015).

Leider ist bisher keines dieser Verfahren für den deutschen Sprachraum adaptiert und normiert worden. Einige der zuvor genannten standardisierten Entwicklungstests enthalten allerdings kurze Elternfragebögen, mit denen diese Kompetenzen erfasst und mit Altersnormen verglichen werden können.

Bei Kindern mit Hör- oder Sehschädigung ist eine genaue Bestimmung von Schweregrad und Art der Sinnesschädigung ein unverzichtbarer Bestandteil der Diagnostik. Hier ist die Zusammenarbeit mit den entsprechenden Fachärzten bzw. pädaudiologischen Beratungsstellen und Fachkräften der Orthoptik angezeigt. Bei Kindern mit komplexen Behinderungen ist zumindest ein Screening der Hör- und Sehfähigkeit indiziert, um Schädigungen frühzeitig zu erkennen, die die soziale Teilhabe eines Kindes zusätzlich beeinträchtigen. Allzu oft wird das Verhalten von Kindern mit komplexen Behinderungen allein auf ihre kognitiven Einschränkungen zurückgeführt und dabei (behandelbare) zusätzliche Schädigungen in den Sinnesbereichen übersehen. Selbstverständlich ist bei Spracherwerbsproblemen grundsätzlich eine Hörschädigung auszuschließen.

1.3.6 Integration diagnostischer Befunde

Grundsätzlich ist auch für die Diagnostik eine interdisziplinäre Kooperation wichtig. Standardisierte Testverfahren sollten durch einen Psychologen, ersatzweise durch einen (Heil-, Sozial- oder Sonder-)Pädagogen durchgeführt werden, der über die nötigen Kompetenzen zur Untersuchung von Kindern im Säuglings-, Kleinkind- und Vorschulalter verfügt.

Physio-, Sprach- und Ergotherapeuten können je nach Fragestellung durch eine fachspezifische Untersuchung motorischer, sprachlicher oder perzeptiv-sensorischer Kompetenzen die Diagnostik vervollständigen. Ihre fachspezifische Expertise ist wichtig. Ihre Untersuchungsergebnisse sollten aber auf jeden Fall im Sinne einer inter- oder transdisziplinären Teamarbeit zusammengeführt und in ihrer funktionalen Relevanz für die soziale Teilhabe des Kindes interpretiert werden. Dazu sind interdisziplinäre Fall- oder Teambesprechungen zur Abstimmung der diagnostischen Ergebnisse und zur Behandlungsplanung erforderlich.

Jede Förder- und Behandlungsmaßnahme muss auf einer Gesamtsicht der diagnostischen Befunde beruhen. Insbesondere bei Kindern mit Auffälligkeiten im Kindergarten wird sie allzu oft auf eine fachspezifische Diagnostik durch einen Ergo-, Sprach- oder Physiotherapeuten beschränkt. Bei diesem Vorgehen besteht die Gefahr, dass isolierte „Wahrnehmungsstörungen", „Sprachentwicklungsstörungen" oder ein „Aufmerksamkeits-Defizit-Syndrom" diagnostiziert werden, ohne dass eine ausführliche Untersuchung des Kindes und seiner Entwicklungsbedingungen erfolgt ist. Auf dieser Basis eingeleitete fachspezifische Therapien werden den Bedürfnissen von Kind und Eltern oft nicht gerecht.

Einige pädagogische Fachkräfte in Frühförderstellen haben Vorbehalte gegen die Verwendung medizinischer Diagnosen. Nach ihrer Einschätzung entspricht die zugrunde liegende ätiologische, defizit-orientierte Sichtweise nicht den komplexen Entstehungszusammenhängen von Entwicklungsstörungen. Im Sinne der Grundidee der Inklusion möchten sie auf jede Kategorisierung von Kindern verzichten und sich auf die Analyse der Teilhabebarrieren im Einzelfall beschränken. Dem ist entgegenzuhalten, dass jede systematische und gezielte Förderplanung eine genaue Bestimmung des Hilfe- und Unterstützungsbedarfs eines Kindes voraussetzt.

Für die diagnostische Praxis in Sozialpädiatrischen Zentren und Interdisziplinären Frühförderstellen wurden mehrdimensionale Leitfäden zur Diagnostik entwickelt, die die Orientierung an der ICD-10 und dem ICF miteinander verbinden. So enthält das „Altöttinger Papier", das im Rahmen der Qualitätssicherung der Arbeit in Sozialpädiatrischen Zentren entwickelt wurde, Aussagen zu Grundlagen und Zielvorgaben für die Struktur, Diagnostik und Therapie (in einer aktualisierten Fassung: Hollmann et al. 2014). Darin ist die „Mehrdimensionale Bereichsdiagnostik in der Sozialpädiatrie" (MBS) beschrieben, die eine Beurteilung des Entwicklungsstandes, der körperlich-neurologischen Auffälligkeiten, des psychischen Bereichs, des sozialen Kontextes und der Ätiologie der Entwicklungsstörung vorsieht. Daraus soll eine Krankheitsklassifikation und ein Ressourcenprofil erstellt werden.

Auch in den Leitlinien für die Arbeit in Interdisziplinären Frühförderstellen ist ein mehrdimensionales Diagnoseschema vorgesehen, bei dem Aussagen zur Entwicklung, dem körperlich-neurologische Befund, Teilleistungen, Verhalten und sozial-emotionale Entwicklung sowie die Entwicklungsbedingungen des Kindes gemacht werden sollen (Schmid-Krammer/Naggl 2010).

Erstellung eines Förder- oder Behandlungsplans

Der Förder- oder Behandlungsplan beruht auf der Gesamtschau der diagnostischen Informationen. Er sollte schriftlich festgelegt, in regelmäßigen Abständen (sechs oder zwölf Monate) überprüft werden und folgende Elemente enthalten:

- Aussagen über den gegenwärtigen Entwicklungsstand des Kindes, seinen Unterstützungsbedarf, seine bereits erreichten Kompetenzen („Stärken") und die Abweichung von der alterstypischen Entwicklung in den verschiedenen Bereichen,
- Aussagen über das familiäre Umfeld, die Belastungen, Ressourcen, Wünsche und Sorgen der Eltern,
- Aussagen über angestrebte Ziele in einer bestimmten Zeitspanne in einer hinreichend spezifischen, messbaren Form, die eine Beurteilung des Fördererfolgs oder der Notwendigkeit einer Modifikation des Vorgehens erlaubt und
- Aussagen über Häufigkeit und Ort der Förderung sowie die verwendeten, möglichst evidenz-basierten Strategien, mit denen die Förder- oder Behandlungsziele angestrebt werden sollen.

Pretis (2016) schlägt für die Formulierung von Förder- und Behandlungszielen fünf Kriterien vor, die er in das Akronym SMART zusammenfasst: spezifisch – messbar – anspruchsvoll (attraktiv, aktivitätszentriert) – realistisch – terminiert. Die einzelnen Ziele, die im Förder- oder Behandlungsplan festgelegt werden, sollen sich auf Kompetenzen beziehen, die für die soziale Partizipation des Kindes bedeutsam sind, und hinreichend spezifisch und konkret formuliert sein, so dass der Erfolg der Fördermaßnahmen nach einiger Zeit eindeutig beurteilt werden kann.

Dies ist bei allgemeinen Formulierungen wie „Förderung der Kommunikation" oder „Förderung der sozialen Kompetenz" bzw. an spezifischen Förderkonzepten oder Therapien orientierten Formulierungen, z. B. „Basale Stimulation" oder „Verbesserung der Verarbeitung vestibulärer Wahrnehmungsreize" nicht möglich. Ein Förderziel sollte vielmehr nach dem Muster „Das Kind kann ..." formuliert sein. Vage Formulierungen wie „Das Kind nimmt teil ..." oder „Das Kind toleriert ..." oder Formulierungen, in denen Komparative (z. B. „kann besser", „ist selbstbewusster") verwendet werden, sollten vermieden werden. Förderziele müssen zudem realistisch sein, d. h., sie müssen in Kenntnis der individuellen Beeinträchtigungen im Rahmen der Möglichkeiten früher Maßnahmen tatsächlich in dem angestrebten Zeitraum erreichbar sein.

ZUSAMMENFASSUNG

Die Diagnostik orientiert sich im Arbeitsfeld der Frühförderung an dem bio-psycho-sozialen Entwicklungsmodell, das der „Internationalen Klassifikation der Funktionsfähigkeit, Behinderung und Gesundheit" (ICF) zugrunde liegt. Sie dient dazu, die komplexen Auswirkungen von Behinderungen (Schädigungen) oder biologischen und sozialen Risiken im Kontext der Aktivitäten und der Partizipation des Kindes am sozialen Alltag sowie förderlichen oder hinderlichen Kontextfaktoren zu verstehen.

Dazu werden standardisierte entwicklungsdiagnostische Verfahren, Befragungen von Eltern und Erziehern sowie Beobachtungen zu sozial-emotionalen Kompetenzen in sozialen Beziehungen verwendet. Einschätzungen des sozialen Umfelds des Kindes und der familiären Belastung sind obligatorisch. Bei der Untersuchung von Kindern mit geistiger Behinderung, schwerer Behinderung oder Sinnesschädigungen geht es insbesondere um die Auswirkungen auf die soziale Teilhabe im Alltag. Fachspezifische Befunde müssen in eine Gesamtbeurteilung der Entwicklung des Kindes und seines Umfeldes integriert werden. Aus dieser diagnostischen Gesamtschau werden Förder- und Behandlungsziele abgeleitet, die spezifisch, alltagsrelevant, messbar und realistisch sein sollen.

2 Kernaufgaben der Frühförderung

Im Arbeitsfeld der Frühförderung lassen sich Kernaufgaben von Kooperationsaufgaben unterscheiden. Kernaufgabe ist die Förderung von Kindern mit unterschiedlichen Entwicklungsbeeinträchtigungen. Die Kooperationsaufgaben umfassen Beiträge der Frühförderung zur Begleitung von frühgeborenen Kindern und von Kindern, die in belastenden Lebensumständen aufwachsen sowie die Unterstützung von Maßnahmen zur Prävention von Kindeswohlgefährdung und die Beratung von Pädagogen in inklusiven Kindertageseinrichtungen.

2.1 Frühförderung bei Beeinträchtigung der kognitiven Entwicklung

Zu den Kernaufgaben der Frühförderung gehört die Förderung und Behandlung von Kindern mit einer globalen Entwicklungsbeeinträchtigung, die durch eine anlagebedingte, perinatal oder postnatal entstandene Schädigung entstanden sein kann. Kinder mit einer globalen Entwicklungsstörung bedürfen der Unterstützung der Entwicklung in allen Kompetenzbereichen. Bei Kindern mit spezifischen kognitiven Beeinträchtigungen geht es dagegen um die Förderung von Vorläuferfähigkeiten für den Schriftspracherwerb und den Erwerb mathematischer Kompetenzen oder die Förderung von integrativen Fähigkeiten (exekutiven Funktionen). Bei ihnen dient die Frühförderung der Prävention von künftigen schulischen Lernschwierigkeiten.

2.1.1 Entwicklung unter den Bedingungen einer globalen Entwicklungsbeeinträchtigung

--- BEISPIEL

Entwicklungsfortschritte bei Down-Syndrom

Bei Nicolas handelt es sich um einen kleinen Jungen mit Down-Syndrom. Die Diagnose wurde den Eltern unmittelbar nach der Geburt mitgeteilt. Sie löste zunächst ein hohes Maß an Enttäuschung und Ängsten vor der Zukunft aus. Nach einigen Wochen war es ihnen jedoch möglich, sich an ersten kleinen Entwicklungsschritten von Nicolas zu freuen.

Der Kinderarzt empfahl zunächst die Einleitung einer Physiotherapie, um die motorische Entwicklung des kleinen, sehr hypotonen Jungen zu unterstützen. Zusätzlich nahmen die Eltern Kontakt auf zu einer Frühförderstelle, in der sie eine pädagogische Mitarbeiterin, die über viel Erfahrung in der Arbeit mit Kindern mit Down-Syndrom verfügte, in regelmäßigen Abständen beriet und sie dabei unterstützte, ein realistisches Bild von den künftigen Entwicklungsmöglichkeiten von Nicolas zu gewinnen. In diesem Rahmen konnte die Mitarbeiterin auch viele Fragen beantworten, die sich auf Fördermöglichkeiten im Allgemeinen bezogen, und mit den Eltern auch besprechen, wie sie die Entwicklungsbesonderheiten von Nicolas dem größeren Bruder (vier Jahre), in altersgemäß verständlicher Form erklären konnten.

Gegen Ende des ersten Lebensjahres von Nicolas fühlten sich die Eltern zunehmend unsicher, wie sie den spielerischen Kontakt mit ihm gestalten sollten. Nicolas beobachtete zwar viel, entwickelte aber kaum Initiative, um Spielsachen selbst zu erkunden. Sie begannen mehr und mehr, seine Aufmerksamkeit zu lenken und ihn zum Spiel anzuregen, hatten jedoch das Gefühl, dass Nicolas sich in diesen Momenten eher zurückzog. Für die Eltern war es daher sehr wichtig, mit der Fachkraft der Frühförderung kurze Videosequenzen anschauen und besprechen zu können. Auf diese Weise gewannen sie an Sicherheit, woran sie sein Interesse erkennen konnten, und gaben ihm mehr Zeit als zuvor, um selbst aktiv zu werden.

Im weiteren Verlauf machte es ihnen dann große Sorgen, dass er zunächst so gar keine Ansätze machte, Lautmalereien („wau-wau", „miau") oder erste Worte nachzuahmen, und von sich aus nicht versuchte, ihnen irgendeinen Wunsch nach etwas mitzuteilen. Mit Unterstützung der Fachkraft der Frühförderung lernten sie, ihre Worte mit Gebärden zu begleiten und entdeckten, dass er diese Gebärden zu imitieren begann und bald verstand, wie er auf diesem Weg ausdrücken konnte, was er mochte.

___ DEFINITION _

Eine **globale Entwicklungsbeeinträchtigung** betrifft die Bereiche der kognitiven, sprachlichen, sozial-emotionalen und adaptiven Entwicklung. Es handelt sich um eine sehr heterogene Gruppe von Kindern, da sowohl die Schwere als auch das Profil der Beeinträchtigungen sehr unterschiedlich sein können.

In Entwicklungs- und späteren Intelligenztests erreichen die Kinder einen EQ/IQ < 70, d. h., sie werden nach der kinder- und jugendpsychiatrischen Klassifikation (ICD-10, DSM-V) als Kinder mit einer leichten oder schweren geistigen Behinderung bzw. Intelligenzminderung bezeichnet.

Epidemiologische Studien, in denen Kinder und Jugendliche mit geistiger Behinderung, die in einer Region aufwachsen, flächendeckend untersucht wurden, sprechen dafür, dass schwere intellektuelle Behinderungen immer biologisch-organische Ursachen haben, auch wenn diese nicht immer eindeutig bestimmt werden können.

In einer norwegischen Studie von Stromme/Hagberg (2000) konnte eine schwere geistige Behinderung bei 70 % der untersuchten Kinder auf eine pränatale Ursache zurückgeführt, bei 48 % ein genetisches Syndrom, eine chromosomale Störungen oder eine neurodegenerative Erkrankung identifiziert werden. Perinatale Ursachen waren bei 4 % der Kinder für eine schwere Behinderung verantwortlich, postnatale Erkrankungen und Unfälle für 5 %. Bei leichter geistiger Behinderung ließ sich eine eindeutige pränatale Ursache immerhin bei 51 % identifizieren. Bei 32 % der Kinder war die Ursache unbekannt.

Biologisch-organische Ursachen bedeuten nicht unbedingt, dass die Entwicklungsstörung des Kindes bereits bei der Geburt oder in der Neugeborenenperiode erkennbar ist. Dies trifft lediglich bei einem Teil der chromosomalen Störungen und genetischen Syndrome zu, die mit körperlichen Fehlbildungen, charakteristischen dysmorphologischen Merkmalen und/oder schweren Anpassungsstörungen einhergehen. In diesen Fällen werden die behandelnden Ärzte in der Geburtsklinik oder im Perinatalzentrum bereits in den ersten Tagen oder Wochen zu einer genetischen Untersuchung raten.

In der Mehrzahl der Fälle liegen aber in dieser frühen Phase noch keine eindeutigen Hinweise auf eine anlagenbedingte Behinderung vor. Erst im Laufe des ersten und zweiten Lebensjahres wird die Entwicklungsverzögerung in den Vorsorgeuntersuchungen und bei einer genaueren Entwicklungsdiagnostik deutlich, so dass medizinische Untersuchungen zur Klärung der Ursache eingeleitet werden. Außer einer humangenetischen Untersuchung zur Bestimmung einer chromosomal oder molekulargenetisch diagnostizierbaren Störung oder eines nicht-chromsomalen genetischen Syndroms kommen dafür bildgebende Verfahren (Computer-Tomografie, Magnet-Resonanz-Tomografie), die Aufschluss geben über eine Veränderung der Hirnstrukturen, und Stoffwechseluntersuchungen infrage. Mit der Feststellung einer biologisch-organischen Ursache ist allerdings in der Regel keine eindeutige Prognose verbunden. Sie kann erst aus dem Entwicklungsverlauf erstellt werden, d. h., der Grad der zukünftigen kognitiven Beeinträchtigungen eines Kindes kann erst durch wiederholte entwicklungsdiagnostische Untersuchungen in den ersten Lebensjahren eingeschätzt werden.

Entwicklung kognitiver Funktionen

Unter kognitiven Funktionen lassen sich alle Prozesse verstehen, durch die ein Kind Wissen über die Umwelt erwirbt. Sie umfassen die Prozesse der Aufmerksamkeit und Wahrnehmung, die Sprachverarbeitung, die Gedächtnisprozesse sowie die übergeordneten integrativen Fähigkeiten, die für das Planen von Handlungsstrategien und ihre Kontrolle verantwortlich sind.

Im Säuglings- und Kleinkindalter entwickeln sich die Aufmerksamkeits- und Wahrnehmungsfunktionen rasch, während sich die komplexeren sprachlichen Verarbeitungsfähigkeiten und kognitiven Steuerungsprozesse erst nach dem zweiten Lebensjahr ausbilden.

Grundsätzlich lässt sich die kognitive Entwicklung von Kindern mit einer globalen Entwicklungsstörung als verzögertes Erreichen von Entwicklungsstufen beschreiben. Die frühen Stufen der kognitiven Entwicklung durchlaufen sie in der gleichen Abfolge („similar sequence"-Hypothese), jedoch benötigen sie mehr Zeit, um ihre Informationsverarbeitungsprozesse zu automatisieren, sich Speicher-, Bearbeitungsstrategien sowie Wissen anzueignen, so dass sie langsamere Fortschritte von einer Entwicklungsstufe zur nächsten machen.

Bei vielen Kindern mit globalen Entwicklungsstörungen zeichnen sich jedoch bereits früh zusätzliche qualitative Auffälligkeiten in den kognitiven Prozessen ab. Sie haben spezifische Schwierigkeiten in basalen Prozessen der Aufmerksamkeitsregulation (selektive Aufmerksamkeit, Daueraufmerksamkeit, flexibles Wechseln der Aufmerksamkeitsrichtung), in der Verarbeitung von Informationen im Arbeits- und Langzeitgedächtnis sowie in der Planung von Teilschritten bei Problemlösungen und der Kontrolle über impulsive Reaktionen. Diese Prozesse können unter dem Begriff der „exekutiven Funktionen" zusammengefasst werden. Das Fähigkeitsprofil und die Einschränkungen in den einzelnen kognitiven Prozessen können dabei sehr unterschiedlich ausgeprägt sein.

Die Mehrzahl der Untersuchungen bezieht sich auf die Entwicklung von Kindern mit Down-Syndrom. Ihre Entwicklung soll daher zunächst genauer dargestellt werden, um dann Gemeinsamkeiten mit anderen Behinderungsformen und spezifische Merkmale einzelner genetischer Syndrome zu beschreiben. Ausführliche Informationen zu den Entwicklungs- und Verhaltensmerkmalen bei Kindern mit genetischen Syndromen und eine Beschreibung einzelner empirischer Forschungsarbeiten finden sich in Sarimski (2014a).

Entwicklung von Kindern mit Down-Syndrom

Aus den Entwicklungsuntersuchungen, die Rauh (u. a. 2000) in regelmäßigen Abständen an einer Gruppe von Kindern mit Down-Syndrom in den ersten sechs Lebensjahren durchführte, lässt sich ablesen, dass das Entwicklungstempo von Kindern mit dieser genetischen Besonderheit etwa 50 % des Entwicklungstempos von Kindern mit unbeeinträchtigter Entwicklung beträgt. Dies gilt für die motorische und kognitive Entwicklung gleichermaßen, wobei die motorische Entwicklung in den ersten drei Lebensjahren in Folge der ausgeprägten Hypotonie, die für viele Kinder mit Down-Syndrom charakteristisch ist, etwas langsamer verläuft als die kognitive Entwicklung. Die individuelle Variationsbreite ist aber beträchtlich.

Über die allgemeine Verlangsamung der Entwicklung hinaus unterscheiden sich Kinder mit Down-Syndrom bereits früh in ihrer Aufmerksamkeit, ihrem Engagement und ihrer Ausdauer bei der Exploration von Spielsachen und in ihrer sozial-emotionalen Ansprechbarkeit von Kindern der gleichen Entwicklungsstufe, die sich unbeeinträchtigt entwickeln. Bereits im Säuglingsalter ist ihre soziale Orientierung (im Gegensatz zum Interesse an der Exploration von Gegenständen) ausgeprägter, ihr affektives Ausdrucksverhalten jedoch gedämpft und weniger klar zu deuten. Auch im weiteren Verlauf zeigen sie weniger zielgerichtetes Spielverhalten. Es fällt ihnen schwer, ihre Aufmerksamkeit im Dialog mit einem Erwachsenen auf ein gemeinsames Thema abzustimmen, seiner Aufmerksamkeitsrichtung zu folgen und die Bedeutung von Wörtern zu erkennen. Diese Besonderheiten erschweren den Wortschatzerwerb.

Längsschnittstudien über die ersten sechs Lebensjahre zeigen, dass sich die expressive Sprache bei den meisten Kindern mit Down-Syndrom deutlich langsamer entwickelt als die Fähigkeiten in den anderen Bereichen (Fidler et al. 2006; Sarimski 2015). Auch wenn sie erste Worte gelernt haben, nimmt der Wortschatz nur langsam zu (Berglund et al. 2001). Offenbar fällt es ihnen schwer, die Technik des „Fast Mapping" für ihren Wortschatzaufbau zu nutzen, die Kindern ohne Entwicklungsbeeinträchtigungen hilft, rasch neue Worte im sprachlichen Input zu erkennen und ihre Bedeutung zu speichern.

Diese Beobachtung ist als Ausdruck eines spezifischen Defizits im verbalen Arbeitsgedächtnis („phonologischer Speicher") zu interpretieren, die sich auch in neuropsychologischen Untersuchungen bei älteren Kindern mit Down-Syndrom zeigt und sowohl den Wortschatzerwerb wie auch das Verstehen von Sätzen und die Bildung eigener Satzäußerungen erschwert (Pennington et al. 2003; Laws 2004). Das Erkennen und Verwenden von morphologischen und grammatischen Regeln bei der Satzproduktion bleibt auch im weiteren Verlauf für sie schwierig, so dass ihre Äußerungen kürzer und unvollständiger sind als bei Kindern gleichen mentalen Entwicklungsalters.

Die Arbeitsgedächtnisleistungen variieren allerdings mit der Modalität, in der die Informationen angeboten werden, die gespeichert werden sollen. Kindern mit Down-Syndrom gelingt es dabei wesentlich besser, sich Informationen zu merken, die visuell dargeboten werden. Es fällt ihnen leichter, Handlungsabläufe zu beobachten und nachzuahmen, als sprachliche Informationen abzurufen (Lifshitz et al. 2011). Dies korrespondiert auch mit Beobachtungen zur kommunikativen Entwicklung. Kinder mit Down-Syndrom benutzen Gesten und Gebärden wesentlich häufiger, über einen längeren Zeitraum und differenzierter als Kinder gleichen allgemeinen Entwicklungsniveaus, um sich verständlich zu machen.

Die qualitativen Besonderheiten der Entwicklung beschränken sich nicht auf die kognitiv-sprachliche Entwicklung, sondern zeigen sich auch in der Entwicklung der emotionalen Kompetenzen und der Bindungsentwicklung (Rauh 2004, 2005). Das Erkennen von Emotionen eines Gegenübers fällt Kindern mit Down-Syndrom schwerer als anderen Kindern mit gleichem kognitivem Entwicklungsniveau. In bindungsrelevanten Situationen drücken sie ihr Unbehagen schwächer und mit Verzögerung aus und sie haben mehr Schwierigkeiten, in frustrierende Situationen ihre Emotionen selbst zu regulieren als Kinder gleichen Alters.

Spezifische Entwicklungsmerkmale bei Kindern mit anderen genetischen Syndromen

Auch andere genetische Syndrome weisen spezifische Entwicklungsprofile und -merkmale auf. Diese Syndrome sind allerdings wesentlich seltener als das Down-Syndrom. Das zeigen z. B. Untersuchungen zum Fragilen-X-Syndrom, zum Prader-Willi-Syndrom oder zu den schweren Behinderungen beim Cornelia-de-Lange- oder Rett-Syndrom (Sarimski 2014a).

Beim Fragilen-X-Syndrom sind die Entwicklungsauffälligkeiten der betroffenen Jungen in der Regel stärker ausgeprägt als bei den Mädchen. Jungen mit Fragilem-X-Syndrom zeigen bereits im frühen Kindesalter eine ausgeprägte Überempfindlichkeit für sensorische Reize, Impulsivität und Überaktivität. Im sozialen Kontakt neigen sie zu scheuem Rückzug und Vermeidung von Blickkontakt in Situationen, die ihnen fremd sind, sowie zu stereotypen Verhaltensweisen. Ihr Fähigkeitsprofil weist relative Stärken in der visuellen Auffassungs- und Merkfähigkeit sowie in praktischen Kompetenzen auf, jedoch Schwächen bei Aufgaben, die sequenzielle Verarbeitungs- und Planungsprozesse (exekutive Funktionen) erfordern. Diese Probleme tragen zu pragmatischen Sprachauffälligkeiten bei, d. h. für viele Jungen mit Fragilem-X-Syndrom ist es schwierig, sich auf gemeinsame Gesprächsthemen einzustellen; sie neigen zu perseverierenden Äußerungen.

Beim Prader-Willi-Syndrom steht zunächst die motorische Verlangsamung in Folge einer ausgeprägten Hypotonie im Vordergrund, die häufig mit Trinkschwäche und Fütterschwierigkeiten einhergeht. Im weiteren Verlauf entwickeln Kinder mit dieser genetischen Besonderheit dann ein zwanghaftes Essverhalten sowie andere zwanghafte Verhaltensweisen und haben große Schwierigkeiten, ihre Affekte zu regulieren.

86 Kernaufgaben der Frühförderung

Bei vielen Syndromen, die mit schwerer Behinderung einhergehen, ist die Entwicklung der Lautsprache am stärksten beeinträchtigt. Kinder mit Angelman-Syndrom lernen z. B. allenfalls wenige Wörter zu bilden, können sich aber über alternative Kommunikationsformen verständigen. Kinder mit Cornelia-de-Lange-Syndrom zeigen oft wenig kommunikative Initiative; ein Teil von ihnen bleibt ebenfalls ohne lautsprachliche Verständigungsmöglichkeiten. Neben diesen Beeinträchtigungen der sozial-kommunikativen Entwicklung bilden sie oft stereotype oder selbstverletzende Verhaltensauffälligkeiten aus, die ihre Beziehungen zu ihren Eltern und der übrigen Umwelt in hohem Maße belasten können.

Eine besondere Herausforderung für die Frühförderung und Elternbegleitung stellt das Rett-Syndrom dar. Es handelt sich um Mädchen, die nach anfangs weitgehend unauffälligem Verlauf bereits erworbene motorische, spielerische und sprachliche Fähigkeiten wieder verlieren und ausgeprägte, kaum zu beeinflussende Stereotypien entwickeln, die ihren Kontakt zur Umwelt in sehr hohem Maße blockieren.

Für die diagnostische und prognostische Einschätzung, die Planung von Fördermaßnahmen und die Elternbegleitung ist es wichtig, syndromspezifische Entwicklungs- und Verhaltensmerkmale zu wissen.

Bedeutung der Eltern-Kind-Interaktion für den Entwicklungsverlauf

Auswirkungen einer Behinderung auf die Interaktion zwischen dem Baby und seinen Eltern zeigen sich schon zu einem sehr frühen Zeitpunkt, wenn eine globale Entwicklungsstörung diagnostiziert wird. Die Eltern fühlen sich durch die Auseinandersetzung mit der Diagnose in hohem Maße belastet. Es kann ihnen deshalb schwer fallen, sich auf die besonderen Bedürfnisse ihrer Kinder in sensibler Weise einzustellen.

Slonims/McConachie (2006) videografierten die Interaktion zwischen Müttern von Kindern mit Down-Syndrom und ihren Kindern im Alter von 8 und 20 Wochen und verglichen sie mit der Interaktion von Müttern mit Kindern, bei denen keine Behinderung vorlag. Bereits im Alter von acht Wochen zeigten sich die Babys mit Down-Syndrom als weniger kommunikationsbereit und passiver in der Interaktion. Ihre Mütter unterschieden sich zu diesem Zeitpunkt nicht von der Kontrollgruppe. Im Alter von 20 Wochen wurden sie von unabhängigen Beobachtern aber als distanzierter in ihrer Interaktion und insgesamt als depressiver eingeschätzt, d. h. sie schienen bereits zu diesem Zeitpunkt auf Unterschiede im kindlichen Verhalten mit weniger günstigen Interaktionsstrategien zu reagieren.

Auch im weiteren Verlauf besteht ein Risiko, dass der Erwerb neuer Kompetenzen im Spiel und in der Kommunikation mit den Eltern durch die Entwicklung ungünstiger Interaktionsmuster gehemmt wird (Murphy/Abbeduto 2005). Wenn Kinder wenig Eigeninitiative und Ausdauer im Spiel zeigen, es ihnen schwer fällt, ihre Aufmerksamkeit mit einem Dialogpartner abzustimmen oder sie Schwierigkeiten haben, ihre Affekte zu regulieren, dann reduziert das die Gelegenheiten, Entwicklungsanregungen aus dem gemeinsamen Spiel und Alltag aufzunehmen. Es besteht die Gefahr, dass Eltern als Reaktion auf solche Schwierigkeiten und die geringere Eigenaktivität der Kinder ihrerseits einen stärker lenkenden, direktiven Interaktionsstil entwickeln. Wenn diese Lenkung unzureichend auf die kindliche Aufmerksamkeit und seine Interessen abgestimmt ist, ist sie der Entwicklung von Kompetenzen nicht förderlich (Spiker et al. 2005; Warren/Brady 2007).

So analysierten z. B. Roach et al. (1998) die Interaktion von Müttern von Kindern mit Down-Syndrom und verglichen sie mit alters- und entwicklungsmäßig parallelen Kontrollgruppen. Die Mütter der Kinder mit Down-Syndrom setzten wesentlich mehr Aufforderungen ein, unterstützten das Spiel aber auch häufiger mit Hilfestellungen und setzten mehr verbale Bestätigung ein.

Blacher et al. (2013) verglichen das Interaktionsverhalten von Müttern von Kindern mit Down-Syndrom, mit einer geistigen Behinderung ungeklärter Ursache, mit Autismus-Spektrum-Störung und mit Cerebralparese mit Müttern von Kindern ohne kognitive Beeinträchtigung im Alter von drei, vier und fünf Jahren. Sie fanden jeweils spezifische Anpassungsmuster im Verhalten der Mütter der verschiedenen Teilgruppen.

Mehrere Langzeitstudien zeigen, dass das Gelingen der Anpassung an die spezifischen Entwicklungsmerkmale und die Bedürfnisse der Kinder in der Eltern-Kind-Interaktion eine große Bedeutung für den Entwicklungsverlauf der Kinder hat.

So wurde im Rahmen der Begleitforschung zu Frühförderprojekten für Kleinkinder mit sozialen Risiken oder Behinderungen in den USA eine Gruppe von mehr als 3000 Kindern in standardisierten Spielsituationen mit ihren Müttern in den ersten drei Lebensjahren videografiert. Der Entwicklungsstand der Kinder wurde im Alter von drei und fünf Jahren und dann noch einmal nach vier Schuljahren systematisch erhoben. Aus diesen Daten ließ sich mit komplexen statistischen Analysen bestimmen, welchen Anteil die Qualität der Eltern-Kind-Interaktion an der Aufklärung der Varianz im weiteren Entwicklungsverlauf hatte. Bei den Kindern mit sozialen Risiken trug sie 5-10 % zur Erklärung der Varianz der kindlichen Entwicklungsverläufe bei, bei Kindern mit Behinderungen wurde bis zu 25 % des Entwicklungsverlaufs dadurch erklärt (Roggman et al. 2013a; Innocenti et al. 2013). Bedenkt man die Komplexität des Zusammenwirkens von genetischen und sozialen Variablen, ist dieses Ergebnis – an einer großen Stichprobe im Verlauf mehrerer Jahre dokumentiert – ein sehr deutlicher Beleg für die Bedeutung des Gelingens von Eltern-Kind-Interaktionsprozessen für die Entwicklung von Kindern, die durch soziale oder biologische Risiken gefährdet ist. Die Unterstützung responsiver, d. h. gut auf die individuellen Bedürfnisse der Kinder abgestimmter Interaktionsprozesse stellt somit einen wirksamen Ansatzpunkt dar für eine nachhaltige Förderung der Entwicklung der Kinder.

Dies ergibt sich auch aus den Ergebnissen der „Early Intervention Collaborative Study" (EICS; Shonkoff et al. 1992; Hauser-Cram et al. 2001), einer weiteren Langzeitstudie, aus der sich wichtige Schlussfolgerungen für die Planung der Förderung bei globalen Entwicklungsstörungen ziehen lassen. Es wurden 190 behinderte oder von Behinderung bedrohte Kinder über einen Zeitraum von zehn Jahren begleitet. Darunter waren 59 Kinder mit allgemeiner Entwicklungsstörung, bei denen keine genetische Diagnose gestellt wurde, und 54 Kinder mit Down-Syndrom. Auch in dieser Studie wurde die Mutter-Kind-Interaktion im Spiel im Alter von drei Jahren videografiert.

Ein Teil der Kinder erhielt eine wöchentliche Frühförderung, die zuhause oder in einem Frühförderzentrum stattfand. Im Alter von zwei Jahren fand sich kein Unterschied im Entwicklungsverlauf in Abhängigkeit vom Ort der

Förderung, wohl aber ein Zusammenhang zu Prozessmerkmalen. Die Entwicklungsfortschritte waren größer bei Kindern, bei denen die Förderung individuell auf die Bedürfnisse von Kind und Familie abgestimmt war (d. h. nicht nach einem standardisierten Programm vorgegangen wurde) und bei denen die Familie nur eine Fachkraft als konstanten Ansprechpartner hatte.

Mit vier und zehn Jahren fanden sich prädiktive Zusammenhänge zur Qualität der Mutter-Kind-Interaktion, die im Alter von drei Jahren videografiert worden war. Kinder, bei denen die Mutter-Kind-Interaktion zu diesem Zeitpunkt gut aufeinander abgestimmt war und bei denen die familiären Beziehungen insgesamt ausgeglichen waren, hatten zu beiden Zeitpunkten mehr adaptive, sprachliche und soziale Kompetenzen als Kinder, bei denen das nicht der Fall war. Unter den „Schlüsselkompetenzen" erwies sich die Motivation und Ausdauer im Spiel im frühen Kindesalter als prädiktives Merkmal. Kinder, die zu diesem Zeitpunkt bereits eine recht gute Selbstregulationsfähigkeit erreicht hatten, entwickelten im weiteren Verlauf höhere kognitive und adaptive Kompetenzen.

Eine Meta-Analyse von 14 Studien, an denen 576 Kinder mit Down-Syndrom, anderen Formen globaler Entwicklungsstörung oder Autismus-Spektrum-Störung teilnahmen, belegt zusammenfassend den signifikanten Zusammenhang zwischen Merkmalen positiven Elternverhaltens — emotionale Verbundenheit, effektive Verhaltensregulation, Responsivität für kindliche Signale und Beiträge, entwicklungsförderliche Anregungen — und dem Entwicklungsverlauf der Kinder. Die Autoren errechnen aus den Daten der einzelnen Studien eine mittlere Effektstärke (d = .22; Dyches et al. 2012).

Alltägliche Interaktionen als Gelegenheiten zur Entwicklungsförderung

Aus diesen Forschungsbefunden lässt sich ableiten, dass sich die Frühförderung von Kindern mit globalen Entwicklungsstörungen auf die Unterstützung der Schlüsselkompetenzen der Motivation, Eigeninitiative und Ausdauer der Kinder und die Unterstützung der elterlichen Responsivität in der Gestaltung der Interaktion mit ihren Kindern konzentrieren sollte, um langfristig wirksam zu sein. Dies kann im Rahmen breit angelegter Förderkonzepte mit einer Sammlung von Beobachtungs- und Übungsvorschlägen für die Eltern oder in Konzepten geschehen, bei denen Förderung und Beratung stärker individuell auf den Unterstützungsbedarf der Kinder im sozialen Alltag abgestimmt sind (Kap. 1.2.2).

Beispiele für breit angelegte Förderprogramme sind das Portage-Programm (Sampon/Wollenburg o. J.), das in England und den USA entwickelt wurde, das Programm „Small Steps" (dt. „Kleine Schritte-Programm", Pieterse et al. 2001) aus Australien und ein Programm, das der „Down Syndrome Educational Trust" (2001) in England herausgibt. Diese Programme bestehen jeweils aus mehreren Modulen für unterschiedliche Entwicklungsbereiche und Entwicklungsstufen. Sie orientieren sich grundsätzlich an der Entwicklung von Kindern ohne Behinderung, sind für Kinder mit unterschiedlichen Behinderungen und ihre Eltern gedacht, gehen aber auch – mehr oder weniger spezifisch – auf Besonderheiten der Entwicklungsprozesse bei Kindern mit Down-Syndrom ein. Das praktische Vorgehen wird jeweils an Fallbeispielen auf Demonstrations-DVDs illustriert, so dass sich Eltern und Fachkräfte mit den einzelnen „Bausteinen" des Programms vertraut machen können.

> **„Kleine Schritte" – ein breit angelegtes Förderprogramm**
>
> Das Programm ist als Grundlage für die Familienbegleitung gedacht, d. h., die Eltern erhalten in der Regel fachliche Unterstützung bei der Auswahl der individuellen Ziele und bei der Durchführung. Für jedes Kind werden – entsprechend seinem bereits erreichten Entwicklungsstand – Übungen zusammengestellt, mit denen es in kleinen Schritten grob- und feinmotorische, sprachliche und persönliche sowie soziale Fertigkeiten zur Teilhabe am Alltag erlernen soll. Zu den Übungen, die im Bereich „Feinmotorik" zusammengestellt sind, gehören z. B. Anregungen zum visuellen Verfolgen und Greifen von Gegenständen, zum Erkennen der Objektpermanenz, zum Handhaben von Gegenständen, Zeichnen, Umgang mit Büchern und Puzzles sowie Zuordnungs- und Sortieraufgaben. Für jede ausgewählte Fertigkeit wird im Programm erläutert, an welchem Material sie eingeschätzt werden kann, wie die Eltern sie gezielt üben und ihren Gebrauch im Spiel und bei häuslichen Aktivitäten fördern können. Die Entwicklungsfortschritte des Kindes sollen detailliert protokolliert werden.

Grundsätzlich besteht kein Zweifel daran, dass die Entwicklung von Kindern mit globalen Entwicklungsstörungen günstiger verläuft, wenn sie eine gezielte Förderung erhalten (Shonkoff/Hauser-Cram 1987). In Deutschland wird die Frühförderung flächendeckend angeboten, so dass keine aktuellen Befunde vorliegen, bei denen der Effekt verglichen wird mit dem Entwicklungsverlauf von Kindern, die keine Frühförderung erhalten.

Eine solche vergleichende Studie liegt aber z. B. aus Griechenland vor. Thomaidis et al. (2000) dokumentierten den Entwicklungsverlauf von 24 Kindern mit anlagebedingten Behinderungen über fast drei Jahre. Es wurden zwei Gruppen mit parallelisiertem Ausgangsstand gebildet. Nur eine Gruppe erhielt ab dem Alter von etwa zwei Jahren eine individuelle Frühförderung einmal in der Woche nach dem Konzept des Portage-Programms. Die Frühfördergruppe machte vor allem im ersten Förderjahr deutlich größere Entwicklungsfortschritte als die Kontrollgruppe (von 54 auf 70 EQ-Punkte), während sich der Entwicklungsstand der Kontrollgruppe im Vergleich zum Durchschnitt der Altersgruppe nicht veränderte (58 bzw. 55 EQ-Punkte). Nach dem zweiten Jahr der Frühförderung und acht Monate nach Abschluss der Förderung blieb der Unterschied bestehen; die Kinder, die eine systematische Frühförderung erhalten hatten, waren den Kindern der Kontrollgruppe in allen Teilbereichen des Entwicklungstests deutlich überlegen.

Ein Vergleich zwischen der Frühförderung nach dem Konzept des Programms „Kleine Schritte" mit einer Frühförderung in einer anderen Region, die sich nicht an einem standardisierten Übungskonzepte orientierte („Treatment-as-usual", Kap. 1.2.5), wurde von Haveman (2007) vorgelegt. Dabei dienten Studierende der Sonderpädagogik als Familienbegleiter der Eltern von 26 Kindern mit Down-Syndrom und unterstützten sie bei der Umsetzung des Förderprogramms. Die Entwicklungsfortschritte der Kinder wurden über Kompetenzlisten erhoben, die die Eltern selbst ausfüllten. Nach zwölf Monaten berichteten die Eltern deutlich mehr Kompetenzen, wobei die Fortschritte im Bereich der Motorik deutlich größer waren als im Bereich der expressiven Sprache. Die Interpretation der Daten ist jedoch dadurch eingeschränkt, dass keine objektiven Entwicklungstests verwendet und keine Daten über den Entwicklungsverlauf in der Vergleichsgruppe mitgeteilt wurden.

Ein gut strukturiertes, breit angelegtes Förderprogramm, wie es „Kleine Schritte" darstellt, kann sicher nützlich sein, sofern es in ein familienorientiertes Konzept integriert ist, bei dem die Ziele der Förderung in partnerschaftlicher Kommunikation mit den Eltern ausgewählt und die Bedürfnisse der Familie als Ganzes berücksichtigt werden.

> Aus den vorliegenden Forschungsergebnissen lässt sich nicht ableiten, dass die Verwendung eines solchen Förderprogramms langfristig günstigere Ergebnisse verspricht als ein Konzept, das sich flexibel auf die Alltagsroutinen der Familie einstellt und Alltagsgelegenheiten zur Förderung der Kompetenzen zur sozialen Teilhabe aufgreift. Für den Erfolg der Förderung entscheidend dürfte es in beiden Konzepten sein, dass die Eltern in ihrem Zutrauen in die eigenen Fähigkeiten zur Entwicklungsförderung gestärkt werden und vielfältige Gelegenheiten im Alltag nutzen, um Entwicklungsimpulse zu setzen (Kap. 1.2.2).

Eltern, die angeben, dass ihre Kinder an vielen sozialen Aktivitäten des Alltags teilhaben, äußern mehr Zutrauen in ihre eigenen Fähigkeiten zur Entwicklungsförderung als andere Eltern (Dunst et al. 2006). Auch wenn es sich dabei um einen korrelativen Befund handelt, unterstreicht dieses Ergebnis, wie wichtig es ist, dass isolierte Übungsbehandlungen (Physio-, Ergo- oder Sprachtherapie) die vielfältigen Lerngelegenheiten bei gemeinsamen sozialen Aktivitäten im Alltag nicht ersetzen können. Bei ihnen erwirbt das Kind die Kompetenzen, die sich an seinen eigenen Interessen orientieren und die es unmittelbar in der sozialen Situation einsetzen kann. Je hilfreicher die Eltern die Unterstützung durch die Fachkraft für die Gestaltung ihrer Alltagsinteraktionen mit dem Kind erleben, desto positiver bewerten sie ihre eigenen Kompetenzen und ihre psychische Stabilität. Eine Meta-Analyse von neun Studien, an denen 910 Kinder mit unterschiedlichen Behinderungen teilnahmen, belegt: Beides hat positive Effekte auf die Qualität der Interaktion und den Entwicklungsverlauf (Trivette et al. 2010).

Im Mittelpunkt der Beratung der Eltern in einem alltags- und interaktionsorientierten Ansatz steht die Sensibilisierung für förderliche Elemente der Eltern-Kind-Interaktion. Ihre Einschätzung ist obligatorisches Element der Diagnostik bei globalen Entwicklungsstörungen. Dazu können standardisierte Ratingskalen verwendet werden, z. B. PICCOLO (Kap. 1.3.3). Besonders wirksam ist es, die Beratung auf Videoaufzeichnungen der Eltern-Kind-Interaktion im Spiel zu stützen, die mit den Eltern besprochen werden. Das Standbild des Videos, in dem eine „gelungene" Sequenz zu sehen ist, hat dabei eine nachhaltige, anschauliche Wirkung („Seeing is believing", Erickson/Egeland 2006).

Checkliste für die Beobachtung von Eltern-Kind-Interaktionen

- Wie ist das Spiel- und Kommunikationsverhalten des Kindes, seine Aufmerksamkeit, Ausdauer, Eigeninitiative, Kooperationsbereitschaft und Freude an der Situation?
- Zeigt der Erwachsene eine Bereitschaft, sich auf das Spiel einzulassen? Entstehen balancierte Episoden sozialen Spiels? Ist der eigene Ausdruck variationsreich?
- Ist der Erwachsene sensibel für die kindlichen Signale und geht er auf die Beiträge des Kindes ein? Lenkt er die Situation übermäßig, ohne auf die Aufmerksamkeitsrichtung oder eine mögliche Überforderung des Kindes zu achten?
- Gibt er angemessene Hilfen und Anregungen, die der Entwicklungsstufe des Kindes entsprechen?
- Besteht eine Passung zwischen dem elterlichen Verhalten und dem Hilfebedarf des Kindes?

Tabelle 7 gibt einen Überblick über einige Elemente responsiver Interaktionsstrategien, um die es in der Beratung geht.

Tab. 7: Auswahl von responsiven Interaktionsmerkmalen (Mahoney et al. 2006)

Reziprozität	Kontingenz	Kontrolle	Affektive Zuwendung	Passung
Beteiligung am Spiel Balance gemeinsame Aufmerksamkeitsabstimmung	Anpassung an kindliche Aufmerksamkeit zeitliche Abstimmung der Angebote inhaltliche Abstimmung Häufigkeit	angemessene Lenkung Unterstützung beim Erwerb komplexerer Fähigkeiten	Lebhaftigkeit Freude am Spiel Wärme Akzeptanz	Anpassung an Entwicklungsstufe Abstimmung auf kindliches Interesse Anpassung an kindlichen Interaktionsstil

Physio-, Ergo- oder Sprachtherapie bei kognitiven Beeinträchtigungen

Manche Kinderärzte neigen dazu, bei kleinen Kindern mit globalen Entwicklungsstörungen zunächst Physiotherapie, später dann häufig in Kombination mit Ergo- und/oder Sprachtherapie zu verordnen. Bei diesem Arbeitsmodell, das dem herkömmlichen medizinischen Konzept zur Behandlung einzelner Erkrankungen entstammt, werden dann in jeder Behandlungsform einzelne Therapieziele gesetzt, die jeweils aus Sichtweise des Therapeuten begründet sein mögen. Es wird jedoch unzureichend geklärt, welche Bedeutung die ausgewählten Übungsziele für die Förderung der sozialen Teilhabe des Kindes am Alltag haben, und es besteht die Gefahr einer unzureichenden Koordination der Therapieansätze. Die Eltern sehen sich dann häufig mit vielfältigen, manchmal auch widersprüchlichen Empfehlungen konfrontiert, die sie in ihren Alltag integrieren sollen.

Physio- oder ergotherapeutische Fachkompetenz kann sehr nützlich sein, wenn sie spezifische Möglichkeiten bietet, dem Kind den Erwerb bestimmter Kompetenzen (z. B. zur Aufrichtung und Fortbewegung, zum Abbau sensorischer Überempfindlichkeit oder zum Einüben lebenspraktischer Fertigkeiten beim Essen, Anziehen oder Toilettengang) zu erleichtern. Die Auswahl der Förderziele sollte jedoch immer an der unmittelbaren Relevanz für die Alltagsbeteiligung orientiert sein und in ein kongruentes individuelles Förderkonzept integriert sein. Das kann in dieser Altersgruppe bedeuten, dass der Physio- oder Ergotherapeut nicht regelmäßig mit dem Kind – z. B. in seiner Praxis – arbeitet, sondern die pädagogische Fachkraft an einzelnen Terminen in die Familie begleitet, um mit ihr und den Eltern gemeinsam nach Lösungen für praktische Fragen zu suchen (Konzept des „transdisziplinären Teams", Kap. 1.2.4).

Effektivität von interaktions- und alltagsorientierter Förderung

Die Effektivität von interaktions- und alltagsorientierten Förderkonzepten bei Kindern mit globalen Entwicklungsstörungen wird durch mehrere Studien mit Prä-Post- bzw. Kontrollgruppendesign (Kap. 1.2.5) belegt.

> Mahoney et al. (2006, 2007) evaluierten die Wirksamkeit in einer Gruppe von 50 Kindern mit Down-Syndrom über einen Zeitraum von einem Jahr. Im Durchschnitt zeigte sich ein rascherer Entwicklungsfortschritt als vor Beginn der Intervention. Dies galt jedoch nicht für alle Mutter-Kind-Paare gleichermaßen. Die Mütter unterschieden sich in dem Ausmaß, in dem sie die Empfehlungen zu responsivem Verhalten übernahmen und ihr Interaktionsverhalten änderten. Verbesserungen in der mütterlichen Responsivität

erklärten statistisch 20 % der Veränderungen im kindlichen Entwicklungsverlauf. Kinder, bei denen die mütterliche Responsivität durch unabhängige Beobachter hoch eingeschätzt wurde, zeigten wesentlich mehr Aufmerksamkeit, Ausdauer, Kooperationsbereitschaft und Eigeninitiative im Spiel. Sie machten auch nach den Ergebnissen der „Vineland Adaptive Behavior Scale" (VABS) größere Kompetenzfortschritte.

Karaaslan/Mahoney (2013; Karaaslan et al. 2011) publizierten eine randomisierte Kontrollgruppenstudie zur Effektivität ihres Vorgehens, die sie in der Türkei durchführten. Zehn Mütter von Kindern mit Down-Syndrom im Alter zwischen drei und sechs Jahren (darunter sechs Kinder mit Down-Syndrom) erhielten über einen Zeitraum von sechs Monaten wöchentlich eine eineinhalb- bis zweistündige Anleitung in der Art und Weise, wie sie im Alltag Eigeninitiative, Ausdauer, Aufmerksamkeit und andere Schlüsselkompetenzen ihrer Kinder fördern können. Die Kontrollgruppe von neun Kindern besuchte zweimal in der Woche ein Förderzentrum. Die Kinder erhielten dort zwei Stunden Einzelförderung durch eine Fachkraft und nahmen für eine Stunde an einer Kleingruppe teil. Die Mütter konnten anwesend sein, wurden aber nicht aktiv in die Förderung einbezogen.

Die Ergebnisse belegten eine deutliche Steigerung der mütterlichen Responsivität und der affektiven Zuwendung sowie eine Reduzierung der mütterlichen Direktivität im Vergleich zur Kontrollgruppe. Aufmerksamkeit und Eigeninitiative der Kinder nahmen in der Interventionsgruppe deutlich stärker zu. Im Entwicklungsfragebogen machten die Kinder, deren Mütter eine Anleitung in responsivem Interaktionsverhalten erhalten hatten, signifikant größere Entwicklungsfortschritte. Ihr Entwicklungsquotient nahm in den einzelnen Entwicklungsbereichen um 12 bis 18 Punkte zu, während sich der EQ in der Kontrollgruppe in diesem Zeitraum kaum veränderte.

Salisbury/Copeland (2013) belegten die Wirksamkeit eines solchen interaktionsorientierten Konzepts, das sich an den Gelegenheiten zur sozialen Teilhabe orientierte, auch bei 21 Kindern mit schwerer Behinderung. Die Interaktionsberatung der Eltern fand regelmäßig einmal in der Woche zuhause statt und wurde bei Kindern im Alter bis zu 18 Monaten einmal in der Woche durch eine individuelle Förderung im Frühförderzentrum durch die gleiche Fachkraft ergänzt. Bei Kindern im Alter zwischen 18 und 36 Monaten fand zusätzlich eine Förderung in Kleingruppen statt, an denen auch die Mütter sowie Kinder ohne Behinderung (in der Regel die Geschwister der Kinder oder andere Kinder aus ihrer näheren Verwandtschaft) teilnahmen.

Der Entwicklungsfortschritt in Abhängigkeit von der Dauer der individuellen Teilnahme an der Frühförderung – im Durchschnitt 19 Monate – wurde mit einem standardisierten Entwicklungstest beurteilt; die Eltern füllten zusätzlich einen Fragebogen zur Einschätzung ihres Zutrauens in die eigenen Kompetenzen zur Entwicklungsförderung aus. Im Durchschnitt hatten die Kinder im Laufe dieser 19 Monate Entwicklungsfortschritte im Umfang von 12 bis 13 Monaten gemacht. Die größten Fortschritte zeigten sich in den Bereichen der Feinmotorik, der kognitiven Entwicklung und der Selbstständigkeit. 16 der 21 Mütter hatten deutlich an Zutrauen in ihre eigenen Fähigkeiten gewonnen, die Interaktion mit ihren Kindern entwicklungsförderlich zu gestalten.

Förderung der Verständigungsfähigkeiten

Das Gelingen der Aufmerksamkeitsabstimmung, die Häufigkeit kommunikativer Beiträge und der Gebrauch von vorsprachlichen kommunikativen Mitteln (Zeigegesten) durch die Kinder sowie die elterliche Responsivität sind prädiktive Faktoren für den Sprachentwicklungsverlauf bei Kindern mit Down-Syndrom, Fragilem-X-Syndrom und anderen kognitiven Beeinträchtigungen (u. a. Brady et al. 2004; Warren/Brady 2007; Warren et al. 2010).

Mehrere Studien evaluierten die Effekte einer elternbasierten, interaktionsorientierten Beratung auf die vorsprachlichen kommunikativen Fähigkeiten und den beginnenden Spracherwerb von Kindern mit globalen Entwicklungsstörungen. Interventionskonzepte, bei denen die Eltern für kommunikative Initiativen ihrer Kinder sensibilisiert werden, die eigenen Äußerungen gut auf die jeweilige Aufmerksamkeitsrichtung der Kinder abstimmen und darüber hinaus kommunikative Beiträge des Kindes „provozieren", indem sie Situationen schaffen, bei denen das Kind eine Auswahl treffen oder mit Blick und Geste zeigen muss, was es möchte, erweisen sich als wirksam, um die Silbenproduktion, den rezeptiven Wortschatz und im weiteren Verlauf dann die Wortproduktion von Kindern mit globalen Entwicklungsstörungen anzuregen (Fey et al. 2006; Warren et al. 2008; Yoder et al. 2015).

Brown/Woods (2015) belegten die Effektivität einer Elternanleitung in sprachförderlichen Kommunikationsstrategien im Rahmen eines familienorientierten Konzepts der Hausfrühförderung bei Kindern mit Down-Syndrom und anderen globalen Entwicklungsstörungen. Bei allen Kindern konnte nach 24 Interventionssitzungen eine signifikante Steigerung der kommunikativen Beteiligung, des Wortgebrauchs und der Länge der Äußerungen nachgewiesen werden. Die Qualität der Unterstützung, die die Eltern in der Frühförderung durch die Fachkräfte erhielten, korrelierte mit dem Sprachentwicklungsfortschritt der Kinder.

Roggman et al. (2016) werteten die Videoaufzeichnungen von 71 Hausbesuchen aus und überprüften Zusammenhänge zum kindlichen Wortschatzerwerb im weiteren Verlauf. Je mehr es den Fachkräften gelang, die Eltern zu einer aktiven Beteiligung an der Förderung zu motivieren und ihre Responsivität für kindliche Kommunikationsansätze zu stärken, umso größere Fortschritte machten die Kinder beim Wortschatzerwerb.

Wenn Kinder mit globalen Entwicklungsstörungen einen basalen Wortschatz erworben haben, kann sich die Förderung der semantischen Kompetenzen, des Satzverstehens und der Satzbildung an den Interventionsstrategien orientieren, die sich bei Kindern mit Beeinträchtigungen des Spracherwerbs im Allgemeinen bewährt haben (Kap. 2.2).

Hancock/Kaiser (2006) legten eine Übersicht über mehr als 50 Studien vor, bei denen die Effekte von Interventionen zur Förderung der Satzbildung in natürlichen Kommunikationssituationen evaluiert wurden. Die Eltern wurden dabei in einer responsiven Gestaltung ihrer Interaktion mit dem Kind sowie im Einsatz von sprachförderlichen Strategien (Provokation kindlicher Sprachäußerungen, Modellierung von ausgewählten Zielstrukturen und expandierendes Feedback) angeleitet.

Für die Diagnostik empfiehlt Aktas (2006) ein adaptives Vorgehen, bei dem ein Elternfragebogen (ELFRA) mit dem Sprachentwicklungstest für zweijährige Kinder (SETK-2) und für drei- bis fünfjährige Kinder (SETK 3-5) in theoriegeleiteter Weise kombiniert wird. Auf diese Weise lassen sich das sprachliche Repräsentationsniveau der Kinder und die Förderziele differenzieren.

Eine weitere Möglichkeit zur Unterstützung der Sprachanbahnung bei Kindern mit Down-Syndrom und anderen globalen Entwicklungsstörungen stellt die Einführung lautsprachunterstützender Gebärden dar, mit denen Schlüsselwörter in einer sprachlichen Äußerung begleitet werden. Eine Zusammenstellung solcher Gebärden in einem Grund- und Aufbauwortschatz (von jeweils 100

Gebärden, die auf Gebärdenkarten illustriert werden) liegt als „Gebärdenunterstützende Kommunikation" (GuK; Wilken 2014) vor. Diese Gebärden können eingesetzt werden, sobald die Kinder einen referenziellen Blickkontakt einsetzen und Zeigegesten verstehen, also etwa ein Entwicklungsalter von einem Jahr erreicht haben.

Die visuelle Modalität und die Konzentration auf zentrale Inhaltswörter in einer Äußerung erleichtert es Kindern mit kognitiven Verarbeitungsproblemen, die Bedeutung der Begriffe zu erfassen. Die bildhafte Darstellung, die Demonstration durch den Erwachsenen und die Möglichkeit zur manuellen Hilfestellung bei der Nachahmung unterstützen den Lernprozess zum Gebrauch.

Auch in diesem Konzept gilt es, zunächst eine Auswahl von Gebärden auszuwählen und in möglichst vielen Alltagssituationen zu nutzen, die auf die Aufmerksamkeitsrichtung und Interessen des Kindes abgestimmt sind. Dabei wird die Gebärde regelmäßig mit einem kurzen, prägnanten lautsprachlichen Input kombiniert. In der Anfangsphase wird zunächst vom Kind keine Imitation der Gebärde erwartet. Im weiteren Verlauf können dann – wie beim Lautspracherwerb – gezielt Situationen geschaffen werden, in denen das Kind zum funktionalen Gebrauch der Gebärden motiviert und bestärkt wird (Lücke 2012; Lederer/Battaglia 2015).

Untersuchungen zum Erwerb des Gebärdenwortschatzes bei Kindern mit Down-Syndrom, die nach dem GuK-Konzept gefördert werden, sprechen für einen stetigen Zuwachs des Gebärdenwortschatzes mit dem Alter, bis die Kinder in der Lage sind, die entsprechenden lautsprachlichen Begriffe selbst zu bilden. Sie geben den Gebärdengebrauch dann von allein auf und gehen zur Verwendung der Lautsprache über, die ökonomischer und differenzierter ist. Es besteht somit kein Grund zu der Sorge, dass Kinder, die nach diesem Konzept gefördert werden, in der Lautsprachentwicklung gehemmt würden, weil ihnen die Motivation zur Produktion von Wörtern fehlte (Wagner/Sarimski 2012).

Die Einführung lautsprachunterstützender Gebärden ist auch in das „Heidelberger Elterntraining" bei globalen Entwicklungsstörungen" (HET-GES) integriert. Es umfasst sieben Gruppensitzungen mit bis zu zehn Eltern, eine videogestützte Individualberatung sowie einen Nachschulungstermin sechs Monate nach Trainingsabschluss (Buschmann/Jooss 2010, 2012). Eine erste Evaluationsstudie mit acht Eltern zeigte einen signifikanten Anstieg der Anwendung von lautsprachunterstützenden Gebärden unmittelbar nach Abschluss des Trainings, der allerdings nicht stabil blieb. Die Förderung ihres Gebrauchs durch ein Training im Rahmen einer Elterngruppe ist offenbar möglich, für die Eltern ist der begleitende Gebrauch von Gebärden jedoch zunächst ungewohnt, so dass sie eine kontinuierliche fachliche Unterstützung benötigen, um sie nachhaltig einzusetzen (von Maydell/Vogt 2013).

Eine weitere Alternative zur Anbahnung von Verständigungsfähigkeiten besteht in der frühen Förderung des Gebrauchs von alternativen Kommunikationsmitteln Das diagnostische Vorgehen und die Prinzipien der alltagsorientierten Anleitung werden im Kapitel zur Förderung bei motorischen Beeinträchtigungen ausführlich geschildert (Kap. 2.3). Sie gelten auch für die Förderung von Kindern mit globaler Entwicklungsstörung.

Für Kinder, bei denen erwartet werden muss, dass sie keine oder nur sehr wenig Lautsprache erwerben werden, sollten solche alternativen Kommunikationshilfen schon im Alter von zwei bis drei Jahren eingeführt werden.

TIPP

Für eine erste Anbahnung des Gebrauchs einer Kommunikationshilfe kann eine einfache „sprechende Taste" gewählt werden, so dass das Kind damit vertraut wird, dass es durch Drücken der Taste eine sprachliche Mitteilung auslösen kann. Welche Mitteilung jeweils gespeichert ist, wird sich an den Bedürfnissen des Kindes in verschiedenen Alltagssituationen orientieren. So kann z.B. eine Begrüßungsformel oder ein Satz über das, was am vergangenen Nachmittag zu Hause geschehen ist, eine Beteiligung am Morgenkreis in der Kindertagesstätte ermöglichen. Die Speicherung einer Mitteilung wie „Ich habe Hunger" oder „Ich möchte mit ... spielen" erlaubt dem Kind, einen Wunsch auszudrücken.

Wenn das Kind noch nicht die Entwicklungsstufe der „symbolischen Kommunikation" erreicht hat und noch nicht versteht, dass die abgerufenen Worte eine Bedeutung haben, kann es sinnvoll sein, dem Kind zunächst die Erfahrung zu vermitteln, dass es durch Tastendruck interessante Ereignisse auslösen kann. So ist es z.B. möglich, eine Taste zu verbinden mit einem Lichtschalter, dem DVD-Player oder einem mechanischen Spielzeug. Das Kind lernt, dass es durch Drücken der Taste das Licht leuchten, die Musik abspielen oder das Spielzeug in Gang setzen kann. Diese Wahrnehmung einer Mittel-Zweck-Beziehung motiviert es zum gezielten Gebrauch der Taste und stellt eine Vorstufe für die Anbahnung elektronischer Kommunikationshilfen dar.

Alternative Kommunikationsmittel geben ihnen nicht nur die Möglichkeit zur Mitteilung von Wünschen und Bedürfnissen, sondern erweitern umfassend ihre Möglichkeiten zur sozialen Teilhabe im familiären Alltag und im Kindergarten. Die Anbahnung sollte daher nicht erst in Betracht gezogen werden, wenn das Kind nach längerer Zeit logopädischer Behandlung keine Fortschritte macht (Romski/Sevcik 2005).

Sobald ein Kind die Bedeutung einer Abbildung als Symbol für eine Mitteilung versteht, können elektronische Kommunikationsgeräte („Talker") eingesetzt werden. Es handelt sich dabei um einfach zu bedienende Geräte mit einer Tastatur; jede Taste ist mit einer Abbildung belegt, mit einer Sprachausgabe hinterlegt und kann vom Kind angesteuert werden, um etwas mitzuteilen. Vielfältige Angebote für unterschiedliche Komplexitätsstufen der Verständigung können im Internet recherchiert werden.

> **TIPP**
>
> Elektronische Kommunikationsgeräte werden von verschiedenen Firmen angeboten, die Hilfsmittel zur Rehabilitation von Menschen mit Behinderungen vertreiben. Neben speziell für diesen Zweck entwickelten tragbaren Geräten oder umgestalteten Notebooks werden auch Apps für Tablets und Smartphones angeboten.

Förderung von praktischen Fähigkeiten zur Selbstversorgung

Kinder mit globalen Entwicklungsstörungen haben auch einen besonderen Unterstützungsbedarf beim Erwerb von praktischen Fähigkeiten zur Selbstversorgung beim Essen, beim Ankleiden, bei der Körperpflege und beim Toilettengang. Diese Fähigkeiten stellen einen Teilbereich der adaptiven Kompetenzen dar; die Beratung der Eltern in der Anbahnung dieser Fähigkeiten gehört zu den Aufgaben der Frühförderung. Eine Einschätzung der bereits erworbenen Teilfertigkeiten lässt sich im Rahmen der Diagnostik mittels adaptiver Kompetenzskalen erheben (Kap. 1.3). Eine detaillierte Anleitung zu den Übungsschritten bei der Förderung solcher praktischer Kompetenzen durch die Eltern enthält z. B. der Ratgeber von Baker/Brightman (2004).

Mit den Eltern wird zunächst diejenige Fertigkeit ausgewählt, die aus ihrer Sicht den größten Gewinn für die eigenständige Beteiligung des Kindes am sozialen Alltagsgeschehen darstellt. Die Förderplanung orientiert sich an den grundlegenden Lernprinzipien der angewandten Verhaltensanalyse. Dazu gehört die Auswahl eines spezifischen Förderziels, die Untergliederung der angestrebten Kompetenz in ihre einzelnen Komponenten, die als Einzelschritte der Förderung angesehen werden, die Wahl des Übungssettings und der Instruktionsmethode, wie die Einzelschritte eingeübt und dann miteinander verbunden werden können. In Tabelle 8 wird dieses Vorgehen für das Einüben des selbstständigen Ankleidens illustriert.

Tab. 8: Plan zur Förderung des selbstständigen Ankleidens

Spezifizierung des Förderziels	Anziehen von Unterhose, Unterhemd, Hose und Pullover
Einzelkomponenten	Wahl des Kleidungsstücks
	Ausrichtung des Kleidungsstücks
	Überstreifen über die Füße bzw. Arme oder Kopf
	Durchstecken der Arme in die Ärmel
	Hoch- bzw. Herunterziehen des Kleidungsstücks bis zur Gürtellinie
	Schließen der Hose mit Knopf (wenn erforderlich)
Setting und Hilfen	Üben beim morgendlichen Anziehen und beim Umkleiden im Kindergarten
	Auswahl der passenden Kleidungsstücke und ihre Anordnung in der korrekten Reihenfolge durch Bezugsperson
Instruktionsmethode	verbale und gestische Aufforderung zu den einzelnen Handlungsschritten
	manuelle Hilfestellung (wenn erforderlich)
	Schrittweise Reduzierung der Hilfestellung
	Schrittweise Verknüpfung der einzelnen Handlungskomponenten bis zur vollständigen Sequenz

TIPP

Es kann sinnvoll sein, das Ankleiden zunächst als gesonderte Übungssituation einzuführen, damit durch hochfrequentes Üben der einzelnen Schritte ein rascherer Lernfortschritt erreicht werden kann, als wenn das Ankleiden nur einmal am Tag geübt wird.

Um die einzelnen Handlungsschritte miteinander zu verknüpfen, kann die Methode des „backward chaining" genutzt werden. Dabei wird der gesamte Handlungsablauf zunächst mit Hilfe durch die Bezugsperson durchgeführt und diese Hilfestellung sukzessiv „von hinten nach vorn", also zunächst beim letzten, dann beim vorletzten Handlungsschritt ausgeblendet.

Die Reduzierung von Hilfestellungen selbst kann dadurch erfolgen, dass zunächst systematisch eine sprachliche Aufforderung, unterstützt durch eine Geste, gegeben wird, auf die dann sofort eine manuelle Hilfestellung folgt. Später wird dann die manuelle Hilfestellung zeitlich verzögert, so dass die Wahrscheinlichkeit steigt, dass das Kind den Teilschritt nach Aufforderung selbstständig ausführt, bis es schließlich auch ohne sprachliche Aufforderung den jeweils nächstfolgenden Handlungsschritt „abzurufen" vermag.

2.1.2 Soziale Teilhabe von Kindern im Vorschulalter

Kinder mit globalen Entwicklungsstörungen besuchen im Vorschulalter integrative bzw. inklusive Kindertagesstätten oder — sofern sie in ihrem Bundesland bestehen — heilpädagogische Kindergärten bzw. Schulkindergärten, die an entsprechende Sonderschulen angeschlossen sind. Fördermaßnahmen für diese Altersgruppe sind unterschiedlich geregelt. Teilweise findet die Frühförderung in der Kindertagesstätte statt, teilweise übernehmen Frühförderstellen die Beratung von pädagogischen Fachkräften dieser Einrichtungen als Kooperationsaufgabe.

> Wenn Kinder mit globalen Entwicklungsstörungen in eine Kinderkrippe oder eine Kindertagesstätte aufgenommen werden, benötigen sie eine spezifische Unterstützung. „Dabeisein ist nicht alles", d. h., die Aufnahme eines Kindes mit globaler Entwicklungsstörung allein bedeutet noch nicht, dass es auch am sozialen Geschehen teilhat (Kreuzer/Ytterhus 2013).

Ihre Fähigkeiten zur Verständigung mit den anderen Kindern der Gruppe und zur Selbstversorgung im Gruppenalltag unterscheiden sich von den Fähigkeiten der Kinder gleichen Alters, die keine Behinderung haben. Kinder mit globalen Entwicklungsstörungen zeigen weniger Initiative zur sozialen Kontaktaufnahme zu anderen Kindern und weniger soziale Kompetenzen, sich in angemessener Form am Spiel anderer Kinder zu beteiligen. Ihre Fähigkeiten zur Selbstregulation von Handlungsimpulsen und Emotionen sind eingeschränkt, so dass sie zu impulsiven Reaktionen neigen und Schwierigkeiten haben, sich an soziale Regeln zu halten und Lösungen für kritische Situationen zu finden. Es fällt ihnen schwerer, Emotionen und Absichten anderer Kinder an mimischen und situativen Merkmalen zu erkennen, so dass sie ihre Intentionen oft falsch deuten oder sich in Konfliktsituationen hilflos fühlen. Schließlich stellen eingeschränkte sprachliche Fähigkeiten auch ein Hindernis dar, um Gespräche einzuleiten und den anderen Kindern Wünsche oder Vorschläge mitzuteilen.

Nicht alle Kinder mit Beeinträchtigungen werden zudem von den anderen Kindern der Gruppe von Anfang an als Spielpartner akzeptiert. Sie werden seltener von ihnen als erste Wahl für gemeinsame Spielsituationen genannt. Kinder mit Behinderungen suchen daher häufiger Kontakt zum Erwachsenen und sind öfter in Einzelaktivitäten mit einer pädagogischen Fachkraft involviert als die anderen Kinder der Gruppe (Odom et al. 2002; Ytterhus 2008).

> Es geht bei der sozialen Integration nicht darum, dass die pädagogische Fachkraft der Kindertagesstätte eine Einzelförderung für ein Kind mit Beeinträchtigungen anbietet. Vielmehr gilt es, Alltagsroutinen, Bildungsangebote und das gemeinsame Spiel in der Gruppe so zu gestalten, dass ein Kind mit globaler Entwicklungsstörung dabei Anregungen erhält, die auf seinen Entwicklungsstand abgestimmt sind.

Die Fachkraft muss dazu die Fähigkeiten und Hilfebedürfnisse eines Kindes kennen und es bei seinen Initiativen so unterstützen, dass seine Beteiligung gefördert wird. In Kindertagesstätten ist es — ebenso wie zuhause — sinnvoll, alltägliche Aktivitäten zur Entwicklungsförderung zu nutzen. Die Kinder erhalten dabei eine individuell angepasste Unterstützung in der Entwicklung kognitiver, sprachlicher und sozial-emotionaler Kompetenzen, die für ihre soziale Teilhabe am Gruppengeschehen von Nutzen sind.

Snyder et al. (2015a) legten eine systematische Übersicht über 43 Studien vor, in denen 211 Kinder mit unterschiedlichen Behinderungen (Sprachentwicklungsstörungen, Autismus-Spektrum-Störung, Down-Syndrom, Cerebralparese, schwere und mehrfache Behinderung) nach diesen Prinzipien im Freispiel, in Kleingruppen oder in der Kreisrunde gefördert wurden. In der internationalen Fachliteratur ist dabei von „embedded learning opportunities" die Rede. Die Kinder machten signifikante Fortschritte in ihren Nachahmungsfähigkeiten, in ihrer Ausdauer im Spiel, in der sprachlichen Beteiligung und in der Selbstständigkeit im Alltag.

Individuelle Behandlungsmaßnahmen im Kindergarten

Individuelle Förder- und Behandlungsmaßnahmen für Kinder mit Behinderungen durch Physiotherapeuten, Ergotherapeuten, Sprachtherapeuten, Heil- und Sonderpädagogen können entweder unabhängig von der Förderung im Kindergarten durch die Eltern organisiert werden oder werden vom Träger des (integrativen) Kindergartens unter dem Dach der Einrichtung angeboten. Wenn diese Förder- und Behandlungsmaßnahmen in der Einrichtung, aber außerhalb der Gruppe in getrennten Räumen („pull-out therapies") stattfinden, ist es für die Eltern meist schwierig, daran teilzunehmen. Sie werden nicht mehr – wie bei der alltags- und familienorientierten Frühförderung in den ersten Lebensjahren – in die Förderplanung einbezogen und erhalten kaum noch Unterstützung, um die Entwicklung ihres Kindes in der häuslichen Umgebung weiter zu fördern. Außerdem gelingt in vielen Fällen die Kommunikation zwischen den Fachkräften, die die Einzelförderung durchführen, und den Fachkräften in der Gruppe nur unzureichend, so dass Kompetenzfortschritte, die das Kind in der Einzelförderung macht, nicht in den Gruppenalltag generalisieren und dort weitergeführt werden.

Wesentlich günstiger ist es, wenn die Fachkraft ihre Förder- und Behandlungsmaßnahmen direkt in das soziale Geschehen in der Gruppe integriert, d. h. wenn sie das Kind in sozialen Situationen beobachtet, die Kompetenzen identifiziert, die für eine soziale Teilhabe von Bedeutung sind, und sie mit dem Kind übt, ohne es dazu aus der Gruppe zu nehmen. Auf diese Weise können auch die Gruppenerzieher beobachten, welche Hilfen das Kind braucht, und sich von der Fachkraft beraten lassen, wie sie das Kind wirksam im Alltag unterstützen können. Dieses Modell entspricht dem Grundgedanken eines „transdisziplinären" Teams (Kap. 1.2.4).

Förderung sozial-emotionaler Kompetenzen in der Gruppe

Die Einschätzung der sozial-emotionalen Kompetenzen für die Beteiligung am Gruppengeschehen gehört zu den diagnostischen Aufgaben der Frühförderung bei der Unterstützung der sozialen Teilhabe der Kinder in Kindertagesstätten. Dazu werden die Erzieher mit standardisierten Fragebögen befragt und direkte Verhaltensbeobachtungen in der Gruppe durchgeführt (Kap. 1.3).

Empirisch fundierte Konzepte zur Förderung sozialer Kompetenzen bei Kindern mit kognitiver Beeinträchtigung lassen sich in mehrere Ebenen gliedern, die hierarchisch aufeinander aufbauen (Brown et al. 2001; Abb. 8). Die gezielte Förderung sozialer Kompetenzen in Alltagssituationen (internationale Autoren sprechen von „Coaching in teachable moments") stützt sich – wie die Förderung adaptiver Kompetenzen – auf die Prinzipien der angewandten Verhaltensanalyse.

Auf der Grundlage der diagnostischen Beobachtungen in sozial relevanten Situationen werden Verhaltensweisen ausgewählt, die das Gelingen sozialen Kontakts und die Ausgestaltung wechselseitiger befriedigender sozialer Beziehungen zwischen einem Kind und anderen Kindern seiner Gruppe begünstigen. In geeigneten Alltagssituationen erhält das Kind durch die Fachkraft dann eine verbale Instruktion oder ein Modell zu einem „erfolgversprechenden" Verhalten und wird in der Ausführung der entsprechenden Fertigkeit unterstützt, korrigiert und bestärkt. Im Laufe der Förderung werden dann die Hilfen schrittweise reduziert, bis das Kind in der entsprechenden Situation die angestrebte Fertigkeit selbstständig einsetzt. Ergänzende Interventionsstrategien zur Förderung bei Kleingruppenaktivitäten, die die Fachkraft vorbereitet, sowie der Einsatz von standardisierten Programmen zur Förderung sozial-emotionaler Kompetenzen im Kindergarten werden in Kapitel 3.5 geschildert.

Abb. 8: Hierarchie von Strategien zur Förderung sozialer Kompetenz (Brown et al. 2001)

Vorbereitung auf den Schriftspracherwerb

Die Förderung von Vorläuferfähigkeiten für den Schriftspracherwerb gehört auch bei Kindern mit globalen Entwicklungsstörungen — wie bei Kindern ohne Entwicklungsstörungen — zu den Bildungsaufgaben im Kindergarten. Dabei geht es zunächst darum, die Kinder mit Schrift als Medium zur Mitteilung von Informationen vertraut zu machen („early literacy").

Eine stärkere Berücksichtigung dieses Förderbereichs im Alltag könnte die Voraussetzungen bei Kindern mit globalen Entwicklungsstörungen für den späteren Schriftspracherwerb verbessern. Ricci (2011) stellte fest, dass dies zuhause nur in geringerem Maße geschieht. Sie verglich die Einstellung zur „early literacy" bei Eltern von Kindern mit Down-Syndrom und Kindern mit unbeeinträchtigter Entwicklung im Kindergartenalter. Die Eltern der Kinder mit Down-Syndrom nutzten wesentlich weniger Gelegenheiten im Alltag, um die Kinder an Schriftsprache heranzuführen, und haben in dieser Altersphase offenbar geringere Erwartungen an den Kompetenzerwerb ihrer Kinder.

In der logographischen Phase beginnt das Kind, Wortbilder und die Bedeutung des Wortes zu assoziieren. Es handelt sich dabei noch um eine reine visuelle Vorgehensweise, d. h., es orientiert sich an besonders hervorstehenden visuellen Merkmalen der Graphemfolge. Auf diese Weise erwirbt es einen „Sichtwortschatz", der im erweiterten Leseverständnis als erste Stufe der Lesekompetenz angesehen wird.

> **TIPP**
>
> Beim gemeinsamen Lesen von Bilderbüchern kann ein erstes Verständnis für den Symbolgehalt der geschriebenen Wörter und die Bedeutung des Textes vermittelt werden.
>
> Darüber hinaus kann die Aufmerksamkeit des Kindes auf Wortkarten mit Namen (z. B. für die Plätze für Kleidungsstücke der einzelnen Kinder in der Garderobe) oder mit Bezeichnungen für verschiedene Spielsachen im Regal, Beschriftungen von Einkäufen oder Werbehinweise gelenkt werden.
>
> In dieser prä-literalen Phase beginnen die Kinder auch, das Schreiben von Erwachsenen durch eigenes Kritzeln und erstes Malen nachzuahmen.

Dabei wird aber noch keine Phonem-Graphem-Korrespondenz hergestellt, die für die alphabetische Phase charakteristisch ist und in der das Kind beim Lesen die einzelnen Phoneme zu Worten synthetisiert.

Die Erarbeitung eines Sichtwortschatzes ist das Ziel einer Frühlesemethode, die bei Kindern mit Down-Syndrom eingesetzt wird und auch in das Programm „Kleine Schritte" integriert ist (Oelwein 2007). Die praktischen Erfahrungen mit dem Programm, bei dem Kinder das Wiedererkennen von Wortkarten üben, zeigen zusätzlich positive Auswirkungen auf den Umfang und die Verständlichkeit der lautsprachlichen Äußerungen der Kinder. Das Leseprogramm beginnt mit Zuordnungsaufgaben (Wort- und Bilderlotto); anschließend übt das Kind schrittweise, einzelne Wortkarten nach ihrer Bedeutung auszuwählen und dann zu einfachen Aussagesätzen zu kombinieren. Wenn es etwa 50 Wörter beherrscht, können einzelne Groß- und Kleinbuchstaben eingeführt werden und zu Konsonant-Vokal-Kombination und ersten Wörtern, die das Kind erlesen soll, kombiniert werden, um den späteren Übergang zur alphabetischen Phase anzubahnen (Lücke 2012).

2.1.3 Förderung zur Prävention schulischer Lernschwierigkeiten

Die neuere Intelligenzforschung (CHC-Theorie) unterscheidet zwischen der allgemeinen Intelligenz und acht bis zehn „breiten" Fähigkeiten auf einer zweiten Ebene sowie „schmale" Fähigkeiten auf einer dritten Ebene. Beeinträchtigungen können sowohl auf der Ebene der allgemeinen Intelligenz wie auch in jeder der Fähigkeiten auf der zweiten Ebene auftreten. Sie spiegeln sich entweder in einem unterdurchschnittlichen allgemeinen Entwicklungs- oder Intelligenztestergebnis (EQ/IQ 70-85) wider oder in inhomogenen Fähigkeitsprofilen mit Schwächen in der Aufmerksamkeitssteuerung, in Wahrnehmungs- oder in Gedächtnisprozessen oder in der Handlungsplanung und Problemlösefähigkeit.

Die Früherkennung und frühe Förderung solcher Beeinträchtigungen dient der Prävention späterer schulischer Lernschwierigkeiten und gehört ebenfalls zum Arbeitsfeld der Frühförderung.

Multifaktorielle Ursachen

Beeinträchtigungen einzelner kognitiver Funktionen oder eine allgemeine Verzögerung der intellektuellen Entwicklung können sowohl biologische als auch soziale Ursachen haben, die häufig in Kombination miteinander auftreten und die Entwicklung der Kinder beeinflussen.

Nur bei einem Teil der Kinder, die Beeinträchtigungen in einzelnen kognitiven Funktionen zeigen, lässt sich eine eindeutige medizinische Ursache feststellen. Bei einigen genetischen Syndromen gehört ein unterdurchschnittlicher Verbal- und Handlungs-IQ zum charakteristischen Phänotyp. Dies gilt z. B. für das Deletionssyndrom 22q11, welches mit einer Häufigkeit von etwa 1:5000 das häufigste Microdeletionssyndrom ist (Sarimski 2014a). Auch bei der Untersuchung von Kindern mit einer Fetalen Alkohol-Spektrumstörung (FASD), die in Folge eines Alkoholkonsums der Mutter während der Schwangerschaft entstehen kann, ergibt sich häufig ein Intelligenzquotient im Bereich zwischen 70 und 85 mit charakteristischen Schwächen in den exekutiven Funktionen (Landgraf/Heinen, 2013; Sarimski 2014b).

Eine relativ große Gruppe von Kindern, bei denen einzelne kognitive Funktionen beeinträchtigt sind, stellen ehemals frühgeborene Kinder dar. In Abhängigkeit vom Grad ihrer Unreife ist das Risiko für Aufmerksamkeits-, Wahrnehmungs-, Gedächtnis- und Planungsprobleme erhöht (Kap. 3.1). Neben diesen perinatalen Ursachen können auch postnatale Erkrankungen (z. B. Hirnverletzungen nach Unfällen oder eine Meningitis) zu kognitiven Einschränkungen führen.

Ein anderer Teil der Kinder, bei denen die kognitive Entwicklung nicht altersgemäß verläuft und deren schulischer Lernerfolg gefährdet ist, stammt aus Familien, in denen die Eltern selbst unterdurchschnittliche intellektuelle Fähigkeiten und ein niedriges Bildungsniveau haben. Wenn weitere psychosoziale Belastungen (z. B. Armut, Arbeitslosigkeit, innerfamiliäre Gewalt, Alkohol- oder Drogenabhängigkeit) vorliegen, besteht ein erhöhtes Risiko, dass die Bedürfnisse der Kinder im familiären Umfeld vernachlässigt werden und sie unzureichende Anregungen für ihre kognitive Entwicklung erhalten. Selbstverständlich gilt das nicht für alle Kinder aus Familien, die mit psychosozialen Belastungen zu kämpfen haben (Kap. 3.2).

Response-to-Intervention-Ansatz

Kinder mit Beeinträchtigungen in einzelnen kognitiven Funktionen sind in ihrer allgemeinen Teilhabe am sozialen Geschehen im Kindergarten nicht wesentlich auffällig. Um ihren besonderen Förderbedarf frühzeitig zu erkennen, bedarf es systematischer Beobachtungen der pädagogischen Fachkräfte im Kindergarten. Die ausführliche Entwicklungsdiagnostik gehört dann zu den Aufgaben der Frühförderung. Gezielte Fördermaßnahmen sollen dabei nicht additiv zum pädagogischen Konzept des allgemeinen Kindergartens angeboten, sondern möglichst in das allgemeine pädagogische Konzept integriert werden. Je nach Ausprägung der kognitiven Beeinträchtigungen kann auch eine zusätzliche Einzelförderung angezeigt sein.

Ein solches mehrstufiges pädagogisches Vorgehen wird als „Response-to-Intervention"-Ansatz bezeichnet (Buysse/Peisner-Feinberg 2013). Bereichsübergreifende Screeningverfahren und das grundsätzliche Vorgehen beim „Response-to-Intervention"-Ansatz werden im Rahmen der Kooperationsaufgaben der Frühförderstellen bei der Zusammenarbeit mit Kindertagesstätten beschrieben (Kap. 3.5). An dieser Stelle wird auf die Methoden zur Förderung von Aufmerksamkeitsleistungen, von Vorläuferfähigkeiten für den Schriftspracherwerb und für mathematische Kompetenzen sowie exekutiven Funktionen im Kindergartenalter eingegangen.

Förderung bei Störungen der Aufmerksamkeit

_ DEFINITION _

Aufmerksamkeitsprozesse lassen sich unterteilen in selektive Aufmerksamkeit (Fokussierung der Aufmerksamkeit auf relevante Reize), geteilte Aufmerksamkeit (parallele Beachtung mehrerer relevanter Reize), Daueraufmerksamkeit (längerfristige Aufrechterhaltung der Aufmerksamkeit) und Flexibilität bzw. Umstellungsfähigkeit bei der Aufmerksamkeitskontrolle.

Im Alter zwischen drei und sechs Jahren nimmt die Fähigkeit von Kindern stetig zu, diese Aufmerksamkeitsprozesse selbst zu regulieren. Störungen in der Kontrolle über Aufmerksamkeitsprozesse werden im pädagogischen Kontext oft als „Konzentrationsstörungen" bezeichnet. Der Begriff der „Konzentration" ist allerdings nicht einheitlich definiert, betont wird meist der Aspekt der willentlichen Anstrengung eines Kindes, sich auf eine Aufgabe zu konzentrieren, wie er bei späteren schulischen Leistungen gefordert ist. In den kinder- und jugendpsychiatrischen Klassifikationssystemen (ICD-10 oder DSM-5) werden Probleme der Aufmerksamkeitssteuerung als Symptom einer Aufmerksamkeits-/Hyperaktivitätsstörung (ADHS) zugeordnet (Kap. 2.4).

Angesichts der Altersabhängigkeit und Differenzierungen der Aufmerksamkeitsleistungen sind diagnostische Verfahren erforderlich, die sowohl eine zuverlässige und valide Identifikation von Kindern erlauben, deren Leistungen signifikant vom altersüblichen Durchschnitt abweichen, als auch eine Beurteilung, welche der verschiedenen Komponenten beeinträchtigt sind. Die gebräuchlichen Aufmerksamkeits- und Konzentrationstests verwenden allerdings fast ausschließlich visuelles Stimulusmaterial, so dass sie eine Aussage nur für diesen Bereich ermöglichen.

In der Regel handelt es sich um Aufgaben, bei denen bestimmte visuelle Stimuli (z. B. Symbole) gesucht und verglichen werden müssen. Sie sind als Papier- und Bleistifttest (Durchstreichaufgaben) gestaltet oder können am Computer bearbeitet werden. Zu den Durchstreichaufgaben, die im Kindergartenalter eingesetzt werden können, gehört z. B. die Kaseler-Konzentrationsaufgabe für Drei- bis Achtjährige (KKA; Krampen 2007).

Zu den Förderprogrammen zur Verbesserung der Aufmerksamkeit bei der Bearbeitung von Aufgaben, die sich im Kindergartenalter bewährt haben, gehört das „Marburger Konzentrationstraining" (Krowatschek et al. 2013). Es handelt sich um ein Gruppenprogramm, das über einen Zeitraum von sechs bis acht Wochen einmal wöchentlich für 75 Minuten durchgeführt wird. Das Programm enthält Entspannungsübungen, angeleitete Regel- und Konzentrationsspiele sowie Aufgaben zur Bearbeitung von Arbeitsblättern mithilfe verbaler Selbstinstruktionen. Hierbei lernen die Kinder, wie sie ihre Aufmerksamkeit steuern können, indem sie sich selbst erst laut, dann im Trainingsverlauf sukzessive immer leiser werdend, sinnvolle Anweisungen geben (z. B. „Ich lese die Aufgabenstellung durch.", „Ich überlege, ob ich es richtig verstanden habe.", „Ich fange an.", „Ich kontrolliere noch einmal."). Die Verwendung dieser Selbstinstruktionen wird nach verhaltenstherapeutischen Prinzipien verstärkt.

Problematik des Konzepts der „Wahrnehmungsstörungen"

Während Wahrnehmungsstörungen im Erwachsenenalter als neuropsychologische Störungsbilder eindeutig definiert sind, wird dieser Begriff im Kindesalter häufig als Sammelbegriff für die unterschiedlichsten Auffälligkeiten im Lernverhalten und in der Verhaltensorganisation verwendet (Nußbeck 2003). Kognitive, sprachliche und sozial-emotionale Auffälligkeiten werden dabei (implizit oder explizit) mit vermuteten Problemen der intra- und intermodalen Reizverarbeitung in Beziehung gesetzt.

Daraus wird dann die Hypothese abgeleitet, dass durch eine gezielte Förderung der intra- und intermodalen Wahrnehmung komplexe Störungen erfolgreich behandelt werden können. Die Diagnose einer Wahrnehmungsstörung wird dabei aus den Ergebnissen standardisierter Testverfahren abgeleitet, die für das jeweilige Konzept spezifisch entwickelt wurden.

Dies gilt z. B. für das Konzept zur Wahrnehmungsförderung nach Frostig (Reinartz/Reinartz 1974). Im „Frostigs Entwicklungstest der visuellen Wahrnehmung" (FEW-2; Büttner et al. 2008) geht es um visuelle Wahrnehmungs- und visuomotorische Integrationsleistungen, z. B. das Erfassen der Lage von abgebildeten Objekten im Raum, Figur-Grund-Unterscheidung, Gestaltschließen und Erfassen der Formkonstanz. Es handelt sich um einen „Papier-Bleistift-Test".

Darauf baut das Frostig-Programm zur visuellen Wahrnehmungsförderung auf, das in vielen ergotherapeutischen Praxen seit der Erstveröffentlichung durch Reinartz (1974) eingesetzt wird. Es handelt sich um ein systematisch aufgebautes Trainingsprogramm zur Förderung verschiedener Teilkomponenten der visuellen Wahrnehmung (z. B. Figur-Grund-Wahrnehmung, Raum-Lage-Wahrnehmung), die in mehreren Arbeitsheften mit dem Kind geübt werden sollen.

Aus den verfügbaren deutschen und internationalen Evaluationsstudien lässt sich allerdings kein eindeutiger Nachweis ableiten, dass die Durchführung des Trainings nach dem Frostig-Konzept zu einer nachhaltigen Verbesserung der visuellen Wahrnehmungsleistungen, wie sie im „Frostigs Entwicklungstest der visuellen Wahrnehmung" gemessen werden, oder in der späteren Bewältigung schulischer Anforderungen führt (Elsner/Hager 1995).

Das Konzept der „Sensorischen Integrationsstörung" nach Ayres (2002; Kull-Sadacharam 2006) beruht auf der allgemeinen Vorstellung, dass das Kind in den ersten Lebensjahren lernt, Sinnesempfindungen der Berührung, des Gleichgewichts, des Orientierungssinnes, der Tiefenwahrnehmung, des Sehens, Hörens, des Geruchs und Geschmacks so zu integrieren, dass ihm die „reibungslose" Organisation von Handlungen des täglichen Lebens möglich wird. Störungen in diesen Verarbeitungsfähigkeiten behindern die Entwicklung komplexerer Fähigkeiten und beeinträchtigen die Regulation von Affekten (Fisher et al. 2002). Im „Sensorischen Integrations- und Praxis-Test" (SIPT) werden sensorische Modulationsstörungen (unterteilt in über- oder unterdurchschnittliche Reaktivität auf Sinnesreize oder sensorische Reizsuche), sensorische Diskriminationsstörungen und sensorisch begründete motorische Auffälligkeiten (Probleme der Haltungskontrolle und Dyspraxie) voneinander unterschieden.

Die Sensorische Integrationstherapie, die darauf aufbaut, wird in speziell ausgestatten Therapieräumen durchgeführt. In den Übungen soll das Kind lernen, vestibuläre, propriozeptive, auditive und taktile Sinnesreize in gezielte Handlungsabläufe zu integrieren. Zu den Therapiematerialien gehören u. a. Schaukeln, Hängematten, Rollbretter, Geräte, die Vibration erzeugen, Trampolin und Tastmaterialien. Die Eltern werden in die Behandlung einbezogen, damit sie ihrem Kind ähnliche Erfahrungen im häuslichen Alltag anbieten können.

In zahlreichen Praxisberichten werden Verbesserungen von Handlungskompetenzen der Kinder im Therapieverlauf und positive Veränderungen im sozial-emotionalen Bereich im Laufe der Sensorischen Integrationstherapie beschrieben. Die Ergebnisse wissenschaftlicher Studien zeigen jedoch, dass sich die erwarteten Therapieeffekt – zumindest bei Kindern mit kognitiven Beeinträchtigungen – nicht überzeugend belegen lassen.

> May-Benson/Koomar (2010) und Leong et al. (2015) legten aktuelle Übersichten über die Evidenz der Effektivität der Sensorischen Integrationstherapie bei Kindern mit Lernschwierigkeiten, intellektuellen Behinderungen oder autistischen Störungen vor. Sie beziehen sich auf 30 Kontrollgruppenstudien (mit ca. 1600 Teilnehmern), in denen ihre Wirkung mit der Wirkung alternativer Interventionen oder mit dem Entwicklungsverlauf von Kindern verglichen wurde, die keine Intervention erhielten. Ein positiver Effekt auf die sensorischen Verarbeitungsfähigkeiten (z. B. eine Verbesserung der taktilen Diskriminationsfähigkeit oder eine Reduzierung der sensorischen Abwehr) ließ sich in einem Teil der Studien zwar nachweisen. Bei der Teilgruppe der Kinder mit Lernschwierigkeiten waren die Effekte signifikant im Vergleich mit Kindern, die keine Therapie erhalten hatten. Dauerhafte Effekte auf die funktionale Alltagsbewältigung und eine Überlegenheit der Sensorischen Integrationstherapie gegenüber anderen Therapieverfahren ließen sich in den Studien jedoch nicht belegen.

> Die amerikanische pädiatrische Fachgesellschaft und Fachvertreter der deutschen Gesellschaft für Neuropädiatrie bescheinigen der Sensorischen Integrationstherapie bis zum Jahr 2012 noch keine ausreichende Evidenzbasierung (The American Academy of Pediatrics 2012).

Vorläuferfertigkeiten für den Schriftspracherwerb

Der Einstieg in den Schriftspracherwerb baut auf Vorläuferfähigkeiten auf, die bereits im Vorschulalter erfasst und durch eine gezielte Förderung günstig beeinflusst werden können. Dabei ist zwischen zwei Komponenten der Lesefähigkeit zu unterscheiden: Worterkennen (Dekodieren) und Leseverständnis (Schneider 2014). Seit 2015 haben zahlreiche Forschungsarbeiten die Bedeutsamkeit der phonologischen Bewusstheit für den späteren Erwerb elementarer Lesefähigkeiten belegt. Dabei unterscheidet man phonologische Bewusstheit im weiteren und engeren Sinne.

_ _ _ DEFINITION _

Unter **phonologischer Bewusstheit** im weiteren Sinne wird die Fähigkeit zur Identifikation von größeren sprachlichen Einheiten wie Wortformen und Silbenstruktur verstanden. Diese wird in der Regel über Reimaufgaben und Aufgaben zur Gliederung von Wörtern in Silben erfasst. Phonologische Bewusstheit im engeren Sinne meint die Fähigkeit zur Lautsegmentierung (Erkennen und Identifizieren von Anlauten oder einzelnen anderen Lauten in Wörtern) und der Lautsynthese, d. h. dem Zusammenziehen von nicht rhythmischen Wortsegmenten.

Neben der phonologischen Bewusstheit gilt als wichtiger Prädiktor für den Leseeinstieg auch das schnelle phonologische Rekodieren beim Zugriff auf Einheiten im semantischen Gedächtnis, das sich z. B. im schnellen sprachlichen Benennen von Bildern zeigt. Kinder, die im Vorschulalter einen verlangsamten Zugriff auf das Langzeitgedächtnis aufweisen, entwickeln Probleme beim Lesenlernen.

Bezogen auf das spätere Leseverständnis scheint vor allem die Fähigkeit, komplexe Satzstrukturen zu verarbeiten, wichtig zu sein. Kinder, die trotz guter Dekodierfähigkeit Probleme im Leseverständnis haben, haben meist auch

Schwierigkeiten beim Verständnis gesprochener Sprache. Es fällt ihnen z. B. schwer, Fragen zu einer gehörten Geschichte zu beantworten. Die Sprachdefizite von Kindern mit Deutsch als Zweitsprache wirken sich vor allem auf diesen Bereich der Entwicklung der Lesefähigkeiten aus. Ein eingeschränktes Verständnis von Satzstrukturen kann daher als weiteres Kriterium zur Früherkennung von Kindern mit besonderem Förderbedarf in diesem Bereich gelten.

Das bekannteste Verfahren zur Beurteilung der phonologischen Bewusstheit im weiteren Sinne ist das Bielefelder Screening (BISC, Jansen et al. 2002). Es wird als Einzeltest im letzten Kindergartenjahr durchgeführt und erfordert pro Kind etwa 25 Minuten. Es umfasst Reimaufgaben, bei denen Wortpaare daraufhin beurteilt werden, ob sie sich reimen (z. B. Weg – Steg, Buch – Tuch), und die Aufgabe, zwei- bis dreisilbige Wörter mittels Silbenklatschen zu zerlegen (z. B. Autobahn, Teddybär). Als Aufgabe zur Lautsynthese werden die Laute eines Wortes (per beigefügter CD) getrennt vorgesprochen (z. B. ts/ange) und das Kind muss dann unter vier Auswahlmöglichkeiten (z. B. Zange, Pinsel, Zebra, Schlange) das entsprechende Bild zeigen und benennen. Bei Aufgaben zum Wortabruf müssen Farben unter verschiedenen Ablenkungsbedingungen von den Kindern möglichst schnell benannt werden.

Ein weiteres Verfahren zur Früherkennung von Problemen beim Schriftspracherwerb ist das „Heidelberger Auditive Screening in der Einschulungsdiagnostik für vier- bis sechsjährige Kinder" (HASE; Schöler/Brunner 2008). Dieses Screening enthält zwei Aufgaben zum phonologischen Arbeitsgedächtnis (Wiedergeben von Zahlenfolgen, Nachsprechen von Kunstwörtern), einen Untertest zum Satzgedächtnis (Nachsprechen von Sätzen) und eine Aufgabe zum Erkennen von Wortfamilien, bei dem das Kind aus drei Wörtern dasjenige erkennen soll, das nicht zur gleichen Wortfamilie gehört. Das Screening prüft also auch grammatische und semantische Verarbeitungsfähigkeiten. Über die Gütekriterien und die prognostische Validität beider Verfahren informieren Marx/Lenhard (2010).

Als Frühförder- und Präventionsprogramm für den deutschen Sprachraum wurde das Würzburger Trainingsprogramm zur phonologischen Bewusstheit und zur Buchstabe-Laut-Zuordnung entwickelt und evaluiert („Hören, Lauschen, Lernen", Küspert/Schneider 2008; „Hören, Lauschen, Lernen 2", Plume/Schneider 2004). Diese Programme werden in kurzen spielerischen Übungen täglich im letzten Kindergartenjahr durchgeführt. Die Kinder lernen zunächst, Geräusche in der Umgebung zu identifizieren. Im Anschluss daran geht es um das Erkennen und Produzieren von Reimen sowie um das Erkennen von Anlauten und Einzellauten im Wort. Schließlich wird auf spielerische Weise die Verknüpfung der zwölf häufigsten Buchstaben des Alphabets mit den zugehörigen Lauten illustriert. Beide Programme haben sich als kurz- und langfristig effektiv erwiesen, bei Risikokindern mit Defiziten in der phonologischen Verarbeitung die Bewältigung der späteren schulischen Anforderungen zu erleichtern (Schneider/Marx 2008).

Vorläufer mathematischer Fähigkeiten

Auch für die Entwicklung mathematischer Fähigkeiten belegen zahlreiche Längsschnittstudien, die seit Beginn des 21. Jahrhunderts durchgeführt wurden, die Bedeutung von Vorläuferfähigkeiten, die bereits im Vorschulalter eine Prognose der späteren Leistungen in den Rechenfertigkeiten und eine Früherkennung von Kindern mit besonderem Förderbedarf erlauben (Krajewski/Schneider 2006).

DEFINITION

Entwicklungspsychologische Modelle beschreiben verschiedene Stadien der Zählentwicklung, Entwicklungsschritte beim Erwerb des Mengenverständnisses sowie des Wissens über Beziehungen zwischen Mengen als wichtige Vorläufer mathematischer Kompetenzen (Krajewski 2003).

Auf der ersten Ebene wird zur Früherkennung von Kindern mit Schwierigkeiten in diesem Bereich die Kenntnis der Zahlenfolge durch Vorwärts- und Rückwärtszählen, das Bestimmen von Nachfolgern und Vorgängern von verbal dargebotenen Zahlen und die Ziffernkenntnis der Zahlen eins bis 20 überprüft.

Auf der zweiten Ebene wird das Verständnis für Anzahlkonzepte und Mengenvergleiche beurteilt. Dazu sollen die Kinder z. B. Kärtchen, auf denen eine bestimmte Anzahl von Kindern abgebildet ist, der entsprechenden Zahl zuordnen. Beim Mengenvergleich werden den Kindern jeweils zwei Reihen gezeigt, die gleich lang, aber aus unterschiedlich vielen Spielfiguren zusammengesetzt sind. Die Kinder sollen beurteilen, in welcher Reihe mehr Figuren stehen. Auf der dritten Ebene sollen sie dann z. B. die Anzahldifferenz zwischen zwei vorgelegten Punktreihen angeben.

Zu den Testverfahren zur Beurteilung mathematischer Vorläuferfähigkeiten bei Kindern im Vorschulalter gehören die „Neuropsychologische Testbatterie für Zahlenverarbeitung und Rechnen bei Kindern – Kindergartenversion" (ZAREKI-K; Aster et al. 2009) und der Test „Mathematik- und Rechenkonzepte im Vorschulalter – Diagnose" (MARKO-D; Ricken et al. 2013). Die ZAREKI-K enthält 18 Subtests, mit denen relevante Aspekte des Zahlenverständnisses, der Zahlenverarbeitung und des rechnerischen Operierens erfasst werden. Sie ist für die Durchführung im letzten Jahr vor der Einschulung gedacht. Der MARKO-D besteht aus 55 Items, mit denen die folgenden fünf Konzepte (aufeinander aufbauende Niveaustufen) erfasst werden: Zählzahl, ordinaler Zahlenstrahl, Kardinalität und Zerlegbarkeit, Enthaltensein und Klasseninklusion sowie Relationalität. Die Items wechseln im Schwierigkeitsgrad. Durch die Einbettung der Aufgaben in eine Rahmengeschichte wechseln sich Phasen des Zuhörens und Bearbeitens ab, was sich günstig auf die Mitarbeit und Konzentration des Kindes auswirkt.

Mit dem Programm „Mengen, zählen, Zahlen" (MZZ; Krajewski et al. 2007) liegt auch für den Bereich der mathematischen Vorläuferfähigkeiten ein standardisiertes Programm vor, bei dem numerische Basisfertigkeiten und Anzahl- sowie Mengenkonzepte mit Veranschaulichungsmitteln gefördert werden können. Das Trainingsprogramm „Mathematik- und Rechenkonzepte im Vor- und Grundschulalter – Training" (Gerlach et al. 2013) baut auf den Niveaustufen auf, die mittels des MARKO-D erfasst werden.

Das Programm „Mengen, zählen, Zahlen" kann durch die Erzieherinnen und Erzieher im letzten Kindergartenjahr durchgeführt werden und erwies sich bei 260 Vorschulkindern im Vergleich zu anderen Förderkonzepten als wirksam, um Schwierigkeiten im Rechenunterricht der Grundschule bei Risikokindern vorzubeugen (Krajewski et al. 2008). Allerdings zeigt eine Schweizer Studie, dass eine spielintegrierte Förderung, die auf dem gleichen Modell von mathematischen Vorläuferfähigkeiten beruht, aber in systematisch adaptierten (Brett-)Spielen durchgeführt wird, ebenso wirksam ist wie das standardisierte Trainingsprogramm (Hauser et al. 2014).

Toll/van Luit (2013) analysierten die Effekte eines ähnlichen Trainings zur Förderung von mathematischen Vorläuferfähigkeiten bei 196 Kindergartenkindern, bei denen das Kind mit Abzählen, dem Bilden und Vergleichen von Mengen, Ziffern und Messen vertraut gemacht wird. Die Ergebnisse belegen signifikante Fortschritte der Kinder, wobei die Merkfähigkeit für sprachliche Informationen (d. h. die Leistungsfähigkeit des auditiven, aber nicht des visuellen Arbeitsgedächtnisses) einen deutlichen Einfluss auf den Erfolg hat.

Förderung von exekutiven Funktionen

___ DEFINITION _

Unter den **exekutiven Funktionen** sind die kindlichen Selbstregulationsfähigkeiten zu verstehen, mit denen es Aufmerksamkeits- und Gedächtnisprozesse sowie die Planung von komplexeren Handlungen steuert. Teilkomponenten der exekutiven Funktionen sind die Kontrolle von Impulsivität („inhibition"), die Flexibilität in der Aufmerksamkeitsrichtung („shifting"), das Arbeitsgedächtnis („working memory") sowie die Fähigkeit zur Planung zielgerichteter Handlungen („planning").

Diese integrativen kognitiven Verarbeitungsfähigkeiten sind nicht unabhängig von der allgemeinen Intelligenz eines Kindes, erweisen sich aber als spezifische Prädiktoren für den künftigen Schulerfolg. Sie haben z. B. bei Kindern, die in Armutslagen aufwachsen, eine höhere Vorhersagekraft für den künftigen Schulerfolg als die allgemeine Intelligenztestleistung der Kinder (Blair/Razza 2007). Kinder mit Beeinträchtigungen in diesen kognitiven Funktionen haben Lernschwierigkeiten und sind von den sozialen Anforderungen im Schulalltag häufig überfordert. Die Fähigkeit zur Impulskontrolle, zu Aufmerksamkeitswechseln und zur Speicherung von Informationen im Arbeitsgedächtnis korreliert — unabhängig von der allgemeinen Intelligenz der Kinder oder dem Bildungsniveau der Mütter — mit den mathematischen Vorläuferfähigkeiten und Vorläuferfähigkeiten für den Schriftspracherwerb im Kindergartenalter (Espy et al. 2004).

Forschungsergebnisse zu exekutiven Funktionen beruhen häufig auf der Untersuchung der Kinder in spezifischen Beobachtungsaufgaben, die als Indikatoren für kognitive Selbstregulationsfähigkeiten gelten. Dazu gehören z. B. verschiedene Version der Tower-of-Hanoi oder London-Aufgabe, Inferenzaufgaben oder Aufgaben zur verbalen Flexibilität und Konzeptbildung. Keine dieser Aufgaben hat sich bei jüngeren Kindern jedoch als ausreichend reliabel und valide bewährt, um in der diagnostischen Praxis eingesetzt zu werden. Außerdem bestehen Zweifel an der ökologischen Validität solcher Aufgaben, d. h., es ist es fraglich, ob sich darin wirklich die gleichen Probleme zeigen, die ein Kind bei der Bewältigung von Anforderungen im Alltag und später in der Schule hat.

Dies hat zusätzlich zur Entwicklung von standardisierten Fragebögen geführt, mit denen die Verfügbarkeit von Teilkomponenten der exekutiven Funktionen in Alltagssituationen beurteilt werden sollen. Dazu gehört das „Behavior Rating Inventory of Executive Function" (BRIEF; Gioia et al. 2003), das in einer deutschen Version für Kinder im Alter zwischen zwei und sechs Jahren als „Verhaltensinventar zur Beurteilung exekutiver Funktionen für das Kindergartenalter" (Daseking/Petermann 2013) verfügbar ist.

Es handelt sich um einen Fragebogen aus 63 Items, die in fünf theoretisch und empirisch abgeleitete klinische Skalen gruppiert sind: Hemmung (z. B. „verliert mehr als seine Spielkameraden die Kontrolle "), Umstellungsfähigkeit (z. B. „reagiert ablehnend bei Veränderungen von Routinen, Speisen, Orten"), emotionale Kontrolle (z. B. „Stimmung ändert sich schnell"), Arbeitsgedächtnis (z. B. „Wenn es zwei Dinge tun soll, erinnert es sich nur an das erste oder letzte.") und Planen/Organisieren (z. B. „hat Schwierigkeiten, sich andere Wege zur Problemlösung oder Fertigstellung einer Aufgabe auszudenken, wenn es nicht weiterkommt").

Erste Erfahrungen mit Trainingsprogrammen zur Förderung exekutiver Funktionen sprechen dafür, dass auf diesem Wege künftigen schulischen Lernschwierigkeiten wirksam vorgebeugt werden kann. Bierman et al. (2008) evaluierten z. B. ein Programm für Kindergartenkinder aus Armutslagen, bei dem die Selbstregulation und Problemlösefähigkeit bei kognitiven und sozialen Anforderungen im Alltag geübt wurde. Die Kinder machten signifikante Fortschritte in Vorläuferfähigkeiten für den Schriftspracherwerb und in sozialen Kompetenzen.

Barnett et al. (2008) kamen in einer randomisierten Kontrollgruppenstudie zu ähnlichen Ergebnissen bei der Evaluation des Programms „Tools of the Mind" (Bodrova/Leong 1996). Das Programm enthält 40 Vorschläge zur Förderung der exekutiven Funktionen, die in der Gruppe umgesetzt werden können. Dazu gehört z. B. das laute Aussprechen von Dingen, die das Kind selbst vorhat („self-regulatory private speech") oder Rollenspiele („dramatic play"), die von den Kindern selbst geplant werden. Kubesch (2014) und Walk/Evers (2013) geben einen Überblick über dieses und andere Programme zur Förderung exekutiver Funktionen in deutscher Sprache.

ZUSAMMENFASSUNG

Die Entwicklung von Kindern mit globalen Entwicklungsstörungen ist durch ein verzögertes Erreichen von Entwicklungsstufen und durch qualitative Auffälligkeiten in Prozessen der Aufmerksamkeitsregulation, der Gedächtnisleistungen und der Planung und Handlungskontrolle gekennzeichnet. Bei ihnen ist eine Förderung in allen Bereichen der Entwicklung indiziert.

Diese Förderung kann sowohl in breit angelegten, standardisierten Förderkonzepten wie auch in individuell auf die Unterstützungsbedürfnisse der Kinder abgestimmten Konzepten geschehen. Entscheidend für den Erfolg ist in jedem Fall eine Integration der Förderung in den Alltag der Familie und ein familienorientiertes Gesamtkonzept, mit dem das Zutrauen und die Kompetenzen der Eltern zur Entwicklungsförderung ihrer Kinder gestärkt werden. Eine alltags- und interaktionsorientierte Beratung der Eltern hat sich als zentrales Element der Frühförderung von Kindern mit globalen Entwicklungsstörungen als wirksam erwiesen. Spezifische Maßnahmen können zur Förderung der Sprachanbahnung (z. B. durch Gebärdenunterstützung) und zur Förderung adaptiver Kompetenzen zur Selbstversorgung indiziert sein.

Kinder mit globalen Entwicklungsstörungen bedürfen der gezielten Unterstützung bei der sozialen Teilhabe in Kindertagesstätten. Die Beratung der pädagogischen Fachkräfte zur Förderung sozialer Kompetenzen im Gruppengeschehen gehört zu den Kooperationsaufgaben der Frühförderung.

Bei Kindern mit Beeinträchtigungen in einzelnen kognitiven Funktionen ist eine Förderung zur Prävention künftiger schulischer Lernschwierigkeiten angezeigt. Für die Früherkennung und Förderung von Kindern mit Problemen bei der Aufmerksamkeitssteuerung, beim Erwerb von Vorläuferfähigkeiten für den Schriftspracherwerb und den Erwerb mathematischer Kompetenzen sowie Problemen im Bereich der exekutiven Funktionen stehen diagnostische Verfahren und Förderprogramme zur Verfügung, die sich als wirksam bei Kindern mit entsprechenden Risiken erwiesen haben.

2.2 Förderung bei Beeinträchtigung der sprachlichen Entwicklung

Die Förderung und Behandlung von Kindern mit Beeinträchtigungen der sprachlichen Entwicklung gehören zu den Aufgaben von akademisch ausgebildeten Sprachtherapeuten, Logopäden und Sonderpädagogen, die die Fachrichtung „Sprachbehindertenpädagogik" studiert haben. Probleme beim Spracherwerb treten jedoch nicht nur isoliert auf, sondern können z. B. auch im Rahmen kognitiver Beeinträchtigungen, einer Hörschädigung, einer cerebralen Bewegungsstörung oder einer sozial-emotionalen Störung auftreten, so dass alle

Mitarbeiter in Frühförderstellen über Grundkenntnisse zur Diagnostik und zu den Methoden der Förderung bei Beeinträchtigungen der sprachlichen Entwicklung verfügen sollten.

BEISPIEL

Fördermöglichkeiten bei verlangsamter Sprachentwicklung

Anna, ein fast dreijähriges Mädchen, wird in der Frühförderstelle vorgestellt. Der Kinderarzt berichtet, dass Anna erst spät zu sprechen begann und mit zwei Jahren noch keine Zweitwortsätze bildete. Er hat zu diesem Zeitpunkt eine Hörstörung ausgeschlossen und sich entschlossen, die weitere Entwicklung zunächst zu beobachten. Anna habe zwar mittlerweile einen größeren Wortschatz erreicht und bilde auch Mehrwortverbindungen. Die Äußerungen seien aber sehr schwer verständlich, weil sie viele Laute nicht bilden könne, auslasse oder durch andere Laute ersetze. Sie äußere sich im „Telegrammstil", z. B. „Papa Arbeit gehen" oder „Teller Essen holen". Er hält eine Sprachtherapie für indiziert.

Die Eltern sind in beträchtlicher Sorge um die Sprachentwicklung ihrer Tochter. Sie versuchen häufig, sie durch Fragen oder Aufforderungen zu Äußerungen zu motivieren, und korrigieren sie, indem sie ihr ein Wort oder einen kleinen Satz korrekt vorsprechen und sie bitten, das nachzusprechen. Darauf reagiert Anna zunehmend ausweichend und unwillig.

Die Eltern sind sehr froh, dass die Fachkraft der Frühförderstelle ihre Sorgen ernst nimmt. Sie bestätigt den dringenden Förderbedarf durch eine differenzierte Diagnostik des Sprachstandes Annas. Im Rahmen der Förderung bittet sie die Eltern um eine Videoaufzeichnung, bei der die Mutter mit Anna ein Bilderbuch anschaut. Anhand dieser Videoaufzeichnung erkennen sie rasch, dass ihre bisherigen Bemühungen, die sprachlichen Fähigkeiten ihrer Tochter zu fördern, wenig Aussicht auf Erfolg haben. Die Fachkraft sensibilisiert sie für entwicklungsförderliche Interaktionsweisen, bei denen sie ihren sprachlichen Input reduzieren, Annas eigene Äußerungen abwarten und sie expandierend aufgreifen.

In der Einzelförderung gestaltet die Fachkraft spielerische Dialoge mit Anna, die sie so vorbereitet, dass sich bestimmte Satzmuster – zunächst kurze Aussagesätze, bei denen das Verb in Zweitstellung steht, z. B.

"Papa geht zur Arbeit" – mit hoher Frequenz wiederholen. Anna beginnt bald, diese Satzmuster zu wiederholen und in ihre Spontansprache zu übernehmen.

2.2.1 Verspäteter Sprechbeginn

Ein solcher verspäteter Sprechbeginn kann verschiedene Ursachen haben und bedarf der sorgfältigen Untersuchung. Er kann Anzeichen einer – bis dahin noch nicht erkannten – Hörschädigung sein, einer kognitiven Beeinträchtigung, einer schweren Störung der sozialen Interaktion und Kommunikation oder einer neurologischen Störung. Wenn keine dieser Ursachen zutrifft, ordnet man die Diagnose „Late Talker" zu. Die Entwicklung von Late Talkern und ihre Förderung werden in diesem Kapitel, Probleme des Spracherwerbs bei Hörschädigungen, kognitiver Beeinträchtigung, einer Autismus-Spektrum-Störung oder Cerebralparese werden in anderen Kapiteln dieses Handbuchs behandelt.

Definition und Häufigkeit

Ein **verspäteter Sprechbeginn** liegt bei Kindern vor, die im Alter von 24 Monaten noch weniger als 50 Wörter sprechen oder noch keine Zweitwortverbindungen bilden. Unter den Kindern mit verspätetem Sprechbeginn sind zwei Untergruppen zu unterscheiden: Kinder, die ausschließlich in ihrer expressiven Wortbildung verzögert sind, und solche, bei denen sich sowohl der rezeptive wie auch der aktive Wortschatz verzögert entwickelt. Letzteres trifft bei etwa einem Drittel der Kinder zu.

Die Definition, wann man ein Kind als Late Talker bezeichnet, ist international nicht einheitlich. In englischsprachigen Ländern werden z. T. alle Kinder dazu gezählt, die zu den 10 % mit dem geringsten aktiven Wortschatz in standardisierten Wortschatztests gehören. Die unterschiedlichen Kriterien führen zu unterschiedlichen Häufigkeitsangaben für das Störungsbild. Legt man die 10. Perzentile eines Wortschatztests als Kriterium fest, bedeutet das definitionsgemäß, dass man 10 % aller Kinder als Late Talker definiert. Legt man das Kriterium eines expressiven Wortschatzes von weniger als 50 Wörtern an, ergibt sich eine Häufigkeit von etwa 15 % (Sachse/von Suchodoletz 2007). Legt man als Grenzwert eine Standardabweichung unter dem Durchschnitt im Umfang des rezeptiven und expressiven Wortschatzes in einem Elternfragebogen an, so ermittelten z. B. Taylor et al. (2011) unter 1766 zweijährigen Kindern 238 Kinder mit verspätetem Sprachbeginn (13.4 %). Die Zahl der Jungen, auf die die Kriterien zutreffen, ist jeweils höher als die Zahl der Mädchen.

Vor dem Ende des zweiten Lebensjahres sollte auf eine Klassifikation als Late Talker verzichtet werden. Die frühe Sprachentwicklung verläuft sehr variabel und Verzögerungen der Sprachentwicklung erlauben in den ersten eineinhalb bis zwei Lebensjahren noch keine Vorhersage auf den weiteren Verlauf (Suchodoletz 2011).

Die Ursachen einer verzögerten Sprachentwicklung sind nicht abschließend geklärt. Die Beobachtung einer familiären Häufung von Sprachentwicklungsproblemen spricht dafür, dass auch genetische Faktoren eine Rolle spielen. Soziale Faktoren wie der Bildungsgrad der Mütter oder ihre eigene psychische Gesundheit, die grundsätzlich mit der Quantität des Sprachangebots im frühen Kindesalter assoziiert sind, erklären nur einen geringen Anteil der Wortschatzentwicklung in den ersten beiden Lebensjahren. In einer prospektiven Längsschnittstudie machten sie z. B. weniger als 7 % der Varianzaufklärung aus (Reilly et al. 2009). Soziale Faktoren sind keine primäre Ursache für einen verspäteten Sprechbeginn.

Ein Teil dieser Kinder macht im dritten Lebensjahr rasche Fortschritte in der Sprachentwicklung und holt den Sprachrückstand auf, so dass im Alter von drei Jahren kein wesentlicher Unterschied mehr zu gleichaltrigen Kindern besteht. Diese Kinder werden „Late Bloomer" (Aufholer) genannt. Die Verlaufsstudien zeigen, dass 30-50 % der Late Talker ihren Sprachrückstand bis zum dritten Geburtstag ausgleichen.

Die Feststellung eines verspäteten Sprechbeginns sollte Anlass zu einer Untersuchung des Kindes und einer engmaschigen Beobachtung seines Entwicklungsverlaufs sein. Um zu entscheiden, welche Kinder zu diesem frühen Zeitpunkt bereits eine gezielte Förderung oder Sprachtherapie erhalten sollten, wäre es wichtig, zuverlässige Prädiktoren zu haben, welche Kinder sich nach verzögertem Beginn der Sprache dann zu sprachlich unauffälligen Kindern entwickeln. Kritische prognostische Anhaltspunkte sind eine geringe Kommunikationsfreude des Kindes, seltene Verwendung von Gesten zur Verständigung, eine verzögerte Entwicklung der Fähigkeit zum Symbolspiel und zur Imitation von Worten sowie ein ebenfalls nicht altersgemäßes Sprachverständnis (Hecking/Schlesiger 2009). Follow-up-Studien zeigen, dass jeder dieser Faktoren zur Prognose beiträgt, eine sichere Prognose im Einzelfall dadurch aber nicht möglich ist (Rescorla 2011).

Früherkennung einer drohenden Sprachentwicklungsstörung

Der „Elternfragebogen für die Früherkennung von Risikokindern" (ELFRA; Grimm/Doil 2006) liegt in je einer Fassung für ein- und zweijährige Kinder vor. Er orientiert sich an den international gebräuchlichen „MacArthur Communicative Development Inventories" (CDI, Fenson et al. 1993) und der Wortschatzliste, die Rescorla (1989) in seinen Langzeitstudien zur Entwicklung von Kindern mit verspätetem Sprechbeginn verwendete. Die Ergebnisse des Elternfragebogens ELFRA 2 korrelieren zuverlässig mit den Ergebnissen von Sprachentwicklungstests und stellen ein praktikables Instrument zur Früherkennung dar, das im Rahmen der kinderärztlichen Vorsorgeuntersuchung U 7, in einer Frühförderstelle oder sprachtherapeutischen Praxis eingesetzt werden kann.

Der Erhebungsbogen umfasst bei einjährigen Kindern Fragen zur Reaktion auf Sprache und zum rezeptiven Wortschatz, zum Gestengebrauch und zur Produktion von Lauten und Worten. Bei zweijährigen Kindern wird der produktive Wortschatz anhand einer Wortschatzliste abgefragt sowie Beobachtungen zu grundlegenden syntaktischen morphologischen Kompetenzen (Kombination von Wörtern, Formenbildung) erhoben.

Eine Alternative dazu stellt der „Fragebogen zur kindlichen Sprachentwicklung" (FRAKIS; Szagun et al. 2009) dar. Er geht ebenfalls auf die „MacArthur Communicative Development Inventories" (CDI) zurück und liegt in einer Langfassung vor, bei dem den Eltern eine Wortschatzliste von 569 Wörtern vorgelegt wird. Alternativ kann eine Kurzfassung als Screeningversion benutzt werden, in der 102 Wörter abgefragt werden. Die Normierung erfolgte an 462 Kindern im Alter zwischen 18 und 30 Monaten.

> Mit dem Fragebogen „Sprachbeurteilung durch Eltern. Kurztest für die U7" (SBE-2-KT; Suchodoletz/Sachse 2009) steht eine weitere Wortschatzliste von 57 Items im Internet frei zugänglich zur Verfügung (www.ph-heidelberg.de/index.php?id=11082, 03.02.17), die sich ebenfalls zur Früherkennung von Kindern mit verspätetem Sprechbeginn im Alter von zwei Jahren bewährt hat.

> Er ist zudem in mehreren Sprachen verfügbar, so dass ein verspäteter Sprachbeginn auch bei Kindern erkannt werden kann, die mehrsprachig aufwachsen. Für die Auswertung werden dazu alle Wörter zusammengezählt, die entweder in der deutschen oder der Muttersprache auftreten.

Risiken bei verzögertem Sprechbeginn

Zahlreiche Studien haben sich mit der Frage beschäftigt, ob sich die Interaktion zwischen Kindern mit verspätetem Sprechbeginn und ihren Eltern von der Interaktion von Kindern mit unauffälliger Sprachentwicklung unterscheidet. Die Zahl der Äußerungen insgesamt und die Vielfalt der Worte, die die Eltern an die Kinder richten, entsprechen sich in den beiden Gruppen. Allerdings zeigen sich qualitative Unterschiede in der Gestaltung der Dialoge. Eltern von Kindern mit verzögerter Sprachentwicklung neigen dazu, häufiger die Lenkung des Gesprächs zu übernehmen, die Themen zu initiieren bzw. zu wechseln, ihre eigenen Handlungen seltener zu kommentieren und seltener auf die kommunikativen Beiträge der Kinder einzugehen.

Ein solches Interaktionsmuster ist als Reaktion auf die geringere sprachliche Beteiligung der Kinder zu verstehen und als Versuch der Eltern, ihre Kinder aktiv zu mehr Äußerungen anzuregen (Vigil et al. 2005; Kleining/Grohnfeld 2012; Blackwell et al. 2015). Es stellt also nicht die Ursache der verzögerten Sprachentwicklung dar, birgt aber das Risiko, dass die Kinder seltener in ihrer Eigeninitiative zu sprachlichen Beiträgen bestärkt werden und dies die weitere Entwicklung hemmt. Eine geringere Responsivität der Eltern auf sprachliche Äußerungen der Kinder korreliert mit einem geringeren Sprachentwicklungsfortschritt (Down et al. 2014). Eine Beobachtung der Eltern-Kind-Interaktion gehört deshalb zu den obligatorischen Elementen der Diagnostik bei Kindern mit verspätetem Sprechbeginn (Schelten-Cornish/Wirts 2008).

Der weitere Entwicklungsverlauf von Late Talkern wurde in zahlreichen Längsschnittstudien untersucht, die überwiegend im englisch sprachigen Raum durchgeführt wurden (Rescorla 2011; Hawa/Spanoudis 2014). Die Mehrzahl der Kinder schneiden im Alter von vier bis fünf Jahren in Sprachentwicklungstests im Durchschnittsbereich ab. 20 bis 30 % der Kinder mit verspätetem Sprechbeginn sind jedoch auch im Schulalter noch sprachlich auffällig (Whitehouse et al. 2011).

Dass ein verspäteter Sprechbeginn mit dauerhaften Einschränkungen der sprachlichen Verarbeitungsfähigkeiten assoziiert sein kann, ergibt sich auch aus Studien, die im Schulalter durchgeführt wurden. Im Alter von 6, 13 und 17 Jahren zeigen Kinder mit verspätetem Sprechbeginn niedrigere Durchschnittsleistungen in Sprachtests vor allem bei Aufgaben, die sprachliche Merkfähigkeit erfordern (Rescorla 2011). Außerdem haben Kinder mit verspätetem Sprechbeginn häufiger Probleme beim Schriftspracherwerb zu Beginn der Grundschulzeit (Lyytinen et al. 2005).

Die Ergebnisse, die in internationalen Studien gewonnen wurden, bestätigen sich für den deutschen Sprachraum. In einer Untersuchung von Kühn et al. (2016) wurde die Sprachentwicklung von einsprachig deutsch aufwachsenden, zweijährigen Kindern mit und ohne eine Sprachentwicklungsverzögerung bis zum Einschulungsalter beobachtet. Auch in dieser Studie erreichten die ehemaligen Late Talker im Durchschnitt niedrigere Ergebnisse in Sprachtests als die Vergleichsgruppe. Bei 19 % wurde im Einschulungsalter eine spezifische Sprachentwicklungsstörung festgestellt (SSES).

Andererseits muss festgehalten werden, dass mindestens die Hälfte der Kinder, bei denen eine spezifische Sprachentwicklungsstörung im Kindergarten- oder Schulalter diagnostiziert wird, keine Late Talker sind (Feldman et al. 2005). Der positive Vorhersagewert eines Sprachscreenings mit zwei Jahren in Bezug auf Sprachstörungen mit drei Jahren beträgt nur etwa 50-60 % (Suchodoletz 2011). In einer Längsschnittstudie in den USA waren 60 % der im Alter von acht Jahren als sprachauffällig diagnostizierten Kinder keine Late Talker (Poll/Miller 2013).

Ein verspäteter Sprechbeginn ist nur zu einem relativ geringen Teil mit einer späteren spezifischen Sprachentwicklungsstörung assoziiert. Eine solche Störung ist bei einem beträchtlichen Teil der Kinder erst später — und nicht allein an einer verzögerten Wortschatzentwicklung — erkennbar. Kinder mit verspätetem Sprechbeginn und Kinder mit spezifischen Spracherwerbsproblemen stellen also zwei sich überlappende, aber nicht identische Gruppen dar.

Therapie- und Förderkonzepte bei verzögertem Sprechbeginn

Unter den Frühinterventionen bei verzögertem Sprechbeginn lassen sich drei Formen unterscheiden:

- Watchful Waiting (Abwarten mit Beobachtung),
- elternbasierte Interventionen/Elternberatung und
- kindzentrierte Sprachtherapie.

Im ersten Fall wird die Entwicklung in regelmäßigen Abständen von drei bis sechs Monaten fachgerecht beobachtet. Zeigen sich keine Ansätze zu einem Aufholen der Rückstände, wird die Sprachtherapie ohne weitere Verzögerung eingeleitet.

Zu den elternbasierten Interventionen gehört das Konzept des „Heidelberger Elterntrainings zur frühen Sprachförderung" (HET; Buschmann 2011). In diesem Training lernen die Eltern in mehreren Sitzungen, ein optimales Sprachumfeld für das Kind zu schaffen und alltägliche Situationen wie das gemeinsame Essen, Anziehen, Einkaufen usw. zur intensiven Sprachförderung zu nutzen. Dabei geht es insbesondere darum, dass die Eltern ihre Interaktion an die kindlichen Sprachverarbeitungsfähigkeiten anpassen, d. h. die Komplexität ihrer Äußerungen reduzieren, zentrale Wörter häufig wiederholen und auf die Herstellung eines gemeinsamen Aufmerksamkeitsfokus in der Kommunikation achten.

Struktur und Inhalte der einzelnen Sitzungen sind in dem Programm standardisiert. Die Inhalte bauen systematisch aufeinander auf und werden unter Einbeziehung von Videoillustrationen vermittelt. Als Beispielsituation üben die Eltern, mit ihrem Kind ein Bilderbuch anzuschauen und dabei sprachförderliche Strategien einzusetzen. Außerdem erhalten sie ein Feedback zu einer im häuslichen Rahmen aufgenommenen Interaktionssituation.

In einer randomisierten kontrollierten Studie konnte die Effektivität des Programms nachgewiesen werden. Die zweijährigen Late Talker, deren Mütter an dem Programm teilgenommen hatten, wiesen sowohl drei als auch neun Monate nach der Intervention signifikant bessere sprachliche Kompetenzen in Elternfragebögen und standardisierten Tests zum Wortschatzumfang und grammatischen Kompetenzen auf als die Kinder der Vergleichsgruppe. Die Zahl der sprachverzögerten Kinder, die mit drei Jahren die Kriterien einer Sprachentwicklungsstörung erfüllten, konnte um mehr als die Hälfte reduziert werden. 75 % der Kinder der Trainingsgruppe, aber nur 44 % der Kontrollgruppe wurden als nicht mehr therapiebedürftig klassifiziert (Buschmann et al. 2009). Im Alter von vier Jahren konnten 23 Kinder der Interventions- und 20 Kinder der Kontrollgruppe nachuntersucht werden. Die beiden Gruppen unterschieden sich zu diesem Zeitpunkt nicht signifikant im Wortschatzumfang. Die Kinder, deren Eltern am HET teilgenommen hatten, schnitten jedoch besser ab in Tests zur Beurteilung der grammatischen Fähigkeiten, des Satzverstehens und des Sprachgedächtnisses. Das spricht für die Nachhaltigkeit der Trainingseffekte durch das HET (Buschmann et al. 2015).

Das Elterntraining „Schritte in den Dialog" (Möller/Spreen-Rauscher 2009; Möller 2013) weist im methodischen Vorgehen viele Ähnlichkeiten zum HET auf, ist auf die alltägliche Interaktion gerichtet und leitet die Eltern ebenfalls mit direkten Übungen und Videofeedback an. In der ersten Stufe ist es auf die Etablierung gemeinsamer Aufmerksamkeit zwischen Kind und Eltern ausgerichtet und damit auch für Kinder mit einer kognitiven Beeinträchtigung mit Einschränkungen in den pragmatisch-kommunikativen Basisfertigkeiten geeignet. Auf der zweiten Stufe geht es um die Entwicklung des Turn-Takings zu längeren Dialogen. Auf der dritten Stufe gilt es, den Interaktionskontext so zu gestalten, dass das Kind „herausgefordert" wird, sich zu äußern und dabei bestimmte Zielstrukturen zu benutzen, die der Erwachsene modellhaft vorgibt. Das Programm kann mit Elterngruppen, aber auch als Einzelanleitung durchgeführt werden.

Checkliste: Therapieziele des Programms „Schritte in den Dialog"

– Anbahnung und Förderung intentionaler Kommunikation
– Anbahnung und Festigung gemeinsamer Aufmerksamkeit
– Etablierung und Aufrechterhaltung einer dialogischen Handlungsstruktur
– Anregung von Imitation und verbaler Produktion
– Generalisierung erlernter Techniken im Alltag

Beide deutschen Elterntrainingskonzepte orientieren sich an dem kanadischen Programm „Hanen Program for Parents of Children who are Late Talkers". Auch für dieses Programm liegen positive Evaluationsergebnisse vor (Girolametto et al. 1996, 2001). In einer Katamnese zum Therapieerfolg bei 67 Kindern, die nach diesem Konzept behandelt wurden, machten 23 % gute oder sehr gute Sprachfortschritte, 63 % mäßige, 14 % jedoch nur geringe Fortschritte (Girolametto et al. 2013).

Bei den kindzentrierten Interventionsmethoden arbeitet die therapeutische Fachkraft mit dem Kind selbst. Sie greift die Kommunikationsfreude und das Symbolspiel des Kindes auf und bietet in spielerischen Aufgaben alltagsrelevante Wörter so an, dass dem Kind mit verzögertem Sprechbeginn das Wortlernen leichter fällt. Dazu nutzt sie prosodische Elemente und fokussierte Benennungen. Die Wortproduktion wird durch sprachliche Rituale, bei denen sie vom Kind eine Ergänzung „provoziert", und spezielle Fragetechniken gefördert, durch die der Wortabruf erleichtert wird. Das Therapieziel ist das Erreichen der Zweiwortstufe (Hecking/Hachul 2013). Von dieser Therapieform profitieren auch Late Talker mit einem geringen passiven Wortschatz.

Auch hierzu liegt eine randomisierte Kontrollgruppenstudie mit 34 Late Talkern vor. Nach einer durchschnittlichen Zahl von 18 Therapiestunden wurde die Stufe der Zweiwortbildungen erreicht. Auch sechs und neun Monate nach Ende der Therapie machten die Kinder größere Fortschritte in den Bereichen Wortschatz und Grammatik als die Kontrollgruppe. Im Alter von drei Jahren wurde lediglich bei 13 % Kindern der Therapiegruppe, aber 54 % der Kontrollgruppe eine Sprachentwicklungsstörung diagnostiziert (Schlesiger 2009).

Checkliste: Strategien der kindzentrierten Förderung (Auswahl)

- Die therapeutische Fachkraft platziert Zielwörter an das Äußerungsende.
- Sie benennt eine Tätigkeit, bevor die Handlung ausgeführt wird oder das Ereignis passiert.
- Nachdem sie eine Äußerung mehrmals vorgegeben hat, lässt sie das letzte Wort weg und schaut das Kind erwartungsvoll an, damit es die sprachliche Routine ergänzt.
- Sie bietet dem Kind zwei Alternativen zur Auswahl, die sie ans Satzende stellt.
- Sie stellt eine Frage mit einem Fragepronomen von der Wortart, die sie evozieren möchte.

Ein zentrales Element des eltern- sowie des kindzentrierten Therapieansatzes ist die Inputspezifizierung (fokussierte Benennung). Sie steht auch bei der „inputorientierten Wortschatztherapie" in der Patholinguistischen Therapie (PLAN; Siegmüller/Kauschke 2006; Siegmüller 2014) im Mittelpunkt. Die grundlegende Annahme ist, dass Kinder mit einer Sprachentwicklungsverzögerung den sprachlichen Input im Alltag nicht optimal verarbeiten können, um Worte zu lernen und grammatische Regeln zu erkennen. Um sie bei der Sprachverarbeitung zu unterstützen, werden ausgewählte sprachliche Zielstrukturen (zunächst Namen, soziale und relationale Wörter, später dann Nomen, Verben und Funktionswörter) in gemeinsamen Handlungssituationen angeboten, bis die entsprechenden Worte im mentalen Lexikon des Kindes abgespeichert sind. Durch die Inputstrukturierung stellt die therapeutische Fachkraft dem Kind in prägnanter und hochfrequenter Form die Informationen zur Verfügung, die es benötigt, um einen Entwicklungsschritt zu vollziehen. Die Effektivität dieser fokussierten Sprachstimulation wurde z. B. in einer Studie von Robertson/Ellis Weismer (1999) nachgewiesen.

Die Ergebnisse der Evaluationsstudien sprechen dafür, dass sowohl eine elternbasierte Intervention wie auch eine kindorientierte Sprachtherapie zu einer Kompensation des verspäteten Sprechbeginns beitragen können. Bei einem beträchtlichen Teil besteht jedoch auch nach dem dritten Geburtstag eine Sprachentwicklungsstörung, so dass eine entsprechende Behandlung erforderlich ist.

2.2.2 Spezifische Sprachentwicklungsstörung

Eine spezifische Herausforderung für die Indikationsstellung einer Sprachförderung in einer interdisziplinären Frühförderstelle bzw. einer Behandlung durch eine Sprachtherapeutin oder Logopädin liegt in der Differenzierung zwischen einer reduzierten, nicht altersgemäßen Beherrschung der deutschen Sprache und einer spezifischen Sprachentwicklungsstörung (SSES).

Reduzierte Sprachbeherrschung oder SSES?

Im Jahre 2012 erregte eine Studie der Barmer GEK Aufsehen, nach der bei 10.3 % aller Kinder im Alter bis zu 14 Jahren behandlungsbedürftige Sprach- und Sprechstörungen attestiert wurden (Barmer GEK 2011). Besonders deutlich war die Zunahme der Zahl der Kinder, die im letzten Jahr vor Schuleintritt diagnostiziert wurden. Ähnlich auffällig waren die Daten aus dem Heilmittelbericht der AOK (2011), nach dem 25 % aller Jungen im Alter zwischen fünf und sechs Jahren eine logopädische Therapie erhielten. Besonders hoch war der Anteil in Ballungsgebieten mit einem hohen Anteil mehrsprachig aufwachsender Kinder.

Nach den Erhebungen, die DeLangen-Müller/Hielscher-Fastabend (2007) und Lüke/Ritterfeld (2011) in sprachtherapeutischen Praxen durchführten, werden ein Drittel bis die Hälfte der Kinder wegen einer nicht altersgemäßen Sprachbeherrschung oder einer spezifischen Sprachentwicklungsstörung behandelt. Der relative Anteil von mehrsprachig aufwachsenden Kindern ist unter den Kindern mit nicht altersgemäßer Sprachbeherrschung deutlich höher als unter den einsprachig aufwachsenden Kindern.

Dies ergibt sich auch aus flächendeckenden Untersuchungen. So zeigten 9.7 % der deutschsprachigen Kinder, aber 72 % der Kinder, die mit einer anderen Familiensprache aufwuchsen, Auffälligkeiten in einem Sprachscreening (Grimm et al. 2004).

Diese Zahlen lassen vermuten, dass in therapeutischen Praxen – und wohl auch in interdisziplinären Frühförderstellen – eine große Zahl von Kindern betreut wird, bei denen Fachkräften aus Kindertagesstätten aufgefallen ist, dass der sprachliche Entwicklungsstand nicht altersgemäß ist und künftige schulische Lernschwierigkeiten drohen. Nur bei einem Teil dieser Kinder liegt eine spezifische Sprachentwicklungsstörung vor. Bei vielen Kindern ist der Sprachrückstand durch ungünstige Bedingungen für die Entwicklung zuhause zu erklären, wenn die Kinder unter anregungsarmen Bedingungen aufwachsen bzw. aus Migrationsfamilien stammen und erst später mit der deutschen Sprache als Zweitsprache in Kontakt gekommen sind.

> **!** Wenn Kinder aus diesen Gründen in ihrer Sprachentwicklung verzögert sind, bedürfen sie einer intensiven sprachlichen Förderung in der Kindertagesstätte. Eine regelmäßige, familienorientierte Einzelbehandlung in einer Frühförderstelle sollte Kindern mit einer Sprachentwicklungsstörung vorbehalten bleiben, die nicht primär auf fehlende Anregungen in der Familie zurückzuführen ist.

Bei einer spezifischen Sprachentwicklungsstörung (SSES) oder umschriebenen Sprachentwicklungsstörung (USES) sind eine expressive Sprachstörung (nach ICD-10 zu kodieren als F 80.1) und eine rezeptive Sprachstörung (F 80.2) voneinander zu unterscheiden.

DEFINITION

> Eine **expressive Sprachstörung** liegt vor, wenn die Fähigkeit des Kindes, die expressiv gesprochene Sprache zu gebrauchen, deutlich unterhalb des seinem Intelligenzalter angemessenen Niveaus liegt. Das Sprachverständnis liegt jedoch im Normbereich. Störungen der Artikulation können vorkommen. Bei einer rezeptiven Sprachstörung ist auch das Sprachverständnis betroffen; in der Regel ist dann auch die expressive Sprache deutlich beeinflusst.

Die Sprachauffälligkeiten sind in beiden Fällen nicht durch eine gravierende kognitive Beeinträchtigung (z. B. ein genetisches Syndrom), eine neurologische Schädigung (z. B. eine Cerebralparese) oder eine Seh- oder Hörstörung bedingt.

Die Sprachentwicklungsstörung kann frühestens im Alter von drei Jahren diagnostiziert werden. Sie kann sich in vielfältiger Weise äußern: einem nicht altersgemäßen Wortschatzumfang, der Schwierigkeit, Sätze unter Beachtung von morphologischen und syntaktischen Regeln zu bilden, oder einzelne Laute heraushören oder aussprechen zu können.

Im Falle einer rezeptiven Sprachentwicklungsstörung ist auch die Fähigkeit, die Bedeutung von Worten und Sätzen zu verstehen, eingeschränkt. Von einer solchen spezifischen Sprachentwicklungsstörung sind 5-7 % aller Kinder betroffen. Den Symptomen liegt eine Störung der Sprachverarbeitung auf den unterschiedlichen Sprachebenen zugrunde. Ursächlich sind dafür primär genetische und/oder hirnorganische Komponenten verantwortlich, die allerdings im Einzelfall meist nicht eindeutig nachgewiesen werden können.

Die genannten Spracherwerbsprozesse sind im Alter von drei Jahren noch nicht abgeschlossen. Das bedeutet, dass die Leistungen eines Kindes in den einzelnen Sprachbereichen mit den durchschnittlichen Kompetenzen gleichalter Kinder verglichen werden müssen, um den Grad einer individuellen Abweichung und eine Therapieindikation beurteilen zu können. Tabelle 9 listet die gebräuchlichen Verfahren zur Beurteilung des Sprachentwicklungsstandes auf, für die Normen für drei- bis sechsjährige Kinder vorliegen.

Tab. 9: Standardisierte Sprachentwicklungstests für drei- bis sechsjährige Kinder

Testverfahren	SV	AUS	WORT	GRAM
AWST-R: Aktiver Wortschatztest für drei- bis fünfjährige Kinder (Kiese-Himmel 2006)			X	
ESGRAF-R: Evozierte Sprachdiagnose grammatischer Fähigkeiten (Motsch 2009)				X
MSVK: Marburger Sprachverständnistest (Elben/Lohaus 2000)	X			

Test	SV	AUS	WORT	GRAM
PDSS: Patholinguistische Entwicklungsdiagnostik (Kauschke/Siegmüller 2009)	X	X	X	X
PLAKSS-II: Psycholinguistische Analyse kindlicher Sprechstörungen (Fox-Boyer 2013)		X		
SETK 3-5: Sprachentwicklungstest für Kinder zwischen drei und fünf Jahren (Grimm 2001)	X		X	X
SET 5-10: Sprachstandserhebungstest für Fünf- bis Zehnjährige (Petermann 2010)	X		X	X
TROG-D: Test zur Überprüfung des Grammatikverständnisses (Fox 2006)	X			

Anm.: SV = Sprachverständnis; AUS = Aussprache; WORT = Wortschatz; GRAM = Grammatik

Spezifische Probleme der Diagnostik bei mehrsprachig aufwachsenden Kindern

Sukzessiv-bilingual aufwachsende Kinder, die nicht von Geburt an zwei Sprachen erwerben, sondern erstmalig mit zwei bis vier Jahren in der Kindertagesstätte mit Deutsch als Zweitsprache zu ihrer Familiensprache konfrontiert werden, zeigen einen verlangsamten Lexikonerwerb, sie haben Schwierigkeiten mit dem Erwerb der Subjekt-Verb-Kongruenz, der Genus- und Kasusflexion sowie der korrekten Verbstellung in Frage- oder Nebensätzen. Sukzessiv-bilingual aufwachsende Kinder zeigen somit auf den ersten Blick die gleichen Erwerbsauffälligkeiten, die für monolingual aufwachsende deutsche Kinder mit einer Sprachentwicklungsstörung charakteristisch sind.

Es stellt eine spezifische diagnostische Herausforderung dar, Kinder mit spezifischen Sprachentwicklungsstörungen innerhalb der mehrsprachig aufwachsenden Kinder frühzeitig zu erkennen, die einer sprachtherapeutischen Intervention bedürfen (Wintruff et al. 2011). Die meisten Sprachtherapeuten orientieren sich bei der Untersuchung an deutschsprachigen standardisierten Diagnoseinstrumenten. Dabei besteht die Gefahr, dass überdurchschnittlich viele mehrsprachig aufwachsende Kinder als Kinder mit einer Sprachstörung diagnostiziert werden, wenn ihre Sprachleistungen mit der Kompetenz gleichaltriger monolingual deutschsprachiger Kinder verglichen werden. Ebenso kann aber auch eine spezifische Sprachentwicklungsstörung bei mehrsprachig aufwachsenden Kindern übersehen werden, wenn die Auffälligkeiten lediglich als Folge des späten Zweitspracherwerbs angesehen werden. Vor diesem Hintergrund ist es verständlich, dass sich viele Sprachtherapeuten in der Diagnostik bei mehrsprachigen Kindern unsicher fühlen (Lüke/Ritterfeld 2011).

Mit dem LiSe-DaZ (Schulz/Tracy 2012) liegt ein Verfahren vor, mit dem sich die Zweitsprachfähigkeiten von sukzessiv-bilingualen Kindern beurteilen und diejenigen Kinder identifizieren lassen, die zur Bewältigung der künftigen schulischen Anforderungen einer intensiven Förderung in der Kindertagesstätte bedürfen. Das Verfahren erlaubt zuverlässige Einschätzungen bei Kindern, die nicht erst nach dem Alter von vier Jahren mit Deutsch als Zweitsprache konfrontiert worden sind. Letzteres trifft allerdings in der Regel auf viele Kinder zu, deren Familien als Flüchtlinge nach Deutschland gekommen sind.

Eine Beurteilung der Erstsprachfähigkeiten durch monolingual deutschsprachige Fachkräfte zur Diagnose einer spezifischen Sprachentwicklungsstörung ist mit vielen Unsicherheiten behaftet. Eine Übersicht über Screening- und Testverfahren in verschiedenen Herkunftssprachen findet sich bei Gagarina (2014). Die diagnostischen Probleme werden auch durch eine computergestützte Präsentation der Aufgaben nicht befriedigend gelöst (z. B. beim CITO-Test für Kinder mit türkischer Erstsprache; Duindam et al. 2010), da sie sich in der Regel an der standardsprachlichen Norm eines Herkunftslandes orientieren und dialektale oder migrationsspezifische Besonderheiten vernachlässigen. So bleibt unklar, ob ein individuell schlechtes Abschneiden in einem solchen Test in einer SSES oder spezifischen Erstspracherwerbsbedingungen begründet ist.

Seit ca. 2010 ist in Rahmen eines internationalen Forschungsverbundes versucht worden, mögliche diagnostische Marker für die Identifikation von Kindern mit einer SSES bei sukzessiv-bilingualem Spracherwerb zu klären (Chilla 2014). Dabei sind grundsätzlich zwei Zugänge zu unterscheiden. Der erste Zugang basiert auf dem Forschungsstand zu Auffälligkeiten in sprachübergreifenden Fähigkeiten bei Kindern mit SSES, die sprachunabhängig überprüft werden können. Dazu gehören die exekutiven Funktionen (Fähigkeit zur Handlungsplanung, Inhibition und zu Aufmerksamkeitswechseln) sowie die Leistungen des phonologischen Arbeitsgedächtnisses, die in Aufgaben zum Nachsprechen von Pseudowörtern, zum Reproduzieren von Zahlenfolgen geprüft werden können. Wenn bilingual aufwachsende Kinder in diesen Aufgaben unterdurchschnittlich abschneiden, kann dies als Hinweis auf eine mögliche SSES gewertet werden.

Unter den sprachspezifischen Fähigkeiten gehört die Produktion von Verben zu den Merkmalen, mit denen zwischen bilingualen Kindern mit und ohne SSES differenziert werden kann. Ein Wortschatztest zur Wortproduktion, der dafür geeignet ist, ist in 34 europäischen Sprachen auf Basis desselben Bildmaterials sowie ein spezifischer Elternfragebogen verfügbar (www.bi-sli.org, 11.01.2017). Im grammatischen Bereich fällt auf, dass Kinder mit SSES, die die Zweitsprache jenseits des dritten Lebensjahres erwerben, häufig Infinitive in Verbzweitstellung (statt in Endstellung) im Hauptsatz benutzen.

Diagnostik und Förderung des Wortschatzaufbaus

Bei Schwierigkeiten beim Erwerb eines altersgemäßen Wortschatzes ist der Prozess des schnellen Wortschatzaufbaus (Fast Mapping) beeinträchtigt. Neue Worte werden in ihrer Bedeutung nicht sicher erkannt und im Kurzzeit- und Langzeitgedächtnis gespeichert, Wortbedeutungen werden unzureichend kognitiv vernetzt.

Prüfmethoden zur Beurteilung des rezeptiven und expressiven Wortschatzes eines Kindes in dieser Altersgruppe erfordern im Wesentlichen das Zeigen von Abbildungen aus einer Auswahl mit Ablenkern, das Benennen von Abbildungen, das Klassifizieren, bei dem Bilder vorgegebenen Kategorien zugeordnet werden sollen, sowie die Beschreibung von Situationsbildern, die z. B. erkennen lassen, ob semantische Relationen zwischen Akteur und Aktion oder zwischen Aktion und Zustand sowie Ort des Geschehens ausgedrückt werden können.

Das zentrale Therapieziel ist die Erweiterung des Lexikons aus Nomen, Verben und Funktionswörtern, die Ausdifferenzierung von Wortbedeutungen sowie der Aufbau von Bedeutungsrelationen zwischen Wörtern und Kategorisierungen in Oberbegriffe. Grundsätzlich können lexikalische Ziele im Rahmen von Übungen und Sprachspielen oder im Rahmen von Handlungen oder Rollenspielen erarbeitet werden. Dafür wird jeweils eine Zielwörterliste aus Nomina, Verben, Adjektiven zusammengestellt, die sich an einem Ausschnitt aus der Alltagsrealität des Kindes orientiert.

Im dialogorientierten Therapieansatz von Füssenich (2002) werden die zu erwerbenden Wörter im gemeinsamen Spiel von der therapeutischen Fachkraft modellartig mit klarer Referenz präsentiert. Ihre Verwendung durch das Kind wird durch Alternativfragen evoziert, evtl. korrigiert. Im handlungsorientierten Therapieansatz von Weigl/Reddemann-Tschaikner (2002) geht es dagegen nicht um ausgewählte sprachliche Strukturen, sondern um den Aufbau von Handlungsstrukturen, die sprachlich begleitet werden. Die Autorinnen gehen davon aus, dass das Kind aus dem gemeinsamen Handeln nach Drehbüchern für alltägliche Handlungsabläufe („Skripts") die Bedeutung der verwendeten Wörter ableitet. In der patholinguistischen Therapie (Kauschke/Siegmüller 2006) liegt der Fokus auf der Inputspezifizierung, die bereits im Kontext der Behandlung von Late Talkern beschrieben wurde. Die Zielwörter werden in unterschiedlichen Kontexten, z. B. Geschichten und Rollenspielen, zur Ausdifferenzierung semantischer Felder mit höherer Prägnanz und Frequenz als in der Alltagssprache angeboten. Zusätzliche Übungen sollen zum Aufbau von Kategorien und zur Erarbeitung semantischer Relationen beitragen.

Diagnostik und Förderung des Grammatikerwerbs

Bei Schwierigkeiten im Grammatikerwerb, d. h. im Erwerb von morphologischen und syntaktischen Regeln, können die Regeln zur Formen- und Satzbildung aus der Inputsprache nicht in altersgemäßer Form abgeleitet werden, z. B. dass im Deutschen das Verb in Aussagesätzen immer an zweiter Stelle steht. Dafür wichtige Elemente des Sprachangebotes wie unbetonte Wörter oder Wortteile werden nicht zuverlässig wahrgenommen und von anderen Wörtern oder Wortteilen abgegrenzt.

Um zu prüfen, welche grammatischen Strukturen das Kind zu verwenden vermag, werden sprachliche Äußerungen zu Bildergeschichten oder Rollenspielen evoziert bzw. Einzelbilder vorgelegt, deren Benennung die Bildung von Unika, Kasus- oder Pluralmarkierungen erfordern. Sie können durch eine Spontansprachanalyse ergänzt werden, bei der 50-100 Äußerungen des Kindes im freien Spiel dokumentiert werden. Die sprachlichen Äußerungen des Kindes werden danach beurteilt, ob das Kind bereits grammatische Strukturen verwendet oder noch im Telegrammstil spricht, ob es in Aussagesätzen die Regel der Verbzweitstellung verwendet, ob es bereits Artikel, Präpositionen, Nebensätze oder Fragesatzkonstruktionen gebraucht oder ob Verbflexionen und Kasusmarkierungen kongruent sind.

Je nach Entwicklungsstufe des Kindes werden die Therapieziele in eine Hierarchie gemäß der Erwerbslogik geordnet. Zunächst gilt es, einfache Sätze mit Subjekt und Prädikat zu bilden. Es schließt sich die Bildung von Aussagesätzen mit korrekter Verbflexion und Stellung des Verbs im Satz an. Danach geht es um die korrekte Realisierung des Artikels in Nominalphrasen, der Präpositionen in Präpositionalphrasen und der Verwendung von Genus- und Pluralmarkierungen. Die jeweils ausgewählte Zielstruktur wird fokussiert in Spielsituationen oder zu Bildmaterialien angeboten. Durch Hervorhebungen, Kontrastierungen und Variationen soll der Erwerbsprozess des Kindes erleichtert werden. Der Gebrauch der Zielstruktur durch das Kind wird dann durch offene Fragen, deren Beantwortung die Zielstruktur verlangt, oder Alternativfragen evoziert. Mit Hilfe des korrektiven Feedbacks wird die Äußerung des Kindes inhaltlich aufgegriffen und unter Verwendung der korrigierten Zielstruktur umgeformt oder erweitert. Diese methodischen Elemente sind z. B. charakteristisch für die patholinguistische Therapie nach Kauschke/Siegmüller (2006).

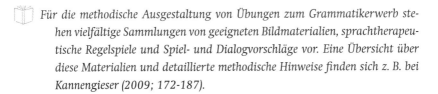

Für die methodische Ausgestaltung von Übungen zum Grammatikerwerb stehen vielfältige Sammlungen von geeigneten Bildmaterialien, sprachtherapeutische Regelspiele und Spiel- und Dialogvorschläge vor. Eine Übersicht über diese Materialien und detaillierte methodische Hinweise finden sich z. B. bei Kannengieser (2009; 172-187).

Im Konzept der Kontextoptimierung nach Motsch (2010) werden Spielsituationen so ausgewählt, dass sie den Einsatz einer Zielstruktur möglichst zwingend erforderlich machen. Zur optimalen Kontextgestaltung gehören danach auch die Vermeidung von Ablenkern und eine Sprechweise des Therapeuten, bei der durch Verlangsamung oder Betonungen den Kindern die Verarbeitung der relevanten Merkmale der Zielstruktur erleichtert werden soll.

Der Therapieansatz nach Kölliker Funk/Penner (1998) verzichtet bewusst auf Übungen in kommunikativen Dialogsituationen. Ihr Therapieprogramm (KonLab) besteht aus Materialien für Inputsequenzen, die dem Kind möglichst häufig in kurzen Sequenzen vorgelesen oder vom Tonband vorgespielt werden. Dabei werden ebenfalls Elemente des Sprachrhythmus und der Prosodie genutzt, um dem Kind das Erkennen grammatischer Regeln zu erleichtern. Grundsätzlich ist das Programm als Gruppentraining gedacht. Ein einzelfallorientiertes Vorgehen mit Anpassungen an die individuelle Symptomatik ist nicht vorgesehen.

Für jeden dieser methodischen Ansätze liegen einzelne, kleinere Studien zu positiven Effekten auf die Grammatikentwicklung vor (z. B. Motsch/Schmidt 2009). Es fehlt jedoch an randomisierten Gruppenvergleichsstudien im deutschsprachigen Raum, um zu entscheiden, welches Konzept den größten therapeutischen Effekt verspricht (Siegmüller/Beier 2015).

Diagnostik und Förderung bei Störungen der Aussprache

Bei Störungen der Aussprache sind die Speicher- und Abruffunktionen für Laut- und Silbenfolgen beeinträchtigt. Bestimmte Laute oder Lautverbindungen können sprechmotorisch (z. B. als Folge von mundmotorischer Dysfunktionen, Biss- und Zahnstellungsanomalien oder eingeschränkter Funktion des Velums) oder als Folge von phonologischen Störungen nicht korrekt gebildet werden.

— — — — — — — — — — — — — — — — — — — DEFINITION —

Phonologische Störungen sind Symptome einer Sprachentwicklungsstörung, bei denen das zur Verfügung stehende Lautsystem nicht altersgemäß ausdifferenziert ist, die Wörter deshalb mit einem unvollständigen System gebildet und bei der Aussprache von Lauten daher Substitutionsprozesse oder Änderungen der Abfolge von Konsonanten und Vokalen bei der Silbenbildung („phonologische Prozesse") auftreten.

Die Ermittlung des Lautbestandes des Kindes und eine phonologische Prozessanalyse erfolgt mittels der Benennung von systematisch zusammengestellten Bildmaterialien und der Analyse des Nachsprechens von Wörtern, Silben und Lauten. Zur Diagnostik gehört zusätzlich eine Überprüfung der mundmotorischen Fähigkeiten, der Fähigkeit zur Lautdiskrimination und des phonologischen Gedächtnisses (Allemand et al. 2008; Kannengieser 2009). Auch die Beurteilung der phonologischen Bewusstheit ist zu empfehlen (Kap. 2.1.3).

Bei der Überprüfung der Fähigkeit zur Lautdiskrimination soll das Kind aus einer Auswahl auf das vom Untersucher benannte Bild zeigen oder beim Angebot von zwei ähnlich klingenden Wörtern unterscheiden, ob sie gleich oder verschieden sind. Abgebildet sind jeweils Items, die sich in genau einem Laut an derselben Position im Wort unterscheiden („Minimalpaare"). Das phonologische Gedächtnis kann z. B. mit Pseudowörtern geprüft werden, die mit einer der deutschen Phonologie entsprechenden Wortbetonung vorgegeben werden und vom Kind unmittelbar nachgesprochen werden sollen. Eine solche Aufgabe ist z. B. im „Sprachentwicklungstest für Kinder 3-5" (SETK 3-5; Grimm 2001) enthalten.

Störungen der Aussprache und Defizite in der phonologischen Bewusstheit können auch durch eine zentral-auditive Verarbeitungs- und Wahrnehmungsstörung (AVWS) verursacht sein. Bei dieser Störung bestehen Schwierigkeiten, die Aufmerksamkeit gezielt auf auditive Informationen zu richten, ähnlich klingende Wörter voneinander zu unterscheiden, die Reihenfolge des Gehörten zu speichern oder ein gehörtes Ganzes so zu gliedern, dass einzelne akustische Elemente erkannt werden können. Bei unauffälligem peripherem Hörvermögen sind einzelne Funktionen der zentral-auditiven Verarbeitung beeinträchtigt. Solche Störungen sind durch spezifische audiometrische Verfahren erkennbar, die allerdings erst ab einem Alter von etwa fünf Jahren mit zuverlässigem Ergebnis durchgeführt werden können.

Die im deutschen Sprachraum einflussreichsten Konzepte zur Behandlung von phonologischen Störungen sind Metaphon, P. O.P. T. und die Minimalpaartherapie. Im Therapieprogramm „Metaphon" (Jahn 1998) sollen dem Kind auf kindgerechte Weise phonologische Kontraste bewusst gemacht werden. In eng gefassten und redundanten Übungen wird die Sensibilität des Kindes für die Lautqualität und die Eigenwahrnehmung der vom Kind produzierten Laute mit Hilfe von bildhaften Darstellungen der Sprechlaute gefördert. Die psycholinguistisch orientierte Phonologie-Therapie (P. O.P. T.; Fox 2003) besteht aus Lautidentifikationsübungen und dem Einüben der korrekten Aussprache von Lauten in isolierter Form, in Silben und schließlich auf Wortebene. Dabei werden Lautsymbolbilder eingesetzt, die dem Kind das Erkennen der Phoneme erleichtern sollen. Die Minimalpaartherapie setzt nicht auf der Laut-, sondern auf der Sinnebene an (u. a. Kauschke/Siegmüller 2006). Es werden Wortpaare ausgewählt, die sich nur in dem angezielten Laut unterscheiden, und Handlungen festgelegt, mit dem die beiden Wörter jeweils assoziiert werden sollen. Das Kind übt dann das genaue Hinhören, um die jeweils gewünschte Handlung zu erkennen, und wechselt sich in den Rollen dann mit dem Therapeuten ab, um die korrekte Produktion zu üben. Anhand der Reaktion des Therapeuten bzw. an Missverständnissen erhält das Kind ein Feedback zu seiner Lautproduktion, an dem es sich orientieren kann.

Fox/Teusch (2005) diskutieren in einer Übersichtsarbeit die Belege für die Wirksamkeit der verschiedenen Behandlungsansätze bei Aussprachestörungen. Die phonologischen Therapieansätze, die die Kinder für phonologische Kontraste und phonologische Prozesse sensibilisieren, erweisen sich danach gegenüber früheren Ansätzen, die ausschließlich auf eine Schulung der motorischen Lautbildung angelegt waren, als überlegen. Für jede der genannten Therapieformen liegen Effektivitätsnachweise aus dem englischsprachigen Raum vor, die z. T. in Einzelfallstudien aus dem deutschen Sprachraum repliziert werden konnten.

Bei allen genannten Therapieansätzen geht es nach der Lautanbahnung um die Lautstabilisierung auf Silben-, Wort- und Satzebene sowie den Transfer in alltägliche Sprechsituationen. Bei schweren Störungen in Verbindung mit ausgeprägten Wahrnehmungs- oder Konzentrationsproblemen bietet sich zusätzlich die Lautassoziationsmethode nach McGinnis (u. a. Franke 2013) an. Bei dieser stark strukturierten und bewusst sprachlich orientierten Therapie ohne spielerisches Angebot werden einzelne Laute in Verbindung mit Symbolen als visuelle Assoziationshilfe erarbeitet.

Förderung bei Problemen des Sprachverstehens

Lexikalische Störungen, Störungen des Grammatikerwerbs und Lauterwerbsstörungen sind in vielen Fällen auch rezeptiv nachweisbar. Im Unterschied zu expressiven Sprachstörungen werden sie jedoch leicht übersehen, da Kinder mit Sprachverständnisstörungen auf sprachliche Aufforderungen oft angemessen zu reagieren scheinen, obwohl sie die genaue Wortbedeutung nicht oder einen Satz nur eingeschränkt verstehen. Sie erschließen sich den Sinn der Äußerungen aus dem Zusammenhang.

Das Verständnis für die Bedeutung der verschiedenen Wortklassen (Nomen, Präpositionen, Pronomina oder Fragewörter) kann geprüft werden in Aufgaben, bei denen das Kind Figuren oder Objekte in einer vorgegebenen Weise manipulieren, verbalisierte Handlungen ausagieren oder Aufforderungen befolgen soll. Eine systematische Überprüfung, ob ein Kind bereits Sätze in Phrasen zerlegen und dabei morpho-syntaktische Markierungen erkennen kann, ist bei Kindern ab drei Jahren mit dem TROG-D möglich. In den einzelnen Untertests erhält das Kind vier Bilder vorgelegt mit lexikalischen und grammatikalischen Ablenkern und soll das korrekte Bild gemäß der jeweiligen grammatischen Zielstruktur auswählen. Aufgaben, bei denen das Wort- und Satzverstehen durch Auswahl von Abbildungen oder Manipulation von Objekten geprüft wird, sind im SETK 3-5 und in der PDSS enthalten.

Die Förderung des Sprachverstehens erfolgt in einem gestuften Konzept. Die Grundlage ist die Förderung der Aufmerksamkeit für Sprache und ihre Repräsentationsfunktion. In den Konzepten von Zollinger (1995), Böhr (2004) und Mathieu (2013) werden in freien Spielsituationen der trianguläre Blickkontakt, das symbolische Spiel und die Entdeckung der Sprache als Instrument zum Erreichen von Zielen oder zur Problemlösung gefördert. Anschließend geht es um die Unterstützung der Fähigkeit, bei Nicht-Verstehen Fragen zu stellen.

Die verschiedenen Therapieverfahren zur Förderung von Kindern mit verspätetem Sprachbeginn enthalten jeweils Elemente, die auch zur Förderung der rezeptiven Kompetenzen auf frühen Sprachebenen nützlich sind. Dazu gehört die Inputspezifizierung, die fokussierte Benennung sowie Fragen und Aufforderungen zur Verständnissicherung (Schlesiger 2009; Kauschke/Siegmüller 2006). Die Erweiterung des passiven Wortschatzes kann durch die Kombination von Handlungen und Worten im Spiel oder bei der Betrachtung von Bilderbüchern, evtl. auch unterstützt durch Gebärden, das Satzverstehen durch die stufenweise Verknüpfung von mehreren Informationen in einem Satz erarbeitet werden. Grammatische Strukturen können durch Nachspielen von Sätzen mit unterschiedlichen grammatischen Merkmalen (SPO-Sätze, Passivsätze usw.) und Beantworten von Fragen zu diesen Sätzen geübt werden. Das Konzept ist in ein Therapiemanual zur Behandlung rezeptiver Sprachstörungen integriert, das für Kinder ab dem Vorschulalter entwickelt wurde (Amorosa/Noterdaeme 2003).

Eine kritische Übersicht und eine Beschreibung einer Fülle von Therapiebausteinen für unterschiedliche Altersgruppen bietet das Buch von Hachul/Schönauer-Schneider (2012).

Evidenzbasis therapeutischer Konzepte

Suchodoletz (2010) legte eine kritische Bewertung der Evidenzbasis für sprachtherapeutische Interventionen vor. Er bezog sich dabei auf die Arbeiten von Law et al. (2004, 2010), die für die Cochrane Library, eine internationale Datenbank mit Meta-Analysen zur Evaluation von Behandlungsmaßnahmen, eine Analyse von randomisierten Kontrollgruppenstudien zur Beurteilung der Wirksamkeit von sprachtherapeutischen Konzepten erstellten. Sie fanden 13 Studien, bei denen die Vorgehensweise und die Ergebnisse ausreichend dokumentiert waren, um sie in die Metaanalyse einbeziehen zu können. Die Stichprobengrößen schwankten zwischen 24 und 159 Kindern, die Therapiedauer zwischen wenigen Wochen und acht Monaten.

Nach den Ergebnissen dieser Analyse können positive Effekte bei phonologischen Störungen und bei einem verzögerten Aufbau des expressiven Wortschatzes als hinreichend belegt gelten. Bei phonologischen Störungen erwiesen sich Behandlungsmaßnahmen, die von Therapeuten durchgeführt wurden, als effektiver als elternbasierte Maßnahmen. Bei der Behandlung des verzögerten Aufbaus des expressiven Wortschatzes und der grammatischen Strukturen waren die Belege einer eindeutigen Wirksamkeit auf die Teilgruppe von Kindern beschränkt, bei denen keine rezeptive Störung vorlag. Ein systematischer Unterschied in der Effektivität zwischen Behandlungen, die von Therapeuten und die zuhause von den Eltern durchgeführt wurden, ergab sich nicht. Ein eindeutiger Nachweis positiver Effekte von Interventionen bei Kindern mit Sprachverständnisstörungen steht nach den Ergebnissen dieser Meta-Analyse noch aus.

2.2.3 Einschränkungen der sozialen Teilhabe

Bereits im frühen Kindesalter zeigen sich bei vielen Kindern mit verspätetem Sprechbeginn auch Auffälligkeiten in der sozial-emotionalen Entwicklung (Horwitz et al. 2003). Das gilt ebenso für Kinder mit spezifischen Sprachentwicklungsstörungen. Eine differenzierte Diagnostik und Förderung bei Einschränkungen der sozialen Aktivitäten und der sozialen Teilhabe ist im Sinne des ICF-Konzepts ein obligatorischer Bestandteil der Arbeit mit Kindern mit Beeinträchtigungen der Sprachentwicklung.

Sozial-emotionale Auffälligkeiten bei Sprachentwicklungsstörungen

Kinder mit Beeinträchtigungen in der Sprachentwicklung haben mehr Schwierigkeiten als andere Kinder, sich an einem laufenden gemeinsamen Spiel in einer Kleingruppe zu beteiligen. Es fällt ihnen schwerer, ihren Wunsch nach Teilhabe deutlich zu machen und eigene Spielvorschläge einzubringen, so dass sie nicht als gleichwertige Spielpartner wahrgenommen werden. Auch im Aushandeln von Rollen oder in der Lösung sozialer Konflikte sind sie anderen Kindern unterlegen. Es besteht ein erhöhtes Risiko, dass sie sich aus dem sozialen Kontakt zurückziehen und damit auch im Erwerb sozial-emotionaler Kompetenzen beeinträchtigt sind (Liiva/Cleave 2005; Horowitz et al. 2005; Timler 2008; Conti-Ramsden/Botting 2004).

In einer prospektiven Langzeitstudie in England, an der 1324 Kinder teilnahmen, erwiesen sich die expressiven und rezeptiven Sprachfähigkeiten im Alter von zwei Jahren und das Persistieren von rezeptiven Sprachauffälligkeiten bis zum Alter von fünf Jahren als signifikante Vorhersagevariablen für sozial-emotionale Auffälligkeiten im Alter von sechs Jahren (Clegg et al. 2015). In einer australischen Studie, an der 1257 Kinder teilnahmen, hatten Kinder, die im Alter von zwei Jahren sprachauffällig waren, zwei Jahre später ein signifikant höheres Risiko für die Ausbildung von hyperaktiven Problemen und Problemen in den sozialen Beziehungen mit Gleichaltrigen (Bretherton et al. 2014).

Bei vielen Kindern mit Sprachentwicklungsstörungen sind daher gezielte Maßnahmen zur Förderung der sozialen Teilhabe im Kindergarten angezeigt. Sie brauchen die Unterstützung der Fachkräfte in Alltagssituationen, um sich soziale Fähigkeiten zur Beteiligung am Gruppengeschehen anzueignen.

> **TIPP**
>
> Eine Förderung in Kleingruppen, bei denen die Fachkraft Rollenspiele vorbereitet (z. B. Einkaufen, Geburtstagsparty oder Besuch beim Arzt) und das Kind mit Sprachentwicklungsproblemen anleitet, wie es sich in seiner Rolle verhalten kann, kann diese Förderung wirksam zu unterstützen (Stanton-Chapman et al. 2012).

Eine ausführliche Darstellung der Möglichkeiten zur Förderung sozialer Kompetenzen durch die Fachkräfte in der Kindertagesstätte findet sich im Kap. 3.5. Die Beratung der Fachkräfte gehört zu den Kooperationsaufgaben der Frühförderstellen.

Bei einem Teil der Kinder liegt eine umfassende Störung im Sprachgebrauch in sozialen Situationen (den sogenannten pragmatischen Kompetenzen) vor. Seit den 1990er Jahren haben sich einige Forschergruppen mit der Frage beschäftigt, ob sich eine solche Störung als eigene Sprachentwicklungsstörung eindeutig definieren und von anderen abgrenzen lässt. Diese Diskussion führte zu der Entscheidung, in der revierten Fassung des diagnostischen Klassifikationsschemas DSM-V eine soziale (pragmatische) Kommunikationsstörung als eigenständige Diagnosekategorie einzuführen. Sie ist durch primäre Schwierigkeiten im sozialen Gebrauch von Sprache und Kommunikation gekennzeichnet (Norbury 2014). Kinder mit einer sozialen (pragmatischen) Kommunikationsstörung haben z. B. Schwierigkeiten,

- nonverbale Kommunikationsmittel einzusetzen und richtig zu deuten,
- die Perspektive des Zuhörers in ihren Sprachäußerungen zu berücksichtigen,
- Gesprächskonventionen zu beachten und Gespräche angemessen einzuleiten bzw. abzuschließen und
- ihre Sprachäußerungen daran anzupassen, welche Informationen und Bezüge mitgeteilt werden müssen.

Auch für die Erfassung solcher kommunikativ-pragmatischer Schwierigkeiten stehen spezifische diagnostische Verfahren zur Verfügung. Die Children's Communication Checklist (CCC) kann bei Kindern ab etwa fünf Jahren mit zuverlässigen und validen Ergebnissen eingesetzt werden (Spreen-Rauscher 2003; Sarimski/Steinhausen 2007). Mit dem Fragebogen, den Eltern oder pädagogische Fachkräfte ausfüllen, können verschiedene kommunikativ-pragmatische Schwierigkeiten erfasst werden:

- unangemessenes Initiieren von Gesprächen,
- fehlende Kohärenz von Gesprächsbeiträgen,
- Gesprächsstereotypien,
- auffälliges Verhalten im Gesprächskontext und
- fehlender Rapport zum Gesprächspartner.

Dass im Kontext einer Sprachentwicklungsstörung auch der Erwerb solcher kommunikativ-pragmatischer Kompetenzen erschwert ist, liegt nahe. Die kompetente Gestaltung von Gesprächen erfordert eine flexible Beherrschung linguistischer Strukturen. Bei Kindern mit Spracherwerbsproblemen sind die Verarbeitungskapazitäten durch die verbalen Anforderungen bereits in hohem Maße zulasten der Erfassung von anderen Merkmalen der Gesprächssituation und der Notwendigkeit zur Anpassung an soziale Anforderungen beansprucht.

Solche Ergebnisse weisen auf den engen Zusammenhang zwischen pragmatischen Defiziten und der Ausbildung sozial-emotionaler Störungen hin. Dabei ist derzeit noch ungeklärt, ob diese Probleme als Folge der Sprachentwicklungsstörungen anzusehen sind oder ob beiden — den Sprachentwicklungsproblemen und den Problemen im Sprachgebrauch in sozialen Situationen – eine gemeinsame Ursache im Sinne von Defiziten in der Ausbildung exekutiver Funktionen zugrunde liegt, die die Aufmerksamkeitskontrolle und Steuerung des Verhaltens in Gesprächssituationen erschweren.

Probleme im Sprachgebrauch gehören auch zu den Kernsymptomen einer Autismus-Spektrum-Störung (ASS). Strategien, die sich in der frühen Förderung von Kindern mit einer ASS als erfolgreich bewährt haben (Kap. 2.4.3) können daher als Orientierungshilfe für die Förderung von Kindern mit kommunikativ-pragmatischen Sprachproblemen genutzt werden.

Grundsätzlich bauen Ansätze zur Intervention bei pragmatischen Störungen im Wesentlichen auf der Möglichkeit auf, Fähigkeiten wie die Organisation von Gesprächen, den Einsatz nonverbaler Kommunikation und angemessenes Zuhörerverhalten in Rollenspielen („Als-ob-Situationen") zu üben und dann den Transfer in Realsituationen zu fördern (Kannengieser 2009; Sallat/Spreer 2014). Einzelfallstudien belegen den positiven Effekt solcher Interventionen zur Förderung der sozialen Kommunikation mit Gleichaltrigen im Kindergartenalter (z. B. Timler et al. 2005).

Stottern und selektiver Mutismus

Störungen des Redeflusses, z. B. Stottern, oder die Angst eines Kindes, in bestimmten Situationen mit anderen Menschen zu sprechen (selektiver Mutismus) sind weitere Risiken für die soziale Teilhabe eines Kindes. Sie werden deshalb an dieser Stelle behandelt. Ihre Behandlung sollte Sprachtherapeuten oder Logopäden mit entsprechender fachlicher Erfahrung vorbehalten sein.

DEFINITION

Das **Stottern** ist durch folgende Kernsymptome gekennzeichnet: Wiederholungen einzelner Laute und Silben, lang gezogenes Dehnen von Lauten, Blockierungen innerhalb oder vor Beginn eines Wortes und insgesamt erhöhte Anspannungen beim Sprechen.

Die erhöhte Aufmerksamkeit auf das eigene Sprechen und die Schwierigkeiten, die Symptomatik zu kontrollieren, können Begleitsymptome wie motorische Mitbewegungen, die Vermeidung von Sprechsituationen und Versagensängste entstehen lassen.

Für Kinder im Kindergarten- und frühen Schulalter wird in den verschiedenen Prävalenzstudien eine durchschnittliche Auftretenshäufigkeit von 1.4 %

angeben. Die Zahl der betroffenen Jungen ist größer als die Zahl der Mädchen. Etwa drei Viertel der Kinder, bei denen im Vorschulalter eine Stotterdiagnose gestellt wird, überwinden die Symptomatik ohne gezielte Behandlung. Eine eindeutige Identifikation der Kinder, bei denen eine hohe Wahrscheinlichkeit einer Spontanremission besteht, ist nicht möglich. Ein Persistieren der Symptome ist wahrscheinlicher, wenn das Stottern bereits längere Zeit anhält, sich im Verlauf verstärkt und wenn auch andere Mitglieder in der Familie stottern bzw. gestottert haben. Dies weist auf eine genetische Disposition hin. Daneben spielen jedoch weitere Risikofaktoren wie eine verzögerte Sprachentwicklung oder auslösende Faktoren, z. B. Veränderungen im Lebensumfeld der Kinder eine Rolle, so dass von einer multifaktoriellen Verursachung ausgegangen werden muss (Bosshardt 2010).

Stottern ist von Sprachentwicklungsstörungen abzugrenzen, jedoch nicht selten mit begleitenden sprachlichen Auffälligkeiten assoziiert. Eine Meta-Analyse von 22 Studien, die sich auf stotternde Kinder zwischen zwei und acht Jahren bezog, belegt signifikante Unterschiede in ihren Sprachleistungen im Vergleich zu Kontrollgruppen. Sie erreichen in rezeptiven und expressiven Sprachtests signifikant niedrigere Ergebnisse und bilden signifikant kürzere Äußerungen (Ntourou et al. 2011).

Schon im Vorschulalter weichen stotternde Kinder kommunikativen Alltagssituationen deutlich häufiger aus als andere Kinder (Guttormsen et al. 2015). Sie machen häufiger die Erfahrung, im sozialen Kontakt abgelehnt zu werden (Langevin et al. 2009).

Meta-Analysen sprechen für die Effektivität direkter, verhaltenstherapeutisch orientierter Methoden bei der Behandlung des Stotterns (Nye et al. 2013). Das Lidcombe-Programm stellt ein Beispiel für einen solchen direkten Ansatz dar (u. a. Lattermann 2003). Es werden Sprechtechniken (z. B. sehr verlangsamtes oder rhythmisches Sprechen) vermittelt, die mit Stottern unvereinbar sind, um flüssiges Sprechen zu erreichen. Der Schwierigkeitsgrad der sprachlichen Anforderungen wird nach und nach gesteigert, um Sprechängste schrittweise abzubauen („Fluency shaping"). Auch beim Konzept „Mini-KIDs" (Sandrieser/Schneider 2008) geht es um eine gezielte Kontrolle über den Sprachfluss und den Abbau der Angst vor dem Stottern. Therapiebegleitend werden die Eltern beraten, welche Bedingungen das Stottern aufrecht erhalten und wie sie das Selbstvertrauen des Kindes stärken und Leistungsdruck in Redesituation vermeiden können.

DEFINITION

Der **selektive Mutismus** ist ein Störungsbild, bei dem Kinder in bestimmten Situationen (z. B. im Kindergarten) oder auch bei bestimmten Personen (z. B. gegenüber der Erzieherin oder dem Erzieher) konsequent und hartnäckig schweigen, obwohl sie grundsätzlich fähig sind zu sprechen und dies in vertrauter Umgebung auch unbefangen tun.

Die Weigerung zu sprechen geht über die weit verbreitete Schüchternheit von Kindern in ungewohnten sozialen Situationen hinaus und tritt bei etwa 1 % der Kinder im Kindergartenalter auf. Etwa die Hälfte der Kinder, die einen selektiven Mutismus ausbilden, zeigen eine Sprachentwicklungsstörung, eine Artikulationsstörung oder eine Stottersymptomatik. Auch hier ist von einer multifaktoriellen Verursachung auszugehen. Die Kinder wachsen häufig in Familien auf, in denen auch andere Familienmitglieder von sozialen Ängsten betroffen sind oder waren, die wenig soziale Außenkontakte haben oder in denen einschneidende Lebensereignisse (z. B. Umzüge, Scheidung der Eltern oder längere Krankenhausaufenthalte) vorkamen (Katz-Bernstein 2015).

Zur Behandlung des selektiven Mutismus im Schulalter erweisen sich kognitiv-verhaltenstherapeutische Ansätze nach den Ergebnissen einer Meta-Analyse von Cohan et al. (2006) als wirksamer Behandlungsansatz. Im deutschen Sprachraum wurden spezifische Konzepte im Schnittfeld zwischen Sprachtherapie und Psychotherapie entwickelt, die zunächst die nonverbale Kommunikation in der spielerischen Interaktion fördern und dann zunehmend komplexere Sprachäußerungen des Kindes in der Therapiesituation evozieren. Für den Therapieerfolg sind die Einbeziehung aller Familienmitglieder und des sozialen Netzwerkes sowie die systematische Generalisierung von Übungen in den alltäglichen Kontext unerlässlich (Subellok et al. 2012).

ZUSAMMENFASSUNG

Kinder, die im Alter von 24 Monaten noch weniger als 50 Wörter sprechen oder noch keine Zweitwortverbindungen bilden, gelten als Kinder mit verspätetem Sprechbeginn (Late Talker). Eine frühe Intervention kann das Risiko für die Ausbildung einer Sprachentwicklungsstörung reduzieren. Dabei sind elternbasierte Konzepte ebenso wirksam wie eine direkte Förderung des Kindes.

Spezifische Sprachentwicklungsstörungen müssen von einer reduzierten Sprachbeherrschung (vor allem aufgrund eines späten Kontaktes mit Deutsch als Zweitsprache bei Kindern mit anderer Familiensprache) abgegrenzt werden. Es bedarf einer differenzierten Diagnostik der Probleme des Kindes im Wortschatzaufbau, in der Beachtung grammatischer Regeln und in der Aussprache. Den verschiedenen Förder- und Therapiekonzepten ist gemeinsam, dass für die Übungen Worte bzw. grammatische Zielstrukturen ausgewählt und mit hoher Frequenz in einem günstigen Lernsetting angeboten werden, um dem Kind die Verarbeitung des sprachlichen Inputs zu erleichtern.

Sprachentwicklungsstörungen gehen mit einem erhöhten Risiko für die Ausbildung sozial-emotionaler Auffälligkeiten einher, die die soziale Teilhabe der Kinder gefährden. Dies gilt auch für Kinder mit Redeflussstörungen (Stottern) oder selektivem Mutismus, für deren Behandlung im Vorschulalter systematische Therapieprogramme verfügbar sind.

2.3 Förderung bei Beeinträchtigung der motorischen Entwicklung

Cerebrale Bewegungsstörungen und andere Beeinträchtigungen der motorischen Entwicklung gehen — im Sinne des ICF-Konzepts — mit Einschränkungen in den Aktivitäten und Teilhabemöglichkeiten der Kinder einher. Ihre physiotherapeutische Behandlung sollte in der Regel im Rahmen der Komplexleistungen der Frühförderstelle mit einer Förderung der kindlichen Spiel- und Verständigungsfähigkeiten durch pädagogische Fachkräfte, Ergo- oder Sprachtherapeuten verbunden werden. Es werden zunächst die verschiedenen Störungsbilder und ihre Auswirkungen auf die kindliche Entwicklung als Grundlage für die Förderplanung beschrieben.

BEISPIEL

Soziale Teilhabe bei schwerer Cerebralparese

Daniel ist ein 4,9 Jahre alter Junge mit einer schweren Cerebralparese sowie eingeschränktem Sehvermögen. Er verfügt nur über geringe Kopfkontrolle und kann lediglich die rechte Hand zielgerichtet bewegen. Er ist auf einen Stehständer zur Aufrichtung und auf eine angepasste Sitzschale zur Sicherung der Körperhaltung angewiesen und lernt, eine elektronische Kommunikationshilfe zu benutzen.

Daniels Mutter hatte vor der Aufnahme in den Kindergarten große Sorgen, ob die Fachkräfte dort auf Daniels Bedürfnisse verlässlich eingehen können. Sie wünschte sich, ihn über viele Wochen bei der Eingewöhnung zu unterstützen und seine kommunikativen Signale „übersetzen" zu helfen. Es fiel ihr sehr schwer, ihn vertrauensvoll in der Obhut der Fachkräfte zu lassen. Daniel selbst zeigte sich einerseits sehr interessiert an der neuen Umgebung und dem Kontakt zu anderen Kindern, reagierte aber auch sehr empfindlich auf ihre lauten Geräusche und für ihn ungewohnten Verhaltensweisen.

Seine Möglichkeiten, sich mit Spielsachen zu beschäftigen, sind aufgrund seiner motorischen Handicaps sehr eingeschränkt. Mit Unterstützung einer Fachkraft kann er Dinge in einfacher Form erkunden, stapeln, ineinanderstecken. Wenn er sich selbst beschäftigen soll, bleibt er jedoch überwiegend passiv. Er versteht sprachliche Aufforderungen und reagiert auf Worte im Gespräch, die ihm vertraut sind. Der Umgang mit der elektronischen Kommunikationshilfe beschränkt sich bislang darauf, dass Mitteilungen zuhause aufgesprochen werden, die er dann im Morgenkreis durch Tastendruck abrufen kann. Diese Art der sozialen Beteiligung macht ihm sichtlich Freude. Kommunikative Mitteilungen aus eigener Initiative, mit denen er z. B. Wünsche äußern oder Ereignisse kommentieren könnte, sind ihm aber auf diesem Wege noch nicht möglich.

2.3.1 Entwicklung unter den Bedingungen einer motorischen Störung

Die größte Gruppe der Kinder mit einem Förderschwerpunkt in der motorischen Entwicklung bilden die Kinder mit einer Cerebralparese

___ DEFINITION _

> Bei **cerebralen Bewegungsstörungen** handelt es sich um bleibende, aber nicht unveränderbare Haltungs- und Bewegungsstörungen infolge einer prä-, peri- oder postnatalen cerebralen Funktionsstörung, die eingetreten ist, bevor das Gehirn seine Reifung und Entwicklung abgeschlossen hat.

Ursachen („physical impairments")

Die Ursache einer cerebralen Bewegungsstörung kann eine Infektion, eine unzureichende Sauerstoffversorgung des Gehirns oder eine Hirnblutung sein. Sie kann auch zu einem späteren Zeitpunkt als Folge eines Unfalls (Schädel-Hirn-Trauma) oder einer Enzephalopathie entstehen. Ihre Auftretenshäufigkeit liegt nach epidemiologischen Studien bei 0.2 %. Das bedeutet, dass eines unter 500 Kindern an einer cerebralen Bewegungsstörung leidet (McIntyre et al. 2011).

Ein besonderes Risiko für die Entwicklung von cerebralen Funktionsstörungen liegt bei sehr unreif geborenen Kindern vor (Kap. 3.1). Die Weiterentwicklungen der Neugeborenen-Intensivmedizin haben zwar generell zu einer deutlichen Reduzierung der Sterblichkeit bei sehr und extrem unreif geborenen Kindern geführt. Dennoch entwickeln 5-8 % der sehr unreif geborenen Kinder aufgrund einer schweren Hirnblutung (III. oder IV. Grades) oder einer periventrikulären Leukomalazie (PVL) eine Cerebralparese. Diese Gruppe macht etwa ein Drittel der Kinder mit Cerebralparese aus. Bei bis zu 20 % aller Cerebralparesen ist die Bewegungsstörung auf eine Enzephalopathie nach Sauerstoffmangel unter der Geburt oder innerhalb der ersten 24 Stunden (Asphyxie) zurückzuführen.

Früherkennung einer cerebralen Bewegungsstörung

Das Vorliegen einer Hirnblutung, periventrikulären Leukomalazie oder Encephalopathie wird durch sogenannte bildgebende neuropädiatrische Untersuchungsverfahren (Magnet-Resonanz-Tomografie, MRT) im Rahmen der neonatologischen Intensivversorgung gesichert. Allerdings weisen 12 bis 14 % der Kinder, die später eine Cerebralparese entwickeln, unauffällige Befunde bei dieser Untersuchung auf (Krägeloh-Mann/Horber 2007), so dass die Prognose nicht ausschließlich auf solche neuro-radiologische Verfahren gestützt werden kann.

Für die Früherkennung einer cerebralen Bewegungsstörung werden deshalb anamnestische Risikofaktoren, die Befunde bildgebender Verfahren und die Ergebnisse einer neurologischen Beurteilung in den ersten Lebenswochen und -monaten miteinander kombiniert (Hadders-Algra 2014). Die Beobachtung bestimmter abnormer Bewegungsmuster hat eine größere Vorhersagekraft hinsichtlich der Spezifität und Sensitivität als die Untersuchung mit bildgebenden Verfahren.

Als Indikatoren von Dysfunktionen des Zentralnervensystems wurden z. B. von Vojta (2000) die sogenannten Lagereaktionen entwickelt. Wenn fünf von sieben dieser Lagereaktionen (Reaktionen des Kindes auf Provokationen der neurologisch gesteuerten Aufrichtungsmechanismen während der Untersuchung) als abnorm beurteilt werden, ist danach von einer zentralen Koordinationsstörung (ZKS) auszugehen, in der ein erhöhtes Risiko für die Ausbildung einer cerebralen Bewegungsstörung und eine Indikation zur physiotherapeutischen Behandlung gesehen wird. Alternativ zu solchen eher traditionellen neurologischen Untersuchungsmethoden wird seit dem Ende des 20. Jahrhunderts der qualitativen Untersuchung der Spontanmotorik in den ersten Lebenswochen und -monaten („general movements") eine hohe Bedeutung beigemessen. Dabei werden u. a. die Geschwindigkeit, der Bewegungscharakter und die Bewegungsabfolge bei reifen oder frühgeborenen Säuglingen beurteilt.

Grundsätzlich werden dabei spastische Bewegungsstörungen von dyskinetischen und ataktischen Bewegungsstörungen unterschieden (Krägeloh-Mann 2001). Am häufigsten ist die spastische Störung, bei der die Muskelspannung so erhöht ist, dass Bewegungen nur verlangsamt und unkoordiniert ausgeführt werden können. Spastische Bewegungsstörungen machen etwa 85 % der cerebralen Bewegungsstörungen aus. Bei schweren Formen können die Bewegungsfähigkeiten so stark eingeschränkt sein, dass dem Kind keine Aufrichtung zum Sitzen oder Stehen, keine Fortbewegung und keine gezielten Greifbewegungen möglich sind. Wenn die spastische Lähmung die unteren Extremitäten betrifft, spricht man von einer Diparese (beinbetonten CP); im Falle der Lähmung der Extremitäten einer Körperhälfte von einer Hemiparese (lateralisierten CP). Wenn alle vier Extremitäten betroffen sind, handelt es sich um eine Tetraparese (komplette bilaterale spastische CP).

Eine dyskinetische Bewegungsstörung (ca. 9 %) ist durch dystone (ausfahrende Bewegungsabläufe bei abnormer Muskelkontraktion) oder vorwiegend choreoathetische („überschießende, unwillkürliche") Bewegungsmuster gekennzeichnet, bei denen die Muskelspannung schwankend ist. Bei ataktischen Störungen (ca. 6 %) ist die Muskelspannung schlaff, das Gangbild breitbasig und schwankend, die Bewegungssteuerung unsicher mit Koordinations- und Gleichgewichtsstörungen.

Bei einer Spina bifida (Myelomingocele, MMC) liegt eine angeborene Fehlbildung der Wirbelsäule vor, bei der das Rückenmark und sein Hüllgewebe nach der Geburt operativ verschlossen werden muss. Je nach Lage und Schwere des Defekts bleiben jedoch motorische und sensible Lähmungen der Beine sowie Probleme der Kontrolle über die Ausscheidungsfunktionen zurück. Die Prävalenz der Spina bifida entspricht etwa der Prävalenz von Cerebralparesen, die Angaben variieren jedoch stark nach Region und Untersuchungszeitraum.

Anders als bei einer Cerebralparese (Lähmung) liegt bei der muskulären Hypotonie ein schlaffer Muskeltonus vor. Die Hypotonie ist ein in der Kinderneurologie relativ häufiges, aber wenig spezifisches Symptom. Sie kann im Rahmen einer Stoffwechselerkrankung oder einer Bindegewebserkrankung (z. B. Ehlers-Danlos- oder Marfan-Syndrom) auftreten. In den meisten Fällen ist sie zentral bedingt und Teilaspekt eines genetischen Syndroms (z. B. Down-Syndrom, Prader-Willi-Syndrom).

Wenn neben der Muskelhypotonie eine Muskelschwäche vorliegt, gilt dies als Leitsymptom für die Diagnose einer neuromuskulären Erkrankung. Dazu zählt die progressive Muskeldystrophie (Typ Duchenne), die genetisch bedingt ist und nur Jungen betreffen kann. Bei dieser Erkrankung setzt meist im Kindergartenalter ein fortschreitender Muskelschwund ein, der mit einem Verlust der Gehfähigkeit, zunehmenden Einschränkungen aller Körperfunktionen und schließlich einer begrenzten Lebenserwartung einhergeht.

Motorische Entwicklungsprobleme können auch durch Fehlbildungen des Skelettsystems bedingt sein. Dazu gehören z. B. die Glasknochenkrankheit (Osteogenesis imperfecta) mit abnormer Knochenbrüchigkeit, die Arthrogrypose (eine Fehlstellung und Versteifung von Gelenken) oder die Kleinwüchsigkeit (Achondrodysplasie). Diese Fehlbildungen sind genetisch bedingt und variieren in ihrer Ausprägung sowie in ihren Auswirkungen auf die Mobilität und Bewegungstüchtigkeit der Kinder.

Auswirkungen auf die Aktivität und soziale Teilhabe

Die genannten körperlichen Schädigungen haben individuell sehr unterschiedliche Auswirkungen auf die Entwicklung von Kompetenzen in den einzelnen Bereichen und die Chancen der Kinder auf Teilhabe an alltäglichen Aktivitäten innerhalb und außerhalb der Familie.

Bei den cerebralen Bewegungsstörungen sind im Säuglingsalter die Steuerung der Kopfhaltung, der Drehbewegungen, des Aufrichtens zum Sitzen und Stehen, das Krabbeln und später das freie Gehen betroffen. Auch wenn das freie Laufen erreicht wird, bleiben das Gangbild und die Bewegungskoordination beeinträchtigt. Fast zwei Drittel der Kinder mit einer schweren spastischen Cerebralparese erreichen allerdings nicht das freie Laufen. Sie sind auf eine Versorgung mit einer angepassten Sitzschale und einem Rollstuhl angewiesen. Bei schweren spastischen, dyskinetischen oder ataktischen Störungen ist in der Regel auch die feinmotorische Steuerung betroffen, so dass gezielte Greifbewegungen beim Spielen, bei der lebenspraktischen Selbstversorgung (z. B. Essen und Anziehen) sowie beim Umgang mit Stiften (z. B. beim Malen oder später beim Schreiben) beeinträchtigt sind.

Etwa die Hälfte der Kinder und Jugendlichen mit einer spastischen CP weisen eine intellektuelle Beeinträchtigung auf, bei 20-30 % ist sie schweren Grades. Dies gilt vor allem für Kinder mit einer Tetraparese. Ebenfalls bei 30 % der Betroffenen liegt eine Epilepsie vor, bei 5-12 % eine schwere Sehschädigung oder vollständige Blindheit, bei 2 % eine hochgradige Hörschädigung (McIntyre et al. 2011). Eine Hemiplegie ist dagegen nur in seltenen Fällen mit kognitiven Einschränkungen assoziiert. Die kognitiven Einschränkungen von Kindern mit einer dyskinetischen oder ataktischen Cerebralparese sind dagegen sehr heterogen, so dass mit der motorischen Diagnose keine Aussagen über das kognitive Entwicklungspotenzial verbunden werden können (Krägeloh-Mann 2001).

Bei vielen Kindern mit einer cerebralen Bewegungsstörung betrifft die neurologische Störung auch die Sprachentwicklung (Dysarthrie). Die Feinabstimmung der Artikulationsbewegungen ist erschwert, die Aussprache ist monoton, verlangsamt und für die Kinder schwer zu kontrollieren, ihre verbale Kommunikationsbereitschaft daher niedrig. Auch wenn sie sich lautsprachlich verständigen lernen, ist ihr Wortschatz in der Regel wesentlich kleiner als der Wortschatz gleichalter Kinder, weil ihnen Erfahrungen in der Erkundung der Umwelt fehlen. Die Äußerungen bleiben kurz, d. h., auch die Entwicklung der morphologisch-grammatischen Fähigkeiten bleibt hinter der gleichaltriger Kinder zurück (Boenisch et al. 2007).

Für die sozial-emotionale Entwicklung der Kinder ist es — wie bei Kindern ohne Beeinträchtigungen — wichtig, dass Kinder mit einer motorischen Einschränkung erleben, dass ihre Bezugspersonen feinfühlig auf ihre Signale und

Bedürfnisse reagieren. Dies wiederum ist davon abhängig, ob es ihnen gelingt, die schmerzliche Diagnose einer Cerebralparese oder Spina bifida zu verarbeiten. Mütter, die ihre emotionale Stabilität nach der Diagnosemitteilung wiedergefunden haben, vermögen sich wesentlich besser auf die Bedürfnisse ihrer Kinder einzustellen; ihre Kinder zeigen wesentlich häufiger ein sicheres Bindungsmuster zu ihnen (Barnett/Vondra 1999; Sayre et al. 2001).

Für die kognitive und kommunikative Entwicklung der Kinder ist es wichtig, dass sie in Alltags- und Spielsituationen die Erfahrung machen, dass ihre Eigeninitiative bei der Erkundung der Umwelt gestärkt und ihre eigenen Beiträge zu gemeinsamen Aktivitäten unterstützt werden. Dies ist bei Kindern mit schweren motorischen Einschränkungen nicht selbstverständlich.

Kinder mit cerebralen Bewegungsstörungen reagieren verlangsamt auf Spielangebote und haben mehr Schwierigkeiten, Blickkontakt, Gesten und Laute zur Verständigung miteinander zu koordinieren.

So entstehen weniger Gelegenheiten zum wechselseitigen Dialog mit den Eltern und es besteht die Gefahr, dass sich einseitige Interaktionsmuster verfestigen, bei denen die Eltern die Aktivitäten und den Dialog vollständig lenken.

Dies zeigt sich z. B. in Untersuchungen, bei denen die Dialogstrukturen zwischen Kindern mit einer schweren Cerebralparese, die kognitiv altersgemäß entwickelt sind, analysiert wurden (Pennington/McConachie 1999, 2001). Die Beiträge der Kinder beschränkten sich oft auf Ja- und Nein-Antworten. Dabei spielte die lautsprachliche Kompetenz eine wichtige Rolle. Kinder, die sich mit Worten zumindest in einfacher Form verständigen können, leiteten wesentlich häufiger ihrerseits ein Gespräch ein und steuerten von sich aus mehr Informationen bei als Kinder, die über keine Lautsprache verfügten und ein alternatives Kommunikationsmittel im Rahmen der Unterstützten Kommunikation benutzten.

2.3.2 Physiotherapeutische Behandlung

Eine Kernaufgabe der Frühförderung bei Kindern mit motorischen Beeinträchtigungen ist die Physiotherapie. Die Indikationsstellung ist eine kinderärztliche Aufgabe. Für eine vertiefte Information über physiotherapeutische Maßnahmen sei auf die Fachliteratur verwiesen (z. B. Hüter-Becker/Dolken 2010). Die verschiedenen Konzepte der Physiotherapie unterscheiden sich danach, welches

Gewicht sie jeweils auf die Anbahnung physiologischer Bewegungsabläufe bzw. auf die Förderung alltagstauglicher Fertigkeiten legen, und wie sie Eltern in die Behandlung einbeziehen. Eine Meta-Analyse von 13 Studien zu den Erfahrungen von Eltern von Kindern mit cerebraler Parese zeigt, dass ihnen ein familienorientiertes Konzept wichtig ist (Kruijsen-Terpstra et al. 2013). Die Zufriedenheit der Eltern mit den Unterstützungsmaßnahmen hängt in hohem Maße davon ab, dass sich die Eltern von den Fachkräfte über die Entwicklungsprobleme und -perspektiven ihres Kindes gut informiert fühlen und die verschiedenen Fördermaßnahmen als gut aufeinander abgestimmt erleben (Ziviani et al. 2011).

Physiotherapie nach Bobath

Vom Ehepaar Bobath — einem Psychiater und einer Physiotherapeutin, die Ende der 1930er Jahre aus Deutschland nach London emigrierten und im Jahre 1991 verstarben — wurde ein Behandlungskonzept auf neurophysiologischer Grundlage entwickelt, das seither für die Behandlung von Säuglingen und Kindern mit Cerebralparesen und anderen motorischen Störungen vielfach angewendet wird. Es beruht auf der Erkenntnis, dass eine früh erworbene Hirnschädigung nicht nur die Entwicklung der motorischen Fähigkeiten der Kinder gefährdet, sondern sich auch auf seine kognitive, soziale und emotionale Entwicklung auswirkt. Die Behandlung besteht deshalb nicht in einer Beeinflussung des Muskeltonus und der Anbahnung der Aufrichtung und sicherer Bewegungsabläufe durch spezifische therapeutische Interventionen, sondern in einer umfassenden Unterstützung der erschwerten Entwicklung des Kindes zur Förderung seiner alltagsbezogenen Teilhabe sowie der Vorbeugung störungstypischer Komplikationen, z. B. Kontrakturen (Ohrt/Geenen 2004). Es kann — nach entsprechender Fortbildung — auch in ergo- und sprachtherapeutische Behandlungsansätze integriert werden.

Grundsätzlich wird die Spielbereitschaft des Kindes für die therapeutische Interaktion genutzt. Es geht darum, individuell für jedes Kind geeignete Positionen und Hilfen zu finden und das Umfeld so zu gestalten, dass es Eigeninitiative entwickelt und sich selbst als wirksam bei der Erkundung seiner Umwelt erlebt. Die Therapie wird als Dialog mit dem Kind verstanden, d. h., seine kommunikativen Signale, seine Eigenaktivität und seine Reaktionen auf Angebote für Fortbewegung, Positionswechsel oder Spiel werden aufgegriffen und seine Handlungsmöglichkeiten durch spezifische Techniken zur Unterstützung der Haltungskontrolle, der Verlagerung des Körpergewichts und der Bewegungsabläufe (Fazilitation durch Reize an bestimmten Schlüsselpunkten, meist Gelenken) sowie angepasste Hilfsmittel gefördert.

Die Therapeuten arbeiten eng mit den Eltern zusammen, die für die Möglichkeiten der Unterstützung der kindlichen Eigenaktivität sensibilisiert werden und Antworten erhalten auf ihre eigenen Fragen bezüglich der Alltagsbewältigung mit ihrem Kind (z. B. „Handling", Unterstützung geeigneter Positionen beim Spielen oder Essen).

Das Bobath-Konzept enthält somit viele Elemente, die dem grundsätzlichen Verständnis einer alltagsintegrierten, familienorientierten Konzeption von Frühförderung entsprechen. Die Eltern erleben die therapeutischen Anforderungen jedoch teilweise als beträchtliche Belastung, wenn sie versuchen, jede Alltagssituation zur optimalen Kontrolle von Haltung und Bewegungsabläufen zu nutzen. Obwohl das Behandlungskonzept zunächst „spielerisch" wirkt, sind sie auf die fachliche Anleitung und Unterstützung durch die Fachkraft angewiesen.

Physiotherapie nach Vojta

Das Behandlungskonzept von Vojta — ein Kinderneurologe, der 1968 aus der damaligen Tschechoslowakei nach Deutschland emigrierte, in Köln und München tätig war und im Jahre 2000 verstarb — unterscheidet sich vom Bobath-Konzept sowohl in den Annahmen zu neurophysiologischen Grundlagen von Bewegungsstörungen als auch in der Durchführung der Behandlung. Vojta ging davon aus, dass die sogenannte Reflexlokomotion die ontogenetische Grundlage der Aufrichtung und Fortbewegung darstellt. Dabei handelt es sich um angeborene Bewegungsmuster, die bei einer Cerebralparese durch die Schädigung blockiert sind und durch spezifisch gesetzte therapeutische Reize im Rahmen von Übungen aktiviert werden können. Diese Reize führen zu „automatisch" vorhandenen Bewegungsantworten, die bei entsprechend häufiger Übung so gebahnt werden können, dass sie auch außerhalb der Übungen in der Spontanmotorik zur Verfügung stehen (Müller 2004).

Dazu bringt der Therapeut das Kind in Bauch-, Rücken- oder Seitenlage („Ausgangsstellungen") und übt einen gezielten Druck auf bestimmte Körperzonen aus. Die damit gesetzten propriozeptiven Reize führen automatisch zu zwei Bewegungsantworten, dem Reflexkriechen in Bauchlage und dem Reflexumdrehen aus Rücken- oder Seitenlage. Auf diese Weise werden die elementaren Bestandteile der menschlichen Aufrichtung gegen die Schwerkraft (posturale Steuerung) und der zielgerichteten Greif- und Schreitbewegungen (phasische Beweglichkeit) zugänglich gemacht. Ziel ist eine positive Veränderung der Bewegungskoordination beim Greifen, Aufrichten, Laufen und Sprechen.

Um die gewünschte therapeutische Wirkung zu erzielen, müssen die Übungen in der Regel mehrmals täglich im Umfang von 5 bis 20 Minuten je Therapieeinheit durchgeführt werden. Die Eltern, die diese Übungen zuhause durchführen, werden vom Therapeuten angeleitet und supervidiert.

Auf die ungewohnte Lagerung, die Blockierung von Ausweichbewegungen und die Setzung der Reize reagieren Kinder im Säuglings- und Kleinkindalter häufig mit Weinen, was von den Therapeuten als Zeichen des therapeutisch gewünschten Aktivierungszustandes angesehen wird. Das Weinen führt aber verständlicherweise zu einer Irritation der Eltern, die Sorge haben, ihrem Kind durch die Behandlung Schmerzen zuzufügen. In der Regel lässt das Schreien jedoch nach einer kurzen Eingewöhnungszeit nach und hört in den Übungspausen und unmittelbar nach der Behandlungseinheit auf. Bei älteren Kindern tritt es nicht auf.

Dennoch wird das Behandlungskonzept nach Vojta wegen der hohen Behandlungshäufigkeit und des „Protestschreiens" von Eltern teilweise als sehr belastend erlebt. Sie fühlen sich in ihrer intuitiven Kommunikation blockiert, wenn sie trotz des Protests der Kinder die Übungen fortsetzen sollen. Einige Eltern brechen aus Sorge um die emotionale Stabilität ihres Kindes die Behandlung ab. Andere Eltern erleben dagegen eine Intensivierung der Eltern-Kind-Beziehung durch diese besondere Herausforderung. Sie empfinden es als Entlastung, dass sie sich auf die Übungssituation konzentrieren können und sich nicht unter Druck fühlen, die motorischen Fähigkeiten ihres Kindes auch im übrigen Alltag gezielt zu fördern.

Ein familienorientiertes Konzept der Frühförderung zeigt sich u. a. darin, dass die Eltern gerade in den ersten Wochen der Behandlung nach dem Vojta-Konzept in ihren Sorgen ernstgenommen und sensibel unterstützt werden, damit sie ihre Ängste vor einer Gefährdung der Eltern-Kind-Beziehung überwinden und Zuversicht in die eigenen Kompetenzen zur Bewältigung der besonderen Herausforderung gewinnen können. Es muss allerdings auch respektiert werden, wenn sich Eltern trotz sensibler Begleitung den Anforderungen der Vojta-Therapie nicht gewachsen fühlen und für einen Wechsel des Behandlungskonzepts entscheiden.

Physiotherapie nach Castillo-Morales

Castillo-Morales, ein argentinischer Rehabilitationsarzt, der 2011 verstarb, entwickelte sein Behandlungskonzept ursprünglich für Kinder mit muskulärer Hypotonie und retardierter sensomotorischer Entwicklung, wie sie z. B. bei Kindern mit Down-Syndrom oder anderen genetischen Syndromen oder Kindern mit neuromuskulären Erkrankungen zu beobachten ist. Auch dieses Konzept geht davon aus, dass motorisches Lernen in eigenaktiver Auseinandersetzung mit der alltäglichen Umwelt erfolgt. Die Kontrolle von Haltung und Planung sowie die Ausführung von zielorientierten Bewegungen sind für ein Kind mit einer ausgeprägten Hypotonie erschwert. Das wichtigste Ziel der Behandlung ist es, seine Aufmerksamkeit auf sein Positions- und Lageempfinden zu lenken und über das sensorische Feedback seine Bewegungen effektiver steuern zu lernen (Enders/Haberstock 2004; Türk et al. 2012).

In der Therapiesituation soll deshalb die Aufmerksamkeit des Kindes über die Aktivierung motorischer Zonen durch manuelle Vibration oder leichten Druck, die Unterstützung einer physiologisch günstigen Gelenkstellung und ein Modellieren des Bindegewebes und der Muskulatur durch tiefes Massieren selektiv auf sein Körperempfinden gelenkt werden. Körperkontakt mit der Therapeutin, die Sicherheit gibt, und motorische Ruhe sind Voraussetzungen für visuelle Aufmerksamkeit, Kommunikation, Haltungskontrolle und die Unterstützung der Aufrichtung. In das Behandlungskonzept sind spezifische manuelle Behandlungstechniken für den oro-fazialen Komplex integriert, die vitale Funktionen des Saugens, Schluckens, Essens und Trinkens sowie die Aktivierung mimischer und lautsprachlicher Ausdrucksmöglichkeiten für die Kommunikation unterstützen sollen.

Auch bei diesem Behandlungskonzept werden die Eltern angeleitet, um die therapeutischen Empfehlungen im häuslichen Bereich umsetzen zu können. Die Fokussierung des Behandlungskonzepts auf die Stärkung der kindlichen Eigenaktivität, der Aufmerksamkeit für die Umwelt und der Kommunikation mit den Bezugspersonen entspricht den intuitiven elterlichen Verhaltensbereitschaften und lässt sich gut in die alltagsintegrierte Förderung von Kompetenzen integrieren.

Konduktive Förderung

Beim Behandlungskonzept der Konduktiven Förderung (Physiotherapie nach Petö), einem ungarischen Arzt, der ein Therapieinstitut in Budapest gründete, handelt es sich um ein Konzept, bei dem therapeutische und pädagogische Inhalte miteinander kombiniert werden sollen. Auch dieses Konzept sieht in der Cerebralparese nicht nur eine Störung der motorischen Entwicklung, sondern eine umfassende Behinderung der Entwicklung in allen Entwicklungsbereichen. Ziel der Behandlung ist eine maximale Selbstständigkeit des Kindes bei der Alltagsbewältigung.

Der Schwerpunkt des Behandlungsansatzes liegt im Kindergartenalter. Die Förderung erfolgt in Gruppensettings über den gesamten Kindergartentag, in dem die Kinder in gleichbleibend gestalteten Lernsituationen die aktive, zielorientierte und selbstständige Bewegungsausführung üben. Rhythmisch-musikalische Elemente, Anregungen zur Imitation und soziale Verstärkung dienen dazu, die Mitarbeitsbereitschaft der Kinder zu stärken.

Wichtiges Element der konduktiven Förderung sind multifunktionelle Therapiemöbel und Geräte (z. B. Pritsche, Sprossenwand und Sprossenstuhl), die den Kindern optimale Greifmöglichkeiten bieten sollen, so dass sie sich selbstständig festhalten und mit ihrer Hilfe fortbewegen können. Die Behandlung wird von „Konduktorinnen" durchgeführt. Dabei handelt es sich vielfach um Ergotherapeuten oder Physiotherapeuten, die eine entsprechende zertifizierte Fortbildung durchlaufen haben. Sie leiten die Kinder einzeln und in der Gruppe in der Durchführung der Übungen an. Diese werden durch sprachliche Aufforderungen und bestärkende Rückmeldungen in hohem Maße vom Erwachsenen gesteuert. Grundsätzlich sollen die Übungen auch zuhause durchgeführt werden. Den Eltern fällt es aber oft schwer, die Kinder zur Mitarbeit zu motivieren, wenn die Anregung und das Vorbild der anderen Kinder der Gruppe fehlen. Zudem kann die häusliche Umgebung in der Regel nicht in gleicher Weise mit Therapiemöbeln ausgestattet werden wie ein Kindergarten, der nach den Prinzipien der Konduktiven Förderung aufgebaut ist.

Ergänzende rehabilitative Maßnahmen

Seit Beginn des 21. Jahrhunderts wurden innovative Konzepte zur Rehabilitation entwickelt und evaluiert, die in die Behandlung von Kindern mit Cerebralparese, Spina bifida oder spinaler Muskeldystrophie integriert werden können. Sie stellen keinen Ersatz, sondern eine Ergänzung der Physiotherapie dar und erfordern spezifische Behandlungsgeräte. Neben ambulanten Behandlungen werden sie auch in stationären Settings intervallmäßig (jeweils für einige Wochen) als Therapieelement angeboten. Erste Erfahrungen zeigen, dass bereits Kinder ab dem Alter von zwei Jahren zur Mitarbeit bei diesen Übungsprogrammen motiviert werden und deutliche Fortschritte in ihren motorischen Fertigkeiten machen können.

Bei diesen Behandlungsansätzen geht es um das repetitive funktionelle Üben von Bewegungsmustern. Dazu gehört z. B. die Ganzkörpervibrationstherapie nach dem Galileo-System. Dabei handelt es sich um eine Vibrationsplatte, die sich wie eine Wippe bewegt. Durch die seitenalternierende Bewegung der Platte werden neuromuskuläre Reflexe ausgelöst. Durch die regelmäßige Aktivierung der neuromuskulären Reflexbögen kommt es zu einem zunehmenden Aufbau bzw. einer Kräftigung der Muskulatur und einer Verbesserung der neuromuskulären Koordination. Für Kinder, die sich noch nicht selbstständig fortbewegen können, besteht darüber hinaus die Möglichkeit, das Gehen unter Teilentlastung auf einem Laufband zu üben. Hierbei werden die Kinder über ein Gurtsystem gehalten, das eine Gewichtsübernahme auf die Füße ermöglicht, aber einen Teil des Körpergewichtes abnimmt.

> **Vorsicht: Alternative Therapiemethoden mit Heilungsversprechen**
>
> Für die Behandlung von Kindern mit cerebralen Bewegungsstörungen werden – insbesondere im Internet – zahlreiche alternative Therapiemethoden vorgeschlagen. Ihre Vertreter wecken bei den Eltern vielfach die Hoffnung auf eine vollständige Heilung der Entwicklungsstörung. So wird z. B. im Therapieansatz nach Doman und Delacato (Doman, 1980) postuliert, dass der Entwicklungsstörung eine unvollständige Reifung motorischer Systeme und ein Durchlaufen von Entwicklungsschritten in der falschen Reihenfolge als Ursache zugrunde liegen. Nach Auffassung der Vertreter dieser Methode lassen sich fundamentale Bewegungsmuster (Robben, Krabbeln, Gehen im „Kreuzmuster") durch hoch intensive und häufig wiederholte Übungen und Stimulation in unterschiedlichen Sinnesbereichen trainieren. Dem liegt die Annahme zugrunde, dass neurologische Funktionskreise vor allem durch Kreuzmuster-Bewegungen (Patterning) stimuliert werden können und auf diese Weise die Barrieren beim Übergang auf höhere Entwicklungsstufen auch bei schwerer Hirnschädigung überwunden werden können. Die Annahme einer Reifung des zentralen Nervensystems in einer festen Hierarchie von Stufen und das Üben von Bewegungsschablonen entsprechen jedoch nicht dem Forschungsstand im Jahr 2016 zur Entwicklung motorischer Fertigkeiten.
>
> Die entsprechenden Übungen sollen über mehrere Stunden täglich durchgeführt werden. Dieser strikte Behandlungsansatz wird zwar von den Vertretern der Methode nicht mehr einheitlich vertreten. Dennoch stellen die hochfrequenten Übungen an die Mitarbeit von Kindern und Eltern außerordentlich hohe Anforderungen. Dies birgt das Risiko von negativen Auswirkungen auf die Eltern-Kind-Beziehung. Zudem beruhen die bisher vorliegenden Studien zur Effektivität weitgehend auf Elterneinschätzungen, die notwendigerweise subjektiv und nicht an Kontrollgruppen überprüft sind, so dass die Gesellschaft für Neuropädiatrie in einer fachlichen Stellungnahme eindeutig von dieser Behandlungsmethode abrät. Das Gleiche gilt für die „Neurofunktionelle Reorganisation" nach Padovan, die nach ähnlichen Prinzipien gestaltet ist.

Hilfsmittelversorgung

Die Versorgung mit Hilfsmitteln gehört zu den Aufgaben der Physiotherapie oder Ergotherapie bei Kindern mit Cerebralparese, Spina bifida oder anderen motorischen Beeinträchtigungen. Hilfsmittel werden vom Kinderarzt mit dem

Ziel verordnet, pathologische Bewegungs- oder Haltungsmuster zu hemmen und die Anbahnung von physiologischen Mustern und damit die Bewegungsfähigkeiten der Kinder im Alltag zu erleichtern. Sie unterstützen die neurophysiologischen Behandlungsmethoden und werden vor allem in das Bobath-Konzept integriert. Handelsübliche Produkte müssen dabei jeweils den spezifischen Bedürfnissen des Kindes und seinem Wachstum angepasst werden.

Hilfsmittel können zur korrigierenden Lagerung, zum Sitzen und zur Förderung der Mobilität eingesetzt werden. Im Einzelnen gehört dazu z. B. eine angepasste Sitzschale, durch die die Rumpf- und Kopfkontrolle unterstützt und damit auch die Vitalfunktionen (Atmung, Nahrungsaufnahme) erleichtert werden können. Diese Stabilisierung ist Voraussetzung für das Spiel mit den Händen in einer aufrechten Sitzposition. Ein Stehständer mit einem integrierten Tisch gibt dem Kind die Möglichkeit, in einer höheren Ausgangsposition seine Umwelt wahrzunehmen, den symmetrischen Armstütz zu üben und in dieser Position aktiv zu werden. Eine Orthese gibt dem Fuß, Unterschenkel und den Gelenken Halt und kann das Aufstehen und Laufen erleichtern. Bei Kindern, die nicht zum Laufen kommen, bedeutet eine Versorgung mit einem gut angepassten Rollstuhl im Kindergartenalter eine gewisse Mobilität und damit eine wesentliche Verbesserung der Möglichkeiten zur sozialen Teilhabe.

Wirksamkeit der verschiedenen Behandlungskonzepte

Im Gegensatz zur Forschungslage bei der Physiotherapie und Rehabilitation von erwachsenen Patienten mit cerebral bedingten Lähmungen fehlt es bisher weitgehend an methodisch überzeugenden Studien zur Wirksamkeit der verschiedenen physiotherapeutischen Behandlungskonzepte im Kindesalter. Methodische Probleme liegen in der Zusammenstellung hinreichend homogener Stichproben für den Vergleich zwischen Behandlungsmaßnahmen, der Wahl eines geeigneten Outcome-Maßes und der Standardisierung der Therapieintensität.

Einige Arbeiten liegen zur Wirksamkeit neurophysiologischer Methoden vor, die in den USA unter der Bezeichnung „neurodevelopmental therapy" etabliert sind und weitgehend dem Bobath-Konzept entsprechen. Sie waren jedoch ernüchternd.

Law et al. (1997) und Jonsdottir et al. (1997) stellten fest, dass diese Behandlungsmethode bei Kindern mit einer Cerebralparese keine stärkeren Effekte hatte als eine ergotherapeutische Behandlung oder die Förderung von motorischen Fähigkeiten in Spielsituationen. Palmer et al. (1988) veröffentlichten eine Studie, bei der 48 Kinder mit spastischer Diparese im zweiten

Lebensjahr behandelt wurden. Eine Hälfte der Kinder wurde ein Jahr lang nach dem Bobath-Konzept behandelt, die andere erhielt in den ersten sechs Monaten ein pädagogisch orientiertes Förderprogramm mit spielerischen Übungen und erst danach Bobath-Therapie. Nach sechs und zwölf Monaten Therapiedauer hatte die zweite Gruppe einen höheren Entwicklungsstand in den motorischen Fähigkeiten erreicht, d. h., die Bobath-Behandlung war der spielerischen Förderung zumindest nicht überlegen.

Der Behandlungserfolg nach der Vojta-Methode wurde von Vojta (2000) selbst und in einer japanischen Arbeitsgruppe (Imamura et al. 1983) dokumentiert. Die Kinder wurden jeweils nach der Zahl der auffälligen Lagereaktionen im Säuglingsalter nach Schweregraden der „zentralen Koordinationsstörung" unterteilt. Von den Kindern mit einer schweren zentralen Koordinationsstörung (sieben pathologische Lagereaktionen) konnten nach den Ergebnissen von Vojta mehr als die Hälfte durch eine frühe Behandlung „normalisiert" werden. Das Behandlungsergebnis war deutlich schlechter, wenn gleichzeitig gravierende kognitive Behinderungen vorlagen. Die Interpretation der Daten ist allerdings erschwert dadurch, dass es sich nicht um Kinder mit einer eindeutigen Cerebralparese, sondern um Kinder mit einem (nach dem Vojta-Konzept) hohen Risiko handelte, eine solche auszubilden. Wegen des Fehlens einer Vergleichsgruppe lässt sich aus den Ergebnissen auch nicht ableiten, dass dieses Behandlungskonzept einem anderen überlegen wäre. Keinesfalls dürfen diese Ergebnisse dazu verwendet werden, den Eltern von Kindern mit einer bereits ausgebildeten Cerebralparese Hoffnung auf eine vollständige „Heilung" zu machen.

Für das Behandlungskonzept nach Petö (Konduktive Förderung) liegt eine systematische Überprüfung der Wirksamkeit einer Intensivbehandlung unter stationären Bedingungen vor (Blank et al. 2008). Die Behandlung wurde in Therapieblöcken zusätzlich zu Physiotherapie und Ergotherapie durchgeführt. Für eine Beurteilung der Effektivität wurden die Fähigkeiten der Kinder nach einem Therapieblock mit dem Stand nach einer Therapiepause verglichen. Dabei ließen sich Verbesserungen der Handfunktion und bei Aktivitäten des täglichen Lebens nach der konduktiven Förderung nachweisen, jedoch keine Verbesserungen bei Bewegungsanalysen. Reddihough et al. (1998) führten in einer Gruppe über sechs Monate die konduktive Förderung (acht Stunden pro Woche), in der anderen Gruppe herkömmliche Physiotherapie nach Bobath in gleicher Intensität durch. Die Stichprobe umfasste 66 Kinder im Alter von 12 bis 36 Monaten. Beide Gruppen unterschieden sich danach nicht in ihren motorischen Fähigkeiten.

Mattern-Baxter et al. (2013) führten eine randomisierte Kontrollgruppenstudie mit zwölf Kindern mit einer Cerebralparese im Alter von 9 bis 36 Monaten durch, um den Effekt eines intensiven, sechswöchigen Laufbandtrainings (zweimal täglich für 10 bis 20 Minuten), das zusätzlich zur herkömmlichen Physiotherapie durchgeführt wurde, zu prüfen. Unmittelbar nach der Interventionsphase und vier Monate später hatten die Kinder, die zusätzlich an dem Laufbandtraining teilgenommen hatten, eine bessere funktionale Selbstständigkeit im Alltag.

Zwei Meta-Analysen zur Evidenz der Effektivität von Behandlungsmaßnahmen bei Cerebralparesen wurden seit 2010 vorgelegt. Novak et al. (2013) bezogen sich auf 166 Artikel, in denen Interventionserfolge untersucht wurden. Nur bei 25 Studien handelte es sich um randomisierte Kontrollgruppenstudien; mehr als 25 % der Teilnehmer waren Kinder. Neben einigen medizinischen Maßnahmen zur Behandlung der Spastik (z. B. Botulinum-Gabe) wurden nur repetitives funktionelles Üben und aufgaben- und betätigungsorientierte Ansätze zur Verbesserung der Handmotorik und lebenspraktischer Fertigkeiten als Maßnahmen mit hinreichender Evidenz der Wirksamkeit eingestuft. Danach liegen für konduktive Förderung, Physiotherapie nach Vojta oder neurophysiologische Behandlung nach Bobath keine Studien vor, die eine Verbesserung der motorischen Aktivitäten und der Selbstständigkeit im Alltag eindeutig belegen würden.

Die zweite Meta-Analyse (Franki et al. 2012) beurteilte die Effektivität physiotherapeutischer Behandlungsmaßnahmen in Hinblick auf die Förderung der Spastik der unteren Extremitäten bzw. der Gehfähigkeit. Es wurden 37 Studien recherchiert. Randomisierte Kontrollgruppenstudien belegten Behandlungseffekte bei neurophysiologischer Behandlung nach Bobath in zwei von vier Studien; dies galt sowohl für die Verbesserung der körperlichen Funktionen wie auch für die Unterstützung von Aktivitäten und sozialer Teilhabe. Funktionelles Übungstraining und aufgaben- bzw. betätigungsorientierte Verfahren waren in zwei bzw. drei Studien effektiv. Für die Vojta-Therapie konnte von den Autoren nur eine (positive) Studie gefunden werden.

Die fehlende Eindeutigkeit der Wirksamkeit der in der Praxis häufig verwendeten Behandlungskonzepte ist von Bedeutung für die Beratung in der Frühförderung. Eltern stehen nicht selten vor dem Problem, dass verschiedene Fachleute ihnen unterschiedliche Behandlungskonzepte für ihr Kind empfehlen. Eine empirisch gesicherte Antwort, welche Methode für welche Form von Bewegungsstörungen effektiver ist, kann ihnen nicht gegeben werden. Andererseits besteht Einigkeit darüber, dass jede Form von Physiotherapie die Kontrolle der Körperhaltung verbessern, Sekundärprobleme wie Kontrakturen und Fehlhaltungen verringern und die Motivation der Kinder zu Aktivität und sozialer Teilhabe stärken kann (Straßburg 2010).

Motorisches Lernen im Alltag

Die fehlende Evidenz für die Wirksamkeit der neurophysiologischen Behandlung nach Bobath hat zur Entwicklung von neuen Konzepten geführt. Das COPCA-Konzept („Coping with and caring for infants with special needs"), das von Hadders-Algra (2014) in der Niederlanden entwickelt wurde, orientiert sich an motorischen Lernprinzipien, schreibt den Eltern die entscheidende Rolle bei der Auswahl der Förderziele zu und setzt auf die Unterstützung der eigenen Versuche des Kindes, Bewegungsabläufe zu steuern. Therapeuten, die nach diesem Konzept arbeiten, verstehen sich als Berater von Eltern, die mit ihnen gemeinsam nach alltagsrelevanten Lösungen suchen, und verzichten weitgehend auf direkte Stimulation von Bewegungen (Fazilitation) am Kind bzw. auf Eingriffe und Korrekturen an den Bewegungsabläufen in der Annahme, dass sie die Selbstorganisationprozesse beim selbst-initiierten motorischen Lernen stören.

Dirks et al. (2011) und Blauw-Hospers et al. (2011) evaluierten das COPCA-Konzept im Vergleich zur herkömmlichen Physiotherapie nach dem Bobath-Konzept bei 46 Säuglingen mit unterschiedlichen biologischen Risiken. Die Behandlung wurde jeweils im Alter von vier bis sechs Monaten eingeleitet. Im Alter von 18 Monaten hatten fünf Kinder in jeder der beiden Gruppen eine Cerebralparese entwickelt. In einem motorischen Entwicklungstest, in der Einschätzung funktionaler Alltagsfertigkeiten (im PEDI) und in der mentalen Skala des Bayley-Entwicklungstests (Kap. 1.3) fand sich kein Unterschied zwischen beiden Gruppen. Mit dem familien- und alltagsorientierten Beratungsansatz (COPCA) wurden somit mindestens die gleichen alltagsrelevanten Kompetenzen erzielt wie mit den physiotherapeutischen Übungen, die von den Therapeuten am Kind durchgeführt wurden. Zudem zeigte die Auswertung der Videoaufzeichnungen der Therapiesitzungen: Je mehr Zeit die Therapeuten auf die Beratung und Kommunikation mit den Eltern und auf die Motivierung der Kinder zu Eigenaktivität verwendeten, umso höher war der motorische Entwicklungsstand im Alter von 18 Monaten.

2.3.3 Behandlung von umschriebenen motorischen Entwicklungsstörungen

Leichtere Auffälligkeiten in der Haltungskontrolle sowie in der grob- und feinmotorischen Bewegungsausführung und -koordination werden unter der Diagnose der „umschriebenen motorischen Entwicklungsstörung"(F82 in der ICD-10) klassifiziert. Sie finden sich in epidemiologischen Studien bei 4-6 % aller Kinder und werden auch als „clumsiness" (Ungeschicklichkeit) oder Entwicklungsdyspraxie bezeichnet. Bei Kinder mit diesen motorischen Auffälligkeiten lassen sich keine eindeutigen neurologischen Störungen feststellen. Die Diagnostik kann z. B. mit der „Movement Assessment Battery for Children" (M-ABC-2; Petermann 2015) erfolgen. Es handelt sich um einen standardisierten Test, der in der Altersgruppe für drei bis sieben Jahre acht Untertests zur Beurteilung verschiedener motorischer Fähigkeiten enthält.

Diagnose und Spektrum der Behandlungsmaßnahmen

Umschriebene motorische Entwicklungsstörungen treten häufig in Kombination mit Problemen der Aufmerksamkeits- und Handlungsregulation, visuellen Wahrnehmungsproblemen, Sprach- oder Verhaltensauffälligkeiten auf. Beeinträchtigungen dieser Art werden häufig unter dem Begriff der Teilleistungsstörungen (früher: Minimale Cerebrale Dysfunktion) zusammengefasst. Dabei handelt es sich jedoch lediglich um einen Beschreibungsbegriff, dessen Nutzen für die Praxis fragwürdig ist.

Umschriebene motorische Entwicklungsstörungen können die Beteiligung am gemeinsamen Spiel und die soziale Teilhabe im Kindergarten erschweren, weil die Kinder ungeschickter und damit als Spielpartner weniger beliebt sind. Bei einem Teil der Kinder bessern sie sich durch Reifungsprozesse oder regelmäßiges Üben im Alltag und bei geeigneten Freizeitaktivitäten, bei anderen persistieren die motorischen Störungen bis ins Schulalter und erschweren die Bewältigung schulischer Anforderungen. Daher bedürfen auch Kinder mit einer umschriebenen motorischen Entwicklungsstörung einer differenzierten Diagnostik und Förderplanung.

Im Spektrum der Angebote in der Frühförderung kann sie als Physiotherapie auf neurophysiologischer Grundlage (Kap. 2.3.2), Ergotherapie nach dem Konzept der Sensorischen Integrationstherapie (Kap. 2.1.3) oder psychomotorischen Übungsbehandlung erfolgen. Die Konzepte unterscheiden sich in den Grundsätzen der Therapieplanung. Während Vertreter der Sensorischen Integrationstherapie den Schwerpunkt auf die gezielte Förderung von grundlegenden Prozessen der Verarbeitung von sensorischen Reizen und motorischen Steuerung legen, verfolgen Vertreter der psychomotorischen Übungsbehandlung einen ganzheitlichen Ansatz, bei dem die Persönlichkeitsentwicklung der Kinder und ihre Selbstregulationsfähigkeit in spielerischen Lern- und Interaktionsprozessen unterstützt werden soll. Die Weiterentwicklungen der Physio- und Ergotherapie sehen dagegen eher ein gezieltes, aber zeitlich eng begrenztes Üben einzelner alltagstauglicher Fertigkeiten vor, dessen Ziele aus einer Analyse des Unterstützungsbedarfs der Kinder bei der sozialen Teilhabe in der Familie und im Kindergarten abgeleitet werden. Diese Ansätze werden als klienten- und betätigungsorientierte Therapieansätze bezeichnet.

Psychomotorische Übungsbehandlung

Die Psychomotorische Übungsbehandlung wurde von Kiphard (2009) schon in den 1950er Jahren erprobt, der spezifische Geräte wie Pedalos, Balancierkreisel und Rollbretter für die motorische Förderung verwendete. Kiphard ging noch von der Annahme einer übergreifenden neurologischen Störung der Kinder aus, die auch die Wahrnehmung und Aufmerksamkeitssteuerung betrifft.

Sein Ansatz wurde u. a. von Zimmer (2012) zu einer kindzentrierten Mototherapie erweitert, bei der Kindern mit unterschiedlichen Teilleistungsstörungen in einem Gruppensetting erlebnisorientierte Bewegungsangebote vermittelt werden. Dafür sind speziell ausgestattete Räume nötig, in denen z. B. ein Rollbrettparcours, ein Klettergerüst, eine schiefe Ebene oder Taue zur Verfügung stehen. In Rollen-, Regel- und Wettspielen sollen die Kinder vielfältige Erfahrungen machen, selbst wirksam sein zu können, und ihr Körperbewusstsein sowie ihre Kooperationsfähigkeit fördern. Durch feste Regeln und Rituale bei den gemeinsamen Aktivitäten werden auch ihre Beziehungen zu anderen und die Entwicklung eines positiven Selbstkonzeptes unterstützt. Durch die psychomotorische Übungsbehandlung sollen also nicht nur motorischen Kompetenzen, sondern vor allem auch die Fähigkeit zur Selbstregulation von Aufmerksamkeit und Affekten sowie die sozial-emotionale Entwicklung der Kinder gestärkt werden. Diese Förderziele lassen sich gut mit dem Begriff der „exekutiven Funktionen" beschreiben, d. h. der Fähigkeit, Impulse zu kontrollieren, Aufmerksamkeit zu regulieren, Handlungen zu planen und zu kontrollieren.

Nach Eggert/Koller (2006) lassen sich positive Effekte auf Motivation, Selbstkontrolle und Selbstwirksamkeitserleben belegen, jedoch keine Transfereffekte auf Fortschritte in perzeptiven und kognitiven Entwicklungsbereichen bzw. spätere Schulleistungen oder Verhaltensauffälligkeiten, wie sie von den Vertretern der psychomotorischen Übungsbehandlung erwartet werden. Kontrollierte, randomisierte Wirksamkeitsstudien fehlen zur psychomotorischen Übungsbehandlung bisher.

Fischer (2011) gibt einen Überblick über die Auswertung von mehr als 500 Einzelfalldokumentationen, die in mehreren Zentren, in denen die psychomotorische Übungsbehandlung eingesetzt wird, systematisch gesammelt wurden. Bei 72 % der Kinder lagen grobmotorische Entwicklungsstörungen, bei 48 % zusätzlich Wahrnehmungsstörungen vor. Im Verlauf zeigt sich in den Einschätzungen der Fachkräfte eine Reduzierung einzelner (motorischer) Defizite und eine Verbesserung in sozial-emotionalen Verhaltensmerkmalen (z. B. in der Selbstsicherheit der Kinder), in sozial-kommunikativen Fähigkeiten und in der sozialen Integration. Er leitet daraus ab, dass die psychomotorische Übungsbehandlung ihre Effektivität in der Frühförderung bewiesen habe. Die Evidenzbasis für diese Aussage muss allerdings infrage gestellt werden, da sich die Ergebnisse lediglich auf die Einschätzungen der Therapeuten stützen und nicht durch unabhängige, objektive Maße validiert sind. Es fehlt zudem ein Vergleich mit einer Kontrollgruppe von Kindern, die nicht oder mit anderen Therapiekonzepten behandelt wurden. Nur so wäre einzuschätzen, ob die positiven Veränderungen primär auf Reifungsprozesse zurückzuführen sind bzw. ob andere Behandlungsansätze zu ähnlichen oder stärkeren Effekten geführt hätten (Kap. 1.2.5).

Klienten- und betätigungsorientierte Therapieansätze

Klienten- und betätigungsorientierte Therapieansätze orientieren sich an dem Konzept der „Cognitive Orientation to daily Occupational Performance" (CO-OP-Ansatz; Polatajko 2008) aus Kanada. Das Ziel der Behandlung ist es, die motorischen Basisfähigkeiten so weit zu verbessern, dass eine erfolgreiche Ausführung von Alltagshandlungen möglich ist. Dazu gilt es, die Therapieziele an den Alltagsbedürfnissen des Kindes zu orientieren, mit ihnen gemeinsam zu erkunden, wie das Kind derzeit die gewünschte Handlung ausführt, und mit ihnen dann kognitive Strategien zu erarbeiten, die sie nutzen können, um die schwierigen Stellen zu überwinden. Diese Strategien sollen die Kinder dann in den Alltag übernehmen. Ein wichtiges Element des Behandlungsansatzes besteht darin, dass die Therapieziele nicht vom Ergotherapeuten vorgegeben, sondern in Kooperation mit den Kindern und Eltern ausgewählt und die Kinder befähigt werden, selbstständig Lösungsstrategien für bestehende Alltagsprobleme zu entwickeln. Dies ist in gewissem Maße bereits für Kinder im Alter zwischen drei und sechs Jahren möglich.

Pless/Carlsson (2000) und Polatajko/Cantin (2010) stellten in zwei Meta-Analysen fest, dass sich das direkte Üben von alltagsrelevanten Fertigkeiten und das Erarbeiten von Lösungsstrategien für Alltagsprobleme, wie es im CO-OP-Ansatz vorgesehen ist, bei Kindern mit umschriebenen motorischen Entwicklungsstörungen als wirksamer erwiesen hat als allgemeine Ansätze zur Wahrnehmungsförderung oder die Behandlung nach dem Konzept der Sensorischen Integrationstherapie.

2.3.4 Spiel- und Kommunikationsförderung

Viele Kinder mit cerebralen Bewegungsstörungen benötigen neben der Physiotherapie eine Unterstützung der Entwicklung ihrer kognitiven und kommunikativen Fähigkeiten.

Einschätzung der kognitiven und kommunikativen Fähigkeiten

Bei vielen Kindern mit leichteren Einschränkungen der motorischen Fähigkeiten lassen sich die herkömmlichen diagnostischen Verfahren einsetzen, um einen zuverlässigen Eindruck von die kognitiven Fähigkeiten der Kinder zu gewinnen (Kap. 1.3). Die Beurteilung der kognitiven Fähigkeiten von jungen Kindern mit schweren motorischen Einschränkungen stellt die Fachkräfte der Frühförderung jedoch vor besondere Herausforderungen, denn die traditionellen Entwicklungstests enthalten ganz überwiegend Aufgaben, die die Manipulation von Untersuchungsmaterialien oder die Beantwortung von Fragen des Untersuchers (z. B. zu vorgelegten Abbildungen) erfordern. Entwicklungs- oder Intelligenztests, die spezifisch für Kinder mit körperlichen Behinderungen konzipiert und validiert wurden, stehen für das Kleinkind- und Vorschulalter – anders als im Schulalter – nicht zur Verfügung.

Sofern Kinder in der Lage sind, in einfacher Form zu greifen und Gegenstände zu manipulieren, lassen sich die Materialien für einige Aufgaben traditioneller Tests anpassen.

Förderung bei Beeinträchtigung der motorischen Entwicklung

TIPP
Die Fähigkeit zum konstruktiven Spiel – wie sie z. B. mit Turmbau-Aufgaben in den Tests erfasst wird – kann mit größeren Schaumstoffwürfeln statt kleinen Holzbausteinen beobachtet werden; für Aufgaben, bei denen Gegenstände nach der Größe oder Form geordnet werden sollen, können die Materialien mit Greifhilfen versehen werden.

Bei sprachbezogenen Aufgaben kann ein Kind, das nicht über Lautsprache verfügt, sein Wissen u. U. zeigen, wenn der Untersucher mehrere Alternativen anbietet und es bittet, seine Wahl durch seine Blickrichtung zu treffen oder mit einem Kopfschütteln bzw. Nicken zu antworten.

Abweichungen von der standardisierten Durchführung bedeuten jedoch eine Verletzung der Voraussetzungen für Reliabilität und Validität der Testergebnisse, d. h., sie können lediglich als erste Orientierungshilfe für die Einschätzung der kognitiven Fähigkeiten gelten.

Eine Alternative zu herkömmlichen Entwicklungstests besteht in der Beobachtung des spontane Explorations- und Spielverhaltens der Kinder und in der Einordnung in einem Stufenmodell zur frühen kognitiven und kommunikativen Entwicklung, das Dunst/McWilliam (1998) auf der Grundlage der Entwicklungstheorie Piagets vorgelegt haben. Tabelle 10 zeigt die Charakteristika der fünf Entwicklungsstufen.

Tab. 10: Stufen der frühen kognitiven und kommunikativen Entwicklung (nach Dunst/McWilliam 1998)

Stufe	Kognitiv	Kommunikativ
ungezielte Reaktion (I)	Verhaltensweisen, die von sozialen und gegenständlichen Reizen ausgelöst werden	Beschäftigung mit Gegenständen ohne Kontaktaufnahme zu sozialem Partner
einfache gezielte Interaktionen (II)	Verhaltensweisen, die das Kind einsetzt, um einfache Interaktionen mit der Umwelt zu initiieren und aufrecht zu erhalten	Aufnahme von Blickkontakt, unspezifische Handlung (z.B. Klopfen), Vokalisieren

partnerbezogene, koordinierte Interaktionen (III)	Verhaltensweisen, die das Kind kombiniert und je nach Erfolg modifiziert	Abwechselnder Blick von Objekt zu Person; Hindeuten; Greifen nach der Hand des Erwachsenen; Wegschieben
konventionelle, repräsentationale Interaktionen (IV)	Verhaltensweisen, bei denen das Kind vorab Alternativen auswählt, die zum Ziel führen	Vorzeigen, Übergeben eines Objekts; Hindeuten; Geste (Schmatzen, Nicken, Klatschen u.Ä.)
symbolische Interaktionen (V)	Verhaltensweisen, bei denen das Kind Symbole für Objekte, Personen und Sachverhalten gebraucht	Gebrauch von Worten oder darstellenden Gebärden

In der „normalen" Entwicklung korrelieren das Sprachverstehen und die kognitive Entwicklung recht hoch miteinander. Dies lässt sich für die Diagnostik von Kindern mit gravierenden motorischen Einschränkungen nutzen, indem Aufgaben zum Wort- und Satzverstehen (z. B. aus dem SETK-2, dem SETK 3-5 oder der PDSS; Kap. 2.2) als Orientierungshilfe für die Beurteilung kognitiver Kompetenzen benutzt werden. Diese Aufgaben sind in der Regel so gestaltet, dass die Kinder zwischen verschiedenen Abbildungen die richtige zeigen müssen; bei Kindern mit einer schweren Bewegungsstörung kann die Blickrichtung des Kindes als Anhaltspunkt genutzt werden, welche Worte und Sätze das Kind bereits korrekt zu verarbeiten vermag.

Förderung von Spielfähigkeiten

Entwicklungsförderliche Spielangebote sollen Anregungen in der „Zone der nächsten Entwicklung" geben, die sich aus diesem Stufenmodell (Tab. 10) ableiten lässt. In der Förderplanung geht es zudem um die Anpassung von Spielzeugen an die motorischen Möglichkeiten der Kinder und die Unterstützung der Eltern bei der Anpassung ihrer Spielbeiträge an die besonderen Bedürfnisse von Kindern mit motorischen Einschränkungen.

Voraussetzung für eigenaktive Spielhandlungen von Kindern mit motorischen Entwicklungsstörungen ist eine günstige Lagerung. Sie muss für das Kind angenehm und schmerzfrei sein und ihm Aktivitätsmöglichkeiten erlauben.

> **TIPP**
>
> Für spielerische Aktivitäten ist meist eine stabile Seitenlage förderlich, die durch einfache Hilfsmittel (z. B. eine Lagerungsschlange) unterstützt werden kann. Bei der Lagerung auf dem Bauch kann ein Lagerungskeil nützlich sein, mit dem das Kind in eine Schräglage gebracht wird und so beide Arme bewegen kann, ohne sich abstützen zu müssen.

Wenn sich das Kind auf der Stufe der einfachen gezielten Interaktionen befindet, dann braucht es Spiel- und Beschäftigungsmaterialien, die sein Interesse wecken und ihm vielfältige (akustische, visuelle und taktile) Sinneserfahrungen ermöglichen. Sie müssen in Reichweite des Kindes sein und so beschaffen, dass das Kind sie berühren, antippen oder greifen kann. Wenn im Rahmen einer schweren Cerebralparese auch die Steuerung der oberen Extremitäten betroffen ist, ist es besonders wichtig, dass die Kinder trotz ihrer Einschränkungen die Erfahrung machen können, selbst interessante Effekte in ihrer Umgebung bewirken zu können.

Auf der Stufe der gezielten partnerbezogenen, koordinierten Interaktionen ist es darüber hinaus wichtig, dass das Kind die Erfahrung macht, dass es einen Erwachsenen in seine spielerische Aktivität einbeziehen kann.

> **TIPP**
>
> Diese Erfahrung macht es z. B., wenn es seinen Blick auf ein interessantes Objekt richtet und der Erwachsene es dann in Reichweite heranholt; wenn es erlebt, dass der Erwachsene etwas Spannendes mit einem Spielzeug macht (z. B. etwas anpustet, was sich dann dreht; etwas mit einem Schlüssel aufzieht, was sich dann bewegt) und innehält, um die attraktive Handlung erst zu wiederholen, wenn das Kind ihn angeschaut hat oder mit einem Laut deutlich gemacht hat, dass es eine solche Wiederholung möchte; wenn es etwas fallen lässt und der Erwachsene es wieder aufhebt.

Auf diese Weise erfährt es, mit welchen Mitteln ein bestimmtes Ziel erreicht werden kann. Sensomotorische, kognitive Kompetenzen und vorsprachliche Kommunikationsfähigkeiten entwickeln sich dabei in einer engen Wechselwirkung.

An die Phase des explorativen Spiels schließen erste konstruktive Spielformen an, bei denen das Kind Gegenstände miteinander kombiniert.

170 Kernaufgaben der Frühförderung

> **TIPP**
>
> Jedes Kind hat auf dieser Stufe Freude daran auszuprobieren, wie man Dinge aufeinander stapeln kann, wie zwei Baubecher ineinander passen, wie man Stecker in die kleinen Öffnungen eines Streckbretts oder Formen in einen Umriss stecken kann.

Die Spielsachen, die sich dazu im Geschäft kaufen lassen, sind manchmal so klein oder schwer, dass Kinder mit motorischen Einschränkungen damit kaum hantieren können. Einige Hersteller von (heilpädagogischen) Fördermaterialien bieten geeignetere Alternativen an.

Es geht in der Spielförderung nicht darum, das Kind mit einem Sortiment von speziellen Fördermaterialien zu beschäftigen. Vielmehr ist es wichtig, die Eltern zu beraten, so dass sie verstehen, auf welcher Entwicklungsstufe sich ihr Kind derzeit befindet und welche Art von Erfahrungen im Spiel für eine Weiterentwicklung förderlich wäre. Interessante Spielangebote können dann mit Materialien aus dem Haushalt oder der Natur oft ebenso gut – und manchmal interessanter – gestaltet werden als mit käuflichen Spielsachen.

> **TIPP**
>
> Wenn Kindern zielgerichtete Greifbewegungen und andere Handlungen aufgrund ihrer Cerebralparese schwer fallen, kann es sinnvoll sein, einzelne Gegenstände (z. B. die Teile für ein Holzpuzzle) mit größeren Griffen zu versehen und mit rutschfesten Unterlagen dafür zu sorgen, dass sie an ihrem Platz bleiben und nicht so leicht umkippen oder herunterfallen.

Es gehört zu den Aufgaben der pädagogischen Fachkraft (oder des Ergotherapeuten), kreativ geeignete Anpassungen und Hilfen zu suchen, die dem Kind eine größtmögliche Eigenaktivität und die Erfahrung erlauben, dass es Ziele selbst erreichen kann, ohne vollständig von der Hilfe des Erwachsenen abhängig zu sein.

Im weiteren Verlauf der Förderung können spezifische Fördermaterialien, die von Lehrmittelherstellern für heil- und sonderpädagogische Einrichtungen angeboten werden, nützlich sein, um motorische Fertigkeiten im Spiel zu üben. Dazu gehören z. B. Sinnesmaterialien nach dem Montessori-Konzept, Motorikbögen nach Morgenstern oder der PERTRA-Spielsatz aus dem Frostig-Programm. Sie werden vorwiegend in der ambulanten Förderung in Frühförderstellen eingesetzt. Als Spiel- und Beschäftigungsangebote im häuslichen Rahmen ist ihre Anschaffung in der Regel zu teuer.

Mindestens ebenso wichtig wie die Anpassung von Spielmaterialien an die motorischen Schwierigkeiten der Kinder ist es, dass die Eltern und andere Bezugspersonen ihr Verhalten im gemeinsamen Spiel auf die besonderen Bedürfnisse von Kindern mit motorischen Einschränkungen einstellen. Oft glauben die Eltern, dass intensives Üben einzelner motorischer Fertigkeiten erforderlich sei, und nehmen sich kaum Zeit für ein entspanntes, gemeinsames Spiel. Eine solche starke Orientierung an Übungszielen birgt die Gefahr, dass sich ein stark lenkender Interaktionsstil ausbildet. Er trägt nicht dazu bei, die Neugierde und Lernmotivation der Kinder zu fördern, sondern bestärkt ungewollt die passive Grundhaltung des Kindes, die dann als „gelernte Hilflosigkeit" bezeichnet werden kann.

Kinder mit einer Cerebralparese brauchen in der Regel wesentlich mehr Zeit, um eine Handlung im Spiel zu initiieren und zu steuern, und geben schneller auf, wenn sie ihnen nicht gelingt. Kinder mit eingeschränkter Mobilität haben weniger Motivation, ihre weitere Umwelt selbstständig zu erkunden. Um diesen Problemen entgegenzuwirken, ist es wichtig, bei der Interaktionsberatung von Eltern und pädagogischen Fachkräften besonders darauf zu achten, dass sie

- ihre Freude am gemeinsamen Spiel zeigen und kleine „Erfolge" enthusiastisch bestärken,
- dem Kind Zeit für eigene Aktivität lassen, seine Aufmerksamkeitsrichtung zu beobachten und kleine Handlungsansätze aufzugreifen, um daraus gemeinsame Spielformen zu entwickeln,
- ihre Erwartungen an das kindliche Handlungsvermögen anpassen und
- schließlich ihre Hilfestellungen sensibel auf den Hilfebedarf des Kindes abstimmen, d. h. seine Versuche zu gezielten Handlungen abwarten, um dann – nicht zu früh, aber auch nicht so spät, dass es schon frustriert aufgegeben hat – Unterstützung zu geben, wenn das Kind nicht allein zum Ziel kommt.

Förderung alternativer Kommunikationsformen

Bei einer spastischen oder dyskinetischen Cerebralparese können die motorischen Funktionen, die für die Artikulation von Worten und Sätzen nötig sind, ebenfalls betroffen sein. In der Regel sind bei diesen Störungsbildern die Atmungsregulation und Stimmgebung beeinträchtigt und die Aussprache wird durch einen abnormen Muskeltonus, die mangelnde Bewegungskoordination der oro-fazialen Muskulatur sowie die fehlende Hemmung von pathologischen Bewegungsabläufen erschwert. Bei einer solchen neurologisch bedingten Dysarthrie ist der Erwerb der Lautsprache nur begrenzt oder gar nicht möglich, während das Verstehen von Sprache und andere kognitive Verarbeitungsprozesse unbeeinträchtigt sein können.

Im Rahmen einer physiotherapeutischen oder logopädischen Behandlung kann die Sprechfähigkeit von Kindern mit einer Dysarthrie durch gezielte Hilfen zur Tonusnormalisierung, Verbesserung der Atmung und Koordination der Bewegungsabläufe (zunächst beim Essen und Trinken, dann bei der Lautanbahnung) gefördert werden.

Die Förderung von präverbalen Kommunikationsfähigkeiten (z. B. Blickkontakt) und einfacher sprachlicher Ausdrucksmöglichkeiten zur Vermittlung von Wünschen oder Kommentierung von interessanten Ereignissen kann bei Kindern mit einer Cerebralparese nach den gleichen Prinzipien angelegt werden wie bei Kindern mit Schwierigkeiten beim Wortschatzaufbau aufgrund anderer Ursachen. Eltern und Therapeuten berichten z. B. gute Erfahrungen mit einer Förderung nach dem Hanen-Konzept (Kap. 2.2.1; Pennington/Thomson 2007). Bei einer schweren Störung sind diesen Behandlungsansätzen jedoch enge Grenzen gesetzt. Dies gilt insbesondere für Therapieansätze zur Verbesserung der Verständlichkeit der Aussprache (Pennington et al., 2005). Für Kinder mit einer schweren motorischen Beeinträchtigung, die nicht oder fast nicht über Lautsprache verfügen, ist es daher wichtig, bereits im frühen Kindesalter alternative Mittel zur Kommunikation nutzen zu lernen. Die verschiedenen Möglichkeiten werden unter der Bezeichnung „Unterstützte Kommunikation" zusammengefasst.

Die Erprobung geeigneter alternativer Kommunikationsmittel und die Anleitung der Eltern und Erzieher in ihrem Gebrauch im Alltag gehören zu den Aufgaben der Sprachtherapeuten, Logopäden, Ergotherapeuten oder Sonderpädagogen in der Frühförderung. Einige sozialpädiatrische Zentren und Schulen für körperlich oder mehrfach behinderte Kinder verfügen zudem über spezialisierte Beratungsstellen, an die sich die Eltern zur Beratung wenden können. Wenn ein elektronisches Kommunikationsgerät gewählt wird, übernehmen die Krankenkassen auf Antrag die Finanzierung, wenn ein entsprechendes Gutachten durch einen Facharzt und/oder eine spezialisierte Beratungsstelle vorliegt (Schneider 2003).

Grundsätzlich gehören zu einem weit gefassten Begriff der Unterstützten Kommunikation auch Verständigungsmöglichkeiten mit körpereigenen Mitteln (Blickrichtung, Gesten, Gebärden u. a.). Sie werden in Kapitel 2.7.1 behandelt. Für Kinder mit ausgeprägten motorischen Einschränkungen bietet sich die Anbahnung des Gebrauchs von elektronischen Kommunikationsgeräten an. Es handelt sich dabei um Kommunikationsgeräte („Talker") mit einer Tastatur; jede Taste ist mit einer Abbildung belegt, mit einer Sprachausgabe hinterlegt und kann vom Kind angesteuert werden, um etwas mitzuteilen.

Die elektronischen Kommunikationshilfen lassen sich nach ihrer Komplexität unterscheiden in: sprechende Tasten, Geräte mit statischem Display und Geräte mit dynamischem Display. Bei sprechenden Tasten (z. B. BigMack) wird eine eng begrenzte Zahl an Mitteilungen aufgesprochen und gespeichert, die das Kind durch Drücken der Taste abrufen kann.

Bei Geräten mit statischem Display sind auf der Oberfläche mehrere Abbildungen angeordnet, die das Kind ansteuern und damit eine Mitteilung initiieren kann. Je nach visueller Diskriminationsfähigkeit des Kindes können auf solchen Oberflächen bis zu 64 Abbildungen platziert werden.

> *Die Abbildungen werden mit dem Gerät mitgeliefert und können an die speziellen Bedürfnisse des Kindes angepasst werden; es besteht aber auch die Möglichkeit, selbst Bilder einzuscannen bzw. Symbolsammlungen aus dem Internet (www.metacom-symbole.de/, 03.02.17) herunterzuladen und sie auf das Display aufzuspielen.*

Geräte mit dynamischem Display sind mit einem Touchscreen ausgestattet und erlauben eine mehrstufige Steuerung. So kann z. B. zunächst ein „Oberbegriff" ausgewählt werden; anschließend erscheinen auf dem Display die darunter gespeicherten einzelnen Abbildungen, die wiederum vom Kind berührt werden können, um die damit verbundene Sprachausgabe auszulösen. Auf diese Weise kann dem Kind ein beträchtlicher Wortschatz zur Verfügung gestellt werden.

Die Ansteuerung der Tasten kann erleichtert werden, indem ein Raster zur Fingerführung über das Display gelegt wird. So können auch Kinder mit großen Schwierigkeiten, die Arme und Hände zielgerichtet zu bewegen, die gewünschte Taste treffen. Wenn auch diese Form die motorischen Fähigkeiten eines Kindes überfordert, kann alternativ eine Ansteuerung über Kopf- oder Blickrichtung installiert werden.

Der Gebrauch alternativer Kommunikationsmittel kann bereits im Alter von zwei bis drei Jahren vorbereitet werden, indem die Kinder lernen, mechanische Spielzeuge durch Tastendruck in Gang zu setzen oder eine „sprechende Taste" zu bedienen (Kap. 2.1.1).

Eine Zwischenstufe auf dem Weg zur Nutzung einer elektronischen Kommunikationshilfe kann im Gebrauch einer einfachen Bildtafel bestehen. Für das Kind wird dazu eine Tafel mit Abbildungen vorbereitet, die Gegenstände oder Tätigkeiten seines Interesses zeigen. An dieser Tafel lernt es, durch Zeigen auf die entsprechende Abbildung einen Wunsch oder ein Bedürfnis auszudrücken. Allerdings fehlt einer Kommunikationstafel der motivierende Reiz der unmittelbaren Sprachausgabe. Vielmehr ist das Kind darauf angewiesen, dass ein Erwachsener aufmerksam beobachtet, worauf das Kind zeigt, die Abbildung benennt und dann die gewünschte Handlung ausführt oder den Gegenstand herbeiholt. Außerdem ist die Zahl der Mitteilungen, die über Kommunikationstafeln möglich sind, enger begrenzt als bei elektronischen Hilfen.

Checkliste: Unterstützte Kommunikation

- frühzeitiger Beginn der Anbahnung alternativer Kommunikationsformen bei schwerer Dysarthrie
- Auswahl eines Kommunikationsgeräts entsprechend dem Entwicklungsstand („sprechende Taste", Geräte mit statischem Display, Geräte mit dynamischem Display)
- ggf. Vermittlung von Mittel-Zweck-Erfahrungen als Vorstufe zur symbolischen Kommunikation
- ggf. Adaptation der Ansteuerung an die motorischen Möglichkeiten des Kindes
- Beratung der Eltern (Sorge um Hemmung der Lautsprachentwicklung)
- Auswahl eines Kern- und Randvokabulars nach den individuellen Bedürfnissen des Kindes
- Anleitung der Eltern und Erzieher zum Einsatz der Kommunikationshilfe im sozialen Alltag

---

Förderplanung und Elternberatung

Dass Kinder mit unterschiedlichen Behinderungen den Gebrauch alternativer Kommunikationsmittel innerhalb ihrer Familie und im Kindergarten bereits im frühen Kindesalter lernen können, ist durch zahlreiche Einzelstudien belegt (Granlund et al. 2008; Murray/Goldbart 2009). Mitunter sorgen sich Eltern und Fachkräfte darum, dass der Einsatz alternativer Kommunikationshilfe die Motivation der Kinder zum Erwerb von Lautsprache hemmen könnte. Die Studien zeigen jedoch, dass Kinder, die früh mit einer Kommunikationshilfe versorgt werden, sehr wohl auch Fortschritte in der Lautsprache machen, wenn es ihnen im Rahmen ihrer neurologischen Schädigung möglich ist.

Romski et al. (2010) dokumentierten die Anleitung der Eltern im Gebrauch elektronischer Kommunikationshilfen bei 62 Kindern im Alter von zwei bis drei Jahren und verglichen sie mit den Effekten herkömmlicher Sprachtherapie. Keines der Kinder verfügte zu Beginn der Intervention über mehr als zehn Wörter. Nach 24 Therapiesitzungen hatten die Kinder, bei denen Unterstützte Kommunikation angebahnt worden war, einen wesentlich größeren Wortschatz gesprochener Wörter erworben, während die Vergleichsgruppe nur geringe Fortschritte gemacht hatte. Eine Meta-Analyse, die 23 Studien zu dieser Frage auswertete und sich auf 67 Kinder, Jugendliche und Erwachsene bezog, zeigte, dass fast alle im Rahmen der Förderung Unterstützter Kommunikation auch Fortschritte bei der Produktion von Lautsprache gemacht hatten (Millar et al. 2006).

Vor der Einführung einer elektronischen Kommunikationshilfe bedarf es einer systematischen Diagnostik der kindlichen Fähigkeiten, Kommunikationsmöglichkeiten und Bedürfnisse. Dazu stehen Fragebögen zur Verfügung, mit denen die Beobachtungen der Eltern und Erzieher systematisch erfasst werden können (z. B. Boehnisch/Sachse 2007). Die Komplexität des Gerätes, das ausgewählt wird, hängt vom Entwicklungsstand der kognitiven und rezeptiv-sprachlichen Fähigkeiten des Kindes ab. Der „Test of Aided-Communication Symbol Performance" (TASP; Bruno/Hansen 2009) erlaubt es, über eine differenzierte Beurteilung der visuellen Diskriminationsfähigkeit zur Bilderfassung, der Kenntnis von Wortbedeutungen und des Verstehens von Sätzen, unter den lieferbaren Kommunikationsgeräten eines auszuwählen, das dem Stand der kindlichen Verarbeitungsfähigkeiten optimal entspricht.

Spezielle Aufmerksamkeit sollte der Auswahl des Wortschatzes, der abgebildet wird, und der Anordnung der Abbildungen gewidmet werden. Boehnisch (2014) empfiehlt die Unterscheidung nach Kern- und Randvokabular. Von Beginn der Einführung einer Kommunikationshilfe an sollten Abbildungen als sogenanntes Kernvokabular in der Mitte des Displays angeordnet werden, die in Alltagssituationen oft verwendet werden (z. B. „ich, du, und, auch, oder, nicht, mit, bin, was, haben, möchten, können und sein"). Ihre Anordnung bleibt im weiteren Verlauf unverändert, so dass das Kind durch die häufige Verwendung ihren Ort zuverlässig speichert und rasch findet. Um dieses Kernvokabular herum werden dann Abbildungen angeordnet, die für das Kind in bestimmten Situationen zur Verständigung nützlich sind (z. B. Spielsachen, Getränke oder

Speisen). Diese Inhaltswörter („Randvokabular") können variabel je nach Interessen und Lebenssituation des Kindes ausgewählt werden. Damit das Kind eine Kommunikationshilfe regelmäßig nutzt, sind eine sorgfältige Auswahl des Wortschatzes mit hoher Alltagsrelevanz für das Kind, eine systematische Anleitung des Kindes, häufiger Einsatz des Gerätes in Alltagssituationen sowie eine aufmerksame Reaktionsbereitschaft der Eltern oder Erzieher erforderlich. Nur auf diese Weise wird das Kind das Gerät als ein Mittel akzeptieren, dass es ihm möglich macht, Wünsche auszudrücken und sich an Gesprächen zu beteiligen. Dies setzt eine intensive Zusammenarbeit zwischen der Fachkraft der Frühförderung, den Eltern und ggf. den Erziehern im Kindergarten voraus.

Es stellt eine große Herausforderung für die Fachkräfte der Frühförderung dar, die Eltern und Erzieher zu überzeugen, trotz des damit verbundenen zeitlichen Aufwandes die Förderung der Unterstützten Kommunikation in ihren Alltag zu integrieren (Iacono/Cameron 2009). Leider ist oft festzustellen, dass anfängliche Misserfolge bei der Anleitung als mangelnde Fähigkeit oder mangelndes Interesse des Kindes an der Kommunikation interpretiert werden und das Gerät ungenutzt im Schrank abgestellt wird. In anderen Fällen wird die Förderung speziellen Übungsstunden mit einem Logopäden vorbehalten und nicht in den Alltag übernommen. Mangelnde Bereitschaft, sich damit auseinanderzusetzen, fehlende Anleitung und Unterstützung bei der Implementierung und unzureichende Abstimmung des Gerätes auf die kindlichen Möglichkeiten stellen die häufigsten Gründe dafür dar, dass Eltern oder Erzieher eine Anbahnung von Maßnahmen der Unterstützten Kommunikation vorzeitig aufgeben (Johnson et al. 2006).

ZUSAMMENFASSUNG

Die größte Gruppe der Kinder mit Förderbedarf im Bereich der motorischen Entwicklung sind Kinder mit einer Cerebralparese. Bei einer schweren Form dieser Bewegungsstörung liegen häufig auch intellektuelle und sprachliche Entwicklungsstörungen vor.

Bei eingeschränkten motorischen Fähigkeiten steht die Physiotherapie im Mittelpunkt der Frühförderung. Neue Befunde sprechen dafür, dass familienorientierte Konzepte, bei denen die Eltern intensiv beraten werden, wie sie motorische Eigenaktivität und Lernprozesse bei ihren Kindern im Alltag anregen und unterstützten können, und Konzepte, bei denen motorische Fertigkeiten mit vielen Wiederholung eingeübt werden, mindestens ebenso effektiv für die Beteiligung der Kinder an Aktivitäten im Alltag und ihre soziale Teilhabe sind wie eine Physiotherapie auf neurophysiologischer Grundlage, bei der die Therapeutin das Kind selbst behandelt und die Eltern zur Durchführung von Übungen zuhause anleitet.

Neben der Physiotherapie umfasst die Frühförderung bei Kindern mit motorischem Förderbedarf die Unterstützung der Eltern bei der Anpassung von Spiel- und Beschäftigungsmaterialien, der Förderung von Spielfähigkeiten sowie der Gestaltung ihrer Interaktion mit dem Kind. Die Diagnostik der kognitiven Entwicklungsstufe der Kinder muss bei schweren motorischen Störungen, bei denen standardisierte Tests nicht valide durchgeführt werden können, über die Beobachtung von Spielhandlungen der Kinder stattfinden. Bei Kindern, die keine oder nur sehr wenig lautsprachliche Verständigungsmöglichkeiten entwickeln, sollten frühzeitig Maßnahmen der „Unterstützten Kommunikation" eingeleitet werden. Dabei gilt es, die Auswahl einer elektronischen Kommunikationshilfe und den Aufbau des Wortschatzes auf die individuellen Bedürfnisse des Kindes abzustimmen und Eltern und Erzieher intensiv im Gebrauch der alternativen Kommunikationsformen in der Familie und im Kindergarten anzuleiten.

Kinder mit umschriebenen motorischen Entwicklungsstörungen werden von Physio- oder Ergotherapeuten oder pädagogischen Fachkräften der Frühförderung behandelt. Für die Konzepte der Sensorischen Integrationstherapie oder der Psychomotorischen Übungsbehandlung fehlt es an eindeutigen Belegen ihrer Wirksamkeit. Auch bei dieser Gruppe spricht die Forschungslage eher für die Wirksamkeit von Konzepten, bei denen einzelne alltagsrelevante Fertigkeiten ausgewählt und mit dem Kind systematisch geübt werden.

2.4 Förderung bei Beeinträchtigung der sozial-emotionalen Entwicklung

Kinder mit sozial-emotionalen Verhaltensauffälligkeiten stellen für die Fachkräfte in Kindertagesstätten eine besondere Herausforderung, oft auch eine besondere Belastung dar (Fröhlich-Gildhoff et al. 2013). Es besteht ein hohes Risiko, dass sich die Probleme der Kinder verfestigen und dann auch ihren künftigen Schulerfolg gefährden. Frühzeitige Interventionen in Zusammenarbeit mit den Eltern und pädagogischen Mitarbeitern in der Kindertagesstätte gehören daher zum Arbeitsfeld der Frühförderung. Bereits im frühen Kindesalter können Probleme in der Bindungsentwicklung, Regulationsstörungen oder die Entwicklung autistischer Verhaltensmerkmale Anlass zur Kontaktaufnahme mit einer Frühförderstelle sein.

2.4.1 Bindungsentwicklung und frühe Regulationsstörungen

> **BEISPIEL**
>
> **Interaktionsberatung bei frühen Regulationsstörungen**
>
> Christoph, acht Monate alt, macht den Eltern viele Sorgen, weil er viel schreit, kaum zu beruhigen ist, vom Schlaf häufig aufwacht und auch tagsüber beim Füttern sehr leicht irritierbar ist. Die Eltern-Kind-Beziehung ist angespannt, weil sich die Eltern in diesen Momenten oft hilflos fühlen und an ihren elterlichen Kompetenzen bzw. an der Qualität der Bindung Christophs zu ihnen zweifeln.
>
> Die Eltern suchen den Rat der Fachkraft der Frühförderung, weil sie befürchten, dass sich die Probleme verfestigen und diese Auffälligkeiten frühe Symptome einer Aufmerksamkeits-/Hyperaktivitätsstörung sein könnten. Sie sind deshalb sehr dankbar, dass die Fachkraft sie über die Zusammenhänge von frühen Regulationsstörungen informiert, ihre Sorgen ernst nimmt und mit ihnen überlegt, welche Entlastungen sie für den Alltag finden können. Besonders hilfreich ist die gemeinsame Betrachtung von kurzen Videoaufzeichnungen der Interaktion mit Christoph. Die Eltern sehen, dass es sehr wohl gelingende Momente des Dialogs gibt und gewinnen damit wieder an Sicherheit, auf seine Bedürfnisse und kommunikativen Signale einzugehen.

Bindungsqualität und Bindungsstörungen

__ DEFINITION __

Kindliche Bindung beschreibt das Verhaltenssystem, über das ein Kleinkind verfügt, um in emotional belastenden Situationen Nähe und Kontakt zu seinen Bezugspersonen herzustellen und von ihnen Schutz, Unterstützung und Trost zu erhalten. Es ist biologisch angelegt und ergänzt das komplementäre Bedürfnis des Kindes nach Exploration und Autonomie.

Im Alltag zeigt sich die Suche nach Schutz, Unterstützung und Trost in der zweiten Hälfte des ersten Lebensjahres im „Fremdeln", d. h. in der Reaktion des Kindes auf die Kontaktaufnahme durch eine fremde Person. Um die Bindungsqualität eines Kindes im weiteren Verlauf zu beurteilen, wurden verschiedene standardisierte Untersuchungssituationen entwickelt. Bei Kindern im Alter zwischen zwölf und 18 Monaten wird dazu der „Fremde-Situations-Test" eingesetzt, bei dem in einer festen Sequenz von kurzen Trennungs- und Wiedervereinigungsepisoden das Verhalten des Kindes im Kontakt zu seiner Mutter oder seinem Vater und bei Anblick einer nicht bekannten fremden Person beobachtet wird. Im Kindergartenalter werden dazu Geschichtenergänzungsverfahren im Puppenspiel verwendet, bei denen das „interne Arbeitsmodell" der Kinder erkennbar ist, das sie ausgebildet haben, um emotional belastende Situationen zu bewältigen (Gloger-Tippelt 2014). Die standardisierte Durchführung und Auswertung dieser diagnostischen Verfahren ist allerdings sehr aufwendig und erfordert eine entsprechende Fortbildung des Untersuchers. Bei der Auswertung dieser Beobachtungen werden vier Bindungsmuster voneinander unterschieden:

- sichere Bindung,
- unsicher-vermeidende Bindung,
- unsicher-ambivalente Bindung und
- unsicher-desorganisierte Bindung.

Sicher gebundene Kinder zeigen bei Trennung, dass sie unglücklich sind, können sich bei Wiedervereinigungen aber rasch beruhigen. Unsicher-vermeidend gebundene Kinder zeigen bei Trennung keine Reaktion und ignorieren bei Wiedervereinigung die Eltern. Unsicher-ambivalent gebundene Kinder sind bei Trennung sehr erregt, lassen sich bei Wiedervereinigung nicht beruhigen und klammern sich an die Eltern. Kinder mit einer unsicher-desorganisierten

Bindung zeigen ein widersprüchliches, wechselndes Verhalten mit Zeichen von Angst sowie Stereotypien.

Die Entwicklung einer sicheren Bindung hängt vor allem von der Feinfühligkeit der Bezugspersonen ab, die die emotionalen Bedürfnisse nach Schutz und Trost erkennen und zuverlässig und prompt beantworten. Eine sichere Bindung kann als protektiver Faktor verstanden werden und ist im weiteren Verlauf der Entwicklung mit stabilen sozialen Beziehungen zu den Eltern sowie zu Gleichaltrigen assoziiert. Eine unsichere Bindung ist nicht gleichzusetzen mit einer Störung der Eltern-Kind-Beziehung, stellt aber einen Risikofaktor für die weitere sozial-emotionale Entwicklung dar. Dies gilt insbesondere für Kinder mit einer unsicher-desorganisierten Bindung, die häufiger bei Kindern zu beobachten ist, die in Familien aufwachsen, in denen eine Bezugsperson psychisch erkrankt ist, oder die Gewalt- oder Misshandlungserfahrungen ausgesetzt sind (Kap. 3.4).

Klinische Bindungsstörungen sind von einer unsicheren Bindungsqualität eines Kindes abzugrenzen. Nach ICD-10 und DSM-V werden Bindungsstörungen als anhaltende Störungen der sozialen Beziehungsfähigkeit des Kindes definiert. Sie zeigen sich entweder in gehemmtem Verhalten mit geringer emotionaler Ansprechbarkeit, sozialem Rückzug oder aggressiven Reaktionen oder in wahlloser, distanzloser sozialer Kontaktaufnahme auch gegenüber fremden Personen in Situationen, in denen das Kind unglücklich ist.

Die verschiedenen Formen von Bindungsstörungen sind meist Folge von Deprivation, d. h., dass die Kinder keine Gelegenheiten hatten, eine sichere Bindung zu festen Bezugspersonen aufzubauen. Dies kann z. B. bei häufigen Beziehungsabbrüchen, früher Heimunterbringung oder Misshandlung der Fall sein. Die Prognose variiert mit dem Typ der Bindungsstörung. So zeigt sich, dass Kinder der ersten Gruppe sehr wohl sichere Bindungsbeziehungen aufbauen können, sobald sie in Pflegefamilien aufgenommen werden, in denen die Pflegeeltern feinfühlig auf ihre Bedürfnisse reagieren. Bei der distanzlosen, enthemmten Form der Bindungsstörung besteht dagegen ein höheres Risiko, dass die Kinder auch im weiteren Verlauf (d. h. nach Aufnahme in einer Pflege- oder Adoptionsfamilie) keine stabilen sozialen und emotionalen Beziehungen zu ihren Bezugspersonen entwickeln.

> **!** Eine Behandlung schwerer Bindungsstörungen sollte ausschließlich von (Kinder- und Jugendlichen-)Psychotherapeuten vorgenommen werden. Behandlungsverfahren wie die (Fest-)Haltetherapie, bei denen das Verhalten von Kindern mit Bindungsstörungen als traumatisch bedingte Aggression gegen Bezugspersonen interpretiert und die Beziehungsaufnahme gegen ihren Widerstand erzwungen wird, sind kontraindiziert (Stafford/Zeanah 2006).

Frühe Regulationsstörungen

Exzessives Schreien, Fütterprobleme und Schlafstörungen bilden eine Symptomtrias, die mit dem Begriff der „Regulationsstörungen" zusammenfassend beschrieben wird. Es handelt sich dabei nicht um Entwicklungsstörungen der Kinder im engeren Sinne, sondern um belastende Symptome, die in Wechselwirkung zwischen kindlichen Selbstregulationsproblemen und mangelnder Passung der elterlichen Co-Regulation entstehen.

Grundsätzlich sind Schreien, Weinen, Nörgeln, gelegentliche Schwierigkeiten beim Füttern, Ablehnung einzelner Speisen oder Ein- und Durchschlafprobleme normale Phänomene der kindlichen Entwicklung. Eine objektive Abgrenzung dieser Phänomene von Regulationsstörungen ist schwierig; ihre Behandlungsbedürftigkeit hängt primär davon ab, wie sehr sich die Eltern durch diese Probleme belastet und verunsichert fühlen.

Eine althergebrachte „Dreierregel" der Kinderärzte definiert exzessives Schreien im ersten Lebensjahr als Anfälle von Schreien, Irritierbarkeit oder Nörgeln, die länger als drei Stunden am Tag dauern, an mehr als drei Tagen in der Woche auftreten und seit mehr als drei Wochen angedauert haben. Häufigkeit und Dauer solcher Phasen der Unruhe und Irritierbarkeit lassen sich in der Praxis durch ein einfaches Tagesprotokoll abschätzen, in das die Eltern in Einheiten von jeweils 15 Minuten eintragen, ob das Kind wach und aufmerksam war, quengelig und irritierbar, geschrien oder geschlafen hat.

Wenn Kinder anfallsartig und unstillbar schreien, nicht auf Beruhigungshilfen der Eltern ansprechen, sondern ständig nach intensiver Stimulation „verlangen", und dadurch in einen Zustand chronischer Übermüdung oder Überreizung geraten, kann dies zu Versagensängsten, Erschöpfung und Gefühlen der Frustration oder Depression bei den Eltern führen. Im Zusammenwirken mit weiteren psychosozialen Risikofaktoren ist daher das Risiko für die Ausbildung weiterer Regulationsstörungen (Fütter- und Schlafprobleme) im ersten sowie sozial-emotionaler Auffälligkeiten (dysphorische Unruhe mit Spielunlust,

Ängstlichkeit oder exzessives Trotzen) im zweiten Lebensjahr erhöht (Papousek et al. 2004).

In einer prospektiven Studie konnten 64 Kinder mit persistierendem Schreiverhalten im Schulalter nachuntersucht werden. Im Vergleich zu Kontrollgruppen zeigten sie vermehrt Hyperaktivitätssymptome (19 %) und Auffälligkeiten im Sozialverhalten (45 %; Wolke et al. 2002). In der Mannheimer Risikokinderstudie, bei der Kinder im Alter von drei Monaten und danach bis zum Alter von elf Jahren nachuntersucht wurden, fand sich eine signifikant höhere Zahl von Kindern mit externalisierenden und internalisierenden Verhaltensproblemen bei Kindern mit früher Irritierbarkeit, Schlaf- und/oder Fütterproblemen (Laucht et al. 2004).

Bei Fütterproblemen im ersten Lebensjahr ist das Kind schläfrig oder leicht abgelenkt und unruhig bei den Mahlzeiten bzw. es lehnt bestimmte Speisen (z. B. Breikost oder feste Nahrung) ab. Die Interaktion zwischen Mutter und Kind ist nicht gut aufeinander abgestimmt, die Mahlzeiten dauern länger als üblich (mehr als 30 Minuten) und sind für Mutter und Kind belastend. Insbesondere Mütter mit eigenen psychischen Belastungen haben Schwierigkeiten, sich auf die Irritabilität oder fehlende Ansprechbarkeit des Säuglings bei der Nahrungsaufnahme einzustellen und können durch drängendes oder inkonsistentes Verhalten die Fütterprobleme unbeabsichtigt intensivieren. Entwicklungsstörungen und begleitende medizinische (respiratorische oder kardiale) Erkrankungen oder belastende Erfahrungen (z. B. Absaugen, Intubation oder Ernährung über eine Magensonde nach einer sehr frühen Geburt) können das Risiko erhöhen, dass das Kind mit Angst oder Ablehnung auf Nahrungsangebote reagiert.

Von einer Ein- oder Durchschlafstörung lässt sich sprechen, wenn ein Kind länger als 30 Minuten zum Einschlafen benötigt oder in der Nacht mehrfach erwacht und nicht ohne Hilfen des Erwachsenen (wieder) in den Schlaf findet. Die Kinder weigern sich, ins Bett zu gehen, klettern wieder hinaus, verlangen nach der Anwesenheit der Eltern oder bestehen darauf, im elterlichen Bett (weiter) zu schlafen. Diese Verhaltensweisen sind für die Eltern sehr belastend, so dass sie dem Verlangen der Kinder häufig nachgeben oder auf vielfältige Weise versuchen, das Kind zum Schlafen zu motivieren und auf diese Weise die Schlafstörungen ungewollt bestärken. Eine regelmäßige Anwesenheit der Eltern beim Einschlafen, die Beruhigung durch Essen und Trinken nach dem Aufwachen oder andere dysfunktionale Interaktionsmuster im ersten Lebensjahr sind mit einem erhöhten Risiko für kindliche Schlafstörungen im weiteren Verlauf (im Alter von fünf bis sechs Jahren) assoziiert (Simard et al. 2009).

Behandlungskonzepte

Zur Diagnostik von frühen Regulationsstörungen gehört die Klärung möglicher körperlicher Ursachen von exzessivem Schreien, Fütter- oder Schlafstörungen. Diagnostik und Behandlung müssen deshalb in Zusammenarbeit zwischen Kinderarzt und pädagogisch-psychologischen Fachkräften erfolgen. Sie ist deshalb Sozialpädiatrischen Zentren mit entsprechenden Beratungsangeboten oder Frühförderstellen mit enger Vernetzung mit niedergelassenen Pädiatern vorbehalten.

> **Fortbildungsangebote**
>
> Pädagogisch-psychologische Fachkräfte benötigen für dieses Aufgabenfeld spezielle Kenntnisse in der Beratung bei Beziehungsstörungen zwischen Eltern und Kind, wie sie z. B. durch eine Fortbildung in „Entwicklungspsychologischer Beratung" (Ziegenhain et al. 2004), explizit bindungstheoretisch formulierter Konzepte, z. B. „Steps Toward Effective, Enjoyable Parenting" (STEEP; Erickson/Egeland 2006), psychodynamisch orientierte Eltern-Baby-Therapien (Beebe 2003) oder der „Kommunikationsberatung zur Förderung intuitiver elterlicher Kompetenzen" erworben werden können, die Papousek et al. (2004) in der Münchener Sprechstunde für Schreibabys für die Unterstützung von Kindern mit Regulationsstörungen und ihren Eltern entwickelt haben (Kap. 1.2.3). Barth (2000) und Wollwerth de Chuquisengo/ Papousek (2004) berichten über den erfolgreichen Einsatz solcher Konzepte zur Behandlung frühkindlicher Regulationsstörungen im deutschen Sprachraum.

Kurzfristig ist es in der Beratung bei Regulationsstörungen wichtig, Entlastung für die Mütter zu mobilisieren. Dies kann z. B. dadurch geschehen, dass der Vater, die Großeltern oder andere Verwandte regelmäßig einen gewissen Teil der Betreuung des Kindes übernehmen, so dass die Mutter wieder Energie mobilisieren kann. In einem zweiten Schritt geht es darum, in der Interaktionsberatung gezielt die Wahrnehmung für Gelegenheiten zu einer entspannten spielerischen Interaktion zu schärfen, so dass die ungünstigen Kreisläufe

(„Teufelskreise") unterbrochen werden, und bei Frühzeichen von Unruhe oder Überforderung des Kindes individuell passende Hilfen zu ritualisieren.

Bei Einschlafproblemen kann bereits eine Beratung der Eltern weiterhelfen, welche Umstände ein ruhiges Einschlafen begünstigen. Dazu gehören ein fester Tagesablauf, ein rechtzeitiges Ablegen zum Schlafen bei Zeichen von Müdigkeit, ein gleichbleibender Schlafplatz und eine ruhige Umgebung zum Einschlafen. Vielfach hat sich das Kind daran gewöhnt, nur auf dem Arm der Erwachsenen oder in unmittelbarem Körperkontakt mit ihm einzuschlafen. Diese Gewohnheiten lassen ihm keine Gelegenheit zu lernen, wie es sich selbst regulieren und in den Schlaf finden kann. Auch wenn es besorgten und fürsorglichen Eltern (z. B. frühgeborener Kinder) oft schwerfällt, ist es daher sinnvoll, ihnen zu raten, die Kinder in wachem Zustand ins Bettchen zu legen. Wenn das Kind über längere Zeit nicht in den Schlaf findet, kann die Methode des „Checking" empfohlen werden. Dabei werden die Eltern gebeten, jeweils nur in festen Zeitabständen ins Kinderzimmer zu gehen, das Kind dort nicht aufzunehmen, sondern es mit ritualisierten Sätzen und kurzem Streicheln zu beruhigen. Die Zeitabstände werden dann allmählich verlängert, die Hilfen reduziert, bis das Kind allein eingeschlafen ist.

Fütterprobleme stellen für Eltern oft eine besondere Belastung dar, weil der Gewichtszunahme der Kinder von Kinderärzten im ersten Lebensjahr eine hohe Bedeutung beigemessen wird. Wenn das Kind sich schlecht füttern lässt, geraten Eltern deshalb schnell unter Druck. Es entwickelt sich ein ungünstiges Interaktionsmuster, bei dem die Eltern die Hunger- und Sättigungssignale des Kindes nicht mehr beachten und gegen seinen Widerstand Essen zu geben versuchen („forciertes Füttern"). Unter solchen Bedingungen entstehen rasch negative Wechselwirkungen, bei denen sich die Unsicherheit der Eltern und die ablehnende Haltung der Kinder gegenseitig verstärken.

Die Beratung der Eltern zum Umgang mit Fütterproblemen setzt daher eine sorgfältige Beobachtung ihrer Interaktion voraus. Das Gelingen des Fütterns ist in besonderem Maße von der sensiblen Wahrnehmung der kindlichen Signale abhängig, mit denen es seine Bereitschaft zum Essen zeigt. Diese Signale müssen positiv bestärkt, auf Zwang und Überstimulation beim Füttern verzichtet werden. Bei schweren Störungen ist ein stationäres Setting mit einem multiprofessionellen Team unverzichtbar.

2.4.2 Sozial-emotionale Verhaltensauffälligkeiten im Kindergartenalter

Zur Prävalenz von Verhaltensauffälligkeiten bzw. sozial-emotionalen Störungen bei Kindergartenkindern liegen in Deutschland mehrere Erhebungen vor.

> Kuschel et al. (2004) erhoben mittels der CBCL (Kap. 1.3) die Elterneinschätzung zu Verhaltensmerkmalen bei 809 Kindern im Alter von drei bis sechs Jahren, die Kindertagesstätten in Braunschweig besuchten. Danach zeigen 17.4 % der Kindergartenkinder behandlungsbedürftige psychische Auffälligkeiten. Die Rate war für Jungen etwas höher als für Mädchen. Die häufigsten Auffälligkeiten zeigten sich für Aufmerksamkeitsprobleme (4.9 % der Jungen und 1.9 % der Mädchen), aggressives Verhalten (4.9 % bzw. 3.4 %) und soziale Probleme (4.0 % bzw. 2.7 %).
>
> Denner/Schmeck (2005) berichteten aus einer Studie an 1075 Kindern, die mit dem gleichen Fragebogen durchgeführt wurde, eine Prävalenz von 20.4 % psychischer Auffälligkeiten bei Jungen und 10.2 % bei Mädchen. Die Ergebnisse beider Studien sind gut vereinbar mit den Ergebnissen von internationalen Prävalenzstudien (Egger/Angold 2006).

BEISPIEL

Impulsives und oppositionelles Sozialverhalten

Tommy, vier Jahre alt, wird auf Anraten der Erzieherin im Kindergarten in einer Frühförderstelle vorgestellt. Die Erzieherin erlebt ihn als sehr unruhig, er könne sich kaum auf das Spiel konzentrieren, halte sich nicht an Gruppenregeln. Wenn es zu Konflikten mit anderen Kindern kommt, verhalte er sich sehr impulsiv, schlage nach ihnen und reagiere nicht auf Ermahnungen der Pädagogen. Die anderen Kinder meiden zunehmend den Kontakt mit ihm.

Zuhause erleben die Eltern häufig, dass er ihre Aufforderungen oder Ermahnungen ignoriert. Sie fühlen sich unsicher, wie sie sein Verhalten effektiver lenken könnten. Strafen scheinen ihn kaum zu beeindrucken, so dass sie ihm oft seinen Willen lassen. Der familiäre Alltag ist dadurch spürbar belastet.

Aufmerksamkeits- und Hyperaktivitätsstörungen

Hyperaktivität, Impulsivität und Unaufmerksamkeit sind nach ICD-10 oder DSM-V die Kernsymptome einer Aufmerksamkeits-/Hyperaktivitätsstörung. Die Symptome müssen deutlich stärker ausgeprägt sein, als dies bei Kindern gleichen Alters üblicherweise der Fall ist, um die Diagnosestellung zu rechtfertigen.

> Diese Abgrenzung von alterstypischen Verhaltensweisen ist allerdings schwierig. Die Ergebnisse einer repräsentativen niederländischen Stichprobe von 652 Kindern im Kindergartenalter zeigen, dass ein großer Teil der für ADHS spezifischen Symptome entwicklungstypische Verhaltensweisen darstellen. Fünf von zehn hyperaktiv-impulsiven Verhaltensmerkmalen und zwei von 13 Symptomen von Unaufmerksamkeit waren bei mehr als 40 % aller Kinder vorhanden (Smidts/Oosterlaan 2007).

In der diagnostischen Praxis werden deshalb verschiedene Fragebögen zur Diagnostik verwendet, in denen die Eltern oder Erzieher das Verhalten von Vorschulkindern beurteilen, so dass die Kombination und Ausprägung der vorliegenden Symptome im Vergleich zu dem Verhalten gleichalter Kinder bewertet werden kann. Zenglein et al. (2013) empfehlen den Fragebogen „Strengths and Difficulties Questionnaire" (SDQ; Kap. 1.3) als Screening-Instrument. Bei begründetem Verdacht sollte zusätzlich der „Fremdbeurteilungsbogen für Vorschulkinder mit Aufmerksamkeitsdefizit-/Hyperaktivitätsstörung" (FBB-ADHS-V; Döpfner et al. 2008) verwendet werden.

> In einer Stichprobe von über 700 Kindern wurde im Rahmen der Vorsorgeuntersuchungen eine Diagnose einer ADHS-Störung von den Fachärzten bei 5 % der vorgestellten Kinder gestellt. Nach übereinstimmender Einschätzung von Eltern und Erziehern erfüllen 4.2 % aller Kinder diese Diagnosekriterien (Breuer/Döpfner 2008).

Die Nützlichkeit von neuropsychologischen Testverfahren zur Untersuchung der Aufmerksamkeit, der Impulsivität und der exekutiven Funktionen im Rahmen einer ADHS-Diagnostik wird kontrovers diskutiert. Solche Testverfahren ergeben oft auffällige Werte bei Kindern, die im Fragebogen nicht auffällig sind, oder sie zeigen für Kinder, die im Fragebogen als auffällig bewertet werden, keine Hinweise auf eine ADHS. Sie können in die Gesamtbeurteilung einfließen, jedoch in dieser Altersgruppe nicht zur Grundlage einer klinischen Diagnose gemacht werden (Merkt/Petermann 2015).

Bei der Ausbildung einer ADHS wirkt eine genetische Disposition mit Umweltrisiken zusammen. Unter den Umweltrisiken sind mütterlicher Nikotinkonsum, Alkoholabusus, eine pränatale Exposition mit PCB oder anderen Toxinen oder Nahrungsfaktoren untersucht, aber nicht bestätigt worden. ADHS-Symptome treten aber gehäuft in Familien mit niedrigem sozio-ökonomischem Status, getrennten oder psychisch kranken Eltern auf. Negative Eltern-Kind-Interaktionen, die in diesen Familienkonstellationen häufig zu beobachten sind, können zu einer Verfestigung der Symptome beitragen.

Frühe Vorläufersymptome sind eine extreme Reaktivität auf Reize und negative Emotionalität als Temperamentsmerkmale im Säuglingsalter und Schwierigkeiten bei der Selbstregulation und Kontrolle über impulsive Reaktionen sowie Spielunlust im frühen Kindesalter. Kinder mit ADHS weisen als Säuglinge häufiger Regulationsstörungen wie exzessives Weinen, Schlaf- oder Fütterstörungen sowie eine erhöhte motorische Unruhe und Irritierbarkeit im Alter von zwei Jahren auf als Gleichaltrige, die dieses Störungsbild nicht ausbilden (Esser et al. 2007; Millenet et al. 2013; Weber-Börgmann 2014). Diese frühen Beeinträchtigungen der Verhaltensregulation sind als Ausdruck von Störungen der zentralnervösen Affekt- und Aktivitätsregulation anzusehen.

Die Probleme der Verhaltensregulation beeinträchtigen auch die sozialen Beziehungen zwischen dem Kind und seinen Eltern im Alltag sowie die Interaktion mit anderen Kindern. Störungen des Sozialverhaltens werden dementsprechend bei mindestens der Hälfte der betroffenen Kinder als „Komorbidität" im Sinne der kinder- und jugendpsychiatrischen Klassifikationsschemata diagnostiziert. Störungen der Aufmerksamkeit, Impulsivität und Hyperaktivität sind in hohem Maße stabil und haben auch einen negativen Einfluss auf die spätere schulische Entwicklung (Greenfield Spira/Fischel 2005). Wenn die Diagnosekriterien einer ADHS bei einem Kind zweifelsfrei vorliegen, sollte deshalb frühzeitig eine Behandlung eingeleitet werden.

Störungen des Sozialverhaltens

_ DEFINITION _

Unter den **Störungen des Sozialverhaltens** (expansiven Verhaltensstörungen) werden nach ICD-10 Störungen mit und ohne fehlende soziale Bindungen, Störungen mit oppositionellem, aufsässigem Verhalten, hyperki-

> netische Störungen des Sozialverhaltens und kombinierte Störungen des Sozialverhaltens und der Emotionen voneinander unterschieden.

Kinder mit oppositionellen oder aggressiven Verhaltensauffälligkeiten werden schnell wütend, streiten sich häufig mit Erwachsenen, widersetzen sich aktiv den Anweisungen und Regeln von Erwachsenen und weigern sich, diese zu befolgen. Sie sind leicht reizbar und reagieren rasch zornig.

Auch bei Störungen des Sozialverhaltens ist wichtig, dass die Verhaltensweisen deutlich häufiger auftreten müssen als bei Kindern gleichen Alters. Frühe Anzeichen eines „schwierigen" Temperaments im Säuglingsalter, die bei Kindern mit diesen Störungsbildern zu beobachten sind, und Defizite in exekutiven Funktionen (Aufmerksamkeitssteuerung, emotionale Regulation und Planungsfähigkeiten), die sich in Studien bei Kindern mit Sozialverhaltensstörungen im Schulalter haben belegen lassen, sprechen dafür, dass eine Beeinträchtigung der Affekt- und Verhaltensregulation zu den Einflussfaktoren auch auf die Ausbildung dieser Verhaltensauffälligkeiten gehört.

Hauptursache für die Entwicklung oppositioneller und aggressiver Verhaltensweisen in der frühen Kindheit ist jedoch eine inkonsistente Erziehung und mangelnde Kontrolle sowie verminderte Aufmerksamkeit für angemessene prosoziale Verhaltensansätze der Kinder. Wenn ein Kind eine Aufforderung oder ein Verbot nicht beachtet und auch auf wiederholte Aufforderung nicht reagiert, kann es sein, dass der Erwachsene in impulsiver Form droht, dann aber ratlos ist und nachgibt oder ungezielt aggressiv wird. Wenn das Kind doch einmal kooperiert, betrachtet er es als selbstverständlich und geht nicht positiv darauf ein. Insbesondere bei Kindern mit hyperaktivem und impulsivem Verhalten entstehen zahlreiche Situationen im Alltag, in denen sich solche ungünstigen Interaktionsmuster wiederholen und die die Ausbildung von Störungen des Sozialverhaltens begünstigen.

Das Kind lernt dabei, dass sein oppositionelles Verhalten durch Verzicht der Eltern auf die Aufforderung (negativ) verstärkt wird, oder es erlebt am Modell des Erwachsenen, dass aggressives Verhalten ein adäquates Mittel zur Durchsetzung eigener Absichten ist. Die Eltern verlieren mehr und mehr die Kontrolle über das Verhalten der Kinder und die Kinder lernen ihrerseits nicht, wie sie in sozial kompetenter Weise mit Konflikten und Frustrationen umgehen können. Dies hat negative Auswirkungen auf ihre sozialen Beziehungen im Kindergarten und auf die spätere Bewältigung von schulischen Anforderungen.

Die diagnostische Abgrenzung von alterstypischen oppositionellen Verhaltensweisen erfolgt – wie bei anderen Störungsbildern im Vorschulalter – mit der CBCL und störungsspezifischen Beurteilungsbögen, die von den Eltern und

ErzieherInnen ausgefüllt werden. Dazu eignet sich z. B. der „Fremdbeurteilungsbogen – Störungen des Sozialverhaltens" (FBB-SSV; Döpfner et al. 2008) oder das „Eyberg Child Behavior Inventory, ECBI; Heinrichs et al. 2014). Das ECBI umfasst 35 Items, die sehr konkret auf das Verhalten des Kindes bezogen sind und deshalb von den Eltern leicht beantwortet werden können. Eine deutsche Version, die an über 5000 Kinder im Alter von zwei bis acht Jahren normiert wurde, ist in Vorbereitung.

Im Anschluss an die Befragung der Bezugspersonen zur Art und Intensität des Problemverhaltens muss dann eine differenzierte verhaltensanalytisch orientierte Exploration der Eltern und Erzieher erfolgen, um die auslösenden Situationen, das konkrete oppositionelle oder aggressive Verhalten des Kindes und die Reaktionen der Bezugspersonen zu bestimmen.

Emotionale Störungen

_ DEFINITION _

Emotionale Störungen umfassen nach ICD-10 und DSM-V Störungen mit Trennungsangst, soziale Ängstlichkeit, phobische Störungen und generalisierte Angststörungen.

Bei der emotionalen Störung mit Trennungsangst stehen Loslösungs- und Trennungsprobleme von den Bezugspersonen im Vordergrund. Die phobische Störung bezieht sich auf umschriebene, objektgebundene Ängste. Störungen mit sozialer Ängstlichkeit sind durch unsicheres Kontaktverhalten zu anderen Kindern und fremden Erwachsenen sowie soziales Rückzugsverhalten in der Gruppe gekennzeichnet.

Die Diagnostik von emotionalen Störungen bedarf einer besonderen Sorgfalt bei der Exploration der Eltern und Erzieher sowie der Beobachtung der Eltern-/Erzieher-Kind-Interaktion, da die Symptomatik im Alltag weniger auffällig ist als bei einer ADHS oder Störung des Sozialverhaltens. Auch bei diesem Störungsbild ist die Abgrenzung zwischen entwicklungsangemessener Reaktion oder behandlungsbedürftigen Symptomen nicht immer einfach. So sind bei jüngeren Kindern Trennungsängste zu Beginn des Kindergartenbesuchs oder in unmittelbarem Zusammenhang mit belastenden Lebensereignissen, z. B. der Trennung der Eltern, normal und kein Anlass für eine Intervention, sofern sie nicht länger als einige Wochen anhalten.

Für die Fremdbeurteilung von Ängsten bei Vorschulkindern eignet sich der „Verhaltensbeurteilungsbogen für Vorschulkinder" (VBV 3-6; Döpfner et al. 1993), der in der Skala „Emotionale Auffälligkeiten" in elf Items in der Eltern- und 21 Items in der Erzieherversion das Ausmaß erhebt, in dem das Kind als sozial ängstlich oder unsicher erlebt wird. Der „Fremdbeurteilungsbogen für Angst- und Zwangsstörungen für Eltern, Lehrer oder Erzieher" (FBB-ANZ; Döpfner et al. 2008) umfasst 33 Items, die eng an die Symptomkriterien nach ICD-10 und DSM-V angelehnt sind.

Zu den Bedingungsfaktoren für die Ausbildung einer emotionalen Störung gehört eine Temperamentsdisposition, die sich schon im Säuglingsalter als biologisch verankerte „Behaviorale Inhibition" (Verhaltenshemmung), eine ausgeprägte Zurückhaltung oder Ängstlichkeit gegenüber unbekannten Personen, Situationen oder Ereignissen, identifizieren lässt und relativ stabil ist. Kinder mit diesem Verhaltensmerkmal sind auch im weiteren Verlauf eher zurückhaltend und ruhig, bleiben in sozialen Situationen eher beobachtend am Rande des Geschehens und verhalten sich in Gesprächen zurückhaltender und vorsichtiger (Hirschfeld-Becker et al, 2008).

Auch bei diesem Störungsbild ist jedoch von einer Wechselwirkung zwischen kindlicher Disposition und elterlichem Verhalten auszugehen. Eine unsichere Mutter-Kind-Bindung in der frühen Kindheit erhöht das Risiko für Trennungsängste im Kindergartenalter (Dallaire/Weinraub 2005). Das Risiko für die Ausbildung von emotionalen Störungen mit Trennungsangst oder sozialer Ängstlichkeit ist zudem erhöht, wenn die Eltern zu überfürsorglichem und kontrollierendem Verhalten neigen und vermeidendes Verhalten unterstützen. Diese Erziehungsverhaltensweisen finden sich gehäuft in Familien, in denen ein Elternteil selbst eine Angststörung aufweist. Im Sinne eines Modelllernens übernehmen die Kinder in diesen Fällen das ungünstige Coping-Verhalten ihrer Eltern (Döpfner 2000).

Eltern- und Erziehertraining

Hauptbestandteil der Behandlung von Aufmerksamkeitsdefizit-/Hyperaktivitätsstörungen, Sozialverhaltensstörungen und emotionalen Störungen im Kindergartenalter ist das Eltern- und Erziehertraining, das als strukturierte, manualisierte und zeitlich beschränkte Intervention angeboten wird. Dabei wird eine Beratung und Psychoedukation der Eltern mit einem direkten Coaching zur

Etablierung günstiger Erziehungsverhaltensweisen, oft mittels videogestützter Rollenspiele, miteinander verbunden. Die Stärkung der elterlichen Erziehungskompetenz trägt dazu bei, die geschilderten negativen Interaktionsmuster zwischen Eltern und Kind aufzulösen, die das problematische Verhalten des Kindes verstärken, und die elterliche Belastung zu reduzieren.

Die Elterntrainings sind meist nach einem dreistufigen Prinzip aufgebaut. Als erstes Ziel wird eine Verbesserung der Eltern-Kind-Interaktion im gemeinsamen Spiel angestrebt, so dass Eltern und Kind (wieder) lernen, entspannt miteinander zu spielen („Spieltraining"). Als Zweites geht es um die Einführung von klaren Regeln und Anweisungen sowie verhaltenstherapeutischen Interventionen zur Bestärkung erwünschten Verhaltens durch Aufmerksamkeit und Punktepläne („Token-Programme"). Dafür werden wiederkehrende Konfliktsituationen im Alltag ausgewählt, deren Veränderung aus Sicht der Eltern besonders dringlich ist. Falls notwendig, werden in einer dritten Stufe negative Konsequenzen (z. B. kurze Auszeit, „Time-Out") zur Reduzierung problematischer Verhaltensweisen verwendet. Das Elterntraining kann einzeln oder in Gruppen durchgeführt werden.

Ein solches Elterntraining kann mit kindergarten-zentrierten Interventionen verbunden werden. Die typischen Verhaltensweisen von Kindern mit dem jeweiligen Störungsbild werden erläutert, um damit mehr Verständnis für das als unangemessen und häufig als provozierend erlebte Verhalten der Kinder zu erreichen. Es werden Anpassungen der Tagesorganisation sowie Belohnungsprogramme eingeführt sowie Merkmale wirkungsvoller Aufforderungen und Auszeit-Verfahren vermittelt.

Als Gruppenintervention wird im deutschsprachigen Raum häufig das „Triple P Positive Parenting Program" (Sanders 1999) eingesetzt. Es handelt sich um ein fünfstufiges Interventionsprogramm, das von allgemeinen Informationen zum Erziehungsverhalten bis zu einem intensiven Elterntraining reicht. Das Elterntraining umfasst zwölf Einzel- oder Gruppensitzungen zu grundlegenden Erziehungsfertigkeiten, mit denen positives Verhalten der Kinder gefördert und trotziges oder aggressives Verhalten gemindert werden kann. In einer erweiterten Version des Programms werden auch zusätzliche familiäre Belastungsfaktoren (z. B. psychische Störungen der Eltern oder Eheprobleme) fokussiert und Hausbesuche zur Stärkung der Erziehungskompetenzen, Mobilisierung der Partnerunterstützung und zum Umgang mit Stressoren durchgeführt.

Das „Therapieprogramm für Kinder mit hyperkinetischem und oppositionellem Problemverhalten" (THOP; Döpfner et al. 1998) — ursprünglich für Kinder im Grundschulalter entwickelt — hat sich im klinischen Alltag auch für Kinder im Alter von drei bis sechs Jahren bewährt. Hierzu liegt auch ein Elternratgeber („Wackelpeter/Trotzkopf", Döpfner et al. 1999) vor.

Herr et al. (2015) legten eine systematische Übersicht über 68 Meta-Analysen und Übersichtsartikel zur Wirksamkeit von solchen elternzentrierten Interventionen für Kinder im Alter von zwei bis zwölf Jahren vor. Danach sind sie bei der Behandlung von Störungen des Sozialverhaltens anderen therapeutischen Ansätzen eindeutig überlegen.

Eine Meta-Analyse von Charach et al. (2013) belegt mittlere, aber stabile positive Effekte solcher Elterntrainings auch bei Kindern mit ADHS und begleitenden Störungen des Sozialverhaltens. Die Elterntrainings tragen offenbar auch bei diesem Störungsbild zu einer Verbesserung der Selbstregulation des Kindes bei und stärken die Erziehungskompetenzen der Eltern im Umgang mit den ADHS-Symptomen im sozialen Alltag, auch wenn die biologische Grundlage der Symptome durch die Behandlung nicht beeinflusst wird.

Bei Vorschulkindern (vier bis sieben Jahre) mit Angststörungen sind Elterntrainings dann effektiv, wenn die Eltern ihre Rolle bei der Verfestigung der Symptome erkennen, ihre eigene Einschätzung von potenziell belastenden Situationen verändern und eine positive Verhaltensänderung aktiv unterstützen (Luby 2013). Ebenso wichtig ist die Einbeziehung von Erziehern, wenn sich die Trennungsangst auf den Besuch des Kindergartens bezieht.

Die Evaluationsstudien zur Wirksamkeit von Elterntrainings zeigen aber auch die Grenzen, wenn in Familien multiple Risikofaktoren vorliegen, z. B. psychische Auffälligkeiten der Eltern, Partnerprobleme, hohe sozio-ökonomische Belastungen oder soziale Isolation. In diesen Familien wird die Therapie häufiger abgebrochen; wenn sie beendet wird, sind die Therapieeffekte geringer und weniger stabil (Lundahl et al. 2006).

Es ist wichtig, das familiäre Bedingungsgefüge und die familiären Belastungen in die Therapieplanung einzubeziehen, denn die Verminderung weiterer Probleme und Belastungen in der Familie kann die Umsetzung der Interaktionsstrategien, die mit dem Therapieprogramm angestrebt werden, erleichtern. Nicht sinnvoll ist allerdings, die Behandlung der Verhaltensprobleme des Kindes zurückzustellen, bis zunächst – z. B. durch eine Psychotherapie bei Depressionen der Mutter – die übrigen Belastungsfaktoren reduziert sind, da sich die Problembereiche meist gegenseitig bedingen.

Kindzentrierte Therapiekonzepte

Störungsspezifische, kindzentrierte Interventionen wie Selbstinstruktionstrainings oder Selbstmanagementmethoden, die sich im Schulalter in der Therapie von Kindern mit ADHS, Störungen des Sozialverhaltens und emotionalen Störungen bewährt haben, sind in dieser Altersgruppe aufgrund der altersbedingt geringen Selbststeuerungsfähigkeiten der Kinder noch wenig wirksam.

Bei eindeutigem Nachweis der Diagnose eines ADHS und schwerer Ausprägung kann eine medikamentöse Behandlung mit Methylphenidat, Amphetaminderivaten oder Atomoxetin erwogen werden. Viele Eltern und Kinderärzte stehen einer pharmakologischen Behandlung eines ADHS im Vorschulalter allerdings verständlicherweise ablehnend gegenüber, zumal die Forschungsbasis für Aussagen über ihre Wirksamkeit noch unzureichend ist. Die Rate unerwünschter Nebenwirkungen (z. B. eine Wachstumsretardierung) ist höher als im Grundschulalter (Zenglein et al. 2013).

Ein positiver Effekt ließ sich in der multizentrischen PATS-Studie, der einzigen methodisch gut kontrollierten Studie, die mit Kindern im Vorschulalter durchgeführt wurde, nur für die Einschätzung der Symptomatik und sozialen Kompetenz der Kinder durch die Erzieher, nicht aber in der Elterneinschätzung nachweisen (Charach et al. 2013).

Zum Spektrum der kindzentrierten psychotherapeutischen Verfahren für Kinder und Jugendliche gehört auch die personenzentrierte Spieltherapie. Sie findet mit dem Kind allein in einem Spieltherapiezimmer mit einer reichen Auswahl von Spielmaterialien einmal wöchentlich statt und wird von Elterngesprächen begleitet. Hauptindikation sind emotionale Störungen. Sofern Wirksamkeitsstudien vorliegen, zeigen sie allerdings für die personenzentrierte Spieltherapie (und tiefenpsychologisch orientierte Therapien) geringere Effekte im Vergleich zu den geschilderten elternbasierten Konzepten (Weisz et al. 1995; Kronmüller et al. 2005).

Prävention durch Förderung sozial-emotionaler Kompetenzen

Vielen Kindern mit Störungen des Sozialverhaltens fehlt es an Strategien, wie sie sich in sozialen Situationen behaupten können, ohne aggressiv zu werden, und positive, freundschaftliche Beziehungen mit anderen Kindern herstellen können. Als Ergänzung des Eltern- und Erziehertrainings sind deshalb soziale Kompetenztrainings im Kindergarten sinnvoll, in denen anhand von Rollenspielen und anderen Übungsformen sozial kompetentes Verhalten in Konfliktsituationen eingeübt wird.

Es liegen mehrere Präventionsprogramme vor, mit denen emotionale und soziale Kompetenzen in diesem Rahmen gefördert werden können. Sie können in das Angebot von Frühförderstellen oder Sozialpädiatrischen Zentren integriert werden. Bei Kindern mit bereits verfestigten Störungen des Sozialverhaltens sind sie jedoch allein nicht ausreichend, um das soziale Verhalten der Kinder in Alltagssituationen nachhaltig zu beeinflussen. Sie müssen mit einer differenzierten Verhaltensanalyse der auslösenden und aufrecht erhaltenden Bedingungen des Problemverhaltens und gezielten eltern- oder erzieherbezogenen Interventionen kombiniert werden.

Das „Präventionsprogramm für expansives Problemverhalten" (PEP; Wolff Metternich et al. 2002; Plück et al. 2006) wurde auf der Grundlage des Therapieprogramms für Kinder mit Hyperkinetischem und Oppositionellem Problemverhalten (THOP) von der gleichen Arbeitsgruppe entwickelt und wird zur Prävention bei Kindern mit auffälligem sozialen oder hyperaktivem Verhalten eingesetzt. Es richtet sich sowohl an Eltern als auch an Erzieher. Es umfasst in beiden Versionen jeweils zehn Sitzungen sowie fünf Sitzungen in größeren Abständen nach Abschluss des Programms („Booster-Sitzungen").

Auch das „Triple P – Positive Parenting Training" (Sanders, o. J.) umfasst präventive Elemente. Eine Broschüre und ein Begleitvideo sowie Kurzinformationen machen den Eltern Handlungsmöglichkeiten für etwa 60 verschiedene Problembereiche deutlich, die sich im Familienleben ergeben können. Triple-P-Elternkurse bestehen aus vier zweistündigen Gruppentreffen und anschließenden telefonischen Beratungen. Sie werden als Präventionsprogramme z. B. in Familienzentren oder Familienbildungsstätten durch entsprechend fortgebildete Fachkräfte durchgeführt, können aber auch in Frühförderstellen für Eltern angeboten werden, die Schwierigkeiten in der Erziehung überwinden wollen und deren Kinder bereits Verhaltensauffälligkeiten zeigen (Hahlweg/Heinrichs 2007).

Das Programm „Faustlos" richtet sich auf die Förderung sozial-emotionaler Kompetenzen im Kindergarten und ist als Programm zur Gewaltprävention gedacht (Cierpka 2007). Im Faustlos-Curriculum wird die Fähigkeit, auf Konflikte flexibel zu reagieren, im Rollenspiel vertieft und praktisch erfahrbar gemacht, damit die Kinder sozial angemessene Strategien in ihr Verhaltensrepertoire zur Beziehungsgestaltung integrieren. Es besteht aus Lektionen zur Empathieförderung, Förderung der Impulskontrolle und zum Umgang mit Ärger und Wut, die von den Erziehern nach entsprechender Fortbildung durchgeführt werden. Die einzelnen Lektionen sind im Manual ausführlich beschrieben; Fotokarten mit

Kindern in verschiedenen Situationen und Handpuppen werden unterstützend zur Vermittlung der Inhalte eingesetzt.

Eine Studie zur Effektivität des Faustlos-Programms in Kindergärten zeigte, dass die Kinder, die an dem Programm teilnahmen, nach dem Training mehr Lösungsmöglichkeiten für Konfliktsituationen nennen konnten, negative Konsequenzen aggressiver Verhaltensweisen antizipierten und über Beruhigungstechniken für kritische Situationen verfügten. In den standardisierten Fragebögen, die die Eltern und Erzieher ausfüllten, zeigten sich allerdings nur im Urteil der Erzieher einige Verhaltensänderungen, während die Eltern keine Veränderungen im Verhalten ihrer Kinder zuhause wahrnahmen (Cierpka 2007).

2.4.3 Autismus-Spektrum-Störung

Kinder mit einer Autismus-Spektrum-Störung sind in ihrer sozialen und kommunikativen Entwicklung umfassend beeinträchtigt. Bei ihnen ist eine intensive Intervention angezeigt, um ihre soziale Teilhabe am Familienleben und am Geschehen in der Kindertagesstätte zu unterstützen. Sie erfordert spezifische Kompetenzen der Fachkräfte in Frühförderstellen.

> **BEISPIEL**
>
> **Verhalten eines Kindes mit Autismus-Spektrum-Störung**
>
> Rene, fast drei Jahre alt, hat sich in der Erinnerung der Eltern im ersten Lebensjahr unauffällig entwickelt. Im zweiten Lebensjahr ist ihnen jedoch aufgefallen, dass er wenig Interesse am Kontakt mit ihnen oder anderen Kindern gezeigt hat und keine Ansätze zur Sprachentwicklung zu beobachten waren. Zunächst hat der Kinderarzt sie mit dem Verweis beruhigt, dass Jungen im Allgemeinen später zu sprechen beginnen und Kinder in ihrem Sozialverhalten eben sehr unterschiedlich seien.
>
> In der sozialen und sprachlichen Entwicklung habe Rene aber dann kaum Fortschritte gemacht. Außerdem habe er begonnen, auf Veränderungen im Alltag mit heftiger Abwehr zu reagieren, habe sich in solchen Momenten auf den Boden geworfen, geschrien und sich selbst gebissen. Im Ver-

gleich zu anderen Kindern seien seine Spielinteressen auch ungewöhnlich gewesen. Er habe sich z. B. stundenlang damit beschäftigen können, seine Spielzeugautos in einer bestimmten Anordnung aufzureihen. Die Eltern suchen dringend Hilfe, weil der Alltag zuhause zunehmend belastend werde und sie sich auch nicht vorstellen können, wie eine Integration in einen Kindergarten gelingen könnte.

Diagnosekriterien, Prävalenz und Ursachen

_ DEFINITION _

Bei der **Autismus-Spektrum-Störung** handelt es sich um eine Entwicklungsstörung, die in der frühen Kindheit auftritt und die Fähigkeit des Kindes, mit anderen Menschen zu kommunizieren und zu interagieren, nachhaltig beeinträchtigt.

Nach ICD-10 ist eine Autismus-Spektrum-Störung definiert durch:

- qualitative Einschränkungen der sozialen Interaktion (fehlende Verhaltensanpassung im sozialen Kontext, Fehlen sozialer und emotionaler Gegenseitigkeit und fehlendes Verständnis für soziale und emotionale Signale),
- qualitative Einschränkung in der Kommunikation (fehlender sozialer Gebrauch von Gesten, Mimik oder Sprache, mangelhafte Synchronie im Gespräch, Auffälligkeiten in Intonation und Wortgebrauch, fehlende Ansätze zu imitativen und symbolischen Spielformen),
- eingeschränkte und stereotype Verhaltensmuster, Interessen und Aktivitäten (stereotype Bewegungen, kaum kreatives Spiel, eingeschränkte, repetitive Interessen, Rituale und zwanghaftes Verhalten im Alltag).

Wenn alle drei Kriterien zutreffen, wird ein frühkindlicher Autismus diagnostiziert. Wenn nicht alle drei Kriterien erfüllt sind oder die Ausprägung der Auffälligkeiten schwächer ist, spricht man von „atypischem Autismus". Die Diagnose „Asperger-Syndrom" wird bei Problemen der sozialen Interaktion und stereotypen, repetitiven Verhaltensweisen sowie Sonderinteressen vergeben, wobei Intelligenz, Wortschatz und Satzbildung im Wesentlichen altersgemäß entwickelt sind. Alle drei Subgruppen werden unter dem Oberbegriff der „Autismus-Spektrum-Störung" zusammengefasst.

Im Klassifikationssystem DSM-IV wurde die Subgruppe der Kinder mit atypischem Autismus als tiefgreifende Entwicklungsstörung nicht näher spezifizierbar (PDD-nos) benannt. Aufgrund der Schwierigkeiten einer eindeutigen Abgrenzung der Subgruppen haben die Autoren bei der Entwicklung des DSM-V nun auf eine Differenzierung zwischen Beeinträchtigungen der sozialen Interaktion und Kommunikation verzichtet und stattdessen eine Schweregradeinteilung nach dem Grad des Unterstützungsbedarfs sowie eine Spezifizierung in Kinder mit/ohne intellektuelle Behinderung bzw. Sprachbehinderung vorgenommen. Zusätzlich wurde die Diagnose einer sozialen (pragmatischen) Kommunikationsstörung eingeführt, die bei Kindern gestellt wird, die deutliche Einschränkungen in der sozialen Kommunikation haben, aber keine restriktiven, repetitiven Verhaltensweisen und Interessen zeigen. Viele dieser Kinder wurden zuvor (und werden nach ICD-10) der Gruppe „atypischer Autismus" zugeordnet (Freitag 2014).

Nach neueren epidemiologischen Studien gehören Autismus-Spektrum-Störungen mit einer Auftretenshäufigkeit von etwa 6/1.000 (0.6 %) zu den häufigeren Entwicklungsstörungen im Kindesalter. Für die Diagnose des „klassischen" frühkindlichen Autismus wird eine Prävalenz von 1-4/1.000 angegeben. Autismus-Spektrum-Störungen treten bei Jungen wesentlich häufiger auf als bei Mädchen. Das Geschlechterverhältnis liegt bei zwei bis 3:1. Die Diagnose einer Autismus-Spektrum-Störung ist in vielen Fällen mit Intelligenzminderungen sowie neurologischen Begleiterscheinungen assoziiert.

Die Ursachen der Entwicklungsstörung sind immer noch nicht eindeutig geklärt. Die Ergebnisse von Zwillings- und Familienstudien sprechen dafür, dass Autismus-Spektrum-Störungen genetisch bedingt sind. Trotz intensiver Forschungsbemühungen ist es jedoch bisher nicht gelungen, die genetische Veränderung exakt zu identifizieren (Herpertz-Dahlmann et al. 2010). Nur bei einem kleinen Teil der Kinder mit einer autistischen Störung können pränatale Infektionen (z. B. Röteln), monogene Erkrankungen (z. B. Tuberöse Hirnsklerose) oder genetische Syndrome (z. B. Fragiles-X-Syndrom) nachgewiesen werden (Freitag 2008; Enders/Rost 2010).

Andere biologische Ursachen für eine autistische Störung, die in den Medien und teilweise in der Fachwelt viel Aufmerksamkeit fanden, haben sich durch die Forschung eindeutig widerlegen lassen. Die Entwicklungsstörung ist z. B. nicht durch eine Schädigung bei der Masern-Mumps-Röteln-Impfung, eine Schädigung durch Quecksilber, Allergien oder Nahrungsmittelunverträglichkeiten zu erklären.

Eine autistische Störung entsteht auch nicht als Folge emotionaler Vernachlässigung. Auffälligkeiten der Eltern-Kind-Interaktion, die zu solchen Vermutungen geführt haben, sind als Folge der schweren sozial-kommunikativen Störung der Kinder, nicht aber als ihre Ursache zu verstehen.

Mythen im Kontext des Autismus

Für die Beratung der Eltern von Kindern mit einer Autismus-Spektrum-Störung ist es wichtig, Mythen über dieses Störungsbild anzusprechen, die z. T. im Internet und in den Medien verbreitet werden:
- Eine autistische Störung kann nicht „geheilt" werden; auch bei erfolgreicher Förderung bleiben die betroffenen Kinder in ihren kommunikativ-sozialen Fähigkeiten eingeschränkt und in ihrem Verhalten auffällig.
- Eine autistische Störung lässt sich erst mit vier bis fünf Jahren sicher diagnostizieren. Richtig ist vielmehr, dass verschiedene Warnzeichen bereits im zweiten Lebensjahr erkennbar sind und die Diagnose nach fachlichen Standards mit zwei bis drei Jahren gestellt werden kann.
- Bei Kindern mit einer autistischen Störung ist die intellektuelle Entwicklung unbeeinträchtigt oder sogar fortgeschritten; sie können ihre kognitiven Fähigkeiten im sozialen Kontakt aber nicht zeigen. Richtig ist vielmehr, dass bei mindestens der Hälfte der Kinder mit frühkindlichem Autismus auch eine intellektuelle Behinderung vorliegt.
- Kinder mit einer autistischen Störung vermeiden den Blickkontakt, nehmen von sich aus keinen Kontakt zu Erwachsenen oder anderen Kindern auf und zeigen keine affektive Zuneigung. Richtig ist vielmehr, dass Kinder mit einer Autismus-Spektrum-Störung ihre Kontaktbereitschaft und sozial-emotionale Ansprechbarkeit nicht in der altersüblichen Art und Weise zeigen und in dieser Hinsicht ein sehr heterogenes Fähigkeitsprofil haben können.

Diagnostisches Vorgehen

Damit Eltern und andere Bezugspersonen die ungewöhnlichen Verhaltensweisen von Kindern mit einer Autismus-Spektrum-Störung verstehen, sich auf sie einstellen können und eine gezielte Förderung eingeleitet werden kann, ist es sehr wichtig, die Diagnose früh zu stellen. Warnzeichen, die auf eine Autismus-Spektrum-Störung bei Kindern im zweiten Lebensjahr hinweisen können, sind:

- fehlende Aufmerksamkeitsabstimmung („joint attention"),
- flüchtiger oder fehlender Blickkontakt,
- fehlende Reaktion auf den eigenen Namen und einfache Aufforderungen,
- fehlendes Sprachverständnis und Ausbleiben der ersten Wortbildungen,
- sozialer Rückzug,
- Neigung zu repetitiven, eingeschränkten Spielformen und
- Fehlen von Ansätzen zum symbolischen Spiel.

Diese frühen Warnzeichen liegen standardisierten Screenings zugrunde, die in der kinderärztlichen Praxis, in Sozialpädiatrischen Zentren und in Frühförderstellen eingesetzt werden können. Von den verschiedenen Verfahren, die international im Gebrauch sind, hat sich in Deutschland die „Modified Checklist for Autism in Toddlers" (M-CHAT; Robins et al. 2001) durchgesetzt.

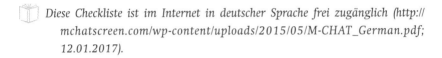
Diese Checkliste ist im Internet in deutscher Sprache frei zugänglich (http://mchatscreen.com/wp-content/uploads/2015/05/M-CHAT_German.pdf; 12.01.2017).

Es handelt sich um einen Fragebogen mit 23 Items, mit denen mögliche Auffälligkeiten von den Eltern erfragt werden. Entsprechend dem Screening-Charakter ersetzt dieses Verfahren natürlich nicht die Diagnose einer autistischen Störung, hat sich aber mit hoher Sensitivität und Spezifität als tauglich erwiesen, um Kinder ab dem Alter von zwei Jahren zu identifizieren, bei denen eine ausführliche Diagnostik angezeigt ist (Dumont-Mathieu/Fein 2005). Allerdings werden Kinder mit leichteren Formen einer Autismus-Spektrum-Störung mit diesem Screening nicht zuverlässig erkannt.

Die Diagnosestellung selbst erfordert dann eine ausführliche Befragung der Eltern und Beobachtung des Verhaltens des Kindes. Als fachlicher Standard gilt es, dazu das halb-standardisierte „Autismus-Diagnostische Interview in der revidierten Fassung" (ADI-R; Bölte et al. 2006) und das halb-standardisierte „Autismus-Diagnostische Beobachtungsinstrument – 2" (ADOS-2; Poustka et al. 2015) zu verwenden. Zusätzlich kann der „Fragebogen zur Sozialen Kommunikation" (FSK; Bölte/Poustka 2006) eingesetzt werden, der 40 Items zu sozial-kommunikativen Auffälligkeiten enthält und für Kinder ab einem Alter von vier Jahren gedacht ist.

Im ADI-R werden die Eltern anhand von insgesamt 93 Items zur frühkindlichen Entwicklung des Kindes, dem Spracherwerb, möglichen Verlust von Fähigkeiten, Spiel- und sozialem Interaktionsverhalten sowie stereotypen Interessen und Aktivitäten befragt. Die Durchführung beansprucht eineinhalb bis drei Stunden. Die Auswertung orientiert sich eng an den Kriterien nach ICD-10 und DSM-IV.

Im ADOS werden verschiedene Beobachtungssituationen vorgegeben, die für verschiedene Altersgruppen in einzelne Module gegliedert sind und deren Durchführung etwa eine Stunde in Anspruch nimmt. Es wird attraktives Spielzeug angeboten, mit dem sich das Kind beschäftigen kann. Der Untersucher greift dann in das Spiel ein und versucht, eine Interaktion herzustellen, kommunikative Reaktionen des Kindes zu „provozieren" und zu Nachahmung oder Symbolspiel anzuregen. Für jede Beobachtungssituation sind Verhaltensmerkmale des Kindes aufgelistet, die dann aufsummiert und mit empirisch gewonnenen Schwellenwerten verglichen werden, die für das Vorliegen einer autistischen Störung sprechen.

ADOS und ADI-R haben sich bei Kindern mit einem Entwicklungsalter von mindestens eineinhalb bis zwei Jahren in zahlreichen Untersuchungen als reliabel und valide erwiesen, um Kinder mit einer autistischen Störung zuverlässig zu erkennen, sofern sie von Fachkräften mit entsprechender Fortbildung durchgeführt werden (Bölte 2009).

Grundsätzlich kann auf diesem Wege auch bei Kindern eine Autismusdiagnose gestellt werden, die noch nicht über lautsprachliche Kompetenzen verfügen. Eine Schwierigkeit stellt allerdings die Abgrenzung zu einer (schweren) kognitiven Beeinträchtigung dar, da Kinder mit einer schweren Behinderung in ihren sozial-kommunikativen Fähigkeiten und in ihrem Spielvermögen ebenfalls stark eingeschränkt sind. Zur Verbesserung der Tauglichkeit auch für Kinder im Entwicklungsalter unter eineinhalb Jahren wurde deshalb im ADOS-2 als Ergänzung zum ADOS ein Modul für sehr junge Kinder eingeführt.

Autismus-spezifische Verhaltenstherapie

Die am besten evaluierten Methoden zur Behandlung autistischer Störungen sind verhaltenstherapeutisch und lerntheoretisch basierte Interventionen („applied behavior analysis", ABA; „Autismus-spezifische Verhaltenstherapie", AVT). Dabei werden einzelne problematische Verhaltensweisen der Kinder ausgewählt, die Zusammenhänge ihres Auftretens sorgfältig analysiert und dann mit operanten Methoden (positive oder negative Verstärkung) Verhaltensänderungen eingeleitet bzw. alternative, sozial kompetente Verhaltensweisen aufgebaut.

Dies kann in sogenannten „diskreten Lernformaten" geschehen, bei denen eine Kompetenz, die gelernt werden soll, in einzelne kurze Sequenzen zerlegt wird, die zunächst einzeln geübt werden. Jeder Lerndurchgang beginnt mit einer bestimmten Anweisung oder Aufgabe, dem sog. diskriminierenden Stimulus, dem eine Reaktion des Kindes folgt. Ist sie richtig, wird sie sofort positiv verstärkt. Ist sie nicht korrekt, erfolgt sofort eine Rückmeldung, und das richtige Verhalten wird über Hilfestellungen („prompts") geübt. Das Lernen findet in einzelnen Blöcken statt; zu einer neuen Anforderung wird erst übergegangen, wenn eine bestimmte Anzahl der Aufgabenstellungen vom Kind wiederholt richtig „gelöst" wurde. Komplexe Handlungen können dann aus einzeln geübten Sequenzen zusammengesetzt werden („chaining"). Anschließend lernt das Kind, die geübte Verhaltensweise auf ähnliche Reize abzurufen, d. h. zu generalisieren.

Das erste in den USA erhältliche, manualisierte Programm zur Frühförderung von Kindern mit Autismus-Spektrum-Störung, das auf dem Konzept der diskreten Lernformate basiert, stammte von Lovaas (1981). In Nachfolgestudien wurden verschiedene Elemente dieses Programms variiert und die Wirksamkeit überprüft. Die Studien zeigten übereinstimmend, dass eine frühe Verhaltenstherapie insbesondere bei jüngeren Kindern (zwei bis vier Jahre) und bei Kindern mit geringen kognitiven Beeinträchtigungen, die bereits vor Therapiebeginn über eine gewisse soziale Kontaktbereitschaft, Imitationsfähigkeit und Sprachansätze verfügten, zu deutlichen Fortschritten in den kognitiven, sprachlichen und adaptiven Fähigkeiten führte. Die Effektstärken waren hoch (d > .80) – wenn auch nicht so hoch wie in der ersten Therapiestudie der Lovaas-Gruppe – und sprachen für deutliche, klinisch relevante Verbesserungen in den Kompetenzen der Kinder (Patterson et al. 2011; Poustka et al. 2012).

Positive Effekte waren gleichermaßen bei der Förderung zuhause, in einem Förderzentrum oder in einer spezialisierten Kindertagesstätte nachzuweisen, sofern die Übungsintensität mindestens 20 Stunden pro Woche umfasste (Howard et al. 2005; Magiati et al. 2007). Sie waren allerdings nicht bei allen Kindern zu beobachten, die nach diesem Konzept behandelt wurden. In einer Studie von Sallows/Graupner (2005) lag der Anteil der Kinder, die gute Fortschritte machten, z. B. bei 48 %.

Die Durchführung eines solchen intensiven verhaltenstherapeutischen Trainingsprogramms stellt hohe Anforderungen an die Eltern (oder andere Personen, die als Co-Therapeuten angeleitet werden). Sie müssen sich viel Zeit für die Übungen nehmen oder die Durchführung von Assistenzkräften koordinieren und die Kinder zur Mitarbeit bei den Übungen motivieren (Grindle et al. 2009; Granger et al. 2012).

Im deutschsprachigen Raum wurde eine adaptierte Form eines intensiven verhaltenstherapeutischen Programms („Bremer Elterntrainingsprogramm", BET; Cordes/Petermann 2001; Cordes/Cordes 2009) entwickelt und eine Pilotstudie an sechs Kindern von Cordes/Cordes (2006) vorgelegt. Die Eltern wurden dabei intensiv angeleitet, bis sie mit Unterstützung von Studierenden als Co-Therapeuten ein individuell angepasstes Übungsprogramm im Umfang von 20-30 Stunden pro Woche zuhause durchführen konnten. Sie wurden engmaschig von den Autoren bzw. Therapeuten aus dem regionalen Autismus-Therapiezentrum supervidiert. Die laufende Dokumentation der Lernfortschritte und Videoaufzeichnungen belegten, dass die Kinder Fortschritte in der Aufnahme von Blickkontakt, in der Aufmerksamkeitsabstimmung, in der Imitationsfähigkeit und im Sprachverständnis machten. In geringerem Maße, aber auch erkennbar waren Fortschritte in den Spielfähigkeiten und der expressiven Sprache. Allerdings brachen zwei von sechs Familien die Therapie vorzeitig wegen der hohen Belastung ab.

In Deutschland gibt es bisher nur wenige Experten, die in der Lage sind, Eltern in intensiven verhaltenstherapeutischen Trainings dieser Art anzuleiten und zu supervidieren. Auch in regionalen Autismus-Therapiezentren gehört das Programm nicht zur Standardversorgung von Kindern mit autistischen Störungen im frühen Kindesalter. Die Kostenübernahme durch Krankenkassen oder Sozialhilfeträger ist nicht einheitlich geregelt.

Förderung von Schlüsselkompetenzen im Alltag

Im Gegensatz zum Lernen in diskreten Lernformaten geht es bei der Förderung von Schlüsselkompetenzen in sogenannten „natürlichen Lernformaten" darum, im Alltag auftretende Stimuli und Verstärker flexibel zu nutzen, um mit den Kindern kommunikative und soziale Verhaltensweisen einzuüben. Dazu werden im Alltag gezielt Situationen gestaltet, bei denen die Kinder Wahlmöglichkeiten haben (und ihre Präferenz mitteilen) bzw. vertraute Handlungsrituale unterbrochen werden, so dass die Kinder motiviert werden, die Fortsetzung „einzufordern". Auf diese Weise sollen Kompetenzen zur Imitation, die Eigeninitiative zum sozialen Austausch und zur Abstimmung der Aufmerksamkeit mit dem Erwachsenen („joint attention") geübt werden.

Eltern oder pädagogische Fachkräfte bedürfen einer intensiven Anleitung, damit die Häufigkeit von Übungsgelegenheiten im Alltag der nahekommt, mit denen Trainingsprogramme im diskreten Lernformat durchgeführt werden. Eine Verbesserung der Eltern-Kind-Interaktion und ein Zuwachs von sprachlichen und sozialen Kompetenzen kann jedoch auch bei der gezielten Förderung im natürlichen Alltagskontext nachgewiesen werden (Mahoney/Perales 2003; Peters-Scheffer et al. 2010).

> Dies gilt auch, wenn die Förderung im Kindergarten stattfindet. Landa et al. (2011) leiteten Erzieher im Kindergarten an, jeweils zwei Stunden pro Tag gezielt die soziale Imitation, gemeinsame Aufmerksamkeit und affektive Abstimmung bei Kindern mit einer Autismus-Spektrum-Störung zu fördern. Auch in dieser Studie ergab sich ein deutlicher Anstieg des vom Kind selbst initiierten sozialen Austausches und des Blickkontakts.
>
> Dawson et al. (2010) wiesen in einer randomisierten Kontrollgruppenstudie die Wirksamkeit solcher Interventionen in Kleingruppen nach. Die Kinder besuchten diese Gruppen für vier bis fünf Stunden am Tag; die Gruppen bestanden jeweils aus sechs Kindern und wurden von zwei Fachkräften mit autismusspezifischer Fortbildung geleitet.
>
> Eine der wenigen vergleichenden Studien stammt von Charlop-Christy/ Carpenter (2000). Dabei wurde die Effektivität der Förderung in diskreten und natürlichen Lernformaten in Bezug auf die Sprachfortschritte der Kinder miteinander verglichen. Übungen im diskreten Lernformat führten zu rascheren Fortschritten in imitativem und spontanem Sprechen in der Einzelsituation; diese generalisierten aber nicht auf den Alltag. Bei Übungen im natürlichen Lernformat waren die Fortschritte langsamer, generalisierten aber auf Alltagssituationen.

Die Forschungsergebnisse sprechen dafür, dass sowohl Übungen im diskreten als auch im natürlichen Lernformat grundsätzlich wirksam sind, sofern sie mit hoher Intensität, über einen hinreichend langen Zeitraum und mit dem Fokus auf die Kernsymptome einer autistischen Störung durchgeführt werden (Strain et al. 2011). Von einer Förderung in natürlichen Lernformaten profitieren vor allem jene Kinder, die bereits vor Beginn der Förderung vokalisieren, ein gewisses Interesse an Spielzeug und sozialem Kontakt und nur ein geringes Maß an Selbststimulationen zeigen (Sherer/Schreibman 2005).

Diskrete und natürliche Lernformate lassen sich miteinander verbinden. Bernard-Opitz (2007) legten mit dem Programm „Structured Teaching for Exceptional Pupils" (STEP) ein Curriculum in deutscher Sprache vor, das Übungshinweise für die Förderung von gemeinsamer Aufmerksamkeit und Blickkontakt,

Zuordnungs- und Imitationsfähigkeiten, Sprachverständnis, Kommunikation, Spiel- und Sozialverhalten sowie zur praktischen Selbstversorgung im Alltag enthält.

Kitzerow et al. (2014) berichten über erste Erfahrungen mit dem „Frankfurter Frühinterventionsprogramm" (FFIP) für Vorschulkinder mit einer Autismus-Spektrum-Störung. Das Therapieprogramm ist auf die Förderung von sozialer Motivation, Sprachverständnis und Kommunikation sowie Spielverhalten und alltagspraktischen Fähigkeiten ausgerichtet, verwendet autismus-spezifische verhaltenstherapeutische Methoden und kombiniert ebenfalls Übungen im diskreten und natürlichen Lernformat. Es wurde über drei Jahre mit einer Intensität von zwei Stunden pro Woche ambulant im Frankfurter Autismus-Therapiezentrum durchgeführt. In einer Pilotstudie mit 25 Kindern zeigten sich auch bei dieser relativ niedrigen Intensität Fortschritte im Bereich der Sprache, der adaptiven Kompetenzen und der Verhaltensregulation.

Elterntraining in Gruppen

Eltern von Kindern mit Autismus-Spektrum-Störung erleben sich als hoch und dauerhaft belastet (u. a. Sarimski 2016b). Angebote von Elterngruppen können daher die individuelle Förderung sinnvoll ergänzen und die Kompetenzen der Eltern zur Bewältigung der erzieherischen Herausforderungen im Alltag stärken. Probst (2003) entwickelte ein Konzept für ein Elterntraining, bei dem die Vermittlung von Strategien zur Förderung und zum Umgang mit Verhaltensproblemen im Alltag mit der Vermittlung von Wissen über die Ursachen, Behandlung und familiären Auswirkungen von Autismus verbunden wurde. Das Training umfasst drei Trainingstage im Abstand von je einem Monat. Eine Evaluationsstudie mit 24 Eltern von Kindern mit einer autistischen Störung im Schulalter belegte eine hohe Zufriedenheit der teilnehmenden Eltern mit dem Format und der Durchführung des Elterntrainings und positive Effekte auf die Eltern-Kind-Interaktion und die familiäre Adaptation.

McConachie/Diggle (2007) analysierten zehn (teilweise randomisierte Kontrollgruppen-)Studien zur Wirksamkeit von Elterntrainings bei Kindern mit Autismus-Spektrum-Störungen. Die Meta-Analyse bestätigte einen positiven Effekt auf den Wissensstand der Mütter über das Störungsbild und ihre erlebte psychische Belastung sowie eine Verbesserung des Kommunikationsstils.

Im deutschen Sprachraum überprüften Sprenger et al. (2015) die Wirksamkeit eines adaptierten Triple-P-Trainings (Sanders et al. 2004) bei 13 Eltern von Kindern mit Autismus-Spektrum-Störung im Alter zwischen vier und zwölf Jahren. Das Training fand über einen Zeitraum von 14 Wochen mit acht Gruppensitzungen statt. Im Vergleich zu einer Wartelisten-Kontrollgruppe reduzierten sich die Verhaltensauffälligkeiten der Kinder und verbesserten sich Erziehungsfertigkeiten in der Selbsteinschätzung der Eltern. Es handelte sich allerdings nur um geringe oder mittelgradige Effekte. Keine Veränderungen ergaben sich bezüglich der elterlichen Belastung und der autistischen Kernsymptomatik.

Fröhlich et al. (2014) konzentrierten sich bei der Entwicklung des „Training Autismus – Sprache – Kommunikation" (TASK) auf die Förderung sozial-kommunikativer Fähigkeiten bei Kindern mit autistischer Störung im Alter von drei bis sechs Jahren. Das Training beruht auf dem „Heidelberger Elterntraining zur frühen Sprachförderung" (HET; Buschmann 2011) und seiner Adaptation für Kinder mit globaler Entwicklungsstörung (HET-GES; Buschmann/Jooss 2012). Es hat das Ziel, dass Eltern sich mit ihrem eigenen kommunikativen Verhalten auseinandersetzen, kindliche sozial-kommunikative Signale sensibel wahrnehmen, auf kommunikative Angebote des Kindes reagieren und bewusster gemeinsame Aufmerksamkeit initiieren. Durch das Gruppensetting sollen die Eltern darüber hinaus in Austausch mit anderen Eltern kommen und in ihrer Kompetenz, Motivation und ihrem Durchhaltevermögen bei der Förderung ihrer Kinder gestärkt werden.

Eine erste Evaluation erfolgte bei zwölf Eltern. Es wurden u. a. Videoaufzeichnungen der Eltern-Kind-Interaktion angefertigt und mit einer Kontrollgruppe von Kindern verglichen, die die regional übliche Versorgung durch Ergo- oder Sprachtherapeuten erhalten hatten und einen heilpädagogischen Kindergarten besuchten. Die Auswertung zeigte eine positive Veränderung im Kommunikationsverhalten der Eltern und in der Häufigkeit, mit der die Kinder den sozialen Austausch initiierten. Im Follow-up ergab sich auch im Elternfragebogen ein deutlicher Zuwachs im produktiven Wortschatz der Kinder (Gruber et al. 2014).

Förderung alternativer Kommunikationsformen

Die Förderung der (laut-) sprachlichen Fähigkeiten nach operanten Prinzipien ist ein wesentlicher Bestandteil aller Frühförderprogramme für Kinder mit einer Autismus-Spektrum-Störung. Darüber hinaus wurden verschiedene Methoden zum Aufbau alternativer Kommunikationsformen (Unterstützte Kommunikation) entwickelt, die bei Kindern eingesetzt werden können, die (zunächst noch) keine ausreichenden Fortschritte bei der sprachlichen Förderung machen.

Das Picture Exchange Communication System (PECS) ist eine Methode der Unterstützten Kommunikation für Kinder mit ausgeprägten autistischen Symptomen. Die Grundidee besteht darin, dass ein Kind einem Kommunikationspartner eine Bildkarte überreicht, auf der Objekte oder Aktivitäten abgebildet sind, die es sich wünscht (Bondy/Frost 2001). Der Kommunikationspartner nimmt die Karte, hält sie an den Mund und spricht für das Kind (z. B. „Keks"). Der Wunsch des Kindes wird sofort erfüllt. Es handelt sich somit zunächst um ein System, mit dem einfache Wünsche und Bedürfnisse ausgedrückt werden können, ohne dass Voraussetzungen wie gemeinsame Aufmerksamkeit, Blickkontakt oder Imitation erforderlich sind. Es erfüllt damit für das Kind unmittelbar eine kommunikative Funktion und setzt – anders als der Erwerb von Gebärden als Verständigungsmittel – keine Nachahmungsfähigkeiten oder Blickkontakt voraus.

Checkliste: Methodisches Vorgehen im PECS-Programm

- Als Erstes wird eine Verstärkeranalyse durchgeführt. Dazu wird dem Kind am Tisch eine Auswahl von Dingen (z. B. Spielzeuge, Lebensmittel) präsentiert, um zu beobachten, was es interessiert bzw. mag und was nicht; diese Beobachtungen werden im Alltag ergänzt, bis ein zuverlässiger Überblick über die Vorlieben des Kindes erreicht ist. Der Übungspartner wird sie in kleinen Portionen zur Verfügung stellen, so dass möglichst viele Gelegenheiten zum Üben entstehen und die Motivation des Kindes aufrecht erhalten bleibt.
- Das Kind bekommt für jeden kommunikativen Teilschritt direkt seinen Wunsch erfüllt, d. h., sein Kommunikationsversuch wird unmittelbar belohnt. Zusätzlich wird es durch Lob sozial verstärkt.
- Der Kommunikationsversuch wird in einfache Handlungsschritte unterteilt. Sobald eine anfängliche Aufmerksamkeit des Kindes erreicht ist, wird es bei jedem Schritt durch eine Assistenz unterstützt, so dass eine mögliche Frustration vermieden wird.

Das Training erfolgt in sechs systematisch aufeinander aufbauenden Phasen, bei denen das Kind lernt, einzelne Bildkarten spontan zur Vermittlung von Wünschen oder Bedürfnissen zu übergeben, zwischen verschiedenen Bildkarten zu wählen und dann Bildkarten zu Satzstrukturen zu kombinieren (z. B. „Ich möchte …"), Fragen zu beantworten oder Ereignisse zu kommentieren (Lechmann et al. 2009). Die Ergebnisse von randomisierten Kontrollgruppenstudien belegen, dass die ersten beiden Phasen auch von Kindern bewältigt werden, die zunächst über keinerlei funktionale Kommunikationsfähigkeit verfügen (Preston/Carter 2009).

Umstrittene Therapieansätze

Angesichts der schweren Belastung der Eltern-Kind-Interaktion, die mit den Kernsymptomen einer autistischen Störung verbunden ist, ist es verständlich, dass viele Eltern auch Hoffnung auf Therapieformen setzen, die eine Heilung des Störungsbildes versprechen. In der Beratung ist es wichtig, die Eltern über die fragwürdigen Grundannahmen, mögliche Risiken bei der Durchführung und unzureichende wissenschaftliche Nachweise für ihre Wirksamkeit aufzuklären. Ausführliche kritische Bewertungen dieser Therapieformen haben Freitag (2008) und Nußbeck (2009) vorgenommen.

Zu den umstrittenen Therapieansätzen gehört die Festhaltetherapie, die in Deutschland zunächst von Prekop (1999) propagiert wurde. Sie geht von der Annahme einer schweren Beziehungsstörung als Ursache der autistischen Symptome aus und empfiehlt, den Widerstand des Kindes gegen den Kontakt durch (teilweise über Stunden) ausgedehntes Festhalten zu überwinden. Es liegen keine kontrollierten Studien zur Wirksamkeit vor. Da durch die Maßnahmen negative Folgen für die Mutter-Kind-Beziehung zu befürchten sind und die Durchführung für Kind und Eltern in hohem Maße körperlich und emotional belastend ist, sollte diese Therapie bei Kindern mit einer Autismus-Spektrum-Störung nicht durchgeführt werden.

Auch für die Wirksamkeit der „Auditorischen Integrationstherapie" nach Berard oder Tomatis fehlt es an wissenschaftlichen Nachweisen. Diese Therapieform beruht auf der Annahme, dass das Hören elektronisch modulierter oder gefilterter Musik bzw. der Mutterstimme über Kopfhörer die auditorische Perzeption der Kinder und die soziale Kontaktbereitschaft mit den Eltern verbessern könne. In randomisierten Kontrollgruppenstudien konnte kein spezifischer Effekt auf die Entwicklung der Kinder nachgewiesen werden (Mudford et al. 2000).

Eine gewisse Faszination auf Eltern übt die Delphin-Therapie aus. Dabei wird den Delphinen eine besondere Sensibilität für die Bedürfnisse von Kindern mit Verhaltensauffälligkeiten und eine stressreduzierende Wirkung zugeschrieben, die die Kontakt- und Lernbereitschaft der Kinder fördert. Es liegen mehrere Verlaufsstudien vor, bei denen die Eltern von Kindern, die an einer mehrwöchigen Delphin-Therapie teilgenommen haben, Verbesserungen in der nonverbalen Kommunikationsfähigkeit und in sozial-emotionalen Kompetenzen der Kinder berichten (Nathanson 1998; Kohn 2004; Breitenbach et al. 2006). Es handelt sich jedoch jeweils um subjektive Einschätzung der Eltern, die nicht durch unabhängige Beobachtungen (z. B. durch die Fachkräfte, die das Kind im heimatlichen Kontext fördern) bestätigt wurden. Es liegen keine Ergebnisse von randomisierten Kontrollgruppen-Studien vor, so dass nicht nachgewiesen ist, dass die beobachteten Veränderungen im Verhalten der Kinder auf das therapeutische Konzept zurückgeführt werden können.

Soziale Teilhabe im Kindergarten

Die schwere Störung der Kommunikation und die Besonderheiten des Spielverhaltens bringen es mit sich, dass Kinder mit einer Autismus-Spektrum-Störung ihr Spiel kaum mit dem anderer Kinder in Beziehung bringen können. Sie suchen sehr viel seltener Kontakt als Kinder mit anderen Behinderungsformen, reagieren seltener auf Kontaktangebote anderer Kinder und verbringen wesentlich mehr Zeit allein. Wenn sie auf die anderen Kinder zugehen, sind ihre Versuche zur sozialen Kontaktaufnahme meist nicht eindeutig erkennbar und schlecht auf das laufende Geschehen abgestimmt. Es ist für die anderen Kinder schwer zu erkennen, was das Kind möchte oder freut, so dass sie oft ignoriert werden (Sigman et al. 1999).

Kinder mit einer Autismus-Spektrum-Störung benötigen für die soziale Teilhabe in der Kindertagesstätte strukturierte Hilfen und spezifische Anleitung zur sozialen Beteiligung. Da sie auf Veränderungen von gewohnten Abläufen sehr erregt reagieren können, ist es sehr wichtig, für vorhersagbare, sich wiederholende Schemata und Rituale im Alltag zu sorgen und Übergänge von einer Aktivität zur anderen durch möglichst klare visuelle Signale anzukündigen. Das TEACCH-Konzept („Treatment and Education of Autistic and related Communication Handicapped Children"; Häußler 2005) bietet dazu viele hilfreiche Hinweise. Die Strukturierung von Aktivitäten erfolgt dabei über visuelle Pläne, farbige Kennzeichnung von Gegenständen, Zeitmesser und andere Hilfen, die den Kindern die Verarbeitung komplexer Reize in Alltagssituationen, das Erkennen ihrer Bedeutung und die Organisation von Handlungsschritten erleichtern (Meadan et al. 2011).

Das wichtigste Ziel der Förderung von Kindern mit einer Autismus-Spektrum-Störung im Kindergarten ist der Aufbau sozialer Kompetenzen. Wie in den beschriebenen Therapiekonzepten mit natürlichen Lernformaten geht es darum, die Motivation von Kindern zur sozialen Kontaktaufnahme zu fördern und Schlüsselkompetenzen im sozialen Kontext der Gruppe gezielt durch operante Methoden aufzubauen. So können die Kinder z. B. angeleitet werden, andere Kinder zu begrüßen, sie nachzuahmen, auf ihre Fragen zu antworten, sie um die Erlaubnis zu bitten und sich an einem Spiel zu beteiligen. Eine solche direkte Anleitung sozialer Fertigkeiten fördert die sozialen Kontakte und wirkt der tiefgreifenden Isolierung der Kinder entgegen.

Auch die anderen Kinder der Gruppe brauchen allerdings eine systematische Anleitung, um zu wissen, wie sie mit den ausbleibenden oder manchmal bizarr wirkenden Verhaltensweisen autistischer Kinder umgehen können. Goldstein et al. (1992) und Strain/Schwartz (2001) entwickelten dazu Therapieansätze für die Arbeit in Kleingruppen. Das Spielzimmer sollte dabei nur spärlich mit Spielsachen ausgestattet sein, um das Kind mit einer autistischen Störung nicht abzulenken. Die nicht behinderten Kinder werden angeleitet, wie sie gemeinsame Aufmerksamkeit mit dem Kind mit autistischer Störung herstellen, die gerade stattfindende Aktivität kommentieren und auf Ansätze zur Interaktion des Kindes mit ihnen eingehen können.

Wolfberg et al. (1999) erprobten einen weniger stark strukturierten Ansatz in integrativen Spielgruppen, die zweimal in der Woche über sechs bis zwölf Monate stattfinden. Die Gruppenstärke wird auf drei bis fünf Kinder begrenzt. Spontane Ansätze der Kinder mit Autismus-Spektrum-Störung, im Spiel Kontakt mit anderen Kindern aufzunehmen, werden vom begleitenden Erwachsenen verstärkt. Fallstudien zeigen, dass sich die Fähigkeit der Kinder zur Koordination gemeinsamer Aufmerksamkeit und zur Beteiligung an symbolischem Spiel verbesserte und die Kinder auch sprachliche Fortschritte machten (Zercher et al. 2001).

ZUSAMMENFASSUNG

Frühe Regulationsstörungen können durch videogestützte, entwicklungspsychologisch fundierte Beratungsansätze erfolgreich behandelt und damit Beziehungsstörungen zwischen Eltern und Kind vorgebeugt werden.

Aufmerksamkeits- und Hyperaktivitätsstörungen, Störungen des Sozialverhaltens und emotionale Störungen gehören zu den häufigsten sozial-emotionalen Störungsbildern im Vorschulalter. Sie belasten die familiären Beziehungen und stellen die Fachkräfte in Kindertagesstätten vor besondere Herausforderungen. Frühförderstellen können Eltern- und Erziehertrainings anbieten, um die erzieherischen Kompetenzen zu stärken. Sie haben sich in dieser Altersgruppe als wirksame Präventions- und Interventionsmaßnahmen bei diesen Störungsbildern erwiesen.

Bei Autismus-Spektrum-Störungen liegen umfassende Beeinträchtigungen der sozialen Interaktion und Kommunikation vor. Ihre Diagnose setzt fachspezifische Expertise voraus. Bei Autismus-spezifischen Behandlungsmaßnahmen lassen sich Übungen in „diskreten Lernformaten" und Interventionen im natürlichen Alltagskontext unterscheiden. Beide Formen sind wirksam, wenn sie hinreichend intensiv und langfristig durchgeführt und auf die Kernmerkmale des Störungsbildes ausgerichtet werden. Auch für die Teilhabe am sozialen Alltag in Kindertagesstätten bedarf es jedoch gezielter Interventionen, zu denen die Fachkräfte der Frühförderstelle die pädagogischen Mitarbeiter in den Einrichtungen anleiten können.

2.5 Förderung der Entwicklung unter der Bedingung einer Hörschädigung

Kinder mit Hörschädigungen bedürfen einer speziellen Frühförderung, die von Sonderschulen mit dem Förderschwerpunkt „Hören" angeboten wird. Beeinträchtigungen des Hörvermögens können jedoch auch in Kombination mit anderen Entwicklungsstörungen auftreten. Daher ist es für alle Fachkräfte in der Frühförderung wichtig, sich Grundkenntnisse über die Sprachentwicklung unter den Bedingungen einer Hörschädigung, die Fördermöglichkeiten sowie den Unterstützungsbedarf für die soziale Teilhabe anzueignen.

2.5.1 Sprachentwicklung hörgeschädigter Kinder

> **BEISPIEL**
>
> **Frühe Entwicklung unter den Bedingungen einer Hörschädigung**
>
> Samuel wurde termingerecht geboren. Bei der Durchführung des Neugeborenen-Screenings in der Entbindungsklinik ergab sich ein auffälliger Befund. Die ausführliche Hördiagnostik bestätigte im Alter von zwei Monaten den Verdacht einer hochgradigen Schwerhörigkeit. Für die Eltern war diese Diagnose zunächst ein Schock.
>
> Nach der Überweisung an eine Fachklinik wurden sie über die Möglichkeit einer Cochlea-Implantation informiert. Die Fachärzte stellten auch rasch einen Kontakt zur zuständigen Frühförderstelle her. In den Beratungsgesprächen entwickelten die Eltern dann schnell eine gewisse Zuversicht, dass Samuel sich trotz der Hörschädigung über Lautsprache würde verständigen lernen und sie den besonderen Herausforderungen, die mit seiner Förderung verbunden sind, gewachsen sein werden.
>
> In der Entwicklungsbegleitung in den ersten beiden Lebensjahren schätzten sie insbesondere die Beratung der Fachkraft der Frühförderung, wie sie ein natürliches hörgerichtetes Sprachangebot gestalten und die besonderen Bedürfnisse Samuels dabei beachten konnten. Mit zwei Jahren hatte er einen Wortschatz und erste Wortkombinationen entwickelt, die dem Entwicklungsstand anderer Kinder dieses Alters weitgehend entsprachen. Während die Kommunikation im häuslichen Rahmen gut gelang, machten die Eltern sich allerdings Sorgen, ob er sich künftig im Kindergarten mit den anderen Kindern wird verständigen können und als Spielpartner akzeptiert werden wird.

Klassifikation, Ursachen und frühe Versorgung

Eine angeborene Hörschädigung liegt bei ein bis zwei Kindern pro tausend Geburten vor. Darüber hinaus kann eine Hörschädigung als Folge von Erkrankungen auch im Verlauf der Entwicklung (vor oder nach dem Spracherwerb, d. h. prä- oder postlingual) entstehen oder einen progressiven Verlauf nehmen.

Nicht alle Hörschädigungen können daher bereits unmittelbar nach der Geburt diagnostiziert werden.

Ein wesentlicher Fortschritt für die Früherkennung ist jedoch mit dem Neugeborenen-Hörscreening gelungen, das in Deutschland im Jahre 2009 flächendeckend eingeführt wurde. Danach wird bei allen Kindern in den ersten Tagen nach der Geburt eine orientierende Untersuchung des Hörvermögens mittels Otoakustischer Emissionen (OAE; Beurteilung der Trommelfellbeweglichkeit) durchgeführt. Es handelt sich um eine einfache Messung, die im Schlaf möglich ist. Bei einem auffälligen Befund werden die Untersuchungen innerhalb von zwei bis vier Wochen wiederholt und dann ggf. eine ausführliche Hördiagnostik und Versorgung des Säuglings eingeleitet (Bogner/Diller 2009).

Beratungsbedarf im Kontext des Neugeborenenscreenings

Bei 2 bis 4 % aller Kinder in Neugeborenenstationen finden sich auffällige Befunde beim Erstscreening. Das Screening ist effizient, d. h., fast alle Kinder mit angeborenen Hörschäden werden damit korrekt identifiziert, geht allerdings auch mit einer hohen Zahl von falsch auffälligen Befunden einher, die bei der Wiederholung oder einer ausführlichen Hördiagnostik revidiert werden. Dies bedeutet, dass die Eltern, deren Kinder beim Erstscreening auffällig sind, eine Phase der Verunsicherung erleben. Ihre Sorgen müssen in einer fachlich kompetenten Beratung ernst genommen werden. Dazu gehört eine schriftliche und ausführliche mündliche Aufklärung über die (Grenzen der) Aussagekraft des Screenings und die nächsten Schritte der Diagnoseklärung.

Im Kontext der Diagnosevermittlung ist die Anbahnung eines frühzeitigen Kontakts zu einer Frühförderstelle angezeigt, damit sie dort weiterführende Informationen zu den Fördermöglichkeiten erhalten. Die Anwesenheit aller Familienmitglieder bei dieser Beratung ist wichtig (Laugen 2013). In der Rehabilitation sollten die Fragen der psychosozialen Entwicklung und der Förderung der Sprachentwicklung eine ebenso große Beachtung finden wie die technischen Fragen der Hörgeräteversorgung oder CI-Implantation, die verständlicherweise für den Mediziner im Vordergrund stehen.

Durch das Neugeborenen-Hörscreening besteht heutzutage eine hohe Wahrscheinlichkeit, dass Kinder mit pränatal angelegten Hörschädigungen bereits in den ersten drei Lebensmonaten identifiziert und spätestens bis zum Alter von sechs Monaten mit Hörgeräten versorgt werden können.

Es wird zwischen Schallempfindungs- und Schallleitungs-Schwerhörigkeit sowie zwischen verschiedenen Schweregraden der Hörschädigung unterschieden, die nach Hörschwellen abgegrenzt werden. Bereits Kinder mit einer leichten Hörschädigung (25 bis 40 dB) haben Schwierigkeiten, sprachliche Einzelheiten (z. B. grammatische Markierungen) wahrzunehmen und einem Gespräch zu folgen. Kinder mit einer mittelgradigen Hörschädigung (40 bis 70 dB) sind mit dem Verstehen sprachlicher Äußerungen zumindest in geräuschvoller Umgebung überfordert und haben Schwierigkeiten beim Wortschatzerwerb und beim Erwerb morphologisch-syntaktischer Regeln zur Satzbildung. Bei Kindern mit einer schweren Hörschädigung (70 bis 90 dB) oder hochgradigen Hörschädigung bzw. Gehörlosigkeit (> 90 dB) ist die Sprachverarbeitung dauerhaft beeinträchtigt. Auch diese Gruppe kann jedoch bei früher Versorgung mit Hilfsmitteln intensiv beim Erwerb der Lautsprache unterstützt werden. Alternativ können Kinder mit einer schweren Hörschädigung lernen, sich in der Deutschen Gebärdensprache (DGS) zu verständigen.

Eine Hörschädigung mittleren oder hohen Grades erfordert die Versorgung mit einem Hörgerät, das die Lautstärke des akustischen Inputs verstärkt. Da die Ausprägung einer Hörminderung in den verschiedenen Frequenzbereichen variieren kann, muss das Hörgerät optimal an die individuelle Hörkurve des Kindes angepasst werden. Sie wird durch ein Audiogramm in einer audiologischen Untersuchung ermittelt, welches die Hörschwellen des Kindes in Abhängigkeit von den Frequenzen der angebotenen Hörreize darstellt (Bogner/Diller 2009).

Eine angeborene Hörschädigung kann auf genetische Ursachen zurückzuführen sein, auf eine pränatale Infektion oder auf eine unzureichende Sauerstoffversorgung unter oder kurz nach der Geburt. Sie kann im Kontext einer Frühgeburt oder zusammen mit anderen körperlichen Fehlbildungen im Rahmen pädiatrischer Syndrome (z. B. Treacher-Collins-Syndrom, Apert-Syndrom, Down-Syndrom) auftreten. Risikofaktoren für die Ausbildung einer Hörschädigung nach der Geburt sind Infektionen wie Mumps oder Masern, eine bakterielle Meningitis, eine Hirnverletzung durch einen Unfall oder die Gabe hochdosierter Medikamente (z. B. Aspirin). Wiederkehrende Mittelohrentzündungen können zu einer Schallleitungs-Schwerhörigkeit führen, die die Sprachwahrnehmung ebenfalls beeinträchtigt. Etwa 10 % der Kinder mit hochgradigen Hörschädigungen haben Eltern mit Hörschädigungen.

Alternativ zur Versorgung mit einem Hörgerät kann bei schweren oder hochgradigen Hörschädigungen ein Cochlea-Implantat unter die Kopfhaut eingesetzt werden. Dabei handelt es sich um ein kleines Gerät, dessen Elektroden die Funktion der geschädigten Hörschnecke kompensieren, die akustischen Reize aufnehmen und an die cortikalen Verarbeitungsstrukturen weiterleiten. Durch beide Maßnahmen kann die Sprachwahrnehmung für das Kind wesentlich verbessert, jedoch kein vollständig unbeeinträchtigtes Hörvermögen erreicht werden. Zur optimalen Versorgung älterer Kinder gehört zusätzlich eine Frequenz-Modulations-(FM-)Anlage. Dabei wird das Gerät des Kindes kabellos mit einem Mikrophon verbunden, das die Sprachäußerungen eines Sprechers in einer Situation (z. B. im Kindergarten oder später in der Schule) gezielt verstärkt und Störreize aus der Umgebung ausblendet.

Diagnostik bei hörgeschädigten Kindern

Grundsätzlich gelten für Kinder mit Hörschädigungen, bei denen keine zusätzlichen kognitiven Beeinträchtigungen vorliegen, die gleichen Erwartungen an den Entwicklungsverlauf wie bei gut hörenden Kindern. Das bedeutet, dass ihr rezeptiver und expressiver Sprachstand, ihre phonologischen Kompetenzen und die Verständlichkeit ihrer Artikulation mit den gleichen standardisierten Verfahren beurteilt werden können, die auch bei Kindern mit unbeeinträchtigtem Hörvermögen eingesetzt werden. Auf diese Weise kann eine Aussage getroffen werden, inwieweit die Sprachentwicklung dem Durchschnitt der Altersgruppe entspricht oder von ihm abweicht. Zusätzlich kann der Vergleich auf das sogenannte Höralter bezogen werden, d. h., für den Vergleich der sprachlichen Leistungen wird nicht das Lebensalter des Kindes herangezogen, sondern der Zeitraum seit der Versorgung des Kindes mit einem Hörgerät oder Cochlea-Implantat.

Eine spezielle Herausforderung stellt die Einschätzung der Sprachkompetenzen bei Kindern da, die auch oder ausschließlich gebärdensprachlich gefördert werden. Bislang liegen für den deutschen Sprachraum keine standardisierten und normierten Sprachtests für diese Fragestellung vor. Bei jüngeren Kindern kann sich der Untersucher in diesem Fall einen Eindruck vom Wortschatzumfang verschaffen über Elternfragebögen (z. B. ELFRA oder FRAKIS; Kap. 2.1), bei denen er die Eltern bittet, neben den lautsprachlichen Kompetenzen die Fragen auch auf der Grundlage der Gebärdenkompetenzen des Kindes zu beantworten. Diese Angaben können dann zwar nicht mit den Entwicklungsnormen des Fragebogens verglichen, jedoch zur Beurteilung der individuellen Fortschritte eines Kindes im Verlauf genutzt werden. Grammatische und morphologische Kompetenzen auf einem höheren Sprachniveau sind damit jedoch nicht adäquat zu erfassen, da sich in dieser Hinsicht Gebärden- und Lautsprache unterscheiden.

Die kognitiven Fähigkeiten eines hörgeschädigten Kindes sollten mit einem sprachfreien Intelligenztest beurteilt werden. Für die Altersgruppe der zwei- bis siebenjährigen Kinder steht dazu die Snijders-Oomen Non-verbale Intelligenztestreihe (SON-R) zur Verfügung, bei der die Instruktionen der Aufgaben mit Gebärden verdeutlicht und an Beispielen vermittelt werden können und keine sprachlichen Antworten des Kindes erforderlich sind (Kap. 1.3).

Einflüsse auf den Sprachentwicklungsverlauf

Kinder mit einer Hörschädigung befinden sich in einer besonderen Entwicklungssituation.

In multizentrischen Verlaufsstudien an umfangreichen Stichproben zeigt sich jedoch der Erfolg einer frühen Versorgung und Förderung. Viele Kinder erreichen einen im Wesentlichen altersgemäßen Sprachentwicklungsstand (Hintermair/Sarimski 2014; Moeller et al. 2016). So dokumentierten z. B. Meinzen-Derr et al. (2011) bei 328 Kindern (ohne zusätzliche Behinderungen) einen durchschnittlichen rezeptiven und expressiven Sprachentwicklungsstand, in Bezug auf das Höralter bei den Kindern, bei denen die Frühförderung vor dem sechsten Lebensmonat begonnen wurde. Das bestätigt sich auch in Untersuchungen im deutschen Sprachraum (Ullherr/Ludwig 2014; Streicher 2014).

Die Ergebnisse der Langzeitstudien zeigen aber auch eine beträchtliche individuelle Variabilität in der Entwicklung des Wortschatzes, der syntaktischen und morphologischen Kompetenzen (Baldassari et al. 2009; Geers et al. 2003; Niparko et al. 2010). Das gilt sowohl für Kinder, die mit Hörgeräten versorgt sind (Tomblin et al. 2014) als auch für Kinder mit Cochlea-Implantat (Geers/Nicholas 2013; Ching et al. 2013).

Folgende Einflussfaktoren auf die Variabilität der Sprachentwicklungsverläufe haben sich empirisch belegen lassen (u. a. Duchesne et al. 2009; Niparko et al. 2010; Boons et al. 2012; Abb. 9):

- Zeitpunkt der Diagnose der Hörschädigung,
- Zeitpunkt der Versorgung mit einem Hörgerät oder CI,
- Qualität der Anpassung und Kontinuität der Nutzung der Hörhilfen,
- Zeitspanne, die seit der Anpassung vergangen ist (das „Höralter" der Kinder),

- allgemeine Qualität der familiären Umgebung, die u. a. vom Bildungsgrad der Eltern abhängt,
- elterliche Anpassung an die besonderen Bedürfnisse des hörgeschädigten Kindes in der alltäglichen Interaktion.

Neben diesen Versorgungs- und Umweltfaktoren hängt der Spracherwerb — wie bei Kindern mit unbeeinträchtigtem Hörvermögen — von den individuellen Voraussetzungen der Kinder ab und kann durch zusätzliche Beeinträchtigungen der allgemeinen kognitiven Entwicklung oder spezifische Schwächen im Bereich des verbalen Arbeitsgedächtnisses („phonologische Schleife") erschwert werden.

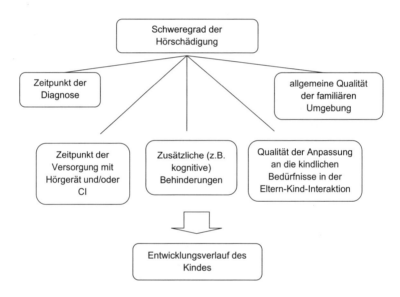

Abb. 9: Einflussfaktoren auf den Entwicklungsverlauf hörgeschädigter Kinder

Ein eingeschränkter Zugang zu Sprache hat nicht nur unmittelbare Auswirkungen auf die sprachliche Entwicklung, sondern beeinflusst auch den Wissenserwerb der Kinder, ihre Fähigkeit, eigene Gefühle wahrzunehmen, diese adäquat zu regulieren sowie ihre Fähigkeit, angemessene Problemlösefähigkeiten zu entwickeln (Calderon/Greenberg 2011).

Eltern-Kind-Interaktion

Eine besondere Herausforderung in der Entwicklung der Eltern-Kind-Interaktion unter den Bedingungen einer Hörschädigung stellt die Etablierung geteilter Aufmerksamkeit in der frühen Phase des Wortschatzerwerbs dar. Das Erkennen von Wortbedeutungen ist für hörgeschädigte Kinder dadurch erschwert, dass sie nicht — wie gut hörende Kinder — die sprachliche Information, die der Erwachsene zum „Thema" ihres momentanen Interesses beisteuert, beiläufig aufnehmen und integrieren können. Sie müssen ihre Aufmerksamkeit gezielter auf die Lautsprache (oder Gebärdensprache) des Erwachsenen lenken, u. U. sich seinem Gesicht zuwenden, um die Wortbildungen besser wahrnehmen zu können. Sie haben mehr Schwierigkeiten, Sprachangebote aus der Distanz wahrzunehmen, und benötigen mehr Lerngelegenheiten, bis sie ein Wort in ihr Lexikon integriert haben. Die Auswertung von Videoaufzeichnungen zeigt, dass sich frühe Eltern-Kind-Interaktionen in beträchtlichem Maße im Gelingen der wechselseitigen Aufmerksamkeitsabstimmung unterscheiden (Sarimski/Hintermair 2015).

Die Eltern können es dem Kind durch spezifische Anpassungen erleichtern, seine Aufmerksamkeit auf den sprachlichen Input zu lenken, indem sie ihre sprachlichen Beiträge reduzieren, so dass sie an Prägnanz gewinnen, kurze Sätze benutzen und darauf achten, dass sie selbst und die Objekte, auf die sich ihre Äußerungen beziehen, sich möglichst im Blickfeld des Kindes befinden (Diller, G. 2009).

Spezifische Aspekte des sprachlichen Inputs durch die Eltern erweisen sich als signifikante Prädiktoren der Sprachentwicklung hörgeschädigter Kinder. Sie wird z. B. durch kürzere Sprechersequenzen, begleitende Kommentare zu den kindlichen Handlungen, Expansionen der kindlichen Äußerungen und offene Fragen an das Kind gefördert (DesJardin/Eisenberg 2007; Szagun 2010; Cruz et al. 2013; Quittner et al. 2013). Diese Ergebnisse sprechen dafür, dass eine systematische Beratung der Eltern bei der Gestaltung der Eltern-Kind-Interaktion für den Sprachentwicklungsverlauf ebenso wichtig ist wie eine frühe Versorgung mit Hörgeräten oder Cochlea-Implantat (Yoshinaga-Itano 2003; Moeller/Cole 2016).

Generell machen hörgeschädigte Kinder von Eltern, die über einen höheren Bildungsstand verfügen und ein reichhaltigeres Sprachangebot machen, raschere Entwicklungsfortschritte. Die Entwicklungsbedingungen sind bei Kindern aus Familien mit Migrationshintergrund oft ungünstiger. In diesen Familien dominiert oft eine andere Familiensprache, es gibt wenig Kontakte zu deutschen

Familien, die Eltern haben wenig Kenntnisse über die Hörbehinderung ihres Kindes und beteiligen sich in geringerem Maße an der Förderung (Große 2005). Dem entsprechend verläuft die lautsprachliche Entwicklung bei vielen Kindern mit Migrationshintergrund deutlich langsamer als in Familien mit deutscher Familiensprache (Diller et al. 2000, Diller 2001).

2.5.2 Laut- und gebärdensprachliche Konzepte der Förderung

Nach einem auffälligen Befund im Neugeborenen-Hörscreening und der Bestätigung einer Hörschädigung durch eine audiologische Untersuchung stehen die Eltern vor der Entscheidung, ob sie für ihr Kind die Versorgung mit Hörgeräten oder einem Cochlea-Implantat wählen und ob sie ihr Kind rein lautsprachlich fördern, den hörgerichteten Ansatz durch die Anbahnung von Gebärden begleiten (bilingualer Ansatz) oder ausschließlich Gebärden als Verständigungsmittel anstreben wollen.

Modalität der Kommunikation

Die Beratung der Eltern in diesen Fragen gehört zu den Aufgaben der Fachkraft der Frühförderung. Sie müssen in Einzelgesprächen über die technischen Details der Versorgung mit Hörgeräten oder einem CI und den notwendigen Rehabilitationsprozess aufgeklärt werden. Viele Eltern wünschen sich dabei eine Beratung durch ein multiprofessionelles Team aus Audiologen, Operateur (im Falle der Entscheidung für ein CI) und Fachkräften der Frühförderung (Most/ Zaidman-Zait 2003).

Bei einer lautsprachlich-hörgerichteten Förderung ist das Ziel, die Aufmerksamkeit des Kindes auf die Wahrnehmung und die Verarbeitung von Lautsprache zu lenken; sie kann durch natürliche Gesten und das Üben des Ablesens von den Lippen unterstützt werden. Bei gebärdensprachlicher Förderung wird von Beginn an eine Verständigung über die Deutsche Gebärdensprache (DGS) angebahnt und die Verarbeitung von Lautsprache als Zweitsprache gefördert (bilinguale Förderung). Dieser Ansatz kann z. B. in Familien sinnvoll sein, in denen die Eltern selbst gehörlos sind und die Gebärdensprache benutzen. Darüber hinaus sind Kombinationen möglich. Laut- und Gebärdensprache können simultan in der Förderung eingesetzt werden oder die Verarbeitung der Lautsprache kann durch visuelle Hilfen unterstützt werden, bei denen Einzellaute und Silben von speziellen Handzeichen begleitet werden („cued speech"; lautsprachunterstützende Gebärden, LUG).

In Deutschland wird in vielen Frühförderstellen der lautsprachliche, hörgerichtete Ansatz in der Förderung von hörgeschädigten Kleinkindern bevorzugt; die Begleitung durch visuelle Hilfen oder die Entscheidung für die Gebärdensprache wird erst dann erwogen, wenn ein Kind keine befriedigenden Fortschritte beim Erwerb der Lautsprache macht (Hänel-Faulhaber 2013a). Vertreter einer bilingualen Frühförderung stehen dem als Minderheit gegenüber. Die Zahl der Frühförderstellen, die beide Konzepte anbieten, nimmt jedoch zu (Hennies 2010) und dass hörgeschädigte Kinder von einer frühen bilingualen Förderung profitieren können, wird nicht mehr bestritten (Hofmann/Hennies 2015). Gehörlose Kinder, die mit gehörlosen Eltern von Anfang an gebärdensprachlich zu kommunizieren lernen, entwickeln in dieser Modalität eine altersgemäße Sprachkompetenz.

Es fehlt allerdings an vergleichenden Studien zu der Frage, ob die lautsprachliche Förderung einem bilingualen Ansatz oder der Förderung der Gebärdenkompetenz bei Kindern hörender Eltern überlegen ist (Brennan-Jones et al. 2014). Eine der wenigen Kontrollgruppenstudien, die eine Überlegenheit der Förderung nach dem Konzept der lautsprachlich-hörgerichteten Methode gegenüber einem bilingualen Ansatz zeigt, verzichtete z. B. auf eine strenge Parallelisierung der Gruppen nach dem Bildungsstand und sozio-ökonomischen Status der Familien, was die Ergebnisse u. U. beeinflusst hat (Dettman et al. 2013).

Bei der Bewertung des Forschungsstandes ist grundsätzlich zu berücksichtigen, dass sich die Ausgangslage für die Kinder durch die wesentlichen Verbesserungen der Früherkennung und Versorgung seit 2009 sehr verändert hat. Erfahrungen zur langfristigen Entwicklung von Kindern, die unter den heute günstigeren Bedingungen aufwachsen, können daher noch nicht in ausreichendem Maße vorliegen.

Bimodal-bilinguale Förderung

Bei der Deutschen Gebärdensprache (DGS) handelt es sich nicht um eine Visualisierung der Lautsprache, sondern um ein eigenes Sprachsystem, das sich z. B. auf grammatischer Ebene in der Gebärdenwortstellung oder dem Flexionssystem von der Lautsprache unterscheidet. Jede Einzelgebärde kann — wie die Wörter der Lautsprache — in bedeutungsunterscheidende Einheiten zergliedert werden. Bedeutungsunterscheidende Elemente sind die Handform, die Handstellung, die Ausführungsstelle und die Bewegung (Hänel-Faulhaber 2013b).

Untersuchungen zum Spracherwerb von Kindern, die mit gehörlosen Eltern aufwachsen und mit ihnen über Gebärden kommunizieren („native signers") zeigen, dass diese die Gebärdensprache in einer ähnlichen Abfolge von Zwischenschritten lernen wie hörende Kinder (Pettito et al. 2001). Der rezeptive

Gebärdenwortschatz entspricht dem lautsprachlichen Wortschatz hörender Kinder (Anderson/Reilly 2002; Rinaldi et al. 2014).

Einige Eltern haben die Sorge, dass bei Anbahnung von Gebärden die lautsprachliche Entwicklung der Kinder gehemmt werden könnte. Studien in Schweden und den USA zeigen jedoch, dass Kinder, die mit einem CI versorgt sind und neben einer lautsprachlich-hörgerichteten Förderung auch früh Zugang zu Gebärden hatten, im weiteren Verlauf eine mindestens ebenso gute Lautsprachkompetenz entwickeln wie Kinder, bei denen das nicht der Fall war (z. B. Preisler et al. 2002; Hassanzadeh 2012; Garate/Lenihan 2015). Daraus lässt sich schließen, dass für die Entwicklung der sprachlichen Kompetenzen ein früher Zugang zu einer Sprache, die eine effektive Verständigung in der Familie erlaubt, und eine intensive Förderung einer flüssigen Verständigung in der alltäglichen Eltern-Kind-Interaktion wichtiger ist als die Frage, welche Modalität für die Kommunikation gewählt wird. Eltern von hochgradig hörgeschädigten Kindern sollten daher über die Entwicklungsperspektiven bei Laut- und Gebärdenspracherwerb gleichermaßen sorgfältig aufgeklärt werden.

> **TIPP**
> Damit sich die Eltern umfassend über die verschiedenen Wege der Förderung informiert fühlen, ist es sinnvoll, dass die Frühförderung ihnen die Möglichkeit bietet, mit hörgeschädigten Erwachsenen Kontakt aufzunehmen. An ihrem Beispiel können sie „aus erster Hand" erfahren, welche Entwicklungsmöglichkeiten für Menschen, die sich mit Gebärden verständigen, bestehen, wie sie ihre Lebensqualität und Identitätsentwicklung erleben, welche Unterstützungen für ihre soziale Teilhabe vorgesehen sind und welche Bedeutung für gehörlose Menschen die Zugehörigkeit zur „deaf community" haben kann (Pittman et al. 2015).

Wenn die Eltern sich für eine bilinguale Förderung entscheiden, sind sie auf eine kompetente Anleitung in der gebärdensprachlichen Verständigung angewiesen. Während gehörlose Eltern intuitiv Wege finden, wie sie die Aufmerksamkeit ihrer Kinder auf den visuellen Sprachinput lenken können, benötigen hörende Eltern eine fachliche Anleitung, wie sie den visuellen Input mit ihren sprachlichen Äußerungen kombinieren können, so dass das Kind die Gebärden und Wörter mit der Person, dem Objekt oder dem Ereignis in Beziehung setzen kann. Es muss lernen, zunächst Blickkontakt zum Erwachsenen aufzunehmen, der dann im Blickfeld eine Gebärde macht, um die Bedeutung seines Kommentars verstehen zu können (Spencer et al. 1992; Koester et al. 2000).

Fachkräfte der Frühförderung, die sich im Rahmen ihres Studiums mit den Grundlagen der Gebärdensprache vertraut gemacht haben, verfügen selbst nicht immer über die Kompetenz, flüssige Dialoge in Gebärdensprache zu gestalten und die Eltern so zu unterstützen, dass sie diese Kommunikationsform im Alltag beherrschen lernen. Auch in dieser Hinsicht sind erwachsene gehörlose Menschen, die sich mit Gebärden verständigen, wichtige Ansprechpartner für die Eltern. Eine günstigere Lerngelegenheit besteht für die Eltern natürlich auch dann, wenn eine Fachkraft der Frühförderung selbst eine Hörminderung hat und bilingual kommuniziert.

Hörgeschädigte Kinder mit zusätzlichen Behinderungen

Nach epidemiologischen Studien, die in England und Italien durchgeführt wurden, weisen fast 20 % der Kinder mit Hörschädigungen zusätzliche intellektuelle oder motorische Behinderungen auf (u. a. Berrettini et al. 2008).

> In einer populationsbasierten, prospektiven australischen Studie wurden bei 119 unter 301 Kindern mit Hörschädigungen zusätzliche Behinderungen dokumentiert. Bei 20 % dieser Teilgruppe lag eine Cerebralparese vor, bei 34 % eine globale Entwicklungsstörung (überwiegend im Rahmen eines genetischen Syndroms), bei 7.6 % eine Autismus-Spektrum-Störung (ASS). Der Sprachentwicklungsstand dieser Kinder wurde im Alter von drei Jahren mit standardisierten Tests und Elternfragebögen beurteilt. Unabhängig vom Grad der Hörschädigung und dem Zeitpunkt der Versorgung mit Hörgeräten oder CI schnitten die Kinder mit einer Cerebralparese, einer globalen Entwicklungsstörung oder einer ASS in allen Entwicklungsbereichen signifikant schlechter ab (Cupples et al. 2013; Leigh et al. 2015).

Kinder mit zusätzlichen Behinderungen profitieren ebenso wie Kinder mit isolierten Hörschädigungen von einer frühen Versorgung mit einem Cochlea-Implantat, machen aber in der Regel langsamere Fortschritte in der Sprachentwicklung (u. a. Donaldson et al. 2004; Berrettini et al. 2008). Probleme der Akzeptanz des Implantats und eine geringe Bereitschaft der Kinder zur Beteiligung am sozialen Austausch können die Förderung erschweren, so dass ihre Eltern eine intensive Unterstützung der Fachkräfte der Frühförderung benötigen (Zaidman-Zait et al. 2015).

Der Spracherwerb von Kindern mit motorischen oder kognitiven Behinderungen kann nach einem bilingualen Konzept durch ein visuelles Sprachangebot erleichtert werden. In einer schwedischen Studie an 22 Kindern mit zusätzlichen kognitiven Beeinträchtigungen, die bilingual aufwuchsen, konnten Preisler et al. (2002) nachweisen, dass ein Teil der Kinder, die über das CI nicht die erwartete Lautsprachfähigkeit erlangten, über das Angebot der Gebärdensprache ein altersadäquates Sprach- und Kommunikationsverhalten aufbauen konnten.

Kinder mit einer kombinierten Hörsehbehinderung (Taubblindheit) bedürfen ebenfalls eines spezifischen Ansatzes zur Frühförderung. Sie stellen die Fachkräfte als eine eigene Teilgruppe vor besondere Herausforderungen. Ihr Unterstützungsbedarf ergibt sich nicht allein aus einer Addition von Seh- und Hörschädigung, sondern geht darüber hinaus, da das Fehlen eines Sinneskanals für die Kontaktaufnahme mit der Umwelt nicht oder nur in begrenztem Maße durch Nutzen des anderen Sinneskanals kompensiert werden kann. Hörsehbehinderungen können im Rahmen eines pädiatrischen Syndroms (z. B. CHARGE-Syndrom) auftreten oder die Folge einer vorgeburtlichen (z. B. Masern-) Infektion bzw. einer postnatalen Erkrankung (z. B. einer Meningitis) sein.

Die Diagnostik von Kindern mit einer Hörsehbehinderung kann sich nicht auf standardisierte, normierte Verfahren stützen. Es gilt, in systematisch angelegten Beobachtungen im Alltag herauszufinden, wie ein Kind mit dieser komplexen Behinderung Interesse und Aufmerksamkeit für Ereignisse in der Umwelt zeigt, auf vertraute und neue Objekte und wiederkehrende Abläufe reagiert und von sich aus Kontakt zu seinen Bezugspersonen aufzunehmen versucht.

Bei ihrer Förderung geht es zunächst nicht um die Entscheidung für eine spezifische Kommunikationsform, sondern um die Entwicklung einer dialog-orientierten Grundhaltung aller Bezugspersonen. Ein Kind mit einer Hörsehschädigung hat unter Umständen zunächst gar keine Vorstellung davon, dass außerhalb seiner eigenen Körperwahrnehmung eine Welt existiert, die erkundet werden könnte. Es ist also in elementarer Weise auf Bezugspersonen angewiesen, die mit ihm in eine wechselseitige Beziehung treten und in einem weiteren Schritt emotional bedeutsame Umwelterfahrungen ermöglichen, sein Interesse wecken, Sachverhalte kommentieren, erklären und gemeinsam erkunden — dies alles in einer Form und Geschwindigkeit, die von einem Kind mit einer Hörsehschädigung verarbeitet werden kann.

Das Kind muss erleben, dass seine Bedürfnisse nach Sicherheit und Selbstwirksamkeit respektiert, seine Signale für Angst und Unbehagen, Neugier und Interesse wahrgenommen und für das Kind verständlich beantwortet werden. Das erfordert jedoch von jedem Kommunikationspartner ein hohes Maß an Aufmerksamkeit gegenüber den Signalen des Kindes und die Bereitschaft, mit dem Kind gemeinsam nach Verständigungswegen zu suchen.

> *Ein spezielles Konzept für die pädagogische Arbeit mit hörsehgeschädigten Menschen wurde in der internationalen Fachdiskussion unter dem Titel „Co-Creating Communication" vorgelegt. Es ist in Form von vier „Booklets" – jeweils kombiniert mit Fallbeispielen, die in Videoausschnitten auf beigefügten DVDs illustriert werden, – unter dem Titel „Kommunikation und angeborene Taubheit" auch im deutschen Sprachraum zugänglich (Rodbroe et al., 2014).*

In Abhängigkeit vom Grad der Seh- oder Hörschädigung werden dann neben der Lautsprache in flexibler Weise lautsprachbegleitende oder -unterstützende Gebärden in den Aufbau eines individuellen Kommunikationssystems einbezogen. Gebärden können sowohl visuell als auch taktil (zum Beispiel unter den Händen des hörsehgeschädigten Kindes) ausgeführt werden. Insbesondere das Verstehen und der Gebrauch von taktilen Gebärden stellen hohe Anforderungen an die Verarbeitungsfähigkeiten eines Kindes und erfordern ein langsames, systematisch fragmentiertes Kommunizieren seitens der Bezugspersonen.

In der Praxis besteht ein hoher Bedarf an Fachkräften mit speziellen Kenntnissen, um Eltern und hörsehbehinderte Kinder bei der Anbahnung eines solchen funktionalen Verständigungssystems wirksam zu unterstützen. Nur ein Teil der Familien erhält gegenwärtig in der Frühförderung eine Beratung und Anleitung, die auf die spezifischen Bedürfnisse von hörsehbehinderten Kindern abgestimmt ist. Viele Familien bleiben auf die Verwendung der Lautsprache angewiesen, individuell angepasste Gebärdensysteme werden nur unzureichend eingeführt (Lang et al. 2015a).

2.5.3 Praxis der familienorientierten Förderung

Die Unterstützung der Eltern bei der Anpassung an die spezifischen Bedürfnisse ihres hörgeschädigten Kindes im alltäglichen Dialog muss in ein familienorientiertes Gesamtkonzept integriert werden.

Fokus auf der frühen Eltern-Kind-Kommunikation

Grundlage für den Erfolg einer lautsprachlich-hörgerichteten Förderung ist die Förderung der auditiven Aufmerksamkeit des Kindes und seiner Diskriminationsfähigkeit für Geräusche, Stimmen und Klänge in seiner Umgebung. Lieder, Reime, Verse, Symbol- und Rollenspiele sowie Spiele, bei denen es um das Lauschen, Erkennen von Lauten (z. B. Tierstimmen) und Zuordnungen geht, können die Entwicklung von auditiver Aufmerksamkeit und Diskriminationsfähigkeit unterstützen (Senf 2004; Leonhardt 2012). Wichtiger als „didaktisch" gestaltete Übungen in ausgewählten Förderstunden ist jedoch die Sensibilisierung der Eltern für Merkmale der Interaktions- und Beziehungsgestaltung, die dem Kind die Wahrnehmung und Verarbeitung ihres sprachlichen Inputs erleichtern (Robbins 2003; Batliner 2016).

Holzinger und Fellinger (2013) betonen in einer Übersicht über moderne Ansätze evidenzbasierter Frühintervention bei hörgeschädigten Kindern als eine zentrale Herausforderung für die Eltern, dass sie lernen, in der Interaktion mit Kindern mit Hörbeeinträchtigung zunächst die Aufmerksamkeit des Kindes zu sichern, bevor die Kinder die Bedeutung von kommunikativen oder sprachlichen Signale verstehen können.

> **TIPP**
>
> Dies kann durch vielfältige Strategien unterstützt werden. Dazu gehören eine lebhafte Mimik, taktile Kontakte, die Positionierung des eigenen Gesichts sowie von Spielgegenständen im Blickfeld des Kindes bis hin zu Gesten und Gebärden, die mit direktem Kontakt zum Kind oder einem Objekt ausgeführt werden. Eindeutige begleitende Körpersprache, Gebärden und ein gut sichtbares Mundbild können die Prägnanz des Sprachinputs unterstützen. Die Wahrnehmung des Sprachinputs kann durch Modulation der Stimme, Wechseln der Lautstärke und Vermeidung von Hintergrundgeräuschen zusätzlich erleichtert werden.

Mit dem Münsteraner Elternprogramm (MEP) liegt ein Beratungskonzept für Eltern von hörgeschädigten Kindern vor, das unmittelbar nach der Diagnosestellung eingesetzt werden kann (Reichmuth et al. 2013a, b). Das dreimonatige Programm richtet sich an Eltern hörgeschädigter Kinder, die sich auf vorsprachlichem Entwicklungsniveau (Alter: drei bis 18 Monate) befinden, und ist als Ergänzung bzw. als Einleitung zur häuslichen Hörfrühförderung gedacht. Ziel des Elternprogramms ist es, die Eltern in ihrem intuitiven Kommunikationsverhalten und in ihrer Responsivität zu stärken. Es orientiert sich an elternbasierten Förderkonzepten für Kinder mit verzögertem Spracherwerb und ist an die besonderen Bedürfnisse von Familien mit einem hörgeschädigten Kind auf vorsprachlichem Entwicklungsniveau angepasst. Das Programm kombiniert Gruppensitzungen, in denen den Eltern Informationen über die verschiedenen Formen von Hörschädigungen, die Besonderheiten der Sprachentwicklung unter den Bedingungen der Hörschädigung sowie Grundlagen der Förderung kommunikativer Dialoge vermittelt werden. Die individuelle Elternanleitung erfolgt mit Video-Feedback. Die Evaluation des Programms hat gezeigt, dass das Elternprogramm von den Teilnehmern positiv bewertet wird. Das Kommunikationsverhalten der Eltern ihrem hörgeschädigten Kind gegenüber verändert sich nachhaltig positiv und die Intervention fördert die vorsprachliche Lautproduktion der Kinder.

Beer (2008) berichtete über ein Video-Home-Training (VHT) in Familien mit hörgeschädigten Kleinkindern. Auch hier werden die Eltern mit Videounterstützung beraten, wie sie ihre Interaktion und Kommunikation mit dem Kind so gestalten können, dass seine sprachliche Entwicklung gefördert wird. Dabei geht es um folgende Merkmale:

- den Interessen des Kindes folgen,
- die Aufmerksamkeit auf ein gemeinsames Thema abstimmen,
- zuverlässig und prompt auf die kindlichen Beiträge zu antworten,
- die Signale und Bedürfnisse des Kindes erkennen,
- auf eine balancierte Interaktion achten,
- das kindliche Verhalten nachahmen,
- die kindlichen Äußerungen wiederholen und erweitern,
- das Thema des Kindes fortführen,
- die eigenen sprachlichen Beiträge auf die Sprachverarbeitungsstufe des Kindes abstimmen.

Lam-Cassettari et al. (2015) und James et al. (2013) evaluierten ein Konzept video-gestützter Beratung bei 14 Familien mit zweijährigen Kindern mit Hörschädigungen in einem Wartelisten-Kontrollgruppen-Design. Es zeigte sich eine deutliche Zunahme in der elterlichen affektiven Abstimmung mit dem Kind und in der Reaktionsbereitschaft auf Kommunikationsbeiträge der Kinder. Auch die Responsivität und kommunikative Beteiligung der Kinder nahm zu. In einem begleitend eingesetzten Fragebogen zeigte sich auch eine Zunahme des elterlichen Zutrauens in ihre erzieherischen Fähigkeiten.

Einbettung in ein familienorientiertes Konzept

Die Beratung zur Gestaltung der Eltern-Kind-Interaktion muss dabei in einen umfassenden familienorientierten Ansatz eingebettet werden. Je intensiver sich die Eltern an der Förderung des Kindes beteiligen und je mehr Zutrauen sie in ihre eigenen Kompetenzen zur Entwicklungsförderung entwickeln, desto besser gelingt ihnen die Kommunikation mit ihrem Kind und desto mehr können sie zu seinem Spracherwerb beitragen. Die Intensität der Beteiligung an der Frühförderung hängt von individuellen Ressourcen für die Bewältigung der Herausforderungen ab, die mit der Diagnose und Förderung der Kinder verbunden sind, aber auch von ihrem Optimismus hinsichtlich des Entwicklungsverlaufs der Kinder und der erlebten sozialen Unterstützung (Ingber et al. 2010).

Es ist daher wichtig, dass sich die Fachkräfte auf die Sichtweisen und Prioritäten der Eltern einstellen, ihr Zutrauen in die eigenen Kompetenzen zur Förderung des Kindes, ihre familiären Netzwerke zur sozialen Unterstützung stärken und sie in der Bewältigung der Sorgen und besonderen Belastungen unterstützen, die mit der Diagnose ihres Kindes verbunden sind (Kap. 1.2.2). Eine solche „empowerment-, lösungs- und ressourcenorientierte Beratung" kann sowohl in der Einzelberatung wie auch in Elterngruppen geschehen (Tsirigotis 2002; Tsirigotis et al. 2004).

Das elterliche Zutrauen in ihre eigenen Kompetenzen zur Förderung der Kinder steht in engem Zusammenhang zum Entwicklungsverlauf. Eine geringere subjektive Belastung der Eltern und ein höheres Zutrauen in ihre eigenen Fähigkeiten zur Entwicklungsförderung gehen mit einem höheren Entwicklungsstand der kognitiven, sprachlichen und adaptiven Fähigkeiten der Kinder (Stika et al. 2015).

Die Stärkung des Zutrauens in die eigenen Fähigkeiten zur Entwicklungsförderung, eine gute Information über die Hörschädigung des Kindes und die Entwicklungsperspektiven, Sicherheit im Umgang mit sozialen Anpassungsproblemen des Kindes im Alltag sowie die Mobilisierung sozialer Unterstützung für die Eltern stellen damit wichtige Elemente der Beratung dar, mit denen der Bewältigungsprozess der Eltern unterstützt werden kann.

Moeller et al. (2013; Hintermair/Sarimski 2014; Yoshinaga-Itano 2013) haben ein Konsensusstatement zu „best practice"-Merkmalen der Frühförderung hörgeschädigter Kinder vorgelegt, das unter Mitarbeit von internationalen Experten aus zehn verschiedenen Nationen zustande gekommen ist. Es spezifiziert die Prinzipien familienorientierter Frühförderung für Kinder mit Hörschädigungen und ist in der folgenden Checkliste zusammengefasst.

> **Checkliste: Familienorientierung in der Hörfrühförderung**
>
> - früher, rechtzeitiger und gleichberechtigter Zugang aller Elternteile zu Förderangeboten für das hörgeschädigte Kind
> - partnerschaftliche Kommunikation zwischen den Familien und der Frühförderung
> - umfassende Information der Eltern für alle anstehenden Entscheidungen
> - soziale und emotionale Unterstützung der Familien
> - Unterstützung bei der Gestaltung der Eltern-Kind-Interaktion
> - Einsatz und stetiger Gebrauch technischer Hilfsmittel und hilfreicher kommunikationsförderlicher Mittel

2.5.4 Förderung der sozialen Teilhabe in Kindertagesstätten

Emotionale Selbstregulation, Verständnis sozialer Situationen und Entwicklung eines Repertoires von Lösungsmöglichkeiten sind sozial-kognitive Prozesse, die in hohem Maße vom Gelingen sozialer Verständigungsprozesse zwischen Eltern und Kind und zwischen dem Kind und Gleichaltrigen abhängen. Die erschwerte Entwicklung rezeptiver und expressiver sprachlicher Kompetenzen unter den Bedingungen einer Hörschädigung bedeutet daher auch ein Risiko für Entwicklungsverzögerungen im Bereich der sozial-emotionalen Entwicklung.

Entwicklung sozial-emotionaler Kompetenzen

Die Entwicklung sozialer Kompetenzen im Umgang mit Gleichaltrigen baut auf den Erfahrungen auf, die Kinder in den ersten Lebensjahren in den Beziehungen mit ihren Eltern machen. Eine sichere Bindung, in der sie erleben, dass ihre Eltern ihre Bedürfnisse wahrnehmen und angemessen beantworten, ihre Emotionen benennen und ihnen helfen, soziale Situationen zu verstehen und das Verhalten anderer Menschen einzuordnen, sind günstige Voraussetzungen für die Entwicklung sozialer Kompetenz. Darüber hinaus können Eltern zur Entwicklung in diesem Bereich beitragen, indem sie Gelegenheiten zur Begegnung mit anderen Kindern außerhalb der Familie schaffen und die Kinder dabei unterstützen, soziale Herausforderungen im „Peer-Kontakt" zu bewältigen. Risiken für die Ausbildung sozial-emotionaler Kompetenzen unter den Bedingungen einer Hörschädigung zeigen sich bereits im frühen Kindesalter.

Hintermair et al. (2016) baten 125 Eltern von Kindern mit Hörschädigungen im Alter zwischen 18 und 36 Monaten, zwei standardisierte Fragebögen zur Erfassung sozialer und emotionaler Kompetenzen auszufüllen. Im Vergleich zu (US-)Normwerten für diese Altersgruppe berichteten sie doppelt so häufig Probleme in der Kontaktaufnahme und Beziehung zu Gleichaltrigen sowie in der Fähigkeit zu empathischen Reaktionen als die Eltern von hörenden Kindern.

Im Kindergartenalter haben hörgeschädigte Kinder dann oft Schwierigkeiten, soziale Zusammenhänge zu verstehen, Emotionen zu erkennen und einzuordnen und für Konfliktsituationen im Alltag sozial angemessene Handlungsmöglichkeiten zu entwickeln (Hintermair/Sarimski 2016). Die Bedeutung eines differenzierten emotionsbezogenen frühen Dialogs zwischen Eltern und Kind konnten Morgan et al. (2014) in einer Studie mit zweijährigen hörgeschädigten Kindern und einer Kontrollgruppe zeigen. Die Mütter der hörgeschädigten Kinder sprachen mit ihren Kindern wesentlich seltener über die Gefühle und Gedanken anderer Menschen als die Mütter hörender Kinder. Diese Ergebnisse weisen darauf hin, dass es in der Frühförderung wichtig ist, die Eltern auf die Bedeutung von Dialogen über emotionale und soziale Zusammenhänge hinzuweisen. Dies gilt ebenso für die Förderung im Kindergarten.

 Die Erzieher müssen sich bewusst sein, dass es Kindern mit einer Hörschädigung wesentlich schwerer fällt, soziale Zusammenhänge, emotionale Reaktionen und soziale Regeln „beiläufig" zu verstehen. Für sie ist es wichtig, dass sozial-emotionale Themen explizit zum Gegenstand des Gesprächs in der Gruppe gemacht werden.

Soziale Beziehungen zu gleichalten Kindern

Soziale Kompetenz eines Kindes zeigt sich z. B. daran,

- dass es anderen Kindern sein Interesse daran zeigt, mitspielen zu dürfen,
- dass es Spielhandlungen eines anderen Kindes nachahmt,
- dass es Spielzeuge mit anderen Kindern teilt oder ihnen seine Hilfe anbietet,

- dass es andere Kinder anspricht oder auf die Äußerungen anderer Kinder antwortet,
- dass es destruktive oder aggressive Handlungsimpulse kontrolliert,
- dass es Ärger oder Frustration in einer sozial akzeptablen Form ausdrückt und
- dass es in Konfliktsituationen einen Kompromiss vorschlägt.

Hoffman et al. (2015) fanden einen engen Zusammenhang zwischen sprachlichen Fähigkeiten und diesen sozialen Kompetenzen in einer Studie bei zwei- bis fünfjährigen Kindern und einer Kontrollgruppe. Die hörgeschädigten Kinder waren ihren Altersgenossen in ihren sozialen Kompetenzen signifikant unterlegen. Je besser ihre sprachlichen Kompetenzen entwickelt waren, desto besser waren auch die sozialen Kompetenzen der Kinder ausgebildet.

Hintermair et al. (2011) belegten signifikante Korrelationen zwischen einem allgemeinen Maß für die kommunikative Kompetenz der Kinder und der Einschätzung ihrer Kontaktfähigkeit, ihrer Fähigkeit zur Selbststeuerung, Selbstbehauptung und affektiven Selbstregulation aus Sicht der Erzieherinnen und Erzieher im Kindergarten.

Hörgeschädigte Kinder bilden zwei- bis dreimal häufiger psychosoziale Auffälligkeiten aus als gleichalte hörende Kinder. Es besteht aber auch hier ein enger Zusammenhang zur Sprachkompetenz der Kinder. Kinder mit guten kommunikativen Fähigkeiten zeigen nach den Ergebnissen einer Meta-Analyse der vorliegenden Studien nicht wesentlich mehr Auffälligkeiten als gleichalte Kinder; dabei ist es unerheblich, ob die Kinder in Laut- oder Gebärdensprache gefördert wurden (Stevenson et al. 2015). Höher ist das Risiko für die Ausbildung von psychosozialen Auffälligkeiten allerdings bei Kindern mit zusätzlichen (v. a. kognitiven) Behinderungen (Dammeyer 2009).

In inklusiven Kindertagesstätten haben Kinder mit Hörschädigungen vermehrt Schwierigkeiten, Interaktionen mit hörenden Kindern einzuleiten und aufrecht zu erhalten. Sie nehmen im gemeinsamen Spiel eher eine passive Rolle ein, werden von den anderen Kindern oft nicht verstanden und in ihren Bemühungen um einen sozialen Kontakt nicht beachtet (Xie et al. 2014; Batten et al. 2014). Ihre soziale Teilhabe variiert allerdings mit der Komplexität der sozialen Situationen und der Vertrautheit unter den Spielpartnern.

Martin et al. (2010) verglichen die Interaktion hörgeschädigter Vorschulkinder mit jeweils einem Kind und die Interaktion mit mehreren Kindern, die bereits in Kontakt miteinander waren. Es zeigte sich, dass die hörgeschädigten Kinder signifikant häufiger Probleme hatten, die „Dreier-Situation" erfolgreich zu bewältigen.

Diller (2009) analysierte die Interaktionen von zehn hörgeschädigten Kindern in einem integrativen Kindergarten über den Verlauf eines Jahres. Zunächst überwog das Parallelspiel, im Laufe der Zeit nahm der Anteil gemeinsamen Spiels jedoch deutlich zu.

Für die Beratung der Fachkräfte in inklusiven Kindertagesstätten bedeutet das, dass sie für den besonderen Unterstützungsbedarf von Kindern mit Hörschädigungen bei der sozialen Kontaktaufnahme und Beziehungsgestaltung sensibilisiert werden müssen. Die pädagogische Assistenz bei der Kontaktaufnahme kann sich an den (Coaching-)Konzepten orientieren, die sich bei Kindern mit sprachlichen und kognitiven Einschränkungen als wirksam erwiesen haben (Kap. 2.1.3, 2.2.3).

Ebenso wichtig wie die Förderung sozial-emotionaler Kompetenzen der Kinder mit Hörschädigungen ist die Sensibilisierung der gut hörenden Kinder für die Schwierigkeiten, vor denen hörbehinderte Kinder bei der Beteiligung am gemeinsamen Spiel stehen. Die Reduzierung von Störschall im Raum, die Beachtung klarer Regeln, abwechselnd und nicht gleichzeitig zu sprechen, und das Vorbild der Erzieher, Kinder mit Hörschädigungen so anzusprechen, dass sie (z. B. durch Lippenlesen) visuelle Zusatzinformationen zum Verständnis nutzen können, erleichtern die soziale Teilhabe. Die Bedeutung von Anpassungen der raumakustischen Bedingungen und des Sprecherverhaltens im Dialog ist allerdings nur einem Teil der Fachkräfte in Kindertagesstätten bewusst, die Kinder mit Hörschädigungen betreuen (Burghart et al. 2010).

Vorbereitung auf den Schulbesuch

Zu den Aufgaben des Kindergartens gehört die Vorbereitung des künftigen Schulbesuchs durch eine Förderung von Vorläuferfähigkeiten für den späteren Schriftspracherwerb und Rechenfertigkeiten. Die Fachkräfte der Frühförderung sollten die pädagogischen Fachkräfte der Einrichtung auf den besonderen Unterstützungsbedarf aufmerksam machen, den hörgeschädigte Kinder auch in dieser Hinsicht haben (Hintermair/Sarimski 2016).

Für den Anfangsunterricht im Lesen stellt der Prozess des Dekodierens (Erkennen einzelner Wörter als Ganzes und das Erkennen von Buchstaben und Lauten im Wort) eine besondere Anforderung an die phonologischen Verarbeitungsprozesse. Neben dem Wortschatzumfang und der Fähigkeit zum Lippenlesen erweist sich die phonologische Bewusstheit als signifikanter Prädiktor für den Erwerb der Lesekompetenzen in der Schule (Kyle/Harris 2010, 2011; Mayberry et al. 2010).

Hörgeschädigte Kinder haben günstigere Voraussetzungen für den Leselernprozess, wenn zuhause und im Kindergarten das Phonembestimmte Manual-System (PMS; engl.: „cued speech") verwendet wird. Durch lautsprachunterstützende Gebärden können die phonologischen Differenzierungsfähigkeiten wirksam gefördert werden (Colin et al. 2013; Leybaert et al. 2011).

Lederberg et al. (2014) entwickelten ein Programm zur Förderung der phonologischen Informationsverarbeitung („Foundations for Literacy"), das die verschiedenen Ansätze miteinander kombiniert. Das Programm richtet sich auf die explizite Anleitung zur Silbengliederung, Identifikation von Anlauten und Reimen. Die Übungen werden in Geschichten eingebunden, die den Aufmerksamkeitsfokus jeweils auf ein Phonem/Graphem lenken und die Bedeutungserfassung erleichtern sollen. Bildkarten werden zur Repräsentation der Phoneme als Erinnerungshilfen benutzt, die Wahrnehmungsbedingungen optimiert, dialogisches Bilderbuchlesen genutzt, das Lippenlesen angeregt sowie visuelle Hilfen (Gebärden, Fingeralphabet, Gesten, Bilder, „visual phonics") entsprechend den individuellen Bedürfnissen eingeführt. Ein spezifisches Merkmal des Programms besteht außerdem in der Auswahl eines Zielvokabulars (von sechs bis zehn Wörtern pro Geschichte), das jeweils in einer Fördersitzung mit hoher Frequenz verwendet wird. Die Evaluation mit standardisierten Verfahren zur Beurteilung der phonologischen Bewusstheit und des Wortschatzumfanges belegt die Effektivität dieses Ansatzes. Während die Kinder zu Beginn in ihrer phonologischen Informationsverarbeitungsfähigkeit etwa eine Standardabweichung unter dem Durchschnitt ihrer Altersgruppe lagen, hatte sich die Therapiegruppe nach Durchführung des Programms an den Altersdurchschnitt angenähert und in allen drei Maßen signifikant größere Fortschritte gemacht als die Kontrollgruppe.

◀◀-

Auch der Erwerb von Vorläuferfähigkeiten zum Rechnen stellt unter den Bedingungen einer Hörschädigung eine besondere Herausforderung dar (Kritzer 2009). Bereits im frühen Kindesalter werden Kinder in vielen alltäglichen Situationen wie dem Tischdecken, Vorbereiten von Mahlzeiten oder Festen, Lesen von Büchern, bei Tischspielen oder beim Anblick von Schildern in der Öffentlichkeit mit Zahl- und Mengenbegriffen vertraut. Da der Fokus der Förderung seitens der Eltern und pädagogischen Fachkräfte vor allem auf der Sprachentwicklung liegt, werden hörgeschädigte Kinder seltener zur Beschäftigung mit Zahlen und Mengen angeregt.

> **TIPP**
>
> Der spätere Lernprozess beim Rechnen wird erleichtert, wenn ihre Aufmerksamkeit bereits im Kindergarten gezielt auf Zahlen gelenkt wird und mathematische Grundbegriffe im Alltag vermittelt werden (Kritzer/Pagliaro 2013). Visuelle Darstellungsmittel, wie sie im Trainingsprogramm „Mengen, zählen, Zahlen" (Kap. 2.1.3) oder im Montessori-Konzept verwendet werden, erleichtern es den Kindern, die Struktur des Zahlenraums und die ersten Rechenoperationen zu verstehen.

Besondere Aufmerksamkeit verdient schließlich die Förderung von exekutiven Funktionen zur Aufmerksamkeitssteuerung, zur Handlungsplanung und -kontrolle und zur Regulation von impulsiven Reaktionen (Kap. 2.1.3). In Untersuchungen mit dem Fragebogen BRIEF-P, der eine Einschätzung dieser Fähigkeiten erlaubt, zeigen sich bei hörgeschädigten Kindern im Vorschulalter deutlich mehr Probleme als bei gleichaltrigen Kindern (Holt et al. 2013; Beer et al. 2014).

ZUSAMMENFASSUNG

Durch die Fortschritte der Früherkennung und Versorgung mit Hörgeräten oder Cochlea-Implantaten sind die Chancen von Kindern mit einer hochgradigen Hörschädigung auf den Erwerb der Lautsprache wesentlich verbessert worden. Sie bedürfen einer Frühförderung durch Fachkräfte mit hörgeschädigten-spezifischen Kompetenzen. Der Sprachentwicklungsverlauf hängt

u. a. von der Qualität der Anpassung der Eltern an die spezifischen Bedürfnisse der Kinder im alltäglichen Dialog ab.

Alternativen zur lautsprachlich-hörgerichteten Förderung sind eine bilingual-bimodale Förderung oder die Anbahnung der Deutschen Gebärdensprache als Modalität der Verständigung. Die Unterstützung der Eltern bei der Gestaltung des Dialogs muss in jedem Fall in ein familienorientiertes Gesamtkonzept integriert werden.

Probleme bei der Entwicklung sprachlicher Kompetenzen erschweren auch den Erwerb von sozial-emotionalen Fähigkeiten, den Kontakt zu anderen Kindern und die Aneignung von Vorläuferfertigkeiten für die Bewältigung der künftigen Anforderungen in der Schule. Zu den Aufgaben der Frühförderung gehört daher auch die Beratung von pädagogischen Fachkräften, die hörgeschädigte Kinder in inklusiven Kindertagesstätten betreuen.

2.6 Förderung unter den Bedingungen einer Sehschädigung

Die Frühförderung von Kindern, die sehbehindert oder blind sind, wird von Frühförder- und Beratungsstellen der Sonderschulen (Förderzentren) mit diesem Förderschwerpunkt übernommen. Sehschädigungen können jedoch auch in Kombination mit anderen Entwicklungsstörungen auftreten, so dass es für alle Fachkräfte der Frühförderung wichtig ist, über Grundkenntnisse in der Frühförderung unter den Bedingungen einer Sehschädigung zu verfügen.

BEISPIEL

Frühe Entwicklung eines blinden Kindes

Christoph ist 21 Monate alt. Er hat gerade das freie Laufen erlernt, beschäftigt sich gern mit Spielsachen in seiner Reichweite, ist aber noch recht unsicher bei der Erkundung der Umgebung in seiner Wohnung. Von unerwarteten Geräuschen oder Ereignissen lässt er sich sehr leicht irritieren; er muss dann von den Eltern längere Zeit beruhigt werden. Im Spiel mit den Eltern ist er sehr zugewandt, er mag kleine Singspiele und Reime. Wenn er mit Gegenständen in Kontakt kommt, die ihm fremd sind, reagiert er dagegen recht scheu. Christoph ist blind in Folge einer Frühgeborenen-Retinopathie, einer Netzhautablösung, die als Komplikation einer extrem frühen Geburt in der 25. Schwangerschaftswoche entstanden ist.

Christophs Eltern waren anfangs sehr unsicher, wie seine Entwicklung verlaufen wird. Sie sind dankbar, dass die Fachkraft der Frühförderung sie darüber aufgeklärt hat, was sie von Christoph im jeweiligen Alter und in Zukunft erwarten können, und sie an Videoaufzeichnungen beraten hat, wie sie Objekte benennen und Ereignisse in seiner unmittelbaren Umgebung kommentieren können, so dass er die Bedeutung ihrer Worte zuordnen kann. Darüber hinaus waren sie froh über ihre Ratschläge, wie sie ihm helfen können, sich unbeschwert in der vertrauten Wohnung zu bewegen. Nun möchten sie, dass er bald in eine Kindertagesstätte aufgenommen wird, um in Kontakt mit anderen Kindern zu kommen. Sie bitten die Fachkraft um ihre Unterstützung bei der Auswahl der Einrichtung und beim Gespräch mit dem Erzieher zu der Frage, wie seine soziale Teilhabe am Gruppengeschehen gefördert werden kann.

2.6.1 Entwicklung sehbehinderter und blinder Kinder

Die Entwicklung von sehbehinderten und blinden Kindern variiert mit der Art der Sehschädigung und ihrem Schweregrad. Die Einschränkungen oder das Fehlen visueller Wahrnehmung haben unterschiedliche Auswirkungen auf die motorische, kognitive, sprachliche und sozial-emotionale Entwicklung.

Periphere und zentrale Schädigungen

Sehschädigungen umfassen ein weites Spektrum von Sehproblemen und Schweregraden. Dazu gehört eine angeborene oder später entstehende Refraktionsanomalie (Kurz- oder Weitsichtigkeit), die in der Regel durch eine Brille korrigiert werden, oder ein Strabismus (Schielen), eine Verschiebung der Sehachsen, die zu Doppelbildern führt und durch zeitweises Abkleben eines Auges oder eine Operation ausgeglichen werden kann. Dauerhafte Beeinträchtigungen des Sehvermögens bestehen dagegen bei angeborenen Fehlbildungen. Im Falle einer Anophthalmie oder Microophthalmie ist ein Augapfel gar nicht oder zu klein angelegt, bei einer Hypoplasie des Opticus ist die Nervenverbindung zwischen dem Auge und den entsprechenden Hirnarealen unzureichend ausgebildet. Bei einem angeborenen Katarakt liegt eine Schädigung der Pupille oder Iris vor. Bei einer Retinopathie kommt es zu einer Ablösung der Netzhaut.

Bei diesen Formen handelt es sich um periphere Sehschädigungen. Eine zentrale (kortikale oder cerebrale) Sehschädigung (CVI) — früher als kortikale Blindheit bezeichnet — kann durch einen peri- oder postnatalen Sauerstoffmangel oder eine andere Hirnschädigung (Hydrocephalus, Periventrikuläre Leukomalazie, Schlaganfall, unfallbedingte Hirntraumata) und eine damit einhergehende Schädigung der Verarbeitungsstrukturen für visuelle Informationen in der Großhirnrinde oder in den weißen Strukturen der Hirnsubstanz bedingt sein, die die Ventrikel umgeben. Zentrale Sehschädigungen treten in vielen Fällen in Verbindung mit einer Cerebralparese, einer Epilepsie und einer intellektuellen Beeinträchtigung auf.

Sehschädigungen können statisch oder progredient sein. Zu den progredienten Störungsbildern gehört z. B. die Retinitis pigmentosa, bei der das Sehvermögen im Laufe der Kindheit oder Jugend bis zur vollständigen Erblindung nachlässt. Eine Sehschädigung kann Teil eines übergeordneten Syndroms sein, bei dem auch andere Organfehlbildungen vorliegen. Sie kann auch mit einer Hörbehinderung assoziiert sein, z. B. beim CHARGE-Syndrom und beim (progredienten) Usher-Syndrom. Beim Albinismus liegt anlagebedingt ein Mangel an Pigmenten in den Augen, der Haut und den Haaren vor, welche ebenfalls mit einer Sehbehinderung verbunden ist.

Die Zahl der blinden, hochgradig sehbehinderten und sehbehinderten Kinder ist relativ klein (0.22 %); sie bedürfen jedoch spezifischer Unterstützung in allen pädagogischen Kontexten (Walthes 2013). Die häufigsten Formen sind zentral bedingte Sehschädigungen, die Retinopathie oder die Opticus-Atrophie (Rahi et al. 2003; Hatton et al. 2007). Spezifische Anforderungen an die Frühförderung bestehen bei Kindern mit einer kombinierten Hörsehbehinderung (Kap. 2.5). Ihre Prävalenz im Kindes- und Jugendalter liegt bei 0.01 % (Lang et al. 2015b).

Diagnose

Der Schweregrad einer Sehschädigung wird mittels eines Quotienten angegeben, der die Sehschärfe des Kindes im Vergleich zur Sehschärfe eines normalsichtigen Kindes beschreibt. Von einer hochgradigen Sehbehinderung spricht man, wenn die Sehschärfe weniger als 1/20, von Blindheit, wenn sie weniger als 1/50 der normalen Sehschärfe beträgt. Das bedeutet, dass das betreffende Kind einen Gegenstand, der einen Meter entfernt ist, in etwa so gut erkennen kann wie ein normalsichtiges Kind einen Gegenstand erkennt, der 20 bzw. 50 Meter entfernt ist. Auch bei Kindern, die nach diesen Kriterien als blind klassifiziert werden, kann somit eine rudimentäre Fähigkeit zum Wahrnehmen von

Hell-Dunkel-Unterschieden oder von Gegenständen und Personen (ohne sie zu erkennen) gegeben sein.

Neben Einschränkungen der Sehschärfe sind Einschränkungen des Blickfeldes wichtige Merkmale der Beschreibung einer Sehbehinderung. In einigen Fällen können Reize am Rande des Blickfeldes („Tunnelblick") oder ein Teil des Blickfeldes nicht wahrgenommen werden; in anderen Fällen kann die Stelle des schärfsten Sehens nicht fokussiert werden.

Einschränkungen der Sehschärfe und des Blickfeldes können bereits im Säuglingsalter zuverlässig bestimmt werden, indem das Blickverhalten der Kinder bei der Fixierung von Gegenständen in verschiedenen Arealen des Blickfeldes und die visuelle Aufmerksamkeit gegenüber schwarz-weißen Strichmustern beobachtet wird, deren Kontrast systematisch variiert wird („preferential looking test"). Darüber hinaus ist die Ableitung visuell evozierter Potenziale im EEG möglich, die Auskunft darüber gibt, ob visuelle Reize im entsprechenden Hirnareal registriert werden.

Zusätzlich zur klinischen Diagnose der Sehfunktionen durch den Augenarzt ist eine genaue Untersuchung des funktionalen Sehvermögens erforderlich, um den Hilfebedarf eines Kindes einzuschätzen und die Förderung zu planen. Dies gilt insbesondere für Kinder mit einer zentralen Sehschädigung (CVI) und erfordert die genaue Beobachtung des Kindes in unterschiedlichen Situationen im Alltag und die Befragung seiner Bezugspersonen zu den Strategien, mit denen es auf visuelle Reize reagiert (z. B. deutliche Veränderung der Kopfhaltung, Vermeiden von Blickkontakt, wenn eine Person näher kommt).

Dabei geht es vor allem darum herauszufinden, welche Positionierung und welche Bedingungen (Größe, Distanz und Bewegung von Objekten, Farbigkeit, Hell-Dunkel-Kontraste, Lichtverhältnisse) es dem Kind erleichtern, visuelle Informationen aus seinem Umfeld aufzunehmen und zu verarbeiten. Eine solche Beurteilung des funktionalen Sehvermögens gehört zu den Aufgaben des Sehbehinderten- und Blindenpädagogen (Roman-Lantzy 2007; Freitag et al. 2013).

Ergebnisse von Entwicklungstests

Hatton et al. (1997) berichteten über die Untersuchung von 186 blinden und sehbehinderten Kindern im Alter von 12 bis 73 Monaten, die in Abständen von vier bis sechs Monaten mehrfach mit einem Entwicklungstest untersucht wurden. 27 Kinder waren blind oder verfügten höchstens über Lichtscheinwahrnehmung und zeigten keine zusätzlichen Behinderungen. Für diese Gruppe ergab sich im Alter von 30 Monaten ein Entwicklungsalter von

18.1 Monaten. Dabei war die Entwicklungsverzögerung im motorischen Bereich deutlich stärker als im kommunikativen Entwicklungsbereich. Kinder, die über ein Restsehvermögen verfügten, hatten zu diesem Zeitpunkt die Fähigkeiten von 22 Monate alten normalsichtigen Kindern erreicht; solche, deren Sehrest größer war, waren mit einem Entwicklungsstand von 26 Monaten kaum verzögert gegenüber sehenden Kindern.

Brambring (2005) analysierte die Daten von zehn blinden Kindern im Rahmen der „Bielefelder Längsschnittstudie zur Frühförderung und Unterstützung von Familien mit blind geborenen Kindern" (Brambring 2000). Die Familien wurden regelmäßig zuhause besucht. Im Alter von fünf bis sechs Jahren (und bei einer Nachuntersuchung im Alter von elf bis zwölf Jahren) konnte mit den Kindern der Verbalteil des HAWIK als Intelligenztest durchgeführt werden. Es zeigte sich, dass die intellektuellen Fähigkeiten nur bei vier Kindern im Durchschnittsbereich der Altersgruppe lagen. Der Entwicklungsverlauf dieser vier Kinder war in den ersten fünf Lebensjahren deutlich günstiger als die Entwicklung der sechs anderen blinden Kinder. Im Alter von 30 Monaten wurde bei ihnen ein Entwicklungsalter von 19 Monaten ermittelt, das den Ergebnissen von Hatton et al. (1997) weitgehend entspricht. Deutliche Entwicklungsverzögerungen zeigten sich in fast allen manuell-lebenspraktischen Fertigkeiten und bei über 70 % der Items, die grobmotorische Fertigkeiten prüfen. Für den Erwerb und die Ausdifferenzierung dieser Fähigkeiten ist eine visuelle Steuerung und Rückmeldung offenbar von zentraler Bedeutung. Bei der überwiegenden Mehrzahl der sozial-interaktiven und sprachlichen Entwicklungsschritte fanden sich dagegen keine oder nur geringe Entwicklungsunterschiede. Für den Erwerb dieser Fähigkeiten spielt der Gesichtssinn offenbar nur eine untergeordnete Rolle.

Entwicklung von Motorik und Spielfähigkeiten

In der motorischen Entwicklung werden das Krabbeln und das freie Laufen in der Regel später erreicht als von normalsichtigen Kindern. Ein Kind mit einer schweren Sehschädigung oder Blindheit nimmt weniger Anreize zur Fortbewegung in seiner Umgebung wahr und bildet sich auch erst später als bei sehenden Kindern eine Vorstellung, an welchem Ort sich Gegenstände befinden („Objektpermanenz"; Ihsen et al. 2010). Unsicherheiten treten auch im weiteren Verlauf besonders dann auf, wenn das Kind Hindernisse überwinden muss (z. B. beim Treppensteigen) oder seine Bewegungsabläufe beim Rennen, Werfen und Fangen, Klettern oder Hüpfen koordinieren muss (Wagner et al. 2013). Wenn nur eine leichtere Sehbehinderung vorliegt, ist der Einfluss auf die grob- und feinmotorische Entwicklung deutlich geringer.

Wenn das Sehvermögen eingeschränkt ist oder gänzlich fehlt, hat dies auch Auswirkungen auf die Entwicklung des Spielverhaltens. Kinder mit Sehschädigungen unterscheiden sich von normalsichtigen Kindern nicht grundsätzlich darin, was sie lernen, sondern in der Art und Weise, wie sie etwas lernen. Während sehende Kinder viele Kenntnisse über Aktivitäten und ihre Zusammenhänge in der Umwelt beiläufig durch die Beobachtung ihrer Eltern oder anderer Kinder erwerben, muss ein Kind mit einer schweren Sehbehinderung oder Blindheit sich eine Vorstellung von seiner Umwelt aus den fragmentierten Erfahrungen machen, die es durch taktile und akustische Wahrnehmung gewinnt. Es muss eine gewisse Tastscheu gegenüber fremden Objekten überwinden und braucht sehr viel mehr Gelegenheiten, um die vereinzelten (fragmentierten) Eindrücke, die es hat, zu einem Konzept von dem entsprechenden Gegenstand oder der Aktivität zu verarbeiten. Kommentare und Erklärungen der Eltern oder anderer Bezugspersonen können einem blinden Kind eine wertvolle Hilfe für das Verstehen von Zusammenhängen und Abläufen sein. Es braucht aber längere Zeit, bis es die Bedeutung der einzelnen Worte und Sätze, die es hört, den entsprechenden Gegenständen und Aktivitäten zuverlässig zuordnen kann.

Die Fähigkeiten zu explorativem, funktionalem und konstruktivem Spiel entwickeln sich in der gleichen Sequenz wie bei normalsichtigen Kinder. Sie stehen bei blinden Kindern bis zum Alter von drei bis vier Jahren im Vordergrund (Hughes et al. 1998). Symbolische Spielformen, bei denen Gegenstände im Spiel in anderer (imaginativer) Bedeutung verwendet und als „Ersatzobjekte" einbezogen werden, sind dagegen bis zu diesem Alter noch selten (Tröster/Brambring 1994). Der Zeitpunkt, zu dem Fähigkeiten zur Konzeptbildung und Klassifikation von Objekten nach Ähnlichkeiten und Gemeinsamkeiten und zum Abzählen kleiner Mengen erworben werden, unterscheidet sich dagegen nicht von normalsichtigen Kindern. In sprachbezogenen Gedächtnisleistungen sind sie ihnen dagegen überlegen; sie sind es gewohnt, verbale Informationen zu speichern, die ihnen in Erklärungen oder Beschreibungen der Umwelt gegeben werden (Pring 2008).

Kommunikation und Sprache

Grundsätzlich unterscheidet sich die Sprachentwicklung von sehbehinderten und blinden Kindern nicht wesentlich von der Sprachentwicklung normalsichtiger Kinder, wenn keine zusätzlichen Behinderungen vorliegen (Brambring 2003). Es zeigen sich jedoch einige Besonderheiten, die sich auf den eingeschränkten Erfahrungsraum von blinden Kindern zurückführen lassen.

So beteiligen sich blinde Kinder im Säuglingsalter in geringerem Maße an einem vokalen Dialog mit ihren Bezugspersonen. Der Grund liegt wahrscheinlich darin, dass für sie das Lauschen auf die Geräusche und die Aufmerksamkeit für akustische Signale für ihre Orientierung in der Umwelt so wichtig ist, dass sie sie intuitiv nicht durch eigene Lautbildungen unterbrechen (Rowland 1983). Der selbstständige Gebrauch der ersten Worte und Wortkombinationen ist bei blinden Kindern etwas später zu beobachten als bei normalsichtigen Kindern.

Brambring (2007) beobachteten erste Worte in der Bielefelder Längsschnittstudie im Durchschnitt im Alter von 16 Monaten, erste Wortverbindungen im Alter von 25 Monaten.

Die Bedeutung von Präpositionen und Personalpronomen werden später erfasst als von normalsichtigen Kindern. Wenn eine zusätzliche intellektuelle Behinderung vorliegt, verläuft die frühe Entwicklung des Wortschatzes und der morphologisch-syntaktischen Kompetenzen jedoch wesentlich langsamer (Pfahl/Sarimski 2015).

Auch wenn die semantische und syntaktische Sprachentwicklung nicht nachhaltig beeinträchtigt ist und keine intellektuelle Behinderung vorliegt, zeigen sich allerdings Auffälligkeiten im Sprachgebrauch. Blinde Kinder und Kinder mit einer schweren Sehbehinderung haben häufig Schwierigkeiten, einen Dialog angemessen einzuleiten, ihre Äußerungen auf den Kontext zu beziehen und non-verbale Hinweisreize im Gespräch zu beachten. Sie verwenden häufiger stereotype Formulierungen im Gespräch (Tadic et al. 2010; Trefz/Sarimski 2013).

Sozial-emotionale Entwicklung

Eltern von Kindern, die von Geburt an blind oder hochgradig sehbehindert sind, müssen sich in ihrer Interaktion an die besonderen Verhaltensmerkmale ihrer Kinder anpassen. Die intuitive Gestaltung früher sozialer Dialoge ist im Säuglingsalter normalerweise in hohem Maße durch den Blickkontakt mit dem Kind gesteuert. Die Eltern erkennen an der Blickrichtung des Kindes, seiner Mimik und seinen Bewegungsmustern („freudige Aufregung") seine Bereitschaft zu und seine Freude an einem spielerischen Dialog. Bei blinden Kindern fehlt der Blickkontakt, die Kinder halten bei Ansprache inne und drehen u. U. den Kopf weg als Zeichen aufmerksamen Lauschens und Abwartens. Diese Reaktionen können vom Erwachsenen leicht als Desinteresse an dem Kontakt missdeutet werden. In anderen Situationen reagiert das Kind auf unerwartete Ereignisse oder Berührungen mit Irritation. Es besteht somit ein höheres Risiko, dass Signale von Kontaktbereitschaft von den Eltern übersehen werden oder die Abstimmung der Interaktion in der Dyade misslingt (Baird et al. 1997; Loots et al. 2003).

Grundsätzlich zeigen blinde Kinder im gleichen Maße wie normalsichtige Kinder ein Interesse, sich an sozialen Interaktionen zu beteiligen und die Aufmerksamkeit auf sich zu lenken. In Belastungsmomenten suchen sie die Nähe und Unterstützung ihrer vertrauten Bezugspersonen (Bindung). Deutliche Unterschiede zeigen sich jedoch in der Fähigkeit, die Aufmerksamkeit mit einem Spiel- und Dialogpartner auf Objekte gemeinsamen Interesses zu koordinieren („joint attention"; Sapp 2001; Tadic et al. 2009; Dale et al. 2014). Sie sind weniger ausdauernd bei der Erkundung ihrer Umgebung; in ihrer Grundstimmung sind sie leichter irritierbar (Dote-Kwan/Chen 2010).

 Schwierigkeiten der Beteiligung an der sozialen Kommunikation im Eltern-Kind-Dialog, geringeres Interesse an der Erkundung der Umwelt und eine leichtere Irritierbarkeit erschweren die Entwicklung sozial-emotionaler Kompetenzen.

2.6.2 Behinderungsspezifische Förderbedürfnisse

Bei der Frühförderung von sehbehinderten und blinden Kindern geht es darum, dem Kind und seinen Eltern zu helfen, die Einschränkungen in den verschiedenen Bereichen, die mit dem reduzierten oder fehlenden Sehvermögen im Alltag verbunden sind, so gut wie möglich auszugleichen (Hecker 2004). Grundlage für die Förderplanung ist eine diagnostische Einschätzung der Kompetenzen des Kindes in den einzelnen Entwicklungsbereichen.

Entwicklungsdiagnostik

Viele Aufgaben (z. B. zur Beurteilung feinmotorischer oder sprachlicher Fähigkeiten) in herkömmlichen Entwicklungstests erfordern visuelle Verarbeitungsfähigkeiten. Sie sind deshalb nur eingeschränkt für die Untersuchung sehbehinderter und blinder Kinder geeignet. Auch bei Intelligenztests im Kindergartenalter können in der Regel lediglich die sprachbezogenen Teile durchgeführt werden. Eine adäquate Einschätzung von Fähigkeiten sehbehinderter und blinder Kinder erfordert spezielle Diagnostikverfahren, die die besonderen Wahrnehmungsbedingungen sehgeschädigter Kinder berücksichtigen. Sie müssen ergänzt werden durch Beobachtungen des Verhaltens der Kinder in der häuslichen Umgebung und die Befragung der Eltern zu den Kompetenzen der Kinder im Alltag.

Für die Untersuchung von Kindern mit Sehbehinderungen können die Aufgaben von Entwicklungstests adaptiert werden, ohne die Validität der Ergebnisse zu verletzen. Ruiter et al. (2011) und Visser et al. (2013) entwickelten eine adaptierte Version der Bayley-Scales of Infant Development (BSID-II; -III; Kap. 1.3). Die Kinder erhielten dabei mehr Zeit für die Bearbeitung, es wurde auf klare Kontraste und günstige Lichtverhältnisse bei der Darbietung der Aufgaben geachtet, und es wurden — insbesondere bei motorischen Aufgaben — ergänzende verbale Instruktionen an das Kind eingeführt. Die Kinder waren bei den adaptierten Aufgaben leichter zur Mitarbeit zu motivieren und zeigten im kognitiven Bereich höhere Leistungen. Bei den motorischen und sprachlichen Skalen unterschieden sich die Ergebnisse nicht.

Zur Einschätzung der adaptiven Kompetenzen können adaptive Kompetenzskalen („Vineland Adaptive Behavior Scales", VABS-II, Sparrow et al. 2005) verwendet werden (Kap. 1.3). Bei der Interpretation der Ergebnisse müssen allerdings Abweichungen in der Erfahrungswelt und die spezifischen Wahrnehmungsbedingungen sehbehinderter Kinder berücksichtigt werden (Papadopoulos et al. 2011).

Für die Entwicklungseinschätzung blinder Kinder kann auf Beobachtungsbögen zurückgegriffen werden, die im Rahmen der Bielefelder Entwicklungsstudie entstanden sind (Brambring 1999). Die umfangreichen Kompetenzlisten sind in die Bereiche der Grobmotorik, Orientierung und Mobilität, manuelle Fertigkeiten, lebenspraktische Fertigkeiten, kognitive und sprachliche Entwicklung sowie Aspekte der sozial-emotionalen Entwicklung gegliedert. Es ist jeweils angegeben, in welchem Alter blinde Kinder, bei denen keine zusätzliche intellektuelle Behinderung vorlag, die entsprechenden Fertigkeiten gezeigt haben.

> Eine nützliche Hilfe zur Orientierung für den Untersucher sind die Filme zu „Entwicklungsbesonderheiten blindgeborener Kinder", die aus diesem Projekt (bisher) zu den motorischen Entwicklungsbereichen vorliegen (www.edition-bentheim.de/de/unser-sortiment/c/!/9/filme-videos/, 12.01.2017).

Als Alternative zu den Bielefelder Entwicklungsskalen wird in der Frühförderung blinder und mehrfachbehinderter Kinder auch der Beobachtungsbogen von Nielsen (2002) für Kinder bis zum Alter von vier Jahren verwendet. Er berücksichtigt auch auditive, haptisch-taktile und olfaktorisch-gustatorische Wahrnehmungsleistungen in sehr differenzierter Form. Die Beobachtungen erlauben die Einschätzung des Entwicklungsstandes in den einzelnen Bereichen jeweils in Bezug auf Entwicklungsstufen, die drei bzw. sechs Monate umfassen. Die dafür benutzten Altersvergleichswerte beziehen sich nach Angaben der Autorin auf Erfahrungen aus internationalen Studien und ihren eigenen langjährigen Praxisbeobachtungen; das Manual enthält jedoch keinerlei differenzierte Angaben zur Herkunft und statistischen Grundlage dieser Werte.

Förderplanung

Aus den Erfahrungen bei der „Bielefelder Längsschnittstudie zur Frühförderung und Unterstützung von Familien mit blind geborenen Kindern" wurden von Brambring (2000) an einem Einzelfallbeispiel unter dem Titel „Lehrstunden eines blinden Kindes" Empfehlungen zur Förderung veröffentlicht. Systematische Anregungen für die Förderung von mehrfachbehinderten, sehgeschädigten Kindern hat Nielsen (1996) unter dem Titel „Schritt für Schritt: Frühes Lernen von sehgeschädigten und mehrfachbehinderten Kindern" publiziert.

Alltagsintegrierte Förderung

Die soziale Teilhabe eines sehbehinderten oder blinden Kindes im Elternhaus hängt in hohem Maße davon ab, wie gut es den Eltern gelingt, sich in ihren Entwicklungsanregungen und in der Interaktion mit ihrem Kind auf seine besonderen Bedürfnisse abzustimmen. Kinder mit Sehschädigungen benötigen Spielmaterialien, die hinsichtlich Größe, Farbigkeit, Kontrastreichtum oder taktilen Qualitäten zur Beschäftigung anregen.

> **TIPP:** Im Einzelfall können Materialien, die unter UV-Licht fluoreszieren, die Aufmerksamkeit von sehbehinderten Kindern anregen.

Die Beleuchtung im Raum muss so gestaltet werden, dass das Kind sein Restsehvermögen optimal nutzen kann. Taktile oder akustische Markierungen sind für ein blindes Kind nützlich, um sich in den Räumen selbstständig orientieren zu können.

> **TIPP:** Spielsachen und Gegenstände des täglichen Bedarfs sollten immer an der gleichen Stelle platziert werden, damit das Kind sie leicht wiederfinden kann.

Im gemeinsamen Spiel müssen die Eltern die kindlichen Tastbewegungen als Ausdruck seines Interesses wahrnehmen lernen und seine Zurückhaltung vor neuen Objekten oder fremden Situationen verstehen. Im Alltag kommt es auf gleichbleibende Routinen, vielfältige Wiederholungen und konsistente Ankündigungen von Handlungen durch Berührungen, Referenzobjekte oder einzelne Worte an, so dass das Kind das Geschehen in seiner Umwelt antizipieren kann und Irritationen vermieden werden.

Eltern von blinden Kindern neigen dazu, vermehrt Aufforderungen und „Testfragen" zu stellen, um zu prüfen, was das Kind wahrgenommen und verstanden hat. Während Beschreibungen von Sachverhalten und Eigenschaften von Gegenständen eine wichtige Hilfe für die Orientierung des Kindes in seiner Umwelt sein können, birgt eine starke Lenkung des Gesprächs durch den Erwachsenen jedoch die Gefahr, dass die Kinder wenig Motivation zur Eigenaktivität und Äußerung von Wünschen, Kommentaren oder Fragen entwickeln. Es ist deshalb sinnvoll, die Eltern-Kind-Interaktion zu beobachten und die Responsivität der Eltern zu stärken, d. h. ihre Fähigkeit, ihre eigenen kommunikativen Beiträge auf die Aufmerksamkeitsrichtung und die Äußerungen des Kindes abzustimmen.

Checkliste: Interaktion mit Kindern mit Sehschädigungen

- Sind die Materialien für ein gemeinsames Spiel in ihren visuellen oder taktilen Merkmalen auf die besonderen Bedürfnisse des Kindes abgestimmt?
- Ist die Umgebung frei von störenden Geräuschquellen, so dass sich das Kind auf die sprachlichen Kommentare des Erwachsenen konzentrieren kann?
- Begleitet der Erwachsene die Handlungen des Kindes mit Schlüsselwörtern oder kurzen Sätzen („parallel talk")?
- Beschreibt er die Objekte, die das Kind vorfindet, und seine eigenen Handlungen sowie Ereignisse im Umfeld mit kurzen, prägnanten Sätzen („self talk")?
- Gibt er dem Kind ausreichend Zeit zur Verarbeitung der Informationen, indem er zwischen seinen Äußerungen angemessene Pausen einlegt?
- Benennt er Zeichen von Stress, Frustration oder andere emotionale Signale und unterstützt das Kind bei seiner affektiven Selbstregulation?

Eltern von blinden Kleinkindern sind individuell unterschiedlich sensibel für die spezifischen Bedürfnisse ihres Kindes und in der Gestaltung von Eltern-Kind-Interaktionen (Dote-Kwan 1995; Campbell 2007). Eine sensible, responsive Form der Interaktion geht mit einem höheren Entwicklungsstand der Kinder in den kognitiven und sprachlichen Fähigkeiten einher (Hughes et al. 1999; Dote-Kwan et al. 1997).

Ein wichtiger Bereich im Rahmen der alltagsintegrierten Förderung ist schließlich die Förderung der Mobilität und Orientierungsfähigkeit der Kinder. Die Förderung dieser Kompetenzen sollte Fachkräften vorbehalten sein, die sich diese Kenntnisse in ihrer Ausbildung angeeignet haben. Dazu gehört die Anleitung im Gebrauch von Hilfsmitteln, z. B. dem Langstock, und in der Orientierung in vertrauter und fremder Umgebung.

Vorbereitung auf den Schriftspracherwerb

Normalsichtige Kinder machen vor Beginn des Schriftspracherwerbs in der Schule bereits vielfältige Erfahrungen mit Schrift. Sie schauen mit dem Erwachsenen gemeinsam Bilderbücher an, lernen die Bedeutung von Schrift im Fernsehen, bei der Werbung oder beim Erstellen von Einkaufslisten kennen. Hochgradig sehbehinderte und blinde Kinder haben in dieser Phase wesentlich weniger Gelegenheiten, mit Schrift im Allgemeinen vertraut zu werden (Erickson/Hatton 2007). Sie müssen zudem gezielt auf den Erwerb der Punkt-(Braille-)Schrift vorbereitet werden.

Es gehört zu den Aufgaben der Fachkräfte der Frühförderung, geeignete Materialien und (Tast-) Bilderbücher für diesen Förderbereich zu sichten oder selbst herzustellen und individuell an die Bedürfnisse des einzelnen Kindes anzupassen. Tastbilderbücher tragen zur Erweiterung des Erfahrungsraums der Kinder bei. Wenn ein begleitender Text sowohl in Schwarz- als auch in Punktschrift angeboten wird, wird damit die Neugier blinder Kinder auf die Bedeutung der Punktschrift geweckt (Zeschitz/Viereck 2003). Sehbehinderte Kinder sollten zudem spätestens im Vorschulalter an den Gebrauch von Hilfsmitteln (z. B. einer Lupe oder eines monokularen Bildschirmlesegeräts) herangeführt werden, die sie später in der Schule und in der Alltagsbewältigung benötigen.

Brettspiele, die auf die besonderen Bedürfnisse blinder Kinder angepasst werden, stellen eine weitere Möglichkeit dar, die haptischen Kompetenzen blinder Kinder zu fördern, die für den späteren Erwerb der Braille-Schrift wichtig sind.

> **TIPP** Die Brettspiele sollten so gestaltet sein, dass sich das Kind mittels verschiedener Materialien (Knöpfe, Steine etc.) gut orientieren kann. Die einzelnen Gegenstände sollten durch Vertiefungen auf der Spielfläche, Magnete oder Klettband befestigt werden können, so dass sie bei Suchbewegungen mit der Hand nicht umstürzen. Die Richtung von Spielabläufen sollte sich an der späteren Leserichtung orientieren, d. h. von links nach rechts.

Kinder mit zentralen Sehschädigungen

Bei Kindern mit einer zentralen Sehschädigung (bei denen das periphere Sehvermögen intakt ist) fällt den Eltern bereits früh eine verzögerte Reaktion auf visuelle Reize und das Fehlen eines stabilen Blickkontakts auf. Die Kinder wirken unaufmerksam, starren in den Raum oder auf Lichtquellen, haben Schwierigkeiten, statische oder sich bewegende Objekte in ihrem Blickfeld oder in größerer Entfernung zu identifizieren und zielgerichtete Greifbewegungen zu initiieren; es fällt ihnen schwer, sich im Raum zu orientieren und sich an unterschiedliche Bodenbeschaffenheiten anzupassen; sie sind von einer unübersichtlichen Vielfalt visueller Eindrücke rasch irritiert und ermüden schneller, wenn Aufgaben visuelle Wahrnehmungsleistungen erfordern (Dutton 2003; McKillop et al. 2006).

Durch frühzeitige und systematische Fördermaßnahmen können diese Einschränkungen zumindest teilweise reduziert werden (Matsuba/Jan 2006; Lueck 2010). Die Übungen zielen auf die Förderung einzelner visueller Funktionen (visuelle Aufmerksamkeit, Fixieren, Verfolgen, „Abtasten" und Vergleichen visueller Reize) und Integrationsleistungen (z. B. Figur-Grund-Unterscheidung, Unterscheiden von Formen und Größen, Erfassen räumlicher Beziehungen), die für den funktionalen Gebrauch im Alltag von Bedeutung sind.

> **Checkliste: Förderung bei zentralen Sehschädigungen**
>
> - Angebot von visuell stimulierenden Spielsachen
> - Einsatz von Hilfsmitteln (z. B. Angebote von fluoreszenten Materialien unter ultraviolettem Licht, sogenanntem „Schwarzlicht"; „Lightboard", ein Gerät, bei dem Gegenstände auf einer Glasfläche präsentiert und von unten durch eine starke Lichtquelle angestrahlt werden)
> - Optimierung der Lichtverhältnisse (z. B. Anstrahlen von Gegenständen mit einer Taschenlampe, Kontrastierung vor einem neutralen Hintergrund)
> - gezielte Hinweise und Kommentare, um die Aufmerksamkeit des Kindes auf visuelle Einzelheiten zu lenken

Es geht dabei jedoch nicht allein um die Schulung der Aufmerksamkeit auf visuelle Reizquellen. Damit solche Hilfen wirksam in den Alltag integriert werden können, müssen Eltern über die spezifischen Besonderheiten der zentral bedingten Sehschädigung aufgeklärt werden, um das funktionale Sehvermögen ihres Kindes im Alltag zu unterstützen. Das Störungsbild einer zentralen Sehbehinderung ist vielen Fachkräften jedoch unzureichend bekannt und insbesondere Kinder mit komplexen Behinderungen erhalten nicht die spezifische Unterstützung, die für eine Besserung ihrer funktionalen Sehfähigkeiten nötig wäre (Jackel et al. 2010).

Förderung von mehrfach behinderten Kindern

Bei mehrfach behinderten Kindern ist es von besonderer Bedeutung, dass die Kinder die Erfahrung machen, dass sie mit ihren Handlungen eine Wirkung auf ihre Umwelt haben und dass diese Effekte bei sich wiederholenden Interaktionen verlässlich und vorhersagbar sind. Der „Little Room", den Nielsen (1992) für mehrfachbehinderte blinde Kinder entwickelt hat, stellt eine Möglichkeit dar, wie solche „Kontingenzerfahrungen" gefördert werden können. Er besteht aus einem offenen Raum mit drei Seitenwänden und einer Abdeckung (z. B. aus Plexiglas), an dem verschiedene Gegenstände befestigt werden. Daran können z. B. Rasseln oder vielfältige Gegenstände des täglichen Lebens (Schlüssel, Schwämme, Löffel etc.) befestigt werden, die einen hohen taktilen oder akustischen Aufforderungscharakter haben. Dadurch, dass sich die Objekte immer an der gleichen Stelle und in Reichweite des Kindes befinden, ist die Wahrscheinlichkeit groß, dass es sie zunächst zufällig berührt und dann gezielter zu explorieren beginnt. Die Erfahrungen im praktischen Einsatz sprechen dafür, dass der „Little Room" dazu beiträgt, dass blinde Kinder und Kinder mit zusätzlichen Behinderungen mehr Eigeninitiative und Selbstständigkeit bei der Erkundung der Umwelt entwickeln (Dunnett 1999).

> **TIPP** Mehrfachbehinderte Kinder erleben oft, dass Handlungen an ihnen vollzogen werden, auf die sie keinen Einfluss haben. Sie werden hochgenommen, in eine andere Position gebracht, aus- oder angezogen, Musik wird angemacht, ein Mobile über sie gehängt – ohne dass sie mit ihren eigenen Handlungen das Geschehen steuern können. Sie müssen behutsam an die Erkundung von Gegenständen herangeführt werden, indem der Erwachsene die eigene Hand über oder unter die Hand des Kindes legt, mit ihm gemeinsam ein Objekt erkundet und die Reaktionen beobachtet.

Für Kinder, deren Sprachverständnis noch sehr begrenzt ist, können spezifische Ankündigungssignale eingeführt werden, mit denen die sprachliche Ankündigung von Aktivitäten und Ereignissen begleitet wird. Das können Berührungen an bestimmten Körperteilen („touch cues") oder körpernahe Gebärden („body signs"), die zur Ankündigung von Ereignissen in einer festgelegten, gleichbleibenden Form am Körper des Kindes ausgeführt werden.

> **TIPP** Alltägliche Handlungen wie das Waschen im Badezimmer oder eine Autofahrt können durch „Bezugsobjekte" angekündigt werden (z. B. einen feuchten Waschlappen oder das Klappern mit dem Autoschlüssel).

Bei sehbehinderten und blinden Kindern mit zusätzlichen intellektuellen Behinderungen können alternative Kommunikationsformen angebahnt werden, um Wünsche und Bedürfnisse mitteilen oder Ereignisse kommentieren zu können. Sie müssen an die spezifischen Bedürfnisse des Kindes angepasst werden.

> **TIPP**
>
> Sehbehinderte Kinder können Gebärden lernen, wenn sie sich vor einem neutralen Hintergrund (z. B. der einfarbigen Kleidung des Erwachsenen) gut abheben. Fotos oder Zeichnungen, auf die das Kind zeigen kann, wenn es etwas mitteilen möchte, müssen ebenfalls gut zu erkennen und hinreichend groß sein.
>
> Bei der Verwendung von elektronischen Kommunikationshilfen (Kap. 2.3.4) kann ein wandernder Leuchtpunkt hilfreich sein, der anzeigt, welches Feld gerade aktiviert ist. Grundsätzlich können solche Geräte auch für blinde Kinder eingesetzt werden. Dazu müssen die Deckblätter allerdings so gestaltet werden, dass die Abbildungen ertastet werden können.

Kinder mit einer kombinierten Hörsehbehinderung (Taubblindheit) bedürfen einer spezifischen Förderung zur Anbahnung der Beteiligung an der Kommunikation mit Bezugspersonen und zum Aufbau eines individuellen Kommunikationssystems (Kap. 2.5.2).

2.6.3 Soziale Teilhabe in Kindertagesstätten

Die Teilhabe von sehbehinderten und blinden Kindern am sozialen Geschehen in einer Kindertagesstätte bietet den Kindern vielfältige Erfahrungs- und Lernmöglichkeiten. Dies gilt insbesondere dann, wenn sie in eine Gruppe sehender Kinder integriert sind. Die eingeschränkten oder fehlenden Möglichkeiten zur visuellen Orientierung und zur Beobachtung anderer Kinder machen jedoch spezifische Anpassungen in der Umgebung und in der Assistenz durch die Fachkräfte nötig. Hierin liegt eine wichtige Beratungsaufgabe von Fachkräften aus Frühförderstellen für sehbehinderte und blinde Kinder in der Kooperation mit allgemeinen Kindertagesstätten. Die soziale Teilhabe blinder Kinder ist auch nicht dadurch gesichert, dass dem Kind eine individuelle Assistenzkraft zugeordnet wird, die es in der Gruppe begleitet. Es muss sichergestellt werden, dass eine solche Integrationshelferin eine ausreichende fachliche Anleitung erhält, um dem individuellen Hilfebedarf des Kindes gerecht zu werden.

Umgebungs- und Interaktionsgestaltung

Sehbehinderte und blinde Kinder benötigen adaptierte (Spiel-) Materialien, eine klare Tagesstrukturierung, transparente und verlässliche soziale Regeln und eine zusätzliche Anleitung zur Sicherung ihrer Orientierung und Mobilität in der Gruppe. Die Fachkräfte der Kindertagesstätte benötigen allgemeine Informationen über die Besonderheiten der Entwicklung unter den Bedingungen einer Sehschädigung sowie spezifische Informationen über den Entwicklungsstand und die Kompetenzen des Kindes, das in den Kindergarten aufgenommen werden soll.

Die anderen Kinder der Gruppe sind in der Regel zunächst unsicher, wie sie ein blindes oder hochgradig sehbehindertes Kind in ihr Spiel einbeziehen können. Simulationsübungen, bei denen sie sich spielerisch unter Anleitung für einige Zeit mit verbundenen Augen in der Gruppe bewegen sollen, können sie für die Einschränkungen in der Wahrnehmungswelt eines blinden Kindes sensibilisieren. Sie können dann z. B. besser nachvollziehen, dass ein blindes Kindes darauf angewiesen ist, dass keine unerwarteten Hindernisse bei der Bewegung im Raum im Wege stehen, Spielmaterialien verlässlich am gleichen Platz vorzufinden sind und Aktivitäten der Gruppe, die sehende Kinder durch Beobachtung wahrnehmen können, sprachlich vermittelt werden.

Zu den Aufgaben der Fachkräfte in der Gruppe gehört es, die Umgebung für ein Kind mit eingeschränktem Sehvermögen sicher und „überschaubar" zu gestalten.

> **TIPP**
>
> Die Möbel im Gruppenraum sollten so angeordnet sein, dass es dem Kind möglichst leicht fällt, sich zurechtzufinden. Farbige, kontrastreiche Markierungen auf dem Boden (z. B. durch fluoreszierende Farbstreifen) erleichtern dem sehbehinderten Kind die Orientierung.
>
> Bei der Integration sehbehinderter Kinder ist zudem auf günstige Lichtverhältnisse zu achten. Sie können ein soziales Geschehen wesentlich besser verfolgen, wenn sie mit dem Rücken zum Fenster stehen und der Raum gut ausgeleuchtet ist.
>
> Für blinde Kinder sind taktile Markierungen auf Behältern nützlich, damit sie wissen, wo bestimmte Spielmaterialien zu finden sind.

Beim gemeinsamen Besprechen von Bilderbüchern braucht ein blindes Kind möglichst konkrete Gegenstände und genügend Zeit, um den Sinn einer Geschichte zu verstehen.

> **TIPP**
>
> Bilderbücher, die auch eine taktile Exploration ermöglichen, sollten ergänzend zur Verfügung stehen.
>
> Einfache Hilfen wie Tabletts oder rutschfeste Unterlagen können dazu beitragen, dass ein sehbehindertes oder blindes Kind sich gezielt mit Materialien beschäftigen kann, ohne dass sie wegrollen oder umfallen.

Checkliste: Anpassungen an die Bedürfnisse von Kindern mit Sehschädigungen

- Die Gruppenräume sind so gestaltet, dass sich das Kind sicher in ihnen bewegen kann.
- Spielmaterialien, die für ein Kind mit eingeschränkten Sinneswahrnehmungen interessant sind, sind gut zugänglich.
- Bei der Sitzordnung wird auf günstige Lichtverhältnisse geachtet.
- Die anderen Kinder der Gruppe sind für die eingeschränkte Wahrnehmungswelt des Kindes sensibilisiert und wissen, wie sie es einbeziehen können.
- Die Fachkräfte fördern Gelegenheiten zu sozialen Interaktionen in Kleingruppen und leiten das Kind gezielt an, damit es sich aktiv daran beteiligen kann.

Blinde Kinder beteiligen sich seltener von sich aus am gemeinsamen Spiel und konzentrieren sich in ihren Interaktionen häufiger auf die Erwachsenen (Preisler 1993; Skellenger et al. 1997). Sie haben somit weniger Gelegenheiten, soziale Kompetenzen im Kontakt mit gleichaltrigen Kindern einzuüben. Das fehlende Sehvermögen macht es ihnen zudem schwieriger, die Absichten und emotionalen Reaktionen anderer Kinder zu erkennen und soziale Situationen adäquat einzuschätzen. Auch sehbehinderte Kinder brauchen für die Eingewöhnung in einer Gruppe wesentlich länger als normalsichtige Kinder.

Kinder mit einer Sehschädigung sind darauf angewiesen, dass sie zunächst herausfinden müssen, welche Kinder gerade an einem Spiel beteiligt sind, womit sie sich beschäftigen und was sie spielen. Wenn sie dies nicht selbst erkennen können, kann ein entsprechender Kommentar durch eine Fachkraft der Gruppe hilfreich sein. Es ist auch günstig, wenn diese ein passendes Spielzeug bereitstellt und eine Formulierung vorbereitet, wie sich das Kind am laufenden Geschehen beteiligen könnte. Eine systematische Anleitung durch die Fachkräfte stärkt die soziale Teilhabe im Spiel (D'Allura 2002; Ely 2014; Kap. 3.5).

Umgang mit Verhaltensauffälligkeiten

Einige Kinder mit einer kombinierten (Hörseh- oder zusätzlichen intellektuellen) Behinderung entwickeln stereotype oder selbstverletzende Verhaltensweisen. Sie schaukeln mit dem Körper in stereotyper Form vor und zurück, machen stereotype Hand- oder Fingerbewegungen, klopfen mit der Hand an verschiedene Körperteile, stoßen unvermittelt Laute aus, schlagen sich an den Kopf oder bohren mit den Fingern in den Augenhöhlen. Stereotypien dieser Art sind bereits im frühen Kindesalter zu beobachten (Brambring/Tröster 1992; Fazzia et al. 1999; Gal/Dyck 2009).

Solche stereotype Verhaltensweisen haben für das Kind meist die Funktion, Phasen der Langeweile zu überbrücken oder sich in Situationen zu beruhigen, die ihre Verarbeitungsfähigkeiten überfordern. Sie sind somit aus Sicht des Kindes funktional sinnvoll, irritieren aber die anderen Kinder der Gruppe und können den sozialen Kontakt blockieren. Selbstverletzende Verhaltensweisen werden oft ungewollt durch intensive soziale Aufmerksamkeit seitens der Erwachsenen verstärkt, die die Kinder zu beruhigen und sie von diesem Verhalten abzuhalten versuchen.

Nicht selten zeigen sehbehinderte und blinde Kinder auch impulsive, abwehrende oder aggressive Verhaltensweisen in Situationen, deren Abläufe sie nicht verstehen und die sie irritieren. Sie beginnen z. B. zu schreien, schlagen nach dem Erwachsenen, kratzen ihn, spucken ihn an. In allen diesen Fällen gilt es, die Funktion des Verhaltens zu erkennen und im Kontext der Wahrnehmungseinschränkungen zu interpretieren.

Eine funktionale Verhaltensanalyse zeigt meist, dass stereotype Verhaltensweisen eine Reaktion sind auf die Einschränkungen der Umweltwahrnehmung, selbstverletzende oder aggressive Verhaltensweisen ein Ausdruck von Frustration über Kommunikationsbarrieren. Es gilt dann, die Situation so anzupassen, dass das Kind sie besser tolerieren kann bzw. mit ihm alternative Kommunikationsformen einzuüben, mit denen es seine Irritation oder Überforderung in sozial angemessener Form ausdrücken kann (Sarimski/Lang 2016). Pädagogische Fachkräfte in Kindertagesstätten sind bei der Einschätzung solcher Verhaltensauffälligkeiten und der Planung von Interventionen auf die Kenntnisse der Fachkräfte der Frühförderstelle angewiesen.

Nicht selten lassen die beschriebenen Verhaltensweisen auch den Verdacht auf eine autistische Störung entstehen. Auch Kinder mit einer Autismus-Spektrum-Störung haben Schwierigkeiten mit der Etablierung gemeinsamer Aufmerksamkeit im Spiel („joint attention"), sie zeigen auffällige Sprachmerkmale (z. B. Echolalie und Pronomenverwechslungen) und neigen zu stereotypen Verhaltensweisen.

Einige blinde Kinder zeigen eine Stagnation der sozialen Entwicklung im dritten Lebensjahr, reagieren auf Tasterfahrungen und soziale Kontaktangebote zunehmend mit Abwehr und zeigen kaum Ansätze zu sozialem Spiel (Dale/Sonksen 2002). Wenn standardisierte Untersuchungsverfahren zur Diagnose einer autistischen Störung (Kap. 2.4.3) bei blinden Kindern im frühen Kindesalter eingesetzt werden, erreichen sie die kritischen Grenzwerte, die für eine entsprechende Diagnosestellung sprechen (Williams et al. 2014). Ein Teil dieser Kinder erwirbt jedoch im weiteren Verlauf soziale und kommunikative Fähigkeiten, so dass bei ihnen im Schulalter nicht mehr von einer autistischen Störung gesprochen werden kann (Hobson/Lee 2010). Die Differenzierung zwischen sozial-emotionalen Auffälligkeiten, die unter den Bedingungen einer schweren Sehschädigung zu „erwarten" sind, und Frühzeichen einer Autismus-Spektrum-Störung kann aber im Einzelfall schwierig sein (Absoud et al. 2010).

ZUSAMMENFASSUNG

Eine hochgradige Sehbehinderung oder Blindheit geht mit einer Beeinträchtigung der motorischen Entwicklung, Auffälligkeiten im Sprachgebrauch und einem erhöhten Risiko für sozial-emotionale Entwicklungsprobleme einher. Die Untersuchung von Kindern mit einer Sehbehinderung erfolgt mit adaptierten diagnostischen Verfahren oder blindenspezifischen Entwicklungsskalen. Zur Förderung der sozialen Teilhabe im familiären Alltag ist eine Beratung der Eltern angezeigt, wie sie die Umgebung und ihre Interaktion mit dem Kind auf seine spezifischen Bedürfnisse abstimmen können.

Blindenpädagogische Fachkenntnisse sind erforderlich, um die Kinder auf den (Braille-)Schriftspracherwerb vorzubereiten und ihre Orientierung und Mobilität im Alltag zu fördern. Kinder mit zentralen Sehschädigungen und Kinder mit zusätzlichen intellektuellen Beeinträchtigungen bedürfen spezifischer Fördermaßnahmen.

Zu den Aufgaben der Fachkräfte der Frühförderung gehört auch die Beratung der Fachkräfte in Kindertagesstätten, wie sie die Umgebung und Interaktion mit sehbehinderten und blinden Kindern gestalten können, um ihre soziale Teilhabe zu unterstützen. Wenn Kinder mit einer Sehschädigung in diesem Kontext stereotype oder selbstverletzende Verhaltensweisen ausbilden, müssen die Zusammenhänge ihres Auftretens durch eine funktionale Verhaltensanalyse geklärt und individuelle Interventionsmaßnahmen geplant werden.

2.7 Förderung bei schwerer und mehrfacher Behinderung

Kinder mit einer schweren und mehrfachen Behinderung sind in ihren Handlungs- und Kommunikationsfähigkeiten eingeschränkt und in allen alltäglichen Lebensvollzügen auf die Unterstützung der Erwachsenen angewiesen. Es handelt sich dabei um eine zahlenmäßig relativ kleine Gruppe von Kindern, deren Entwicklungsbegleitung aber besondere Herausforderungen an die Fachkräfte in der Frühförderung stellt.

BEISPIEL

Förderbedürfnisse eines schwer mehrfachbehinderten Kindes

Daniel ist ein 18 Monate alter Junge mit einem komplexen Fehlbildungssyndrom, das diagnostisch nicht eindeutig zugeordnet werden kann. Er ist in seiner gesamten Entwicklung sehr verzögert. Zu den körperlichen Entwicklungsproblemen gehörten von Beginn an bestehende schwere, anatomisch bedingte Atmungsprobleme, eine Hörschädigung und eine schwere, zentral bedingte Sehschädigung. Die Ernährung erfolgt über eine Magensonde.

> Daniel kann nach Gegenständen in der Rückenlage greifen und sie in einfacher Form explorieren. In der Bauchlage kann er den Kopf heben und Spielsachen, die sich gut vor dem Hintergrund abheben, fixieren und verfolgen. Sein Wahrnehmungsbereich ist jedoch auf die unmittelbare Nähe beschränkt; Gegenstände finden nur dann seine Aufmerksamkeit, wenn seine Mutter sie ihm im Blickfeld anbietet und mit ihnen Geräusche macht. Die Vokalisation beschränkt sich auf unterschiedliche Silben, mit denen er – für die Mutter erkennbar – Wohlbefinden oder Unbehagen ausdrückt.
>
> Die Alltagssituation wird durch die gesundheitlichen Probleme des Jungen und die Ernährungsschwierigkeiten belastet. Er muss häufig zur Klärung akuter Atmungsprobleme in eine Klinik aufgenommen werden. Die Sondenkost verträgt er nicht gut, so dass er nur in kleinen Portionen, verteilt auf acht bis neun Mahlzeiten pro Tag, sondiert werden kann. Daniel erhält Physiotherapie und eine Frühförderung, die durch eine Fachkraft für hörgeschädigte Kinder durchgeführt wird, sowie eine Sehfrühförderung. Die Fachkräfte sprechen sich jedoch nach Ansicht der Mutter nur unzureichend ab, so dass sie das Gefühl hat, dass von ihr vielfältige Anregungen Daniels in Alltagsinteraktionen erwartet werden, die sie kaum mit der täglichen Pflege zeitlich vereinbaren kann.

2.7.1 Komplexe Behinderung

In der ICD-10 oder DSM-V wird der Begriff der schweren oder schwersten intellektuellen Behinderung an den Ergebnissen von Entwicklungs- oder Intelligenztests festgemacht. So wird z. B. in der „International Classification of Diseases" (ICD-10) von schwerer intellektueller Behinderung („severe intellectual disability") gesprochen, wenn ein Intelligenz- oder Entwicklungsquotient < 35 sowie entsprechende Einschränkungen der adaptiven Kompetenzen vorliegen; von schwerster intellektueller Behinderung („profound intellectual disability"), wenn ein Intelligenzquotient < 20 vorliegt. Internationale Prävalenzstudien gehen von einer Prävalenz von 0.12 % für schwere und schwerste intellektuelle Behinderungen aus.

Allerdings ist fragwürdig, welche Aussagekraft ein Zahlenwert hat, der – aufgrund der geringen Differenzierung der meisten Intelligenztests im unteren Kompetenzbereich – rechnerisch z. B. durch Division des Entwicklungsalters in einem standardisierten Test oder einem Inventar zur Dokumentation der adaptiven Kompetenzen durch das Lebensalter bestimmt wird. Außerdem sind Ergebnisse allgemeiner Testverfahren bei Kindern mit sehr eingeschränkten Handlungsfähigkeiten oder Sinnesbehinderung – zumindest im frühen Kindesalter – wenig zuverlässig und valide.

Statt eine schwere oder schwerste Behinderung oder Mehrfachbehinderung über das Ausmaß eingeschränkter Körperfunktionen zu definieren, ist es – im Sinne der ICF – für die Planung von Fördermaßnahmen und die Beratung ihrer Eltern wesentlich sinnvoller, den Umfang des Hilfebedarf bei den Aktivitäten des Alltags und bei der sozialen Teilhabe in den Mittelpunkt zu stellen.

— DEFINITION —

Eine **schwere und mehrfache Behinderung** haben danach Kinder, die in ihren alltäglichen Lebensvollzügen wie Nahrungsaufnahme, Verdauung, Atmung, Ein- und Durchschlafen, in ihren Bewegungsmöglichkeiten, bei der Erkundung der Umwelt und bei der Verständigung mit den Bezugspersonen in gravierendem Maße auf Hilfe angewiesen sind und bei denen lebenslang ein hohes Maß an einer solchen sozialen Abhängigkeit besteht (Fröhlich et al. 2007).

Sie sind in ihrer intellektuellen Entwicklung hochgradig beeinträchtigt und können sich meist nicht oder kaum über Lautsprache verständigen. Bei vielen Kindern mit einer schweren und mehrfachen Behinderung liegt eine Seh- oder Hörschädigung vor (Zijlstra/Vlaskamp 2005). Einige Kinder, die zu dieser Gruppe gehören, sind auf besondere, apparative Pflegemaßnahmen angewiesen sind, um ihre körperlichen Grundfunktionen zu sichern; sie werden über eine Sonde ernährt oder benötigen zur Sicherung ihrer Atmung eine Trachealkanüle.

Bei den meisten Kindern mit schwerer und mehrfacher Behinderung sind kontinuierliche Behandlungsmaßnahmen und die Versorgung mit Hilfsmitteln indiziert. Dazu gehören die Physiotherapie zur Erleichterung von Atmung und Verdauung, Verbesserung ihrer Bewegungsmöglichkeiten und Vorbeugung von Kontrakturen, orthopädische Hilfsmittel (Stützapparate, angepasste Sitzschalen, Rollstühle) und eine medikamentöse Versorgung (z. B. zur Behandlung einer Epilepsie).

Schwere und mehrfache Behinderungen können im Rahmen eines genetischen Syndroms eintreten, d. h. anlagebedingt sein, oder durch eine schwere pränatale Infektion entstehen. Genetische Syndrome, die meist mit einer schweren intellektuellen Behinderung einhergehen, sind z. B. das Cornelia-de-Lange-Syndrom, das Cri-du-Chat-Syndrom, das Angelman-Syndrom, die Trisomie 13 oder Trisomie 18 sowie andere chromosomale Fehlbildungssyndrome. In diesen Fällen sind die Eltern schon in den ersten Wochen und Monaten nach der Geburt damit konfrontiert, dass sich ihr Kind wesentlich langsamer entwickelt und der Alltag von besonderen Belastungen (z. B. Problemen der Ernährung des Kindes) bestimmt wird. Bei anderen genetisch bedingten Entwicklungsstörungen treten die gravierenden Auffälligkeiten erst nach scheinbar unauffälliger Entwicklung in den ersten Lebensmonaten auf. Dies gilt z. B. für Mädchen mit Rett-Syndrom (Kap. 2.1.1; Sarimski 2014a).

Weitere Ursachen für eine schwere und mehrfache Behinderung sind cerebrale Schädigungen, die infolge einer schweren Hirnblutung oder eines Sauerstoffmangels in der Neugeborenenperiode auftreten können; ihr Risiko ist bei sehr unreif geborenen Kindern besonders hoch. Schwere und mehrfache Behinderungen können schließlich auch postnatal durch eine Hirnschädigung (z. B. als Schädel-Hirn-Trauma nach Verkehrsunfällen oder im Rahmen eines Ertrinkungsunfalls) eintreten.

2.7.2 Unterstützung der sozialen Teilhabe

Die Frühförderung von Kindern mit schweren und mehrfachen Behinderungen kann sich nicht an allgemeinen Förderprogrammen oder den Ergebnissen von Entwicklungstests orientieren, sondern muss sich auf die individuellen Möglichkeiten einstellen, die den Kindern als Zugang zur Welt offenstehen. Sie versteht sich als fachliche Beratung der Eltern bei der Gestaltung des Alltags und erfolgt in den alltäglichen Interaktions- und Beziehungskontexten (Diehl/Leyendecker 2004; Hansen 2007).

In der Entwicklungsbegleitung geht es darum, Alltagssituationen so zu gestalten, dass sie Anreize für das Kind bieten, ihre Umwelt zu erkunden. Dafür bedarf es keiner „therapeutischen" Materialien; vielmehr gilt es, Beschäftigungsangebote für das Kind zu finden, die es zur Kontaktaufnahme mit der Umwelt motivieren und es die Erfahrung machen lassen, aktiv sein und mit den eigenen Handlungen Wirkungen erzielen zu können. Dabei sind Kinder mit schwerer und mehrfacher Behinderung darauf angewiesen, dass die Eltern ihre Möglichkeiten, Zugang zur Umwelt zu finden, erkennen und sich sensibel auf ihre Bedürfnisse einstellen. Entwicklungsimpulse entstehen nicht durch passive Stimulation des Kindes, sondern in dialogischen Interaktionen, bei denen die Erwachsenen die individuellen Wege erkennen, mit denen das Kind Interesse an bestimmten Reizen und Kontaktbereitschaft auszudrücken vermag. Sie müssen diese Signale richtig „lesen", sich auf das Tempo der Kinder einstellen und ihre eigenen Beiträge zur Interaktion auf die Verarbeitungsfähigkeiten des Kindes abstimmen.

Eltern von schwer und mehrfach behinderten Kindern verfügen – wie alle Eltern – über intuitive Fähigkeiten und Verhaltensbereitschaften, um solche dialogischen Interaktionen mit ihren Kindern zu gestalten. Sie unterscheiden sich jedoch darin, wie gut es ihnen gelingt, diese Verhaltensbereitschaften unter den Bedingungen einer schweren Behinderung des Kindes zu mobilisieren. Dies hängt u. a. davon ab, dass die Eltern die alltäglichen Anforderungen in der Pflege zu bewältigen vermögen und trotz der Schwere der Behinderung Zuversicht in die Gestaltung einer befriedigenden Lebensqualität entwickeln. Damit Angebote der Frühförderung wirksam werden können, sind eine fachliche Unterstützung der Eltern bei der Mobilisierung ihrer persönlichen Kräfte und die soziale Unterstützung, die sie inner- und außerhalb ihrer Familie erleben, zentrale Elemente der Entwicklungsbegleitung.

Diagnostische Herausforderungen

Die Einschätzung der Kompetenzen eines Kindes mit schwerer und mehrfacher Behinderung stellt die Fachkräfte in der Praxis der Frühförderung vor eine besondere Herausforderung. Die Durchführung herkömmlicher Entwicklungstests erfordert in der Regel motorische Fähigkeiten, die einem jungen Kind mit einer komplexen Behinderung nicht zur Verfügung stehen. Die Einschränkung des Seh- oder Hörvermögens, die bei vielen Kindern vorliegt, macht es dem Untersucher oft schwer zu unterscheiden, ob ein Kind noch nicht über die kognitive Fähigkeit verfügt, eine bestimmte Aufgabe zu lösen, oder ob die Wahrnehmungseinschränkungen die Ursache für sein Scheitern sind.

Zudem spiegeln die quantitativen Ergebnisse eines standardisierten Entwicklungstests lediglich wider, wie groß der Unterschied in den Fähigkeiten des Kindes im Vergleich zu Gleichaltrigen ist – eine Information, die die Zukunftssorgen der Eltern noch zusätzlich verstärkt.

Eine Dokumentation von Kompetenzen, die für die soziale Teilhabe im Alltag bei schwerer und mehrfacher Behinderung von Bedeutung sind, kann eher über Entwicklungsbögen erfolgen, in denen die Eltern ihre Beobachtungen zu den kindlichen Fähigkeiten in Zusammenarbeit mit der pädagogischen Fachkraft systematisch festhalten (Fröhlich/Haupt 2004; Tadema et al. 2005, 2007).

> **Checkliste: Kompetenzeinschätzung bei schwerer Behinderung**
>
> – Verfügt das Kind über Kompetenzen zur aktiven Orientierung auf die Umwelt?
> – ... zur Aufnahme von Kontakt und zur Reaktion auf Kontaktangebote?
> – ... zur Kontrolle über Bewegungsabläufe, die beim Essen, Trinken und der Versorgung bei der Pflege von Belang sind?
> – ... zum Ausdruck von Gefühlen von Unbehagen und Spannungen?
> – ... zur Ausführung von zielgerichteten Aktivitäten?
> – ... zum Mitteilen von Bedürfnissen?
> – ... zur Teilhabe an Gruppenaktivitäten, wenn es bereits eine Kindertagesstätte besucht?

Bei Kindern, die nur sehr eingeschränkt oder in schwer erkennbarer Weise Kontakt zu ihrer Umwelt aufnehmen, empfiehlt es sich, die Fähigkeiten zur Kontaktaufnahme und Kommunikation über eine Videoanalyse zu sammeln. Es sollten dafür Situationen ausgewählt werden, in denen die Wahrscheinlichkeit kommunikativer Signale des Kindes möglichst hoch ist. Das können das Essengeben, ein inniges Zwiegespräch, Sing- oder Fingerspiele, Bade- oder Wickelsituationen sein. Vorliebe oder Abneigung, Irritation oder Aufmerksamkeit lassen sich dabei z. B. erkennen an:

- grimassieren,
- lächeln,
- still werden,
- Hände öffnen oder ausstrecken,
- mit den Armen wedeln,
- den Körper anspannen,
- den Kopf hin- oder wegdrehen,
- lautieren und
- sich überstrecken.

Differenzierte Beobachtungen zu den kommunikativen Fähigkeiten der Kinder sind auch in sogenannten „Kommunikationsproben" möglich, mit denen das Kind gezielt dazu angeregt werden soll, einen Wunsch mitzuteilen oder auf etwas aufmerksam zu machen, was es bemerkt hat.

Beispiele für Kommunikationsproben

- Angebot eines bevorzugten Getränks: Der Erwachsene lässt das Kind etwas trinken, das es mag. Er nimmt dann das Getränk an sich, hält es im Blickfeld des Kindes, aber außer Reichweite, und wartet auf seine Reaktion. Er beobachtet, ob das Kind seinen Wunsch nach dem Getränk deutlich machen kann.
- Angebot eines anderen Getränks: Er bietet ihm ein Getränk an, von dem er weiß, dass das Kind es nicht mag, und beobachtet, ob es seine Ablehnung deutlich machen kann.
- Luftballon: Der Erwachsene bläst einen Luftballon auf und lässt die Luft in Richtung auf das Gesicht und die Hand des Kindes entweichen. Das unterbricht er mehrfach und beobachtet, wie das Kind auf diese ungewöhnliche Sinneserfahrung reagiert.
- Musik: Der Erwachsene unterstützt das Kind dabei, einen CD-Player zu aktivieren, so dass ein Lied abgespielt wird. Er platziert dann den CD-Player außer Reichweite und beobachtet die Reaktion des Kindes, wenn das Lied endet.
- Ball: Der Erwachsene lässt einen Ball zwischen sich und dem Kind hin- und herrollen. Er hält dann unvermittelt mehrfach inne und wartet ab, ob das Kind ein Signal gibt, um das Spiel fortzusetzen.

Anregung der Umweltwahrnehmung und Eigenaktivität

Anregungen, mit denen das Kind dazu motiviert werden soll, sich der Umwelt zuzuwenden, müssen zunächst über den körperlichen Kontakt und die verschiedenen Sinneskanäle gesucht werden, die einem Kind zugänglich sind. Fröhlich (2015) beschreibt in dem von ihm seit den 1970er Jahren stetig weiter entwickelten Konzept der „Basalen Stimulation", wie der Mangel an sensorischen Erfahrungen und eigenen Erkundungen bei schwer und mehrfach behinderten Kindern durch gezielte Anregungen von außen abgemildert werden kann.

Dabei geht es um einen basalen Dialog auf der Grundlage von sensomotorischen Aktivitäten, Körper- und Bewegungserfahrungen, Berührungen, Vibrationen, Geruchs-, Geschmacks-, Seh- und Hörerfahrungen. Diese Aktivitäten müssen so strukturiert werden, dass sie vom Kind wahrgenommen und eingeordnet werden können, es nicht verunsichern oder überfordern. Die Anregungen aus dem Konzept der Basalen Stimulation sollen dabei in die alltägliche Pflege des Kindes integriert werden, d. h. beim Essengeben, beim An- und Auskleiden oder bei der Körperpflege berücksichtigt werden.

> Beim Konzept der „Basalen Stimulation" geht es nicht um eine gezielte Förderung bestimmter Fähigkeiten des Kindes. Das Ziel ist vielmehr, die Aufmerksamkeit des Kindes für Reize und Anregungen aus der Umwelt zu wecken und seine Bereitschaft zu unterstützen, sich an einem Dialog mit einem Partner zu beteiligen.

Dazu bedarf es einer offenen und responsiven Grundhaltung des Erwachsenen. Er muss die wechselnden Aufmerksamkeitszustände des Kindes beobachten, seine individuellen Vorlieben erforschen, seine Toleranzgrenzen für Intensität und Tempo von Anregungen beachten und sich auf Wiederholungen und gleichförmige Rituale einlassen, ohne seine eigene Freude an der gemeinsamen Interaktion zu verlieren.

Eine zentrale Voraussetzung für die erfolgreiche Gestaltung basaler Dialoge sind eine wache Kontaktbereitschaft und Wohlbehagen des Kindes. Es gilt, günstige Ausgangsbedingungen für solche Dialoge zu erkennen. Die Unterscheidung ist nicht immer einfach, da die Signale des Kindes für Unbehagen, Irritation, Überforderung oder Schläfrigkeit individuell sehr unterschiedlich sein können und die Aufmerksamkeitszustände rasch wechseln.

Wichtig für das Gelingen der Partizipation an Aktivitäten ist zudem eine günstige körperliche Ausgangslage. Ein hoher Muskeltonus (z. B. bei einer asymmetrisch-tonischen Nackenreaktion; ATNR) oder ein zu niedriger Tonus machen es dem Kind schwer, seine Aufmerksamkeit auf ein bestimmtes Objekt zu lenken und es zu erkunden. Deshalb müssen in der Rücken-, Bauch- und Seitenlage individuell passende Grundpositionen gefunden werden, die dem Kind die Kopf- und Rumpfkontrolle und die Koordination von Bewegungen gegen die Schwerkraft möglichst erleichtern.

> Die Erprobung günstiger Ausgangslagen und die Anleitung der Eltern in dieser Hinsicht gehören unter dem Begriff des „Handling" zu den Kompetenzen der Physiotherapeutin. Auch jede andere Fachkraft, die mit dem Kind in Kontakt tritt, muss sich jedoch mit den individuell günstigsten Grundpositionen vertraut machen.

Wenn das Kind älter ist, muss eine günstige Sitz- oder Stehposition gefunden werden.

> **TIPP**
>
> Eine aktive Sitzhaltung mit abgewinkeltem Becken und Gewichtsübernahme der Hüften und Füße erleichtert die Haltungs- und Kopfkontrolle und ist Voraussetzung dafür, dass das Kind seine Aufmerksamkeit einem Spielangebot zuwenden kann. Zeitweilig eine Stehposition einzunehmen, kann die Aufmerksamkeit des Kindes stimulieren (und trägt zudem zur Entwicklung der Knochenstrukturen bei).
>
> Sitzschalen mit variablen Gurten und einem Tisch, der die Beschäftigung mit Gegenständen möglich macht, oder Stehständer gehören zu den Hilfsmitteln, die in Zusammenarbeit von Neuropädiater und Physiotherapeutin an die individuellen Bedürfnisse des Kindes angepasst werden können.

Ein Konzept, das auf die Förderung funktionaler motorischer Fähigkeiten zur Verbesserung der sozialen Teilhabe im Alltag ausgerichtet ist, ist MOVE („Mobility Opportunities via Education"; Bidabe 1999). Im Rahmen dieses Konzepts werden für jedes Kind individuelle Förderziele festgelegt, d. h. Fertigkeiten, die — mit oder ohne Hilfsmittelgebrauch — im Alltag gezielt und mit hoher Wiederholungshäufigkeit geübt werden sollen. Die ausgewählten Fertigkeiten sollen in Sitz- oder Stehposition geübt werden und die Teilnahme an Alltagsaktivitäten unmittelbar erleichtern. Solche Ziele können z. B. sein:

- „… soll lernen, sich an einem Tisch selbstständig hochzuziehen und sich darauf mindestens drei Minuten zu stützen, um so an einem Spiel teilzunehmen." oder
- „… soll lernen, sich mit einer Gehhilfe selbst ständig im Raum fortzubewegen."

Die Auswahl der Ziele und die „Philosophie", an der größtmöglichen Selbstständigkeit der Kinder im Alltag unter Einsatz von Hilfsmitteln zu arbeiten, statt physiologische Bewegungsmuster in Therapiesitzungen anzubahnen, ist gut vereinbar mit Vorstellungen zur Förderung bei Beeinträchtigungen der motorischen Entwicklung („konduktive Förderung"; Erarbeitung von funktionalen Lösungen bei Alltagsproblemen nach dem ergotherapeutischen Konzept der „Cognitive Orientation to daily Occupational Performance" (CO-OP; Kap. 2.3.3).

Van der Putten et al. (2005) führten bei 32 Kindern im Alter zwischen zwei und 16 Jahren über ein Jahr eine intensive Förderung nach diesem Konzept durch und verglichen die Kompetenzen der Kinder mit einer Kontrollgruppe, die im gleichen Zeitraum eine allgemeine heil- oder sonderpädagogische Förderung („treatment-as-usual"; Kap. 1.2.5) erhalten hatten. Bei 63 % der Kinder der Therapiegruppe, aber nur bei 33 % der Kinder der Kontrollgruppe ließ sich in diesem Zeitraum eine Verbesserung ihrer motorischen Selbstständigkeit feststellen. Nur die Veränderung in der Therapiegruppe war signifikant.

Anbahnung kommunikativer Fähigkeiten

Die meisten Kinder mit schwerer und mehrfacher Behinderung befinden sich auf einer prä-symbolischen Entwicklungsstufe, d. h. sie drücken ihr Befinden, ihr Interesse, Wünsche oder Ablehnung durch ihre Körper- oder Kopfhaltung, ihre Blickrichtung, Lautbildung oder Gesten aus. Oft ist es für das Gegenüber aber schwer zu erkennen, ob sie damit eine kommunikative Intention verfolgen oder ob es sich um Verhaltensweisen handelt, die als Reaktion auf ein „Umweltereignis" auftreten, aber keinen Mitteilungscharakter haben, d. h. nicht auf einen Gegenüber gerichtet sind, von dem seinerseits eine Reaktion erwartet wird.

Jede körperliche oder sensorische Behinderung kann die Unterscheidung von intentionalen und reaktiven Verhaltensweisen zusätzlich erschweren. Ist ein Kind von Geburt an blind, fehlt ihm die Möglichkeit, kommunikative Dialoge durch seine Blickrichtung zu steuern. Hörschädigungen begrenzen seine Möglichkeiten, sprachliche Angebote ihrer Kommunikationspartner wahrzunehmen und zu verarbeiten. Bei schweren Einschränkungen der motorischen Steuerung sind die motorischen Aktivitäten oft von Reflexen überlagert und können nicht willentlich gesteuert werden, so dass der Erwerb von konventionellen Gesten (Zeigen, Nicken, Kopfschütteln) oder Gebärden nur in sehr begrenzter Form möglich ist.

Das bedeutet, dass seine Bezugspersonen die Reaktionen des Kindes sehr genau beobachten und auch kleine Veränderungen wahrnehmen müssen, um auf sie reagieren zu können. Vielfach sind sie auf Interpretationen angewiesen, was vielleicht die kommunikative Absicht des Kindes sein könnte. Dass eine Kommunikation auch unter derart erschwerten Bedingungen gelingen kann, zeigen Beobachtungen der Interaktion zwischen Eltern und schwer behinderten Kindern (Wilder/Granlund 2003). Sie sind oft in beeindruckender Weise in der Lage, sich auf die individuellen Kommunikationsformen ihrer Kinder einzustellen und einen dialogischen Austausch zu gestalten.

Grundsätzlich orientiert sich die Anbahnung von Kommunikationsbereitschaft in der Frühförderung von Kindern mit schwerer und mehrfacher Behinderung an der Art und Weise, wie Eltern intuitiv einen Dialog mit einem Säugling anbahnen. Dialoge mit einem Säugling gestalten sich in einem Prozess der Ko-Regulation; d. h., das Kind verfügt zunächst noch nicht über zielgerichtete, auf den Dialogpartner bezogene kommunikative Kompetenz, lernt aber allmählich aus seinen Erfahrungen im Dialog mit seinen erwachsenen Bezugspersonen, wie es seine Aufmerksamkeit wecken und zum Dialog beitragen kann, so dass „Turnwechsel" entstehen (Papousek 1994).

Die Erfahrung, in einer verlässlichen und vorhersagbaren Weise vom Interaktionspartner imitiert zu werden, erlaubt es Kindern mit sehr schwerer Behinderung, sich an der Interaktion zu beteiligen, ohne ihre eigenen Kommunikationsformen an Aufforderungen oder Erwartungen des Dialogpartners anpassen zu müssen. Sie verschafft ihnen die Möglichkeit, sich selbst in Bezug auf ein Gegenüber wahrzunehmen und seine Verhaltensweisen kontrollieren zu können. Dadurch dass die Reaktionen des Gegenübers vorhersagbar und nicht bedrohlich sind, entsteht ein Gefühl der Sicherheit — anders als in vielen Alltagssituationen, in denen Kinder mit sehr schwerer Behinderung mit Reizen und Anforderungen konfrontiert sind, die ihre Verarbeitungsfähigkeiten überfordern — und erlaubt auf diese Weise allmählich auch Variationen des eigenen Verhaltens sowie die Nachahmung von Verhaltensweisen, die das Gegenüber als Modell anbietet. Verhaltensweisen, die gespiegelt werden, können z. B. sein:

- Lautäußerungen (Brummen, Murmeln, Zischen, Johlen etc.),
- andere Laute, die mit dem Mund erzeugt werden (Klicken, Geräusche mit dem Speichel, Pusten, Lippenschnalzen, Zungenbewegungen),
- Bewegungen (der Hände und Arme, Hin- und Herschaukeln des Rumpfes, Kopfwippen),
- Gesichtsausdrücke (Lachen, Grimassen, Mund öffnen und schließen, Blinzeln, Augenkontakt) und
- Körperkontakt (Streicheln, Antippen, Festhalten am Finger).

Eine ausführliche Darstellung der Möglichkeiten zur Anbahnung von Kommunikationsbereitschaft bei schwer und mehrfach behinderten Kindern findet sich bei Fröhlich/Simon (2008) und Fröhlich (2015). Der Ansatz wurde in der englischsprachigen Fachdiskussion unter dem Begriff der „Intensive Interaction" systematisch entwickelt und evaluiert (z. B. Nind/Hewitt 2005). Hutchinson/Bodicoat (2015) analysierten 18 empirische Studien, die zur Wirksamkeit von „Intensive Interaction" publiziert wurden. Sie belegen eine Zunahme von Toleranz für Körperkontakt, sozialer Initiative, Blickkontakt, Vokalisation und Momenten geteilter Aufmerksamkeit („joint attention").

Wenn auf diese Weise eine grundlegende Kommunikationsbereitschaft angebahnt ist, geht es darum, dass die Kinder lernen, Ankündigungen zu verstehen, sich an einem Dialog zu beteiligen und in ritualisiertem Kontext Wünsche auszudrücken. Klein et al. (2000) legten ein modularisiertes Konzept für die Elternberatung vor, das ursprünglich für die Frühförderung von Kleinkindern mit schweren Behinderungen und zusätzlichen Seh- und Hörbeeinträchtigungen im Alltag entwickelt wurde ("Promoting Learning through active interaction", PLAI; Abb. 10).

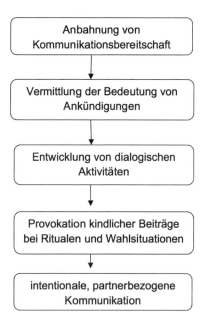

Abb. 10: Stufen der Förderung kommunikativer Fähigkeiten bei schwerer und mehrfacher Behinderung

Zunächst müssen alltägliche Abläufe in konstanter, für das Kind wiedererkennbarer Form gestaltet und dann mit einem gleichbleibenden Ankündigungsreiz verbunden werden.

> **TIPP**
>
> Einige Beispiele:
>
> – Ein Waschlappen wird dem Kind in die Hand gegeben, bevor es ins Bad gebracht wird zur Körperpflege.
> – Die Lippen des Kindes werden mit dem Löffel zweimal berührt, bevor das Essengeben beginnt.
> – Dem Kind wird die offene Flasche mit dem Badeschaum unter die Nase gehalten, bevor es in die Badewanne gelegt wird.
> – Dem Kind wird eine Mütze gereicht, bevor es angezogen wird und es zu einem Spaziergang geht.
> – Eine bestimmte Musik erklingt, bevor es in sein Bett gelegt wird.

Auf einer dritten Stufe der Kommunikationsförderung gilt es, dialogische Aktivitäten zu entwickeln und „Turnwechsel" zu provozieren. Der Erwachsene wählt dazu Aktivitäten aus, an denen das Kind Interesse hat, hält immer wieder inne und wartet ein Signal des Kindes ab, mit dem es seinen Wunsch nach einer Fortsetzung ausdrückt. Auch wenn das Kind das entsprechende Verhalten zunächst nicht mit der kommunikativen Absicht („bitte, mach' weiter") gezeigt hat, lernt es aus wiederholten Erfahrungen dieser Art, dass es damit einen Wunsch ausdrücken kann.

> **TIPP**
>
> Wenn das Kind bereits Interesse an bestimmten Gegenständen der Umwelt entwickelt hat, können schließlich Wahlsituationen geschaffen werden, um seine kommunikative Initiative anzuregen. Das „beliebte" Objekt wird mit einem weniger attraktiven Gegenstand ins Blickfeld des Kindes gebracht und es aufgefordert zu zeigen, was es möchte. Das kommunikative Signal kann in einer Zeigegeste, aber auch in einer Hinwendung des Körpers, des Kopfes oder des Blicks in Verbindung mit einer Vokalisation bestehen.

Jedes dieser Signale kann vom Erwachsenen als Ausdruck eines Wunsches interpretiert und prompt und zuverlässig beantwortet werden, indem er dem Kind den gewünschten Gegenstand reicht.

In der Entwicklungsbegleitung geht es nicht nur darum, dass die Eltern Impulse zum wechselseitigen Austausch setzen und kommunikative Beiträge des Kindes anregen, mit denen es Wünsche und Bedürfnisse ausdrücken. Ebenso wichtig ist es, dass die Eltern die Belastungssignale des Kindes zuverlässig erkennen und sich darauf einstellen, um eine Überforderung der Toleranz für Stimulationen und einen Rückzug aus der sozialen Interaktion zu vermeiden.

> **Checkliste: Kommunikationsanbahnung**
>
> - Ist der Erwachsene in der Lage, den Aufmerksamkeitszustand des Kindes zuverlässig zu erkennen?
> - Ist er mit den individuellen Signalen des Kindes vertraut, an denen sich Wohlbehagen, Freude, Interesse, Unbehagen oder Stress ablesen lässt?
> - Weiß er um die individuellen Wahrnehmungsmöglichkeiten und Vorlieben des Kindes, die sich in Alltagssituationen zur Anregung von dialogischen Aktivitäten nutzen lassen?
> - Setzt er Ankündigungssignale und konsistente sprachliche Benennungen verlässlich in Alltagssituationen ein, um sie für das Kind überschaubar und vorhersagbar zu machen?
> - Weiß er um die Möglichkeiten, Turnwechsel bei dialogischen Aktivitäten anzuregen?
> - Gestaltet er gemeinsame Aktivitäten so, dass die kommunikative Initiative und aktiven Beiträge des Kindes zur Mitteilung von Wünschen und Bedürfnissen gefördert werden?

Soziale Teilhabe in Kindertagesstätten

Der intensive Hilfebedarf bei der Entwicklung kommunikativer Fähigkeiten stellt nicht nur die Eltern vor besondere Herausforderungen. Dies gilt ebenso für Fachkräfte in Kindertagesstätten, wenn sie die soziale Teilhabe von Kindern mit schwerer und mehrfacher Behinderung am Geschehen und ihre Kontakte zu anderen Kindern in der Gruppe unterstützen möchten.

Wenn ein Kind mit schwerer und mehrfacher Behinderung soziale Teilhabe am Geschehen in einer Kindergruppe erleben soll, dann erfordert das von den erwachsenen Bezugspersonen ein besonderes Maß an fachlicher Kompetenz und Sensibilität. Sie müssen die Aufmerksamkeit des Kindes und seine Signale von Interesse, Wohlbehagen oder Unbehagen erkennen und sich in der Interaktion darauf einstellen. Von den anderen Kindern der Gruppe erfordert es die Bereitschaft, von sich aus ein Kontaktangebot zu machen, zunächst ausbleibende, verzögerte oder befremdlich unerwartete Reaktionen des Kindes zu tolerieren und — zunächst intuitiv — zu erkunden, in welcher Form das Kind mit einer schweren und mehrfachen Behinderungen „ansprechbar" ist.

Beobachtungen in Gruppensituationen zeigen, dass die meisten Kinder mit schwerer und mehrfacher Behinderung durchaus ein soziales Interesse zeigen, das am Lächeln, Blickkontakt, Berührungen anderer Kinder oder Lautäußerungen zu erkennen ist. Soziale Kontakte gelingen jedoch meist nur mit den Erwachsenen der Gruppe, nur selten mit anderen Kindern (Foreman et al. 2004; Rehm/Bradley 2005; Arthur-Kelly et al. 2008). Wie häufig ein solcher sozialer Kontakt entsteht, hängt offenbar auch von den Kontaktgelegenheiten ab, d. h., ob andere Kinder der Gruppe ihrerseits Kontaktangebote machen. Dafür bestehen in integrativen Kontexten potenziell günstigere Bedingungen.

Sarimski (2016b) untersuchte die sozialen Interaktionen in integrativen Kindergärten und Schulkindergärten für Kinder mit Behinderungen. Die Videoaufzeichnungen umfassten pro Kind etwa 150 Minuten. In dieser Zeit kam es im Durchschnitt nur zu etwa zehn sozialen Kontakten zwischen ihnen und einem anderen Kind der Gruppe. Die Kontakte gingen etwa ebenso häufig von dem Kind mit einer schweren Behinderung wie von einem Partnerkind aus. Die häufigsten Kontakte ergaben sich in Freispielzeiten. Dabei zeigte sich auch ein signifikanter Effekt des Settings; die Zahl der Kontakte in Freispielzeiten war höher in integrativen Gruppen, d. h. in Gruppen, in denen das Kind potenzielle Kontaktpartner ohne Behinderungen hatte.

Zu den Aufgaben der Frühförderung gehört es, die pädagogischen Fachkräfte in Kindertagesstätten gezielt dabei zu unterstützen, solche Signale von Kontaktbereitschaft im Gruppenkontext wahrzunehmen und Gelegenheiten zur Förderung sozialer Kontakte aufgreifen. Das Coaching an Videoaufzeichnungen aus dem Gruppengeschehen kann dazu beitragen, die Sensibilität der Fachkräfte für die Möglichkeiten der Förderung zu stärken (Sarimski 2016b).

2.7.3 Elternbegleitung bei spezifischen Pflegebedürfnissen

Eltern von Kindern mit schwerer und mehrfacher Behinderung fühlen sich durch besondere Pflegebedürfnisse ihres Kindes in hohem Maße belastet und in der Alltagsgestaltung des Familienlebens eingeschränkt (Ratcliffe et al. 2002; Kirk/Glendinning 2004; Adler et al. 2015). Sie streben danach, sich Handlungsspielräume zurück zu erobern und ein gewisses Maß an Normalität zu erreichen (Rehm/Bradley 2005; Sarimski 2012a). Dabei erwarten sie von den Fachkräften der Frühförderung Verständnis für die besonderen Herausforderungen, vor denen sie stehen, und partnerschaftliche Kooperation bei der Suche nach Lösungen, die den Bedürfnissen der Familie als Ganzes gerecht werden (Jansen et al. 2012, 2014).

Probleme beim Essengeben

Ein spezifisches Problemfeld, das den Alltag vieler Eltern von Kindern mit schwerer und mehrfacher Behinderung belastet, ist der Umgang mit Problemen beim Füttern oder Essengeben.

Wenn das Kind sehr früh zur Welt gekommen ist oder in der Neugeborenenperiode medizinische Komplikationen auftreten, muss es zunächst intensivmedizinisch versorgt und mit einer Sonde ernährt werden (Kap. 3.1). Die damit verbundenen unangenehmen Erfahrungen können das natürliche Interesse des Kindes an der Nahrungsaufnahme hemmen und eine Über- oder Unterempfindlichkeit im Mundbereich oder eine allgemeine Abwehrhaltung gegen die orale Nahrungsaufnahme mit sich bringen.

Auch wenn das Kind dann nach Hause entlassen ist, gelingt das Essengeben oft nicht entspannt, weil die Eltern in steter Sorge um eine ausreichende Ernährung ihres Kindes sind. Es bilden sich ungünstige Interaktionsmuster heraus, bei denen das Kind durch vielfältige Ablenkungen „überlistet" werden soll oder nachdrücklich zum Essen gedrängt wird. Solche Interaktionsmuster bestärken das kindliche Ausweich- oder Abwehrverhalten und tragen zur Ausbildung von Regulationsstörungen (Kap. 2.4.1) bei.

Die körperlichen Einschränkungen eines Kindes mit einer schweren und mehrfachen Behinderung können das Essengeben zusätzlich erschweren. So ist bei Kindern mit einer schweren Bewegungsstörung in der Regel auch die Oralmotorik betroffen. Die Zungen- und Mundbewegungen, die zum Essen, Trinken und Schlucken notwendig sind, können deshalb nicht immer so ausgeführt werden, dass Speichel, Speisen und Getränke problemlos in den Magen transportiert werden. Beim Aufnehmen von Speisen gelingt der Lippenschluss nur unvollständig, die Zunge wird häufig zurückgezogen oder unwillkürlich vorgestoßen, bei Berührungen im Mund mitunter der Beißreflex ausgelöst. Nicht selten besteht auch eine Schluckstörung (Dysphagie). Es besteht die Gefahr, sich bei der Aufnahme von Speisen und Getränken zu verschlucken. Es kann dann zur Aspiration kommen. Diese Aspiration bleibt nicht selten unerkannt, wenn bei den Kindern aufgrund ihrer neurologischen Schädigung der natürliche Hustenreflex ausbleibt („stille Aspiration"). Chronisch wiederkehrende Bronchien- und Lungenentzündungen können die Folge sein.

Zu den häufigen körperlichen Problemen bei Kindern mit komplexer Behinderung gehören zudem Herzfehler, ein gastro-ösophagealer Reflux und Verdauungsstörungen. Auch diese Probleme tragen zur Verfestigung von Problemen bei der Ernährung bei. Kinder mit schweren kardiovaskulären Problemen sind schnell beim Saugen aus der Flasche erschöpft und ermüden auch beim Füttern mit dem Löffel rascher. Bei einem gastro-ösophagealen Reflux (GÖR) funktionieren die natürlichen Verschlussmechanismen des Magens nur eingeschränkt, so dass es zur Aspiration von Nahrung und mit der Zeit zu schmerzhaften Entzündungen der Speiseröhre kommen kann. Kinder mit einem GÖR erbrechen sich häufig, zeigen ihr Unbehagen durch Überstrecken bei und nach den Mahlzeiten und sind schwer zu füttern (Sullivan 2008). Besonders häufig sind Probleme bei der Ernährung bei Kindern mit schwerer Cerebralparese.

Eine Fütter- oder Schluckstörung erfordert eine sorgfältige fachärztliche Diagnostik (Arvedson 2008). Sie umfasst eine ausführliche Anamnese zur Wachstumsentwicklung des Kindes, der Dauer der einzelnen Mahlzeiten und dem Verhalten des Kindes während der Mahlzeiten (Irritabilität, Abwehrverhalten, Hochwürgen und Erbrechen, Anzeichen einer Aspiration). Es folgt eine körperliche Untersuchung (neurologischer und kardiopulmonaler Status, Gastro-ösophagealer Reflux), eine Beurteilung der oral-motorischen Funktionen und eine Beobachtung des Verhaltens des Kindes beim Füttern und der Interaktion zwischen den Eltern und dem Kind in dieser Situation. Der Schluckvorgang selbst kann durch spezielle Videotechniken analysiert werden, wenn Anzeichen für eine Schluckstörung bestehen.

Zu den Aufgaben der Frühförderung gehört die Beratung der Eltern zur Prävention von Problemen beim Essengeben. Dies kann durch eine pädagogische Fachkraft, Logopäden/Sprach- oder -Physiotherapeuten geschehen, die über spezifische Erfahrungen im Umgang mit Fütterproblemen und Essstörungen verfügen sollten (Gisel 2008). Zunächst einmal geht es darum, die jeweils vorhandenen Grundfähigkeiten des Kindes, Nahrung aufzunehmen, zu unterstützen und Geschmacks- und Berührungserfahrungen im Mundbereich angenehm zu gestalten. Dabei spielt eine entspannte Position bei der Nahrungsaufnahme eine wichtige Rolle. Das Kind muss so gelagert werden, dass eine möglichst aufrechte, symmetrische und stabile Körperhaltung beim Essen und Trinken besteht und der Gefahr eines Refluxes entgegengewirkt wird.

Grundsätzlich sollte eine vis-a-vis-Position beim Füttern angestrebt werden.

> **TIPP**
>
> Dazu können Baby-Sitzschalen verwendet werden, die u. U. an die individuellen Haltungsprobleme des Kindes angepasst werden müssen. Bei anderen Kindern ist es günstiger, sie auf den Schoß zu nehmen, um auf diese Weise den Muskeltonus während der Essenssituation besser spüren zu können.

Manuelle Hilfen zur Verbesserung des Lippenschlusses können sinnvoll sein, hängen aber von der Toleranz des Kindes für Berührungen im Gesicht ab.

> **TIPP**
>
> Manchmal können adaptierte Trinkbecher oder Löffel nützlich sein. Getränke müssen u. U. angedickt, Speisen passiert werden, damit das Kind sie besser schlucken kann. Veränderungen hin zur Normalkost sollten in kleinen Schritten und mit großer Geduld eingeführt werden, bis das Kind sie toleriert.
>
> Wenn das Kind mit dem Löffel gefüttert wird, sollte dies so geschehen, dass das Kind die Nahrung aktiv mit den Lippen abnehmen und mit der Zunge transportieren muss, d. h. sie nicht an der Oberlippe abgestreift wird. Das Tempo des Fütterns muss an die Fähigkeiten des Kindes zur Koordination von Atmung und Schlucken angepasst werden.

Schwere oral-motorische Störungen können zu deutlich verlängerten Fütterzeiten führen.

Entscheidung für eine Ernährungssonde

Wenn oral keine ausreichende Ernährung möglich ist, Schluckstörungen bestehen oder es zu einer chronischen Aspiration kommt, wird der Kinderarzt die Ernährung über eine Magensonde (perkutane endoskopisch-kontrollierte Gastrostomie, PEG-Sonde) empfehlen. Dadurch kann eine kalorisch ausreichende Ernährung sichergestellt werden. Mit einer PEG-Sonde ist es möglich, Flüssignahrung unter Umgehung des Mund- und Rachenraums und ohne aktives Schlucken des Kindes zu geben. Am oberen Ende der Sonde wird eine Nahrungsspritze angeschlossen. Die Versorgung mit einer perkutanen Sonde reduziert die Gefahr einer Aspiration und stellt keine Belastung für Nase, Rachen und Speiseröhre dar, sodass auch Kinder, die teilweise oral ernährt werden können, beim Schluckvorgang nicht behindert werden. Die Sonde selbst besteht aus einem 20 bis 30 cm langen Kunststoffschlauch, der im Magen in eine flache Silikonscheibe mündet und außen mit einer Halteplatte und einem Pflaster befestigt wird.

Die meisten Eltern, die sich für eine Versorgung des Kindes per Sonde entscheiden, berichten anschließend über ein wesentlich besseres Gedeihen des Kindes. Sie fühlen sich entlastet dadurch, dass das Essen nun entspannter und auch eine Medikamentengabe zuverlässiger möglich sei. Ein Teil der Eltern fühlt sich jedoch sehr belastet durch den hohen Zeitaufwand, der mit dem Sondieren verbunden ist, und die Notwendigkeit, den gesamten Tagesablauf darauf abzustimmen. Eine schlechte Verträglichkeit der Sondenkost, häufiges Erbrechen oder Entzündungen an der Eintrittsstelle des Nahrungsschlauchs sind weitere Komplikationen (Sarimski 2012b).

Die Auseinandersetzung mit der ärztlichen Empfehlung einer PEG bedeutet allerdings für viele Eltern einen schwierigen Entscheidungsprozess, den sie oft lange hinausschieben (Petersen et al. 2006). Für die Eltern verbindet sich die Zustimmung zur Sondierung mit der Sorge um den Verlust eines weiteren Stücks von Normalität im Leben mit ihrem behinderten Kind. Viele Mütter haben dann das Gefühl, in der Versorgung der Grundbedürfnisse des Kindes versagt zu haben. Sie nehmen an, dass das Kind dauerhaft auf die Sonde angewiesen bleiben und eine Rückkehr zu normaler Ernährung nicht möglich sein wird, fürchten eine zusätzliche Einschränkung des Familienlebens und eine Ablehnung des Kindes, wenn der besondere Hilfebedarf für Freunde, Bekannte und Fremde in der Öffentlichkeit auf diese Weise so offensichtlich wird. In diesem Entscheidungsprozess ist eine fachliche Beratung durch eine Fachkraft der Frühförderung als Ergänzung zu den Gesprächen mit dem Kinderarzt oft hilfreich.

Dabei sollte sie auf die Möglichkeit hinweisen, dass zu einem späteren Zeitpunkt eine Entwöhnung von der Sonde gelingen kann. Solche Interventionen erfordern allerdings spezielles ärztliches und psychologisches Fachwissen. Ein Element des Behandlungsvorgehens ist die schrittweise Reduzierung der täglichen Sondierungsmenge, um das Hungergefühl des Kindes zu wecken. Da dieser Prozess für die Eltern aus verständlicher Sorge um den Ernährungszustand des Kindes außerordentlich belastend ist, werden solche Interventionen in der Regel zunächst unter stationären Bedingungen begonnen.

Versorgung mit einer Trachealkanüle

Bei einigen Kindern mit schwerer und mehrfacher Behinderung kann auch die Fähigkeit zur Eigenatmung und zur Koordination der Atemfunktionen beeinträchtigt sein. In diesen Fällen ist eine Beatmung dauerhaft via Trachealkanüle und durch ein externes Beatmungsgerät (oder zeitweise über eine Beatmungsmaske) erforderlich. Zu den Kindern mit diesem besonderen Pflegebedarf gehören Kinder, die von einer schweren craniofazialen Fehlbildung, einer Tracheomalazie, einer zu engen, zu weichen oder instabilen Luftröhre, einer chronischen Lungenerkrankung (BPD), einer schweren neuromuskulären Erkrankung oder einer anderen neurologischen Störung, die die Atemregulation betrifft (kongenitales zentrales Hypoventilationssyndrom) betroffen sind.

Bei einer Tracheostomie wird durch einen kleinen Einschnitt in Hals und Luftröhre ein künstlicher Luftweg geschaffen, der dem Kind die freie Atmung ermöglicht. Durch die so entstehende Öffnung, das sogenannte Stoma, wird eine Tachealkanüle gelegt. Die Kanüle besteht aus einer äußeren Kanülenplatte, an der ein Halteband zur Fixierung befestigt wird, sowie der eigentlichen Kanüle, die mit der Platte fest verbunden ist und in die Luftröhre hineinragt. Wenn nötig, kann diese Kanüle mit einem Beatmungsgerät verbunden werden.

Die meisten dieser Kinder werden mittlerweile zuhause betreut. Die häusliche Betreuung bedeutet zwar eine wesentliche Verbesserung der Lebensqualität der Kinder gegenüber einer dauerhaften stationären Behandlung, bringt aber ein hohes Maß an Pflegeaufwand und emotionaler Belastung für die Eltern mit sich. Eltern von Kindern, die eine Trachealkanüle tragen oder zuhause beatmet werden, müssen in die Trachealpflege und Reanimationsmaßnahmen für Notfälle eingewiesen werden. Dazu gehört z. B. die Vorbereitung einer Notfalltasche, der sichere Wechsel der Kanüle und des Haltebändchens, die Kanülen- und Stomapflege, regelmäßiges Absaugen von Sekret mittels Absauggerät und Katheter, Befeuchtung des Raums mit Wärme- und Feuchtigkeitstauscher oder Inhalationsgerät. Viele Mütter von tracheostomierten Kindern beklagen eine unzureichende Anleitung im Umgang mit den Geräten in der Anfangsphase und Einschränkungen des Familienlebens durch die aufwendigen Pflegemaßnahmen (Sarimski 2012b).

Entlastung der Eltern

Eltern von Kindern mit besonderen Pflegebedürfnissen haben einen besonders hohen Unterstützungsbedarf. Sie benötigen spezifische Kenntnisse bei der Pflege und den nötigen Behandlungsmaßnahmen, Beratung bei der Anpassung des Familienalltags an die Bedürfnisse ihrer Kinder, brauchen Informationen über Unterstützungsmöglichkeiten und Hilfe bei ihrer Organisation (Adler et al., 2015).

Grundsätzlich besteht die Möglichkeit, dass Eltern mit Kindern mit besonderen Pflegebedürfnissen die Unterstützung eines Pflegedienstes in Anspruch nehmen, der vom Kinderarzt verordnet und von der Krankenkasse finanziert wird. Der zeitliche Umfang ist individuell sehr unterschiedlich, kann aber im Einzelfall bedeuten, dass die Eltern über einen großen Teil des Tages von der Pflege entlastet werden.

Checkliste: Unterstützung bei besonderen Pflegebedürfnissen

- Sind die Eltern in der Sondierung, im Umgang mit der Trachealkanüle u. Ä. ausreichend angeleitet worden?
- Haben sie Schwierigkeiten bei der Beschaffung, Pflege und Instandhaltung der Gerätetechnik?
- Benötigen sie Entlastung bei der Alltagsbewältigung und zur Re-Mobilisierung ihrer Bewältigungskräfte?
- Sind sie über das Angebot von Pflegediensten oder Familienentlastende Dienste informiert?
- Haben sie Schwierigkeiten, eine kompetente Hilfe bei der Pflege zu finden?
- Benötigen sie Unterstützung, um eine geeignete Kindertagesstätte zu finden, in der ihr Kind kompetent betreut werden kann?

Sie sind darauf angewiesen, dass die Organisation der Pflege gelingt und die Pflegekräfte die nötige Erfahrung mitbringen, um sich auf die spezifischen Bedürfnisse ihres Kindes einzustellen. Die Anwesenheit von Pflegekräften in der Familie bedeutet einen Verlust des geschützten privaten Raums und macht es erforderlich, viele Gewohnheiten im Umgang mit dem Kind abzusprechen. Dabei wird die Erwartung der Eltern, als Experten ihres Kindes „auf Augenhöhe" respektiert zu werden, von den Fachkräften nicht immer erfüllt (Kirk/Glendinning 2004; Nolan et al. 2005). Zu den Aufgaben der Frühförderung gehört es, die Eltern in ihrem Streben nach Anerkennung ihrer eigenen Kompetenz und eigenen Handlungsspielräumen zu unterstützen. Bei Konflikten mit Fachkräften der Pflege können sie als Vermittler tätig werden.

Darüber hinaus haben die Eltern Anspruch auf Pflegegeld, die Finanzierung unterschiedlicher familienentlastender Maßnahmen und die Finanzierung von Hilfsmitteln (Kap. 4.2.5). Fragen der Hilfsmittelversorgung und Schwierigkeiten im Umgang mit Krankenkassen und Behörden stellen jedoch mitunter ein weiteres Problemfeld dar. Viele Eltern erleben in diesem Bereich, dass sie sehr viel Eigeninitiative entwickeln müssen und mit langwierigen und schlecht koordinierten bürokratischen Prozessen konfrontiert sind. Sie wünschen sich mehr

Unterstützung durch vollständige Informationen und eine kompetente fachliche Beratung. Die Fachkraft der Frühförderung kann die Aufgabe übernehmen, die Eltern über ihre Ansprüche auf sozialrechtliche Hilfen zu informieren, sie bei den praktischen Fragen der Antragsstellung unterstützen und sie an Beratungseinrichtungen vermitteln, wenn die Eltern spezielle Hilfen bedürfen. Obwohl dies nicht zu ihren Kernaufgaben gehört, schätzen es Eltern sehr, wenn sich die Fachkraft der Frühförderung dafür Zeit nimmt. Sie erleben es als Zeichen dafür, dass diese sich nicht nur als Fachkraft für die Förderung des Kindes, sondern als stützende Begleiterin der ganzen Familie versteht.

Eine besondere Herausforderung für die Fachkräfte der Frühförderung stellt schließlich die Begleitung von Eltern dar, deren Kinder durch eine degenerative Erkrankung oder die Fragilität ihres körperlichen Zustandes nur eine begrenzte Lebenserwartung haben (Jennessen/Schwarzenberg 2013). Hier gilt es, dem Wohlbefinden des Kindes und der Gestaltung einer innigen, fürsorglichen Eltern-Kind-Beziehung in der verbleibenden gemeinsamen Zeit Vorrang einzuräumen und die Eltern u. U. auch in der Entscheidung gegen belastende lebensverlängernde Maßnahmen zu unterstützen. Die Stärkung des familiären Zusammenhalts sowie die Ermutigung zu einer bewussten Auseinandersetzung mit dem drohenden Verlust des Kindes und dem, was die gemeinsame Zeit – trotz aller Trauer und Verzweiflung – zu einer wertvollen Zeit des Lebens machen kann, stehen im Mittelpunkt der begleitenden Gespräche. Ein frühzeitiger Kontakt zu einem Kinderhospiz oder einer (der wenigen) Kinder-Palliativ-Stationen kann sowohl spirituelle Hilfe wie auch praktische Entlastung auf diesem schweren Weg bieten.

ZUSAMMENFASSUNG

Kinder mit schwerer und mehrfacher Behinderung haben einen komplexen Unterstützungsbedarf bei der sozialen Teilhabe an alltäglichen Aktivitäten. Zu den Aufgaben der Frühförderung gehört die Diagnostik ihrer Kompetenzen, die Beratung der Eltern in der Anbahnung von Kontaktbereitschaft, der Gestaltung von Spielangeboten und insbesondere der Förderung der Eltern-Kind-Kommunikation. Zu ihren Aufgaben zählt auch die Beratung von pädagogischen Fachkräften in Kindertagesstätten bei der Unterstützung von sozialen Kontakten zu anderen Kindern der Gruppe. Eltern von Kindern, die Probleme bei der Nahrungsaufnahme haben, auf eine Ernährungssonde oder eine Beatmungshilfe angewiesen sind, stehen vor besonderen Herausforderungen. Auch hier sind eine kompetente Entwicklungsbegleitung und Beratung durch ein interdisziplinäres Team der Frühförderung angezeigt.

3 Kooperationsaufgaben der Frühförderung bei ausgewählten Entwicklungsstörungen

Die Kernaufgabe der Frühförderung ist die Förderung von Kindern mit kognitiven, sprachlichen, motorischen und sozial-emotionalen Entwicklungsstörungen sowie Sinnesbehinderungen in einem familienorientierten Konzept und die Unterstützung ihrer sozialen Teilhabe. Darüber hinaus können die Einrichtungen der Frühförderung wichtige Beiträge zur Nachsorge von frühgeborenen Kindern leisten, zur Unterstützung von Kindern, die in Armutslagen, mit Migrationshintergrund oder mit psychisch kranken Eltern aufwachsen, sowie zur Prävention von Kindeswohlgefährdungen. In diesen Bereichen kooperieren sie mit anderen Hilfesystemen. Die Unterstützung dieser Zielgruppen in einem vernetzten Hilfesystem hat seit längerer Zeit eine wachsende Bedeutung im Arbeitsfeld der Frühförderung gewonnen. Sie stellt die Fachkräfte vor spezifische Herausforderungen.

3.1 Entwicklungsrisiken und Begleitung von frühgeborenen Kindern

Eine unreife Geburt geht mit einem erhöhten Risiko für die Ausbildung von Entwicklungsstörungen einher. Es gilt, den Entwicklungsverlauf der Kinder sorgfältig zu kontrollieren und frühzeitig eine Förderung bei kognitiven, sprachlichen, motorischen oder sozial-emotionalen Auffälligkeiten einzuleiten. Frühförderstellen und Sozialpädiatrische Zentren kooperieren dabei mit niedergelassenen Kinderärzten und speziellen Nachsorgesprechstunden, die an vielen Perinatalzentren eingerichtet wurden.

BEISPIEL

Entwicklung eines sehr unreif geborenen Kindes

Christoph kommt in der 26. SSW in einem Perinatalzentrum zur Welt. Er wird vier Monate lang auf der Neonatologischen Intensivstation und der Frühgeborenenstation versorgt, bevor er nach Hause entlassen werden kann. In den ersten vier Wochen muss er beatmet werden. Der Entlassungsbefund dokumentiert eine Hirnblutung II. Grades, eine leichte Bronchopulmonale Dysplasie (BPD) und eine Retinopathie, die frühzeitig eine Laserbehandlung erforderlich machte. Christophs Eltern sind verständlicherweise in großer Sorge, wie seine weitere Entwicklung verlaufen wird.

Die Anpassung an die familiäre Umgebung gelingt Christoph relativ gut. Er trinkt recht gut, ist aber rasch erschöpft, so dass die Mahlzeiten über den Tag in kleineren Portionen verteilt werden müssen. Der Kinderarzt empfiehlt die Einleitung einer Physiotherapie nach Bobath, außerdem regelmäßige Kontrollen beim Augenarzt und eine Kontaktaufnahme mit der Frühförderstelle für sehbehinderte Kinder. Die damit verbundenen Termine bedeuten für die Mutter eine beträchtliche Belastung.

In regelmäßigen Abständen wird Christophs Entwicklung in der Nachsorgesprechstunde, später dann im Sozialpädiatrischen Zentrum kontrolliert. Im Bayley-Entwicklungstest zeigen die Ergebnisse im chronologischen Alter von einem Jahr einen motorischen und mentalen Entwicklungsstand von etwa sechs Monaten, liegen also deutlich unter dem korrigierten Alter von acht Monaten. Auch die weitere Entwicklung verläuft verzögert, Christoph beginnt aber mit (korrigiert) 16 Monaten, erste Worte zu bilden, macht mit 18 Monaten die ersten freien Schritte und äußert sich mit 24 Monaten mit Zweiwortverbindungen.

Im Alter von drei Jahren hat er einen Teil der Entwicklungsrückstände kompensiert. Seine Fähigkeiten sind einem zweieinhalbjährigen Kind vergleichbar. Er hat aber deutlich mehr Probleme, konzentriert zu spielen und seine Aufmerksamkeit zu steuern, als Kinder gleichen Alters. Er wechselt rasch von einem Spielzeug zum nächsten, bleibt kaum sitzen, wenn seine Eltern mit ihm ein Bilderbuch anschauen wollen. In einer Spielgruppe, die er mit seiner Mutter einmal in der Woche besucht, ist er sehr zurückhaltend, beschäftigt sich nur allein mit Spielsachen und vermag sich nicht auf Spielangebote anderer Kinder einzulassen. Aufgrund dieses ängstlichen und unruhigen Verhaltens entscheiden sich die Eltern für einen integrativen Kindergarten, in dem jeweils fünf Kinder mit Entwicklungsproblemen unterschiedlicher Art in einer Gruppe von 15 Kindern betreut werden. Außerhalb des Kindergartens erhält er Ergotherapie. Trotz seiner guten Fortschritte bleiben die Eltern besorgt, ob er die künftigen Anforderungen in der Regelschule wird bewältigen können.

3.1.1 Entwicklungsverlauf nach unreifer Geburt

Um die Beiträge der Frühförderung zur Nachsorge von frühgeborenen Kindern und zur Begleitung ihrer Entwicklung bis zum Schuleintritt einschätzen zu können, bedarf es einer Kenntnis der Forschungslage zu den Entwicklungsrisiken frühgeborener Kinder und den Einflussfaktoren, von denen der Förder- und Unterstützungsbedarf der Kinder und ihrer Familien abhängt.

_ DEFINITION _

Grundsätzlich gelten alle Kinder, die vor der 37. Schwangerschaftswoche zur Welt kommen, als **frühgeborene Kinder**. Innerhalb dieser Gruppe wird unterschieden zwischen unreif geborenen Kindern (Geburt in der 32.-36. SSW, Geburtsgewicht 1500 bis 2500 g), sehr unreif geborenen Kindern (Geburt in der 27.-31. SSW, Geburtsgewicht < 1500 g) und extrem unreif geborenen Kindern (Geburt vor der 27. SSW, Geburtsgewicht < 1000 g). In Deutschland ist damit zu rechnen, dass auf etwa 8 % der Geburten die Kriterien einer Frühgeburt zutreffen. Etwa 1 % – also etwa 7000 Kinder pro Jahrgang – sind sehr unreif geborene Kinder.

Die Zahl der Kinder, die zu früh zur Welt kommen, und ihre Überlebenschancen haben seit den 1990er Jahren zugenommen. Etwa 85 % der Kinder, die sehr unreif zur Welt kommen, und 70 % der Kinder mit extremer Unreife zum Zeitpunkt der Geburt überleben und können nach Hause entlassen werden. Allerdings besteht ein erhöhtes Risiko, dass sich bei ihnen eine intellektuelle Behinderung, eine cerebrale Bewegungsstörung oder eine Seh- bzw. Hörbehinderung ausbildet. Einen umfassenden Überblick über die Entwicklungsrisiken nach unreifer Geburt geben Nosarti et al. (2010).

8 bis 15 % der sehr unreif geborenen Kinder und 15 bis 23 % der extrem unreif Geborenen entwickeln eine Cerebralparese (Kap. 2.3.1; Vohr 2010). Bei etwa

6 % entwickelt sich eine Retinopathie, eine Schädigung der Netzhaut durch unzureichende Gefäßversorgung. Sie kann sich spontan zurückbilden oder durch eine Lasertherapie behandelt werden. Dennoch liegt auch 2017 die Rate von Erblindungen bei Frühgeborenen, die vor der 27. Schwangerschaftswoche zur Welt kommen, noch bei 1 bis 2 %. Zumindest bei extremer Frühgeburt besteht auch eine erhöhte Wahrscheinlichkeit für Hörschädigungen. Die Zahl der Kinder, bei denen im Rahmen einer extrem unreifen Geburt eine schwere Hörschädigung diagnostiziert wird, wird mit 3 bis 7 % angegeben (Marlow et al. 2005; Vohr 2010).

Der Anteil von frühgeborenen Kindern, die eine schwere Hirnblutung, eine Cerebralparese oder eine Hör- bzw. Sehschädigung ausbilden, ist gegenüber den 1980er oder 1990er Jahren zurückgegangen. Dies ist auf Fortschritte in der neonatologischen Intensivversorgung zurückzuführen (Hansen/Greisen 2004; Wilson-Costello et al. 2007; Vohr 2010; Schott et al. 2011). So hat z. B. die Gabe des Mittels „Surfactant" zu einer wesentlichen Verbesserung der Atmungs- und Lungenfunktion sowie zu einem Schutz vor intracraniellen Blutungen beigetragen. Zu der Frage, ob auch der Anteil von Kindern mit einer gravierenden kognitiven Beeinträchtigung zurückgegangen ist, sind die Ergebnisse dagegen nicht einheitlich. Ihre Zahl wird mit bestimmt durch die steigende Zahl der extrem frühgeborenen Kinder, die durch die Fortschritte der Versorgung in den Perinatalzentren heutzutage überleben, bei denen jedoch in der Zeit der stationären Behandlung zusätzliche Komplikationen auftreten.

Angesichts der Fortschritte in der Perinatalversorgung sind die Ergebnisse der größten deutschen Studie zur Entwicklung sehr unreif geborener Kinder, der Bayerischen Entwicklungsstudie, nur noch begrenzt auf die Entwicklungsprognose von Kindern zu übertragen, die im 21. Jahrhundert geboren werden. In jener Studie wurden mehr als 200 frühgeborene Kinder bis ins Jugendalter nachuntersucht, die Mitte der 1980er Jahre in Südbayern zur Welt kamen. Im Schulalter wurde bei 25 % dieser Kinder eine intellektuelle Behinderung (K-ABC-IQ < 70) diagnostiziert (Wolke/Meyer 1999).

Häufigkeit intellektueller Behinderungen

Es liegen aber zahlreiche Entwicklungsstudien neueren Datums vor, bei denen der intellektuelle Entwicklungsverlauf in Abhängigkeit vom Grad der Frühgeburtlichkeit dokumentiert wurde. In zwei Übersichtsarbeiten wurde dabei auch der Entwicklungsverlauf von Kindern analysiert, die zwischen der 34. und 36. SSW zur Welt kamen (sog. „späte Frühgeborene"). Danach ist das Risiko für kognitive Entwicklungsstörungen in dieser Gruppe nur leicht, aber doch signifikant höher als bei reifgeborenen Kindern (McGowan et al. 2011; Baron et al. 2012). Ein höheres Risiko besteht für Kinder mit sehr oder extrem unreifer Geburt (Hänsenberger-Aebi 2007; Felder-Müser 2011).

> Van Baar et al. (2005) berichteten z. B. über 157 Kinder, die in den Niederlanden zur Welt kamen und mit acht Jahren nachuntersucht wurden. Bei 21 % lag eine leichte kognitive Beeinträchtigung (IQ 70-85) und bei 8 % eine geistige Behinderung (IQ < 70) vor. Bei 44 % der Kinder wurden Entwicklungsstörungen in mehreren Bereichen diagnostiziert. In der französischen EPIPAGE-Studie, bei der mittlerweile Untersuchungsergebnisse von mehr als 1500 sehr unreif geborenen Kindern bis zum Alter von fünf Jahren dokumentiert sind, wurden bei Kindern ohne schwere neurologische Schädigungen oder Sinnesbehinderungen bei 21 % eine leichte kognitive Beeinträchtigung und bei 11 % eine geistige Behinderung festgestellt (Beaino et al. 2011).

> Studien, die ausschließlich an extrem frühgeborenen Kindern durchgeführt wurden, kommen erwartungsgemäß zu einem noch höheren Anteil von Kindern mit einer intellektuellen Behinderung (IQ < 70). Hack et al. (2005) fanden eine geistige Behinderung bei 16 % in einer Gruppe von 200 extrem unreif geborenen Kindern, die im Alter von acht Jahren nachuntersucht wurden. Die EPICure Study untersuchte in England die Entwicklung von 241 extrem frühgeborenen Kindern bis zum Alter von sechs Jahren (Marlow et al. 2005). Bei 21 % lagen die IQ-Werte im Bereich einer geistigen Behinderung. Andererseits entsprachen die kognitiven Fähigkeiten bei 28 % der Kinder dem Durchschnitt der Altersgruppe. Auch bei extremer Frühgeburtlichkeit kann somit nach einigen Jahren ein altersgemäßer Entwicklungsstand erreicht werden. Die Zahlen aus deutschen Studien sind mit diesen Ergebnissen gut vereinbar.

Prädiktion des Entwicklungsverlaufs

Neben dem Grad der Unreife bei Geburt gilt das Vorliegen einer Asphyxie in der Neugeborenenphase, einer schweren Hirnblutung (III. und IV. Grades) und einer Periventrikulären Leukomalazie (PVL) in den ersten Lebenswochen, d. h. Schädigungen der weißen Hirnsubstanz, als signifikanter Risikofaktor für die Ausbildung einer kognitiven Behinderung und/oder einer cerebralen Bewegungsstörung (Vollmer et al. 2003; Mikkola et al. 2005). Wenn weitere Komplikationen in der Neugeborenenperiode auftreten – Infektionen in der Neugeborenenperiode, die Ausbildung einer Bronchopulmonalen Dysplasie (BPD) oder eine retrolentale Fibroplasie — erhöht sich das Risiko, dass sich eine kognitive Entwicklungsstörung ausbildet (Vohr 2010). Der neurologische Befund zum Zeitpunkt der Entlassung aus der stationären Versorgung erlaubt jedoch im Einzelfall noch keine eindeutige Prognose des Entwicklungsverlaufs.

Auch die sozialen Entwicklungsbedingungen, unter denen ein Kind in der Familie aufwächst, haben nachweislich einen Einfluss auf die kognitive Entwicklung unreif geborener Kinder. Das zeigt sich z. B. in der französischen EPIPAGE-Studie. In dieser Studie war das Risiko für das Auftreten einer geistigen Behinderung um das Sechsfache erhöht, wenn in der Neugeborenenperiode eine schwere Hirnblutung eingetreten war. Eine leichtere kognitive Beeinträchtigung (IQ 70-85) war dagegen seltener mit dem Nachweis einer solchen Hirnschädigung, sondern mit einem niedrigen sozio-ökonomischen Status der Familie assoziiert. Kinder aus ungünstigen Familienverhältnissen hatten ein 3.4-fach erhöhtes Risiko, eine solche leichtere kognitive Beeinträchtigung zu entwickeln, und ein 2.6-fach erhöhtes Risiko für die Ausbildung einer geistigen Behinderung (Beaino et al. 2011).

Generell gilt, dass die Qualität der familiären Umwelt und der Entwicklungsförderung einen stärkeren Einfluss auf die Entwicklung sprachlicher Kompetenzen und schulischer Fertigkeiten hat, während motorische, perzeptive und exekutive Funktionen stärker von biologischen Faktoren (d. h. der Hirnreifung und auftretenden medizinischen Komplikationen in der frühen Entwicklung) beeinflusst sind.

Frühgeborene Kinder, die in sozial hochbelasteten Familien aufwachsen, sind damit einem doppelten Risiko für ihre Entwicklung ausgesetzt.

Um die langfristige Entwicklungsprognose nach einer Frühgeburt einzuschätzen und Kinder mit einem besonderen Förderbedarf zuverlässig zu erkennen, bedarf es einer systematischen Entwicklungsbeobachtung in den ersten Lebensjahren. Erst in ihrem Verlauf zeigt sich, ob ein frühgeborenes Kind seine ursprüngliche Unreife zu kompensieren vermag und eine hinreichende Unterstützung aus seinem familiären Umfeld erhält.

Die Entwicklungskontrolle erfolgt mit standardisierten Entwicklungstests. Wenn ihre Ergebnisse im Alter von zwei Jahren weit unterdurchschnittlich sind und zusätzlich eine Cerebralparese, Seh- oder Hörschädigung vorliegt, ist die Wahrscheinlichkeit sehr hoch, dass die Kinder eine geistige Behinderung ausbilden (Marlow et al. 2005). Wenn ein Kind im Entwicklungstest im Alter von zwei Jahren dagegen ein Ergebnis im durchschnittlichen Bereich hat, lässt sich zuverlässig vorhersagen, dass es auch am Ende der Kindergartenzeit keine intellektuelle Behinderung zeigen wird (Claas et al. 2011; Potharst et al. 2012).

Vorläuferfähigkeiten für spätere schulische Leistungen

Bei vielen Kindern zeigen sich Beeinträchtigungen allerdings erst in Entwicklungsphasen, in denen komplexere kognitive und sprachliche Kompetenzen ausgebildet werden (Sansavini et al. 2011). Zahlreiche Studien haben sich mit der Frage beschäftigt, wie häufig frühgeborene Kinder Auffälligkeiten in Teilbereichen der kognitiv-sprachlichen Entwicklung aufweisen, die für die Bewältigung der späteren schulischen Anforderungen von Bedeutung sind.

Bei sehr unreif geborenen Kindern liegt der Anteil der Kinder, die Auffälligkeiten in visuell-perzeptiven Kompetenzen zeigen, bei 11-20 % (Aylward 2002). Sie sind oft erst im Kindergartenalter erkennbar. Im Vergleich zu reifgeborenen Kindern zeigen sich zudem Defizite in den exekutiven Funktionen, d. h. in der Aufmerksamkeitskontrolle, im phonologischen Arbeitsgedächtnis, in der kognitiven Flexibilität, verbalen Flüssigkeit und Planungsfähigkeit (Anderson/Doyle 2004; Anderson et al. 2010; Ni et al. 2011; Aarnoudse-Moens et al. 2012). Dementsprechend liegen auch die Ergebnisse in Schulleistungstests im Lesen, Schreiben und Rechnen bei sehr und extrem unreif geborenen Kindern signifikant unter dem Durchschnitt (Taylor et al. 2006). Schulische Lernschwierigkeiten treten jedoch nicht nur bei sehr unreif geborenen Kindern auf, sondern finden sich auch bei vielen Kindern, die nach der 34. SSW zur Welt kommen (McGowan et al. 2011).

In Abhängigkeit vom Grad der Unreife bei Geburt und den medizinischen Komplikationen in der Neonatalperiode besteht auch ein erhöhtes Risiko für die Ausbildung von Sprachentwicklungsstörungen (Jungmann 2006; Barre et al. 2010; Vohr 2014). Nach den Ergebnissen von zwei amerikanischen Studien mit sehr und extrem unreif geborenen Kindern, bei denen ein Elternfragebogen eingesetzt wurden, entwickeln sich der produktive Wortschatz und die frühen morphologisch-syntaktischen Kompetenzen verzögert (Gayraud/Kern 2007; Foster-Cohen et al. 2007). In einer italienischen Stichprobe von 64 sehr unreif geborenen Kindern wiesen ein Drittel der Kinder im Alter von 3,6 Jahren eine Sprachentwicklungsstörung auf (Sansavini et al. 2010). Mit zunehmendem Alter werden die Unterschiede zwischen reif- und frühgeborenen Kindern vor allem bei komplexen Anforderungen an die Sprachverarbeitung größer.

Sozial-emotionale Auffälligkeiten

Eine beeinträchtigte Entwicklung der intellektuellen Fähigkeiten und kognitiv-sprachlicher Teilfunktionen bedeutet auch ein erhöhtes Risiko für die Ausbildung sozial-emotionaler Störungen. Das gilt für reif- wie frühgeborene Kinder gleichermaßen.

> Sozio-emotionale Auffälligkeiten sind schon im frühen Kindesalter zu beobachten. Spittle et al. (2009) baten die Eltern von 188 sehr unreif geborenen Kindern und einer Kontrollgruppe von 70 reifgeborenen Kindern um die Einschätzung des Verhaltens ihrer Kinder im Alter von zwei Jahren. Sie fanden bei den sehr unreif geborenen Kindern signifikant erhöhte Raten für ängstliches und unsicheres Verhalten, mehr Regulationsstörungen sowie geringere soziale Kompetenzen in der Interaktion mit Gleichaltrigen.

Übersichten zum Forschungsstand bei frühgeborenen Kindern im Kindergarten- und Schulalter zeigen eine signifikant erhöhte Häufigkeit von Verhaltensauffälligkeiten im Vergleich zu reifgeborenen Kindern. Ein höheres Risiko für die Ausbildung von Verhaltensproblemen ist mit perinatalen Komplikationen und kognitiven Entwicklungsstörungen assoziiert. Es zeigt sich jedoch auch dann, wenn der kognitive Entwicklungsstand und soziale Risiken in den Vergleichsstudien statistisch kontrolliert werden (Bhutta et al. 2002; Arpi/Ferrari 2013). Es handelt sich dabei vor allem um Probleme der Aufmerksamkeitssteuerung und soziale Unsicherheit im Kontakt mit Gleichaltrigen.

> In der EPIPAGE-Studie, in der 1102 sehr unreif geborene Kinder nachuntersucht wurden, wurden 20 % als sozial-emotional auffällig klassifiziert (Delobel-Ayoub et al. 2009).

3.1.2 Unterstützungsbedarf von Eltern frühgeborener Kinder

Die Diagnostik und Einleitung von Fördermaßnahmen muss mit einer sorgfältigen Beratung der Eltern verbunden werden. Sie sollte sich auf die Entwicklungseinschätzung der Kinder, die Gestaltung förderlicher Interaktions- und Beziehungsformen sowie die psychischen Belastungen der Eltern beziehen.

Entwicklungsberatung

Grundsätzlich gilt bei der Einschätzung des Entwicklungsverlaufs von unreif geborenen Kindern, dass ihre Fähigkeiten zunächst nicht mit Kindern gleichen Lebensalters und den dafür in den Entwicklungstests vorgesehenen Normwerten verglichen werden. Sie sollte stattdessen zumindest bis zum Ende des zweiten Lebensjahres auf der Grundlage des korrigierten Alters vorgenommen werden. Das bedeutet z. B., dass die Kompetenzen bei einem sehr unreif geborenen Kind, das in der 28. SSW zur Welt gekommen ist, bei einer Untersuchung im Alter von einem Jahr mit den Kompetenzen von neun Monate alten Kindern (d. h. dem um drei Monate reduzierten, korrigierten Alter) verglichen werden.

Eine solche Alterskorrektur ist nicht nur für die fachliche Beurteilung einer Entwicklungsverzögerung und eines möglichen Förder- oder Behandlungsbedarfs wichtig, sondern auch ein wesentlicher Bestandteil der Entwicklungsberatung der Eltern. Sie müssen ihre Erwartungen in der Interaktion mit ihren Kindern auf das korrigierte Alter einstellen. Eine Orientierung an Kindern gleichen Lebensalters würde das Kind überfordern und die Eltern unnötig in Sorge um eine drohende Entwicklungsstörung ihres Kindes versetzen.

Die Entwicklungsberatung beschränkt sich jedoch nicht auf die Durchführung und Interpretation standardisierter Entwicklungstests. Frühgeborene Säuglinge und Kleinkinder haben als Folge der noch nicht abgeschlossenen Hirnreifung zum Zeitpunkt ihrer Geburt vielfach Probleme der Regulation von Aufmerksamkeit und Affekten. Sie sind weniger reaktionsbereit, schneller mit Spielangeboten überfordert und leichter irritierbar (Feldman 2003, 2007). Im Vergleich zu reifgeborenen Kindern bilden sie häufiger Regulationsstörungen (Fütter- und Schlafprobleme, Überempfindlichkeit für Reize) aus (Erickson et al. 2013).

 Frühgeborene Kinder sind deshalb in erhöhtem Maße auf eine sensible und responsive Interaktionsgestaltung durch die Eltern angewiesen.

Sie kann den Eltern schwer fallen, wenn sie selbst durch die Umstände der Frühgeburt und die nachfolgenden Sorgen um die Entwicklung des Kindes nachhaltig belastet sind. Schwierigkeiten bei der Interaktion können die Eltern weiter verunsichern und an ihren elterlichen Kompetenzen zweifeln lassen. In der Beratung gilt es daher, die Eltern über diese „typischen" Regulationsprobleme von ehemals frühgeborenen Kindern zu informieren, sie für die Signale des Kindes für Aufmerksamkeit, Kontaktbereitschaft oder Unbehagen und Überforderung zu sensibilisieren und sie zu unterstützen, sich auf die besonderen Bedürfnisse ihrer Kinder einzustellen. In Verbindung mit dieser Beratung gilt es auch, sie bei der Mobilisierung ihrer Bewältigungskräfte zu unterstützen, damit sie traumatische Belastungen, Ängste und depressive Gefühle überwinden und ihr psychisches Gleichgewicht wiederfinden können (Von der Wense/Bindt 2013).

Interaktions- und Beziehungsberatung

Eine Meta-Analyse von 34 Studien, in denen die Sensibilität und Responsivität von Müttern frühgeborener Kinder mit den Interaktionsmerkmalen von Müttern reifgeborener Kinder verglichen wurde, zeigt, dass sich Mütter frühgeborener Kinder in dieser Hinsicht nicht grundsätzlich von der Vergleichsgruppe unterscheiden (Bilgin/Wolke 2015). Es gibt sowohl Studien, die für eine höhere Sensibilität von Müttern frühgeborener Kinder sprechen, als auch Studien, die ein gegenteiliges Ergebnis zeigen. Die Variation ist unabhängig davon, zu welchem Alterszeitpunkt die Interaktion beobachtet wurde und wie ausgeprägt die Unreife des Kindes bei der Geburt war. Offenbar gibt es beträchtliche Unterschiede in der Sensibilität und Responsivität der Mütter, die von anderen Faktoren bestimmt wird, und Teilgruppen, die besonderer Unterstützung bedürfen, um zu einem entwicklungsförderlichen Gleichgewicht zwischen der Strukturierung der Interaktion und dem Eingehen auf die kindlichen Signale zu finden.

Ein Teil der Mütter Frühgeborener verhält sich aktiv, kontrollierend und neigt dazu, die eingeschränkten kommunikativen Kapazitäten des Kindes zu überfordern. Eine solche intensivere Stimulation und die daraus entstehenden Abstimmungsschwierigkeiten können zu sich gegenseitig verstärkenden Fehlanpassungen in der Beziehungsgestaltung führen.

Müller-Nix et al. (2004) analysierten die Interaktionsmuster bei 47 frühgeborenen Kindern im Alter von sechs Monaten und einer Kontrollgruppe. Sie verwendeten dabei den CARE-Index, ein gut etabliertes Verfahren zur Beurteilung mütterlicher Sensitivität, Kontrolle und Reaktionsbereitschaft in der Interaktion mit ihrem Kind. Die Mütter der frühgeborenen Kinder zeigten in dieser Studie weniger sensitives und stärker kontrollierendes Verhalten als die Mütter reifgeborener Kinder. Das galt besonders für Mütter, die sich in der Perinatalzeit hoch belastet gefühlt hatten.

Die Autoren führten eine Nachuntersuchung durch, als die Kinder 18 Monate alt waren (Forcada-Guex et al. 2006). Zu diesem Zeitpunkt wurde der Entwicklungsstand der Kinder beurteilt. Außerdem wurden in einem Interview mit der Mutter Symptome von Regulationsstörungen (Schlaf- und Essstörungen), psychosomatischen Erkrankungen und sozial-emotionale Auffälligkeiten erhoben. Die frühgeborenen Kinder wiesen tendenziell mehr Regulationsstörungen auf. Signifikante Zusammenhänge fanden sich zum mütterlichen Interaktionsstil. Kinder von Müttern, die im Alter von sechs Monaten als eher kontrollierend und weniger sensitiv eingeschätzt wurden, zeigten im Entwicklungstest weniger Sprachkompetenz und soziale Fähigkeiten und hatten häufiger Regulationsstörungen.

Eine hohe Qualität der Eltern-Kind-Interaktion trägt langfristig zur Resilienz von frühgeborenen Kindern bei. Boyce et al. (2015) konnten in einer prospektiven Studie eine signifikante Assoziation zwischen der Qualität der Eltern-Kind-Interaktion in der Zeit nach der Entlassung aus der Klinik und der späteren kognitiven, sprachlichen und sozial-emotionalen Entwicklung bis ins Schulalter nachweisen. Wolke et al. (2013) fanden ähnliche Zusammenhänge im weiteren Verlauf. Eine sensibel auf die Fähigkeiten der Kinder abgestimmte Lenkung der Interaktion durch die Eltern kann bei frühgeborenen Kindern mit perinatalen Risiken und Komplikationen der Ausbildung von Schulleistungsproblemen vorbeugen.

BEISPIEL

Interaktionsstörung nach Frühgeburt

Stefanies Mutter zeigt ein überregulierendes, intrusives Verhalten in der Spielbeobachtung. Sie macht in raschem Wechsel Spielangebote, ohne Stefanies Aufmerksamkeit zu beachten und ihr Zeit zum Erkunden eines Gegenstandes zu lassen. Wenn Stefanie sich abwendet und wegschaut, fordert sie sie auf herzublicken, bringt den Gegenstand wieder in ihr Blickfeld, dreht auch einmal aktiv ihr Köpfchen in die Mittellinie zurück. Stefanie beginnt zu quengeln, vermeidet den Blickkontakt und beginnt, sich zu überstrecken.

Im Erstgespräch hat die Mutter intensive Gefühle der Enttäuschung und Trauer um die Frühgeburtlichkeit und die von den Ärzten festgestellten neurologischen Auffälligkeiten geschildert. Sie hat Angst vor einer dauerhaften Behinderung und will Stefanie intensiv fördern, um diese abzuwenden. Sie ist unglücklich darüber, dass Stefanie so schwer zu erreichen sei, und wünscht sich, dass sie aufmerksamer und länger zu spielen beginnt.

Dass es ihr im gemeinsamen Spiel schwerfällt, Stefanies eigene Initiativen abzuwarten, wird ihr beim Betrachten des Videos bewusst. Sie kann dieses Verhaltensmuster verändern, nachdem ein Zusammenhang zu ihrer eigenen Geschichte angesprochen ist. Sie ist es gewohnt, bei auftretenden Problemen in ihrem Leben selbst Lösungen zu finden. Ihr ist die Aussage der Ärzte bei der Entlassung sehr stark im Gedächtnis geblieben, bei genügend intensiver Förderung könne das Kind seinen Entwicklungsrückstand durchaus ausgleichen.

Die intuitiven Verhaltensbereitschaften der Mütter können blockiert sein, wenn die Mutter zum Zeitpunkt der Entlassung sehr ängstlich, depressiv oder durch die Erfahrung der zu frühen Geburt und der bedrohlichen Umstände in der Anfangszeit traumatisiert ist.

Zelkowitz et al. (2009) führten eine prospektive Studie durch, bei denen 56 Mütter und ihre sehr früh geborenen Kinder von der stationären Entlassung bis zum Alter von zwei Jahren begleitet wurden. Zu diesem Zeitpunkt wurde die Interaktion im Spiel videografiert. Ängstliche Mütter reagierten im Alter von zwei Jahren in der Interaktion mit ihren Kindern weniger sensitiv und gaben ihnen weniger Struktur. Die Kinder zeigten weniger eigene Initiative im gemeinsamen Spiel und hatten Schwierigkeiten, ihre Aufmerksamkeit mit den Müttern auf ein gemeinsames Thema abzustimmen.

Shah et al. (2013) analysierten bei 123 Kindern die Mutter-Kind-Interaktion im Alter von 4, 9, 16 und 24 Monaten und den Zusammenhang zwischen Entwicklungsstand sowie Verhaltensauffälligkeiten der Kinder und der Depressivität der Mütter im Alter von drei Jahren. Die Kinder, deren Mütter sich in den Interaktionsbeobachtungen weniger sensitiv und konsistent, statt dessen stärker kontrollierend und überstimulierend verhalten hatten, hatten im Alter von drei Jahren den niedrigsten Entwicklungsstand und zeigten mehr Verhaltensauffälligkeiten.

In die gleiche Richtung deuten Ergebnisse aus der Bindungsforschung. Der Anteil von sicher gebundenen Kindern ist unter frühgeborenen Kindern ebenso hoch wie unter reifgeborenen Kindern (Kap. 2.4.1). Udry-Jorgensen et al. (2011) fanden jedoch zwei Prädiktoren für die Entwicklung unsicherer Bindungsmuster. Diese waren häufiger zu beobachten bei Kindern, die in der Perinatalzeit größere medizinische Probleme hatten, und bei Müttern, die bei Interaktionsbeobachtungen nach der Entlassung einen zwanghaft-kontrollierenden Interaktionsstil zeigten.

Psychische Belastung

Offenbar hängt die Interaktions- und Beziehungsentwicklung zwischen frühgeborenen Kindern und ihren Eltern in beträchtlichem Maße davon ab, wie gut es diesen gelingt, ihre psychische Belastung und ihre Ängste und Sorgen um die Entwicklung des Kindes zu bewältigen und nach den ersten Wochen und Monaten ihr psychisches Gleichgewicht wiederzufinden.

Wenn ein Baby sehr oder extrem viel früher zur Welt kommt, bedeutet dies für alle Eltern eine gravierende Herausforderung für ihre Bewältigungskräfte. Sie sind noch nicht auf die Geburt vorbereitet und fühlen sich dem Geschehen zunächst hilflos ausgeliefert. In der Angst um das Überleben und die künftige Entwicklung des Kindes müssen sie sich auf die Kompetenz der Ärzte und Pflegekräfte verlassen, ohne ihr Kind selbst schützen und in seinen ersten Wochen ausreichend unterstützen zu können.

Die unsichere Entwicklungsprognose des Kindes und zusätzliche Anforderungen in seiner Betreuung (z. B. durch regelmäßige physiotherapeutische Übungen, Fütter- oder andere Regulationsprobleme) bewirken, dass sich viele Mütter frühgeborener Kinder auch nach der Entlassung des Kindes nach Hause als stärker belastet erleben als die Mütter reifgeborener Kinder. Bei etwa 20 % der Mütter finden sich auch am Ende des ersten Lebensjahres noch Zeichen einer depressiven Störung (Miles et al. 2007; Gray et al. 2013). Mütterliche Depressivität ist mit einer geringeren Kontaktbereitschaft im Spiel und einem stärker kontrollierenden, bedrängenden Interaktionsstil assoziiert (Agostini et al. 2014).

3.1.3 Effektivität früher Beratung und Förderung

Die Eltern frühgeborener Kinder bedürfen der Entwicklungsberatung, der Unterstützung bei der Gestaltung ihrer Interaktion und Beziehung mit dem Kind und der Unterstützung bei der Bewältigung ihrer eigenen psychischen Belastung. Frühförderprogramme, die sich direkt auf die Entwicklungsförderung der Kinder richten, ohne die Bedürfnisse der Eltern einzubeziehen, haben keine nachhaltigen Effekte. Dies bestätigt sich in den Ergebnissen zu Evaluationsstudien von Frühförderprogrammen bei frühgeborenen Kindern.

Eine der umfangreichsten Studien in diesem Bereich ist das „Infant Health and Development Program" (IHDP), das an neun Zentren in den USA mit fast 1000 frühgeborenen Kindern durchgeführt wurde (Gross et al. 1997; McCarton et al. 1997; McCormick et al. 2006). 377 dieser Kinder erhielten ein spezielles Frühförderprogramm, 608 Kinder dienten als Kontrollgruppe, die eine Entwicklungskontrolle und kinderärztliche Begleitung erhielten, wie sie jeweils regional üblich war. Das Programm umfasste eine Hausfrühförderung mit standardisierten Förderangeboten, die ab dem zweiten Lebensjahr durch teilstationäre Förderung in einer Krippe und begleitende Elterngruppen ergänzt wurde. Die Untersuchung der kognitiven Fähigkeiten und der sozial-emotionalen Anpassung der Kinder im Alter von drei Jahren zeigte positive Effekte der Förderung. Die Kinder, die an dem Frühförderprogramm teilgenommen hatten, schnitten in Tests zur Beurteilung der kognitiven Entwicklung und in einem (rezeptiven) Wortschatztest besser ab als die Kontrollgruppe und zeigten (nach Einschätzung der Eltern in standardisierten Fragebögen) weniger sozial-emotionale Auffälligkeiten. Bei der genaueren Analyse war allerdings zu erkennen, dass nur ein Teil der frühgeborenen Kinder von dem Programm profitiert hatten. Signifikante Unterschiede zur Kontrollgruppe fanden sich nur bei Kindern, die in Armutslagen aufwuchsen und deren Mütter einen niedrigeren Bildungsgrad hatten, nicht aber bei Kindern, die unter günstigen Familienumständen aufwuchsen. Weiterhin zeigten die Nachuntersuchungen im Alter von fünf, 8 und 18 Jahren, dass die positiven Effekte nicht stabil waren, nachdem die zusätzliche Förderung im Alter von drei Jahren beendet wurde.

In England wurde ein Frühförderkonzept für sehr unreif geborene Kinder ebenfalls mittels eines randomisierten Kontrollgruppen-Designs evaluiert (Avon Premature Infant Project, APIP). Es bezog 284 Kinder ein. 116 dieser Kinder erhielten eine Frühförderung durch Kinderkrankenschwestern mit einer entsprechenden Fortbildung, die die Familien in den ersten zwei Lebensjahren zuhause besuchten. Die Förderung orientierte sich auch hier an einem standardisierten Übungsprogramm, das in englischen Frühförderzentren für Kinder mit (drohender) kognitiver Behinderung angeboten wird. Die Kinder, die die Hausfrühförderung erhalten hatten, hatten im Alter von zwei Jahren einen etwas höheren kognitiven Entwicklungsstand als die Kontrollgruppe. Bei der Nachuntersuchung im Alter von fünf Jahren ließ sich jedoch kein Unterschied in den kognitiven und motorischen Kompetenzen oder in der Häufigkeit von Verhaltensauffälligkeiten zwischen der Interventions- und Kontrollgruppe mehr feststellen (Johnson et al. 2005).

Orton et al. (2009) legten eine Meta-Analyse zur Wirksamkeit von Frühförderprogrammen bei frühgeborenen Kindern vor, die die Erfahrungen aus diesen beiden Frühförderprogrammen einschlossen und an weiteren Studien bestätigten. Sie bewerteten 18 Studien, die sich auf 2686 Kinder bezogen, die randomisiert jeweils einer Interventions- oder Kontrollgruppe zugeordnet waren. Die Kinder, die an den Frühförderprogrammen teilgenommen hatten, schnitten im kognitiven Bereich von Entwicklungstests im Alter von drei Jahren im Durchschnitt etwa sechs Punkte besser ab als die Vergleichsgruppen. Im motorischen Bereich fanden sich keine Unterschiede. Die positiven Effekte der Intervention waren im Schulalter nicht mehr festzustellen.

Ein wegweisender Befund zur Erklärung der Ergebnisse entstand aus einer Re-Analyse der Daten des IHDP, die Mahoney et al. (1998) vornahmen. Für mehr als 300 Kinder aus der Interventions- und Kontrollgruppe konnten Videoaufzeichnungen der Mutter-Kind-Interaktion im Spiel ausgewertet werden. Es zeigte sich, dass die Qualität der Mutter-Kind-Interaktion eine signifikante Vorhersage des Entwicklungsverlaufs der Kinder erlaubte. 28 % der Entwicklungsunterschiede im Alter von drei Jahren ließen sich in einer Regressionsanalyse durch Unterschiede in der mütterlichen Responsivität erklären, nur 4 % waren darauf zurückzuführen, ob die Kinder an dem Programm zur zusätzlichen Förderung teilgenommen hatten oder nicht. Die Autoren zogen daraus den Schluss, dass die Förderung der mütterlichen Responsivität in der Interaktion mit ihren Kindern ein viel versprechender Ansatzpunkt für die Frühförderung unreif geborener Kinder nach der Entlassung aus der stationären Versorgung sei.

Effektivität von interaktions- und familienorientierten Konzepten

Die Effektivität von interaktions- und familienorientierten Beratungskonzepten (Kap. 1.2.3) bei frühgeborenen Kindern wurde in zwei Meta-Analysen von Brecht et al. (2012) und Benzies et al. (2013) untersucht. Sie bezogen 18 bzw. elf Studien mit randomisiertem Kontrollgruppen-Design ein. Zusätzlich zur Beurteilung der kindlichen Entwicklung wurden in den meisten Studien die mütterliche Belastung, Ängstlichkeit, depressive Symptome, Selbstwirksamkeitserwartungen sowie ihre Sensitivität und Responsivität im Umfang mit dem Kind beurteilt. Die Beratungskonzepte umfassten in unterschiedlicher Kombination:

- Unterstützung der Eltern bei der emotionalen Bewältigung der Herausforderungen,
- Beratung zu entwicklungsbezogenen Fragen,
- Beratung zur Stärkung des elterlichen Zutrauens in ihre eigenen Fähigkeiten zur Entwicklungsförderung,
- Hilfen zur Reduzierung ihrer subjektiven Belastung,
- systematische Unterstützung bei der Wahrnehmung der Signale und Fähigkeiten des Kindes, der Interpretation seines Verhaltens und der Stärkung der elterlichen Responsivität.

In sieben Studien ergab sich keine signifikante Reduzierung der Elternbelastung, wenn die Eltern lediglich eine Entwicklungsberatung oder Empfehlungen für kindorientierte Förderangebote erhalten hatten. Eine Kombination von entwicklungsbezogener Beratung mit gemeinsamer Beobachtung und Reflektion von Interaktionsbeispielen während der stationären Zeit und bei Hausbesuchen erwies sich dagegen als wesentlich wirksamer. Sie trägt zu günstigeren Interaktions- und Beziehungsmustern und einer Reduzierung von ängstlichen und depressiven Symptomen der Mütter bei.

> Kaaresen et al. (2006) wiesen eine solche Reduzierung der elterlichen Belastung bei 146 Eltern von frühgeborenen Kindern und einer Kontrollgruppe reifgeborener Kinder nach. In ihrem Beratungskonzept erhielten die Mütter und Väter noch während der stationären Betreuung der Kinder die Gelegenheit, über ihre Belastungen und emotionalen Reaktionen zu sprechen. In acht Sitzungen vor und vier Sitzungen nach der Entlassung wurden sie in der Gestaltung entwicklungsförderlicher Interaktionen durch Kinderkrankenschwestern mit einer speziellen Fortbildung beraten. Sie sensibilisierten die Eltern für Stresssignale des Kindes und für Möglichkeiten, seine physiologische Stabilität und seine motorische Selbstregulation zu unterstützen, seine Signale für Aufmerksamkeit und Kontaktbereitschaft zu erkennen und soziale Interaktion zu initiieren. In Nachuntersuchungen im Alter von einem und drei Jahren zeigten die Kinder der Interventionsgruppe weniger Regulationsprobleme und ihre Eltern mehr Responsivität in der Interaktion, eine positivere Wahrnehmung ihres Kindes und mehr Sicherheit in ihrem Erziehungsverhalten als die Kontrollgruppe der Eltern frühgeborener Kinder, die nicht an dem Programm teilgenommen und nur die regional übliche medizinische Nachsorge erhalten hatten.

Deutliche Effekte eines solchen Konzepts ergaben sich auch in einer Studie von Spittle et al. (2010). Die Beratung richtete sich auf die Möglichkeiten der Eltern, die posturale Kontrolle und Mobilität der Kinder zu fördern und sie bei der Regulation von Aufmerksamkeit und Affekten im gemeinsamen Spiel zu unterstützen. Sie umfasste neun Hausbesuche durch eine Physiotherapeutin und einen Psychologen im Laufe des ersten Lebensjahres nach der Entlassung. Die Evaluation erfolgte in einer Stichprobe von 120 Familien. Nach einem Jahr zeigten die Mütter weniger depressive und ängstliche Symptome und die Kinder seltener Regulationsprobleme und externalisierende Verhaltensauffälligkeiten im Vergleich zu einer Kontrollgruppe.

Die Resultate der Meta-Analysen machen eindrucksvoll deutlich, dass eine allgemeine Beratung der Eltern und Information über entwicklungsförderliche Angebote nicht ausreichen, um ihre Responsivität in der Interaktion zu fördern und ihre Belastung, Ängste oder depressiven Symptome zu reduzieren. Konzepte, die sich als wirksam erweisen, umfassen eine systematische Unterstützung entwicklungs- und beziehungsförderlicher Interaktionsformen der Eltern bereits während der stationären Betreuungszeit, die dann in der Nachsorge gefestigt werden.

3.1.4 Kooperation in der interdisziplinären Nachsorge

Viele Eltern frühgeborener Kinder fühlen sich mit der Unsicherheit der Entwicklungsprognose, der Suche nach geeigneten Hilfen und Therapieangeboten sowie den Herausforderungen, die mit kindlichen Regulationsstörungen verbunden sind, allein gelassen (Gross-Letzelter/Baumgartner 2011). Der betreuende Kinderarzt ist zwar ihr erster Ansprechpartner, kann den vielfältigen Bedürfnissen dieser Familien im Rahmen seiner Praxistätigkeit aber oft nicht ausreichend gerecht werden. Zwei bundesdeutsche Modellprojekte zeigen, wie die Nachsorge von unreif geborenen Kindern so gestaltet werden kann, dass die Eltern eine wirksame Unterstützung bei der Gestaltung der Eltern-Kind-Interaktion zuhause und bei der Bewältigung der vielfältigen emotionalen und praktischen Herausforderungen erhalten.

Aufgaben der Frühförderung

Die Fachkräfte der Frühförderung können ihr Fachwissen zur Unterstützung von entwicklungs- und beziehungsförderlichen Interaktionsformen (Kap. 1.2.3), zum Umgang mit Regulationsstörungen (Kap. 2.4.1) und zur Stärkung der elterlichen Bewältigungskräfte in ein interdisziplinäres Konzept der Nachsorge von frühgeborenen Kindern und ihren Eltern einbringen (Abb. 11).

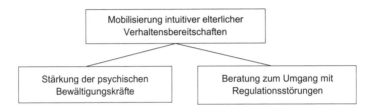

Abb. 11: Beratung von Eltern frühgeborener Kinder in der Frühförderung

Die Interaktions- und Erziehungskompetenz der Eltern im Umgang mit ihrem frühgeborenen Kind kann durch videogestützte Interaktionsberatungen gestärkt werden. Sie ist ein zentrales Element familienorientierter Frühförderkonzepte. Obwohl ursprünglich eher für Säuglinge und Kleinkinder in sozialen Risikokonstellationen gedacht, erweist sich das Vorgehen der videogestützten Interaktionsberatung als gut übertragbar auf die Beratung von Eltern frühgeborener Kinder. Sie ist zentrales Element von:

- „Entwicklungspsychologischer Beratung" (EPB), die ursprünglich von Ziegenhain et al. (2004) für die Arbeit mit jugendlichen Müttern konzipiert wurde,
- „Kommunikationsberatung zur Förderung intuitiver elterlicher Kompetenzen", die Papousek et al. (2004) in der Münchener Sprechstunde für Schreibabys für die Unterstützung von Kindern mit Regulationsstörungen und ihren Eltern entwickelt haben,
- „Steps to enjoyable and effective Parenting" (STEEP; Erickson et al. 2004), das für die frühe Beratung von Müttern gedacht war, die mit unterschiedlichen sozialen Risiken zu kämpfen haben und
- stationärer Behandlung von Müttern mit postpartaler Depression (Hornstein et al. 2007).

Die Beratung im Umgang mit Regulationsstörungen umfasst eine Diagnostik der Schrei-, Fütter- und/oder Schlafprobleme des Kindes, eine videogestützte Beratung zur Förderung entspannter Eltern-Kind-Interaktionen, spezifische, individuell abgestimmte Empfehlungen zur Beruhigung des Kindes, zum Vorgehen beim Füttern oder bei Ein- und Durchschlafschwierigkeiten sowie die Entlastung der Mütter zur Re-Mobilisierung ihrer Bewältigungskräfte.

Checkliste für Regulationsstörungen

- exzessives Schreien/Irritierbarkeit:
  - Tagesprotokoll zur Einschätzung der Dauer und Häufigkeit der Unruhephasen Einschätzung der Belastung der Eltern
  - videografierte Beobachtung der Eltern-Kind-Interaktion und der elterlichen Beruhigungsversuche in Wickel- oder Spielsituation
  - Beratung zur Unterstützung der intuitiven elterlichen Verhaltensbereitschaften
  - Entlastung der Mutter zur Mobilisierung der Bewältigungskräfte
- Ein- und Durchschlafstörungen:
  - Exploration zum Schlafrhythmus des Kindes, der Tagesstruktur und der Eltern-Kind-Interaktion im Kontext von (Ein-) Schlafstörungen
  - Beratung der Eltern zur Tagesstrukturierung und zur Umgebungsgestaltung beim Einschlafen
  - Ritualisierung des Umgangs mit Ein- oder Durchschlafproblemen nach der Methode des Checking (bei Kindern ab einem korrigierten Alter von ca. sechs Monaten)
- Fütter- und Essstörungen:
  - Tagesprotokolle zur Bestimmung der Häufigkeit und Dauer des Fütterns, der Zusammensetzung der Speisen und der akzeptierten Tagesmengen
  - ggf. fachliche Beurteilung von oral-motorischen Problemen oder Schluckstörungen
  - Beobachtung der Eltern-Kind-Interaktion in Füttersituationen
  - Beratung zur Umgebungsgestaltung beim Füttern
  - Beratung zur Eltern-Kind-Interaktion beim Füttern (Beachten der Hunger- und Sättigungssignale)

Die Stärkung der psychischen Bewältigungskräfte konzentriert sich auf ängstliche und depressive Stimmungslagen der Mütter, die sich negativ auf die Eltern-Kind-Beziehungen auswirken können. Sie können in Folge einer Traumatisierung durch die frühe, unerwartete Geburt, die Ängste um die Entwicklung des Kindes und die Gefühle der Ohnmacht gegenüber dem Schicksal ausgelöst werden. In anderen Fällen werden dadurch psychische Störungen aktualisiert, die bereits unabhängig von der Geburt des Kindes bestanden haben.

Post-traumatische Stress-Symptome können noch lange nach der stationären Entlassung des Kindes zu erkennen sein (Ahlund et al. 2009). Mütter können übermäßig ängstlich um die Sicherheit des Kindes besorgt sein, sich dem Schicksal ausgeliefert fühlen, immer wieder von der Erinnerung an die Umstände der Geburt oder die Ängste um das Überleben des Kindes in der stationären Zeit überflutet werden oder sich in Wut auf den Geburtshelfer oder Vorwürfe an sich selbst verzehren, dass die zu frühe Geburt und ihre Folgen hätten vermieden werden können. Alle diese Reaktionen sind unmittelbar nach der Konfrontation mit der zu frühen Geburt verständlich. Halten sie jedoch auch lange nach der Entlassung aus der stationären Behandlung noch an, sind sie ein Indiz für eine noch nicht aufgelöste Traumatisierung.

Es hilft Menschen nach einer traumatisierenden Erfahrung, ihr Gleichgewicht wiederzufinden, wenn sie die Erfahrung, die sie gemacht haben, im Gespräch einem empathischen Zuhörer mitteilen können. Es kommt deshalb darauf an, dass die Fachkraft der Frühförderung den Eltern Raum gibt und Mut macht, „ihre Geschichte zu erzählen". Leitfragen für ein solches Gespräch können sein:

- die Umstände der Geburt selbst und die ersten Eindrücke auf der Intensivstation,
- die Erfahrungen in der Zusammenarbeit mit Ärzten und Pflegekräften während der stationären Betreuung,
- die anfänglichen Ängste und Sorgen um die Entwicklung und die seither erlebte Veränderung dieser Gefühle und
- die Wahrnehmung von persönlichen Bewältigungskräften und sozialer Unterstützung in und nach der stationären Betreuung.

Das Erzählen der gemeinsamen Geschichte mit dem Kind hat eine entlastende Wirkung. Die Eltern erwarten nicht vom Zuhörer, dass er ihnen etwas von ihrer Last abnehmen oder Dinge, die geschehen sind, verändern könnte. Sie nehmen aber an den empathischen Reaktionen der Fachkraft wahr, dass sie sich nicht nur für die Entwicklung und die Bedürfnisse des Kindes interessiert, sondern auch für die Belastungen und Bedürfnisse der Eltern. Die Fachkraft kann dann im Gespräch versuchen, das Bewusstsein der Mutter für die eigenen Ressourcen und die verfügbare soziale Unterstützung zu schärfen und – vor allem – die Zuversicht in die eigenen Kompetenzen zu stärken, die Entwicklung des Kindes zu unterstützen. Der Beratungserfolg lässt sich daran erkennen, dass Eltern (wieder) auf ihre eigene Wahrnehmung und ihre intuitiven Fähigkeiten vertrauen, sich in der Erziehung und Förderung des Kindes als „wirksam", d. h. nicht mehr ohnmächtig gegenüber dem Schicksal erleben.

Koordination von Hilfen: „Bunter Kreis"

An der Augsburger Kinderklinik wurde in den 1990er Jahren der sogenannte „Bunte Kreis" gegründet. Dieses Nachsorgekonzept beruht auf dem Case-Management-Gedanken, d. h. einer auf den jeweiligen Fall orientierten, interdisziplinären Koordination der Betreuung über fachliche und institutionelle Grenzen hinweg. Verschiedene Berufsgruppen bündeln die Hilfen, um passende Unterstützungskonzepte für die einzelnen Familien zu finden. Das Nachsorgekonzept ist nicht auf frühgeborene Kinder beschränkt, sondern wurde für die nachklinische Betreuung bei schweren Krankheiten entwickelt (Porz et al. 2009).

Dazu werden Kinderkrankenschwestern zu „Case-Managern" ausgebildet, so dass sie in der Lage sind, bereits während der stationären Behandlung die Wahrnehmung der Eltern für die Bedürfnisse des Kindes zu fördern, die Eltern-Kind-Bindung zu stärken, die Eltern auf die Entlassung des Kindes nach Hause vorzubereiten und sie dann im Rahmen von Hausbesuchen in der Pflege und Entwicklungsförderung zu beraten und ein soziales Netzwerk zur Unterstützung zu knüpfen. Dieser Ansatz soll zu einer besseren Abstimmung aller Behandlungsmaßnahmen – sowohl im medizinisch-therapeutischen wie auch im psychosozialen und sozialrechtlichen Bereich – beitragen. Zur Vernetzungsaufgabe der Case-Managerin gehört die Kontaktaufnahme und Einbeziehung von Frühförderstellen, wenn eine Indikation zur Entwicklungsförderung und Elternberatung besteht, die über das hinausgeht, was die Kinderkrankenschwestern selbst an Unterstützung anbieten können.

Die Finanzierung von Nachsorgeangeboten dieser Art ist seit 2004 im Rahmen des SGB V (§ 43, Abs. 2) möglich. Die sozialmedizinische Nachsorge der Krankenkassen ist jedoch auf eine Maximalzahl von 20 Stunden während eines Zeitraums von zwölf Wochen beschränkt. Die meisten Nachsorgeeinrichtungen, die nach dem Konzept des „Bunten Kreises" arbeiten, sind daher auf Spendenmittel angewiesen, um den Familien eine Nachsorge so lange anzubieten, wie sie sie tatsächlich benötigen. Die Bewilligung von Nachsorgemaßnahmen ist an eine drohende Behinderung der Kinder geknüpft. Soziale Risikofaktoren wie Armutslagen, Alkohol- oder Drogenabhängigkeit, psychische Erkrankung eines Elternteils gelten nicht als ausreichende Voraussetzungen für die Kostenübernahme.

Im Rahmen des Qualitätsmanagements des „Bunten Kreises" wurde in Zusammenarbeit der Kinderkliniken in Augsburg und Bonn eine prospektive, randomisierte Implementierungsstudie (PRIMA-Studie) durchgeführt, die die Effektivität dieses Nachsorgekonzepts für Früh- und Neugeborene untersuchte. Elternfragebögen, Interviews und Videobeobachtungen dienten der Beurteilung der Entwicklung der Eltern-Kind-Interaktion, der Belastungen und der Ressourcennutzung der Eltern. In der Untersuchung im Alter von sechs Monaten nach der Entlassung zeigten sich eine bessere emotionale Regulation der Kinder und eine höhere mütterliche Sensibilität in der Eltern-Kind-Interaktion im Vergleich zu einer Kontrollgruppe. Diese Effekte waren besonders deutlich bei Kindern, die anfangs von ihren Müttern als leicht irritierbar eingeschätzt wurden, und bei Müttern, die sich stärkere Sorgen um ihre eigenen Kompetenzen und die familiäre Belastung machten. Die Mütter der Interventionsgruppe fühlten sich zudem umfassender über Nachbetreuungsangebote informiert und besser vernetzt (Porz/Podeswik 2011).

Harl. e.kin-Nachsorge

Als zweites Modellprojekt entwickelte sich aus einem lokalen Pilotprojekt in München an der Kinderklinik des Harlachinger Krankenhauses ein bayernweites Modell niedrigschwelliger, frühzeitiger und interdisziplinärer Betreuung von Familien mit Früh- und Risikogeborenen (Harl. e.kin-Nachsorge; Höck 2009). Den Familien werden Hausbesuche durch Schwestern aus der Neonatalklinik und eine Mitarbeiterin des mobilen Dienstes der regionalen Frühförderstelle angeboten. Die Schwestern sind den Eltern bereits aus dem stationären Bereich vertraut. Die Beratungsinhalte orientieren sich an den individuellen Bedürfnissen der Eltern. Zur Unterstützung gehört auch die Begleitung der Eltern zum Kinderarzt, zu Therapeuten und Institutionen, wenn dies nötig ist, und eine ausführliche Telefonberatung in „Alltagskrisen". Das Konzept der „Harl. e.kin-Nachsorge" verbindet auf diese Weise die Elemente des Case-Managements und die Hilfen einer ambulanten Kinderkrankenpflege mit der Förderung der frühen Eltern-Kind-Interaktion durch die entwicklungspsychologische Beratung, die zur Fachkompetenz der Frühförderstelle gehört.

Die Kooperation der Mitarbeiter aus dem Gesundheitssystem (Ärzte und Pflegekräfte aus den Perinatalzentren) und dem System der Frühförderstellen bringt wesentliche Vorteile, aber auch Herausforderungen mit sich. Für die in pflegerischer Hinsicht kompetenten Kinderkrankenschwestern bietet die Zusammenarbeit mit einer Fachkraft der Frühförderstelle ein „Sicherheitsnetz" im Umgang mit den vielfältigen entwicklungspsychologischen Fragen und den sozialen Unterstützungsbedürfnissen der Eltern. Sie müssen sich jedoch darauf einstellen, begleitend und vermittelnd zu arbeiten, wenn die Bedürfnisse der Eltern den pflegerischen Rahmen überschreiten. Die Fachkraft der Frühförderung benötigt ihrerseits spezifische Fachkenntnisse in der Elternberatung und Gesprächsführung, Erfahrungen mit abweichender kindlicher Entwicklung im Säuglingsalter und eine Fortbildung in interaktionsorientierter, entwicklungspsychologischer Beratung, um die Eltern im Umgang mit Regulationsproblemen und den spezifischen Bedürfnissen von frühgeborenen Kindern fachgerecht zu unterstützen. Sie muss eine gute Übersicht über die Angebote der Sozialpädiatrischen Zentren und (interdisziplinären) Frühförderstellen und sozialrechtliche Hilfen haben, um auch Familien mit umfangreichen sozialen Belastungen begleiten zu können.

Das Projekt wird zentral koordiniert von der Arbeitsstelle Frühförderung Bayern. Die Finanzierung erfolgt mit Unterstützung des Bayerischen Sozialministeriums. Nach der erfolgreichen Pilot-Phase in München wurde das Konzept an zahlreichen Standorten in Bayern in Zusammenarbeit von Perinatalzentren mit regionalen Frühförderstellen implementiert.

Berger (2011) und Höck/Mampe-Keller (2015) legten ausführliche Berichte über die Implementierung des Nachsorgeprojektes an 13 Standorten in Bayern vor. In diesen Standorten wurde jeweils eine feste Kooperation zwischen einem Perinatalzentrum und einer Interdisziplinären Frühförderstelle vereinbart.

Die Auswertung der Verlaufsdokumentation zeigt, dass der Erstkontakt in der Hälfte der Fälle durch die Nachsorgeschwester und nur zu 18 % — wie es eigentlich vorgesehen war — im Tandem erfolgte. Der erste Hausbesuch in den Familien fand im Durchschnitt drei Wochen nach Entlassung des Kindes statt. Die Betreuung erstreckte sich über durchschnittlich dreieinhalb Monate, die Zahl der Hausbesuche und die Betreuungsdauer schwankte jedoch von Familie zu Familie und von Standort zu Standort erheblich. Etwa 10 % der Eltern erhielten mehr als zehn Hausbesuche. Knapp 40 % der Hausbesuche wurden gemeinsam von der Nachsorgeschwester und der Fachkraft aus der Frühförderstelle durchgeführt.

Tendenziell hatten die Nachsorgeschwestern mehr persönliche oder telefonische Kontakte zu den Familien; im Betreuungszeitraum wurden dabei vor allem Fragen der Ernährung, Pflege, Unterstützung zum Schlaf und die Gestaltung eines kindgerechten Zuhauses thematisiert. Die Mitarbeiterin der Frühförderstelle unterstützte die Familie — wie geplant — zusätzlich bei entwicklungsbezogenen Fragen. Bei etwa 50 % der Familien standen dabei Themen der Ernährung, des Schlafs, des Umgangs mit exzessivem Schreien, der Förderung des Spiels und Eltern-Kind-Kontakts im Vordergrund. Sozialrechtliche Fragen wurden in 27 % der Kontakte gestellt. Die im Konzept vorgesehene videogestützte entwicklungspsychologische Beratung fand jedoch nur in ca. 8.5 % der Kontakte statt.

In Befragungen zu ihrer Zufriedenheit gaben 70 % der Eltern an, dass sie an Sicherheit in der Einschätzung der Entwicklung des Kindes gewonnen haben, 65 %, dass sie seine Entwicklung dadurch besser unterstützen können. Etwa 35 % sahen die wichtigste Unterstützung für sich darin, dass sie durch die Beratung im Umgang mit Ess- oder Schlafproblemen sicherer wurden.

Voraussetzungen für das Gelingen der Kooperation

Voraussetzung für das Gelingen eines Nachsorgeprojekts, wie es in der Harl. e. kin-Nachsorge konzipiert ist, ist eine enge Ankopplung des Tandems an die Klinik. Die Fachkraft der Frühförderstelle muss bereit sein, sich auf die ganz andere Arbeitsweise im Klinikalltag einzustellen, und schon vor der Entlassung des Kindes aus der Klinik versuchen, einen Kontakt zu den Eltern herzustellen. Seitens der ärztlichen und pflegerischen Mitarbeiter in der Klinik bedarf es eines ausreichenden Bewusstseins für die psychosoziale Belastungssituation der Eltern und die Unterstützungsbedürfnisse nach der Entlassung, um rechtzeitig und zuverlässig eine Nachsorge für alle diejenigen Eltern vorzubereiten, die eine solche Unterstützung benötigen.

Kinderkrankenschwester und Fachkraft der Frühförderung ihrerseits müssen den Eltern von Anfang an als Tandem vorgestellt werden. Wenn die Fachkraft der Frühförderung erst später einbezogen wird, birgt das das Risiko, dass sich bereits emotionale Belastungsreaktionen bei den Eltern und Regulationsprobleme bei den Kindern verfestigt haben. Außerdem lehnen Eltern in diesen Fällen das Beratungsangebot eher ab, weil sie es als Ausdruck eigener Unzulänglichkeit in ihrer Elternkompetenz deuten.

Von den Leitungen der Klinik und der Frühförderstelle muss das Konzept der kooperativen Nachsorge aktiv getragen und konzeptionell auf die Situation am jeweiligen Standort abgestimmt werden. Eine gute Zusammenarbeit im Nachsorgeteam erfordert regelmäßige Absprachen in einer partnerschaftlichen, vertrauensvollen Atmosphäre, bei denen die jeweiligen Fachkompetenzen wechselseitig anerkannt, ein gemeinsames Arbeitsbündnis entwickelt und pflegerische, medizinische und psychosoziale Bedürfnisse der Kinder und Eltern gleichermaßen als Ziele einer familienorientierten Nachsorge gewürdigt werden.

ZUSAMMENFASSUNG

Das Risiko für Entwicklungsstörungen bei frühgeborenen Kindern variiert mit dem Grad der Unreife bei Geburt und dem Auftreten neurologischer Komplikationen. Sie betreffen sowohl die intellektuelle Entwicklung als auch einzelne Komponenten der kognitiven Funktionen und die sozial-emotionale Entwicklung der Kinder. Die Nachsorge von ehemals unreif geborenen Kindern umfasst eine regelmäßige Entwicklungskontrolle, die Beratung der Eltern zum Entwicklungsverlauf und die Unterstützung einer entwicklungsförderlichen Interaktion mit den Kindern. Besondere Herausforderungen liegen für die Eltern im Umgang mit frühen Regulationsstörungen sowie in der Bewältigung der eigenen psychischen Belastung. Frühförderstellen sind wichtige Kooperationspartner in der Nachsorge frühgeborener Kinder. Innovative Projekte („Bunter Kreis", „Harl. e.kin-Nachsorge") zeigen die Chancen einer interdisziplinären Zusammenarbeit.

3.2 Unterstützung von Kindern in Armutslagen

Viele Kinder, die in Armutslagen aufwachsen, erhalten zuhause weniger Entwicklungsanregungen als Kinder, die in Familien mit ausreichendem Einkommen aufwachsen. Es fehlt ihnen an Vorbildern, wie Belastungssituationen erfolgreich bewältigt werden können, und an Unterstützung, um Zutrauen in ihre eigenen Fähigkeiten zu entwickeln. Kindertagesstätten können ihnen kompensatorische Bildungsangebote machen. Frühförderstellen können sie als Kooperationspartner unterstützen und die Resilienz von Kindern in psychosozial belasteten Familien stärken (Kap. 1.2.1).

> **BEISPIEL**
>
> **Aufwachsen in Armutslagen**
>
> Maik, fast drei Jahre alt, wächst mit seiner kleinen Schwester (Jenny, ein Jahr) bei seiner Mutter auf, die alleinerziehend ist. Der Vater von Maik und Jenny hat sich von ihr getrennt und hatte von Beginn an kein Interesse an einem Kontakt. Die Familie wohnt in einer Zweizimmerwohnung in einer Hochhaussiedlung am Rande der Stadt. Der Stadtteil gilt als sozialer Brennpunkt.
>
> Die Frühförderung ist auf Drängen des Jugendamtes eingeleitet worden, dessen Mitarbeiter die Gefahr einer Vernachlässigung der Kinder sieht. Die Mutter sieht selbst, dass sie von der Alltagsbewältigung und den Schwierigkeiten bei der Erziehung der Kinder überfordert ist. Sie erhält Grundsicherung nach SGB II, hat aber Schulden, so dass ihr das Geld für die Anschaffung von Winterkleidung für die Kinder und für die Reparatur der kaputten Waschmaschine fehlt.
>
> Beim ersten Hausbesuch erlebt die Fachkraft der Frühförderung die Wohnung in einem ziemlich verwahrlosten Zustand. Sie ist unaufgeräumt, Bierflaschen und gefüllte Aschenbecher sind in beiden Zimmern verteilt. Die Kinder sind am mittleren Vormittag noch nicht angezogen, Jenny sitzt in ihrem Gitterbettchen, Maik sitzt vor dem Fernseher und verfolgt das RTL-Morgenprogramm. Während sich die Fachkraft ein erstes Bild von den Entwicklungsbedingungen der Kinder macht, kommt es zu mehreren kritischen Situationen, bei denen die Mutter mit Strafen droht, wenn Maik sich weiter weigere, sich anzuziehen.

3.2.1 Kinderarmut in Deutschland

Kinder, die in Armutslagen aufwachsen, bedürfen ebenfalls der frühen Förderung. Obwohl Deutschland ein Wohlfahrtsstaat ist, trifft dies für eine erschreckend hohe Zahl von Kindern zu.

Häufigkeit und Auswirkungen von materieller Armut

— DEFINITION —

Als **materiell arm** gilt eine Familie, deren am Bedarf gewichtetes Pro-Kopf-Einkommen weniger als 50 % des mittleren Einkommens aller Haushalte in der Bevölkerung beträgt.

Zur Berechnung wird eine Formel verwendet, die auf der Einkommensstatistik der OECD beruht und bei der der Haupteinkommensbezieher mit 1.0, alle Mitglieder des Haushaltes im Alter von mindestens 14 Jahren mit 0.5 und alle jüngeren Mitglieder mit 0.3 eingerechnet („gewichtet") werden. Als armutsgefährdet gelten Familien, die nach dieser Formel weniger als 60 % des mittleren Einkommens zur Verfügung haben.

In Deutschland traf dies im Jahre 2012 nach den Ergebnissen des Sozioökonomischen Panels (SOEP) des Deutschen Instituts für Wirtschaftsforschung auf 2.5 Millionen (19.4 %) Kinder und Jugendliche zu. Die Armutsquote liegt damit im mittleren Bereich der Industrieländer. In den USA sind die Armutsraten wesentlich höher, in skandinavischen Ländern dagegen wesentlich niedriger. Im Armuts- und Reichtumsbericht der Bundesregierung werden etwas andere (EU-)Vergleichsmaßstäbe angelegt, so dass der relative Anteil mit etwa 15 % etwas niedriger ist. Die Zahlen variieren je nach Bundesland, Region und Stadtteilen erheblich.

Besonders betroffen von Einkommensarmut sind Kinder von Alleinerziehenden und Kinder aus Familien mit Migrationshintergrund. Hier beträgt das Armutsrisiko annähernd 40 % bzw. 30 %. Ebenfalls besonders gefährdet sind Kinder aus kinderreichen Familien. Strukturell ist das Armutsrisiko mit dem steigenden Anteil prekärer Beschäftigungsformen („working poor") und dem Wachsen der Arbeitslosenrate seit Beginn des 21. Jahrhunderts gestiegen.

— DEFINITION —

Eine andere Berechnungsform bezieht sich auf die sozialstaatliche Grundversorgung. Danach gelten Kinder als **einkommensarm**, die in einem Haushalt aufwachsen, der Grundsicherungsleistungen nach dem Sozialgesetzbuch (SGB II) erhält.

Eine alleinerziehende Mutter mit einem Kind unter sechs Jahren erhält danach 1106 € pro Monat, in die das Kindergeld bereits eingerechnet ist. In Deutschland wachsen 1.7 Millionen der unter 15-jährigen Kinder in Familien auf, die diese sozialstaatlichen Grundsicherungsleistungen erhalten (Holz 2006). Dies sind 13 % aller Mädchen und Jungen dieser Altersgruppe in Deutschland. Auch bei dieser Berechnungsweise sind nicht-deutsche Kinder mehr als doppelt so häufig betroffen. Die Höhe der Leistungen für Kinder (60 % des Regelsatzes eines Erwachsenen), die im Rahmen dieser sozialen Grundsicherung gewährt werden, ist nicht bedarfsgerecht. Im Jahr 2016 betrug sie 237 Euro je Kind im Alter bis zu fünf Jahren.

Auch wenn die Zahlen je nach Berechnungsformel und Jahr schwanken, zeigen sie die Dimension des Problems. Denn ein Aufwachsen in Armutslagen bedeutet nicht nur materielle Armut der Familie, sondern auch schlechtere Bildungschancen, höhere Gesundheitsrisiken und weniger soziale Teilhabe. Sie stellt daher eine Form sozialer Ungleichheit dar, die mit Benachteiligung in wichtigen Lebensbereichen einhergeht. Deshalb gehen die meisten Untersuchungen zur Kinderarmut von einem mehrdimensionalen „Lebenslagen-Konzept" aus, d. h. untersuchen die Auswirkungen der Einkommensarmut auf verschiedene Lebensbereiche. Diese interdisziplinär (soziologisch und psychologisch) angelegte Sichtweise liegt z. B. der Sozialberichterstattung zugrunde, die das Deutsche Jugendinstitut (DJI-Kinderpanel) vornimmt (Bien 2012).

Familien in Armutslagen haben eine schlechtere Wohnsituation (kleine Wohnungen in schlechtem Zustand, z. B. mit feuchten Wänden), haben Schwierigkeiten, die Grundversorgung mit Nahrung und Kleidung zu sichern (täglich eine warme Mahlzeit, warme Winterkleidung), die Miete und Nebenkosten pünktlich zu zahlen, defekte Haushaltsgeräte (z. B. eine Waschmaschine) zu ersetzen oder andere unerwartet auftretende Ausgaben zu tragen. Sie müssen auf Freizeitaktivitäten wie Besuche im Tierpark oder Kino weitgehend verzichten.

Für das Vorschulalter liegt mit der AWO-ISS-Studie eine quer- und längsschnittlich angelegte Untersuchung zu den Auswirkungen von Armut vor, die im Jahre 1997 vom Institut für Sozialarbeit und Sozialpädagogik im Auftrag des Bundesverbandes der Arbeitswohlfahrt (AWO) begonnen wurde (u. a. Skoluda/Holz 2003; Holz 2006). Dabei wurde u. a. in 60 Kindertagesstätten in Trägerschaft der Arbeiterwohlfahrt (AWO) die Lebenssituation von 225 armen und 640 nicht-armen sechsjährigen Kindern untersucht. Die Studie belegt überproportionale Einschränkungen in der Grundversorgung bei Kindern aus armen Familien auch für diese Altersgruppe. So wird z. B. in 31 % (vs. 9 % der Kinder aus nicht-armen Familien) das Essensgeld im Kindergarten nicht regelmäßig gezahlt, in 27 % (vs. 12 %) können die Kosten für Ausflüge von den Eltern nicht beglichen werden. 16 % der armen Kinder (vs. 5 %) kommen öfters hungrig in die Einrichtung, 15 % (vs. 5 %) sind ungepflegt und körperlich vernachlässigt. 36 % der armen Kinder (vs. 16-18 % der Vergleichsgruppe) zeigen nach Einschätzung der Erzieher Auffälligkeiten im Spiel- und Sprachverhalten. Sie suchen seltener den Kontakt zu anderen Kindern, nehmen weniger aktiv am Gruppengeschehen teil, äußern seltener ihre Wünsche und sind weniger wissbegierig als nicht-arme Kinder. Die soziale Benachteiligung zeigt sich auch in den Bildungsperspektiven. Ist ein armes Kind in mindestens zwei der untersuchten Bereiche eingeschränkt, liegt die Wahrscheinlichkeit des regulären Eintritts in die Regelschule nur noch bei 38 %.

Allerdings zeigen die Studien auch, dass nicht alle armen Kinder im Vorschulalter von Benachteiligungen in den genannten Lebensbereichen betroffen sind. Ihre Familien zeichnen sich aus durch regelmäßige gemeinsame Aktivitäten in der Familie, gutes Familienklima und Deutschkenntnisse mindestens eines Elternteils (bei Migrantenkindern). Ihre Eltern sind nicht überschuldet, die Wohnverhältnisse sind ausreichend.

Bildungschancen und psychosoziale Risiken

In umfangreichen US-amerikanischen Studien aus den 1990er Jahren zeigte sich ein signifikanter Zusammenhang zwischen der Herkunft aus Familien mit niedrigem Einkommen und niedrigem Bildungsniveau mit niedrigeren Intelligenztestleistungen, schlechteren Schulnoten und schlechterem Abschneiden in Schulleistungstests.

Kinder aus dauerhaft armen Familien haben im Durchschnitt einen um neun Punkte niedrigeren Intelligenzquotienten, verlassen die Schule häufiger ohne Abschluss und werden häufiger auf eine Sonderschule verwiesen (Duncan/Brooks-Gunn 1997; Farran 2005). In der englischen „UK Millenium Cohort Study", einer longitudinal angelegten Studie, in der mehr als 8.700 Kinder von Geburt bis zum Schulalter in ihrer Entwicklung verfolgt wurden, schnitten Kinder, die in dauerhafter Armut aufwuchsen, in Intelligenztests um 20 Perzentilpunkte schlechter ab als Kinder, die keinen Armutsbedingungen ausgesetzt waren (Dickerson/Popli 2016).

Auch wenn sich die internationalen Befunde nicht vollständig auf den deutschen Sprachraum übertragen lassen, da hier das soziale Netz staatlicher Unterstützungsleistungen enger ist und dadurch materielle Härten und ihre Risiken (z. B. für die gesundheitliche Versorgung der Kinder) besser abgemildert werden können, weisen die vorliegenden deutschen Forschungsergebnisse in die gleiche Richtung (Walper/Kruse 2006). Nach den Ergebnissen der PISA-Studie gehört Deutschland immer noch zu den Ländern, in denen der Zusammenhang zwischen familiärer Herkunft und Schulerfolg besonders hoch ist. Dies zeigt sich im Vergleich von Übertrittraten zu weiterführenden Schulformen, Schulabschlüssen und relativen Anteilen von Studierenden an Hochschulen, die jeweils bei Kindern aus Armutslagen und „bildungsfernen" Schichten signifikant niedriger ausfallen. Das frühe Verteilen auf Schultypen geschieht vornehmlich nach sozialem Hintergrund und zementiert damit sehr früh soziale Ungleichheiten.

Die Zusammenhänge zwischen dem Aufwachsen in Armutslagen und der Entwicklung der Kinder lassen sich durch eine Kombination verschiedener Faktoren erklären. Dazu gehören materielle Armut, besondere Belastungen bei alleinerziehenden Eltern oder Familien mit Migrationshintergrund ebenso wie psychische Belastungen der Eltern und Beziehungskonflikte in der Familie (Bradley/Corwyn 2002; Skoluda/Holz 2003; Shaw/Shelleby 2014; Abb. 12).

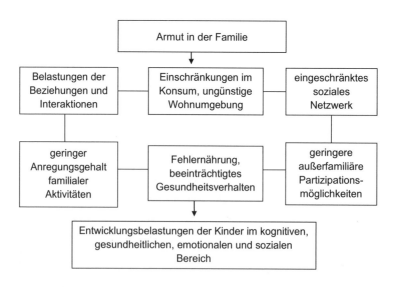

Abb. 12: Auswirkungen von Familienarmut (orientiert an: Walper/Kruse 2006)

Die Ergebnisse des Survey „Aufwachsen in Deutschland: Alltagwelten" (AID:A), einer deutschlandweiten, repräsentativen Befragung des Deutschen Jugendinstituts (Grgic/Alt 2014), und der „Nationalen Untersuchung zur Bildung, Betreuung und Erziehung in der frühen Kindheit" (NUBBEK-Studie, Tietze et al. 2012) bestätigen die Zusammenhänge zwischen sozio-ökonomischem Status und ungünstigeren Entwicklungsbedingungen.

> In der AID:A-Studie wurden die Eltern von jeweils mehr als 2.500 Kindern im Alter unter drei bzw. im Alter zwischen drei und fünf Jahren nach ihren Bildungsaktivitäten und Merkmalen ihres Erziehungsverhaltens befragt. Eltern mit niedrigeren Bildungsabschlüssen unternehmen mit ihren Kindern wesentlich seltener entwicklungsförderliche Aktivitäten (Singen, Malen, Basteln, Vorlesen, Babyschwimmen, Eltern-Kind-Gruppen). Die Häufigkeit entwicklungsförderlicher Aktivitäten ist mit einem kindzentrierten, warmherzigen Erziehungsstil assoziiert.
>
> In der NUBBEK-Studie wurden die Eltern von 1956 Kindern u. a. zu den Betreuungsformen, zu Merkmalen der häuslichen Entwicklungsumwelt und zur Erziehungshaltung befragt. Es wurden zudem die Qualität der Mutter-Kind-Interaktion und das Interaktionsklima (Sensitivität, Engagiertheit und Involviertheit der Mütter) beobachtet und die Entwicklung der kognitiven, sprachlichen und adaptiven Kompetenzen der Kinder sowie Auffälligkeiten der sozial-emotionalen Entwicklung erhoben. Die Untersuchung wurde als Querschnitterhebung bei zwei- und vierjährigen Kindern durchgeführt.
>
> Nach den Ergebnissen der NUBBEK-Studie erklären familiäre Bedingungen, d. h. sozio-ökonomischer Status, Bildungsniveau, psychische Stabilität und Erziehungshaltung der Mütter, Anregungsgehalt der häuslichen Umwelt und Qualität der Mutter-Kind-Beziehung, je nach Entwicklungsmerkmal 15-40 % des kindlichen Entwicklungsstandes. Der stärkste Zusammenhang zeigte sich zur sprachlichen und sozialen Entwicklung der Kinder.

Die Auswirkungen von ungünstigen familiären Bedingungen beschränken sich — das zeigen nicht nur diese beiden Studien — offenbar nicht auf die kognitive Entwicklung (Abb. 13). Ein Zusammenhang zwischen dem sozialen Status einer Familie und der Ausbildung von psychischen und Verhaltensauffälligkeiten zeigt sich bereits in der Altersgruppe ab drei Jahren (Huaqing Qi/Kaiser 2003;

Holtz et al. 2015). Offenbar trägt die mit sozio-ökonomischem Mangel verbundene Belastung der Eltern über dysfunktionales Erziehungsverhalten zur Ausbildung von sozial-emotionalen Auffälligkeiten der Kinder bei, die wiederum den späteren Schulerfolg der Kinder gefährden (Schreyer-Mehlhop/Petermann 2011; Kliem et al. 2014; Shaw/Shelleby 2014; Flouri et al. 2015).

 Materielle Deprivation, erhöhte Belastung der Eltern und instabile Familienbziehungen lassen die Kinder weniger affektive Zuwendung und seltener Unterstützung für die Ausbildung von Selbstregulationsfähigkeiten erfahren und gehen häufiger mit willkürlichen, strafenden oder inkonsistenten Erziehungsmaßnahmen einher.

In der englischen „Millenium Cohort Study" wurde die Entwicklung von mehr als 16.000 Kindern im Alter von drei bis sieben Jahren verfolgt. Die Autoren berechneten Regressionsanalysen, um zu prüfen, von welchen Faktoren die Ausbildung von internalisierenden und externalisierenden Verhaltensauffälligkeiten im Alter von sieben Jahren abhing. Es zeigte sich auch hier ein starker Zusammenhang zum sozio-ökonomischen Status der Familie, zusätzlich eine Wechselwirkung mit der sprachlichen Kompetenz und den Selbstregulationsfähigkeiten der Kinder. Kinder, die höhere sprachliche Kompetenzen entwickelten und ihre Handlungen und Affekte besser regulieren konnten, hatten weniger Verhaltensauffälligkeiten (Flouri et al. 2014).

Armutslagen sind zudem gehäuft mit Alkohol- oder Drogenproblemen, sozialer Isolation der Eltern sowie häufigeren Gewalterfahrungen der Kinder innerhalb der Familie und der sozialen Umwelt assoziiert. Eine besondere Rolle spielen Depressionen und andere psychische Störungen der Eltern bei der Ausbildung von sozial-emotionalen Störungen. Ein hohes mütterliches Depressionsniveau geht einher mit dysfunktionalen (strafenden und inkonsistenten) Erziehungsmaßnahmen (Schreyer-Mehlhop/Petermann 2011).

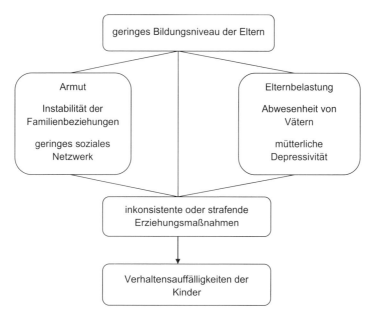

Abb. 13: Zusammenhänge zwischen Armutslagen und der Ausbildung von kindlichen Verhaltensauffälligkeiten

Die internationalen Forschungsergebnisse bestätigen sich im Kinder- und Jugendgesundheitssurvey (KiGGS), der im Auftrag der Bundesregierung durchgeführt wurde. Diese Erhebung bezog mehr als 17.000 Kinder und Jugendliche und ihre Eltern ein. Die Eltern füllten dabei den „Strengths and Difficulties Questionnaire" (SDQ) aus. In der Altersgruppe von drei bis zehn Jahren wurden knapp 17 % der Jungen und Mädchen, die aus Familien mit niedrigem Sozialstatus stammten, als auffällig eingeschätzt. Die Rate der Auffälligkeiten war um das 1.8-Fache höher als bei Kindern aus Familien mit mittlerem Sozialstatus und um das 3.7-Fache höher als bei Kindern aus Familien mit hohem Sozialstatus (Lampert/Kurth 2007).

 Die Forschungsergebnisse zu psychosozialen Risiken bei Kindern, die in Armutslagen aufwachsen, machen deutlich, dass es nicht nur darum geht, kompensatorische Bildungsangebote zur Förderung der kognitiven Entwicklung der Kinder zu machen. Ebenso wichtig ist die Stärkung entwicklungsförderlicher Beziehungen innerhalb der Familie.

Dabei ist anzumerken, dass es auch in Familien in Armutslagen – wie es sich z. B. in der AWO-ISS-Studie zeigt – beträchtliche Unterschiede in den familiären Bewältigungskräften, sozialen Ressourcen und in der Qualität der Eltern-Kind-Beziehungen gibt. Keineswegs wäre es gerechtfertigt, allen Eltern in Armutslagen ein geringes Interesse an der Entwicklung und Förderung ihrer Kinder, ein belastetes Familienklima und fehlende emotionale Zuwendung für die Kinder zuzuschreiben.

3.2.2 Kompensation sozialer Benachteiligung

Die Langzeitstudien zur Resilienzforschung haben die persönlichen und sozialen Schutzfaktoren aufgezeigt, die für eine positive Entwicklung von Kindern trotz benachteiligender Lebensumstände bedeutsam sind (Kap. 1.2.1). Hier können pädagogische Interventionen ansetzen, um späteren schulischen Misserfolgen im Bildungssystem und Belastungen in der sozial-emotionalen Entwicklung vorzubeugen. Dabei geht es nicht darum, die Kinder „gegen Armut resilient zu machen", sondern Bedingungen zu schaffen, die es ihnen erleichtern, die psychosozialen Folgerisiken von Armut bestmöglich zu bewältigen. Unabhängig davon bleibt es die Aufgabe der Sozialpolitik, eine bedarfsgerechte finanzielle Grundversorgung für alle Familien sicherzustellen und prekäre Beschäftigungsverhältnisse, Niedriglöhne und Arbeitslosigkeit zu bekämpfen.

Früher Besuch von Kindertagesstätten

Grundsätzlich bieten der Besuch einer frühkindlichen Bildungsinstitution und der Ausbau des Betreuungsangebotes für Kleinkinder im deutschsprachigen Raum die Möglichkeit zu einer solchen kompensatorischen Förderung. Für kompensatorische Effekte des Besuchs einer Kindertagesstätte sprechen z. B. die Ergebnisse der Studie zu „Bildungsprozessen, Kompetenzentwicklung und Selektionsentscheidungen im Vor- und Grundschulalter" (BiKS; Maurice et al.

2007; Roßbach et al. 2008) sowie erste Daten des „Nationalen Bildungspanels" (NEPS; Attig et al. 2014).

Allerdings ist dafür nicht der Besuch einer Kindertageseinrichtung als solcher ausschlaggebend, sondern die Qualität der dortigen Betreuung. Qualität bezieht sich dabei sowohl auf strukturelle Merkmale (Gruppengröße, Betreuer-Kind-Schlüssel, Qualifikation des Personals u. a.) als auch auf Merkmale der Prozessqualität (Curriculum, Interaktion zwischen Betreuungsperson und Kind, emotionales Klima, Organisation des Tagesablaufs, Sensibilität des Personals für die individuellen Bedürfnisse der Kinder u. a.).

So zeigte sich in einer umfangreichen englischen Studie, bei der rund 2800 Kinder längsschnittlich untersucht wurden, dass sich positive Effekte auf die Entwicklung bis zum Alter von zehn Jahren bei Kindern, die in Familien mit ungünstigen Entwicklungsbedingungen aufwachsen, nur dann zeigen, wenn die besuchte vorschulische Einrichtung eine hohe Betreuungsqualität aufwies (EPPSE-Studie; Sammons et al. 2008). Die Verfasser der bereits erwähnten bundesweiten NUBBEK-Studie bescheinigen jedoch nur 10 % der Kindertagesstätten eine solche hohe pädagogische Prozessqualität (Tietze et al. 2012).

Kinder aus benachteiligten Familien profitieren für ihre kognitive Entwicklung, wenn die kognitiven und sprachlichen Anregungen in der Kindertagesstätte mehr Lerngelegenheiten bieten als die familiäre Lernumwelt. Grundsätzlich gilt aber, dass die Einflüsse der häuslichen Umgebung auf die langfristige Entwicklung der Kinder größer sind als die Einflüsse der außerfamiliären Betreuung (Bäuerlein et al. 2013).

Auch für die sozial-emotionale Entwicklung der Kinder sind die Sensitivität der Mutter in der Eltern-Kind-Interaktion und eine hochwertige Gestaltung der kindlichen Umgebung zuhause entscheidend. Kinder aus Familien mit hohen Belastungen, z. B. sehr jungen Müttern, Müttern mit depressiven Störungen oder geringen Fähigkeiten zur Bewältigung der alltäglichen Anforderungen, profitieren von einer außerfamiliären Betreuung bereits im ersten Lebensjahr – allerdings nur dann, wenn dort ein günstiger Betreuungsschlüssel herrscht und die Erzieher über fachliche Kompetenzen verfügen, um für die Kinder zu sicheren Bindungspersonen zu werden. Die Kinder zeigen dann im weiteren Verlauf ihrer Entwicklung weniger sozial-emotionales Problemverhalten als Kinder, die in den ersten Lebensjahren zuhause aufwachsen (Linkert et al. 2013).

 Angesichts der großen Zahl von Kindern, deren Entwicklung durch soziale Risiken in Armutslagen gefährdet ist, kann ein Defizit in der Qualität von Kindertageseinrichtungen oder im Fortbildungsstand der dortigen Fachkräfte nicht durch das System der Frühförderung ausgeglichen werden.

Innerhalb der Kindertagesstätten kann die Resilienz von Kindern, die unter ungünstigen Familienumständen aufwachsen, durch Programme zur Förderung der Sprachkompetenz, der Selbstregulation, des Selbstbewusstseins und der sozialen Kompetenzen gezielt unterstützt werden. Programme zur sprachlichen Förderung erweisen sich allerdings nur dann als wirksam, wenn sie nicht additiv (d. h. als einzelne „Förderstunden") angeboten, sondern in den Kindergartenalltag integriert werden. Dazu bedarf es einer entsprechenden Fortbildung der pädagogischen Fachkräfte (Hofmann et al. 2008; Dickinson 2011). Erste Erfahrungen mit Präventionsprogrammen (z. B. „Kindergartenkinder stark machen", PriK; Rönnau-Böse/Fröhlich-Gildhoff 2011) belegen positive Effekte auf einzelne Aspekte des Selbstbildes und der sozialen Kompetenzen der Kinder (Fröhlich-Gildhoff/Ronnau-Böse 2013).

Um den Bedürfnissen von Kindern in benachteiligenden Lebenssituationen flächendeckend gerecht zu werden, müssen die Rahmenbedingungen der Arbeit in Kinderkrippen und Kindergärten sowie die Aus- und Weiterbildung der Fachkräfte verbessert werden (Viernickel 2014). Bei der Betreuung von Kindern aus sozial belasteten Familien sollten die Betreuungseinrichtungen immer auch den Eltern Unterstützung anbieten, um ihre Erziehungskompetenzen zu stärken, und sich im Sinne einer Erziehungspartnerschaft gemeinsam mit den Eltern um eine optimale Entwicklung der Kinder bemühen (Linkert et al. 2013).

Zielgruppenspezifische Präventions- und Förderprogramme

Präventionsprogramme für sozial benachteiligte Kinder, die eine frühe Aufnahme in eine Kindertagesstätte mit der Unterstützung von Eltern in sozialen Risikokonstellationen verbinden, wurden in den USA seit den 1960er Jahren entwickelt und in ihrer Wirksamkeit untersucht. Ihr Ziel ist eine Stabilisierung der Lebenslage der Eltern und die Stärkung einer guten emotionalen Beziehung zwischen dem Kind und seinen Eltern (oder anderen verlässlichen Bezugspersonen). Aus der Fülle der Ergebnisse von Evaluationsstudien lassen sich einige Schlussfolgerungen ziehen, welche Komponenten für die Wirksamkeit solcher Ansätze von Bedeutung sind (Weiß 2000; Klein 2002; Farran 2005; Kuger et al. 2012; Sarimski 2013b).

Ursprünglich wurden diese Programme unter dem Titel „Head Start" als Vorschulprogramme ausgelegt und enthielten Aktivitäten zur Schulvorbereitung sowie zur sozial-emotionalen Förderung für die Kinder und Elternbildungskurse sowie Vermittlungen an weitere soziale Dienste. Es zeigten sich relativ geringe positive Effekte, die nach Eintritt in die Schule nicht lange vorhielten. Auch neuere Programme, die in den USA entwickelt und evaluiert wurden, zeigen meist nur kurzfristige Effekte auf den Entwicklungsverlauf der Kinder (Halpern 2000; Barnett/Hustedt 2005).

Zu den bekanntesten Interventionsstudien mit zielgruppenspezifischen Förderprogrammen gehört das High/Scope Perry Preschool Project und das Abecedarian Program in den USA (Kuger et al. 2012). Bei beiden Programmen handelte es sich um inhaltlich breit angelegte und kostenintensive Interventionsprogramme für Kinder aus sozial benachteiligten Familien, bei denen qualitativ hochwertige Förderung in speziell ausgestatteten Kindertagesstätten mit familienbezogenen Komponenten (Verbesserung der mütterlichen Erziehungskompetenz und des häuslichen Anregungsniveaus) verbunden wurden.

Die Entwicklung der teilnehmenden Kinder wurde bis ins Erwachsenenalter der Kinder verfolgt und mit einer Kontrollgruppe verglichen. Es zeigten sich kurz- und langfristige positive Effekte auf die schulische Entwicklung (z. B. in einzelnen Schulleistungstests sowie in der Häufigkeit von Klassenwiederholungen) und spätere Lebensbewältigung. Die Autoren sahen den wichtigsten Effekt des Programms in der Ausbildung von Grundhaltungen, die den Kindern die positive Auseinandersetzung mit Herausforderungen in ihrem Leben erleichterten. Ihre Kosten-Nutzen-Analyse wird vielfach auch als Beleg für die ökonomischen „Rendite" frühpädagogischer Programme zitiert.

Bei der Interpretation dieser Ergebnisse bleibt allerdings unklar, welche Bedeutung das stark curricular orientierte Förderprogramm in einem Förderzentrum, der hohe Ausbildungsstand der dort eingesetzten Fachkräfte und die familienbezogenen Komponenten des Programms für die Effektivität hatten. Zudem ist es fraglich, inwieweit sich die kompensatorischen Effekte, die sich in extrem benachteiligten Hochrisiko-Gruppen in den USA zeigten, auf deutsche Kinder in prekären Lebenslagen übertragen lassen (Kuger et al. 2012).

Die Forschungslage zu den Zusammenhängen zwischen den sozialen Ressourcen der Familie, der Qualität der Eltern-Kind-Beziehungen und der Gestaltung entwicklungsförderlicher Angebote innerhalb des familiären Alltags spricht dafür, die Interventionen bereits im frühen Kindesalter auf die Unterstützung der Eltern-Kind-Beziehungen, die Entwicklung eines positiven Erziehungsverhaltens und die psychische Stabilisierung der Eltern zu konzentrieren, um auf diesem Wege zentrale Schlüsselkompetenzen für die Resilienz der Kinder zu stärken (Guralnick 2013).

Ein gut untersuchtes Programm, das diesem Konzept folgt, ist das „Nurse Family Partnership"-Programm (Olds et al. 1999). Dieses Programm diente auch einem deutschen Präventionsprogramm („Pro Kind") als Vorbild. Familien mit sozialen Belastungen wurden bereits während der Schwangerschaft der Mütter und in den ersten beiden Lebensjahren des Kindes zuhause besucht. Die Beratung erfolgte durch Kinderkrankenschwestern und Familienhebammen und bezog sich auf die Gesundheitsvorsorge während der Schwangerschaft, eine kompetente und verantwortliche Versorgung des Kindes nach der Geburt sowie die eigene Lebensplanung der Mütter. Zu den Aufgaben der Berater gehörten auch die Mobilisierung von unterstützenden Beziehungen innerhalb des sozialen Netzwerks der Mütter und die Vermittlung an regionale Hilfeeinrichtungen.

Das Programm wurde mittlerweile in mehreren demografisch sehr unterschiedlichen Regionen in den USA mit Erfolg repliziert. Positive Effekte zeigten sich bei Abschluss des Programms in einer Verbesserung der Gesundheitsvorsorge während der Schwangerschaft (z. B. geringerer Nikotinkonsum, verbesserte Ernährung), der Sicherheit und Qualität von Entwicklungsanregungen in der häuslichen Umgebung, einer geringeren Neigung zu strafendem Erziehungsverhalten sowie in einer Reduzierung der Zahl von gemeldeten Vernachlässigungs- oder Misshandlungsfällen. Die Mütter, die an dem Programm teilgenommen hatten, ließen sich mehr Zeit bis zu einer erneuten Schwangerschaft und es gelang ihnen häufiger, eine Arbeit aufzunehmen. Die Kinder erreichten im Alter von sechs Jahren ein höheres Ergebnis in Intelligenztests und zeigten weniger Verhaltensauffälligkeiten (Olds 2006).

Frühförderstellen können dabei wichtige Kooperationspartner für Kindertagesstätten sein. Ihnen kommt eine wichtige Aufgabe in der Diagnostik zu, um die Kinder zu identifizieren, bei denen die Möglichkeiten einer Kindertagesstätte zur Förderung nicht ausreichen und umfassendere Hilfen für die Familie angezeigt sind. In ihrem familienorientierten Konzept haben sie die Möglichkeit, die Eltern-Kind-Beziehungen bereits im Säuglings- und frühen Kindesalter zu stärken und jenen Familien ein umfassendes Unterstützungsangebot zu machen, in denen multiple Belastungen die Entwicklung der Kinder gefährden.

Meta-Analysen von Programmen, die sich speziell auf die Verbesserung der Eltern-Kind-Interaktion in sozio-ökonomisch benachteiligten Familien bezogen und jeweils mehr als 6.000 Kinder einbezogen, stammen u. a. von Nievar et al. (2010) und Mortensen/Mastergeorge (2014). Beide weisen substanzielle, wenn auch nur mittelstarke Effekte (d = .37 bzw. d = .23) auf die Qualität der Mutter-Kind-Interaktion nach. In beiden Studien werden auch die Faktoren deutlich, die mit höheren Effekten assoziiert sind. Dazu gehören die Intensität der Betreuung (mindestens drei Hausbesuche pro Monat bei insgesamt begrenzter Dauer) und ein früher Beginn (vor dem ersten Geburtstag des Kindes). Die Sensibilisierung der Mütter für die Bedürfnisse und Signale der Kinder gelingt wirksamer, wenn die Interventionen von professionellen Fachkräften mit Kenntnissen in der (videogestützten) Interaktions- und Beziehungsberatung durchgeführt werden.

Die Ergebnisse solcher Präventionsprogramme sprechen dafür, dass familienbezogene Interventionen in den ersten Lebensjahren unabhängig von der Förderung in einer Kindertagesstätte nachhaltige Effekte auf die Familiensituation und die kindliche Entwicklung bei Kindern haben können, die unter sozialen Risikobedingungen aufwachsen. Die Stärkung der elterlichen Kompetenzen zur Entwicklungsförderung im Alltag trägt zu einer Verbesserung der Voraussetzungen für den späteren Schulerfolg bei; die Förderung der elterlichen Sensibilität für die Bedürfnisse des Kindes stärkt die Bindungsqualität und beugt der Entwicklung von Verhaltensauffälligkeiten der Kinder vor.

In Deutschland wurden Präventionsprogramme seit 2007 unter dem Begriff der „Frühen Hilfen" vorwiegend mit dem Ziel etabliert, die Häufigkeit von Misshandlungen und Vernachlässigung zu reduzieren. Detaillierte Ergebnisse zu ihrer Wirksamkeit finden sich z.B. bei Sarimski (2013b) und Taubner et al. (2013). Impulse zur Kooperation und Vernetzung der Systeme der Frühförderung und Frühen Hilfe stellen Weiß und Sann (2013) dar.

Programme zur Elternschulung

Frühförderstellen müssen sich bei der Unterstützung von Kindern mit sozialen Benachteiligungen mit anderen regionalen Angeboten von Hilfemaßnahmen vernetzen und Absprachen über die jeweiligen Aufgaben, ihre Abgrenzung voneinander und ihre Kooperationsmöglichkeiten treffen.

Ein Beispiel für solche Unterstützungsangebote außerhalb des Systems der Frühförderung ist das Programm „Opstapje", das in einer wachsenden Zahl von Regionen in Deutschland etabliert wird. Es handelt sich dabei um ein aufsuchendes Konzept, bei dem Familienhelfer die Familien zuhause besuchen und Spielaktivitäten zur Förderung der wichtigsten Entwicklungsbereiche der Kinder anregen. Darüber hinaus sollen die sozialen Kontakte zu anderen teilnehmenden Familien und zum Unterstützungsangeboten im Stadtviertel gefördert werden (Lohrey-Rohrbach et al. 2010; Henrich/Heldewig 2014). Das Programm orientiert sich an den Erfahrungen des HIPPY-Programms, das in Israel und – bei älteren Vorschulkindern – in den USA evaluiert wurde (Baker et al. 1999). Es wurde zunächst in den Niederlanden eingeführt als Integrationsprogramm für ausländische Familien mit Kleinkindern, um deren Bildungsbenachteiligung abzubauen.

„Opstapje" sieht etwa 45 Hausbesuche über einen Zeitraum von eineinhalb Jahren vor. Die Hausbesuche werden von geschulten Laienhelfern durchgeführt, in der Regel von Müttern, die aus dem gleichen soziokulturellen Umfeld der Zielgruppe stammen und so den Müttern ein Modell für Erziehung und Lebensführung sein können. Sie spielen im Beisein der Mütter mit dem Kind und geben den Müttern Hinweise und Anregungen, wie sie dies im häuslichen Alltag fortführen können. Zudem werden altersgerechte Spielmaterialien und eigens für das Programm konzipierte Bilderbücher in den Familien bereitgestellt. Der Hausbesucher wird seinerseits durch eine sozialpädagogische Fachkraft angeleitet und supervidiert. Alle zwei Wochen findet zudem ein Gruppentreffen der teilnehmenden Familien statt, das von der sozialpädagogischen Fachkraft geleitet wird. Hier geht es um die Vermittlung von entwicklungsbezogenem Wissen und von Informationen zu möglichen Hilfen im unmittelbaren Umfeld.

Zur Wirksamkeit des Programms in Deutschland liegt ein Abschlussbericht aus einem Modellprojekt vor, das vom Deutschen Jugendinstitut begleitet wurde (Sann/Thrum 2005). Er zeigt, dass es mit Opstapje gelingt, sozial benachteiligte und bildungsferne Familien für ein Angebot zu gewinnen und kontinuierlich zu begleiten. Nur 16 % der Familien brachen das Programm ab. Nach der – allerdings subjektiven – Einschätzung der Hausbesucher konnten die allgemeine Entwicklung des Kindes und die Erziehungsfähigkeit der Eltern gefördert werden. Die teilnehmenden Mütter äußerten sich nach der Programmteilnahme weniger psychisch belastet und bauten mehr soziale Kontakte auf als die Mütter der Kontrollgruppe. Mütter und Väter gaben an, nach Programmende häufiger mit ihren Kindern zu spielen und ihnen vorzulesen als Mütter und Väter in der Kontrollgruppe. Die Qualität der Interaktion wurde mittels einer videografierten, standardisierten Interaktionsbeobachtung erfasst. Die Ergebnisse waren in dieser Hinsicht weniger überzeugend. Die Qualität der Interaktion stieg zwar im Programmverlauf tendenziell an, ging aber neun Monate nach Programmende wieder auf das Ausgangsniveau zurück. Zu diesem Zeitpunkt war kein signifikanter Unterschied zur Kontrollgruppe mehr festzustellen. Auch bei der Beurteilung der kognitiven, motorischen und sozialen Entwicklung der Kinder mit standardisierten Verfahren zeigten sich nur kurzfristig Effekte, die neun Monate nach Programmende nicht mehr nachzuweisen waren.

Aus den Ergebnissen der wissenschaftlichen Begleitforschungen wurden konzeptionelle Modifikationen für die Weiterentwicklung des Programms abgeleitet. Dazu gehört ein früherer Programmstart (ab 18 Monaten) und eine intensivere Schulung und Begleitung der Hausbesucher.

 Leitfaden und Materialien des Programms sowie weitere Informationen zur Kombination mit Angeboten des HIPPY-Programms für Kinder ab drei Jahren sind über den Verein „IMPULS Deutschland Stiftung e. V." zur Implementierung in regionalen Netzwerken zur Unterstützung von sozial benachteiligten Familien zugänglich (www.impuls-familienbildung.de/opstapje.html, 23.01.2017).

Andere Eltern-Schulungsprogramme, die ebenfalls für Familien mit sozialen Belastungen leicht zugänglich sind, werden in Erziehungsberatungsstellen, Familienbildungsstätten oder vom Deutschen Kinderschutzbund angeboten. Dazu gehört z. B. das Programm „PAT — Mit Eltern lernen". Es wird seit 2013 in einer längsschnittlich angelegten Studie mit über 250 Familien in der Schweiz evaluiert (ZEPPELIN 0-3; Lanfranchi/Neuhauser 2013). PAT („Parents as Teachers") wurde in den USA über einen Zeitraum von 20 Jahren entwickelt und in einer deutschen Version z. B. in die Angebote der AWO für Familien mit sozialen Benachteiligungen in Nürnberg integriert (Sindbert 2010).

Das Konzept wurde für die Schweizer Studie an die Bedürfnisse von besonders belasteten Familien adaptiert. Eine als PAT-Elterntrainerin weitergebildete Mütterberaterin besucht regelmäßig alle zwei Wochen die Familien zuhause, bei Bedarf mit Hilfe einer interkulturellen Übersetzerin. Über monatlich stattfindende Gruppenangebote, zu denen sich die Familien in einem Familienzentrum treffen, wird zudem die soziale Integration unterstützt. Das Ziel ist die Stärkung der Kompetenz und des Selbstbewusstseins der Eltern und der Eltern-Kind-Bindung sowie die Früherkennung von Entwicklungsstörungen.

Eine Verbesserung der Unterstützung von Familien mit psychosozialen Belastungen ist auch von der Weiterentwicklung von ausgewählten Kindertagesstätten zu Familien- und Elternzentren nach dem Vorbild der britischen „Early

Excellence Centers" zu erwarten, die in einigen deutschen Bundesländern begonnen hat. Auch bei diesem Konzept geht es um die die Unterstützung der Eltern bei der frühkindlichen Erziehung durch Beratung, Vernetzung im Sozialraum und Vermittlung von ergänzenden Hilfsangeboten (Diller 2005).

Ein Beispiel für eine gelingende Kooperation zwischen einer Frühförderstelle mit einem solchen Familienzentrum stellt das „Kalker Netzwerk für Familien" in Köln dar. Das Frühförderzentrum bietet dort eine mobile heilpädagogische Förderung für Kinder aus sozial benachteiligten Familien einmal wöchentlich in den Räumen der Kindertagesstätte sowie bindungsorientierte Interventionen zur Stärkung der Eltern-Kind-Beziehung an. Durch die enge Kooperation im Rahmen des Familienzentrums ist es z. B. möglich, ohne institutionellen Aufwand rasch eine „Ersatzgroßmutter" für ein in der Frühförderung betreutes Kind und seine überlastete Mutter zu finden, Fortbildungen für Erzieher oder eine Schuldnerberatung zur Sanierung der finanziellen Situation der Familien anzubieten (Borchardt/Nordmann 2010).

Zusammenarbeit mit Eltern in prekären Lebenslagen

Fachkräfte der Frühförderung, die mit Familien in Armutslagen arbeiten, treffen auf vielfältige Herausforderungen. Für alleinerziehende Mütter mit mehreren Kindern und finanziellen Sorgen oder Eltern mit konfliktbelasteten Partnerschaften, eigenen psychischen Erkrankungen oder Alkohol- bzw. Drogenabhängigkeit ist es oft schwer, von sich aus den Kontakt zu einer Frühförderstelle aufzunehmen und sich auf eine kontinuierliche Zusammenarbeit mit den Fachkräften einzulassen (Naggl/Thurmair 2000; Weiß 2005; Swafford et al. 2015).

Familien in prekären Lebenslagen brauchen deshalb einen niedrigschwelligen Zugang zum Angebot der Frühförderung durch Erstkontakte in der Krippe oder im Kindergarten und Hausbesuche. Eine Übersicht über den Forschungsstand zeigt, welche professionellen Kompetenzen für den Erfolg der Arbeit mit Familien in Armutslagen entscheidend sind (Swafford et al 2015; Corr et al. 2016). Die Fachkräfte müssen in der Lage sein, sich auf die Ressourcen der Familie einzustellen, und ein familienorientiertes Konzept verfolgen, das alle belastenden Aspekte ihrer Lebenssituation berücksichtigt. Kontinuität in der Zusammenarbeit mit den Eltern und die Bereitschaft, auch in kritischen Momenten, wenn die Eltern sich überfordert zu fühlen drohen, ansprechbar zu sein, sind Voraussetzungen dafür, dass sich Eltern in prekären Lebenslagen zu einer aktiven und dauerhaften Beteiligung an der Frühförderung ihrer Kinder motivieren lassen.

Die Hilfsangebote der Frühförderstelle sind nicht unbedingt willkommen, die eigene Motivation der Eltern, Veränderungen in ihrem Alltag einzuleiten, ist meist gering. Den Eltern fällt es aufgrund ihrer biografischen Erfahrungen vielfach schwer, Vertrauen zu fassen. Sie begegnen den Fachkräften mit Misstrauen und zunächst geringer Kooperationsbereitschaft.

Damit dennoch ein „Arbeitsbündnis" entsteht, müssen sich die Fachkräfte von eigenen Vorstellungen lösen, was „gute Erziehung" ausmacht, und die individuellen Ressourcen der Eltern zum Ansatzpunkt von Interventionen zu nehmen. Sie müssen sich dabei immer wieder aufs Neue bewusst machen, dass auch Eltern in prekären Lebenslagen zunächst „gute Eltern" sein wollen, aber mit vielfältigen Schwierigkeiten kämpfen, die sie an dieser Aufgabe scheitern lassen.

Checkliste: Gesprächsführung mit hoch belasteten Familien

— Ist es mir gelungen, die Eltern zu einer Schilderung ihrer Lebenssituation zu bewegen?
— Habe ich mich auf die vielfältigen Belastungen eingelassen, die sie schildern?
— Habe ich auf vorschnelle Bewertungen ihres Erziehungsverhaltens verzichtet?
— Habe ich mich in verständlicher Sprache ausgedrückt und Fachtermini vermieden?
— Gelingt es mir, eine kontinuierliche Beziehung zu der Familie aufrecht zu erhalten, auch wenn meine Lösungsvorschläge nicht unmittelbar umgesetzt werden?

Fachkräfte erleben die Arbeit mit Kindern in Armutslagen häufig als Spannungsfeld zwischen dem professionellen Anspruch, die Entwicklung des Kindes zu fördern, und ihren relativ begrenzten Möglichkeiten, die Familiensituation zu beeinflussen. In diesen Fällen kann es sein, dass

- sich die Fachkraft auf die direkte Förderung des Kindes beschränkt, den Kontakt mit den Eltern vermeidet oder Anzeichen ignoriert, dass psychische Probleme oder Gewalterfahrungen für die Familienbeziehungen vorrangig sind,
- sie die Balance zwischen Nähe und Distanz verliert und sich in familiäre Beziehungsmuster verstricken lässt, indem sie sozusagen „die Stelle der Eltern einnimmt", und alles daran setzt, das Kind vor weiterer Vernachlässigung zu „retten" und

- sie Veränderungen gegen den Willen der Eltern durchzusetzen versucht, indem sie mit der Einschaltung des Jugendamtes und einem Entzug des Sorgerechts droht.

Diese Handlungsweisen – obgleich als Reaktion auf die erlebte Ohnmacht der Helfer verständlich – tragen nicht zu einer konstruktiven Lösung der Situation bei. Sie provozieren vielmehr den Widerstand der Eltern und einen Abbruch der Zusammenarbeit.

Um solchen Schwierigkeiten zu entgehen, ist es wichtig, dass die Fachkräfte sich mit den Eltern auf einen gemeinsamen „Auftrag" verständigen, ihre Rolle klar von anderen Institutionen (z. B. dem Jugendamt) abgrenzen und den Ausgangspunkt für die Zusammenarbeit im Wunsch der Eltern nach bestmöglichen Entwicklungschancen des Kindes zu suchen. Sie müssen zudem in ihrer Frühförderstelle die Möglichkeit haben, ihre Praxiserfahrungen im Team auszutauschen und gemeinsam nach möglichen Lösungen für komplizierte Konstellationen zu suchen (Naggl/Thurmair 2000).

Ein regelmäßig zugängliches Angebot zur Supervision bietet zusätzlich die Gelegenheit, Misserfolg und Gefühle der Überforderung zu reflektieren. Es gilt, sich der Grenzen der eigenen Wirkungsmöglichkeiten bewusst zu werden. Leider werden solche Supervisionsangebote – innerhalb der Arbeitszeit und auf Kosten der Institution – bisher von den Trägern der Frühförderstellen nicht flächendeckend und bedarfsgerecht eingeräumt.

ZUSAMMENFASSUNG

Das Aufwachsen in Armutslagen geht mit schlechteren Bildungschancen und weiteren psychosozialen Risiken für die Entwicklung einher. Eine Kompensation sozialer Benachteiligung kann durch qualitativ hochwertige Bildungsangebote in Kindertagesstätten erfolgen. Sie müssen jedoch mit Maßnahmen zur Unterstützung der Eltern in ihrer Erziehungskompetenz und Alltagsbewältigung verbunden werden, um die Entwicklungsbedingungen der Kinder nachhaltig zu verbessern.

Maßnahmen zur Unterstützung von Familien in prekären Lebenslagen können als Entwicklungsbegleitung durch Familienhelfer, als Programme zur Elternschulung oder im Rahmen der Weiterentwicklung von Kindertagesstätten zu Familienzentren angeboten werden. Frühförderstellen mit familienorientiertem Konzept können Kooperationspartner in einem solchen Hilfenetz sein. Die Motivierung von Familien mit hohen psychosozialen

Belastungen zu einer kontinuierlichen, vertrauensvollen Zusammenarbeit stellt eine besondere fachliche Herausforderung dar.

3.3 Unterstützung für Familien mit Migrationshintergrund

Kinder, die in Familien mit Migrationshintergrund aufwachsen, in denen zuhause eine andere Familiensprache als Deutsch gesprochen wird, haben einen besonderen Unterstützungsbedarf, damit sie bis zum Eintritt in die Schule eine ausreichende Beherrschung der deutschen Sprache erreichen. Dabei müssen die Aufgaben der Kindertagesstätten von denen der Frühförderung abgegrenzt werden. Die Frühförderung ist indiziert bei Kindern mit Entwicklungsbeeinträchtigungen, die nicht allein durch unzureichende deutsche Sprachkenntnisse bedingt sind.

3.3.1 Pädagogischer Unterstützungsbedarf

BEISPIEL

Spracherwerb unter den Bedingungen einer anderen Familiensprache

Yildiz, drei Jahre alt, wächst in einer Familie mit türkischem Migrationshintergrund auf. Der Vater ist in Deutschland aufgewachsen und bei einem großen Autohersteller tätig. Seine Frau ist in der Türkei geboren und erst vor vier Jahren nach Deutschland zugezogen, nachdem die Heirat nach traditionellen Regeln vermittelt wurde. Sie hat bisher kaum Kontakte außerhalb der Familie und spricht nur wenige Worte Deutsch. Deshalb wird zuhause nur Türkisch gesprochen. Yildiz hat sich nach Einschätzung der Eltern altersgemäß entwickelt und kann sich in türkischer Sprache in einfacher Weise verständigen. Sie wurde von ihren Eltern auf Anraten des Kinderarztes in einem Kindergarten angemeldet. Die Erzieher der Gruppe sehen einen besonderen Förderbedarf, weil Yildiz nach einigen Wochen der Betreuung in der Gruppe noch keine deutschen Worte zu verstehen scheint und sich nur mit Gesten verständigt.

Migrationsfamilien in Deutschland

In Deutschland leben im Jahr 2016 etwa 15 Mio. Bürger mit einem teilweisen oder vollständigen Migrationshintergrund, darunter 7.3 Mio. mit ausländischer Staatsangehörigkeit. Mit etwa 2.5 Mio. stellen Türkeistämmige – türkische Staatsangehörige und Eingebürgerte – die größte (und weiterhin anwachsende) Gruppe dar. Sie stellen eine ethnisch heterogene Migrantengruppe überwiegend islamischer Religion dar; ein Teil von ihnen ist als Kurden nicht im Zuge der Gastarbeitermigration, sondern asylsuchend nach Deutschland eingewandert. Etwa eine Million Zuwanderer stammt aus dem ehemaligen Jugoslawien, 600.000 aus Italien, 350.000 aus Griechenland, je etwa 250.000 aus Spanien und Portugal. Der relative Anteil von Kindern mit Migrationshintergrund steigt stetig an. Unter den Kindern unter fünf Jahren betrug ihr Anteil 2011 bereits etwa ein Drittel (Marschke/Brinkmann 2011).

Eltern mit Migrationshintergrund stellen keine homogene Gruppe dar, sondern unterscheiden sich je nach Herkunftsregion, Alter, Bildungsstand, Aufenthaltsdauer in Deutschland, Grund der Einwanderung, Sprachkenntnissen, Familienkonstellation und sozialen Ressourcen (Wippermann/Flaig 2009). Daher stellt ein Migrationshintergrund nicht generell ein Risiko für die Entwicklung dar. Viele Eltern mit Migrationshintergrund gehen konstruktiv mit ihrer durch Migration beeinflussten Lebenssituation umgehen und versuchen, sie als Potenzial zu nutzen (Tsirigotis 2011).

Allerdings ist festzustellen, dass Kinder aus südlichen Ländern mit gravierenden sozialstrukturellen Problemen belastet sind und mit Bildungsbenachteiligung zu kämpfen haben. Ein Drittel aller Kinder im Alter unter 15 Jahren, die in Familien mit Migrationshintergrund aufwachsen, sind nach den Daten des Armuts- und Reichtumsberichts von Armut bedroht. Ihre Eltern stammen häufig selbst aus sozial schwachen Familien in ihrem Herkunftsland, sind in erhöhtem Maße von Arbeitslosigkeit betroffen und leben gehäuft in Wohngegenden, die als soziale Brennpunkte angesehen werden.

Besonderer Förderbedarf in Kindertagesstätten

Kinder mit Migrationshintergrund verfügen über schlechtere Voraussetzungen für die Bewältigung schulischer Anforderungen. Wenn sie zuhause eine andere Familiensprache erleben, sind sie benachteiligt beim Erlernen der deutschen Sprache. Sie erleben weniger anregende Aktivitäten der Eltern im häuslichen Rahmen, z. B. gemeinsames Anschauen von Bilderbüchern und Spielen, Basteln, Malen und Ausflüge (AWO-ISS-Studie; Holz 2006). Dies gilt in besonderem Maße für Kinder aus türkischstämmigen Familien und auch dann, wenn die Eltern bereits im deutschsprachigen Raum aufgewachsen sind (Alba et al. 2004).

Dass Kinder aus zugewanderten Familien deutlich geringere Bildungserfolge erzielen als Schülerinnen und Schüler ohne Migrationshintergrund, ist seit geraumer Zeit bekannt (Baumert/Schümer 2001). Nur wenige Kinder schaffen den Sprung ins Gymnasium, auch wenn ihr Anteil in der zweiten bzw. dritten Generation von Migrantenfamilien zunimmt. Unter Haupt- und Sonderschülern sind Kinder mit Migrationshintergrund – insbesondere Kinder aus türkischen und italienischen Familien – deutlich überrepräsentiert.

Die Hauptursache für die ungünstigeren Bildungschancen von Kindern mit Migrationshintergrund ist eine unzureichende Beherrschung der deutschen Sprache beim Schuleintritt, wenn sie als Zweitsprache gelernt wurde (Becker 2012; Relikowski et al. 2015). Viele Kinder erleben eine „lebensweltliche Zweisprachigkeit", d. h., zuhause wird eine andere Familiensprache gesprochen. Erst mit dem Eintritt in den Kindergarten haben sie Gelegenheit, deutsche Sprachkenntnisse zu erwerben. Ihre Eltern entscheiden sich aber häufig erst später als andere Eltern für die Anmeldung in einen Kindergarten, weil sie über das dortige Bildungsangebot unzureichend informiert sind und sie mit einem Besuch einer öffentlichen Einrichtung vor der Schule aus ihrer Herkunftsumgebung nicht vertraut sind.

Wenn die Kinder einen Kindergarten in ihrem Wohnumfeld besuchen, handelt es sich oft um eine Einrichtung mit einem hohen Anteil von Kindern, die ebenfalls einen Migrationshintergrund und nur begrenzte Deutschkenntnisse haben. Sie haben damit weniger Gelegenheit, sich in der deutschen Sprache zu üben. Untersuchungen zeigen zudem, dass die pädagogische Qualität dieser Einrichtungen oft niedriger ist als die Qualität der Kindergärten, die deutsche Eltern auswählen. Es sind weniger Spielmaterialien vorhanden, es finden seltener Ausflüge oder spezielle Bildungsangebote statt (Becker 2012).

Beckh et al. (2014) werteten die Daten zu 929 zweijährigen Kindern der NUBBEK-Studie aus. Darunter waren 255 Kinder mit türkischem oder russischem Migrationshintergrund. Bei Kontrolle familiärer Hintergrundvariablen zeigte sich, dass der Einfluss der Einrichtungsqualität für Kinder mit Migrationshintergrund stärker ist als für Kinder ohne Migrationshintergrund. Sie profitieren in ihrer sprachlichen und sozial-emotionalen Entwicklung nur beim Besuch einer Krippe mit hoher Einrichtungsqualität, bei niedriger oder mittlerer Einrichtungsqualität zeigten sich keine Unterschiede im Vergleich mit den ausschließlich in der Familie betreuten Kindern.

Viele Kinder mit Migrationshintergrund erreichen deshalb bis zum Eintritt in die Schule nicht die nötigen Sprachkenntnisse, um die schulischen Anforderungen erfolgreich zu bewältigen. Bis zum Ende der Kindergartenzeit bleiben sie Kindern ohne Migrationshintergrund im Wortschatz, in den grammatischen Kompetenzen, im Allgemeinwissen und in den verbalen Gedächtnisleistungen unterlegen (Dubowy et al. 2008; Niklas et al. 2011; Daseking et al. 2011).

Wirksamkeit von Sprachfördermaßnahmen

Eine Förderung für Kinder, die Deutsch als Zweitsprache lernen, wird vielfach als additive Maßnahme zusätzlich zum allgemeinen Bildungsangebot der Kindertagesstätte angesehen. Sprachförderprogramme, bei denen einzelne Sprachebenen systematisch nach einem festgelegten zeitlichen Ablaufplan mit vorgegebenem Material gefördert werden, erweisen sich jedoch nicht als ausreichend wirksam (Hofmann et al. 2008; Sachse et al. 2012). Die Evaluationsstudien zeigen, dass eine Kompensation mangelhafter Sprachbeherrschung nur dann gelingt, wenn die Kinder eine alltagsintegrierte, intensive Sprachförderung erhalten und die Fachkräfte über spezifische Kenntnisse zur Förderung von Deutsch als Zweitsprache verfügen (Jungmann et al. 2013). Entsprechende Fortbildungskonzepte liegen z. B. vom Deutschen Jugendinstituts („Kinder – Sprache stärken!"; Jampert et al. 2009) und als Adaption des Heidelberger Elterntrainings für Erzieher in Kindergärten (Buschmann et al. 2010) vor.

Eine Alternative zur alltagsintegrierten Förderung im Kindergarten sehen viele Erzieher (und Kinderärzte) in der Anmeldung zu einer logopädischen Behandlung. Nach den Statistiken der Krankenkassen zur Heilmittelversorgung erhalten bis zu 25 % aller Jungen im Vorschulalter eine logopädische Therapie. Darunter befinden sich besonders viele Kinder mit Migrationshintergrund. Nach einer Erhebung in deutschen Therapiepraxen handelt es sich bei mehr als 60 % der Kinder, die wegen einer Sprachentwicklungsverzögerung in Behandlung sind, um Kinder mit Migrationshintergrund (Lüke/Ritterfeld 2011).

> **!** Eine mangelnde Sprachbeherrschung allein ist jedoch keine hinreichende Indikation zu individuellen Frühfördermaßnahmen. Auch wenn die Notwendigkeit einer gezielten Förderung zur Prävention künftiger Schulprobleme unstrittig ist, kann die Förderung von Kindern, die aufgrund ihres Migrationshintergrunds die deutsche Sprache unzureichend beherrschen, angesichts der begrenzten personellen Ressourcen nicht von den Frühförderstellen oder den niedergelassenen Logopäden und Sprachtherapeuten übernommen werden.

Mit der bundesweiten Initiative „Frühe Chancen" des zuständigen Bundesministeriums, durch die in rund 4000 Kindertageseinrichtungen die Einstellung von Experten zur Sprachförderung (u. a. Logopäden) als sogenannte Schwerpunkt-Kitas „Sprache und Integration" mit 400 Mill. Euro gefördert wird, besteht die Aussicht auf eine flächendeckende Verbesserung der alltagsintegrierten Sprachförderung in den Krippen und Kindergärten (Ehlert/Borgetto 2013).

Frühförderstellen sind jedoch wichtige Kooperationspartner für Kindertagesstätten, um die dortigen Fachkräften bei der Identifikation von Kindern zu unterstützen, bei denen eine spezifische Sprachentwicklungsstörung (Kap. 2.2.2) vorliegt oder die mangelnde Sprachbeherrschung ein Teilaspekt einer allgemeinen Entwicklungsstörung ist. Nur diese Kinder sollten in Frühförderstellen oder Praxen für Sprachtherapie/Logopädie individuell behandelt werden.

Unterstützung im frühen Kindesalter

In einzelnen Modellprojekten wird versucht, dem Unterstützungsbedarf von Kindern und ihren Eltern gerecht zu werden, die erst vor Kurzem nach Deutschland gekommen sind und (z. B. im Rahmen einer Flucht aus dem Heimatland) besonders belastende Erlebnisse zu bewältigen haben.

Dazu gehört z. B. das Programm „Erste Schritte" — kultursensible und bindungsgerichtete präventive Entwicklungsberatung für Migranteneltern und Kleinkinder. Es ist darauf angelegt, den Kindern Sicherheit zu vermitteln bzw. das Sicherheitsgefühl neu aufzubauen, wenn sie traumatische Erfahrungen gemacht haben und langfristig die Entwicklung der Kinder und spätere Schulreife zu fördern (Leuzinger-Bohleber/Lebiger-Vogel 2016). Es sieht Hausbesuche für die meist isoliert lebenden Familien vor, eine interaktions- und beziehungsorientierte Beratung sowie Begegnungsmöglichkeiten mit anderen Eltern in Spielgruppen. Eine erste Evaluation an 870 Familien in Belgien belegt eine signifikante Reduzierung des Entwicklungsrisikos der Kinder durch das Präventionsprogramm (Meurs/Jullian 2016).

Positive Erfahrungen liegen auch für das Programm „schritt:weise" vor, das in der deutschsprachigen Schweiz für Familien mit kleinen Kindern eingeführt wurde. Dazu wurde das Präventionskonzept von „Opstapje" (Kap. 3.2) an die besonderen Bedürfnisse von Familien mit Migrationshintergrund adaptiert und besonderer Wert darauf gelegt, dass die Projektmitarbeiter einen sozialen und kulturellen Hintergrund haben, der nahe an der Zielgruppe ist (Diez Grieser 2014).

3.3.2 Kinder mit Behinderungen

Die Entwicklungsbegleitung und Förderung von Kindern mit Migrationshintergrund, bei denen nicht die mangelnde Beherrschung der deutschen Sprache allein, sondern eine Sprachentwicklungsstörung, globale Entwicklungsverzögerung, Körperbehinderung, sozial-emotionale Störung oder Sinnesschädigung zur Anmeldung führt, gehört zu den Aufgaben der Frühförderung.

BEISPIEL

Barrieren für die soziale Integration

Mirko wird in der Frühförderstelle angemeldet. Es handelt sich um einen einjährigen Jungen mit schwerer Cerebralparese und geistiger Behinderung. Er lebt mit seinen Eltern und dem großen Bruder, Dardan, vier Jahre, in einer Zweizimmerwohnung. Der Vater ist Kraftfahrer und spricht relativ gut Deutsch. Die Mutter kann sich nur in kroatischer Sprache verständigen.

In den ersten Gesprächen mit der Familie berichten sie, dass sie vor einigen Jahren aus einem Bürgerkriegsgebiet im ehemaligen Jugoslawien nach Deutschland geflüchtet sind. Sie haben einen unbegrenzten Aufenthaltsstatus. Die Integration der Familie beschränkt sich jedoch auf Kontakte des Vaters zu Arbeitskollegen; die Mutter lebt sehr isoliert. Er berichtet, dass sie kaum das Haus verlasse, weil sie kein Deutsch spreche. Er deutet auch an, dass sie psychisch sehr beeinträchtigt sei und vor ihrer Flucht aus Jugoslawien traumatisierende Erfahrungen gemacht habe, die bis heute nachwirken. Mit dem Vater gemeinsam besucht sie einmal in der Woche die Praxis der Krankengymnastin, die Mirko behandelt, und lässt sich die physiotherapeutischen Übungen zeigen. Sie schaffe es aber kaum, sie zuhause durchzuführen. Dardan habe einige Kontakte zu anderen Kindern in der Nachbarschaft gefunden, wenn er auf dem Hof spiele; außerdem besucht er halbtags einen Kindergarten am Ort.

Barrieren für die Inanspruchnahme von Hilfen

Abbildung 14 gibt einen Überblick über mögliche Barrieren für die Inanspruchnahme von Frühförderangeboten und die Zusammenarbeit zwischen Fachkräften und Familien mit Migrationshintergrund.

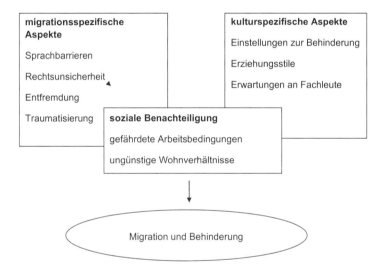

Abb. 14: Barrieren der Inanspruchnahme von Hilfen und in der Zusammenarbeit mit Familien mit Migrationshintergrund und behinderten Kindern (Werner 2004)

> Die Broschüre „Elternschaft, Migration, Behinderung – Wie Selbsthilfe gelingen kann", die die Bundesvereinigung Lebenshilfe e. V. (2015) herausgegeben hat, vermittelt in anschaulicher Form einen Leitfaden für die Entwicklung von Kultursensibilität in Einrichtungen der Behindertenhilfe, die Förderung einer vertrauensvollen interkulturellen Kommunikation und die Möglichkeiten, wie Selbsthilfegruppen in die Unterstützung von Familien mit Migrationshintergrund einbezogen werden können.

Die Hindernisse für die Inanspruchnahme von Hilfen sind vielfältig (Werner 2004; Hennige 2006; Halfmann 2014). Dabei stellen die Sprachbarrieren das erste und oft größte Problem dar. Eltern mit geringen deutschen Sprachkenntnissen haben große Schwierigkeiten, sich über mögliche Hilfen zu informieren und sich auf die hierzulande üblichen Rahmenbedingungen (Antragsverfahren, Formblätter, definierte Sprech- und Therapiezeiten) einzustellen. Die Sprachbarrieren machen es ihnen auch schwer, Vorschläge und Empfehlungen der Fachkraft der Frühförderung zu verstehen, sich auf eine partnerschaftliche Kommunikation bei der Planung der Förderung einzustellen und sich aktiv an gemeinsamen Aktivitäten zur Entwicklungsförderung zu beteiligen.

Zweitens können es migrationsspezifische Einstellungen den betroffenen Familien schwer machen, Hilfe zu suchen und anzunehmen. Arbeitsmigranten sind in der Regel mit hoher Motivation gekommen, sich wirtschaftlichen Erfolg zu erarbeiten, müssen sich aber jetzt eingestehen, dass sie selbst Hilfe brauchen — und dass das Familienmitglied mit einer Behinderung keinen eigenen Beitrag zu der erstrebten, generationenübergreifenden sozialen Besserstellung leisten wird („die Familie wollte durch die Migration gewinnen und hat nun doch verloren"). Gemeinsam ist vielen Familien mit Migrationshintergrund, dass sie die vertrauten Sicherheiten und die Unterstützung, die in traditionellen Großfamilien und Dorfgemeinschaften für die Sorge um hilfsbedürftige Mitglieder der Gemeinschaft üblich war, vermissen. Die Entfremdung von ihrem vertrauten Milieu macht es ihnen schwer, ihre Lebenswelt neu zu organisieren, wenn sie mit einer Behinderung ihres Kindes konfrontiert sind (Lanfranchi 1998).

Drittens können kulturspezifische Einstellungen zu Behinderungen ein Hindernis für die Inanspruchnahme von Hilfen und die Zusammenarbeit mit Fachkräften der Frühförderung sein (Küpelikilinc 2004; Halfmann 2014). Glaube und Religion spielen im Prozess der Verarbeitung einer Behinderungsdiagnose eine große Rolle. In traditionell geprägten islamischen Gesellschaften gilt eine Behinderung als „Schicksal der Familie", welches es in größtmöglicher Harmonie anzunehmen gilt. Menschen mit Behinderungen haben Anspruch auf Beistand und Fürsorge. Eine Förderung der Selbstständigkeit und aktiven sozialen Teilhabe als Ziele der Frühförderung können aus Sicht der Eltern mit ihrer kulturspezifischen Erziehungsvorstellung in Konflikt geraten und ihre Bereitschaft, sich aktiv an der Förderung zu beteiligen, hemmen (Gün 2010).

Die Zusammenarbeit mit einer Vielzahl von Fachleuten aus medizinischen, therapeutischen und pädagogischen Berufsfeldern kann für Eltern mit Migrationshintergrund sehr ungewohnt sein. In ihrer Herkunftskultur ist es u. U. üblich, sich bei Krankheiten oder Erziehungsfragen nur an die eigenen Eltern oder andere Familienmitglieder zu wenden. An Fremde wenden sie sich nur mit der Erwartung auf eine „Heilung" der Behinderung durch medizinische Maßnahmen. Mit Therapeuten oder Pädagogen über Möglichkeiten der Förderung eines Kindes beim Essen, Einschlafen oder bei der Gestaltung von Spielzeiten zu sprechen, kann für sie sehr befremdlich sein und als Eindringen in die familiäre Privatsphäre erlebt werden.

Die Bedeutung von migrations- und kulturspezifischen Einstellungen für die Inanspruchnahme von Hilfen und für die Zusammenarbeit mit den Fachkräften der Frühförderung variiert mit dem Grad an Integration, den die Familie bisher erreicht hat. Eine Familie, in der beide Eltern zur zweiten Generation türkischstämmiger Mitbewohner gehören, in Deutschland geboren und aufgewachsen sind und deutsche Schulen besucht haben, wird wahrscheinlich in ihren Haltungen und Gewohnheiten einer deutschen Familie ohne Migrationshintergrund sehr viel mehr ähneln als eine Familie, die erst vor kurzer Zeit nach traumatischen Erlebnissen aus einer Bürgerkriegsregion nach Deutschland geflüchtet ist und kaum deutsche Sprachkenntnisse hat. In jedem Fall ist es wichtig, sich vor stereotypen Vorurteilen über kulturgegebene Haltungen zu schützen und zu versuchen, im Gespräch die individuelle Sichtweise der Familie auf die Entwicklungsprobleme des Kindes kennenzulernen.

Herausforderungen bei der Zusammenarbeit

Die Realisierung der Prinzipien einer familienorientierten Frühförderung in Familien mit Migrationshintergrund erfordert ein gewisses Maß an interkultureller Kompetenz seitens der Fachkräfte. Sie kann sowohl durch die gezielte Einstellung von Mitarbeiterinnen und Mitarbeitern mit eigenem Migrationshintergrund in der Frühförderstelle wie auch durch eine Fortbildung in kultursensiblen Aspekten der Arbeit erworben werden.

_ DEFINITION _

Interkulturelle Kompetenz umfasst nicht nur ein gewisses Maß an Wissen um die „fremde" Kultur, sondern auch ein Bewusstsein dafür, dass die eigenen Einstellungen und Haltungen vom eigenen kulturellen Hintergrund mitgeprägt sind (Halfmann 2014).

Zur interkulturellen Kompetenz im Kontext der Frühförderung gehören:

- eine Reflexion der eigenen Standpunkte und Haltungen (zu Selbstständigkeit, Kooperation, Erziehungsstilen) als kulturell geprägt;

- ein Wissen um die kulturellen Besonderheiten des Herkunftslandes, aus dem die Familie stammt (durch Bücher und Medien, Internet, Austausch mit Menschen aus dem Herkunftsland, Reisen, Kenntnis der Sprache);
- eine Einschätzung des Grades der Integration einer Familie (unter Vermeidung von Vorurteilen und Abgrenzungen);
- eine Kenntnis der familiären Haltungen und Einstellungen zu spezifischen Erziehungs- und Entwicklungsfragen.

Das Gelingen der Kommunikation mit Familien mit Migrationshintergrund hängt auch von der Kenntnis und Beachtung sozialer Regeln für die Gesprächsführung ab, die in dem Kulturkreis üblich sind, aus dem die Familien stammen.

Der Wunsch einer Fachkraft der Frühförderung, mit beiden Eltern zu sprechen und Entscheidungen über Förderziele und Strategien gemeinsam zu treffen, kann z. B. für eine Familie irritierend sein, wenn es in ihrer Tradition die Regel ist, Frauen vor dem Kontakt mit äußeren Einflüssen zu „schützen" und Entscheidungen ausschließlich von den Männern (oder Schwiegermüttern) getroffen werden. Eine direkte Konfrontation mit emotional belastenden Themen kann mit einem Tabu belegt sein. So erfordert die Mitteilung einer drohenden Behinderung des Kindes ein besonders behutsames und sensibles Vorgehen im Gespräch, um einen Abbruch des Kontakts zu vermeiden.

Sprachbarrieren lassen sich mit Hilfe von Dolmetschern überwinden. Wenn ein Dolmetscher zurate gezogen wird, bedeutet dies allerdings nicht, dass damit die Verständigung mit der Familie gesichert ist. Hindernisse für die Verständigung können entstehen, wenn der Dolmetscher nicht der gleichen ethnischen Gruppe wie die Familie angehört oder sich im Alter und sozialen Stand wesentlich von ihr unterscheidet. Übersetzungen sind zudem oft unvollständig, wenn der Übersetzer mit den Bedeutungen der Fachsprache nicht vertraut ist. Fragen, die sich auf die Beziehungsqualität zum Kind oder die eigenen Sorgen und Gefühle der Eltern beziehen, können auch mit Unterstützung durch einen Übersetzer kaum angemessen besprochen werden.

Ein guter Übersetzer sollte überdies „Kulturvermittler" sein, d. h. nicht nur das Gesagte in die Familiensprache übertragen, sondern auch um die Bedeutung der Inhalte für die Familie wissen, und die Fachkraft der Frühförderung unterstützen in dem Bemühen, sich auf die kulturellen Regeln bei der Gestaltung des Gesprächs einzustellen. Das kann nicht von jedem Dolmetscher erwartet werden (Emch-Fassnacht 2013).

Wenn ein Mitglied der Familie oder des sozialen Umfelds mit besseren Deutschkenntnissen (Tante, Nachbarin) die Rolle der Übersetzerin übernimmt, muss damit gerechnet werden, dass der Gesprächsinhalt gefiltert wird, um die Familie vor Beschämung zu schützen oder ihren privaten Raum nicht zu verletzen. Ältere Geschwisterkinder um die Übersetzung bei Gesprächen mit den Eltern über Sorgen und Zukunftsfragen zu bitten, ist fachlich nicht zu vertreten.

Unabhängig von der Notwendigkeit, Dolmetscher in Gespräche mit Eltern einzubeziehen, die nicht über ausreichende deutsche Sprachkenntnisse verfügen, sollten daher in allen Einrichtungen mehrsprachige Informationsmaterialien verfügbar sein, die über Entwicklungsprobleme sowie Behinderungen, die Auswirkungen auf die Familie und die verfügbaren Unterstützungs- und Fördermöglichkeiten informieren.

 Eine Vermittlung von Sprach- und Kulturmittlern mit entsprechenden Qualifikationen ist z. B. über das Portal der Sprint-Servicestelle (www.sprachundintegrationsmittler.org, 23.01.2017) oder das bayerische Zentrum für transkulturelle Medizin (www.bayzent.de, 23.01.2017) möglich.

Checkliste: Arbeit in Familien mit Migrationshintergrund

- Habe ich die Eltern nach ihr „Migrationsbiografie" (Gründe und Umstände ihrer Migration, Lebensbedingungen in ihrem Herkunftsland) gefragt?
- Habe ich einen Eindruck vom Grad ihrer individuellen Integration gewonnen?
- Habe ich Informationen gesammelt über Haltungen und Einstellungen gegenüber Behinderungen, die im Herkunftsland vorherrschen?
- Habe ich mich mit kulturspezifischen Regeln der Kommunikation vertraut gemacht?
- Ist es mir im Gespräch gelungen, etwas über die spezifische Familienkonstellation und kulturell geprägte Erziehungshaltungen zu erfahren?
- Ist es mir gelungen, für Gespräche mit den Eltern einen Dolmetscher zu finden, der als „Kulturvermittler" wirken kann?
- Habe ich Belastungen der aktuellen Lebenssituation der Familie in die Gespräche einbezogen, die unabhängig sind von den migrationsbedingten Belastungen?
- Ist es mir gelungen, im Gespräch mit den Eltern persönliche Ressourcen aufzuspüren, die sich aus ihrer Migrationsgeschichte ergeben?

Erfahrungen von Fachkräften

In Befragungen zu ihren Erfahrungen in der Zusammenarbeit mit Eltern mit Migrationshintergrund berichten viele Fachkräfte, dass die Mehrzahl der Eltern den angebotenen Hilfen positiv gegenübersteht. Sie betonen eine große Aufgeschlossenheit, Kontaktbereitschaft, Gastfreundschaft und Dankbarkeit, die die Familien zeigen, wenn sie einmal Vertrauen gefasst haben (Hohmeier 1996; Schartner 2004; Sarimski 2013c).

In der Zusammenarbeit gebe es Schwierigkeiten, die allerdings auch in der Zusammenarbeit mit Eltern ohne Migrationshintergrund auftreten. Nach ihrem Eindruck sei es schwerer, Eltern mit Migrationshintergrund zur aktiven Beteiligung an der Förderung und zur Übernahme von Anregungen in den familiären Alltag zu motivieren. Insbesondere Väter seien für Empfehlungen der Frühförderstelle nur schwer zu erreichen.

Kinder mit schwerer Behinderung seien als selbstverständlich von der familiären Gemeinschaft mitgetragen und versorgt. Dagegen sei es oft schwierig, die Eltern von einem spezifischen Förderbedarf zu überzeugen, wenn es sich um leichtere Entwicklungsprobleme handelt, die weniger sichtbar seien. Nach dem Eindruck der Fachkräfte herrsche in vielen Familien mit Migrationshintergrund ein eher weit gefasstes Verständnis von „Normalität" in Verbindung mit der Hoffnung, dass sich bestimmte Schwierigkeiten im Laufe der Zeit „auswüchsen".

In Familien, die insgesamt wenig integriert seien, nehme die Beratung erheblich mehr Zeit in Anspruch als bei anderen Familien. Die Eltern erhoffen sich von den Fachkräften der Frühförderung dann Hilfen beim Ausfüllen von Anträgen, Behördengängen sowie Begleitung bei ärztlichen Untersuchungen. Sehr zeitaufwendig sei die Familienbegleitung insbesondere dann, wenn der Aufenthaltsstatus ungeklärt sei oder es Probleme am Arbeitsplatz oder bei der Wohnungssuche gebe. Nicht selten erleben die Eltern die Fachkraft der Frühförderung als einzigen Ansprechpartner, der sie bei der Bewältigung solcher Probleme unterstütze.

Flüchtlinge und Asylbewerber

Bei der Betreuung von Kindern aus Familien, die als Flüchtlinge und Asylbewerber nach Deutschland gekommen sind, steht die Frühförderung vor besonderen Herausforderungen. Ihre Lebenslage unterscheidet sich grundsätzlich von den Familien, die aus Süd- oder Osteuropa im Rahmen der Zuwanderung oder Umsiedlung (Spätaussiedlung) nach Deutschland eingewandert sind.

Das deutsche Asylrecht (Artikel 16a des Grundgesetzes) sieht für politisch verfolgte Ausländer (und nur diese) ein Recht auf Asyl in Deutschland vor. Die meisten Bewerber, deren Antrag auf Asylgewährung Erfolg hat, stammen aus den zur Zeit ihrer Einwanderung aktuellen Bürgerkriegsgebieten, vor allem des Iraks, Syriens und Afghanistans, sowie aus Albanien und dem Kosovo. Daneben leben in Deutschland — zeitlich befristet und teilweise unter Androhung der Rückführung in ihre Heimatgebiete — zahlreiche nicht anerkannte und aus humanitären oder anderen Gründen bisher nicht ausgewiesene Asylbewerber und „Geduldete".

Die Rechte der nicht anerkannten Asylbewerber und geduldeten Personen sind sehr eingeschränkt, was sich sowohl auf den Zugang zu bedarfsgerechten Gesundheitsleistungen als auch zu Bildungsangeboten auswirkt. Die gesundheitliche Versorgung ist auf die Behandlung akuter Erkrankungen und Schmerzzustände begrenzt; sie ist in einzelnen Bundesländern in die Regelversorgung integriert, in anderen Bereichen werden eigene Versorgungsstrukturen für Asylbewerber in Erstaufnahmeeinrichtungen aufgebaut. Die Finanzierung erfolgt nach den Regeln des Asylbewerberleistungsgesetzes.

> *Eine Übersicht über den Zugang zu Gesundheitsleistungen für Flüchtlinge und Asylbewerber wurde z. B. von der Bosch-Stiftung veröffentlicht (www.bosch-stiftung.de, 23.01.2017); weitere Informationen finden sich über das Bundesamt für Migration und Flüchtlinge sowie die Onlinebibliothek MEDBOX (www.medbox.org, 23.01.2017).*

Dies bedeutet z. B., dass die Versorgung von Asylbewerbern mit medizinischen Hilfsmitteln (z. B. Brillen oder Hörgeräte) nur als Ausnahmefall erfolgt. Von einzelfallorientierten Leistungen der Jugendhilfe sind Asylbewerber ausgeschlossen. Dem entsprechend bestehen auch für die Finanzierung von kontinuierlichen Frühförderleistungen bei kindlicher Entwicklungsgefährdung oder Behinderung meist unüberwindliche Hindernisse.

ZUSAMMENFASSUNG

Kinder, die in Familien mit Migrationshintergrund aufwachsen, in denen Deutsch nicht die Familiensprache ist, sind in ihren Bildungschancen benachteiligt, wenn sie nicht bis zum Schuleintritt die deutsche Sprache ausreichend beherrschen. Sie haben einen besonderen Unterstützungsbedarf durch eine Betreuung in einer Kindertagesstätte mit hoher pädagogischer Qualität und alltagsintegrierte Sprachfördermaßnahmen.

Die Frühförderung ist Kooperationspartner der Kindertagesstätten bei der Früherkennung und Entwicklungsbegleitung von Kindern, bei denen der Förderbedarf über die Unterstützung beim Erwerb der deutschen Sprache hinausgeht. Sie erfordert interkulturelle Kompetenzen und ein Wissen um migrations- und kulturspezifische Aspekte, die die Zusammenarbeit mit den Eltern erschweren können.

3.4 Unterstützung von Kindern mit psychisch kranken Eltern

Kooperationsaufgaben bei der Unterstützung von Kindern mit psychisch kranken Eltern und Kindern mit Alkohol- und Drogensucht werden in diesem Kapitel gemeinsam behandelt, da sich die Lebenslagen der betroffenen Kinder ähneln. Alkohol- oder Drogenabhängigkeit wie auch psychische Erkrankung beeinträchtigen die Fähigkeit der Eltern, sich den individuellen Bedürfnissen ihrer Kinder und ihren Erziehungsaufgaben zu widmen. Die Entwicklung einer sicheren Eltern-Kind-Bindung und einer Eltern-Kind-Interaktion, durch die die kognitive, sprachliche und sozial-emotionale Entwicklung im Alltag gefördert wird, sind gefährdet.

3.4.1 Psychische Erkrankungen der Eltern als Risikofaktor

BEISPIEL

Mütterliche Depression als Beziehungsrisiko

Franziska, ein sehr unreif geborenes Mädchen aus der 28. Schwangerschaftswoche, wächst bei ihren Eltern auf. Der Vater ist Musiker, die Mutter freischaffende Künstlerin. Im Rahmen einer Nachsorgesprechstunde für frühgeborene Kinder wird den Eltern die Aufnahme einer Frühförderung empfohlen.

Die Fachkraft lernt die Eltern im Gespräch als sehr kooperativ und um das Wohlergehen ihrer Tochter bemüht kennen. Der Vater ist relativ viel zuhause und hat einen guten Kontakt zu Franziska; beide freuen sich an gemeinsamen Spielsituationen. Die Mutter erzählt dagegen nach einiger Zeit, dass es ihr sehr schwer fällt, den Alltag zu bewältigen. Einfache Verrichtungen im Haushalt erfordern ihre ganze Kraft, so dass für gemeinsame Spielzeiten, Spaziergänge mit Franziska oder Besuche bei einer anderen Familie keine Energie verbleibe. Eine Beobachtung des Spielverhaltens zeigt, dass Franziska auch im Kontakt mit der Mutter interessiert und eigenaktiv ist. Die Mutter nimmt jedoch weitgehend eine beobachtende Rolle ein, reicht ihr manchmal Spielsachen, greift ein, wenn Franziska etwas nicht sofort gelingt, gibt aber kaum Anregungen und beteiligt sich nicht am gemeinsamen Spiel. Über die gesamte Zeit bleibt sie sehr still und spricht Franziska kaum an. Als sie mit der Fachkraft gemeinsam die Videoaufzeichnung des Spiels anschaut, wird ihr das selbst noch einmal sehr deutlich. Sie wisse zwar, was Franziska brauche, finde aber kaum die Energie, sich am Spiel zu beteiligen. Auf Nachfrage zu ihrer eigenen Lebenssituation berichtet sie dann, dass sie seit mehreren Jahren in psychiatrischer Behandlung wegen einer chronischen Depression sei.

Formen und Prävalenz

Mehr als 1.5 Millionen erwachsene Menschen in Deutschland (etwa 3 % der Gesamtbevölkerung) begeben sich nach Angaben des Statistischen Bundesamtes im Laufe eines Jahres in eine psychiatrische Behandlung. Diese Zahlen geben bereits einen ersten Eindruck, wie groß die Zahl der Kinder ist, die in einer Familie aufwachsen, in der mindestens ein Elternteil eine psychische Erkrankung hat. Für Deutschland ist anzunehmen, dass es sich dabei um mindestens 500.000 Kinder handelt (Pretis/Dimova 2016).

Psychische Erkrankungen beinträchtigen die Fähigkeit der Eltern, den Bedürfnissen ihrer Kinder gerecht zu werden. Dies gilt unabhängig davon, ob die Mutter oder Vater erkrankt ist; die meisten empirischen Studien liegen allerdings zu den Auswirkungen einer mütterlichen psychischen Erkrankung auf die kindliche Entwicklung vor.

Die häufigsten Formen psychiatrischer Erkrankungen sind depressive Störungen, Angst- sowie Zwangsstörungen und schwere Persönlichkeitsstörungen. Depressive Störungen können in einer vorübergehenden oder chronischen Form auftreten, u. U. im Wechsel mit manischen Episoden im Sinne einer bipolaren Störung. Im Kontext der Frühförderung ist die sogenannte Postpartale Depression (PPD) von besonderer Bedeutung.

> **DEFINITION**
>
> Eine **Postpartale Depression** liegt vor, wenn die depressive Störung in den ersten sechs Monaten nach der Entbindung beginnt und länger als einige Wochen anhält.

Nach epidemiologischen Studien in Deutschland ist von einer Prävalenzrate von 3 bis 6 % für Postpartale Depressionen, Angst- oder Zwangsstörungen im zeitlichen Zusammenhang mit der Geburt auszugehen (Kurstjens/Wolke 2001; Reck et al. 2008). Wesentlich seltener sind dagegen Psychosen in der peri- oder postnatalen Periode, die mit irrationalen Gedanken, Wahnvorstellungen und Halluzinationen verbunden sind, die die Betroffenen nicht als solche erkennen können. Ihre Häufigkeit liegt bei 0.1 bis 0.2 %.

Die Symptomatik einer Postpartalen Depression entspricht dem Störungsbild der chronischen depressiven Erkrankung mit Niedergeschlagenheit, Schuldgefühlen, Hoffnungslosigkeit und Verzweiflung, Vitalitätsverlust, Konzentrationsschwächen, Appetit- und Schlafstörungen. Zwangsgedanken, Ängste und Panikattacken gehören bei vielen Frauen mit depressiven Erkrankungen ebenfalls zum Symptomenspektrum. Gegenüber dem Kind werden ambivalente Gefühle erlebt, die zwischen übertriebener Sorge um das Kind und Ablehnung schwanken. In extremen Fällen kann auch die Gefahr bestehen, dass an Suizid – auch unter Mitnahme des Kindes („erweiterter Suizid") – gedacht wird (Hornstein et al. 2007).

Ursächlich stehen bei der Postpartalen Depression – wie bei allen schweren psychischen Erkrankungen – biologisch-genetische Faktoren im Vordergrund. Allerdings erhöht eine mangelnde soziale Unterstützung in der Zeit nach der Geburt (soziale Isolation der Familie, fehlende Unterstützung des Partners bei der Betreuung des Säuglings) die Wahrscheinlichkeit einer Verfestigung depressiver Symptome. Die psychische Verletzlichkeit von Müttern ist in dieser Phase des Übergangs zur Elternschaft, die mit vielfältigen Veränderungen und neuen Anforderungen verbunden ist, besonders hoch. In dieser Phase erhalten deshalb zusätzlich Konfliktkonstellationen in der Lebensgeschichte der Mütter (z. B. die Beziehung zu ihren eigenen Eltern) eine neue Aktualität.

Das Risiko für die Ausbildung einer Postpartalen Depression ist ebenfalls erhöht, wenn depressive oder ängstliche Stimmungen bereits in der Schwangerschaft auftraten, die Schwangerschaft und Geburt durch Komplikationen belastet waren oder andere „kritische Lebensereignisse", z. B. ein Umzug, der Verlust des Arbeitsplatzes oder der Tod eines Angehörigen in diese Zeit fallen. Bei Müttern, die bereits vor ihrer Schwangerschaft einmal an einer Depression erkrankt waren, ist die Wahrscheinlichkeit um das Vier- bis Fünffache erhöht, dass postnatal Symptome der Erkrankung wiederkehren (Goodman 2007).

Krankheitsspezifische Aspekte des elterlichen Be- und Erziehungsverhaltens

Die (postpartale oder chronische) Depression stellt ein gravierendes Risiko für die Entwicklung der Mutter-Kind-Beziehung dar. Während der Erkrankungsphase ist die mütterliche Responsivität und Feinfühligkeit vermindert. Die Mütter vokalisieren weniger, suchen weniger den Blick des Kindes; ihr Sprachverhalten zeigt die typischen Merkmale der „Ammensprache" nur in reduzierter Form, ihre Stimmlage ist monoton, ihre Mimik variationsarm, sie geben weniger spielerische Anregungen im Dialog. Sie können die Signale des Kindes nicht erkennen und nicht adäquat auf sie reagieren. Sie nehmen z. B. nicht wahr, wenn der Säugling sie aufmerksam anschaut oder anlächelt und interpretieren seine Blickabwendung – eine ganz natürliche Reaktion des Säuglings, wenn er einer Erholungspause bedarf – als Zeichen der Ablehnung. Sie reagieren darauf mit passivem Rückzug auf die reine Versorgung des Kindes oder überfordern das Baby durch aufdringliche Nähe und stetige Stimulation. Es entstehen negative Verhaltensmuster, die sich rasch verfestigen und andauern können, auch wenn die psychische Erkrankung der Mutter bereits abgeklungen ist (Deneke/Lüders 2003).

Eine wichtige Rolle für die spätere Ausbildung sozial-emotionaler Auffälligkeiten spielen die mütterlichen Erziehungsverhaltensweisen in kritischen Situationen, wie sie in der frühen Kindheit im Umgang mit kindlichen Autonomiebestrebungen alltäglich auftreten. Depressive Mütter neigen dazu, die Konfrontation mit ihren Kindern in diesen Situationen zu vermeiden und auf angemessene Grenzsetzungen zu verzichten bzw. sind weniger einfühlsam und weniger bemüht, in solchen Situationen Kompromisse zu suchen (Goodman et al. 2011).

Ungünstige Verhaltensmuster in der Eltern-Kind-Interaktion zeigen sich auch bei Müttern mit einer psychotischen Erkrankung. Sie wechseln häufig zwischen impulsiven und negativ-feindseligen Verhaltensweisen. Auch ihnen fällt es schwer, adäquat auf die Bedürfnisse ihrer Kinder einzugehen. Zusätzlich vermögen sie aber nicht verlässlich zwischen ihren eigenen Bedürfnissen und denen ihrer Kinder zu unterscheiden und sind sich oft – anders als depressive Mütter – ihrer eingeschränkten Be- und Erziehungsfähigkeiten nicht bewusst (Berg-Nielsen et al. 2002). Mütter mit einer schweren Persönlichkeitsstörung neigen dazu, jeden Ansatz zu kindlicher Autonomie als Ablehnung der eigenen Person zu interpretieren und dem Kind die Schuld an den Schwierigkeiten ihrer

Lebenssituation zu geben. Sie reagieren daher im Alltag oft inkonsistent, unangemessen strafend oder mit für das Kind nicht verständlichem Zorn (Barnow et al. 2006; Lenz 2005).

Eine Darstellung der Forschungslage zu Auswirkungen der verschiedenen psychischen Erkrankungen auf das elterliche Be- und Erziehungsverhalten findet sich u. a. bei Sarimski (2013b) und Ziegenhain/Deneke (2014).

Auswirkungen auf die kindliche Entwicklung

Über alle Lebensphasen hinweg besteht die Gefahr, dass psychisch kranke Eltern Schwierigkeiten haben, die emotionalen Reaktionen ihrer Kinder zu bemerken und darauf adäquat zu reagieren, da sie von ihrer eigenen Emotionalität überlagert werden oder sie selbst große Defizite im Bereich der Emotionswahrnehmung und affektiven Selbstregulation haben. Das bedeutet, dass sie den Kindern keine Bewältigungsstrategien im Umgang mit belastenden Emotionen vermitteln können (Ziegenhain/Deneke 2014).

Eine Meta-Analyse von 21 Studien zum Zusammenhang zwischen psychischer Belastung von Müttern im zeitlichen Zusammenhang mit der Geburt und der kognitiven und sozial-emotionalen Entwicklung belegt ihre Bedeutung für den langfristigen Entwicklungsverlauf der Kinder (Kingston/Tough 2014). Die ungünstigen erzieherischen Verhaltensformen tragen zu einer erhöhten Rate von sozial-emotionalen Störungen bei Kindern depressiver Mütter bei (Kötter et al. 2010; Goodman et al. 2011). Sie haben ein mindestens zwei- bis dreifach höheres Risiko für die Ausbildung solcher Störungen als Kinder psychisch gesunder Eltern (Wiegand-Grefe et al. 2009).

Depressive Erkrankungen der Mütter sind häufig mit weiteren Risiken assoziiert, z. B. materielle Armut und familiäre Beziehungskonflikte. Umfangreiche Langzeitstudien, bei denen diese zusätzlichen Belastungsfaktoren statistisch kontrolliert wurden, zeigen eine hohe Stabilität depressiver Störungen und belegen einen negativen — von den anderen Belastungsfaktoren unabhängigen — Effekt auf die kognitive und sozial-emotionale Entwicklung der Kinder (Jensen et al. 2014; Claessens et al. 2015).

3.4.2 Aufgaben der Frühförderung

Zu den Aufgaben der Frühförderung gehören die Früherkennung von Symptomen, die auf eine psychische Störung deuten, die Vermittlung von geeigneten Hilfen und die Stabilisierung der Eltern-Kind-Beziehung.

Früherkennung psychischer Störungen

Fachkräfte der Frühförderung können zur Unterstützung von Kindern mit psychisch erkrankten Eltern beitragen, indem sie Warnzeichen für eine (postpartale) Depression oder eine andere psychische Störung frühzeitig erkennen und die Mütter ermutigen, sich an eine geeignete Facheinrichtung zur ambulanten oder stationären Behandlung zu wenden.

Mit der „Edinburgh Postpartum Depression Scale" (EPDS; Cox et al., 1987) liegt ein reliables und valides Screening-Instrument vor, um die Indikation zu einer ausführlichen Untersuchung zu stellen. Eine positive Beantwortung von mindestens drei Fragen dieses kurzen Fragebogens stellt bereits einen Hinweis auf eine Postpartale Depression dar, z. B.: „Ich habe mich unberechtigterweise schuldig gefühlt, wenn etwas danebenging.", „Ich war ängstlich und machte mir unnötige Sorgen" und „Ich fühlte mich verängstigt und wurde panisch ohne Grund." Es muss allerdings betont werden, dass es sich dabei um ein Screening handelt und die Diagnose einer psychischen Erkrankung nur durch eine fachärztliche Untersuchung gestellt werden kann.

Herausforderungen in der Zusammenarbeit

Die Behandlung einer psychischen Erkrankung durch medikamentöse oder psychotherapeutische Maßnahmen ist die Aufgabe des Erwachsenenpsychiaters.

In der Zusammenarbeit mit psychisch erkrankten Eltern ist es wichtig, dass die Fachkraft der Frühförderung die Grenzen ihrer eigenen Unterstützungsmöglichkeiten erkennt und nicht versucht, selbst psychotherapeutische Aufgaben zu übernehmen (Pretis 2014).

Sie kann aber eine wichtige unterstützende Funktion haben, wenn es ihr gelingt, das Vertrauen der Mutter oder des Vaters zu gewinnen und ihm oder ihr zu helfen, allmählich (wieder) Vertrauen in die eigenen Fähigkeiten zur Beziehungsgestaltung mit dem Kind zu finden. In vielen Fällen kann auch versucht werden, den nicht erkrankten Elternteil stärker in die Betreuung des Kindes einzubeziehen und seine Erziehungskompetenz zu stärken.

Die geringe Belastbarkeit von Müttern mit psychischen Störungen bringt es allerdings mit sich, dass sie sich eher Entlastung von den Betreuungsaufgaben statt zusätzliche Anforderungen durch eine Beteiligung an der Frühförderung wünschen. Daraus resultieren Schuldgefühle, dem eigenen Anspruchsniveau an die Versorgung eines Kindes nicht gerecht zu werden. Sie sind zudem in

Sorge, als psychisch krank stigmatisiert zu werden, und befürchten, dass ihnen die Kinder vom Jugendamt wegen eines Verdachts auf Kindeswohlgefährdung weggenommen werden könnten. Mütter mit psychotischen Erkrankungen oder Persönlichkeitsstörungen fehlt es oft an Krankheitseinsicht, so dass sie keinen Bedarf für eine Unterstützung sehen.

Für die Entwicklung einer vertrauensvollen Zusammenarbeit ist eine verbindliche Absprache zum vertraulichen Umgang mit allen Informationen über die psychische Erkrankung der Mutter unerlässlich. Die Fachkraft der Frühförderung muss aber von der Mutter die Erlaubnis erhalten, mit dem betreuenden Arzt oder Psychotherapeuten Kontakt aufzunehmen, um Maßnahmen im Hilfeplan koordinieren zu können. Im Falle einer akuten Kindeswohlgefährdung muss in der Tat das Jugendamt unverzüglich informiert werden. Ein Entzug des Sorgerechts droht allerdings nur in seltenen Fällen und ist nur dann begründet, wenn sich andere Hilfemaßnahmen als nicht ausreichend erweisen.

Fachkräfte der Frühförderung müssen um das Netzwerk regionaler Hilfen wissen, die in die Betreuung von psychisch erkrankten Eltern und ihren Kindern einbezogen werden können. Dazu gehören die behandelnden Ärzte, sozialpsychiatrische Dienste und das Jugendamt. Leider haben Erwachsenenpsychiater und sozialpsychiatrische Dienste die Bedürfnisse der Kinder dieser Patienten oft nur unzureichend im Blick. Eine Vernetzung von Frühförderangeboten mit ihren Behandlungs- und Betreuungsmaßnahmen gestaltet sich deshalb oft als schwierig.

Das Gelingen der Kooperation setzt wechselseitige Akzeptanz in Kenntnis der unterschiedlichen fachlichen Ansätze und Denkmuster der beteiligten Fachkräfte voraus.

Fegert et al. (2014) plädieren in diesem Zusammenhang für eine Überwindung der „Versäulung" der Hilfesysteme der Psychiatrie und der Kinder- und Jugendhilfe. Dieses Plädoyer kann aus Sicht der Frühförderung nur unterstützt werden. Es gibt jedoch durchaus positive Erfahrungen zur Zusammenarbeit zwischen Frühförderstellen und psychiatrischen Kliniken. So wurde z. B. von einem Frühförderzentrum in Köln eine Kooperation mit einer Psychiatrischen Tagesklinik etabliert, bei der die Mitarbeiter der Frühförderstelle regelmäßig auf die Station kommen. Die Unterstützung der Eltern im Umgang mit ihren Kindern und ihre Sensibilisierung für die Bedürfnisse der Kinder durch bindungsbezogene Interventionen haben sich dort zu einem integralen Bestandteil des Konzepts der Mutter-Kind-Station entwickelt (Arens/Görgen 2006).

Stabilisierung der Eltern-Kind-Beziehung

Trotz der empirischen Belege für ihre Belastungen und Entwicklungsrisiken werden die Bedürfnisse der Kinder psychisch kranker Eltern bislang weder in der Kinder- und Jugendhilfe noch in der Psychiatrie ausreichend wahrgenommen. Einzelprojekte zu ihrer Unterstützung sind Modellvorhaben, deren langfristige Finanzierung ungesichert ist.

 Nach einer Übersicht der Bundesarbeitsgemeinschaft „Kinder psychisch kranker Eltern" (http://bag-kipe.de/einrichtungen-projekte/; 23.01.2017) und des Dachverbands Gemeindepsychiatrie (http://kinder.mapcms.de; 23.01.2017) handelt es sich bei ambulanten Angeboten für diese Zielgruppe meist um themenzentrierte Gruppenangebote für Schulkinder.

Sie zielen auf die emotionale Stabilisierung der Kinder, die Enttabuisierung des Themas in der Familie, die Förderung der familiären Kommunikation, Informationsvermittlung über die Erkrankung, Entlastung von Schuldgefühlen und Förderung des Austausches mit ähnlich Betroffenen zur Stärkung der sozialen Ressourcen ab (Lenz 2008; Wiegand-Grefe et al. 2011). Diese Konzepte lassen sich jedoch auf Kinder im Kleinkind- und Vorschulalter nur begrenzt übertragen.

Stationäre Behandlungsangebote, die den Bedürfnissen dieser Altersgruppe gerecht werden, konzentrieren sich auf die Stärkung der Bindungsbeziehung zwischen Mutter und Kind. Sie werden additiv zur psychotherapeutischen Standardbehandlung eingesetzt und umfassen eine Gruppentherapie für die Mütter, videogestützte, bindungsbezogene Interventionen und eine Beratung zur Unterstützung im Alltag unter Einbeziehung der Väter und weiterer Angehöriger (Wortmann-Fleischer et al. 2006). Stationäre Behandlungsplätze für psychisch erkrankte Erwachsene, in denen Mutter und Kind gemeinsam aufgenommen werden können, stehen allerdings nicht in ausreichender Zahl zur Verfügung.

Interaktions- und bindungsbezogene Interventionen (Kap. 1.2.3), die gezielt die Sensibilität und Responsivität in der Eltern-Kind-Interaktion zu fördern versuchen, können auch im ambulanten Kontext der Frühförderung in Familien mit psychisch erkrankten Eltern sinnvoll eingesetzt werden. Sie wurden seit Beginn des 21. Jahrhunderts vor allem bei der Behandlung von Müttern mit (postpartaler) Depression evaluiert. In Meta-Analysen zum Forschungsstand lassen sich deutliche Effekte auf die Qualität der Eltern-Kind-Interaktion (Effektstärken $d > .80$) nachweisen. Eine medikamentöse oder psychotherapeutische Behandlung der Mütter ohne diese begleitenden Maßnahmen führt zwar zu einer Besserung der depressiven Symptome, hat jedoch keine positiven Auswirkungen auf die Eltern-Kind-Beziehung (Nylen et al. 2006; Poobalan et al. 2007; Kersten-Alvarez et al. 2011).

Pretis/Dimova (2016) sehen die Möglichkeit, negative Auswirkungen auf die kindliche Entwicklung zusätzlich durch die Aktivierung personaler Ressourcen der Kinder vorzubeugen. Die Aufgabe der Frühförderung sei es, das Selbstwertgefühl der Kinder, ihr Gefühl, Kontrolle über die Umwelt ausüben zu können, und ihre Fähigkeit, Emotionen adäquat zu erkennen, zu stärken. Das könne in Spielgruppen oder mit erlebnispädagogischen Angeboten gelingen. Es fehlt allerdings bisher an empirischen Belegen, dass solche kindbezogenen Interventionen im Rahmen der Frühförderung (oder in Kindertagesstätten) einen nachhaltigen Beitrag zur Stärkung der Resilienz von Kindern psychisch verletzlicher Eltern leisten können.

In der Förderung von Kontakten zu anderen Eltern, z. B. durch Elterncafés und Eltern-Kind-Treffs, einem Angebot von Freizeitaktivitäten und dem Aufbau von Patenschaften liegen weitere Möglichkeiten, die sozialen Ressourcen von Kindern und psychisch kranken Eltern zu stärken (Pretis 2014; Beeck 2014).

Von zentraler Bedeutung ist es, dass die betroffenen Kinder nicht-belastete, Sicherheit gebende Beziehungserfahrungen mit anderen Bezugspersonen in ihrer Betreuungsumwelt machen. Die Fachkräfte der Frühförderung können einen Beitrag dazu leisten, indem sie Väter und Großeltern, Tagesmütter oder Fachkräfte in Kindertagesstätten über ihre Bedeutung für die Stabilisierung der sozial-emotional emotionalen Entwicklung von psychisch kranken Müttern aufklären (Lenz 2014).

Checkliste: Zusammenarbeit mit psychisch kranken Eltern

- Befindet sich die Mutter bereits in psychiatrischer Behandlung?
- Habe ich mit ihrer Zustimmung einen Kontakt zu dieser Behandlungseinrichtung aufnehmen können?
- Gehören interaktions- und beziehungsorientierte Interventionen zu ihrem Behandlungskonzept oder müssen sie im Arbeitsfeld der Frühförderung ergänzt werden?
- Kann ich in der Beratung Schuldgefühle der Mutter, Sorgen vor Stigmatisierung oder evtl. einem Entzug des Sorgerechts ansprechen?
- Lassen sich andere Bezugspersonen in die Betreuung des Kindes einbeziehen, die ihm kompensatorische Beziehungserfahrungen ermöglichen?
- Bestehen soziale Kontakte zu anderen Familien, die einer sozialen Isolation der Kinder vorbeugen?

3.4.3 Alkohol- oder Drogenabhängigkeit in der Familie

Fachkräfte der Frühförderung, die mit Eltern arbeiten, bei denen Alkohol- oder Drogenabhängigkeit ein Problem ist, benötigen grundlegende Kenntnisse über die Auswirkungen auf die Lebenssituation der Kinder in diesen Familien und über die Risiken, die für ihre psychosoziale Entwicklung damit verbunden sind.

> **BEISPIEL**
>
> **Frühförderung in einer Familie mit Alkoholproblemen**
>
> Die zwei Jahre alte Jenny wird auf Drängen des Kinderarztes und des Jugendamtes in der Frühförderung angemeldet. Ihre Entwicklung sei sehr verzögert. Beim ersten Hausbesuch ist der Fachkraft rasch klar, dass es sich um eine mehrfach belastete Familie handelt. Der Vater ist arbeitslos und alkoholabhängig. Der Mutter ist es sehr unangenehm, dass sie den Vater bereits morgens um neun Uhr in angetrunkenem Zustand antrifft. Sie versucht, den Haushalt mit Jenny und den beiden anderen Kindern der Familie so gut es geht zu bewältigen, fühlt sich aber oft überfordert. Auf Nachfrage erzählt sie, dass sie selbst drogenabhängig gewesen sei, aber seit Einleitung einer Substitutionsbehandlung so weit stabil, dass sie mit ihrem Alltag zurechtkomme.
>
> Die finanziellen Sorgen der Familie, die Wohnsituation und die Alkohol- und Drogenabhängigkeit der Eltern sind dem Jugendamt bekannt. Der Sachbearbeiter, der für die Familie zuständig ist, hat versucht, Hilfen für die einzelnen Probleme zu organisieren. Dies hat aber dazu geführt, dass mindestens sechs Institutionen gleichzeitig und weitgehend unabhängig voneinander mit den Eltern in Kontakt sind. Der Fachkraft der Frühförderung ist es zunächst einmal wichtig, einen „runden Tisch" zu organisieren, damit die Interventionen aufeinander abgestimmt werden.

Alkoholabhängigkeit

> **DEFINITION**
>
> **Körperliche Abhängigkeit** von einer Substanz besteht, wenn zunehmend höhere Dosen erforderlich sind, um die ursprünglich durch niedrigere Men-

gen verursachten Wirkungen zu erzielen, und Entzugssymptome auftreten. Eine **psychische Abhängigkeit** liegt vor, wenn ein gesteigertes Verlangen nach Alkohol oder anderen Drogen vorherrscht, die Fähigkeit, den Konsum zu kontrollieren, eingeschränkt ist, das Denken und Streben des Betroffenen auf die Substanz zentriert ist und der Konsum fortgesetzt wird trotz subjektiv wahrgenommener negativer Konsequenzen.

In der erwachsenen Bevölkerung Deutschlands sind 2.4 % nach diesen Kriterien als alkoholabhängig anzusehen. Nur etwa 40.000 unter ihnen begeben sich frühzeitig und erfolgreich in eine Entwöhnungsbehandlung. Zahlenmäßig sind damit etwa 2.7 Millionen Kinder im Alter bis zu 18 Jahren im Laufe ihrer Kindheit und Jugend zumindest zeitweise von einer elterlichen Alkoholstörung mit betroffen. Alkoholstörungen sind bei Vätern deutlich häufiger anzutreffen als bei Müttern (Klein 2003). Nach den Ergebnissen der Statistik der ambulanten Suchtberatungsstellen in Deutschland (EBIS) leben 32 % der alkoholabhängigen Väter und 45 % der alkoholabhängigen Frauen mit Kindern in einem Haushalt zusammen, darunter 11 % alleinerziehend (Lenz 2009).

Die häufigste Familienkonstellation besteht aus einem alkoholabhängigen Vater und einer nicht suchtkranken, aber „co-abhängigen" Mutter.

_ DEFINITION _

Unter **Co-Abhängigkeit** wird ein Verhalten verstanden, das unter scheinbarer Aufopferung der eigenen Bedürfnisse und der eigenen Würde das suchtkranke Verhalten des Partners oder der Partnerin entschuldigt, erklärt, deckt und somit meist unangreifbar macht. Es entwickelt sich ein Prozess zunehmender Selbstverleugnung, von Schuld- und Schamgefühlen, oft gekoppelt mit Angst und Depressionen, der als starker psychischer Stress empfunden wird (Zobel 2006).

Beide Eltern sind in diesen Familien oftmals nicht in der Lage, ihren Erziehungsaufgaben ausreichend nachzukommen und die kindlichen Grundbedürfnisse zu erfüllen. Der abhängige Elternteil ist auf die Sucht fixiert und nimmt die

Kinder kaum mehr wahr. Der nichtabhängige Elternteil benötigt die Kraft für das grundlegende Funktionieren der Familie und die Wahrung einer vermeintlich intakten Fassade nach außen. Die familiäre Atmosphäre ist gekennzeichnet durch einen schwächeren oder aber extrem starken Familienzusammenhalt. Einer rigiden Abgrenzung nach außen entsprechen oft diffuse, unklare Grenzen innerhalb der Familie. Der Erziehungsstil ist inkonsistent, die Kinder erleben keine klaren Regeln und Grenzsetzungen, wenig verlässliche Tagesstrukturen und wenig positive Unterstützung im Alltag. Die Suchtkrankung eines Elternteils geht zudem in vielen Fällen mit innerfamiliärer Gewalt gegenüber dem Ehepartner, nicht selten auch gegenüber den Kindern einher.

Die Auswirkungen dieser Belastungen in den Familienbeziehungen auf die kindliche Entwicklung hängen ab vom Schweregrad der elterlichen Abhängigkeit, dem Ausmaß der familiären Desorganisation und der Qualität der Beziehung zum nicht-abhängigen Elternteil.

In Familien mit einem alkoholabhängigen Elternteil besteht ein erhöhtes Risiko für (physische, emotionale oder sexuelle) Vernachlässigung oder Misshandlung (Dube et al. 2001).

Bei Kindern von chronisch alkoholabhängigen Müttern kann es zu einer biologischen Schädigung durch die pränatale Alkoholexposition kommen. Negative Auswirkungen auf die Entwicklung durch eine Alkoholbelastung während der Schwangerschaft sind vielfach belegt. Nach den Ergebnissen einer Meta-Analyse von Entwicklungsstudien bei Kindern mit pränataler Alkoholbelastung liegt der durchschnittliche Entwicklungsquotient um acht EQ-Punkte niedriger als in Vergleichsgruppen; andere Risikofaktoren wie ein niedriger Bildungsabschluss der Mutter oder ein niedriges Familieneinkommen wurden dabei statistisch kontrolliert (Testa et al. 2003). Im Vorschulalter ist die Prävalenz von Aufmerksamkeitsstörungen, Impulsivität, Hyperaktivität und Problemen der Emotionsregulation signifikant erhöht (Zobel 2006).

Bei schwerem, chronischem Alkoholabusus, je nach individueller Verträglichkeit aber auch bei geringeren Trinkmengen oder episodischen Trinkmustern („binge drinking") kann es zur Ausbildung eines „Fetalen Alkoholsyndroms" (FAS) oder einer „Fetalen Alkohol-Spektrumstörung" (FASD) kommen. Dies trifft auf etwa 30 % der Schwangerschaften von Müttern mit Alkoholproblemen zu. Dabei handelt es sich um eine dauerhafte Entwicklungsstörung, die durch charakteristische Gesichtsdysmorphien, Wachstumsstörungen, neurologische Auffälligkeiten, mentale Störungen und Verhaltensauffälligkeiten gekennzeichnet ist (Landgraf/Heinen 2013).

Drogenabhängigkeit

In ähnlicher Weise ist die Sicherheit und emotionale Entwicklung der Kinder sowie die Stabilität der familiären Beziehungen bedroht, wenn die Mutter oder der Vater drogenabhängig ist. Repräsentative epidemiologische Studien zur Drogenabhängigkeit (Cannabis, Heroin, Kokain, Amphetamine und „Designerdrogen") liegen aufgrund der Illegalität des Konsumverhaltens nicht vor. Schätzungen gehen von 40.000 bis 50.000 Kindern drogenabhängiger Mütter aus (Klein 2006).

Im Falle einer Schwangerschaft entscheiden sich die werdenden Mütter trotz ambivalenter Gefühle in der Mehrheit für das Kind und gegen einen Schwangerschaftsabbruch, da es Hoffnung auf ein neues, besseres Leben erweckt. Andererseits dominieren Scham- und Schuldgefühle dem Kind gegenüber, weil es bereits pränatal Drogen konsumiert und einer Lebensumgebung mit mangelnder Zukunftsperspektive ausgesetzt ist. Die Motivation, den Drogenkonsum einzuschränken, ist groß, Rückfälle in der Zeit nach der Geburt jedoch aufgrund der vielseitigen Belastungen mit dem Säugling häufig (Habash 2013).

Drogenabhängige Mütter haben mehrheitlich eine unterdurchschnittliche Schulbildung und keine abgeschlossene Berufsausbildung, leben in Armut, beengten Wohnverhältnissen und sozialer Isolation. Viele von ihnen sind alleinerziehend. Eine erhöhte Rate von komorbiden psychischen Störungen – insbesondere Depressionen, Angststörungen und Persönlichkeitsstörungen – ist vielfach nachgewiesen (Lester et al. 2000). Sie stammen aus instabilen Familienverhältnissen, mindestens die Hälfte von ihnen ist selbst mit einem alkoholabhängigen Elternteil aufgewachsen. Das bedeutet, dass den meisten drogenabhängigen Frauen Modelle positiver Elternschaft aus den Erfahrungen mit den eigenen Eltern fehlen.

Zu den Konsequenzen auf die Lebenssituation von Kindern drogenabhängiger Eltern gehören häufig Beschaffungskriminalität, Prostitution oder wechselnde Lebenspartner der Mutter. Sie erleben ihre Eltern in schlechtem körperlichem Zustand, als unberechenbar in ihren Gefühlen und wenig zuverlässig in ihrem Verhalten. Sie sind nicht verfügbar, wenn die Kinder sie brauchen. Die Alltagsgestaltung ist hochgradig unstrukturiert und wird von dem Ziel der Drogenbeschaffung bestimmt. Insbesondere dann, wenn beide Elternteile drogenabhängig sind, kommt es gehäuft zu innerfamiliärer Gewalt (Klein 2006).

Die Lebenslagen der Kinder sind auch dann belastet, wenn die Eltern an einer Substitutionsbehandlung teilnehmen.

Eine Substitutionsbehandlung reduziert zwar das Risiko von Beschaffungskriminalität und erhöht die Chancen auf eine hinreichende soziale Integration der Betroffenen. Die Belastungen durch eine Traumatisierung in der eigenen Kindheit, Depressionen und andere psychische Störungen bestehen jedoch weiterhin und schränken ihre Fähigkeiten zur Bewältigung der Anforderungen in der Erziehung und Alltagsbewältigung ein.

Die Forschungsergebnisse zu den Auswirkungen auf die Bindungsqualität und die Entwicklung von Kindern drogenabhängiger Eltern sind nicht einheitlich (Sarimski 2013b). Überwiegend zeigen die Studien jedoch eine geringere Beteiligung und Feinfühligkeit für die kindlichen Signale im spielerischen Kontakt mit dem Kind, weniger Bereitschaft zur Kommunikation und weniger positive Affekte sowie mehr Kontaktabbrüche und Feindseligkeit gegenüber ihren Kindern im Vergleich zu Müttern, bei denen keine Drogenabhängigkeit vorliegt. In Befragungen äußern sie weniger Freude am Kind, Zweifel an ihrer Erziehungskompetenz und eine ausgeprägte Erschöpfung durch die Bewältigung der Alltagsanforderungen (Molitor/Mayes 2010; Trost 2010). Die geringere Sensibilität in der Eltern-Kind-Interaktion ist mit einer geringen Reflexionsfähigkeit über eigene Gefühle und die Beziehung zum Kind assoziiert (Suchman et al. 2009; Flykt et al. 2012; Pajulo et al. 2012).

Ob die pränatale Drogenexposition auch ein erhöhtes biologisches Risiko für die kindliche Entwicklung bedeutet, ist nicht eindeutig nachgewiesen. Frank et al. (2001) fassen in ihrer Übersicht die Ergebnisse von 36 Studien zur Entwicklung von Kindern nach Kokain-Exposition zusammen. Danach findet sich keine signifikante Erhöhung der Rate von kognitiven und sprachlichen Entwicklungsverzögerungen in standardisierten Tests oder internalisierenden und externalisierenden Verhaltensauffälligkeiten der Kinder im Urteil der Eltern oder pädagogischen Fachkräfte, die sich spezifisch auf die pränatale Drogenexposition zurückführen ließe. Einige neuere Studien zeigen allerdings kognitive Entwicklungsverzögerungen in den ersten beiden Lebensjahren (z. B. Singer et al. 2002) und Probleme bei der Aufmerksamkeitssteuerung und emotionalen Selbstregulation bei Kindern nach Kokain-Exposition (z. B. Delaney-Black et al. 2004).

Baldacchino et al. (2014) werteten in einer Meta-Analyse die Befunde aus fünf Studien zu Entwicklungsfolgen bei pränataler Heroin-Exposition aus. Auch sie kommen zu dem Schluss, dass es keinen Beleg für negative Auswirkungen auf die kognitive, sprachliche und sozial-emotionale Entwicklung im Vorschulalter gibt, die eindeutig auf den Drogenkonsum während der Schwangerschaft zurückzuführen wären. Wahrscheinlich sind es eher die sozialen Lebensumstände und komorbide depressive Störungen der Mütter, die die Entwicklung der Kinder bestimmen (Kim/Krall 2006; Whitaker et al. 2006; Dixon et al. 2008).

3.4.4 Umfassender Hilfebedarf

Aufgrund der hochbelasteten sozialen Entwicklungsumgebung, in der viele Kinder alkohol- oder drogenabhängiger Eltern aufwachsen, ist eine sorgfältige Entwicklungsbegleitung sowie die Einleitung von Frühfördermaßnahmen angezeigt, wenn sich Entwicklungsauffälligkeiten zeigen. Der Bedarf an Unterstützungsmaßnahmen geht jedoch über den Arbeitsbereich der Frühförderung hinaus. Die Fachkräfte der Frühförderung müssen ihre Angebote auch in diesem Fall mit anderen Einrichtungen koordinieren, um die Lebenslagen der Kinder zu stabilisieren.

Wirksamkeit von Unterstützungsmaßnahmen bei Drogenabhängigkeit

Evaluationsstudien aus den USA zeigen, dass Programme, die sich auf eine Beratung der Mütter nach der Entbindung durch Hebammen, Kinderkrankenschwestern oder Laienhelfer stützen, bei drogenabhängigen Eltern keine nachhaltigen Effekte haben. In einer Publikation der „Cochrane Collaboration", die nach einheitlichen Standards die Wirksamkeit von Maßnahmen im Bereich der Gesundheitsförderung untersucht, wurden sechs solcher Programme analysiert (Doggett et al. 2005). In keiner der Studien fanden sich positive Effekte auf den Konsum von illegalen Drogen oder die Bereitschaft, sich einer Suchtbehandlung zu unterziehen. Drei weitere Studien bezogen sich auf die pädagogische Entwicklungsförderung der Kinder (Hausfrühförderung). In diesen Studien wurde auch der Entwicklungsverlauf der Kinder mittels des Bayley-Tests dokumentiert. Es fand sich ebenfalls kein signifikanter Effekt im Vergleich zu Kontrollgruppen (Butz et al. 1998; Schuler 2002). Eine Unterstützung von drogenabhängigen Müttern und ihren Kindern durch Hausbesuchsprogramme allein ist offensichtlich nicht erfolgversprechend.

 Um nachhaltig wirksam zu sein, bedarf es einer umfassenderen, gut koordinierten Unterstützung, die ambulante oder stationäre Hilfen zur Drogenentwöhnung, psychologische Beratung, medizinische Versorgung, soziale Hilfen (z. B. zur Berufsfindung, Rechts-, Schulden- und Wohnungsberatung) und Entlastung von der Kinderbetreuung mit Maßnahmen zur Stärkung der Be- und Erziehungsfähigkeiten miteinander verbindet.

Umfassende Hilfen haben zum Ziel, die Mütter für die Entwicklungsschritte und Bedürfnisse ihres Kindes zu sensibilisieren, sie mit ihren Versorgungsaufgaben zu konfrontieren, ihr Zutrauen in die eigenen Kompetenzen und ihre Fähigkeit zur Reflexion über die eigenen Gefühle und das Erleben der Beziehung durch das Kind fördern (Lester et al. 2000; Kästner et al. 2007; Trost 2010). Diese Aufgaben gehen über die Kompetenzen einer Familienhebamme, Kinderkrankenschwester oder eines Laienhelfers hinaus und erfordern ein interdisziplinäres Team.

Je früher die Unterstützungsmaßnahmen einsetzen, umso größer sind die Erfolgsaussichten (Kim/Krall 2006). Über drei Programme, die bereits während der Schwangerschaft einsetzten, sich auf die Förderung der Er- und Beziehungskompetenzen richteten und als umfassendes „Case-Management" angelegt waren, berichteten Belcher et al. (2005). In der Evaluation dieser Programme zeigte sich, dass die Mütter mehr Erziehungswissen, eine geringere Neigung zu strafenden Erziehungsmaßnahmen und weniger depressive Symptome entwickelten als die Kontrollgruppen. Die Kinder wiesen weniger internalisierende oder externalisierende Verhaltensauffälligkeiten auf.

In einer Meta-Analyse von 13 Studien untersuchten Niccols et al. (2012) die Effekte von langfristig angelegten Unterstützungsprogrammen, bei denen die Substitutionsbehandlung „unter einem Dach" in Verbindung mit psychotherapeutischer Unterstützung, Erziehungsberatung und weiteren Hilfen zur psychosozialen Stabilisierung angeboten wurde. Kinder von Müttern, die diese integrierte Unterstützung erhalten hatten, entwickelten sich wesentlich besser als Kinder von drogenabhängigen Müttern, die nicht an einem solchen Programm teilgenommen hatten.

Bindungsorientierte Interventionen müssen allerdings die eigenen Beziehungserfahrungen der Mütter (und erlebte Traumatisierungen) einbeziehen und sich (zunächst) auf die Förderung mütterlicher Reflexionsfähigkeiten konzentrieren (Kap. 1.2.3).

Suchman et al. (2009, 2010) beobachteten in einer Therapiestudie, dass eine Verbesserung der Fähigkeiten, die eigenen Gefühle wahrzunehmen und zu reflektieren, mit positiven Veränderungen im Interaktionsverhalten beim Spiel mit dem Kind korrelierte. Mütter, die ihre eigenen Gefühle besser zu regulieren vermochten, achteten mehr auf die Sicherheit ihrer Kinder im Alltag, beteiligten sich mehr am gemeinsamen Spiel mit den Kindern, zeigten dabei mehr Zuneigung und kommunizierten mit ihnen häufiger in entwicklungsgemäßer Form.

Checkliste: Hilfeplanung bei Alkohol- oder Drogenabhängigkeit der Eltern

- offene Klärung des Verdachts auf Suchtprobleme im Gespräch
- Vermittlung an eine Suchtberatungsstelle
- Sicherung der Grundbedürfnisse des Kindes (Bekleidung, Wohnraum, Spielzeug, Schutz vor Gefahren, Ernährung, Hygiene)
- Unterstützung verlässlicher Tagesstrukturen
- Förderung emotionaler Zuwendung und altersgemäßer Entwicklungsförderung
- Stärkung von Erziehungskompetenzen
- Koordination mit den Einrichtungen der Jugendhilfe und (Sozial-)Psychiatrie zur Unterstützung in allen psychosozialen Hilfebereichen
- Sensibilität für die Überforderung der eigenen persönlichen und fachlichen Ressourcen
- ggf. Prüfung eines Verdachts von Kindeswohlgefährdung durch das Jugendamt

Versorgungssituation in Deutschland

Arenz-Grieving/Kober (2007) haben im Auftrag des Bundesministeriums für Gesundheit die Struktur- und Prozessqualität von Unterstützungsangeboten für Kinder alkohol- oder drogenkranker Eltern analysiert. Im Rahmen der Suchthilfe finden sich einzelne Angebote zur Kinderbetreuung während der wöchentlichen Treffen der Selbsthilfegruppen, zum Austausch mit anderen Kindern und Jugendlichen aus betroffenen Familien und Familienseminare. In der Praxis werden häufig Einzelgespräche, Familienberatung zur Reduzierung der Co-Abhängigkeit, Gruppenangebote und Ferienzeiten für Kinder und Jugendliche miteinander verbunden. Nach einer Übersicht von Lenz (2009) ist jedoch davon auszugehen, dass nur 8 bis 15 % der Beratungsstellen (d. h. etwa 60 bis 80 Einrichtungen) für Suchthilfe solche speziellen Angebote für Kinder anbieten.

Es finden sich jedoch kaum Konzepte, die sich auf die Unterstützung von kleinen Kindern und ihren Eltern konzentrieren. Nur in wenigen Fachkliniken zur Suchtbehandlung besteht — wie in der psychiatrischen Versorgung — die Möglichkeit zu einer gemeinsamen Aufnahme von Mutter und Kind. In einigen Kinderkliniken wurden Beratungsangebote für Schwangere und Eltern mit Abhängigkeitserkrankungen als Modellprojekte initiiert, sind jedoch nicht fest in der Regelversorgung etabliert.

Ape (2004) berichtet z. B. über ein Präventionsprogramm für Kinder aus heroinbelasteten Familien an der Kinderklinik Dortmund, bei dem während des stationären Aufenthalts in der Entbindungsklinik die weitere Lebensperspektive der Mutter zu klären versucht wird. Die Entwicklung von Bindungs- und Beziehungskompetenzen wird gezielt unterstützt und ein Hilfe- und Kontrollnetz für die drogenbelastete Familie aufgebaut. In Freiburg wurde ebenfalls ein Modellprojekt zur Arbeit mit Kindern von Suchtkranken eingerichtet, das eine umfassende Unterstützung für schwangere Suchtmittelkonsumentinnen und Eltern mit Kleinkindern anbietet.

Ein Elternkurs für heroinabhängige Mütter im Substitutionsprogramm (MUT!) in NRW sieht ein spezifisches Elterntraining für substituierte Mütter vor, in dem die Mütter lernen, ihr Erziehungsverhalten auf dem Hintergrund der eigenen Persönlichkeit, Gesundheit und Lebensgeschichte besser zu verstehen, sich mit direkten und indirekten Einflüssen ihrer Suchterkrankung auf das Kind auseinander zu setzen und Verständnis für die kindlichen Bedürfnisse sowie Erziehungskompetenz zu entwickeln (Römer et al. 2006).

An mehreren Orten wurden schließlich interdisziplinäre Konzepte entwickelt, bei denen Angebote der Drogenhilfe, Kinder- und Jugendhilfe, Einrichtungen der medizinischen und psychotherapeutischen Versorgung und ggf. regionaler Frauenhäuser miteinander verbunden werden. Ihr Ziel ist, dass die drogenabhängige Mutter im Rahmen einer regelmäßigen und qualifizierten Substitution wieder einen strukturierten Lebensrhythmus entwickelt und in einer gesicherten Wohn- und Finanzsituation lebt, so dass sie die Betreuung des Kindes selbst übernehmen kann.

Probleme in der Zusammenarbeit

Fachkräfte der Frühförderung sollten in diese Netzwerke zur Unterstützung von kleinen Kindern eingebunden werden, die mit alkohol- oder drogenabhängigen Elternteilen aufwachsen. Sie berichten allerdings vielfältige Probleme bei der Zusammenarbeit mit Familien, in denen ein Elternteil alkohol- oder drogenabhängig ist. Aufgrund ihrer Lebenssituation und ihrer biografischen Belastung ist ihre Motivation zu einer regelmäßigen Kooperation mit den Fachkräften oft gering. Für eine Anleitung zur alltagsintegrierten Förderung der Kinder oder zu entwicklungsförderlichen Verhaltensweisen in der Erziehung zeigen sich Eltern mit Drogenproblemen meist nicht zugänglich. Fehlende Strukturen im Tagesablauf, unzureichende Verlässlichkeit von Absprachen, mangelnde Offenheit im Gespräch, geringe Sensibilität für die Bedürfnisse des Kindes und inkonsistentes Erziehungsverhalten machen es den Fachkräften schwer, die Eltern zur Integration von Empfehlungen in den Alltag zu bewegen (Sarimski 2013d; 2014c).

> *Die Interessenvertretung für Kinder aus Suchtfamilien e. V. (NACOA) bietet umfassende Informationsmaterialien und Handlungsempfehlungen für Fachkräfte zum Umgang mit suchtbelasteten Familien und eine Liste der Angebote für Kinder suchtkranker Eltern (www.nacoa.de, 24.01.2017).*

Voraussetzungen für eine erfolgreiche Zusammenarbeit der Fachkräfte der Frühförderung mit alkohol- und drogenabhängigen Eltern sind ein offenes und konsequentes Ansprechen der Vermutung von Suchtproblemen in der Familie, ein Verzicht auf schnelle, unüberlegte Empfehlungen oder Vorhaltungen, das Bemühen um eine vertrauensvolle Beziehung zu den Eltern und die Vereinbarung von realistischen Zielen. Um Informationen von Ärzten, Suchtberatungsstellen oder anderen psychosozialen Betreuungseinrichtungen (z. B. im Rahmen von Substitutionsprogrammen) einzuholen, bedarf es der Entbindung von der Schweigepflicht durch die Eltern.

Wie bei der Arbeit mit psychisch verletzlichen Eltern ist es wichtig, um die Grenzen der eigenen Fachkompetenz zu wissen und ggf. Supervision in Anspruch nehmen zu können, um sich vor Überforderung durch die komplexen Hilfebedürfnisse der Familien zu schützen und mit misstrauischen oder aggressiven Reaktionen der Eltern in der Zusammenarbeit umzugehen. Bindungsorientierte Interventionen unter Einbeziehung der eigenen Beziehungserfahrungen erfordern entsprechende Fachkompetenzen der Mitarbeiter in Frühförderstellen.

Die Fachkräfte müssen sich mit den Hilfsangeboten bei Suchtproblemen in der Region vertraut machen und sich mit ihnen um eine Koordination der Maßnahmen zur Unterstützung der Familie bemühen („runde Tische"). Um Aufgaben, Zuständigkeiten und unterschiedliche professionelle Handlungslogiken der Frühförderung, Kinder- und Jugendhilfe und Psychiatrie aufeinander abzustimmen, sind zusätzlich einzelfallübergreifende Gespräche sinnvoll, bei denen sich Vertreter der verschiedenen Einrichtungen regelmäßig treffen. Leitgedanken müssen ein familienorientiertes Konzept und die Priorität des Kindeswohls sein.

Wenn sich die Eltern nicht zu einer Mitarbeit in der Frühförderung motivieren lassen , ist es nicht zu vertreten, eine Anmeldung in einer Kinderkrippe oder einem Kindergarten zu empfehlen, die Frühförderung dort durchzuführen und auf umfassendere Interventionen in der Familie zu verzichten.

Ein Entzug des Sorgerechts ist zu erwägen, wenn Anzeichen einer Vernachlässigung des Kindes durch mangelhafte Ernährung und Pflege, Unterlassen ärztlicher Behandlung, mangelhafte Beaufsichtigung oder juristisch relevante Tatbestände wie körperlicher oder sexueller Missbrauch bestehen. Die Beurteilung einer Kindeswohlgefährdung ist Aufgabe des Jugendamtes und des Familiengerichts. Bei Verdacht auf Vernachlässigung oder Misshandlung kann eine Kontaktaufnahme mit dem Jugendamt durch die Fachkraft der Frühförderung auch ohne Zustimmung der Eltern erfolgen. Etwa die Hälfte aller Kinder drogenabhängiger Eltern wird nach dem ersten Lebensjahr in die Obhut einer Pflegefamilie gegeben (Kästner et al. 2007).

ZUSAMMENFASSUNG

Psychische Erkrankungen können die Fähigkeit einer Mutter oder eines Vaters beeinträchtigen, sich im Alltag auf die Bedürfnisse des Kindes angemessen einzustellen, und gefährden seine sozial-emotionale Entwicklung. Zu den Aufgaben der Frühförderung gehört es, die Anzeichen einer psychischen Störung zu erkennen, die Eltern zu einer Behandlung zu motivieren und diese Behandlung u. U. durch bindungs- und beziehungsfördernde Interventionen zu unterstützen.

Alkohol- oder Drogenabhängigkeit in der Familie belasten ebenfalls die Eltern-Kind-Beziehungen. Biologische und soziale Risiken gefährden die Entwicklung des Kindes, so dass eine frühzeitige Diagnostik und Einleitung von Fördermaßnahmen angezeigt sein kann. Familien mit Suchtproblemen haben einen umfassenden Unterstützungsbedarf. Fachkräfte der Frühförderung müssen sich in der Zusammenarbeit mit den Eltern auf ihre besondere Lebenssituation einstellen und ihre Unterstützung mit Maßnahmen der Kinder- und Jugendhilfe sowie der (Sozial-)Psychiatrie koordinieren.

3.5 Beratung von Früh- und Elementarpädagogen in inklusiven Kindertagesstätten

Nach den Angaben des Statistischen Bundesamtes (2012) besuchten fast 90.000 Kinder mit einer Behinderung eine Kindertageseinrichtung; dies entspricht einem Anteil von 3 % an der Gesamtzahl der betreuten Kinder. Um ihre soziale Teilhabe in der Krippe oder im Kindergarten zu sichern, ist eine Kooperation zwischen den Früh- und Elementarpädagogen in den Kindertagesstätten und den Fachkräften der Frühförderung sinnvoll.

3.5.1 Aufgaben von Früh- und Elementarpädagogen

--- BEISPIEL

Herausforderungen bei der Integration eines Kindes mit Down-Syndrom

Sandra, ein dreijähriges Mädchen mit Down-Syndrom, wird in eine Kindertagesstätte im Stadtbezirk aufgenommen. Die Eltern haben sich für diese Einrichtung entschieden, weil sie sich erhoffen, dass Sandra vom Vorbild der anderen Kinder der Gruppe profitieren und dort auch Freunde in ihrem sozialen Umfeld finden wird. Die Erzieherinnen stehen einer

Integration von Kindern mit besonderen Förderbedürfnissen sehr offen gegenüber.

Nach einigen Wochen suchen sie die Beratung der Frühförderstelle. Sandra bleibe sehr für sich, beschäftige sich in recht stereotyper Weise, suche kaum Kontakt zu anderen Kindern der Gruppe. Die anderen Kinder beziehen sie auch nicht in ihr Spiel ein, weil sie sich sprachlich noch nicht ausreichend verständigen könne, damit gemeinsame Spiele gelängen. Belastend für das Gruppengeschehen sei auch ihre geringe Bereitschaft, Regeln zu beachten und Aufforderungen der Erzieherinnen zu befolgen. Wenn sie z. B. aufräumen oder bei etwas mithelfen solle, verweigere sie sich häufig und ziehe sich unter einen Tisch zurück. Die Erzieherinnen fühlen sich sehr unsicher, wie sie mit diesem „sturen" Verhalten umgehen sollen.

Kinder mit besonderen Bedürfnissen in inklusiven Kindertagesstätten

Der Begriff der „Inklusion" bedeutet im Kontext der Kindertagesstätten, dass sich Kinderkrippen und Kindergärten auf Kinder mit besonderen Bedürfnissen einstellen. Dazu gehören Kinder mit Behinderungen, Entwicklungsrückständen, sozial-emotionalen Auffälligkeiten und Kinder mit außergewöhnlichen Belastungen im familiären und sozialen Umfeld ebenso wie Kinder mit anderem kulturellen Hintergrund. Die gemeinsame Erziehung von Kindern mit und ohne Behinderungen hat sich in der Früh- und Elementarpädagogik als Leitgedanke weitgehend durchgesetzt.

Die Rahmenbedingungen für die soziale Teilhabe von Kindern mit Behinderungen sind allerdings sehr unterschiedlich. Teilweise werden sie einzeln in Regelkindergärten (mit und ohne zusätzliche Fördermaßnahmen innerhalb der Einrichtung) aufgenommen, teilweise werden mehrere Kinder mit und ohne Behinderungen in integrativen Gruppen betreut. Aus Gründen der Kostenersparnis verzichten die Träger der Einrichtungen jedoch vielerorts auf eine angemessene Reduzierung des Gruppenumfangs und eine Anpassung des Personalschlüssels, die erforderlich wären, um den besonderen Bedürfnissen der Kinder mit Behinderungen gerecht werden zu können (Kron 2006).

Die Fachkräfte in Kindertagesstätten stehen der Leitidee der Inklusion und der Aufnahme von Kindern mit besonderen Förderbedürfnissen grundsätzlich positiv gegenüber. Vorbehalte äußert ein Teil von ihnen allerdings gegen die Aufnahme von Kindern mit schweren kognitiven und kommunikativen Beeinträchtigungen, autistischen Störungen, anderen schweren Verhaltensauffälligkeiten und Kindern mit besonderem Pflegebedarf. Den Anforderungen, die sich bei ihrer sozialen Integration stellen, fühlen sie sich nicht gewachsen (Rafferty/ Griffin 2005; Bruns/Mogharreban 2007; Sarimski et al. 2012c).

Die Aufgabe der pädagogischen Fachkräfte ist es, die Teilhabe aller Kinder an Aktivitäten in der Gruppe zu ermöglichen, soziale Kontakte und Spielaktivitäten zwischen Kindern mit und ohne Beeinträchtigungen zu begleiten und dabei Ausgrenzungstendenzen entgegenzuwirken (Kobelt Neuhaus 2001).

Sie wünschen sich die Unterstützung durch die Einrichtung der Frühförderung. Diese Unterstützung kann bestehen in

- der Diagnostik von Kindern, bei denen die Fachkräfte den Verdacht auf Entwicklungs- oder Verhaltensstörungen haben,
- der Beratung der Fachkräfte bei der individuellen Unterstützung der Entwicklung und sozialen Teilhabe der Kinder,
- der Zusammenarbeit mit den Eltern und
- Angeboten von Förderung und Therapie, die in den Räumen der Kindertagesstätte von Fachkräften der Frühförderung angeboten werden.

Früherkennung und Prävention von Entwicklungsproblemen

Es gehört allerdings zu den Kernaufgaben der Fachkräfte in Kindertagesstätten, selbst Entwicklungsrisiken bei Kindern frühzeitig zu erkennen. Jede Fachkraft in Kindertagesstätten sollte über fundierte und aktuelle Kenntnisse über unterschiedliche Entwicklungsprobleme verfügen und ein systematisches Screening auf Entwicklungsauffälligkeiten durchführen können.

Das „Dortmunder Entwicklungsscreening für den Kindergarten – Revision" (DESK-R; Tröster et al. 2015) ist zu einer solchen Früherkennung von entwicklungsgefährdeten Kindern im Alter von drei bis sechs Jahren konzipiert. Es enthält 45 bis 50 Aufgaben zu den Bereichen Feinmotorik, Grobmotorik, Sprache und Kognition sowie Sozialentwicklung, die einzeln oder in Kleingruppen von den Fachkräften im Kindergarten durchgeführt werden. In der revidierten Version enthält der DESK-R auch Skalen zur Beurteilung von Verhaltensauffälligkeiten und Lernvoraussetzungen für die künftige Bewältigung schulischer Anforderungen. In der Auswertung wird die Entwicklung in den einzelnen Bereichen als unauffällig, fraglich und auffällig bewertet.

Den gleichen Zweck verfolgt die „Entwicklungsbeobachtung und -dokumentation", die als Arbeitshilfe für pädagogische Fachkräfte in Krippen und Kindergärten in zwei Versionen für Kinder im Alter von drei bis 48 Monaten (Petermann et al. 2015a) und für Kinder im Alter von 48 bis 72 Monaten (Petermann et al. 2015b) vorliegt. In Halbjahresschritten werden spezifische Zusammenstellungen kindlicher Fertigkeiten aufgeführt, die von 95 % der Altersgruppe beherrscht werden. Die Zusammenstellung ist gegliedert in die Bereiche Haltungs- und Bewegungssteuerung, Feinmotorik und Visuomotorik, rezeptive und expressive Sprache, kognitive Entwicklung und sozial-emotionale Entwicklung. Die Auswahl der Aufgaben basiert auf einer vergleichenden Analyse gängiger Entwicklungstests für diese Altersgruppe. Zu jedem der genannten Entwicklungsbereiche wurden vier Aufgaben ausgewählt. Wird keine oder nur eine Aufgabe gelöst, dann wird dies als Anzeichen besonderen Förderbedarfs gewertet.

Während diese Verfahren auf direkten Beobachtungen der Fähigkeiten der Kinder in ausgewählten Aufgaben beruhen, werden mit dem Erzieherfragebogen „Kompetenzen und Interessen von Kindern" (KOMPIK, Mayr et al. 2011) die Fähigkeiten und Verhaltensmerkmale der Kinder auf der Basis der Beobachtungen im Gruppenalltag eingeschätzt. Der Fragebogen umfasst Fragen zu elf Entwicklungsbereichen und ist für Kinder in der Altersgruppe von dreieinhalb bis sechs Jahren normiert.

Neuere Konzepte zur Prävention schulischer Lernschwierigkeiten sehen vor, dass die pädagogischen Fachkräfte in der Kindertagesstätte auf der Basis solcher Screening-Verfahren selbst Förderangebote machen für Kinder, die einen besonderen Förderbedarf haben. Die Förderung soll dabei nicht additiv angeboten, sondern in das allgemeine pädagogische Konzept der Kindertagesstätte integriert werden. Dieses Konzept ist als „Response-to-Intervention"-Ansatz (Buysse/Peisner-Feinberg 2013) in die pädagogische Fachdiskussion eingeführt worden.

Es sieht ein mehrstufiges pädagogisches Vorgehen vor. Auf der ersten Ebene findet das Screening statt, um Kinder mit Entwicklungsrückständen in sprachlichen, kognitiven und sozial-emotionalen Bereichen zu identifizieren. Auf der zweiten Ebene erfolgt für diese Kinder eine zusätzliche Förderung in Kleingruppen, verbunden mit einer Unterstützung der Generalisierung der geübten Fähigkeiten im allgemeinen Gruppenalltag („embedded learning activities"). Die Effektivität dieser Maßnahmen wird evaluiert, indem das Screening im Abstand von mehreren Monaten wiederholt wird. Auf der dritten Ebene werden für Kinder, die mit diesen Maßnahmen keine befriedigenden Entwicklungsfortschritte erreichen, individuelle Förderpläne erstellt. Auf dieser Ebene ist in der Regel eine Zusammenarbeit mit Fachkräften der Frühförderung angezeigt, die auch eine Einzelförderung in der Kindertagesstätte anbieten können.

Eine Analyse der pädagogischen Konzeptionen von Kindertageseinrichtungen zeigt allerdings, dass standardisierte Entwicklungsscreenings zur Identifikation von Kindern mit besonderem Förderbedarf bisher nur in wenigen Einrichtungen eingesetzt werden. Etwa die Hälfte der Einrichtungen sieht strukturierte Förderprogramme zur Förderung der Sprachentwicklung und Vorbereitung des Schriftspracherwerbs vor. Programme zur Förderung sozial-emotionaler Kompetenzen werden nur selten verwendet (Wiedebusch et al. 2015).

3.5.2 Unterstützung der sozialen Teilhabe bei besonderem Förderbedarf

Kinder mit kognitiven, sprachlichen oder motorischen Beeinträchtigungen, Sinnesschädigungen oder gravierenden sozial-emotionalen Störungen sind auf spezifische Unterstützung angewiesen, damit ihre soziale Teilhabe in Kindertagesstätten gelingt.

Bedingungen für das Gelingen der Inklusion

Die Bedingungen für das Gelingen der Inklusion lassen sich auf vier Ebenen weiter differenzieren (Klein 2010; Odom et al. 2011). Auf der institutionellen Ebene gehören dazu strukturelle Anpassungen im Personalschlüssel, in der Gruppengröße und -zusammensetzung und in der Raumausstattung. Auf der intrapersonellen Ebene geht es um eine professionelle Haltung, die individuelle Bedürfnisse und Fähigkeiten wahrnimmt, anerkennt und jeglicher Art von sozialer Ausgrenzung begegnet. Das setzt Instrumente und Verfahren, aber auch Prozesse der Reflexion und Meinungsbildung innerhalb der Einrichtung voraus. Eine inklusionsfördernde Haltung kann bereits in der Ausbildung pädagogischer Fachkräfte vermittelt werden. Fachkräfte, bei denen dies nicht zur Ausbildung gehörte, können sie sich durch Fortbildungen und Hospitationen in integrativen Einrichtungen bzw. regelmäßigen Austausch mit Kollegen und Eltern mit Integrationserfahrungen aneignen.

Auf der interpersonellen Ebene sind eine entwicklungsförderliche Gestaltung der Beziehung zu den Kindern, eine Individualisierung des pädagogischen Angebots sowie eine gezielte Unterstützung der sozialen Teilhabe von Kindern mit besonderen Bedürfnissen am sozialen Geschehen in der Gruppe erforderlich, um Inklusion gelingen zu lassen. Die Förderung der sozialen Integrationsprozesse in der Gruppe erfordert Lernangebote und pädagogische Interventionen, die auf die individuellen Voraussetzungen und Unterstützungsbedürfnisse des Kindes abgestimmt sind.

Auf gesellschaftlicher Ebene sind eine hinreichende Aus- und Weiterbildung der Fachkräfte sowie die Sicherung der personellen Ressourcen erforderlich, um den Anforderungen an inklusives methodisch-didaktisches Handeln in der Praxis gerecht zu werden.

Abbildung 15 zeigt mögliche Ansatzpunkte für die Individualisierung der pädagogischen Angebote und ihre Anpassung an Kinder mit besonderem Unterstützungsbedarf. In den einzelnen Kapiteln dieses Handbuches finden sich konkrete Hinweise, durch welche Maßnahmen die soziale Teilhabe bei den einzelnen Entwicklungsbeeinträchtigungen gefördert werden kann.

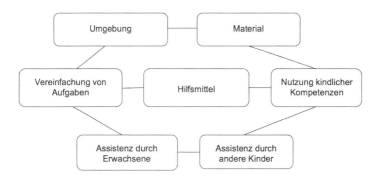

Abb. 15: Ansatzpunkte für Individualisierung der pädagogischen Unterstützung

 Die Art und Häufigkeit sozialer Interaktionen und Spielkontakte zwischen entwicklungsunauffälligen und –auffälligen Kindern, die Akzeptanz durch Kinder ohne Behinderungen und die Entwicklung von Freundschaften gelten als Gradmesser des Gelingens inklusiver Betreuung (Odom et al. 2011).

Nicht alle Kinder mit Beeinträchtigungen werden von den anderen Kindern der Gruppe von Anfang an als Spielpartner akzeptiert. Sie suchen häufiger Kontakt zum Erwachsenen und sind öfter in Einzelaktivitäten mit einer pädagogischen Fachkraft involviert als die anderen Kinder der Gruppe (Odom et al. 2002; Ytterhus 2013). Wenn ihre individuellen Ressourcen nicht ausreichen, um soziale Beziehungen gelingen zu lassen, bedarf es deshalb einer engen Begleitung durch einen Erwachsenen im Gruppenalltag, um soziale Isolation zu verhindern. Dies gilt besonders für Kinder mit gravierenden Beeinträchtigungen in der Entwicklung von kommunikativen Fähigkeiten.

Aufnahme von Kindern mit besonderen Bedürfnissen

Um die pädagogische Unterstützung des Kindes bei der Integration gezielt unterstützen zu können, müssen die Fachkräfte in der Kindertageseinrichtung über die Diagnose des Kindes aufgeklärt sein und grundlegende Informationen erhalten, welche Barrieren für die soziale Teilhabe damit verbunden sein können. Sie brauchen ein möglichst genaues Bild über den Hilfebedarf des Kindes im Alltag, seine Vorlieben und Verhaltensmerkmale, die die Teilhabe erschweren können. Wenn das Kind vor der Aufnahme bereits von der Frühförderstelle betreut wurde, kann dies in einem gemeinsamen Gespräch mit den Eltern und der Fachkraft der Frühförderstelle geschehen.

> **Checkliste: Vorbereitung der Aufnahme**
>
> – Welche Vorlieben hat das Kind – was macht ihm besondere Freude?
> – Auf welche Anforderungen reagiert es empfindlich und rasch überfordert?
> – In welchen Alltagsbereichen braucht es Hilfe (z. B. Essen, Toilettengang, Fortbewegung, Kommunikation)? Wie teilt es seine Bedürfnisse mit?
> – Gibt es eine individuelle Ziel- und Förderplanung?
> – Welche Anpassungen im Kindergartenalltag sind notwendig, damit sich das Kind gut am Geschehen beteiligen kann?
> – Gibt es kritische Verhaltensmerkmale, auf die sich die Fachkräfte in der Gruppe einstellen müssen?
> – Braucht es spezielle Kenntnisse oder Anleitungen im Pflegebereich, um den Bedürfnissen des Kindes gerecht zu werden (z. B. Umgang mit Hilfsmitteln, Lagerung des Kindes, Versorgung mit einer Nahrungssonde)?

Im Kontakt mit den anderen Kindern der Gruppe hilft eine sachgerechte, ihrem Verständnis angepasste Erklärung – z. B. warum das Kind einen Rollstuhl braucht oder ein Hörgerät benutzt –, anfängliche Unsicherheiten abzubauen. Grundsätzlich wählen Kinder dieses Alters ihre Spielpartner nicht danach aus, ob es sich um Kinder mit oder ohne Behinderung handelt. Sie unterscheiden vielmehr zwischen „netten" und „komischen" Spielpartnern, d. h. Kindern, deren Verhaltensweisen für sie nicht nachvollziehbar sind und die daher als

Spielpartner unbeliebt sind (Ytterhus 2013). Die meisten Kinder in diesem Alter akzeptieren „Anderssein" sehr schnell und finden meist allein heraus, welche Art von Spiel miteinander möglich ist, wenn sie mit dem Thema „Vielfalt" vertraut sind.

Förderung in Alltagssituationen

Ein Leitmotiv inklusiver Pädagogik ist:

Heterogene Lernsettings wo immer möglich, kompensatorische (Einzel-)Förderung soweit nötig (Kobelt-Neuhaus 2001).

Auf individuelle Unterstützungsmaßnahmen kann nicht verzichtet werden, um Bildungsbenachteiligung entgegenzuwirken, aber spezifische Fördermaßnahmen und Therapieangebote für Kinder mit Behinderungen sollen in der Regel nicht isoliert von den allgemeinen pädagogischen und sozialen Prozessen stattfinden, sondern in die „natürliche Umwelt" — d. h. das Gruppengeschehen — integriert werden, damit sie unmittelbar die soziale Teilhabe im Alltag stärken. Es geht somit nicht darum, dass die pädagogische Fachkraft der Kindertagesstätte eine Einzelförderung für ein Kind mit Beeinträchtigungen anbietet. Vielmehr gilt es, dafür Sorge zu tragen, dass individuelle Förderangebote in den Gruppenalltag eingebunden werden (Heimlich 2016).

Alltagsroutinen, Bildungsangebote und das gemeinsame Spiel in der Gruppe sind so zu gestalten, dass ein Kind mit besonderem Unterstützungsbedarf dabei Anregungen erhält, die auf seinen Entwicklungsstand abgestimmt sind. Die Fachkraft muss dazu die Fähigkeiten und Hilfebedürfnisse eines Kindes kennen, um es bei seiner sozialen Beteiligung gezielt unterstützen zu können. In der internationalen Fachliteratur ist dabei von „embedded learning opportunities" die Rede.

Die Fachkraft der Frühförderung kann den Früh- und Elementarpädagogen dabei beraten, geeignete Situationen als Lerngelegenheiten auszuwählen und systematische Hilfen für das Kind — wenn nötig — demonstrieren. Die anderen Kinder der Gruppe können dabei einbezogen und motiviert werden, ein Kind mit besonderen Bedürfnissen aktiv in ihr gemeinsames Spiel oder die Lernaktivität zu integrieren („peer-mediated strategies").

> Snyder et al. (2015a) legten eine systematische Übersicht über 43 Studien vor, die sich auf Kinder mit unterschiedlichen Sprachentwicklungsstörungen, Autismus-Spektrum-Störung, Down-Syndrom, Cerebralparese sowie schwere und mehrfache Behinderung bezogen. Sie belegt die Wirksamkeit der Förderung nach dem Konzept der „embedded learning opportunities". Die Kinder machten signifikante Fortschritte in ihren Spiel- und Nachahmungsfähigkeiten, in ihren sprachlichen Fähigkeiten und in ihrer Selbstständigkeit im Alltag, wenn die einzelnen Kompetenzen durch Anleitung, Hilfestellung und Bestärkung im Freispiel, in Kleingruppen oder bei Aktivitäten in der Kreisrunde systematisch gefördert wurden.

Förderung sozialer Beziehungen

Voraussetzungen für die soziale Teilhabe am Gruppengeschehen sind soziale Fertigkeiten, um Zugang zu einem laufenden Spielgeschehen zu finden, gemeinsame Spielaktivitäten zu gestalten und Konflikte in sozial angemessener Form zu lösen. Sie entscheiden über die Akzeptanz, die ein Kind bei Gleichaltrigen findet. Diesen sozialen Kompetenzen liegt die Fähigkeit zugrunde, soziale Situationen und emotionale Reaktionen anderer Kinder zu verstehen, eigene soziale Rollen und die Erwartungen der anderen Kinder zu kennen und die eigenen Emotionen und Impulse regulieren zu können. Der Erwerb von Fähigkeiten zur sozialen Teilhabe und zur Gestaltung positiver Beziehungen mit Gleichaltrigen ist somit in hohem Maße abhängig von der Entwicklung kognitiver und sprachlicher Fähigkeiten sowie exekutiver Funktionen (Hay et al. 2004; Guralnick 2010).

Die soziale Teilhabe am Gruppengeschehen, die Kinder mit einer Behinderung erleben, ist individuell sehr unterschiedlich. Kreuzer (2013) beobachteten 24 Kinder in mehr als 200 Stunden in der Kernbetreuungszeit in ihren Einrichtungen. Es zeigten sich fünf Interaktionsmuster:

- Kinder mit regelmäßigen Kontakten zu anderen Kindern und einem gegenseitig befriedigenden Austausch,
- Kinder, die aktiv am Gruppenalltag beteiligt sind, jedoch von anderen Kindern oft ignoriert oder zurückgewiesen werden, weil ihre sozialen Initiativen impulsiv sind und oft zu Konflikten führen,

- Kinder, die selten mit eigenen Beiträgen am Gruppengeschehen beteiligt sind, viel Zeit mit Beobachten und Selbstbeschäftigung verbringen und von den anderen Kindern der Gruppe nur kurze Zuwendung erfahren („im Vorübergehen"),
- Kinder, die sich überwiegend an die Erwachsenen wenden oder deren Verhalten von ihnen gelenkt wird und bei denen nur kurze Interaktionen mit anderen Kindern wechselnder Qualität entstehen und
- Kinder, die über sehr eingeschränkte Kommunikationsfähigkeiten verfügen, die von den anderen Kindern weitgehend ignoriert werden, so dass sie fast ausschließlich Kontakte mit Erwachsenen haben und allenfalls in strukturierten Gruppenphasen von den anderen Kindern als Gruppenmitglieder wahrgenommen werden.

Zu den Aufgaben der früh- und elementarpädagogischen Fachkräfte gehört es, interaktive Spielprozesse in Gang zu setzen, zu unterstützen und sich in Spielprozesse so hineinzubegeben, dass über das Mitspielen das gemeinsame Spiel der Kinder in seiner Intensität noch weiter entwickelt wird (Heimlich 2016).

Empirisch fundierte Konzepte zur Förderung sozialer Kompetenzen bei Kindern mit Beeinträchtigungen lassen sich in mehrere Ebenen gliedern, die hierarchisch aufeinander aufbauen (Brown et al. 2001; Abb. 16). Die gezielte Förderung sozialer Kompetenzen in Alltagssituationen („Coaching in teachable moments") stützt sich auf die Beobachtungen des Kindes in sozial relevanten Situationen. Es werden Verhaltensweisen ausgewählt, die das Gelingen sozialen Kontakts und die Ausgestaltung wechselseitiger befriedigender sozialer Beziehungen zwischen einem Kind und anderen Kindern seiner Gruppe begünstigen. In dafür geeigneten Alltagssituationen erhält das Kind durch die Fachkraft dann eine verbale Instruktion oder ein Modell zu einem „erfolgversprechenden" Verhalten und wird in der Ausführung der entsprechenden Fertigkeit unterstützt, korrigiert und bestärkt. Im Laufe der Förderung werden die Hilfen dann schrittweise reduziert, bis das Kind in der entsprechenden Situation die angestrebte Fertigkeit selbstständig einsetzt.

Eine Alternative besteht darin, dass die pädagogische Fachkraft kooperative Spielformen und Aktivitäten für eine Kleingruppe vorbereitet und die Kinder schrittweise zu einer erfolgreichen Beteiligung anleitet („Skript-Training"). Im Kindergarten kann sie z. B. Rollenspiele (z. B. Einkaufen, Geburtstagsparty, Besuch beim Arzt) so organisieren, dass jedes Kind — wie in einem Drehbuch — eine feste Rolle übernimmt und bei seiner Ausführung Assistenz erhält („Skript-Training").

Ein Programm, das ebenfalls auf einem Kleingruppenformat beruht, wurde von Goldstein et al. (1992, 1997) unter dem Titel „Teaching buddy skills to preschoolers" entwickelt und evaluiert. Für die Kleingruppen werden Kinder ausgewählt, denen die pädagogische Fachkraft die Rolle eines aktiven „Buddy" zutraut. Zunächst werden diese Kinder für unterschiedliche Wege der Kommunikation und Interaktion mit einem Kind mit Behinderung sensibilisiert. Dann werden sie dazu angehalten, ein paar Mal täglich in unterschiedlichen Situationen auf das Kind mit Behinderung zuzugehen, mit ihm zu sprechen und zu spielen.

Komplexere soziale Kompetenzen können in explizit darauf ausgerichteten Trainingsprogrammen eingeübt werden. So erweist sich z. B. das „Verhaltenstraining für Kindergartenkinder" (Koglin/Petermann 2006) als gut in den Kindergartenalltag integrierbar und wirksam zur Reduzierung von Verhaltensproblemen bei Kindern mit Auffälligkeiten (Wadepohl et al. 2011).

Abb. 16: Hierarchie von Strategien zur Förderung sozialer Kompetenz (Brown et al. 2001)

Eine solche aktive Anbahnung und Förderung von sozialen Beziehungen zwischen Kindern mit und ohne Behinderung durch die pädagogischen Fachkräfte ist in Krippen und Kindergärten nicht selbstverständlich. Vielerorts herrscht die Einstellung vor, dass die Kinder ihre sozialen Kontakte selbst bestimmen und finden müssen; pädagogische Interventionen erfolgen dann eher reaktiv, wenn es zu Konflikten kommt.

In einer wissenschaftlichen Begleitung eines Projekts zur inklusiven Förderung in Kinderkrippen musste allerdings festgestellt werden, dass nur wenige Aktivitäten von pädagogischen Fachkräften zu beobachten waren, die eine Anbahnung und Aufrechterhaltung von Interaktionen zwischen den Kindern in solch gezielter Form unterstützten (Seitz/Korff 2008; Seitz 2012). Auch Kreuzer/Klaverkamp (2012) konnten kaum gezielte Ansätze zur Förderung sozialer Kompetenzen beobachten und berichteten aus Interviews mit den Fachkräften, dass diese auch wenig Bereitschaft zeigten, sich mit evidenz-basierten Vorgehensweisen zur Förderung sozialer Kompetenzen vertraut zu machen.

Umgang mit kritischen Verhaltensweisen in der Gruppe

Der Umgang mit kritischen Verhaltensweisen in der Gruppe stellt eine besondere Herausforderung für die pädagogischen Fachkräfte dar (Hemmeter et al. 2008; Fröhlich-Gildhoff et al. 2013).

Im Umgang mit Kindern, die sich nicht an Regeln halten, noch nicht über altersgemäße Fähigkeiten zur Selbstregulation von Affekten und Aktivitäten verfügen oder dazu neigen, Konflikte in destruktiver oder aggressiver Form auszutragen, braucht es klar definierte Vorgehensweisen seitens der Fachkräfte.

Das Konzept der „Positiven Verhaltensunterstützung" lässt sich erfolgreich auch in Kindertageseinrichtungen umsetzen (u. a. Fox et al. 2003; Hemmeter et al. 2007; Dunlap et al. 2015). Es umfasst eine funktionale Analyse der Auftretenszusammenhänge des Verhaltens, eine Veränderung dieser Auslösebedingungen und aufrechterhaltenden Konsequenzen und eine systematische Anleitung zu positiven sozialen Verhaltensweisen zur Bewältigung der entsprechenden Situationen. Die Wirksamkeit solcher verhaltensorientierter Interventionen bei Kindern mit Beeinträchtigungen im Alter zwischen drei und sechs Jahren ist durch gut kontrollierte Studien belegt (Conroy et al. 2005; Brown/Conroy 2011).

In einem ersten Schritt muss das kritische Verhalten eines Kindes in eindeutiger Form definiert werden (z. B. „schubst und boxt andere Kinder im Streit") und der Zusammenhang seines Auftretens — vorhergehende Situation und nachfolgende Ereignisse — beobachtet werden. Aus solchen Beobachtungen wird dann eine Arbeitshypothese erstellt, welche situativen Bedingungen kritische Auslöser für das Verhalten sind und welche Verhaltenskompetenzen geübt werden sollten, damit das Kind diese Situationen in sozial angemessener Form bewältigen kann. Auf dieser Grundlage wird dann festgelegt, wie auf die kritischen Verhaltensweisen zu reagieren ist und auf welche Weise das Kind zu den angestrebten „positiven" Verhaltensweisen angeleitet werden soll. Diese Vorgehensweisen müssen dann von allen Fach- und Assistenzkräften in der Gruppe einheitlich befolgt werden.

> Fröhlich-Gildhoff et al. (2013) befragten Fachkräfte aus 101 Kindertageseinrichtungen zu ihrem pädagogischen Umgang mit Kindern mit Verhaltensauffälligkeiten. Am häufigsten nannten sie Auszeiten, besondere Aufmerksamkeit für Kinder mit auffälligem Verhalten und Kleingruppenangebote. Nur 20 % der Befragten benutzten spezifische Verhaltenstrainings oder Verstärkungsprogramme, schreiben ihnen jedoch eine besonders Effektivität zu. Knapp die Hälfte der Erzieherinnen gab an, dass sie sich bei Kindern mit Verhaltensauffälligkeiten eine Verbesserung durch eine Förderung durch Ergo- und Sprachtherapeuten erwarten. Die Ergebnisse dieser Erhebung sprechen dafür, dass nur ein kleiner Teil der pädagogischen Fachkräfte systematisch nach den Prinzipien der "Positiven Verhaltensunterstützung" vorgeht. Stattdessen wird eine Verhaltensänderung häufig von zusätzlichen (Einzel-)Fördermaßnahmen erwartet, deren Wirksamkeit zur Reduzierung von Verhaltensproblemen in der Gruppe zweifelhaft ist. Zwei Drittel der befragten Fachkräfte geben an, dass sie bei der Arbeit mit verhaltensauffälligen Kindern mit anderen Institutionen zusammenarbeiten. Frühförderstellen und Sozialpädiatrische Zentren wurden dabei am häufigsten genannt.

Beurteilung der inklusiven Qualität

Eine inklusive Ausrichtung von Kindertageseinrichtungen erfordert die Entwicklung eines entsprechenden Leitbildes. Der „Index für Inklusion" (Booth et al. 2006) bietet die Möglichkeit zu einer Selbstreflexion und Selbstevaluation der pädagogischen Fachkräfte, mit der ein solcher Organisationsentwicklungsprozess angestoßen werden kann. Der Index bietet eine „Systematik, die dabei hilft, große oder kleine, vor allem aber machbare, realistische Schritte in der Entwicklung" zu einer inklusiven Bildungseinrichtung zu gehen (Boban/Hinz 2009). Allerdings zeigt sich bei einer Befragung von Kindertagesstätten, die dieses Instrument erworben haben, dass er nur teilweise genutzt wird. Viele Teams halten ihn im Rahmen ihrer Arbeitsbedingungen für nicht praktikabel (Eibeck/ Kronz 2012).

Es besteht ein signifikanter Zusammenhang zwischen der Prozessqualität der Inklusion, die sich in der individuellen Unterstützung für die Kinder zeigt, und dem Entwicklungsfortschritt der Kinder in den Bereichen der Motorik, Kommunikation und Kognition (Odom et al. 2011). Zur Beurteilung der Struktur- und Prozessqualität von inklusiven Einrichtungen bedarf es deshalb praktikabler Instrumente (Buysse/Hollingsworth 2009; Heimlich/Behr 2009; Heimlich 2016).

Zur Qualitätseinschätzung von Kindergärten und Kinderkrippen im Allgemeinen liegt ein Einschätzungsverfahren in deutscher Übersetzung vor (KRIPS-R, KES-R; Tietze et al. 2001; Tietze 2005). Dieses Verfahren berücksichtigt jedoch nicht die spezifischen Erfordernisse für die Betreuung von Kindern mit besonderen Förderbedürfnissen. Im Münchener Modell zur Entwicklung integrativer Qualitätsstandards wurden deshalb in drei Forschungsprojekten geeignete Instrumente aus systematischen Beobachtungen in den Kinderkrippen und Kindergärten sowie Befragung von Erziehern und Eltern entwickelt (Heimlich 2016). Die Skala ist als Teil des Projektberichts online zugänglich (Heimlich, Behr 2007).

Checkliste: Inklusive Qualität von Kindertageseinrichtungen (Heimlich 2016)

- mit Kindern und Eltern arbeiten: Aufnahmeverfahren, Übergang Krippe bzw. Elternhaus/Kindergarten, Aufnahme und Förderung, soziale Interaktion der Kinder, differenzierte und individualisierte Förderung, Übergang Kindergarten/Schule, Kooperation mit Eltern
- integrative Spielsituationen schaffen: allgemeine pädagogische Ziele, Tagesablauf, Materialausstattung, didaktische und methodische Umsetzung der integrativen Ziele, integrierte Förder- und Therapieangebote
- multiprofessionelle Teams bilden: personelle Ausstattung und Qualifikation der Mitarbeiter, Unterstützung durch die Leitung der Kindertageseinrichtung, Organisation und Entwicklung von Teamarbeit, Fort- und Weiterbildung für Integration
- Rahmenbedingungen für das Gelingen schaffen: Innen- und Außenausstattung der Einrichtung, Barrierefreiheit, Integrationskonzept
- externe Unterstützungssysteme nutzen: Kooperation mit Fachberatung durch Frühförderstellen, Kooperation mit externen diagnostischen Institutionen und therapeutischen Fachkräften, Kooperation mit sozialen Diensten

Fortbildung der Mitarbeiter

Bundesweit werden Fort- und Weiterbildungsmaßnahmen mit dem Ziel der Verbesserung der inklusiven Qualität in Kindertageseinrichtungen angeboten. Sie orientieren sich z. B. an den Expertisen der Weiterbildungsinitiative Frühpädagogische Fachkräfte (WiFF), die vom Deutschen Jugendinstitut herausgegeben werden (Albers 2012; Sulzer/Wagner 2011). Solche Fortbildungen fördern eine positive Einstellung zur Inklusion von Kindern mit besonderem Förderbedarf und stärken die Wahrnehmung der eigenen Kompetenz (Baker-Ericzen et al. 2009). Fort- und Weiterbildungsmaßnahmen dieser Art sind jedoch nicht ausreichend, um die pädagogischen Fachkräfte in die Lage zu versetzen, Interventions- und Förderstrategien bei Kindern mit komplexem Unterstützungsbedarf fachgerecht und dauerhaft in ihrer pädagogischen Arbeit einzusetzen.

3.5.3 Konsultative Beratung und Coaching

Zusätzlich zu Fortbildungen ist eine individuelle Unterstützung der pädagogischen Fachkräfte in Kindertagesstätten durch Frühförderstellen angezeigt. Dabei ist zwischen konsultativer Beratung und Coaching-Prozessen zu unterscheiden (Buysse/Wesley 2005).

Konsultative Beratung

_ DEFINITION _

> Die **konsultative Beratung** bezieht sich auf Einzelfälle, in denen die pädagogische Fachkraft die fachliche Expertise der Fachkraft einer Frühförderstelle in Anspruch nimmt, um Fragen der Förderung und sozialen Integration von Kindern mit Beeinträchtigungen in der Gruppe zu klären.

Eine konsultative Beratung von Mitarbeitern von Kindertageseinrichtungen durch die Fachkräfte der Frühförderstellen erfordert organisatorische Voraussetzungen und kommunikative Kompetenzen auf beiden Seiten („inter- und transdisziplinäres Team", Kap. 1.2.4). Es geht darum, ein stabiles Arbeitsbündnis für eine längerfristige Zusammenarbeit zu entwickeln. Das erfordert (Odom et al. 2011):

- sich über die unterschiedlichen professionellen Rollen zu verständigen,
- eine gemeinsame Grundhaltung zur Inklusion von Kindern mit besonderen Förderbedürfnissen zu entwickeln,
- die Bedürfnisse und Fragen der pädagogischen Fachkräfte zum Ausgangspunkt der Überlegungen zu machen,
- sich über die Förderziele für die Kinder mit und ohne Behinderung zu einigen,
- unterschiedliche Sichtweisen in einer offenen und partnerschaftlichen Form der Kommunikation zu klären und
- die vereinbarten Maßnahmen verbindlich festzulegen.

Pädagogische Fachkräfte in Kindertagesstätten sehen eine solche Beratung als Erweiterung der eigenen Kompetenzen und als Qualitätsgewinn für die Arbeit im Team an (Albers 2012). Eine Zusammenarbeit mit Frühförderstellen (oder Therapeuten) ist in der Mehrzahl der pädagogischen Konzepte in inklusiven Einrichtungen vorgesehen (Wiedebusch et al. 2015). Die direkte Beobachtung des Gruppengeschehens wird allerdings teilweise als störend erlebt; für den fachlichen Austausch fehle es oft an der nötigen Zeit (Mayr 1998).

> Die Zusammenarbeit gelingt nicht überall befriedigend. In einer Erhebung, in der 143 Erzieherinnen zur Praxis der Kooperation mit Frühförderstellen befragt wurden, gab die Mehrheit an, dass sie den Förderplan des Kindes nicht kannte; über ein Drittel war nicht in den Förderprozess einbezogen. Gespräche zwischen den pädagogischen Fachkräften und den Mitarbeitern der Frühförderstelle fanden meist seltener als einmal im Monat statt und beschränkten sich vielfach auf Tür- und Angelgespräche. Gemeinsame Entwicklungsgespräche mit den Eltern waren die Ausnahme (Seelhorst et al. 2012).

Das Gelingen der interprofessionellen Zusammenarbeit erfordert ein systematisches Vorgehen und spezifische Fachkenntnisse sowie Beratungskompetenzen (Buysse/Wesley 2005; Abb. 17).

Fachkenntnisse:

Entwicklungstheorien und evidenz-basierte Interventionsstrategien

Entwicklung unter den Bedingungen einer Behinderung

partnerschaftliche Zusammenarbeit mit Eltern

Beratungskompetenzen:

Sensibilität für persönliche Werte und Kompetenzen

Respekt vor professionellen Grenzen und Vertraulichkeit

aktives Zuhören, Klärung von Informationen und unterstützendes Feedback

Strukturiertes Vorgehen:

Entwicklung eines Arbeitsbündnisses

Sammlung von Informationen

Festlegung von Zielen

Auswahl von Interventionsstrategien

Implementierung

Evaluation und Reflexion

Abb. 17: Kompetenzen in der konsultativen Beratung

Zunächst müssen der Arbeitsauftrag und die wechselseitigen Erwartungen geklärt werden. Eine konsultative Beratung sollte immer auf eine Anfrage seitens der pädagogischen Fachkräfte in der Gruppe zurückgehen und nicht – ohne vorherige Absprache – von der Leitung der Einrichtung oder den Eltern des betreffenden Kindes initiiert werden.

Der Wissensstand über Prinzipien der Inklusion und die Sichtweisen der beteiligten Personen dazu können sehr unterschiedlich sein. Fachkräfte, die in ihrer Arbeit in der Kindertagesstätte noch wenig Erfahrungen mit der Inklusion von Kindern mit besonderen Bedürfnissen gemacht haben, müssen davon überzeugt werden, dass die soziale Teilhabe eines Kindes mit Beeinträchtigungen nicht durch eine Einzelförderung, zu der die Frühförderkraft das Kind aus der Gruppe nimmt, erreicht werden kann. Sie (und die Eltern) erwarten mitunter schnelle Ratschläge der „Experten" für die Arbeit in der Gruppe.

Beratung von Früh- und Elementarpädagogen in inklusiven Kindertagesstätten

> **TIPP**
>
> Mitarbeiter in Kindergärten mit spezifischen pädagogischen Konzepten, z. B. Einrichtungen mit anthroposophischer Orientierung, sogenannte Wald-Kindergärten oder Kindergärten mit offenen Gruppenkonzepten, müssen überzeugt werden, dass die pädagogischen Rahmenbedingungen und Prozesse an die Bedürfnisse eines Kindes mit Beeinträchtigungen angepasst werden müssen.

Die Fachkraft der Frühförderstelle muss für die Einleitung des Beratungsprozesses hinreichendes Fachwissen über unterschiedliche Behinderungsformen mitbringen. Sie kann in der Beratungssituation nicht auf die Unterstützung durch andere Berufsgruppen, z. B. Therapeuten, zurückgreifen oder an sie verweisen. Schriftliche Informationen (z. B. Broschüren über die jeweilige Behinderung, die von Eltern-Selbsthilfegruppen als Erstinformationen erstellt werden) sind für die pädagogischen Fachkräfte nützlich.

Die Unterstützungsbedürfnisse des Kindes werden aus dem individuellen Entwicklungsprofil des Kindes und den Beobachtungen in der Gruppe abgeleitet. Für Hindernisse für die soziale Teilhabe müssen von der Fachkraft der Frühförderstelle und des Erziehers in der Gruppe gemeinsam Lösungen gefunden werden, die auf die individuellen Bedürfnisse des Kindes, die Konstellation in der Gruppe und die Arbeitsbedingungen der Mitarbeiter abgestimmt sind. Dabei müssen mögliche Vorbehalte der pädagogischen Fachkräfte und Sorgen vor einer Überforderung aufgegriffen und thematisiert werden. Im Einzelfall kann es sinnvoll sein, einen Antrag auf Finanzierung einer zusätzlichen pädagogischen Assistenz (Integrationshilfe) zu erwägen.

Alle Beteiligten müssen sich jedoch bewusst sein, dass eine Unterstützung der Mitarbeiter durch eine Integrationshilfe nur dann sinnvoll ist, wenn diese vom Gruppenerzieher oder der Fachkraft der Frühförderstelle systematisch angeleitet wird, wie sie die soziale Teilhabe des Kindes in der Praxis unterstützen kann.

Grundsätzlich gilt, dass langfristige wirksame Interventionen nur dann erreicht werden, wenn sie nicht auf einseitigen Empfehlungen der Fachkraft der Frühförderstelle beruhen, sondern in einem partnerschaftlichen Prozess ausgehandelt werden. In dieser Hinsicht gleicht der Prozess der Beratung in Kindertageseinrichtungen der Arbeitsweise in der familienorientierten Frühförderung, bei der die Eltern eines Kindes mit einer Beeinträchtigung zu einer aktiven Mitwirkung an der Frühförderung gewonnen werden müssen. Eine Checkliste für konsultative Beratungsprozesse kann zur Qualitätssicherung nützlich sein.

Checkliste für konsultative Beratungen

- Vorbereitung des Arbeitsbündnisses
  - Prozess der konsultativen Beratung erläutern
  - Prioritäten und Vorwissen der pädagogischen Fachkräfte erfragen
  - Arbeitsbedingungen und personelle Ressourcen in der Gruppe erfragen
  - Vertrauen in eine partnerschaftliche Arbeitsweise wecken
  - wechselseitige Erwartungen und Rollen in der Beratung klären
- Entwicklung einer Arbeitshypothese
  - individuelles Entwicklungsprofil des Kindes erstellen
  - Beobachtungen zur sozialen Teilhabe in der Gruppe sammeln
  - sich über eine Hypothese zur Erklärung von Problemen der Teilhabe verständigen
  - Priorität von Interventionszielen festlegen
- Entscheidung über Interventionsstrategien
  - Ideen zur Förderung der Teilhabe sammeln
  - Interventionsstrategie auswählen und Akzeptanz durch Fachkräfte sichern
  - (wenn nötig) Interventionsstrategien demonstrieren
- Verantwortlichkeiten für die Umsetzung festlegen
- Evaluation von Veränderungen
  - Erfahrungen bei der Implementierung von Strategien auswerten
  - Hindernisse für die Umsetzung identifizieren
- Interventionsplanung überarbeiten
  - Motivation zu kontinuierlichem Engagement der Fachkräfte stärken

Coaching

Als eine spezielle Form der Beratung hat das Coaching zum Ziel, dass die pädagogische Fachkraft — über den Einzelfall hinaus — ihre Kompetenz im Umgang mit spezifischen Förderbedürfnissen von Kindern mit Behinderungen und Verhaltensauffälligkeiten so erweitert, dass sie mit künftigen Anforderungen dieser Art selbstständig umgehen kann.

--- DEFINITION ---

Coaching versteht sich als eine strukturierte Interaktions- und Kommunikationsform zwischen einer Fachkraft der Frühförderstelle und pädagogischen Fachkräften in Kindertageseinrichtungen, die sich eine Erweiterung ihrer Kompetenzen zur Inklusion von Kindern mit Beeinträchtigungen wünschen.

Übersichtsarbeiten von Snyder et al. (2015b) und Artman-Meeker et al. (2015) fassen die Forschungslage zu Effekten von Coaching-Prozessen in der Frühpädagogik aus mehr als 40 empirischen Untersuchungen zusammen. Sie belegen die Wirksamkeit eines strukturierten Coachings zur Verbesserung der pädagogischen Qualität von Kindertageseinrichtungen und zur Implementierung von evidenz-basierten Förderstrategien für Kinder mit unterschiedlichen Entwicklungsbeeinträchtigungen.

Der Coaching-Prozess ist durch eine beidseitige Verbindlichkeit und ein vertrauensvolles Arbeitsverhältnis gekennzeichnet, in dem die Erweiterung dieser Kompetenzen in der Praxis angestrebt wird. Der Coaching-Prozess enthält sowohl Elemente, bei denen die Fachkraft der Frühförderstelle ihr Wissen an die pädagogische Fachkraft der Gruppe weitergibt („expert coaching"), als auch Phasen, in denen beide Partner ihre jeweilige fachliche Expertise einbringen, um Lösungsmöglichkeiten für Probleme bei der Inklusion von Kindern mit besonderen Bedürfnissen zu suchen und zu reflektieren („reciprocal peer coaching").

Der Coaching-Prozess folgt den gleichen Prinzipien wie die konsultative Beratung, ist jedoch auf einen längeren Zeitraum ausgerichtet. Er umfasst (Rush/Sheldon 2011; Artman-Meeker et al. 2015; Dunst 2015):

- eine klare, transparente Definition der Ziele,
- Festlegung der einzelnen Arbeitsschritte,
- Beobachtungen der Interaktion zwischen der Fachkraft und den Kindern der Gruppe,
- Vermittlung neuer Kompetenzen mit Hilfe von Instruktionsmaterialien,
- Live- oder Video-Demonstration,
- Erproben spezifischer Veränderungen unter Anleitung (z. B. im Rollenspiel) und dann in der konkreten Praxis
- gemeinsame Reflexion mit explizitem Feedback an die Fachkraft zur Art und Weise, wie sie die intendierten Veränderungen umgesetzt hat, und zur Stärkung ihrer Motivation zur kontinuierlichen Weiterarbeit.

Entscheidend ist, dass die pädagogischen Fachkräfte den Einsatz der Vorgehensweisen, auf die das Coaching ausgerichtet ist, in ihrer eigenen Praxis aktiv erproben und danach mit dem Coach reflektieren. Reflexion und Feedback können sich auf einen detaillierten Erfahrungsbericht der Fachkraft, besser aber auf unmittelbare Beobachtungen im Arbeitskontext der pädagogischen Fachkraft oder auf Videoaufzeichnungen der Gruppenaktivitäten beziehen. Es sollte auch ein Follow-up zur Stabilisierung der Kompetenzfortschritte eingeplant werden.

Die zeitliche Dauer des Coaching-Prozesses hängt davon ab, ob nur einzelne Strategien oder umfangreichere Kompetenzen erworben werden sollen. Dunst (2015) gibt in einer Forschungsübersicht zu Coaching-Prozessen in der Frühförderung eine durchschnittliche Dauer von 20 Terminen in einem Zeitraum von 15 bis 20 Wochen an.

Das geschilderte Vorgehen entspricht den Prinzipien, die sich generell in der Professionalisierung von pädagogischen Fachkräften als wirksam erwiesen haben (Trivette et al. 2009; Rush/Shelden 2011). Im Gegensatz zu herkömmlichen Fortbildungen mit Workshop-Charakter werden die Ziele individuell festgelegt, passende Lösungen für Herausforderungen in der Praxis gesucht und von der pädagogischen Fachkraft zwischen den Coaching-Terminen umgesetzt. Durch den gemeinsamen Reflexionsprozess und das differenzierte Feedback, das flexibel an ihre Lernfortschritte angepasst wird, erlebt die Fachkraft das Coaching als kontinuierliche soziale Unterstützung und gewinnt an Sicherheit und Zutrauen in ihre professionellen Kompetenzen.

ZUSAMMENFASSUNG

Inklusive Kindertagesstätten kooperieren mit Frühförderstellen bei der Unterstützung der sozialen Teilhabe von Kindern mit besonderen Förderbedürfnissen. Dabei geht es um die Förderung von sozialen Kompetenzen in Alltagssituationen und die Entwicklung positiver sozialer Beziehungen mit den anderen Kindern der Gruppe. Zu den Aufgaben der Frühförderung gehört auch die Planung von Maßnahmen der „Positiven Verhaltensunterstützung" im Umgang mit kritischen Verhaltensweisen in der Gruppe.

Die Zusammenarbeit kann als konsultative Beratung oder als Coaching-Prozess gestaltet werden. Eine erfolgreiche Beratung erfordert ein systematisch strukturiertes Vorgehen, Fachwissen und spezifische Beratungskompetenzen seitens der Fachkraft der Frühförderung.

4 Belastungen und Beratung von Familien mit Kindern mit Behinderungen

Damit Eltern einem Kind mit einer Beeinträchtigung vielfältige Lerngelegenheiten im Alltag bieten und seine Entwicklungsfortschritte unterstützen können, müssen ihre persönlichen und sozialen Ressourcen ausreichend sein. Familienorientierte Frühförderung impliziert deshalb immer die Stärkung der familiären Bewältigungskräfte.

> **BEISPIEL**
>
> **Drohende Überforderung der familiären Bewältigungskräfte**
>
> Julian wächst in einer Familie mit zwei älteren Geschwistern auf. Die Eltern stellten bereits in den ersten beiden Lebensjahren fest, dass sich Julian anders entwickelte als gleichaltrige Kinder. Erst mit drei Jahren wurde jedoch durch den Kinderarzt eine humangenetische Untersuchung initiiert, die die Diagnose eines Fragilen-X-Syndroms bestätigte.
>
> Der familiäre Alltag ist in hohem Maße durch impulsive, hyperaktive und unkooperative Verhaltensweisen Julians belastet. Er kann sich kaum an einem gemeinsamen Spiel mit den Geschwistern oder anderen Kindern beteiligen, zerstört oft unbeabsichtigt Spielsachen und irritiert seine Geschwister durch sein unkontrolliertes Verhalten. Bei den Mahlzeiten oder abends, wenn er zu Bett gehen soll, kommt es häufig zu Konflikten in der Familie. Seine Bedürfnisse bestimmen den Alltag, er braucht viel Aufmerksamkeit der Eltern, so dass sie Sorge haben, dass die Geschwister sich zurückgesetzt fühlen.
>
> Die Eltern selbst sind über die Diagnose nur unzureichend aufgeklärt worden und sehr unsicher, wie die weitere Entwicklung Julians verlaufen wird. Der Vater vermeidet jedes Gespräch über die Behinderung und die damit verbundenen Zukunftssorgen, zieht sich in die Arbeit zurück und geht am Wochenende sportlichen Hobbys nach, so dass sich die Mutter mit den Belastungen sehr allein fühlt. Die Eltern des Vaters wohnen zwar

in der Umgebung, sind für sie aber keine große Unterstützung. Sie erlebt sie eher vorwurfsvoll, dass „in ihrer Familie so etwas noch nie vorgekommen" sei. Dass sie eine Entlastung durch einen Familienunterstützenden Dienst beanspruchen könnte, der nach den Bestimmungen des Pflegegesetzes finanziert würde, ist ihr und ihrem Mann nicht bekannt.

4.1 Herausforderungen für Familien und Ressourcen zur Bewältigung

Die Unterstützung und Beratung der Eltern beginnt mit der Zeit der Diagnosemitteilung, ist jedoch über den gesamten Förderprozess eine kontinuierliche Aufgabe der Fachkräfte der Frühförderung.

4.1.1 Erste Reaktionen auf die Diagnose

Eltern erfahren von einem Entwicklungsrisiko oder einer Behinderung ihres Kindes zu sehr unterschiedlichen Zeitpunkten — und auf sehr unterschiedliche Weise. Wenn es sich um ein sehr unreif geborenes Kind handelt, werden sie von den Ärzten bereits sehr früh mit der Mitteilung einer unsicheren Entwicklungsprognose konfrontiert. Sie müssen u. U. mehrere Wochen erleben, dass das Überleben und die Zukunft ihres Kindes unsicher sind und es intensiver medizinischer Versorgung bedarf. In anderen Fällen weist das Kind bereits früh erkennbare körperliche Auffälligkeiten auf, so dass sich die Eltern auf einen dauerhaft veränderten Lebensweg unter den Bedingungen einer genetisch bedingten Entwicklungsstörung einstellen müssen. Die Mehrzahl der Eltern wird aber erst im Verlauf der ersten Lebensjahre mit der Realität einer Entwicklungsstörung konfrontiert, wenn die motorische Entwicklung auffällig ist bzw. der Erwerb von kognitiven oder sprachlichen Fähigkeiten verzögert verläuft. Sozial-emotionale Auffälligkeiten werden nicht selten erst im Kindergartenalter erkennbar, wenn es dem Kind schwerfällt, sich an soziale Regeln anzupassen oder Kontakt zu gleichaltrigen Kindern in der Gruppe zu finden.

In jedem Fall bedeutet die Mitteilung einer Behinderung, dass die Eltern ihre Erwartung an eine unbeschwerte gemeinsame Entwicklung aufgeben und sich mit unsicheren Entwicklungsperspektiven auseinandersetzen müssen. Die Mitteilung einer Diagnose nimmt ihnen zunächst das Vertrauen auf ihre intuitiven Kompetenzen, ihrem Kind eine gute Entwicklungsumgebung und Erziehung bieten zu können. Sie fühlen sich dem Schicksal gegenüber ohnmächtig und es fehlt ihnen an Anhaltspunkten, was sie für die Entwicklung ihres Kindes tun können und worauf sie sich in der Zukunft einstellen müssen. In diesem Sinne muss die Mitteilung einer dauerhaften Behinderung als potenzielle Traumatisierung angesehen werden.

Eltern unterscheiden sich in ihrer Fähigkeit, eine solche potenziell traumatisierende Erfahrung zu bewältigen und ihr inneres Gleichgewicht wiederzufinden. Vielen Eltern gelingt es, sich nach einiger Zeit auf die Gegenwart und den unmittelbaren Alltag mit dem Kind zu konzentrieren, einen realistischen Blick für seine Fortschritte zu entwickeln und die Suche nach Gründen für diesen Schicksalsschlag, Selbstvorwürfe oder wütende Vorwürfe an andere hinter sich zu lassen.

Bei anderen Eltern sind auch lange Zeit nach der Diagnosemitteilung noch Anzeichen einer Traumatisierung zu erkennen. In Untersuchungen, bei denen standardisierte Interviews („Reaction to Diagnosis Interview") ausgewertet werden, zeigt sich, dass eine unverarbeitete Traumatisierung mit einem höheren Belastungserleben der Eltern und Auffälligkeiten in der Eltern-Kind-Interaktion assoziiert ist (Marvin/Pianta 1996; Barnett et al. 2006; Wachtel/Carter 2008; Rentinck et al. 2009).

Sheeran et al. (1997) stellten z. B. bei Müttern von Kindern mit einer Cerebralparese oder Epilepsie fest, dass sich diejenigen, die ihr inneres Gleichgewicht wiedergefunden hatten, durch die Behinderung weniger belastet fühlten und zufriedener mit der sozialen Unterstützung waren, die sie von ihren Partnern und in ihrem sozialen Umfeld erlebten.

Feniger-Schaal/Oppenheim (2013) analysierten die Zusammenhänge zwischen der Auflösung der Traumatisierung und der mütterlichen Responsivität im gemeinsamen Spiel bei 40 Kindern mit geistiger Behinderung im Alter von zweieinhalb bis fünfeinhalb Jahren. Mütter, bei denen keine Anzeichen einer nachhaltigen Traumatisierung mehr festzustellen waren, zeigten sich deutlich sensitiver in der Interaktion mit ihrem Kind.

Wie rasch Eltern ihr inneres Gleichgewicht wiederfinden, hängt von mehreren Faktoren ab. Dazu gehören die Art der Diagnose, die ihnen mitgeteilt wird, und die Umstände der Diagnosemitteilung. Retrospektive Befragungen von Eltern, wie sie die Art und Weise der Diagnosemitteilung erlebt haben, vermitteln ein unterschiedliches Bild. Einige erlebten den Arzt, der die Diagnose mitgeteilt hat, als sensibel und empathisch, andere hätten mehr Aufklärung über Entwicklungschancen und Fördermöglichkeiten sowie mehr Bereitschaft erwartet, auf ihre Reaktionen, Sorgen und Ängste einzugehen (Skotko/Bedia 2005). Daraus lassen sich die Erwartungen ableiten, die Eltern an die Vermittlung der Diagnose haben (Skotko et al. 2009).

> **Checkliste: Erwartungen der Eltern bei der Mitteilung der Diagnose**
>
> - Mitteilung der Diagnose durch einen erfahrenen Arzt in einem geschützten Raum
> - Beschränkung der medizinischen Aspekte auf unmittelbare Behandlungsnotwendigkeiten
> - Information über Entwicklungsperspektiven und -potenziale des Kindes
> - Hinweise auf Fördermöglichkeiten
> - Vermittlung von Kontakten zu anderen Eltern oder Selbsthilfegruppen

Ärzte, die die Diagnose eines Down-Syndroms mitteilen müssen, können auf ein breites Wissen zu den Entwicklungsperspektiven von Kindern mit dieser Behinderung zurückgreifen und die Eltern ermutigen, mit Elterngruppen Kontakt aufzunehmen, um aus den Erfahrungen anderer Eltern mit Kindern mit der gleichen Entwicklungsstörung zu lernen und sich ein Bild von der Zukunft zu machen. Dies ist bei anderen Diagnosen nicht immer der Fall (Lenhard et al. 2005). So berichten z. B. Eltern von Kindern mit seltenen genetischen Syndromen, dass es den Ärzten oft an spezifischen Kenntnissen über den Behandlungsbedarf oder die Entwicklungschancen fehlt. Sie selbst müssen mitunter den Ärzten und Fachkräften die entsprechenden Informationen erst vermitteln (Griffith et al. 2011; Sarimski 2014b). Durch die Diagnose besonders stark belastet fühlen sich Eltern von Kindern mit einer Autismus-Spektrum-Störung, wenn sie die Schwere und Dauerhaftigkeit der Beeinträchtigung der kommunikativen und sozialen Entwicklung ihrer Kinder realisieren (Oppenheim et al. 2009; Milshtein et al. 2010).

Eine spezifische Herausforderung für Eltern von Kindern mit Verdacht auf eine Hörschädigung stellt die Zeit der Unsicherheit zwischen einem auffälligen Befund im Neugeborenen-Hörscreening und der Bestätigung der Diagnose sowie der anschließenden Versorgung dar (Burger et al. 2005; Fiebig/Hintermair 2007). Die Eltern müssen sich dann rasch mit der Entscheidung für oder gegen eine mögliche Cochlea-Implantation auseinandersetzen. Sie bedeutet eine Entscheidung für eine irreversible Operation und einen aufwendigen nachfolgenden Rehabilitationsprozess, dessen Erfolg von den Fachleuten nicht sicher vorhergesagt werden kann (Most/Zaitman-Zait 2003).

Die Zusammenhänge zwischen einer Traumatisierung der Eltern durch die Diagnosemitteilung und dem weiteren Verlauf der elterlichen Anpassung weisen auf die Bedeutung früher Beratungsangebote hin. Die Eltern müssen in der ersten Zeit nach der Diagnosemitteilung die Möglichkeit haben, über ihre emotionalen Reaktionen zu sprechen und sich über Zukunftsperspektiven und Fördermöglichkeiten zu informieren (Barnett et al. 2003). Pelchat et al. (1999) beschrieben z. B. ein Konzept zur individuellen Unterstützung durch Kinderkrankenschwestern in den ersten Wochen nach der Geburt eines Kindes mit Down-Syndrom. Eltern, die diese Unterstützung erhalten hatten, gelang die Anpassung wesentlich besser als Eltern einer Kontrollgruppe.

4.1.2 Elterliches Belastungserleben im weiteren Verlauf

Elterliche Anpassungsprozesse an die Herausforderungen, die mit einer Behinderung verbunden sind, lassen sich mit unterschiedlichen Modellen beschreiben. Ältere Stufenmodelle gehen davon aus, dass Eltern, die mit einer solchen Diagnose konfrontiert sind, Phasen der Ungewissheit, Aggression und Depression durchleben, bevor ihnen eine Annahme der Realität gelingt (Schuchardt 1985). Dabei werden allerdings ein universelles Muster und eine lineare Abfolge von emotionalen Stadien unterstellt, die in der Praxis so nicht anzutreffen sind. Eltern zeigen individuell unterschiedliche Reaktionen auf die Behinderung ihres Kindes, erleben immer wieder „Rückfälle" in ihrer psychischen Stabilität und erreichen nicht immer einen stabilen Zustand, wie er mit dem Begriff der „Annahme" der Behinderung suggeriert wird. Neuere systemische Ansätze lenken den Blick auf die wechselseitigen Zusammenhänge in der Entwicklung der familiären Beziehungen.

> **!** Die Diagnose der Behinderung des Kindes betrifft die Familie als dynamisches System, d. h. die Eltern, Geschwister, Großeltern und weitere Verwandte in ihren Beziehungen zueinander. Familien unterscheiden sich in ihrem Zusammenhalt und in ihrer Flexibilität, auf schwierige Lebenssituationen zu reagieren, ihren Präferenzen, Ressourcen und Stärken.

Ein systemisches Modell, das sich an allgemeinen Konzepten zur Belastungsbewältigung orientiert, ist das ABC-X-Modell. Es stellt die kognitive Bewertung der Behinderung des Kindes, die verfügbaren persönlichen und sozialen Ressourcen und die Bewältigungsstrategien aller Beteiligten in den Mittelpunkt. Dieses Modell wird der individuellen Variabilität der familiären Anpassungsprozesse am besten gerecht und macht deutlich, welche Ansatzpunkte für familien-unterstützende Interventionen sich bieten (Abb. 18).

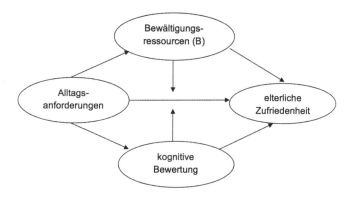

Abb. 18: Einflussfaktoren auf das elterliche Belastungserleben (ABC-X-Modell)

Eine große Zahl von Studien hat die erlebte Belastung von Eltern von Kindern mit unterschiedlichen Behinderungen mit der Belastung von Eltern verglichen, deren Kinder sich altersgemäß und unauffällig entwickeln. Erwartungsgemäß zeigen die meisten dieser Studien signifikante Unterschiede im Grad der Belastung. Dies gilt für Mütter von Kindern mit intellektueller Behinderung, Cerebralparese oder Blindheit/Sehbehinderung gleichermaßen (Innocenti et al. 1992; Sarimski 1993; Tröster 1999b; Britner et al. 2003; Baker et al. 2003; Rentinck et al. 2006; Butcher et al. 2008).

In Befragungen, welche Situationen sie im Alltag als besonders belastend erleben, nennen Eltern von Kindern mit Behinderungen im Kindergartenalter zunächst den Hilfebedarf bei der alltäglichen Versorgung (Essen, zu Bett bringen, Toilettengang), gefolgt von den Aktivitäten zur Förderung/Therapie zuhause und den Terminen bei Ärzten und Therapeuten (Plant/Sanders 2007). Die erlebten Belastungen der Mütter in der alltäglichen Versorgung nehmen im Laufe des Vorschulalters nicht ab, sondern eher zu (Gerstein et al. 2009).

Eltern von Kindern mit Körper- oder Mehrfachbehinderung fühlen sich vornehmlich körperlich und zeitlich belastet durch den hohen Pflege- und Betreuungsaufwand und den Zeitaufwand für therapeutische Maßnahmen. Eltern von

Kindern mit Beeinträchtigungen der geistigen Entwicklung erleben hingegen stärker die Einschränkungen in ihrer Alltagsgestaltung und die Sorgen um die Zukunft der familiären Beziehungen als Belastung (Bellingrath et al. 2009)

> In einer vergleichenden Studie bei Müttern von Kindern im durchschnittlichen Lebensalter von 2,6 Jahren wurde die subjektive Belastung bei intellektueller Behinderung, Hörbehinderung oder Blindheit/Sehbehinderung des Kindes erhoben. Etwa 30 % der befragten Mütter wiesen signifikant erhöhte Belastungswerte in der Interaktion mit dem Kind auf. Bei 20 % waren auch die persönlichen Belastungen, Zukunftssorgen und finanziellen Belastungen überdurchschnittlich hoch. Mütter von Kindern mit geistiger Behinderung schilderten mehr Belastungen als Mütter von Kindern mit einer Hörbehinderung (Lang et al. 2012).

Die Ausprägung kindlicher Verhaltensauffälligkeiten erweist sich als ein bedeutsamer Prädiktor für die subjektive Belastung von Müttern von Kindern mit intellektuellen und körperlichen Behinderungen (Baker et al. 2002; Butcher et al. 2008; Ketelaar et al. 2008). Erwartungsgemäß schildern sich daher Mütter von Kindern mit autistischen Verhaltensmerkmalen als besonders hoch belastet (Hayes/Watson 2013; Sarimski 2016a). Auch Mütter von Jungen mit Fragilem-X-Syndrom – bei denen ebenfalls ausgeprägte soziale Anpassungsprobleme im frühen Kindesalter zu den charakteristischen Verhaltensmerkmalen zählen – erleben ein höheres Maß an subjektiver Belastung als Mütter von Kindern mit anderen Behinderungsformen (von Gontard et al. 2002).

In der Literatur wird in diesem Zusammenhang von einem sogenannten „Down-Syndrom-Vorteil" gesprochen. Eltern von Kindern mit dieser Behinderung fühlen sich weniger belastet als andere. Die Autoren vermuten, dass dies auf einen spezifischen Verhaltensphänotyp beim Down-Syndrom zurückzuführen sei, der durch soziale Anpassungsbereitschaft und ein geringes Ausmaß an hyperaktiven oder aggressiven Verhaltensweisen gekennzeichnet sei (Hodapp et al. 2003). Allerdings zeigt sich in longitudinal angelegten Studien ein solcher Unterschied zum Belastungserleben von Eltern von Kindern mit anderen Behinderungen nur im frühen Kindesalter. Die Belastungswerte gleichen sich im weiteren Verlauf an (Most et al. 2006). Außerdem ist zu bedenken, dass Eltern von Kindern mit Down-Syndrom tendenziell älter sind als Eltern anderer behinderter Kinder und daher bereits über mehr persönliche (und finanzielle) Bewältigungsressourcen verfügen (Stoneman 2007).

Andere Autoren beschäftigten sich mit der Frage, ob die Rate von depressiven Symptomen oder anderen psychischen Belastungsreaktionen unter Eltern von jungen Kindern mit Behinderungen erhöht ist. Singer (2006) legte eine Meta-Analyse von 18 Studien vor, die dies bestätigte. 29 % der Mütter erfüllten die Kriterien einer depressiven Störung. Die Ergebnisse beruhen allerdings auf Selbsteinschätzungen der Befindlichkeit in standardisierten Fragebögen, so dass in diesen Fällen nicht von der klinischen Diagnose einer behandlungsbedürftigen Depression gesprochen werden sollte.

Anzeichen einer Depression von Müttern zu erkennen, ist für die Frühförderung besonders bedeutsam. Bereits im frühen Kindesalter reagieren Kinder auf depressive Stimmungen ihrer Mütter mit Rückzug aus dem sozialen Kontakt. Diesen Müttern fällt es schwer, sich auf die besonderen Bedürfnisse des Kindes einzustellen und im familiären Kontext entwicklungsförderliche Impulse zu setzen (Alvarez et al. 2015). Sie haben weniger Zutrauen in ihre eigenen Fähigkeiten, erleben weniger soziale Unterstützung, haben Kinder mit ausgeprägteren Verhaltensproblemen und neigen eher zu vermeidenden (statt aktiven, problemorientierten) Bewältigungsstrategien (Feldman et al. 2007).

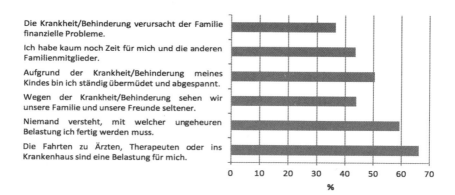

Abb. 19: Belastungen von Familien mit chronisch kranken/behinderten Kindern (Kindernetzwerk 2015)

Eine Untersuchung, die vom Kindernetzwerk in Kooperation mit der AOK bundesweit in Deutschland bei fast 1600 Eltern von Kindern mit körperlichen, geistigen Behinderungen oder Mehrfachbehinderungen durchgeführt wurde, gibt Aufschluss über die Einschränkungen, die die Familien erleben („Familie im Fokus"; Kindernetzwerk 2015). Danach gibt die Hälfte der Mütter (und knapp 20 % der Väter) an, dass sie ihre Arbeitszeit aufgrund der Geburt eines behinderten Kindes reduziert haben. 26 % der Mütter haben die Erwerbsarbeit vorübergehend ganz eingestellt; diese Zahl ist deutlich höher als in einer Vergleichsgruppe von Müttern, deren Kinder keine Behinderung haben. Abbildung 19 zeigt den Grad der Belastung der befragten Eltern.

4.1.3 Persönliche und soziale Ressourcen zur Bewältigung

Nicht alle Eltern von Kindern mit Behinderungen geben jedoch eine erhöhte Belastung oder depressive Symptome an. Dies hängt von ihren persönlichen und sozialen Ressourcen ab. Eltern unterscheiden sich in der Art, wie sie kritische Lebenssituationen bewerten und bewältigen, in ihrem grundsätzlichen Optimismus und in der Unterstützung, die sie in ihrer Partnerschaft oder im sozialen Umfeld erleben. Zahlreiche Forschungsarbeiten zeigen, dass diese Ressourcen in Familien mit geistig oder körperlich behinderten oder sinnesgeschädigten Kindern gleichermaßen, d. h. weitgehend unabhängig von der jeweiligen Behinderung wirksam sind.

Untersuchungen, die die verschiedenen Einflussfaktoren zur Erklärung des Belastungserlebens analysieren, kommen zu dem Ergebnis, dass persönliche und soziale Bewältigungsressourcen einen wesentlich stärkeren Einfluss darauf haben als der Schweregrad der Behinderung (z. B. Saloviita et al. 2003; Feldman et al. 2007).

Eine optimistische Grundhaltung und Zuversicht in die zukünftige Entwicklung gehen einher mit positivem, entwicklungsförderlichen Elternverhalten (Ellingsen et al. 2014). Einige Eltern bewerten die Einschränkungen, die mit der Behinderung verbunden sind, als starke Belastungen; andere sehen auch positive Entwicklungschancen, die mit diesen Herausforderungen verbunden sind (z. B. eine Neuorientierung familiärer Werte oder eine Stärkung des familiären Zusammenhalts; Ylven et al. 2006). In qualitativen Interviews äußert ein Teil der Eltern z. B., dass sie sich persönlich weiterentwickelt, sich neue Kompetenzen angeeignet und gelernt hätten, sich auf den jeweiligen Tag zu konzentrieren, einen gewissen Stolz empfinden würden, ihr Bestes für das Kind getan zu haben, und mehr Sinn in ihrem Leben gefunden hätten (Hastings/Taunt

2002). Positive Bewertungen gehen mit einem besseren Gelingen der familiären Anpassung im weiteren Verlauf einher (Trute et al. 2007; Blacher/Baker 2007).

Problemorientierte Bewältigungsstile, d. h. eine aktive Auseinandersetzung mit den Herausforderungen, und die Suche nach sozialer Unterstützung gehen ebenfalls mit einer höheren psychischen Stabilität der Eltern einher, während Eltern, die eine solche aktive Auseinandersetzung vermeiden, mehr depressive Symptome entwickeln (Abbeduto et al. 2004; Dabrowska/Pisula 2010).

In diese Forschungsergebnisse reihen sich auch Befunde ein, in denen das elterliche „Kohärenzgefühl" erhoben wurde. Danach kommen Menschen besser mit belastenden Lebensereignissen zurecht, wenn sie das Gefühl haben, sie zu verstehen, ihnen einen Sinn für ihr Leben beimessen und auf den weiteren Verlauf Einfluss nehmen zu können. Bei Eltern von Kindern mit einer Hörschädigung, einer intellektuellen Behinderung oder einer autistischen Störung zeigte sich z. B., dass die Eltern ihre Belastung als umso geringer erlebten, je ausgeprägter dieses Kohärenzgefühl war (Hintermair 2002; Olsson/Hwang 2002; King et al. 2006; Retzlaff et al. 2006).

In einer Studie, an der 70 Mütter von Kleinkindern mit geistiger Behinderung in der Frühförderung teilnahmen, erwiesen sich das mütterliche Kohärenzgefühl zusammen mit einem aktiven Bewältigungsverhalten und höherem familiären Zusammenhalt als signifikante Prädiktoren für die Entwicklung des Belastungserlebens (Margalit/Kleitman 2006; Einav et al. 2012).

Zu den persönlichen Schutzfaktoren gegen Belastungen gehört schließlich auch das Zutrauen in die eigenen Kompetenzen, Herausforderungen zu meistern. Ein höheres Zutrauen in die eigene erzieherische Kompetenz korreliert mit einer geringeren interaktionsbezogenen und familiären Belastung (Sarimski et al. 2012b) und einer geringeren Ausprägung von Verhaltensauffälligkeiten von Kindern mit kognitiven Beeinträchtigungen, Cerebralparese oder autistischen Symptomen (Hastings/Brown 2002; Paczkowski/Baker 2007; Butcher et al. 2008).

Die Zufriedenheit mit der Partnerschaftsqualität und die praktische und emotionale Unterstützung durch den Partner sind weitere Einflussfaktoren, die die erlebte Belastung und psychische Stabilität der Mutter bestimmen (Simmerman et al. 2001; Kersh et al. 2006).

Grundsätzlich finden sich keine systematischen Unterschiede in der Zufriedenheit mit der Partnerschaftsqualität, wenn Eltern von Kindern mit und ohne Behinderung befragt werden (Britner et al. 2003; Gavidia-Payne/Stoneman 2006).

Eine Meta-Analyse von sechs Studien belegt zwar, dass es in Familien mit behinderten Kindern etwas häufiger zu Partnerschaftskonflikten und Scheidungen kommt. Der Unterschied zu anderen Familien ist jedoch gering (Effektstärke d = .21; Risdal/Singer 2004). In einer umfangreichen Erhebung verglichen Urbano/Hodapp (2007) die Scheidungsraten in Familien, deren Kinder Down-Syndrom, andere anlagebedingte Entwicklungsstörungen oder keine Behinderung aufwiesen. Die Scheidungsrate in Familien mit Kindern, die anlagebedingte Entwicklungsstörungen hatten, unterschied sich nicht von der Gesamtbevölkerung. Die Scheidungsrate in Familien mit Kindern mit Down-Syndrom war sogar niedriger. Es ist anzunehmen, dass die Entwicklung der partnerschaftlichen Beziehung von anderen Faktoren stärker bestimmt wird als von den Belastungen, die mit der Erziehung eines Kindes mit Behinderungen verbunden sind

4.2 Empowerment als Ziel familienorientierter Frühförderung

Ein zentrales Ziel der Frühförderung ist es, die persönlichen und sozialen Bewältigungskräfte der Eltern zu stärken. Um empowerment-orientierte Maßnahmen zu planen, müssen sich die Fachkräfte zunächst einen Eindruck von dem Grad der subjektiven Belastung der Eltern, ihren Haltungen und Bewältigungsstilen sowie ihren sozialen Ressourcen machen. Die Informationen, die dazu aus standardisierten Fragebögen zur Elternbelastung und aus einer Befragung zum sozialen Netzwerk gewonnen werden können, müssen im persönlichen Gespräch ergänzt werden, um den individuellen Unterstützungsbedarf der Familie kennen zu lernen (Kap. 1.3). Empowerment-orientierte Hilfen in der Frühförderung sollen dazu beitragen, dass

- die Eltern die Fähigkeiten und individuellen Hilfebedürfnisse ihres Kindes kennen,
- in der Lage sind, Entwicklungsprozesse ihres Kindes selbst erfolgreich zu unterstützen,
- über befriedigende Unterstützungssysteme verfügen,
- ihre Rechte kennen und für die Bedürfnisse ihres Kindes eintreten können und
- an den alltäglichen Aktivitäten ihres Umfeldes teilnehmen.

Fachkräfte der Frühförderung benötigen dazu Kompetenzen, um ein tragfähiges Arbeitsbündnis mit den Eltern zu schließen („relational competencies") und ihre Teilhabe am Förderprozess zu stärken („participatory competencies"; Abb. 20).

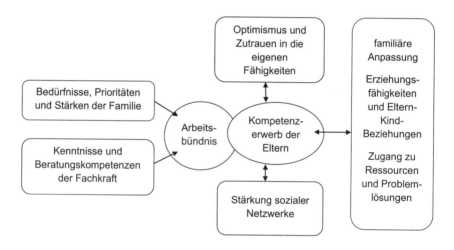

Abb. 20: Empowerment-orientierte Maßnahmen in der Frühförderung

4.2.1 Stärkung der persönlichen Bewältigungskräfte

Im Gespräch mit der Fachkraft der Frühförderung sollten die Eltern die Möglichkeit haben, ausführlich über ihre Erinnerungen an die Umstände von Schwangerschaft und Geburt, die Zeit bis zur Diagnosemitteilung und die Diagnosemitteilung selbst zu sprechen. Einem empathischen Zuhörer von Ereignissen zu erzählen, die Gefühle der Ohnmacht und Hilflosigkeit haben entstehen lassen und das Selbstwertgefühl der Eltern nachhaltig beeinträchtigen, kann — das zeigen die klinischen Erfahrungen mit post-traumatischen Belastungsstörungen im Allgemeinen – zu einer Entlastung und zu einer allmählichen Integration des Geschehens in die eigene Biografie beitragen. Manchmal erleben die Eltern es bereits als hilfreich zu erfahren, dass ihre Gefühle von Trauer, Wut, Verzweiflung völlig normal sind. In anderen Fällen ist es sinnvoll, Ängste vor der Zukunft („Katastrophenvorstellungen") zu hinterfragen und mit den Eltern an realistischen Zukunftsperspektiven für sich und das Kind zu arbeiten.

Das Gespräch über die Entwicklungsmöglichkeiten des Kindes fördert die aktive Auseinandersetzung mit den Aufgaben, die mit der Behinderung des Kindes verbunden sind. Dazu gehört z. B. die fachliche Information über die Förderung von Sehresten oder die Möglichkeiten der Orientierungs- und Mobilitätsschulung bei Kindern mit Sehschädigungen, über die positiven Ergebnisse zur Sprachentwicklung hörgeschädigter Kinder bei früher Rehabilitation, die Vermittlung von syndrombezogenem Wissen bei Kindern mit genetischen Entwicklungsstörungen oder die Aufklärung über die Möglichkeit technischer Hilfen bei Kindern mit schweren, cerebral bedingten Kommunikationsstörungen. Diese Informationen stärken die Zuversicht der Eltern, dass sie den Lebensweg ihres Kindes aktiv begleiten und für das Kind und die gesamte Familie eine befriedigende Lebensqualität sichern können.

Dabei kann es nützlich sein, mit den Eltern auch einen Blick auf ihre eigenen biografischen Erfahrungen zu werfen. Nicht selten waren Eltern schon vor der Mitteilung der Behinderung ihres Kindes mit anderen kritischen Lebensereignissen konfrontiert (z. B. dem Verlust eines Elternteils oder der Trennung von einem Partner). Ein Rückblick, was ihnen damals geholfen hat, die Situation zu meistern und ihr inneres Gleichgewicht wiederzufinden, kann helfen, die eigenen Ressourcen klarer zu erkennen und für die gegenwärtige Herausforderung zu mobilisieren.

Angesichts der besonderen Bedeutung, die das Zutrauen in die eigenen Kompetenzen zur Entwicklungsförderung für die psychische Stabilisierung der Eltern hat, ist es wichtig, dass Fachkräfte der Frühförderung von Beginn ihrer Zusammenarbeit die aktive Beteiligung der Eltern an der Frühförderung in den Mittelpunkt stellen. In der (videogestützten) Interaktionsberatung können sie dafür sensibilisiert werden, wie sie in ihrer eigenen Interaktion mit dem Kind im Alltag Impulse für Entwicklungsfortschritte des Kindes setzen können (Kap. 1.2.3).

Eine Reflexion über eigene Beziehungserfahrungen und die Beziehung zum Kind trägt zur Entwicklung günstiger Interaktionsformen bei (Sealy/Glovinsky 2016). Statt sich hilflos zu fühlen und die Förderung als Aufgabe von Fachkräften anzusehen, reflektieren sie über ihre eigenen Gefühle und werden auf Zusammenhänge mit dem Verhalten des Kindes aufmerksam. In der Reflexion von gemeinsamen Beobachtungen von Eltern-Kind-Interaktionen erhalten sie ein positives Feedback durch die Fachkraft für entwicklungsförderliche Verhaltensweisen und Hinweise zu möglichen Veränderungen in ihren Vorgehensweisen, die sie für eine günstige Interaktionsgestaltung nutzen können. Auf diese Weise gewinnen sie zunehmend an Vertrauen in ihre eigenen Möglichkeiten, die Entwicklung ihres Kindes zu fördern. Diese „internale" Attribuierung stärkt ihr Selbstwertgefühl und ihre Zuversicht in die Zukunft.

Die Beratung konzentriert sich auf Themen, die mit der Behinderung in Beziehung stehen – z. B. die Tagesstrukturierung und den Umgang mit zeitlichen Belastungen durch Pflege oder Therapie, den Umgang mit Verhaltensauffälligkeiten des Kindes oder die Suche nach Möglichkeiten, trotz der Belastungen eigene Bedürfnisse im Blick zu behalten. Sie reflektiert den lebensgeschichtlichen Hintergrund der Eltern nur insoweit, als dieser den Zugang zu eigenen Ressourcen für die Bewältigung der aktuellen Herausforderungen behindert und unterscheidet sich darin von psychotherapeutischen Interventionen.

4.2.2 Stärkung der sozialen Ressourcen

Die wichtigste soziale Ressource in Familien, in denen Kinder mit Behinderungen aufwachsen, ist eine stabile Partnerschaft, in der beide Elternteile die Betreuungsaufgaben in regelmäßiger und verlässlicher Form untereinander aufteilen und sich in emotional schwierigen Situationen gegenseitig unterstützen. Beide – Mütter und Väter – haben ihren jeweils individuellen, durch die eigenen biografischen Vorerfahrungen geprägten Weg, mit kritischen Lebensereignissen umzugehen. Es kann daher sinnvoll sein, im Gespräch mit beiden Partnern die wechselseitigen Wünsche und Erwartungen aneinander zu thematisieren, Verständnis für unterschiedliche Reaktionsweisen zu wecken und Spielräume auszuloten, wie sich der Alltag mit seinen vielfältigen Aufgaben am besten organisieren lässt, um einer Überforderung der individuellen Kräfte vorzubeugen.

Darüber hinaus gilt es, den Blick für die Möglichkeiten zu öffnen, soziale Unterstützung durch Großeltern, Verwandte und Freunde zu mobilisieren. Oft ist das soziale Umfeld unsicher, wie es auf die Behinderung eines Kindes reagieren soll und ob ein Unterstützungsangebot seitens der Eltern gewünscht wird. Den Eltern selbst fällt es oft zunächst schwer, Großeltern, Verwandten und Freunden offen über die Behinderung zu berichten. Sie glauben, die Aufgaben aus eigener Kraft meistern zu müssen, und verzichten deshalb darauf, von sich aus um Hilfe zu bitten. Im Gespräch kann die Fachkraft die Bedeutung sozialer Unterstützung für die langfristige Bewältigung der Herausforderungen thematisieren und die Eltern ermutigen, auf Großeltern, Verwandte und Freunde zuzugehen.

> Wenn eine Unterstützung durch Mitglieder der weiteren Familie nicht möglich ist, sollten frühzeitig familienentlastende Hilfen geplant werden, um einer möglichen Überforderung vorzubeugen. An vielen Orten werden solche familienentlastenden Hilfen von freien Trägern angeboten, bei denen Assistenzkräfte (z. B. Studierende) für einige Stunden in der Woche die Betreuungsaufgaben in der Familie übernehmen und die Eltern entlasten.

Eine wichtige soziale Unterstützung kann auch im Kontakt zu Elterngruppen bestehen, in denen sich Eltern von Kindern mit Behinderungen zusammengeschlossen haben. Diejenigen Eltern, die solche Möglichkeiten nutzen können, erleben diese Kontakte meist als hilfreich, um positive Zukunftsperspektiven zu entwickeln und – durch den Austausch mit Eltern in einer vergleichbaren Lebenssituation – Zuversicht in die eigenen Bewältigungskräfte zu gewinnen (Barnett et al. 2003; Abb. 21).

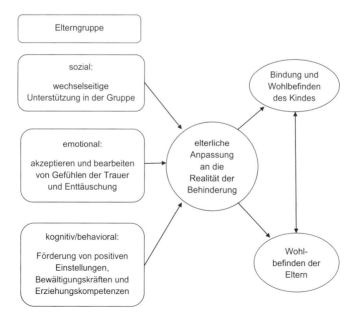

Abb. 21: Inhalte und Wirkungen von Elterngruppen in der Frühförderung

4.2.3 Förderung von Erziehungskompetenzen

Elterntrainings zur Förderung von Erziehungskompetenzen haben sich in der Behandlung von Kindern mit sozial-emotionalen Störungen bewährt (Kap. 2.4). Sie gehören auch zum Spektrum der Unterstützungsmöglichkeiten für Eltern von Kindern mit Behinderungen und haben das Ziel, die elterliche Belastung durch Verhaltensauffälligkeiten der Kinder im Alltag zu reduzieren. Es bedarf jedoch inhaltlicher Ergänzungen, um den besonderen Belastungen in dieser Zielgruppe gerecht zu werden. Probst (2003) entwickelte z. B. ein Trainingsprogramm, das spezifisch auf die Vermittlung von Wissen über die autistische Störung und praktische Strategien zur Erziehung und Förderung im Alltag ausgerichtet ist.

Tellegen/Sanders (2013) legten eine Meta-Analyse zur Wirksamkeit des Triple-P-Elterntrainings für Eltern von Kindern mit Behinderungen („Stepping-Stones") vor, die sich auf zwölf Studien mit 659 teilnehmenden Familien mit behinderten Kindern bezog. Sie ermittelten einen signifikanten Effekt auf die allgemeine psychische Stabilität der Eltern (d = .26), eine mittlere Effektstärke auf die Veränderung von kindlichen Verhaltensproblemen (d = .53) und die Qualität der Partnerbeziehung (d = .42) sowie einen starken Effekt auf den elterlichen Erziehungsstil (d = .72).

Es handelte sich dabei durchweg um Selbsteinschätzungen der Eltern mit standardisierten Fragebögen. Nur in einer von drei Studien wurden unabhängige Beobachter eingesetzt, um zu prüfen, ob die Eltern ihr Erziehungsverhalten im Alltag nachhaltig veränderten (Roberts et al. 2006). Ein direktes Feedback bei der Umsetzung der Interaktionsstrategien im Alltag erhöht die Wahrscheinlichkeit eines nachhaltigen Effekts. Dies kann z. B. anhand von Videoaufzeichnungen geschehen, die die Eltern in der häuslichen Umgebung machen, oder durch telefonische Kontakte und Hausbesuche (Phaneuf/McIntyre 2011; Glazemarkers/Deboutte 2013; Barton/Lissman 2015).

Hampel et al. (2010) berichten über die Erfahrungen, die beim Einsatz dieses Programms bei mehr als 70 Eltern behinderter Kinder in Sozialpädiatrischen Zentren und anderen Versorgungseinrichtungen in Deutschland gesammelt wurden. Sie bestätigen stabile positive Effekte auf Merkmale des Erziehungsverhaltens und der psychischen Belastung der Eltern. Das wahrgenommene Problemverhalten der Kinder reduzierte sich allerdings nur in den Familien signifikant, in denen keine zusätzlichen psychosozialen Belastungen vorlagen. Für diese Teilgruppe sind offenbar ergänzende Interventionen zum Elterntraining erforderlich, um nachhaltige Auswirkungen auf das kindliche Problemverhalten zu haben.

Singer et al. (2007) legten eine Meta-Analyse zu 17 Studien vor, die die Effekte von Elterntrainings mit unterschiedlichen Komponenten bei Eltern von Kindern mit Behinderungen evaluierten. Trainingsansätze, die die Förderung von Erziehungskompetenzen und Möglichkeiten der Stressbewältigung miteinander kombinierten, waren deutlich effektiver (Effektstärke d = .90) als Programme, die sich ausschließlich auf eine verhaltenstherapeutisch orientierte Förderung von Erziehungskompetenzen (d = .25) bzw. eine Förderung der Fähigkeiten, mit alltäglichem Stress umzugehen, konzentrierten (d = .34). Verhaltenstherapeutisch orientierte Programme leisten zwar einen erkennbaren Beitrag zur Reduzierung von elterlicher Belastung und depressiver Symptomatik, ihr Effekt lässt sich aber steigern, wenn sie mit Interventionen zur Verbesserung der allgemeinen Bewältigungsfähigkeiten der Eltern verbunden werden.

Programme, die unter dem Begriff des „Achtsamkeitstrainings" auch Themen wie den Umgang mit Konflikten und Ärger einbeziehen, optimistische Grundhaltungen stärken und allgemeine Werthaltungen reflektieren, erweisen sich ebenfalls als wirksam.

> Dykens et al. (2014) evaluierten den Effekt eines solchen „Achtsamkeits-Trainings", bestehend aus sechs Trainingssitzungen, in einer Studie mit 243 Müttern, deren Kinder eine autistische Störung oder andere Behinderungen hatten. Depressive und ängstliche Symptome bei den Eltern (d = .98, bzw. d = .81) wurden deutlich reduziert, hinsichtlich der erlebten Belastung (d = .49) ergaben sich mittlere, hinsichtlich einer Reduzierung dysfunktionaler Eltern-Kind-Interaktionen allerdings nur kleine Effekte (d=.29)

4.2.4 Partnerschaftliche Kommunikation mit den Eltern

Die Beratung zur Förderung persönlicher und sozialer Ressourcen setzt voraus, dass die Beziehung zwischen der Fachkraft und den Eltern von wechselseitigem Vertrauen und Respekt geprägt ist. Entscheidungen werden gemeinsam getroffen und auf die Bedürfnisse der Familie abgestimmt (Rothlaender/Kuschel 2014). Dies erfordert Kompetenzen zur Gesprächsführung als Basis einer partnerschaftlichen Form der Kommunikation (McWilliam 2010; Sarimski et al. 2013b). Sie zeigt sich, indem die Fachkraft

- aufmerksam zuhört,
- offene Fragen stellt, um die Sichtweise der Eltern zu verstehen und Problemlösungen zu fördern,
- durch ihre Reaktion deutlich macht, dass sie die Gefühle der Eltern wahrnimmt und
- durch ihre inhaltlichen Zusammenfassungen zeigt, dass sie die Äußerungen der Eltern adäquat verstanden hat.

Fachleute neigen oft zu einem problemzentrierten Gesprächsansatz. Sie sind es gewohnt, Eltern danach zu fragen, was ihre aktuellen Schwierigkeiten sind und wie sie ihnen bei der Lösung von Problemen helfen können. So wichtig es ist, Probleme mit Fachleuten zu besprechen, kann aus diesem Ansatz für die Eltern auch das Gefühl entstehen, dass die Fachleute ihnen eigene Kompetenzen zur Bewältigung der besonderen Herausforderungen absprechen. Gerade in der Zeit nach der Diagnosemitteilung brauchen Eltern jedoch Unterstützung bei dem Versuch, wieder Vertrauen in die eigenen Fähigkeiten zu gewinnen, um ihre veränderte Lebenssituation zu meistern. Viele Eltern berichten daher, wie wichtig es ihnen ist, dass Fachleute nicht nur nach Problemen fragen, sondern das Gespräch auch ausdrücklich auf die Fähigkeiten lenken, die die Kinder bereits erworben haben, und Zuversicht in ihr Entwicklungspotenzial vermitteln.

> **!** Den Eltern sind Äußerungen wichtig, die Wertschätzung für ihre eigenen Bemühungen ausdrücken. Sie erleben sie als Bestätigung dafür, dass sie – trotz aller Schwierigkeiten – bereits ohne die Hilfe der Fachleute ein Stück des Weges geschafft haben, „gute Eltern" für ihr Kind zu werden.

TIPP

Einige Beispiele:

- „Schauen Sie nur, wie aufmerksam er auf Ihre Stimme reagiert!"
- „Sie sind sehr geduldig mit ihm. Das hilft ihm sehr."
- „Sie scheinen ein sehr gutes Gespür dafür zu haben, was Ihr Kind braucht."
- „Ich bin erstaunt, wie Sie das alles schaffen, so viele Dinge in Ihrem Tagesablauf unterzubringen."

Im Rahmen einer partnerschaftlichen Kommunikation ist es oft sinnvoll, sich zunächst mit eigenen Ratschlägen zurückzuhalten. Es gilt, die Eltern aktiv in die Suche nach einer Lösung einzubeziehen.

Checkliste: Lösungsorientierte Fragen

- „Was haben Sie bisher versucht, um mit dem Problem zurecht zu kommen?"
- „Was haben Sie damit bisher für Erfahrungen gemacht?"
- „Was glauben Sie, was einen entscheidenden Fortschritt bringen könnte?"
- „Wie sehen Alltagssituationen für Sie aus, wenn es Ihnen gut geht?"

Die Antworten der Eltern auf solche lösungsorientierten Fragen helfen dabei zu verstehen, was für die Eltern wichtig ist. Offene Fragen dieser Art, die nicht mit einem einfachen Ja oder Nein zu beantworten sind, geben den Eltern die Möglichkeit zu erzählen und ihre Sorgen anzusprechen. Wenn sie erleben, dass die Fachkraft ihnen aufmerksam zuhört und durch ihre Kommentare oder Nachfragen ernsthaftes Interesse an ihren Antworten hat, werden sie sich ermutigt fühlen, mehr von ihren Sorgen und Belastungen zu berichten.

Krause (2013) vermittelt in seinem Buch „Elterngespräche Schritt für Schritt" Orientierungshilfen für die Gesprächsführung, die den Zielen der Ressourcenaktivierung, Stärkung von Elternkompetenzen und Empowerment-Förderung verpflichtet sind. Die Praxisbeispiele, die der Autor beschreibt, können insbesondere Fachkräften mit geringer Beratungserfahrung eine wertvolle Hilfe zum Umgang mit schwierigen Gesprächssituationen sein. Es werden z. B. Empfehlungen zur Art und Weise von Mitteilungen diagnostischer Einschätzungen, zum Umgang mit Kritik, Vorwürfen oder aggressiven Äußerungen der Eltern, zum Umgang mit Verständigungsproblemen in Familien mit Migrationshintergrund oder sozial benachteiligten Familien formuliert.

4.2.5 Vermittlung von sozialrechtlichen Hilfen

Kosten für familienentlastende Hilfen, für Hilfsmittel (z. B. einen geeigneten Rollstuhl oder ein elektronisches Kommunikationsgerät), Fahrten zu Therapeuten und Ärzten, evtl. spezielle Bedürfnisse des Kindes (z. B. erhöhter Bedarf an

Windeln, spezielle Nahrung bei Kindern mit Essproblemen, angepasste Spielmaterialien bei Kindern mit körperlichen Behinderungen) oder Therapiemaßnahmen stellen eine erhöhte finanzielle Belastung für die Familie dar. Zu den Aufgaben der Frühförderung gehört es, die Eltern über Hilfen im Sozialrecht zu informieren und sie bei der Antragstellung zu unterstützen.

> *Informationen über sozialrechtliche Fragen sind im Internet z. B. über die Homepage des Bundesverbandes für körper- und mehrfachbehinderte Menschen kostenlos zugänglich (www.bvkm.de, 24.01.2017).*

Bei den finanziellen Hilfen müssen Leistungen der Krankenkasse, Leistungen der Pflegekasse und Leistungen der Eingliederungshilfe unterschieden werden. Die sozialrechtlich im Kontext der Frühförderung relevanten Hilfen beziehen sich auf die Unterstützung bei der täglichen Aufgabenbewältigung durch familienexterne Helfer (z. B. Pflegedienst, Mitarbeiter der „Offenen Hilfen" als familienentlastende Dienste), auf finanzielle Unterstützung für behinderungsbedingte Aufwendungen, auf die Unterstützung bei der sozialen Teilhabe in Kindergarten sowie auf die Unterstützung bei der Anpassung der Wohnverhältnisse an die besonderen Bedürfnisse des Kindes zur Erleichterung alltäglicher Abläufe (Engelbert 1999).

Die Zuständigkeit für die verschiedenen Leistungen ist auf verschiedene Rehabilitationsträger aufgeteilt. Die gesetzlichen Krankenkassen sind zuständig für die Leistungen zur medizinischen Rehabilitation (medizinische Behandlungen, Versorgung mit Heil- und Hilfsmitteln; § 26 SGB IX). Zu ihren Aufgaben gehören auch sogenannte unterhaltssichernde und ergänzende Leistungen, z. B. die Finanzierung einer Haushaltshilfe, wenn die Haushaltsführung der Mutter oder dem Vater wegen akuter Krankheit nicht möglich ist (§ 54 SGB IX). Sie kann allerdings nur dann beantragt werden, wenn im Haushalt keine andere Person zur Verfügung steht, die den Haushalt weiterführen könnte.

Zu den Leistungen der Krankenkasse gehört außerdem die Zahlung von Krankengeld für berufstätige Eltern, wenn das Kind erkrankt ist. Dieser Anspruch ist auf zehn Arbeitstage je Kind, bei Alleinerziehenden auf 20 Arbeitstage je Kind und Jahr beschränkt und setzt gleichfalls voraus, dass keine andere im Haushalt lebende Person zur Betreuung des Kindes zur Verfügung steht. Wenn das Kind an einer schweren, unheilbaren Erkrankung leidet, die nur noch eine begrenzte Lebenserwartung von wenigen Monaten erwarten lässt, gilt eine Sonderregelung.

Bei der Hilfsmittelversorgung (z. B. Hörgeräte, Brillen) werden allerdings nicht immer die vollen Kosten von den Krankenkassen übernommen, sondern nur ein Festbetrag gezahlt. Für Mehrkosten ist ein Eigenanteil der Eltern vorgesehen. Wenn ein benötigtes Hilfsmittel allein dazu dient, die soziale Teilhabe des Kindes (z. B. in einem Kindergarten) zu sichern, betrachtet sich die Krankenkasse als nicht zuständig. Eine Kostenübernahme kann dann beim Sozialamt beantragt werden. Die Abgrenzung, welcher Kostenträger für welches Hilfsmittel zuständig ist, kann aber in Einzelfällen schwierig sein.

Therapiemaßnahmen, die nicht — wie die Physio-, Ergo- oder Sprachtherapie — im ärztlichen Heilmittelkatalog vorgesehen sind, werden nur in Einzelfällen von den gesetzlichen Krankenkassen finanziert. Dies gilt z. B. für die Konduktive Förderung nach Petö oder die „Hippotherapie". Bei privaten Krankenkassen ergibt sich das Leistungsspektrum aus dem jeweiligen Versicherungsvertrag. Fahrkosten für ambulante Behandlungsmaßnahmen werden nur in Ausnahmefällen übernommen.

Die Pflegeversicherungen sind u. a. zuständig für die Zahlung von Pflegegeld, für Sachleistungen bei der Pflege, die Finanzierung von häuslicher Pflege bei Verhinderung der Pflegeperson, Pflegehilfsmitteln und wohnumfeldverbessernden Maßnahmen sowie die Finanzierung von Kurzzeitpflege (§ 28 SGB XI). Pflegebedürftig sind Kinder, die wegen einer Behinderung bei täglichen Verrichtungen (z. B. bei der Körperpflege oder der Nahrungsaufnahme) oder bei der Mobilität auf deutlich mehr Hilfe angewiesen sind als Kinder gleichen Alters ohne Behinderung. Die Abstufungen der Pflegebedürftigkeit werden seit dem Inkrafttreten des Pflegestärkungsgesetzes II am 1.1.2017 in fünf Pflegegrade unterteilt. Die monatlichen Leistungen können als Geld- oder Sachleistungen gewährt werden. In der Pflegestufe 2 beträgt die Geldleistung bei ambulanter Pflege ab 1.1.2017 z. B. 316 €. Über die aktuellen Bestimmungen und Leistungen informiert das Bundesministerium für Gesundheit (Schleicher, 2017). Sach- und Geldleistungen können auch kombiniert in Anspruch genommen werden.

Über einen Antrag entscheidet die Pflegekasse aufgrund eines Gutachtens ihres Medizinischen Dienstes (MDK). Dazu wird bei einem Hausbesuch anhand eines Fragebogens der Pflegebedarf ermittelt. Um sich auf diesen Besuch vorzubereiten, ist es empfehlenswert, ein Pflegetagebuch zu führen und den Hilfebedarf im täglichen Leben minutiös zu dokumentieren. Die Abgrenzung der Pflegestufen erweist sich in vielen Fällen als strittig. Dies ist auch darauf zurückzuführen, dass viele Gutachter des MDK auf den Pflegebedarf älterer Menschen eingestellt sind und Schwierigkeiten haben, ihn bei Kindern sachgerecht einzuschätzen.

Eltern können sich bei der Pflegekasse oder neutralen Stellen beraten lassen. In strittigen Fällen können sie Widerspruch gegen den Bescheid der Pflegekasse einlegen. Dieser muss ggf. vor dem zuständigen Sozialgericht verhandelt werden.

Eltern können alternativ zum Pflegegeld Pflegesachleistungen beanspruchen. Pflegesachleistung heißt, dass professionelle Pflegekräfte die Grundpflege, die hauswirtschaftliche Versorgung sowie häusliche Betreuung übernehmen. Dies geschieht in der Regel durch einen ambulanten Pflegedienst.

Mit dem seit 1.1.15 gültigen „Pflegestärkungsgesetz I" wurde auch für Pflegebedürftige ohne eingeschränkte Alltagskompetenz ein Anspruch auf zusätzliche Betreuungs- und Entlastungsleistungen (monatlich 104 €) eingeführt. Sie werden gegen Nachweis entstandener Aufwendungen erstattet. Zu den Angeboten der Betreuung und Entlastung zählen Leistungen der Tages- und Nachtpflege, der Kurzzeitpflege, der Betreuung (z. B. beim Spielen oder bei Spaziergängen), der hauswirtschaftlichen Versorgung (z. B. bei Reinigungsarbeiten oder Wäschepflege) oder der Erledigung alltäglicher Aufgaben (z. B. Umgang mit Behörden, Beratung oder organisatorische Unterstützung pflegender Angehöriger). Die Leistung kann durch zugelassene Pflegekräfte, Familienentlastende Dienste oder Betreuungsgruppen, die eine entsprechende Anerkennung nach Landesrecht haben, abgerechnet werden.

Eine zusätzliche Möglichkeit, solche Betreuungs- und Entlastungsangebote zu finanzieren, besteht in der Regelung, dass bis zu 40 % des Pflegesachleistungsbetrages in dieser Form eingesetzt werden. Voraussetzung ist, dass die Grundpflege und die hauswirtschaftliche Versorgung sichergestellt sind.

Ist eine Pflegeperson wegen Krankheit oder Urlaub an der Pflege gehindert, muss die Pflegekasse für längstens sechs Wochen im Jahr eine Ersatzpflege zahlen (Verhinderungspflege). Die Aufwendungen für die Ersatzpflege sind grundsätzlich auf 1612 € im Jahr begrenzt, können aber aus Mitteln der Kurzzeitpflege um bis zu 806 € aufgestockt werden. Die Verhinderungspflege muss nicht am Stück genommen werden. Mit dem Geld können Eltern zum Beispiel die tage- oder stundenweise Betreuung ihres behinderten Kindes durch einen familienunterstützenden Dienst finanzieren und sich dadurch Entlastung im Alltag verschaffen. Als Ersatzpflege kommen auch Privatpersonen (z. B. Großeltern) in Betracht. Für diesen Fall wird die Verhinderungspflege nur in Höhe des jeweiligen Pflegegeldes gewährt. Alternativ zur Verhinderungspflege kann auch eine Kurzzeitpflege in einer vollstationären Pflegeeinrichtung oder im Einzelfall auch in Einrichtungen der Behinderten- und Jugendhilfe finanziert werden. Der Anspruch auf Kurzzeitpflege ist auf vier Wochen und 1612 € pro Jahr beschränkt, kann aber aus Mitteln der Verhinderungspflege aufgestockt und auf bis zu acht Wochen ausgeweitet werden.

Zu den Pflegehilfsmitteln, die von der Pflegekasse finanziert werden, gehören Pflegebetten, Badewannenlifter u. a. Die Kosten für zum Verbrauch bestimmte Hilfsmittel (z. B. Windeln) werden bis zu einer Höhe von 40 € übernommen.

Leistungen zur Verbesserung des Wohnumfeldes (z. B. behindertengerechte Ausstattung des Bades) können bis zu 4000 € je Maßnahme bezuschusst werden.

Nach den Bestimmungen des (Familien-)Pflegezeitgesetzes haben Eltern seit dem 1.1.15 auch Anspruch darauf, sich in größeren Betrieben bis zu sechs Monate von der Arbeit freistellen zu lassen bzw. ihre Arbeitszeit für eine Dauer von maximal 24 Monaten auf ein Minimum von 15 Wochenstunden verkürzen, um die Pflege eines Kindes zuhause zu übernehmen. Während der Familienpflegezeit hat der Beschäftigte Anspruch auf ein zinsloses Darlehen und darf nicht gekündigt werden.

Die Eingliederungshilfe ist zuständig für Leistungen zur Teilhabe am Leben in der Gemeinschaft. Diese umfasst u. a. Hilfen zu einer angemessenen (Schul-)Bildung (§ 54 SGB XII) und Hilfen zur Teilhabe am gemeinschaftlichen und kulturellen Leben (§ 58 SGB XII). Hier gilt das Prinzip der Nachrangigkeit, d. h., die Leistung kann nur dann in Anspruch genommen werden, wenn die erforderliche Leistung nicht von einem anderen Träger übernommen wird. Bei den Leistungen der Eingliederungshilfe müssen sich die Eltern nach Maßgabe ihrer Einkommens- und Vermögensverhältnisse an den Kosten beteiligen. Es gelten Freibeträge je nach Zahl der Familienmitglieder. Sonderregelungen gelten für die Eltern von blinden oder schwerpflegebedürftigen Kindern.

Eine Eigenbeteiligung an den Kosten gilt nicht für Leistungen der Frühförderung oder den Besuch eines Heilpädagogischen Kindergartens. Beim Besuch eines integrativen Kindergartens können von den Eltern die dort üblichen Kostenbeiträge erhoben werden. Nicht beteiligen müssen sich die Eltern ebenfalls an den Kosten für einen persönlichen Assistenten (Integrationshelfer), wenn die Notwendigkeit dieser Leistung als Maßnahme der Eingliederungshilfe vom Sozialamt anerkannt wird.

Weitere Bestimmungen zum Nachteilsausgleich für Menschen mit Behinderungen sind im SGB IX geregelt. Sie setzen in der Regel voraus, dass ein Schwerbehindertenausweis beim zuständigen Versorgungsamt beantragt wird. Das Versorgungsamt stellt den „Grad der Behinderung" (GdB) fest und prüft, ob die Voraussetzungen für bestimmte „Merkzeichen" (z. B. außergewöhnlich gehbehindert, blind oder gehörlos) eingetragen werden. Je nach Grad und Art der Behinderung haben die Eltern in diesen Fällen Anspruch auf unentgeltliche Beförderung in öffentlichen Verkehrsmitteln oder Parkerleichterungen, wenn sie das Kind mit Behinderung begleiten. Weitere Erleichterungen sieht das Steuerrecht vor.

Angesichts der Komplexität der Bestimmungen zu den im Sozialrecht vorgesehenen Hilfen ist es nicht verwunderlich, dass sich viele Eltern von Kindern mit Behinderungen in diesem Bereich nicht ausreichend informiert fühlen und Unterstützung bei Frühförderstellen oder Sozialpädiatrischen Zentren suchen.

Eine Umfrage, die das Kindernetzwerk in Verbindung mit der AOK bundesweit bei 1567 Eltern von chronisch kranken und/oder behinderten Kindern durchgeführt hat, macht auf die Dringlichkeit von Verbesserung in der Beratung und Versorgung aufmerksam („Familie im Fokus"; Kindernetzwerk 2015). Nach diesen Ergebnissen bezeichnen fast 40 % der befragten Eltern die Leistungen der Pflegeversicherung als nicht ausreichend. 47 % kennen einzelne vorhandene Maßnahmen zur Familienentlastung nicht. Ein Fünftel weiß z. B. nicht, ob ihnen ein Anspruch auf zusätzliche Betreuungsleistungen zusteht. Nur 26 % geben an, dass sie einen konkreten kompetenten Ansprechpartner haben, der sie über Hilfen ausreichend informiert. 30 % der befragten Eltern äußern sich allgemein unzufrieden mit den Gesundheits- und Sozialdiensten. Mehr als die Hälfte der Eltern, deren Kind pflegebedürftig ist, geben an, dass sie mehr Unterstützung im Haushalt benötigen. Nur ein knappes Viertel zeigt sich im Großen und Ganzen zufrieden. Dabei äußern viele Eltern Verärgerung über administrative und organisatorische Hürden. 83 % empfinden die Anträge, Begutachtungen und Kontakte zu Versicherungen und Ämtern als besonders belastend. 37 % geben an, dass sie aufgrund der komplizierten Antragstellungen erst gar keinen Antrag auf Leistungen gestellt haben.

Checkliste: Sozialrechtliche Hilfen

Kennen die Eltern die Leistungen …
- der Krankenkasse: medizinische Behandlungen – Hilfsmittel – Haushaltshilfe – Krankengeld,
- der Pflegeversicherung: Pflegegeld – Pflegesachleistungen – Verhinderungspflege – Pflegehilfsmittel – Verbesserungen des Wohnumfelds,
- der Eingliederungshilfe: Hilfen zu angemessener Bildung und
- des Versorgungsamtes: Schwerbehindertenausweis (z. B. für Vergünstigungen im Steuerrecht)?

4.3 Väter, Geschwister und Großeltern

Die meisten Forschungsarbeiten zur erlebten Belastung und zu den Einflussfaktoren auf das Gelingen der Anpassungsprozesse an die Herausforderungen, die mit der Erziehung eines Kindes mit Behinderung verbunden sind, stützen sich auf Befragungen von Müttern. Dies entspricht den Erfahrungen aus der Praxis, dass Mütter die Hauptansprechpartner für die Fachkräfte der Frühförderung in den Familien sind. Familienorientiertes Arbeiten bedeutet jedoch, Väter, Geschwister und evtl. Großeltern in die Beratung einzubeziehen, um auch ihren Bedürfnissen nach Unterstützung in dieser besonderen Lebenssituation gerecht zu werden.

4.3.1 Erlebte Belastung und Bewältigungsstile von Vätern

Die traditionelle Aufteilung der Rollen zwischen Müttern und Vätern kleiner Kinder hat sich im Laufe des 20. Jahrhunderts gewandelt. Väter beteiligen sich mehr als früher an Haushalts- und Erziehungsaufgaben. Es ist anzunehmen, dass dies auch für die Aufteilung von Aufgaben in Familien gilt, in denen Kinder mit Behinderungen aufwachsen. Über die Wahrnehmung des Familienalltags, Bedürfnisse und Erwartungen an fachliche Unterstützung seitens der Väter ist allerdings weniger bekannt.

Die Mitteilung einer dauerhaften Behinderung des Kindes ist für die Väter ein ebenso großer Schock wie für die Mütter. Sie richten ihr Verhalten in Gesprächen mit Fachleuten jedoch stärker nach den sozialen Erwartungen an Männer aus, die von Sachlichkeit, Selbstbeherrschung und „Stärke" geprägt sind. Auch in fragebogen-gestützten Untersuchungen berichten Väter von Kindern mit geistiger oder körperlicher Behinderung tendenziell weniger Belastungs- und Depressionssymptome als die Mütter (Olsson/Hwang 2001; Pelchat et al. 1999, 2003; Rentinck et al. 2006; Eckert 2008; Dabrowska/Pisula 2010).

Im Vergleich zu den Müttern schätzen sie ihre persönlichen Ressourcen im Umgang mit herausfordernden Situationen höher ein als Mütter und betonen stärker die finanzielle Belastung, Schwierigkeiten in der Organisation des familiären Alltags sowie die Sorge um soziale Ausgrenzung ihrer Kinder als Belastungsfaktoren (Saloviita et al. 2003). Dies lässt sich z. T. dadurch erklären, dass die Väter weniger Zeit im Alltag mit den Kindern verbringen und damit weniger mit Verhaltensauffälligkeiten konfrontiert sind als die Mütter. In Familien mit Kindern mit ausgeprägten Verhaltensauffälligkeiten, z. B. bei einer Autismus-Spektrum-Störung, erleben sich Mütter und Väter als gleichermaßen hoch belastet (Hastings et al. 2005; Ornstein Davis/Carter 2008).

Die Bewältigungsstile von Müttern und Vätern scheinen sich zu unterscheiden, wobei in beiden Gruppen die individuelle Variabilität groß ist. Tendenziell ist es Müttern wichtiger als Vätern, soziale Unterstützung für die Bewältigung des Alltags zu mobilisieren. Sie äußern mehr Bedürfnisse nach Beratung (Dabrowska/Pisula 2010; Eckert 2008). Väter sprechen – zumindest aus Sicht ihrer Partnerinnen – seltener über ihre Emotionen, die mit der Behinderung des Kindes verbunden sind (Pelchat et al. 2003). Sie setzen demgegenüber häufiger auf handlungs- und problemorientierte Strategien, z. B. indem sie behinderungsrelevante Informationen sammeln. Ein solcher problem-orientierter Bewältigungsstil wird von den Partnerinnen als Unterstützung für die Bewältigung des Alltags durchaus geschätzt (Stoneman/Gavidia-Payne 2006). Ein Teil der Väter neigt allerdings auch zum Ausweichen vor der Auseinandersetzung mit der Behinderung und „hoffen auf ein Wunder".

Die Qualität der Partnerschaft erweist sich bei Vätern wie bei Müttern als wichtiger Einflussfaktor auf die erlebte Belastung (Kersh et al. 2006). Auch Väter fühlen sich stärker belastet, wenn der familiäre Zusammenhalt gering ist und ihre Partnerin sich durch die vielfältigen Erziehungsaufgaben überfordert fühlt (Hastings et al. 2005; Gerstein et al. 2009; Boyraz/Sayger 2011). Die Qualität der Partnerschaft korreliert mit der aktiven Beteiligung der Väter an der Betreuung und an Fördermaßnahmen für die Kinder (Bragiel/Kaniok 2011). Abbildung 22 illustriert die komplexen Zusammenhänge.

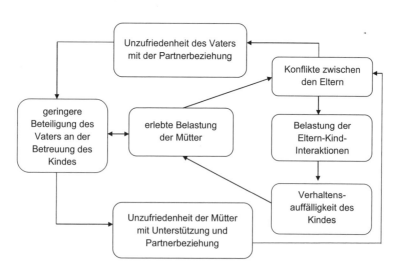

Abb. 22: Zusammenhänge zwischen Zufriedenheit mit der Partnerbeziehung, Eltern-Kind-Interaktionen und Beteiligung des Vaters an der Betreuung des Kindes

Beteiligung von Vätern an der Frühförderung

Die Beteiligung von Vätern an der Frühförderung variiert mit dem Lebensalter der Kinder. Wenn eine Behinderung unmittelbar in der ersten Zeit nach der Geburt des Kindes diagnostiziert wird, zeigen sich Väter zunächst sehr bereit, sich an Gesprächen über die Behinderung und an ersten Fördermaßnahmen zu beteiligen. Diese Bereitschaft lässt aber über die Zeit hinweg nach, wenn sich erste Alltagsroutinen eingespielt haben.

> Eine Studie von Dyer et al. (2009), in der die Alltagsbeteiligung von 450 Vätern von Kindern mit und ohne Behinderung im Alter von neun Monaten, zwei und vier Jahren erhoben wurde, spricht dafür, dass sie sich langfristig nicht mehr, aber auch nicht weniger an der Betreuung des Kindes beteiligen als Väter von Kindern ohne Behinderung.

Fröhlich (2007) spricht von der „Einsamkeit des Vater-Seins" der Väter in der Frühförderung. Väter werden selten gezielt angesprochen, und es gibt kaum Konzepte, wann und wie sie in die Frühförderung mit einbezogen werden könnten. Fachkräfte der Frühförderung berichten über eine geringe Nachfrage seitens der Väter nach Angeboten der Frühförderung, wissen aber auch wenig über ihre Bedürfnisse. Wenn es gelingt, Väter in die Beratung einzubeziehen, zeigen sich diese jedoch durchaus bereit, sich mit Problemen zu beschäftigen und über persönliche Gefühle und Grenzen zu sprechen. Die Väter, die sich nicht regelmäßig beteiligen, begründen dies mit der Schwierigkeit, dies mit ihren beruflichen Aufgaben zu vereinbaren. Einige Väter haben auch den Eindruck, dass ihre Beteiligung an den Terminen von den Fachkräften der Frühförderung nicht als wichtig erachtet würde. Nur ein kleiner Teil der Frühförderstellen bietet einzelne Termine an, die sich an den Arbeitszeiten der Väter orientieren (Ly/Goldberg 2014).

> Senkpiel/Sarimski (2016) kamen in einer retrospektiven Befragung von 41 Vätern von Kindern mit Down-Syndrom zu ihrer Beteiligung an der Frühförderung zu recht ähnlichen Ergebnissen. Dabei wurden die Väter sowohl nach ihrer Einschätzung ihrer Rolle in der Erziehung als auch nach ihren Erwartungen an und Erfahrungen in der Frühförderung gefragt bzw. nach den Gründen, warum sie sich nicht beteiligt hatten. Die befragten Väter äußerten viel Zuversicht in ihre Fähigkeit, die mit der Behinderung verbundenen Schwierigkeiten zu bewältigen. Veränderungen in der Vaterrolle und Belas-

tungen werden gesehen, aber auch (offenbar eher positive) Auswirkungen auf die Qualität der Partnerschaft im Sinne einer Stärkung des Zusammenhalts. Trotz dieser grundsätzlich positiven Selbsteinschätzung zeichnete sich eine beträchtliche Diskrepanz ab zwischen den Erwartungen der Väter an die Frühförderung und den Erfahrungen, die sie machten. Insbesondere bei der Unterstützung zur Förderung der Kommunikation und im Umgang mit kritischen Verhaltensweisen, der Information über Betreuungsangebote und Fördereinrichtungen sowie finanzielle Unterstützungsmöglichkeiten waren die Erwartungen hoch und wurden nicht im gewünschten Maße erfüllt. Aber auch die Qualität der Zusammenarbeit – unter dem Gesichtspunkt der Familienorientierung von Frühförderung von besonderer Bedeutung – hat sich nicht ganz so entwickelt, wie die Väter dies erwartet hatten. Sie fühlten sich in ihrem Wissen und ihren eigenen Erfahrungen mit ihrem Kind weniger anerkannt und nicht umfassend in die Planung und die Prozesse der Frühförderung einbezogen.

TIPP

Für die Einbeziehung von Vätern in die Frühförderung ist es wichtig, sie ausdrücklich zur Mitarbeit einzuladen, ihnen bei der Planung von (zumindest einzelnen) Terminen entgegenzukommen und ihnen konkrete Hilfen für die Entwicklungsförderung im Alltag und Orientierungshilfen zur Zukunft der Kinder zu geben. Gruppenangebote, die sich speziell an Väter richten, werden dagegen kaum angenommen (Turbiville/Marquis 2001).

4.3.2 Belastungen und Bedürfnisse von Geschwistern

In der bereits zitierten Umfrage „Familie im Fokus" geben 40 % der Eltern von behinderten oder chronisch kranken Kindern an, dass sie glauben, Geschwisterkinder, die in ihrer Familie aufwachsen, fühlten sich benachteiligt. 59 % fürchten, dass für die Geschwister nicht genug Aufmerksamkeit übrig bleibt.

Seit den 1990er Jahren wurden zahlreiche Studien zur Beziehungsentwicklung zwischen Geschwistern mit und ohne Behinderung, zum Selbstkonzept von Geschwistern behinderter Kinder, zu ihrer sozialen und emotionalen Entwicklung sowie zur Gefahr sozialer Isolation durchgeführt. Eine Übersicht über diese Studien geben Tröster (1999, 2001) und Stoneman (2001, 2005). Mögliche Risiken für die Entwicklung der Geschwister sind:

- Belastung durch Betreuungsaufgaben und Mitarbeit im Haushalt,
- eingeschränkte elterliche Verfügbarkeit,
- hohe elterliche Leistungserwartungen und
- Identifikation mit dem behinderten Geschwister.

Die meisten Studien zeigen kaum Unterschied in der Häufigkeit von Verhaltensauffälligkeiten oder spezifische Effekte auf die Persönlichkeitsentwicklung der Geschwister (Rossiter/Sharpe 2001; Emerson/Giallo 2014). Einige Studien belegen positive Effekte im Sinne einer größeren Empathie und einen früheren Erwerb sozialer Kompetenzen. Allerdings wird in den Studien meist nicht nach Diagnosen des Kindes mit Behinderung, Grad einer intellektuellen Behinderung oder Schwere von Verhaltensauffälligkeiten differenziert, so dass nicht klar ist, welche Rolle diese Faktoren für mögliche Belastungen der psychischen Stabilität von Geschwistern spielen.

Die Ausprägung von Verhaltensauffälligkeiten eines Kindes mit einer intellektuellen Behinderung ist auf jeden Fall — ebenso wie für seine Eltern — ein wesentlicher Einflussfaktor darauf, ob sich das Geschwister belastet fühlt (Neece et al. 2010). So zeigen einige Studien, dass Geschwister von Kindern mit einer autistischen Störung häufiger sozial-emotionale Probleme entwickeln (Kaminsky/Dewey 2001; Petalas et al. 2009). Positive Eltern-Kind-Beziehungen, ein hohes Maß an Familienzusammenhalt und ein geringes Maß an familiären Konflikten stellen die wichtigsten Schutzfaktoren für die Entwicklung von Geschwistern behinderter Kinder dar (Stoneman 2005).

Unterstützung von Geschwisterkindern

Die Thematisierung von elterlichen Sorgen um die Entwicklung der Geschwister und ihrer Bedürfnisse gehört zu den Aufgaben der Beratung in der Frühförderung. Die Eltern finden es wichtig, dass die Geschwister in altersgemäßer Art über die Behinderung und die Behandlungsmaßnahmen aufgeklärt werden. Sie wünschen sich Unterstützung für die Geschwister bei der Kommunikation und im gemeinsamen Spiel der Kinder (Kresak et al. 2009).

Wichtig ist, dass die Geschwisterkinder erleben, dass zumindest ein Elternteil ihnen „verlässliche Zeit" für gemeinsame Aktivitäten einräumt. Der Ablauf des Alltags und des Wochenendes müssen so organisiert werden, dass die Geschwisterkinder wahrnehmen, dass auch ihre Bedürfnisse berücksichtigt werden.

Darüber hinaus sollte die Fachkraft mit den Eltern über konkrete Möglichkeiten sprechen, wie sie das Kind mit Behinderung in ein gemeinsames Spiel einbeziehen können.

> Die Geschwister müssen verstehen, dass das behinderte Kind das Spiel der Geschwister durch destruktives, impulsives oder hyperaktives Verhalten nicht absichtsvoll stören will.

Die Fachkraft der Frühförderung kann gemeinsame Spielsituationen nutzen, um das Geschwisterkind für den Hilfebedarf des Kindes mit Behinderung sensibilisieren und Möglichkeiten aufzeigen, wie eine soziale Beteiligung dennoch gelingen kann.

Ein stützendes Netz von Personen, an die sie sich mit ihren Wünschen und Sorgen wenden können, schützt vor psychischen Belastungen. Viele Jugendliche und Erwachsene, die mit einem behinderten Bruder oder einer behinderten Schwester aufgewachsen sind, erzählen rückblickend, dass es ihnen eine Hilfe war, einen engen und verlässlichen Kontakt zu einer Tante oder den Großeltern gehabt zu haben. Eine solche Unterstützung kann emotionaler Art sein, indem die Bezugspersonen ansprechbar für Sorgen waren, mit denen die Kinder ihre Eltern nicht (zusätzlich) belasten wollten, oder praktischer Art, indem sie mit ihnen das unternahmen, wofür die Eltern nicht (genügend) Zeit hatten.

4.3.3 Großeltern behinderter Kinder

Großeltern sind von der Diagnose einer Behinderung emotional ebenso betroffen wie die Eltern selbst und erleben die gleichen Gefühle von Enttäuschung, Trauer, Wut, Depressivität oder Zukunftsängsten. Es fällt ihnen schwer, mit diesen Gefühlen zurechtzukommen, weil ihnen anfangs oft Informationen über die Behinderung und die Entwicklungsaussichten fehlen (die die Eltern von Ärzten und anderen Fachkräften erhalten) und weil sie selbst in ihrem eigenen Umfeld kaum Unterstützung in dieser Situation erfahren.

Großeltern können jedoch mit der Zeit zu einer wertvollen Unterstützung für Eltern von Kindern mit Behinderungen werden. Sie beteiligen sich an der Betreuung des Kindes, nehmen den Eltern Aufgaben im Haushalt ab oder unterstützen sie finanziell. Sie stellen dabei oft eigene Bedürfnisse zurück und versuchen, Optimismus auszustrahlen. Sie fühlen sich dafür verantwortlich, die Familienbeziehungen aufrecht zu erhalten und investieren viel Zeit in die Unterstützung ihrer Kinder (Trute 2003; Miller et al. 2012). Je stärker der familiäre Zusammenhalt, je positiver das Familienklima ist und je mehr Bereitschaft die Großeltern haben, sich mit ihren eigenen Gefühlen auseinanderzusetzen und sich für Veränderungen in ihrem Leben offen zu zeigen, desto eher können sie auch positive Entwicklungsmöglichkeiten im Zusammenleben mit einem Enkelkind mit einer Behinderung wahrnehmen (Katz/Kessel 2002; Findler 2014).

Die Fachkraft der Frühförderung kann die Eltern ermutigen, die Großeltern zur Entlastung einzubeziehen. Großeltern sind oft unsicher, ob und welche Hilfe von den Eltern gewünscht wird. Sie sollte mit den Eltern besprechen, ob die Lebensumstände oder gesundheitlichen Probleme der Großeltern eine solche Unterstützung denkbar erscheinen lassen, und aufmerksam auf Zeichen von intergenerationellen Konflikten achten, die ihr im Wege stehen könnten. Wenn die Großeltern regelmäßig in die Betreuung des Kindes einbezogen werden, sollten sie auch Gelegenheit erhalten, bei einzelnen Beratungsgesprächen dabei zu sein, um ihre Fragen zur Behinderung, den Entwicklungsperspektiven des Kindes und Strategien zur Entwicklungsförderung im Alltag im direkten Kontakt mit der Fachkraft zu stellen.

Besondere psychosoziale Umstände können dazu führen, dass die Großeltern selbst zu primären Bezugspersonen für das Kind werden. Das kann z. B. der Fall sein, wenn sehr junge oder drogenabhängige Eltern nicht in der Lage sind, das Kind selbst zu erziehen. Das Jugendamt und das Familiengericht können dann zu der Entscheidung kommen, das Sorgerecht auf die Großeltern zu übertragen. Für die Großeltern stellt es eine besondere Herausforderung dar, den Anforderungen der Erziehung eines (Klein-)Kindes gerecht zu werden. Großeltern, die als Hauptbezugspersonen die Betreuung eines Kindes übernehmen, sind deshalb in besonderer Weise auf Unterstützung angewiesen, stehen professionellen Unterstützungsmaßnahmen jedoch oft skeptisch gegenüber und stützen sich lieber auf informelle soziale Netzwerke (McCallion et al. 2004; Kresak et al. 2014).

Die Großeltern haben oft Schwierigkeiten, sich im System der Hilfen für Kinder mit Behinderungen zurechtzufinden, regelmäßige Termine mit den Fachkräften der Frühförderung wahrzunehmen und sich aktiv an der Förderung des Kindes im Alltag zu beteiligen (McCallion et al. 2004). Die Fachkraft der Frühförderung sollte die Rolle einer Case-Managerin übernehmen und die verschiedenen Unterstützungsmaßnahmen für das Kind und die Großeltern koordinieren.

ZUSAMMENFASSUNG

Die Bewältigung der besonderen Herausforderungen, die mit der Erziehung und Förderung eines Kindes mit einer Behinderung verbunden sind, erfordert persönliche und soziale Ressourcen. Dazu gehört eine optimistische Grundhaltung, Zuversicht in die eigenen Kompetenzen, ein ausgeprägtes „Kohärenzgefühl", ein enger partnerschaftlicher Zusammenhalt und ein soziales Unterstützungsnetz. Die Fachkräfte der Frühförderung können diese Bewältigungskräfte in einer partnerschaftlichen Zusammenarbeit mit der Familie stärken.

Elterntrainings zur Förderung der Erziehungskompetenzen tragen zu einer Reduzierung der Belastungen bei, indem sie der Ausbildung von kindlichen Verhaltensauffälligkeiten entgegenwirken. Fachkräfte der Frühförderung sollten es darüber hinaus als ihre Aufgabe ansehen, die Eltern über sozialrechtliche Hilfen zu informieren.

Väter erleben die Diagnose einer Behinderung des Kindes als ebenso belastend wie Mütter, unterscheiden sich von ihnen jedoch in der Art und Weise, wie sie sie zu bewältigen versuchen. Sie sollten gezielt in die Frühförderung einbezogen werden. Sorgen der Eltern um mögliche negative Auswirkungen auf die Entwicklung von Geschwisterkindern können entkräftet werden. Die Geschwister benötigen jedoch eigene Ansprechpartner und u. U. eine Unterstützung in der Art und Weise, wie sie mit den individuellen Verhaltensmerkmalen im Alltag zurechtkommen können. Schließlich gilt es, auch die Unterstützungsmöglichkeiten wahrzunehmen, die Großeltern für die Bewältigung des familiären Alltags bieten können.

Literatur

Aarnoudse-Moens, C., Duivenvoorden, H., Weisglas-Kuperus, N., Van Goudoever, J., Osterlaan, J. (2012): The Profile of Executive Function in Very Preterm Children at 4 to 12 Years. Developmental Medicine and Child Neurology, 54, 247–253

Abbeduto, L., Seltzer, M., Shattuck, P. (2004): Psychological Well-Being and Coping in Mothers of Youths with Autism, Down Syndrome, or Fragile X Syndrome. American Journal on Mental Retardation, 109, 237–254

Abidin, R. (1995): Parenting Stress Index. Professional Manual (3rd ed.). Psychological Assessment Resources, Odessa

Absoud, M., Parr, J., Salt, A., Dale, N. (2010): Developing a Schedule to Identify Social Communication Difficulties and Autism Spectrum Disorder in Young Children with Visual Impairment. Developmental Medicine and Child Neurology, 53, 285–288

Achenbach, T., Arbeitsgruppe Deutsche Child Behavior Checklist (2000): Child Behavior Checklist 1 ½–5 Deutsche Fassung. Hogrefe, Göttingen

Adler, K., Salaterö, S., Leino-Kilpi, H., Grädel, B. (2015): An Integrated Literature Review of the Knowledge Needs of Parents with Children with Special Health Care Needs and Instruments to Assess these Needs. Infants/Young Children, 28, 46–71

Agostini, F., Neri, E., Dellabartola, S., Biasini, A., Monti, F. (2014): Early Interactive Behaviours in Preterm Infants and Their Mothers: Influences of Maternal Depressive Symptomatology and Neonatal Birth Weight. Infant Behavior and Development, 37, 88–93

Ahlund, S., Clarke, P., Hill, J., Thalange, N. (2009): Post-traumatic Stress Symptoms in Mothers of Very Low Birth Weight Infants 2-3 Years Post-partum. Archives of Women's Mental Health, 12, 261–264

Aktas, M. (2006): Zum theoriegeleiteten Einsatz standardisierter Sprachtests bei Kindern mit geistiger Behinderung. Frühförderung interdisziplinär, 25, 79–91

Alba, R., Handl, J., Müller, W. (2004): Ethnische Ungleichheit im deutschen Bildungssystem. Kölner Zeitschrift für Soziologie und Sozialpsychologie, 46, 209–237

Albers, T. (2012): Von der Frühförderung lernen: Inklusion in der Frühpädagogik. In: Gebhard, B., Hennig, B., Leyendecker, C. (Hrsg.): Interdisziplinäre Frühförderung. Exklusiv – kooperativ – inklusiv (323–330). Kohlhammer, Stuttgart

Albers, T. (2011): Mittendrin statt nur dabei: Inklusion in Krippe und Kindergarten. 2., durchges. Aufl. Ernst Reinhardt Verlag, München/Basel

Allemand, I., Fox-Boyer, A., Gumpert, M. (2008): Diagnostikverfahren bei kindlichen Aussprachestörungen – ein Überblick. Forum Logopädie, 22, Heft 1, 14–21

Alvarez, S., Meltzer-Brody, S., Mandel, M., Beeber, L. (2015): Maternal Depression and Early Intervention. A Call for an Integration of Services. Infants/Young Children, 28, 72–87

Amorosa, H., Noterdaeme, M. (Hrsg.) (2003): Rezeptive Sprachstörungen. Ein Therapiemanual. Hogrefe, Göttingen

Anderson, D., Reilly, J. (2002): The MacArthur Communicative Development Inventory: Normative Data for American Sign Language. Journal of Deaf Studies and Deaf Education, 7, 83–106

Anderson, P., Howard, K., Doyle, L. (2010): Executive Functioning Development in Preterm Children. In: Nosarti, C., Murray, R., Hack, M. (eds.): Neurodevelopmental Outcomes of Preterm Birth (195–208). Cambridge University Press, Cambridge

Anderson, P., Doyle, L. (2004): Executive Functioning in School-aged Children Who Were Born Very Preterm or with Extremely Low Birth Weight in the 1990s. Pediatrics, 114, 50–57

Antonovsky, A. (1997): Salutogenese: Zur Entmystifizierung der Gesundheit. dgvt-Verlag, Tübingen

AOK (2011): www.wido.de/heilmittel_2011.html, 03.02.17

Ape, P. (2004): Bei der Geburt süchtig, aber das ganze Leben noch vor sich. Frühe Kindheit, 2

Arens, D., Görgen, E. (2006): Eltern-Kind-Behandlung in der Psychiatrie. Ein Konzept für die stationäre Pflege. Psychiatrie Verlag, Bonn

Arenz-Greiving, I., Kober, M. (2007): Metastudie – Arbeit mit Kindern und deren suchtkranken Eltern. Bundesministerium für Gesundheit, Berlin

Arpi, E., Ferrari, F. (2013): Preterm Birth and Behaviour Problems in Infants and Preschool-age Children: a Review of Recent Literature. Developmental Medicine and Child Neurology, 55, 788–796

Arthur-Kelly, M., Foreman, P., Bennett, D., Pascoe, S. (2008): Interaction, Inclusion and Students with Profound and Multiple Disabilities: Towards an Agenda for Research and Practice. Journal of Research in Special Educational Needs, 8, 161–166

Artman-Meeker, K., Fettig, A., Barton, E., Penney, A., Zeng, S. (2015): Applying an Evidence-Based Framework to the Early Childhood Coaching Literature. Topics in Early Childhood Special Education, 35, 183–196

Arvedson, J. (2008): Assessment of Pediatric Dysphagia and Feeding Disorders: Clinical and Instrumental Approaches. Mental Retardation and Developmental Disabilities Research Reviews, 14, 118–127

Aster, M. von, Bzufka, M., Horn, R. (2009): Neuropsychologische Testbatterie zur Erfassung der Zahlenverarbeitung und Rechnen bei Kindergarten- und Vorschulkindern im Altersbereich von 5 bis 7 Jahren. Hogrefe, Göttingen

Attig, M., Fey, D., Karwath, C., Linberg, T. (2014): Systematisches Bildungsmonitoring im Vorschulalter am Beispiel des Nationalen Bildungspanels (NEPS). Frühe Bildung, 3, 3–9

Aylward, G. (2002): Cognitive and Neuropsychological Outcomes: More than IQ Scores. Mental Retardation and Developmental Disabilities Research Reviews, 8, 234–240

Ayres, J. (2002): Bausteine der Entwicklung. Springer, Berlin

Bäuerlein, K., Linkert, C., Stumpf, E., Schneider, W. (2013): Kurz- und langfristige Effekte außerfamiliärer Kleinkindbetreuung auf die kognitive und sprachliche Entwicklung unter besonderer Berücksichtigung der Betreuungsqualität. Zeitschrift für Entwicklungspsychologie und Pädagogische Psychologie, 45, 57–65

Bailey, D., Hebbeler, K., Olmsted, M., Raspa, M., Bruder, M. (2008): Measuring Family Outcomes. Considerations in Large-scale Data Collection in Early Intervention. Infants/Young Children, 23, 194–206

Bailey, D., Hebbeler, K., Scarborough, A., Spiker, D., Malik, S. (2004): First Experiences with Early Intervention: A National Perspective. Pediatrics, 113, 887–896

Baker, B., Brightman, B. (2004): Alltagsfähigkeiten: Ein Ratgeber für Eltern und Erzieher zur Förderung besonderer Kinder. G/S Verlag, Nürnberg

Baker, B., McIntyre, L., Blacher, J., Crnic, K., Edelbrock, C., Low, C. (2003): Pre-School Children with and without Developmental Delay: Behavior Problems and Parenting Stress Over Time. Journal of Intellectual Disability Research, 47, 217–230

Bakermans-Kranenburg, M., Van Ijzendoorn, M., Jugger, F. (2003): Less Is More: Meta-Analyses of Sensitivity and Attachment Interventions in Early Childhood. Psychological Bulletin, 129, 195–215

Baldacchino, A., Arbuckle, K., Petrie, D., McGowan, C. (2014): Neurobehavioral Consequences of Chronic Intrauterine Opioid Exposure in Infants and Preschool Children: a Systematic Review and Meta-Analysis. BMC Psychiatry, 14, 104

Baldassari, C., Schmidt, C., Schubert, C., Srinivasan, P., Dodson, K., Sismanis, A. (2009): Receptive Language Outcomes in Children after Cochlear Implantation. Otolaryngology-Head and Neck Surgery, 140, 114–119

BAR (Bundesarbeitsgemeinschaft für Rehabilitation) (2002): Gemeinsame Empfehlungen Früherkennung und Frühförderung. Diskussionsentwurf, Bonn

Barmer GEK (2011): www.barmer.de/presse/presseinformationen/pressemitteilungen/sprachstoerungen-78642, 03.02.17

Barnett, D., Clements, M., Kaplan-Estrin, M., McCaskill, W., Hunt, H., Butler, M. (2006): Maternal Resolution of the Child Diagnosis: Stability and Relationship with Child Attachment across the Toddler to Preschooler Transition. Journal of Family Psychology, 20, 100–107

Barnett, D., Clements, M., Kaplan-Estrin, M., Fialka, J. (2003): Building New Dreams: Supporting Parents' Adaptation to Their Child with Special Needs. Infants/Young Children, 16, 184–200

Barnett, D., Vondra, J. (1999): Atypical Patterns of Early Attachment: Theory, Research, and Current Directions. In J. Vondra, D. Barnett (Eds.) Atypical Attachment in Infancy and Early Childhood among Children at Developmental Risk. Monographs of the Society for Research in Child Development, 258, 1–24

Barnett, W., Hustedt, J. (2005): Head Start's Lasting Benefits. Infants/Young Children, 18, 16–24

Barnett, W., Jung, K., Yarosz, D., Thomas, J., Hornbeck, A., Stechuck, R. (2008): Educational Effects of the Tools of the Mind Curriculum: a Randomized Trial. Early Childhood Research Quarterly, 23, 299–313

Barnow, S., Spitzer, C., Grabe, H., Kessler, C., Freyberger, H. (2006): Individual Characteristics, Familial Experience, and Psychopathology in Children of Mothers with Borderline Personality Disorder. Journal of the American Academy of Child/Adolescent Psychiatry, 45, 965–972

Baron, I., Litman, F., Ahronovich, M., Baker, R. (2012): Late Preterm Birth: a Review of Medical and Neuropsychological Childhood Outcomes. Neuropsychology Review, 22, 438–450

Barre, N., Morgan, A., Doyle, L., Anderson, P. (2010): Language Abilities in Children Who Were Very Preterm and/or Very Low Birth Weight: a Meta-Analysis. The Journal of Pediatrics, 158, 766–774.e1

Barton, E., Lissman, D. (2015): Group Parent Training Combined with Follow-up Coaching for Parents of Children with Developmental Delays. Infants/Young Children, 28, 220–236

Barth, R. (2000): „Baby-Lese-Stunden" für Eltern mit exzessiv schreienden Säuglingen. Praxis der Kinderpsychologie und Kinderpsychiatrie, 49, 537–546

Batliner, G. (2016): Hörgeschädigte Kinder spielerisch fördern: Ein Elternbuch zum frühen Hör- und Spracherwerb. 4., aktual. Aufl. Ernst Reinhardt, München/Basel

Batten, G., Oakes, P. M., Alexander, T. (2014): Factors Associated with Social Interactions Between Deaf Children and Their Hearing Peers: a Systematic Literature Review. Journal of Deaf Studies and Deaf Education, 19, 285–302

Baumert, J., Schümer, G. (2001): Familiäre Lebensverhältnisse, Bildungsbeteiligung und Kompetenzerwerb. In J. Baumert et al. (Hrsg.): PISA 2000. (323–407), Leske/Budrich, Opladen

Bayley, N. (2006): Bayley Scales of Infant and Toddler Development, third edition (Bayley-III). San Antonio: Psychological Corporation

Beaino, G., Khoshood, B., Kaminski, M. et al. (2011): Predictors of the Risk of Cognitive Deficiency in Very Preterm Infants: the EPIPAGE Prospective Cohort. Acta Paediatrica, 100, 370–378

Becker, B. (2012): Ethnische Bildungsungleichheit in der frühen Kindheit: Ergebnisse aus dem Projekt ESKOM-V. Frühe Bildung, 1, 150–158

Beckh, K., Mayer, D., Berkic, J., Becker-Stoll, F. (2014): Der Einfluss der Einrichtungsqualität auf die sprachliche und sozial-emotionale Entwicklung von Kindern mit und ohne Migrationshintergrund. Frühe Bildung, 3, 73–81

Beebe, B. (2003): Brief Mother-Infant Treatment: Psychoanalytically Informed Video Feedback. Infant Mental Health Journal, 24, 24–52

Beeck, K. (2014): Verlässlichkeit für Kinder – Das Patenschaftsangebot für Kinder psychisch kranker Eltern von AMSOC e. V. In: M. Kölch, U. Ziegenhain, J. Fegert (Hrsg.): Kinder psychisch kranker Eltern (180–203). Beltz Juventa, Weinheim

Beer, J., Kronenberger, W. G., Castellanos, I., Colson, B. G., Henning, S. C., Pisoni, D. B. (2014): Executive Functioning Skills in Preschool-Age Children with Cochlear Implants. Journal of Speech, Language and Hearing Reserach, 57, 1521–1534

Beer, S. (2008): Frühförderung hörgeschädigter Kinder: Video-Home-Training (VHT) als eine Möglichkeit ressourcenorientierten Arbeitens. In: M. Hintermair, C. Tsirigotis (Hrsg.): Wege zu Empowerment und Ressourcenorientierung in der Zusammenarbeit mit hörgeschädigten Menschen (63–74). Median, Heidelberg

Behringer, L. (2005): Interdisziplinarität in der Frühförderung. Frühförderung interdisziplinär, 24, 168–178

Behringer, L., Höfer, R. (2005): Wie Kooperation in der Frühförderung gelingt. Ernst Reinhardt, München/Basel

Belcher, H., Butz, A., Wallace, P. Hoon, A., Reinhardt, E., Reeves, S., Pulsifer, M. (2005): Spectrum of Early Intervention Services for Children with Intrauterine Drug Exposure. Infants and Young Children, 18, 2–15

Bellingrath, J., Iskenius-Emmler, H., Haberl, B., Nußbeck, S. (2009): Aspekte des Belastungserlebens von Eltern mit behinderten Kindern. Heilpädagogische Forschung, 34, 146–154

Bengel, J., Meinders-Lücking, F., Rottmann, N. (2009): Schutzfaktoren bei Kindern und Jugendlichen. Stand der Forschung zu psychosozialen Schutzfaktoren für Gesundheit, Bundeszentrale für gesundheitliche Aufklärung (BZgA), Köln

Benzies, K., Magill-Evans, J., Hayden, A., Ballantyne, M. (2013): Key Components of Early Intervention Programs for Preterm Infants and Their Parents: a Systematic Review and Meta-Analysis. BMC Pregnancy and Childbirth, 13 (Suppl. 1): S10

Berg-Nielsen, T., Vikan, A., Dahl, A. (2002): Parenting Related to Child and Parental Psychopathology: a Descriptive Review of the Literature. Clinical Child Psychology and Psychiatry, 7, 529–552

Berger, R. (2011): Starthilfe für Frühgeborene und ihre Eltern im Übergang von der Klinik nach Hause und in den ersten Monaten. Frühförderung interdisziplinär, 30, 172–177

Berglund, E., Eriksson, M., Johannson, I. (2001): Parental Reports of Spoken Language Skills in Children with Down Syndrome. Journal of Speech, Language, and Hearing Research, 44, 179–191

Bernard-Opitz, V. (2007): Kinder mit Autismus-Spektrum-Störungen: Ein Praxishandbuch für Therapeuten, Eltern und Lehrer. 2. Auflage. Stuttgart, Kohlhammer

Berrettini, S., Forli, F., Genovese, E., Santarelli, R., Arslan, E., Chilosi, A., Cipriani, P. (2008): Cochlear Implantation in Deaf Children with Associated Disabilities: Challenges and Outcomes. International Journal of Audiology, 47, 199–208

Bhutta, A., Cleves, M., Casey, P. Cradock, M., Anand, K. (2002): Cognitive and Behavioral Outcomes of School-Aged Children Who Were Born Preterm – a Meta-Analysis. JAMA, 288, 728–737

Bidabe, L. (1999): MOVE. Mobilitätstraining für Kinder und Erwachsene mit Behinderung. Borgmann, Dortmund

Bien, W. (2012): 25 Jahre Surveyforschung. DJI-Surveys im Rahmen der nationalen Surveyforschung. In: T. Rauschenbach, W. Bien (Hrsg.): Aufwachsen in Deutschland. AID:A – Der neue DJI-Survey (28–51). Juventa, Weinheim

Bilgin, A., Wolke, D. (2015): Maternal Sensitivity in Parenting Preterm Children: a Meta-Analysis. Pediatrics, 136, 1–17
Biringen, Z. (2008): Emotional Availability (EA) Scales Manual. 4th edition. Infancy/Early Childhood Version (Child ages 0;9 – 5 years). Unpublished manuscript
Blacher, J., Baker, B. (2007): Positive Impact of Intellectual Disability on Families. American Journal on Mental Retardation, 112, 330–348
Blacher, J., Baker, B., Kaladjian, A. (2013): Syndrome Specificity and Mother–child Interactions: Examining Positive and Negative Parenting across Contexts and Time. Journal of Autism and Developmental Disorders, 43, 761–774
Blackwell, A., Harding, S., Babyigit, S., Roulstone, S. (2015): Characteristics of Parent-Child Interactions: a Systematic Review of Studies Comparing Children with Primary Language Impairment and Their Typically Developing Peers. Communication Disorders Quarterly, 36, 67–78
Blair, C., Razza, R. (2007): Relating Effortful Control, Executive Function, and False Belief Understanding to Emerging Math and Literacy Ability in Kindergarten. Child Development, 78, 647–663
Blank, R., Kries, R., Hesse, S., Voss, H. (2008): Conductive Education for Children with Cerebral Palsy: Effects on Hand Motor Functions Relevant to Activities of Daily Living. Archives of Physical Medicine and Rehabilitation, 89, 251–259
Blauw-Hospers, C., Dirks, T., Hulshof, L., Bos, A., Hadders-Algra, M. (2011): Pediatric Physical Therapy in Infancy: from Nightmare to Dream? A Two-Arm Randomized Trial. Physical Therapy, 91, 1323–1338
Boban, I., Hinz, A. (2009): Der Index für Inklusion. Lernen und Teilhabe in der Schule der Vielfalt entwickeln. Sozial Extra, 33, 12–16
Bodrova, E., Leong, D. (1996): Tools of the Mind: the Vygotskian Approach to Early Childhood. Upper Saddler River, Prentice Hall
Böhr, M. (2004): Das Zollinger-Therapiekonzept als Annäherung an sprachauffällige Kleinkinder. Forum Logopädie, 18, Heft 1, 14–19
Bölte, S. (2009): Fragebogen, Beobachtungsskalen, Interviews. In: S. Bölte (Hrsg.): Autismus (156–174). Huber, Bern
Bölte, S., Poustka, F. (2006): FSK. Fragebogen zur Sozialen Kommunikation – Autismus Screening. Huber, Bern
Bölte, S., Rühl, D., Schmötzer, G., Poustka, F. (2006): Diagnostisches Interview für Autismus – Revidiert (ADI-R). Huber, Bern
Boenisch, J. (2014): Die Bedeutung von Kernvokabular für unterstützt kommunizierende Kinder und Jugendliche. LOGOS, 22, 164–178
Boenisch, J., Musketa, B., Sachse, S. (2007): Zur Bedeutung des Vokabulars für den Spracherwerb und Konsequenzen für die Gestaltung von Kommunikationsoberflächen. In: S. Sachse, C. Birngruber, S. Arendes (Hrsg.): Lernen und Lehren in der Unterstützten Kommunikation (355–371). von Loeper, Karlsruhe
Bogner, B., Diller, G. (2009): Hörschädigungen: Prävalenz, Frühdiagnostik, technische Versorgung. Frühförderung interdisziplinär, 28, 147–157
Bondy, A., Frost, L. (2001): A Picture's Worth. PECS and Other Visual Communication Strategies in Autism. Woodbine House, Bethesda
Boons, T., Brokx, J., Dhooge, I., Frijns, J., Peeraer, L., Vermeulen, A., Wouters, J., van Wiegeringen, A. (2012): Predictors of Spoken Language Development Following Pediatric Cochlear Implantation. Ear and Hearing, 33, 617–639
Booth, T., Ainscow, M., Kingston, D. (2006): Index für Inklusion (Tageseinrichtungen für Kinder). Deutschsprachige Ausgabe. GEW, Frankfurt

Borchardt, V., Nordmann, V. (2010): Frühförderung mit sozial benachteiligten Familien. In: C. Leyendecker (Hrsg.): Gefährdete Kindheit – Risiken früh erkennen, Ressourcen früh fördern (329–338). Kohlhammer, Stuttgart

Bosshardt, H. (2010): Frühintervention bei Stottern: Behandlungsansätze für Kinder im Vorschulalter. Hogrefe, Göttingen

Boyce, L., Cook, G., Simonsmeier, V., Hendershot, S. (2015): Academic Outcomes of Very Low Birth Weight Infants: the Influence of Mother-Child Relationships. Infant Mental Health Journal, 36, 156–166

Boyraz, G., Sayger, T. (2011): Psychological Well-Being among Fathers of Children with and without Disabilities: the Role of Family Cohesion, Adaptability, and Paternal Self-Efficacy. American Journal of Men's Health, 5, 286–296

Bradley, R., Corwyn, R. (2002): Socioeconomic Status and Child Development. Annual Review of Psychology, 53, 371–399

Brady, N., Marquis, J., Fleming, K., McLean, L. (2004): Prelinguistic Predictors of Language Growth in Children with Developmental Disabilities. Journal of Speech, Language, and Hearing Research, 47, 663–677

Bragiel, J., Kaniok, P. (2011): Fathers' Marital Satisfaction and Their Involvement with Their Child with Disabilities. European Journal of Special Needs Education, 26, 395–404

Brambring, M. (2007): Divergent Development of Verbal Skills in Children Who Are Blind or Sighted. Journal of Visual Impairment and Blindness, 101, 749–762

Brambring, M. (2005): Divergente Entwicklung blinder und sehender Kinder in vier Entwicklungsbereichen. Zeitschrift für Entwicklungspsychologie und Pädagogische Psychologie, 37, 173–183

Brambring, M. (2003): Sprachentwicklung blinder Kinder. In: G. Rickheit, T. Herrmann, W. Deutsch (Hrsg.): Psycholinguistik. Ein internationales Handbuch (730–752). de Gruyter, New York

Brambring, M. (2000): „Lehrstunden" eines blinden Kindes. Entwicklung und Frühförderung in den ersten Lebensjahren. 2. Aufl. Ernst Reinhardt, München/Basel

Brambring, M. (1999): Entwicklungsbeobachtung und –förderung. edition bentheim, Würzburg

Brambring, M., Tröster, H. (1992): On the Stability of Stereotyped Behaviors in Blind Infants and Preschoolers. Journal of Visual Impairment and Blindness, 86, 105–110

Brandt, I., Sticker, E. (2001): Griffiths Entwicklungsskalen zur Beurteilung der Entwicklung in den ersten beiden Lebensjahren. Beltz, Weinheim

Brecht, C., Shaw, R., St. John, N., Horwitz, S. (2012): Effectiveness of Therapeutic and Behavioral Interventions for Parents of Low-Birth-Weight Premature infants: a Review. Infant Mental Health Journal, 33, 651–665

Breitenbach, E., Fernsen, L., Stumpf, E., Ebert, H. (2006): Delfintherapie für Kinder mit Behinderungen; Analyse und Erklärung der Wirksamkeit. edition bentheim, Würzburg

Brennan-Jones, D., White, J., Rush, R., Law, J. (2014): Auditory-Verbal Therapy for Promoting Spoken Language Development in Children with Permanent Hearing Impairments. The Cochrane Database Systematic Review. http://onlinelibrary.wiley.com/doi/10.1002/14651858.CD010100.pub2/epdf, 24.01.2017

Bretherton, L., Prior, M., Bavin, E., Cini, E., Eadie, P., Reilly, S. (2014): Developing Relationships Between Language and Behavior in Preschool Children from the Early Language in Victoria Study: Implications for Intervention. Emotional and Behavioral Difficulties, 19, 7–27

Breuer, D., Döpfner, M. (2008): Entwicklung eines Fragebogens zur Erfassung von Aufmerksamkeitsdefizit-/Hyperaktivitätsstörungen (ADHS) bei Vorschulkindern im Eltern- und Erzieherurteil. Zeitschrift für Entwicklungspsychologie und Pädagogische Psychologie, 40, 40–48

Britner, P., Morog, M., Pianta, R., Marvin, R. (2003): Stress and Coping: a Comparison of Self-Report Measures of Functioning in Families of Young Children with Cerebral Palsy or No Medical Diagnosis. Journal of Child and Family Studies, 12, 335–348

Brown, J., Woods, J. (2015): Effects of a Triadic Parent-Implemented Home-Based Communication Intervention for Toddlers. Journal of Early Intervention, 37, 44–68

Brown, W., Conroy, M. (2011): Social-Emotional Competence in Young Children with Developmental Delays: Our Reflection and Vision for the Future. Journal of Early Intervention, 33, 310–320

Brown, W., Odom, S., Conroy, M. (2001): An Intervention Hierarchy for Promoting Young Children's Peer Interactions in Natural Environments. Topics in Early Childhood Special Education, 21, 162–175

Bruno, J., Hansen, F. (2009): TASP. Diagnostiktest zur Abklärung des Symbol- und Sprachverständnisses in der Unterstützten Kommunikation. REHAVISTA, Berlin

Bruns, D., Mogharreban, C. (2007): The Gap Between Beliefs and Practices: Early Childhood Practioners' Perceptions about Inclusion. Journal of Research in Childhood Education, 21, 229–241

Bünder, P., Sirringhaus-Bünder, A., Helfer, A. (2010): Lehrbuch der Marte-Meo-Methode. Entwicklungsförderung mit Videounterstützung. Vandenhoeck/Ruprecht, Göttingen

Büttner, G., Dacheneder, W., Schneider, W., Weyer, K. (2008): FEW-2. Frostigs Entwicklungstest der visuellen Wahrnehmung – 2. Hogrefe, Göttingen

Burger, T., Spahn, C., Richter, B., Eissele, S., Löhle, E., Bengel, J. (2005): Parental Distress: the Initial Phase of Hearing Aid and Cochlear Implant Fitting. American Annals of the Deaf, 150, 5–10

Burghart, K., Graf, A., Sarimski, K. (2010): Elternerfahrungen zur Integration sinnesgeschädigter Kinder in Kindergärten. Frühförderung interdisziplinär, 29, 124–129

Buschmann, A. (2011): Heidelberger Elterntraining zur frühen Sprachförderung. 2. Auflage., Elsevier, Urban/Fischer, München

Buschmann, A., Jooss, B. (2012): Heidelberger Elterntraining zur Kommunikations- und Sprachanbahnung bei Kindern mit globaler Entwicklungsstörung, Elsevier, Urban/Fischer, München

Buschmann, A., Jooss, B. (2010): Kommunikationsförderung und Sprachanbahnung bei Kindern mit globaler Entwicklungsstörung. Frühförderung interdisziplinär, 29, 51–61

Buschmann, A., Jooss, B., Rupp, A., Feldhusen, F., Pietz, J., Philippi, H. (2009): Parent-Based Language Intervention for Two-Year-Old Children with Specific Expressive Language Delay: a Randomized Controlled Trial. Archives of Disease in Childhood, 94, 110–116

Buschmann, A., Jooss, B., Simon, S., Sachse, S. (2010): Alltagsintegrierte Sprachförderung in Krippe und Kindergarten. Das Heidelberger Trainingsprogramm. Ein sprachbasiertes Interaktionstraining für den Frühbereich. LOGOS Interdisziplinär, 18, 84–95

Buschmann, A., Multhauf, B., Hasselhorn, M., Pietz, J. (2015): Long-Term Effects of a Parent-based Language Intervention on Language Outcomes and Working Memory for Late-talking Toddlers. Journal of Early Intervention, 37, 175–189

Butcher, P., Wind, T., Bouma, A. (2008): Parenting Stress in Mothers and Fathers of a Child with a Hemiparesis: Sources of Stress, Intervening Factors and Long-Term Expressions of Stress. Child: Care, Health and Development, 34, 530–541

Butz, A., Lears, M., O'Neil, S., Lukk, P. (1998): Home Intervention for in Utero Drug Exposed Infants. Public Health Nursing, 15, 307–318

Buysse, V., Hollingsworth, H. (2009): Program Quality and Early Childhood Inclusion. Recommendations for Professional Development. Topics in Early Childhood Special Education, 29, 119–128

Buysse, V., Peisner-Feinberg, E. (2013): Handbook of Response to Intervention in Early Childhood. Paul Brookes, Baltimore

Buysse, V., Wesley, P. (2005): Consultation in Early Childhood Settings. Paul Brookes, Baltimore

Calderon, R., Greenberg, M. (2011): Social and Emotional Development of Deaf Children: Family, School, and Program Effects. In: M. Marschark, P. E. Spencer (Eds.): Oxford Handbook of Deaf Studies, Language, and Education, Volume 1, second edition (pp. 188–199). Oxford University Press, Oxford, NY

Campbell, J. (2007): Understanding the Emotional Needs of Children Who Are Blind. Journal of Visual Impairment/Blindness, 101, 351–355

Campbell, P., Sawyer, L. (2009): Changing Early Intervention Providers' Home Visiting Skills through Participation in Professional Development. Topics in Early Childhood Special Education, 28, 219–234

Campbell, P., Sawyer, L. (2007): Supporting Learning Opportunities in Natural Settings through Participation-Based Services. Journal of Early Intervention, 29, 287–305

Carter, A., Briggs-Gowan, M. (2006): Infant-Toddler Social and Emotional Assessment (ITSEA). Pearson, San Antonio

Catalino, T., Chiarello, L., Long, T., Weaver, P. (2015): Promoting Professional Development for Physical Therapists in Early Intervention. Infants/Young Children, 28, 133–149

Charach, A., Carson, P., Fox, S., Usman Ali, M., Beckett, J., Guan Lim, C. (2013): Interventions for Preschool Children at High Risk for ADHD: a Comparative Effectiveness Review. Pediatrics, 131, e1584–e1604

Charlop-Christy, M., Carpenter, M. (2000): Modified Incidental Teaching Sessions: a Procedure for Parents to Increase Spontaneous Speech in Their Children with Autism. Journal of Positive Behavior Interventions, 2, 98–112

Chilla, S. (2014): Grundfragen der Diagnostik im Kontext von Mehrsprachigkeit und Synopse diagnostischer Verfahren. In: S. Chilla, S. Haberzettl (Hrsg.). Handbuch Spracherwerb und Sprachentwicklungsstörungen. Mehrsprachigkeit (57–71). Elsevier, Urban/Fischer, München

Ching, T., Dillon, H., Marnane, V., Hou, S., Day, J. (2013): Outcomes of Early-and Late-Identified Children at 3 years of Age: Findings from a Prospective Population-Based Study. Ear and Hearing, 34, 535–552

Cierpka, M. (2007): Faustlos für Kindergarten und Schule. In: v. Suchodoletz, W. (Hrsg.): Prävention von Entwicklungsstörungen (203–214). Hogrefe, Göttingen

Claas, M., de Vries, L., Bruinse, H., van Haastert, I., Venema, M., Peelen, L., Koopman, C. (2011): Early Human Development, 87, 183–191

Claessens, A., Engel, M., Curran, C. (2015): The Effects of Maternal Depression on Child Outcomes during the First Years of Formal Schooling. Early Childhood Quarterly, 32, 80–93

Clegg, J., Law, J., Rush, R., Peters, T., Roulstone, S. (2015): The Contribution of Early Language Development to Children's Emotional and Behavioural Functioning at 6 Years: an Analysis of Data from the Children in Focus Sample from the ALSPAC Birth Cohort. Journal of Child Psychology and Psychiatry, 56, 67–75

Cohan, S., Chavira, D., Stein, M. (2006): Practitioner Review: Psychosocial Interventions for Children with Selective Mutism: a Critical Evaluation of the Literature from 1990–2005. Journal of Child Psychology and Psychiatry 47, 1085–1097

Colin, S., Leybaert, J., Ecalle, J., Magnan, A. (2013): The Development of Word Recognition, Sentence Comprehension, Word Spelling, and Vocabulary in Children with Deafness: a Longitudinal Study. Research in Developmental Disabilities, 34, 1781–1793

Conroy, M., Dunlap, G., Clarke, S., Alter, P. (2005): A Descriptive Analysis of Positive Behavioral Intervention Research with Young Children with Challenging Behavior. Topics in Early Childhood Special Education, 25, 157–166

Conti-Ramsden, G., Botting, N. (2004): Social Difficulties and Victimization in Children with SLI at 11 Years of Age. Journal of Speech, Language, and Hearing Research, 47, 145–161

Cordes, R., Cordes, H. (2009): Verhaltenstherapeutische „home-based" Intensivprogramme für autistische Kinder im Vorschulalter und ihre Eltern. Frühförderung interdisziplinär, 29, 22 – 31

Cordes, R., Cordes, H. (2006): Intensive Frühförderung autistischer Kinder im Elternhaus – Ergebnisse von zwei Pilotstudien zum Bremer Elterntrainingsprogramm (BET). Verhaltenstherapie mit Kinder und Jugendlichen, 2, 13 – 29

Cordes, R., Petermann, F. (2001): Das Video-Interaktionstraining: Ein neues Training für Risikofamilien. Kindheit und Entwicklung, 10, 124 – 131

Corr, C., Santos, R., Fowler, S. (2016): The Components of Early Intervention Services for Families Living in Poverty: a Review of the Literature. Topics in Early Childhood Special Education, 36, 55 – 64

Cox, J. L., Holden, J. M., Sagovsky, R. (1987): Edinburgh Postnatale Depression Skala (EDPS). In: www.mutter-kind-behandlung.de/downloads/fragebogen_EPDS.pdf, 23.01.2017

Crittenden, P. (2005): Der CARE-Index als Hilfsmittel für Früherkennung, Intervention und Forschung. Frühförderung interdisziplinär, 24, 99 – 106

Cruz, I., Quittner, A., Marker, C., DesJardin, J. (2013): Identification of Effective Strategies to Promote Language in Deaf Children with Cochlear Implants. Child Development, 84, 543 – 559

Cupples, L., Ching, T., Crowe, K., Seeto, M., Leigh, G., Day, J., Marnane, V., Thomson, J. (2013): Outcomes of 3-Year-Old Children with Hearing Loss and Different Types of Additional Disabilities. Journal of Deaf Studies and Deaf Education, 19, 20 – 39

Dabrowska, A., Pisula, E. (2010): Parenting Stress and Coping Styles in Mothers and Fathers of Pre-School Children with Autism and Down Syndrome. Journal of Intellectual Disability Research, 54, 266 – 280

Dale, N., Sonksen, P. (2002): Developmental Outcome, Including Setback, in Young Children with Severe Visual Impairment. Developmental Medicine and Child Neurology, 44, 613 – 622

Dale, N., Tadic, V., Sonksen, P. (2014): Social Communicative Variation in 1-3-Year Olds with Severe Visual Impairment. Child: Care, Health and Development, 40, 158 – 164

Dallaire, D., Weinraub, M. (2005): Predicting Children's Separation Anxiety at Age 6: the Contributions of Infant-Mother Attachment Security, Maternal Sensitivity, and Maternal Separation Anxiety Disorder. Attachment and Human Development, 7, 393 – 408

D'Allura, T. (2002): Enhancing the Social Interaction Skills of Preschoolers with Visual Impairments. Journal of Visual Impairment/Blindness, 96, 576 – 584

Dammeyer, J. (2009): Psychosocial Development in a Danish Population of Children with Cochlear Implants and Deaf and Hard-of-Hearing Children. Journal of Deaf Studies and Deaf Education, 15, 50 – 58

Daseking, M., Bauer, A., Knievel, J., Petermann, F., Waldmann, H.-C. (2011): Kognitive Entwicklungsrisiken bei zweisprachig aufwachsenden Kindern mit Migrationshintergrund im Vorschulalter. Praxis der Kinderpsychologie und Kinderpsychiatrie, 60, 351 – 368

Daseking, M., Petermann, F. (2013): Verhaltensinventar zur Beurteilung exekutiver Funktionen für das Kindergartenalter (BRIEF-P). Hogrefe, Göttingen

Daseking, M., Petermann, F. (2009): Kognitiver Entwicklungstest für das Kindergartenalter (KET-KID). Hogrefe, Göttingen

Dawson, G., Rogers, S., Munson, J., Smith, M., Winter, J. (2010): Randomized, Controlled Trial of an Intervention for Toddlers with Autism: the Early Start Denver Model. Pediatrics, 125, 17 – 23

Delaney-Black, V., Covington, C., Nordstrom, B., Ager, J. (2004): Prenatal Cocaine: Quantity of Exposure and Gender Moderation. Journal of Developmental and Behavioral Pediatrics, 25, 254 – 263

DeLangen-Müller, U., Hielscher-Fastabend, M. (2007): Retro quant — retrospektive Erfassung quantitativer Daten der Sprachtherapie mit Kindern in Deutschland. Sprachheilarbeit, 52, 48–62

Dempsey, I., Keen, D. (2008): A Review of Processes and Outcomes in Family-Centered Services for Children with a Disability. Topics in Early Childhood Special Education, 28, 42–52

Deneke, C., Lüders, B. (2003): Besonderheiten der Interaktion zwischen psychisch kranken Eltern und ihren kleinen Kindern. Praxis der Kinderpsychologie und Kinderpsychiatrie, 52, 171–181

Denner, S., Schmeck, K. (2005): Auffälligkeiten und Verhaltensstörungen im Vorschulalter. Ergebnisse einer Untersuchung von Dortmunder Kindergartenkindern mit dem Erzieherfragebogen C-TRF/1 ½ – 5. Zeitschrift für Kinder- und Jugendpsychiatrie und Psychotherapie, 33, 307–317

Delobel-Ayoub, M., Arnaud, C., White-Koning, M. et al. (2009): Behavioral Problems and Cognitive Performance at 5 Years of Age after Very Preterm Birth: The EPIPAGE Study. Pediatrics, 123, 1485–1492

DesJardin, J., Eisenberg, L. (2007): Maternal Contributions: Supporting Language Development in Young Children with Cochlear Implants. Ear and Hearing, 28, 456–469

Dettman, S., Wall, E., Constantinescu, G., Dowell, R. (2013): Communication Outcomes for Groups of Children Using Cochlear Implants Enrolled in Auditory-Verbal, Aural-Oral, and Bilingual-Bicultural Early Intervention Programs. Otology/Neurotology, 34, 451–459

Dickerson, A., Popli, G. (2016): Persistent Poverty and Children's Cognitive Development: Evidence from the UK Millenium Cohort Study. Journal of the Royal Statistical Society, Series A, 179, 2, 535–558

Dickinson, D. (2011): Teachers' Language Practices and Academic Outcomes of Preschool Children. Science, 333, 964–967

Diehl, U., Leyendecker, C. (2004): Komplexleistung Früherkennung und Frühförderung – Aufgaben von Pädagoginnen und Pädagogen im Rahmen der erforderlichen Teamarbeit. In: J. Kühl (Hrsg.): Frühförderung und SGB IX (45–53). Ernst Reinhardt, München/Basel

Diez Grieser, M. (2014): Präventionsprojekte und Migration. Frühförderung interdisziplinär, 33, 16–25

Diller, A. (2005): Eltern-Kind-Zentren. Die neue Generation kinder- und familienfördernder Institutionen. Grundlagenbericht im Auftrag des BMFSFJ. DJI, München

Diller, G. (2009): Hörgerichtete Früherziehung und Förderung in Theorie und Praxis. Frühförderung interdisziplinär, 28, 169–178

Diller, G. (2001): Bikulturell – bilingual – Cochlear-Implant: Ergebnisse einer Vergleichsstudie. Hörpädagogik, (6), 275–281

Diller, G., Graser, P., Schmalbrock, C. (2000): Hörgerichtete Frühförderung hochgradig hörgeschädigter Kleinkinder. Median-Verlag, Heidelberg

Diller, S. (2009): Integration hörgeschädigter Kinder in allgemeinen und integrativen Kindergärten. Kovac, Hamburg

Dirks, T., Blauw-Hospers, C., Hulshof, L., Hadders-Algra, M. (2011): Differences Between the Family-Centered "COPCA" Program and Traditional Infant Physical Therapy Based on Neurodevelopmental Treatment Principles. Physical Therapy, 91, 1303–1322

Dixon, D., Kurtz, P., Chin, M. (2008): A Systematic Review of Challenging Behaviors in Children Exposed Prenatally to Substances of Abuse. Research in Developmental Disabilities, 29, 483–502

Doggett, C., Burrett, S., Osborn, D. (2005): Home Visits during Pregnancy and after Birth for Women with an Alcohol or Drug problem. Cochrane Database of Systematic Review, 4. DOI: 10.1002/14651858.CD004456.pub2

Döpfner, M. (2000): Diagnostik und funktionale Analyse von Angst- und Zwangsstörungen bei Kindern und Jugendlichen – Ein Leitfaden. Kindheit und Entwicklung, 9, 143–160

Döpfner, M., Berner, W., Fleischmann, T., Schmidt, M. (1993): Verhaltensbeurteilungsbogen für Vorschulkinder (VBV 3-6). Beltz Test, Weinheim

Döpfner, M., Görtz-Dorten, A., Lehmkuhl, G. (2008): Diagnostik-System für psychische Störungen nach ICD-10 und DSM-IV für Kinder- und Jugendliche (DISYPS-II). Huber, Bern

Döpfner, M., Schürmann, S., Frölich, J. (1998): Das Therapieprogramm für Kinder mit hyperkinetischem und oppositionellem Problemverhalten (THOP). Psychologie Verlags Union, Weinheim

Döpfner, M., Schürmann, S., Lehmkuhl, G. (1999): Wackelpeter und Trotzkopf. Hilfen bei hyperkinetischem und oppositionellem Verhalten. Psychologie Verlags Union, Weinheim

Donaldson, A., Heavner, K., Zwolan, T. (2004): Measuring Progress in Children with Autism Spectrum Disorder Who Have Cochlear Implants. Archives of Otolaryngology Head/Neck Surgery, 130, 666–671

Dote-Kwan, J. (1995): Impact of Mothers' Interactions on the Development of Their Young Visually Impaired Children. Journal of Visual Impairment/Blindness, 89, 47–58

Dote-Kwan, J., Chen, D. (2010): Temperament and Young Children with Visual Impairments: Perceptions of Anglo and Latino Parents. Journal of Visual Impairment/Blindness, 104, 542–553

Dote-Kwan, J., Hughes, M., Taylor, S. (1997): Impact of Early Experiences on the Development of Young Children with Visual Impairments: Revisited. Journal of Visual Impairment/Blindness, 91, 131–144

Down, K., Levickis, P., Hudson, S., Nicholls, R., Wake, M. (2014): Measuring Maternal Responsiveness in a Community-based Sample of Slow-to-Talk Toddlers: a Cross-Sectional Study. Child: Care, Health and Development, 41, 329–333

Down Syndrome Educational Trust (2001): Down Syndrome. Issues and information. (www.downsed.org/dsii/, 24.01.2017)

Dube, S., Anda, R., Felitti, V., Croft, J., Edwards, V., Giles, W. (2001): Growing up with Parental Alcohol Abuse: Exposure to Childhood Abuse, Neglect, and Household Dysfunction. Child Abuse & Neglect, 25, 1627–1640

Dubowy, M., Ebert, S., Maurice, J., Weinert, S. (2008): Sprachlich-kognitive Kompetenzen beim Eintritt in den Kindergarten. Ein Vergleich von Kindern mit und ohne Migrationshintergrund. Zeitschrift für Entwicklungspsychologie und Pädagogische Psychologie, 40, 124–134

Duchesne, L. Sutton, A., Bergeron, F. (2009): Language Achievement in Children Who Received Cochlear Implants Between 1 and 2 Years of Age: Group Trends and Individual Patterns. Journal of Deaf Studies and Deaf Education 14, 465–485

Duindam, T., Konak, Ö., Kamphius, F. (2010): Cito-Sprachtest. Butzbach, Cito Deutschland GmbH (www.de.cito.com, 24.01.2017)

Dumont-Mathieu, T., Fein, D. (2005): Screening for Autism in Young Children: the Modified Checklist for Autism in Toddlers (M-CHAT) and Other Measures. Mental Retardation and Developmental Disabilities Research Review, 11, 253–262

Duncan, G., Brooks-Gunn, J. (1997): Consequences of Growing up Poor. Russell Sage Foundation, New York

Dunlap, G., Lee, J., Joseph, J., Strain, P. (2015): A Model for Increasing the Fidelity and Effectiveness of Interventions for Challenging Behavior. Prevent-Teach-Reinforce for Young Children. Infants/Young Children, 28, 3–17

Dunnett, J. (1999): Use of Activity Boxes with Young Children Who Are Blind, Deaf-Blind, or Have Severe Learning Disabilities and Visual Impairments. Journal of Visual Impairment/Blindness, 93, 225–232

Dunst, C. J. (2015): Improving the Design and Implementation of In-Service Professional Development in Early Childhood Intervention. Infants/Young Children, 28, 210–219

Dunst, C. J., Dempsey, I. (2007): Family-Professional Partnerships and Parenting Competence, Confidence, and Enjoyment. International Journal of Disability, Development, and Education, 54, 305–318

Dunst, C., Trivette, C. (2009): Lets Be PALS: An Evidence-Based Approach to Professional Development. Infants/Young Children, 22, 164–76

Dunst, C. J., Trivette, C. M., Hamby, D., Bruder, M. B. (2006): Influences of Contrasting Natural Learning Environment Experiences on Child, Parent, and Family Well-Being. Journal of Developmental and Physical Disabilities, 18, 235–250

Dunst, C., McWilliam, R. (1988): Cognitive Assessment of Multiply Handicapped Young Children. In: Wachs, T., Sheehan, R. (Eds.): Assessment of Young Developmentally Disabled Children (213–238). Plenum, New York

Dutton, G. (2003): Cognitive Vision, Its Disorders and Differential Diagnosis in Adults and Children: Knowing Where and What Things Are. Eye, 17, 289–304

Dyches, T., Smith, T., Korth, B., Roper, S., Mandleco, B. (2012): Positive Parenting of Children with Disabilities: a Meta-Analysis. Research in Developmental Disabilities, 33, 2213–2220

Dyer, W., McBride, B., Santos, R., Jeans, L. (2009): A Longitudinal Examination of Father Involvement with Children with Developmental Delays: Does Timing of Diagnosis Matter? Journal of Early Intervention, 31, 265–281

Dykens, E., Fisher, M., Taylor, J., Lambert, W., Miodrag, N. (2014): Reducing Distress in Mothers of Children with Autism and Other Disabilities: a Randomized Trial. Pediatrics, 134, e454 – e483

Eckert, A. (2008): Mütter und Väter in der Frühförderung – Ressourcen, Stresserleben und Bedürfnisse aus der Perspektive der Eltern. Frühförderung interdisziplinär, 27, 3–10

Egger, H., Angold, A. (2006): Common Emotional and Behavioral Disorders in Preschool Children. Presentation, Nosology and Epidemiology. Journal of Child Psychology and Psychiatry, 47, 313–337

Eggert, D., Koller, D. (2006): Was kann eine Bewegungsförderung für die kindliche Entwicklung leisten? In: Fritz, A., Klupsch-Saalmann, R., Ricken, G. (Hrsg.): Handbuch Kindheit und Schule (219–226), Beltz, Weinheim

Ehlert, H., Borgetto, B. (2013): Sprachförderung bei Kindern im Vorschulalter. Forum Logopädie, Heft 3, 20–27

Eibeck, B., Kronz, J. (2012): Der Index für Inklusion. Zum praktischen Nutzen eines Bestsellers. Gemeinsam leben, 21, 231–234

Einav, M., Levi, U., Margalit, M. (2012): Mothers' Coping and Hope in Early Intervention. European Journal of Special Needs Education, 27, 265–279

Elben, C., Lohaus, A. (2000): Marburger Sprachverständnistest für Kinder. Hogrefe, Göttingen

Ellingsen, R., Baker, B., Blacher, J., Crnic, K. (2014): Resilient Parenting of Preschool Children at Developmental Risk. Journal of Intellectual Disability Research, 58, 664–678

Elsner, B., Hager, W. (1995): Ist das Wahrnehmungstraining von M. Frostig effektiv oder nicht? – Zur Evaluation des Programms zur Förderung der visuellen Wahrnehmung im deutschen Sprachraum. Praxis der Kinderpsychologie und Kinderpsychiatrie, 44, 48–61

Ely, M. (2014): Effective Strategies for Preschool Peer Group Entry: Considered Applications for Children with Visual Impairments. Journal of Visual Impairment/Blindness, 108, 287–297

Emch-Fassnacht, L. (2013): Interkulturelles Übersetzen in der Heil- und Sonderpädagogik. Schweizerische Zeitschrift für Heilpädagogik, 2, 12–17

Emerson, E., Giallo, R. (2014): The Wellbeing of Siblings with Disabilities. Research in Developmental Disabilities, 35, 2085–2092

Enders, A., Haberstock, B. (2004): Das Castillo Morales Konzept. Frühförderung interdisziplinär, 23, 31–34

Enders, A., Rost, I. (2010): Genetische Syndrome und Autismus. In: Noterdaeme, M., Enders, A. (Hrsg.): Autismus-Spektrum-Störungen (ASS; 124–142). Kohlhammer, Stuttgart

Engel, H., Engels, D., Pfeuffer, F. (2009): Umsetzung der Komplexleistung Frühförderung – bereits vollzogene und weiterhin notwendige Veränderungen in den Leistungsstrukturen. Frühförderung interdisziplinär, 28, 3–11

Engelbert, A. (1999): Familien im Hilfenetz. Bedingungen und Folgen der Nutzung von Hilfen für behinderte Kinder. Juventa, Weinheim

Erickson, K., Hatton, D. (2007): Literacy and Visual Impairment. Seminars of Speech and Language, 28, 58–68

Erickson, M., Egeland, B. (2006): Die Stärkung der Eltern-Kind-Bindung: Frühe Hilfen für die Arbeit mit Eltern von der Schwangerschaft bis zum zweiten Lebensjahr des Kindes durch das STEEP-Programm. Klett-Cotta, Stuttgart

Erickson, S., MacLean, P., Duvall, S., Lowe, J. (2013): Screening for Dysregulation among Toddlers Born Very Low Birth Weight. Infants/Young Children, 26, 213–224

Espy, K., MCiarmid, M., Cwik, M., Stalets, M., Hamby, A., Senn, T. (2004): The Contribution of Executive Functions to Emergent Mathematic Skills in Preschool Children. Developmental Neuropsychology, 26, 465–486

Esser, G., Fischer, S., Wyschkon, A., Laucht, M., Schmidt, M. (2007): Vorboten hyperkinetischer Störungen – Früherkennung im Kleinkindalter. Zeitschrift für Kinder- und Jugendpsychiatrie und Psychotherapie, 35, 127–136

Farran, D. C. (2005): Developing and Implementing Preventive Intervention Programs for Children at Risk: Poverty as a Case in Point. In: Guralnick, M. (Ed.): The Developmental Systems Approach to Early Intervention (267–304). Paul Brookes, Baltimore

Fazzia, E., Lanners, J., Danovaa, S., Ferrarri-Ginevraa, O., Ghezaa, C., Lupariaa, A., Balottinc, U., Lanzia, G. (1999) Stereotyped Behaviours in Blind Children. Brain/Development, 21, 522–528

Fegert, J., Kölch, M., Ziegenhain, U. (2014): Rahmenbedingungen für eine bessere Versorgung von Kindern psychisch kranker Eltern – Ein Plädoyer zur Überwindung der Versäulung. In: Kölch, M., Ziegenhain, U., Fegert, J. (Hrsg.): Kinder psychisch kranker Eltern (108–122). Beltz Juventa, Weinheim

Felder-Müser, U. (2011): Langzeitergebnisse kleiner Frühgeborener im Überblick. Diagnostik, Interventionsmöglichkeiten und Konsequenzen für die Langzeitbetreuung. Frühförderung interdisziplinär, 30, 137–143

Feldman, R. (2007): Parent-Infant Synchrony and the Construction of Shared Timing: Physiological Precursors, Developmental Outcomes, and Risk Conditions. Journal of Child Psychology and Psychiatry, 48, 329–354

Feldman, R. (2003): Infant-Mother and Infant-Father Synchrony: the Coregulation of Positive Arousal. Infant Mental Health Journal, 24, 1–23

Feldman, H. M., Dale, P. S., Campbell, T. F., Colborn, D. K., Kurs-Lasky, M., Rockette, H. E., Paradise, J. L. (2005): Concurrent and Predictive Validity of Parent Reports of Child Language at Ages 2 and 3 Years. Child Development, 76, 856–868

Feniger-Schaal, R., Oppenheim, D. (2013): Resolution of the Diagnosis and Maternal Sensitivity among Mothers of Children with Intellectual Disability. Research in Developmental Disabilities, 34, 306–313

Fenson, L., Dale, P. Reznick, J., Rhal, D., Bates, E., Hartung, J., Rethick, S., Reilly, J. (1993): MacArthur Communicative Development Inventories. Singular Publishing Group, San Diego

Fey, M., Warren, S., Brady, N., Finestack, L., Bredin-Oja, S., Fairchild, M., Sokol, S., Yoder, P. (2006): Early Effects of Responsivity/Paralinguistic Milieu Teaching for Children with

Developmental Delays and Their Parents. Journal of Speech, Language, and Hearing Research, 49, 526–547

Fidler, D., Hepburn, S., Rogers, S. (2006): Early Learning and Adaptive Behavior in Toddlers with Down Syndrome: Evidence For an Emerging Behavioral Phenotype? Down Syndrome Research und Practice, 9, 37–44

Fiebig, S., Hintermair, M. (2007): Psychosoziale Implikationen des Neugeborenen-Hörscreenings (NHS) für die Früherfassung und Frühförderung hörgeschädigter Kinder. Frühförderung interdisziplinär, 26, 107–120

Findler, L. (2014): The Experience of Stress and Personal Growth among Grandparents of Children with and without Intellectual Disability. Intellectual and Developmental Disabilities, 52, 31–48

Fischer, K. (2011): Konzept und Wirksamkeit der Psychomotrik in der Frühförderung. Frühförderung interdisziplinär, 30, 2–16

Fisher, A., Murray, E., Mundy, A. (2002): Sensorische Integrationstherapie – Theorie und Praxis. Springer, Berlin

Fleming, J., Sawyer, L., Campbell, B. (2011): Early Intervention Providers' Perspectives about Implementing Participation-Based Practices. Topics in Early Childhood Special Education, 30, 233–244

Flouri, E., Midouhas, E., Joshi, H., Tzavidis, N. (2015): Emotional and Behavioral Resilience to Multiple Risk Exposure in Early Life: the Role of Parenting. European Child and Adolescent Psychiatry, 24, 745–755

Flouri, E., Midouhas, E., Joshi, H. (2014): Family Poverty and Trajectories of Children's Emotional and Behavioral Problems: the Moderating Roles of Self-Regulation and Verbal Cognitive Ability. Journal of Abnormal Child Psychology, 42, 1043–1056

Flykt, M., Punamäki, R., Belt, R., Biringen, Z., Salo, S., Posa, T., Pajulo, M. (2012): Maternal Representations and Emotional Availability among Drug-Abusing and Nonusing Mothers and Their Infants. Infant Mental Health Journal, 33, 123–138

Foreman, P., Arthur-Kelly, M., Pascoe, S., Smyth King, B. (2004): Evaluating the Educational Experiences of Students with Profound and Multiple Disabilities in Inclusive and Segregated Classroom Settings: an Australian Perspective. Research and Practice for Persons with Severe Disabilities, 29, 183–193

Foster-Cohen, S., Edgin, J., Champion, P., Woodward, L. (2007): Early Delayed Language Development in Very Preterm Infants: Evidence from the Mac Arthur-Bates CDI. Journal of Child Language, 34, 655–675

Fox, A. (2006): Test zur Überprüfung des Grammatikverständnisses (TROG-D). Schulz-Kirchner, Idstein

Fox, A. (2003): Kindliche Aussprachestörungen. Phonologischer Erwerb, Differenzialdiagnostik, Therapie. Schulz-Kirchner, Idstein

Fox, A., Teutsch, A. (2005): Therapie bei Kindern mit Aussprachestörungen im deutschsprachigen Raum: was wirkt wann, wie und wann nicht? Sprachheilarbeit, 50, 273–279

Fox-Boyer, A. (2013): Psycholinguistische Analyse kindlicher Aussprachestörungen-II. Pearson Assessment, Frankfurt

Frank, D., Augustyn, M., Knight, W., Pell, T., Zuckerman, B. (2001): Growth, Development, and Behavior in Early Childhood Following Prenatal Cocaine Exposure: a Systematic Review. Journal of the American Medical Association, 285, 1613–1625

Franke, U. (2013): Artikulationstherapie bei Vorschulkindern. Diagnostik und Didaktik. 7., aktual. Aufl. Ernst Reinhardt, München/Basel

Franki, I., Desloovere, K., De Cat, J., Feys, H., Molenaers, G., Calders, P., Vanderstraeten, G., Himpens, E., Van Broeck, C. (2012): The Evidence-Base for Conceptual Approaches and Additional Therapies Targeting Lower Limb Function in Children with Cerebral Palsy: a

Systematic Review Using the International Classification of Functioning, Disability and Health as a Framework. Journal of Rehabilitation Medicine, 44, 396–405

Freitag, C. (2014): Autismus-Spektrum Störung nach DSM-5. Zeitschrift für Kinder- und Jugendpsychiatrie und Psychotherapie, 42, 185–192

Freitag, C. (2008): Autismus-Spektrum-Störungen. Ernst Reinhardt, München/Basel

Freitag, C., Petz, V., Walthes, R. (2013): Gemeinsam sehen wir weiter … Eine Adaption des Visuellen Profils für frühpädagogische Berufe. Frühförderung interdisziplinär, 32, 150–159

Friedman, M., Woods, J., Salisbury, C. (2012): Caregiver Coaching Strategies for Early Intervention Providers: Moving toward Operational Definitions. Infants/Young Children, 25, 62–82

Fries, M., Behringer, L., Ziegenhain, U. (2005): Beziehungs- und bindungsorientierte Intervention in der Frühförderung am Beispiel der Entwicklungspsychologischen Beratung. Frühförderung interdisziplinär, 24, 115–123

Fröhlich, A. (2015): Basale Stimulation – ein Konzept für die Arbeit mit schwer beeinträchtigten Menschen. Verlag selbstbestimmtes leben, Düsseldorf

Fröhlich, A. (2007): Die Einsamkeit des Vater-Seins – Väter in der Frühförderung. Frühförderung interdisziplinär, 26, 99–106

Fröhlich, A., Haupt, U. (2004): Förderdiagnostik mit schwerbehinderten Kindern (Neuausgabe). Dortmund

Fröhlich, A., Heinen, N., Lamers, W. (2007): Frühförderung von Kindern mit schwerer Behinderung. Verlag selbstbestimmtes Leben, Düsseldorf

Fröhlich, A., Simon, A. (2008): Gemeinsamkeiten entdecken – Mit schwerbehinderten Kindern kommunizieren. Verlag selbstbestimmtes leben, Düsseldorf

Fröhlich, U., Noterdaeme, M., Jooss, B., Buschmann, A. (2014): Elterntraining zur Anbahnung sozialer Kommunikation bei Kindern mit Autismus-Spektrum-Störungen. Training Autismus – Sprache – Kommunikation (TASK). Elsevier, Urban/Fischer, München

Fröhlich-Gildhoff, K., Lorenz, F., Tinius, C., Sipple, M. (2013): Überblicksstudie zur pädagogischen Arbeit mit Kindern mit Verhaltensauffälligkeiten in Kindertageseinrichtungen. Frühe Bildung, 2, 59–71

Fröhlich-Gildhoff, K., Rönnau-Böse, M. (2013): Förderung der Lebenskompetenz und Resilienz in Kindertageseinrichtung und Grundschule. Frühe Bildung, 2, 172–184

Fukkink, R. (2008): Video Feedback in Widescreen: a Meta-Analysis of Family Programs. Clinical Psychology Review, 28, 904–916

Füssenich, I. (2002): Semantik. In: S. Baumgartner, I. Füssenich (Hrsg.): Sprachtherapie mit Kindern. 5. Aufl. Ernst Reinhardt, München/Basel

Gagarina, N. (2014): Diagnostik von Erstsprachkompetenzen im Migrationskontext. In: Chilla, S., Haberzettl, S. (Hrsg.): Handbuch Spracherwerb und Sprachentwicklungsstörungen. Mehrsprachigkeit (73–84): Elsevier, Urban/Fischer, München

Gal, E., Dyck, M. (2009): Stereotyped Movements among Children Who Are Visually Impaired. Journal of Visual Impairment and Blindness, 103, 754–765

Garate, M., Lenihan, S. (2015): Collaboration for Communication, Language and Cognitive Development. In: Sass-Lehrer, M. (Ed): Early Intervention for Deaf and Hard-of-Hearing Infants, Toddlers, and Their Families (233–274). Oxford University Press, Oxford

Gavidia-Payne, S., Stoneman, Z. (2006): Marital Adjustment of Parents of Young Children with Disabilities: Associations with Daily Hassles and Problem-Focused Coping. American Journal of Mental Retardation, 111, 1–14

Gayraud, F., Kern, S. (2007): Influence of Preterm Birth on Early Lexical and Grammatical Acquisition. First Language, 27, 159–173

Geers, A., Nicholas, J. (2013): Enduring Advantages of Early Cochlear Implantation for Spoken Language Development. Journal of Speech, Language, and Hearing Research, 56, 643–655

Geers, A., Nicholas, J., Sedey, A. (2003): Language Skills of Children with Early Cochlear Implantation. Ear and Hearing, 24, 46S – 58S

Gerlach, M., Fritz, A., Leutner, D. (2013): Mathematik- und Rechenkonzepte im Vor- und Grundschulalter – Training. Hogrefe, Göttingen

Gerstein, E., Crnic, K., Blacher, J., Baker, B. (2009): Resilience and the Course of Daily Parenting Stress in Families of Young Children with Intellectual Disabilities. Journal of Intellectual Disability Research, 12, 981–997

Gioia, G., Espy, K., Isquith, P. (2003): BRIEF-P. Behavior Rating Inventory of Executive Function – Preschool version. Lutz/FL, Psychological Assessment Resources

Girolametto, L., Pearce, P., Weitzman, E. (1996): Interactive Focused Stimulation for Toddlers with Expressive Vocabulary Delays. Journal of Speech and Hearing Research, 39, 1274–1283

Girolametto, L., Weitzman, E., Earle, C. (2013): From Words to Early Sentences. Parent-Implemented Intervention for Late-Talking Toddlers. In: L. Rescorla, P. Dale (Eds.): Late Talkers (261–282). Paul Brookes, Baltimore

Girolametto, L., Wiigs, M., Smyth, R., Weitzman, E., Pearce, P. (2001): Children with a History of Expressive Language Delay: Outcomes at 5 Years of Age. American Journal of Speech-Language Pathology, 10, 358–369

Gisel, E. (2008): Interventions and Outcomes for Children with Dysphagia. Mantal Retardation and Developmental Disabilities Research Reviews, 14, 165–173

Glazemakers, I., Deboutte, D. (2013): Modifying the "Positive Parenting Program" for Parents with Intellectual Disabilities. Journal of Intellectual Disability Research, 57, 616–626

Gloger-Tippelt, G. (2014): Individuelle Unterschiede in der Bindung und Möglichkeiten ihrer Erhebung bei Kindern. In: L. Ahnert (Hrsg.): Frühe Bindung (82–109). 3. Aufl. Ernst Reinhardt, München/Basel

Goldstein, H., English, K., Shafer, K., Kaczmarek, L. (1997): Interaction among Preschoolers with and without Disabilities: Effects of Across-the-Day Peer Intervention. Journal of Speech, Language, and Hearing Research, 40, 33–48

Goldstein, H., Kaczmarek, L., Pennington, R., Shafer, K. (1992): Peer-Mediated Intervention: Attending to, Commenting on, and Acknowledging the Behavior of Preschoolers with Autism. Journal of Applied Behavioral Analysis, 25, 289–305

Goodman, S. (2007): Depression in Mothers. Annual Review of Clinical Psychology, 3, 107–135

Goodman, S., Rouse, M., Connell, A., Robbins Broth, M., Hall, C., Heyward, D. (2011): Maternal Depression and Child Psychopathology: A Meta-analytic Review. Clinical Child and Family Psychology Review, 14, 1–27

Granger, S., des Rivieres-Pigeon, C., Sabourin, G., Forget, J. (2012): Mothers' Reports of Their Involvement in Early Intensive Behavioral Intervention. Topics in Early Childhood Special Education, 32, 68–77

Granlund, M., Björck-Akesson, E., Wilder, J., Ylven, R. (2008): AAC Interventions for Children in a Family Environment: Implementing Evidence in Practice. Augmentative and Alternative Communication, 24, 207–219

Gray, P., Edwards, D., O'Callaghan, M., Cuskelly, M., Gibbons, K. (2013): Parenting Stress in Mothers of Very Preterm Infants – Influence of Development, Temperament and Maternal Depression. Early Human Development, 89, 625–629

Greenfield Spira, E., Fischel, J. (2005): The Impact of Preschool Inattention, Hyperactivity, and Impulsivity on Social and Academic Development: a Review. Journal of Child Psychology and Psychiatry, 46, 755–773

Grgic, M., Alt, C. (2014): Bildung in der Familie und elterliche Betreuungsbedarfe als neue Themen des Monitorings frühkindlicher Bildung. Frühe Bildung, 3, 10–21

Griffith, G., Hastings, R., Nash, S., Petalas, M., Oliver, C., Howlin, P., Moss, J., Petty, J., Tunnicliffe, P. (2011): "You have to sit and explain it all, and explain yourself." Mothers' Experiences of Support Services for Their Offspring with a Rare Genetic Intellectual Disability Syndrome. Journal of Genetic Counseling, 20, 165–177

Grimm, H. (2001): Sprachentwicklungstest für drei- bis fünfjährige Kinder (SETK 3-5). Hogrefe, Göttingen

Grimm, H., Doil, H. (2006): Elternfragebogen für die Früherkennung von Risikokindern. 2. überarbeitete und erweiterte Auflage. Hogrefe, Göttingen

Grimm, H., Aktas, M., Jungmann, T., Peglow, S., Stahn, D., Wolter, E. (2004): Sprachscreening im Vorschulalter: Wie viele Kinder brauchen tatsächlich eine Sprachförderung? Frühförderung interdisziplinär, 23, 108–117

Grindle, C., Kovshoff, A., Hastings, R., Remington, B. (2009): Parents' Experience of Home-Based Applied Behavior Analysis Program for Young Children with Autism. Journal of Autism and Developmental Disorders, 39, 42–56

Grob, A., Reimann, G., Gut, J., Frischknecht, M. (2009): Intelligenz- und Entwicklungsskalen für das Vorschulalter (IDS-P). Hogrefe, Göttingen

Gross, T., Spiker, D., Haynes, C. (1997): Helping Low Birth Weight, Premature Babies. The Infant Health and Development Program. Stanford University Press, Stanford

Gross-Letzelter, M., Baumgartner, M. (2011): Unterstützungsbedarf von Eltern von Frühgeborenen und Konsequenzen für die multidisziplinäre Zusammenarbeit. Frühförderung interdisziplinär, 30, 162–166

Grotberg, E. (2011): Anleitung zur Förderung der Resilienz von Kindern – Stärkung des Charakters. In: M. Zander (Hrsg.): Handbuch Resilienzförderung (51–101). VS-Verlag, Wiesbaden

Große, K.-D. (2005): Entwicklungsbedingungen hörbehinderter Kinder und Jugendlicher aus Migrantenfamilien in der Bundesrepublik Deutschland. Hörpädagogik, (6), 258–264

Gün, A. K. (2010): Erziehungsvorstellungen in türkischen Familien. In: Leyendecker, C. (Hrsg.): Gefährdete Kindheit (141–151). Kohlhammer, Stuttgart

Gruber, K., Fröhlich, U., Noterdaeme, M. (2014): Effekt eines Elterntrainingsprogramms zur sozial-kommunikativen Förderung bei Kindern mit Autismus-Spektrum-Störung. Kindheit und Entwicklung, 23, 42–51

Guralnick, M. (2013): Developmental Science and Preventive Interventions for Children at Environmental Risk. Infants/Young Children, 26, 270–285

Guralnick, M. (2011): Why Early Intervention Works. A Systems Perspective. Infants/Young Children, 24, 6–28

Guralnick, M. (2010): Early Intervention Approaches to Enhance the Peer-Related Social Competence of Young Children with Developmental Delays. Infants/Young Children, 23, 73–83

Guttormsen, L., Kefalianos, E., Naess, K. (2015): Communication Attitudes in Children Who Stutter: a Meta-Analytic Review. Journal of Fluency Disorders, 46, 1–14

Habash, P. (2013): Drogenabhängige Eltern. In: Cierpka, M. (Hrsg.): Frühe Kindheit 0-3 (325–332). Springer, Heidelberg

Hachul, C., Schönauer-Schneider, W. (2012): Sprachverstehen bei Kindern. Grundlagen, Diagnostik und Therapie., Elsevier, Urban/Fischer, München

Hack, M., Taylor, H., Drotar, D., Schluchter, M., Cartar, L., Andreias, L., Wilson-Costello, D., Klein, N. (2005): Journal of the American Medical Association, 294, 318–325

Hack, M., Taylor, G., Drotar, D., Schluchter, M., Cartar, L., Wilson-Costello, D., Klein, N., Friedman, H., Mercuri-Minich, N., Morrow, M. (2005): Poor Predictive Validity of the Bayley Scales of Infant Development for Cognitive Function of Extremely Low Birth Weight Children at School Age. Pediatrics, 116, 333–341

Hadders-Algra, M. (2014): Early Diagnosis and Early Intervention in Cerebral Palsy. Frontiers in Neurology, 5, 1–13

Hahlweg, K., Heinrichs, N.(2007): Prävention von kindlichen Verhaltensstörungen mit dem Triple P-Elterntraining. In: W. v. Suchodoletz (Hrsg.): Prävention von Entwicklungsstörungen (183–202). Hogrefe, Göttingen

Halfmann, J. (2014): Migration und Behinderung. Kohlhammer, Stuttgart

Halpern, R. (2000): Early Intervention for Low-Income Children and Families. In: Shonkoff, J., Meisels, S. (Eds.): Handbook of Early Childhood Intervention. 2nd edition (361–386). Cambridge University Press, Cambridge

Hampel, O., Hasmann, S., Schaadt, A., Holl, R., Petermann, F., Hasmann, R. (2010): Effekte des Stepping Stones Elterngruppentrainings für Familien mit behinderten Kindern. Kindheit und Entwicklung, 19, 36–46

Hänel-Faulhaber, B. (2013a): Mehrsprachige Kinder mit Cochlea-Implantat: Frühförderung. In: Chilla, S., Haberzettl, S. (Hrsg.): Handbuch Spracherwerb und Sprachentwicklungsstörungen. Mehrsprachigkeit (215–225). Elsevier, Urban/Fischer, München

Hänel-Faulhaber, B. (2013b): Bimodal-bilingualer Spracherwerb (Gebärdensprache/Lautsprache). In: Chilla, S., Haberzettl, S. (Hrsg.): Handbuch Spracherwerb und Sprachentwicklungsstörungen. Mehrsprachigkeit (209–213). Elsevier, Urban/Fischer, München

Hänsenberger-Aebi, F. (2007): Sehr kleine Frühgeborene. Vierteljahrsschrift für Heilpädagogik und ihre Nachbargebiete, 76, 285–293

Hancock, T., Kaiser, A. (2006): Enhanced Milieu Teaching. In: McCauley, R., Fey, M. (Eds.): Treatment of Language Disorders in Children (203–236). Paul Brookes, Baltimore

Hansen, G. (2007): Frühförderung von Kindern mit schwerster Behinderung – Gedanken zu einer pädagogischen Grundlegung. In: Fröhlich, A., Heinen, N., Lamers, W. (Hrsg.): Frühförderung von Kindern mit schwerer Behinderung (34–46). Verlag selbstbestimmtes leben, Düsseldorf

Hansen, B., Greisen, G. (2004): Is Improved Survival of Very-Low-Birth-Weight Infants in the 1980s and 1990s Associated with Increasing Intellectual Deficit in Surviving Children? Developmental Medicine/Child Neurology, 46, 812–815

Harrison, P., Oakland, T. (2003): ABAS: Adaptive Behavior Assessment System. 2nd edition. Psychological Corporation, San Antonio

Hartke, B., Koch, K. (2008): Qualitätsstandards von Prävention und Präventionsforschung. In: Borchert, J., Hartke, B., Jogschies, P. (Hrsg.): Frühe Förderung entwicklungsauffälliger Kinder und Jugendlicher (37–56). Kohlhammer, Stuttgart

Hassanzadeh, S. (2012): Outcomes of Cochlear Implantation of Deaf Children of Deaf Parents: Comparative Study. The Journal of Laryngology and Otology, 126, 989–994

Hastings, R., Brown, T. (2002): Behavior Problems of Children with Autism, Parental Self-Efficacy, and Mental Health. American Journal on Mental Retardation, 107, 222–232

Hastings, R., Kovshoff, H., Ward, N., Espinosa, F., Brown, T., Remington, B. (2005): System Analysis of Stress and Positive Perceptions in Mothers and Fathers of Pre-School Children with Autism. Journal of Autism and Developmental Disorders, 35, 635–644

Hastings, R., Taunt, H. (2002): Positive Perceptions in Families of Children with Developmental Disabilities. American Journal on Mental Retardation, 107, 116–127

Hatton, D., Schwietz, E., Boyer, B., Rychwalski, P. (2007): Babies Count: The National Registry for Children with Visual Impairments, Birth to 3 Years. Journal of AAPOS, 11, 351–355

Hatton, D., Bailey, D., Burchinal, M., Ferrell, K. (1997): Development Growth Curves of Preschool Children with Vision Impairments. Child Development, 68, 788–806

Hauser, B., Vogt, F., Stebler, R., Rechsteiner, K. (2014): Förderung mathematischer Kompetenzen. Spielintegriert oder trainingsbasiert. Frühe Bildung, 3, 139–145

Hauser-Cram, P., Warfield, M., Shonkoff, J., Krauss, M. (2001): Children with Disabilities: a Longitudinal Study of Child Development and Parent Well-Being. Monographs of the Society for Research in Child Development, 66 (3), 1−114

Häußler, A. (2005): Der TEACCH Ansatz zur Förderung von Menschen mit Autismus. Verlag modernes Lernen, Dortmund

Haveman, M. (2007): Entwicklung und Frühförderung von Kindern mit Down-Syndrom. Das Programm „Kleine Schritte". Kohlhammer, Stuttgart

Hawa, V., Spanoudis, G. (2014): Toddlers with Delayed Expressive Language: an Overview of the Characteristics, Risk Factors and Language Outcomes. Research in Developmental Disabilities, 35, 400−407

Hay, D., Payne, A., Chadwick, A. (2004): Peer Relations in Childhood. Journal of Child Psychology and Psychiatry, 45, 84−108

Hayes, S., Watson, S. (2013): The Impact of Parenting Stress: a Meta-Analysis of Studies Comparing the Experience of Parenting Stress in Parents of Children with and without Autism Spectrum Disorder. Journal of Autism and Developmental Disorders, 43, 629−642

Hebbeler, K., Gerlach-Downie, S. (2002): Inside the Black Box of Home Visiting: a Qualitative Analysis of Why Intended Outcomes Were Not Achieved. Early Childhood Research Quarterly, 17, 28−51

Hecker, W. (2004): Warum eine spezielle Frühförderung für sehgeschädigte Kinder? Blind − sehbehindert, 124, 3−13

Hecking, M., Hachul, C. (2013): Das Late-Talker-Therapiekonzept. Sprachförderung und Sprachtherapie, 2, 80−87

Hecking, M., Schlesiger, C. (2009): Late Bloomer oder Sprachentwicklungsstörung? Diagnostik und Beratung für Familien mit Late Talkers nach dem Dortmunder Konzept. Forum Logopädie, 24, Heft 1, 6−15

Heimlich, U. (2016): Inklusion und Qualität. Auf dem Weg zur inklusiven Kindertageseinrichtung. Frühförderung interdisziplinär, 35, 28−39

Heimlich, U., Behr, I. (2009): Inklusion in Kindertageseinrichtungen − Internationale Perspektiven. LIT, Münster

Heimlich, U., Behr, I. (2007): Qualitätsstandards in integrativen Kinderkrippen der Landeshauptstadt München − Ergebnisse der wissenschaftlichen Begleitforschung (Abschlussbericht). In: www.edu.lmu.de/lbp/forschung/forsch_integr_foerd/forschungsberichte/berichtnr8.pdf, 24.01.2017

Heinrichs, N., Bussing, R., Henrich, E., Schwarzer, G., Briegel, W. (2014): Die Erfassung expansiven Verhaltens mit der deutschen Version des Eyberg Child Behavior Inventory (ECBI). Diagnostica, 60, 197−210

Hellbrügge, T. (2001): Münchener Funktionelle Entwicklungsdiagnostik. Erstes Lebensjahr. 6. Aufl. Hansisches Verlagskontor, Lübeck

Hellbrügge, T. (1994): Münchener Funktionelle Entwicklungsdiagnostik. Zweites und drittes Lebensjahr. 4. Aufl. Deutsche Akademie für Entwicklungsrehabilitation, München

Hemmeter, M., Santos, R., Ostrosky, M. (2008): Preparing Early Childhood Educators to Address Young Children's Challenging Behavior: a Survey of Higher Education Programs in Nine States. Journal of Early Intervention, 30, 321−340

Hemmeter, M. L., Fox, L., Jack, S., Broyles, L., Doubet, S. (2007): A Program-Wide Model of Positive Behavior Support in Early Childhood Settings. Journal of Early Intervention, 29, 337−355

Hennies, J. (2010): Frühförderung hörgeschädigter Kinder: ein aktueller Überblick. Hörgeschädigte Kinder − erwachsene Hörgeschädigte, 47, 3−7

Hennige, U. (2006): „Wir sind ganz neu hier!" Familien ausländischer Herkunft mit einem Kind mit Assistenzbedarf. Geistige Behinderung, 45, 49−60

Henrich, B., Heldewig, K. (2014): Opstapje – Schritt für Schritt. Frühförderung interdisziplinär, 33, 40–46
Herpertz-Dahlmann, B., Konrad, K., Freitag, C. (2010): Autismus heute. Frühförderung interdisziplinär, 29, 3–12
Herr, L., Mingebach, T., Becker, K., Christiansen, H., Kamp-Becker, I. (2015): Wirksamkeit elternzentrierter Interventionen bei Kindern im Alter von zwei bis zwölf Jahren. Ein systematisches Review. Kindheit und Entwicklung, 24, 6–19
Hintermair, M. (2014): Empowerment und familienorientierte Frühförderung. Frühförderung interdisziplinär, 33, 219–229
Hintermair, M. (2003): Das Kohärenzgefühl von Eltern stärken – eine psychologische Aufgabe in der pädagogischen Frühförderung. Frühförderung interdisziplinär, 22, 61–70
Hintermair, M. (2002): Kohärenzgefühl und Behinderungsverarbeitung. Eine empirische Studie zum Belastungs- und Bewältigungserleben von Eltern hörgeschädigter Kinder. Median Verlag, Heidelberg
Hintermair, M., Krieger, L., Mayr, T. (2011): Entwicklungsförderliche Kompetenzen hörgeschädigter Kinder im Vorschulalter. Eine vergleichende Studie mit dem Beobachtungsbogen PERIK. Frühförderung interdisziplinär, 30, 82–95
Hintermair, M., Sarimski, K. (2016): Entwicklung hörgeschädigter Kinder im Vorschulalter. Median, Heidelberg
Hintermair, M., Sarimski, K. (2014): Frühförderung hörgeschädigter Kinder. Median Verlag, Heidelberg
Hintermair, M., Sarimski, K., Lang, M., Romstedt, H. (2016): Sozial-emotionale Kompetenzen hörgeschädigter Kinder im frühen Kindesalter – Eine empirische Studie aus Sicht der Eltern. Hörgeschädigtenpädagogik, 70, 6–16
Hobson, R., Lee, A. (2010): Reversible Autism Among Congenitally Blind Children? A Controlled Follow-up Study. Journal of Child Psychology and Psychiatry, 51, 1235–1241
Hobson, R., Patrick, M., Carndell, L., Garcia-Perez, R., Lee, A. (2005): Personal Relatedness and Attachment in Infants of Mothers with Borderline Personality Disorder. Development and Psychopathology, 17, 329–347
Hodapp, R., Ricci, L., Ly, T., Fidler, D. (2003): The Effects of the Child with Down Syndrome on Maternal Stress. British Journal of Developmental Psychology, 21, 137–151
Hoffman, M. F., Quittner, A. L., Cejas, I. (2015): Comparisons of Social Competence in Young Children with and without Hearing Loss: a Dynamic Systems Framework. Journal of Deaf Studies and Deaf Education, 20, 115–124
Hofmann, K., Hennies, J. (2015): Bimodal-bilinguale Frühförderung: Ein Modell zur Evaluation von Input, Sprachnutzung und Kompetenz (EvISK). Hörgeschädigtenpädagogik, 69, 138–144
Hofmann, N., Polotzek, S., Roos, J., Schöler, H. (2008): Sprachförderung im Vorschulalter – Evaluation dreier Sprachförderkonzepte. Diskurs Kindheits- und Jugendforschung, 3, 291–300
Hohmeier, J. (1996): Frühe Hilfen für ausländische Familien mit behinderten Kindern. Geistige Behinderung, 35, 241–248
Hollenweger, J., Kraus de Camargo, O. (2011): ICF-CY. Internationale Klassifikation der Funktionsfähigkeit, Behinderung und Gesundheit bei Kindern und Jugendlichen. Huber, Bern
Hollmann, H., Kretzschmar, C., Schmid, R. (2014): Das Altöttinger Papier. Mehrdimensionale Bereichsdiagnostik Sozialpädiatrie. Bundesarbeitsgemeinschaft Sozialpädiatrische Zentren (www.dgspj.de/wp-content/uploads/qualitaetssicherung-papiere-glossar-2015.pdf, 24.01.2017)
Holt, R. F., Beer, J., Kronenberger, W. G., Pisoni, D. B. (2013): Developmental Effects of Family Environment on Outcomes in Pediatric Cochlear Implant Recipients. Otology/Neurotology, 34, 388–395

Holtz, C., Fox, R., Meurer, J. (2015): Incidence of Behavior Problems in Toddlers and Preschool Children from Families Living in Poverty. The Journal of Psychology, 149, 161–174

Holz, G. (2006): Lebenslagen und Chancen von Kindern in Deutschland. Aus Politik und Zeitgeschichte, 26, 3–11

Holzinger, D., Fellinger, J. (2013): Moderne Ansätze evidenzbasierter familienzentrierter Frühintervention bei Kindern mit Schwerhörigkeit oder Gehörlosigkeit. Sprache – Stimme – Gehör, 37, e1–e6

Höck, S. (2009): Harl. e.kin-Nachsorge. Frühförderung interdisziplinär, 28, 130–132

Höck, S., Mampe-Keller, B. (2015): Implementierung der Harl. e.kin-Nachsorge in Bayern. Arbeitsstelle Frühförderung Bayern, München

Hornstein, C., Trautmann-Villalba, P., Hohm, E., Rave, E., Wortmann-Fleischer, S., Schwarz, M. (2007): Interaktionales Therapieprogramm für Mütter mit postpartalen psychischen Störungen. Erste Ergebnisse eines Pilotprojektes. Nervenarzt, 2007, 1–6

Horowitz, L., Jansson, L., Ljungberg, T., Hedenbro, M. (2005): Behavioural Patterns of Conflict Resolution Strategies in Preschool Boys with Language Impairment in Comparison with Boys with Typical Language Development. International Journal of Language/Communication Disorders, 40, 431–454

Horwitz, S., Irwin, J., Briggs-Gowan, M., Bosson Heenan, J., Mendoza, J., Carter, A. (2003): Language Delay in a Community Cohort of Young Children. Journal of the American Academy of Child and Adolescent Psychiatry, 42, 932–940

Howard, J., Sparkman, C., Cohen, H., Green, G., Stanislaw, H. (2005): A Comparison of Intensive Behavior Analytic and Eclectic Treatments for Young Children with Autism. Research in Developmental Disabilities, 26, 359–383

Huaqing Qi, C., Kaiser, A. (2003): Behavior Problems of Preschool Children from Low-Income Families: Review of the Literature. Topics in Early Childhood Special Education, 23, 188–216

Hughes, M., Dote-Kwan, J., Dolendo, J. (1999): Characteristics of Maternal Directiveness and Responsiveness with Young Children with Visual Impairments. Child: Care, Health and Development, 25, 285–298

Hughes, M., Dote-Kwan, J., Dolendo, J. (1998): A Close Look at the Cognitive Play of Preschoolers with Visual Impairments at Home. Exceptional Children, 64, 451–462

Hutchinson, N., Bodicoat, A. (2015): The Effectiveness of Intensive Interaction, a Systematic Literature Review. Journal of Applied Research in Intellectual Disabilities, 28, 1–18

Hüter-Becker, A.; Dolken, M. (2010): Physiotherapie in der Pädiatrie. Thieme, Stuttgart

Hwang, A.-W., Chao, M.-Y., Liu, S.-W. (2013): A Randomized Controlled Trial of Routine-Based Early Intervention for Children with or at Risk for Developmental Delay. Research in Developmental Disabilities, 34, 3112–3123

Iacono, T., Cameron, M. (2009): Australian Speech-Language Pathologists' Perceptions and Experiences of Augmentative and Alternative Communication in Early Childhood Intervention. Augmentative and Alternative Communication, 25, 236–249

Ihsen, E., Tröster, H., Brambring, M. (2010): The Role of Sound in Encouraging Infants with Congenital Blindness to Reach for Objects. Journal of Visual Impairment/Blindness, 104, 478–488

Imamura, S., Sakuma, K., Takahashi, T. (1983): Follow-up Study of Children with Cerebral Coordination Disturbance (CCD, Vojta). Brain Development, 5, 311–314

Ingber, S., Al-Yagon, M., Dromi, E. (2010): Mothers' Involvement in Early Intervention for Children with Hearing Loss. Journal of Early Intervention, 32, 351–365

Innocenti, M., Huh, K., Boyce, G. (1992): Families of Children with Disabilities: Normative Data and Other Considerations on Parenting Stress. Topics in Early Childhood Special Education, 12, 403–427

Innocenti, M., Roggman, L., Cook, G. (2013): Using the PICCOLO with Parents of Children With a Disability. Infant Mental Health Journal, 34, 307–318

Institut für Sozialforschung und Gesellschaftspolitik (ISG) (2008): Datenerhebung zu den Leistungs- und Vergütungsstrukturen in der Frühförderung behinderter und von Behinderung bedrohter Kinder. Abschlussbericht, Köln.

Irblich, D., Renner, G. (2009): Diagnostik in der Klinischen Kinderpsychologie. Hogrefe, Göttingen

Jackel, B., Wilson, M., Hartmann, E. (2010): A Survey of Parents of Children with Cortical or Cerebral Visual Impairment. Journal of Visual Impairment/Blindness, 104, 613–623

Jahn, T. (1998): Metaphon – ein Programm zur Behandlung phonologischer Störungen bei Kindern. Forum Logopädie, 12, Heft 2, 5–8

James, D., Wadnerkar-Kamble, M., Lam-Casssettari, C. (2013): Video Feedback Intervention: a Case Series in the Context of Childhood Hearing Impairment. International Journal of Language and Communication Disorders, 48, 666–678

Jampert, K., Zehnbauer, A., Best, P., Sens, A., Leuckefeld, K., Laier, M. (2009): Kinder-Sprache stärken! Sprachliche Förderung in der Kita: das Praxismaterial. das Netz, Weimar

Jansen, H., Mannhaupt, G., Marx, H., Skowronek, H. (2002): BISC. Bielefelder Screening zur Früherkennung von Lese-Rechtschreibschwierigkeiten. Hogrefe, Göttingen

Jansen, S., van der Putten, A., Post, W., Vlaskamp, C. (2014): Family-Centeredness of Professionals Who Support People with Profound Intellectual and Multiple Disabilities: Validation of the Dutch „Measure of Processes of Care for Service Providers" (MPOC-SP-PIMD). Research in Developmental Disabilities, 35, 1623–1630

Jansen, S., van der Putten, A., Vlaskamp, C. (2012): What Parents Find Important in the Support of a Child with Profound Intellectual and Multiple Disabilities. Child: Care, Health and Development, 39, 432–441

Jennessen, S., Schwarzenberg, E. (2013): Professionalität in der Begleitung lebensverkürzend erkrankter Kinder und ihrer Familien – ausgewählte empirische Ergebnisse. Zeitschrift für Heilpädagogik, 48–55

Jenni, R. (2004): Institutionelle Rahmenbedingungen und Prinzipien interdisziplinärer Kooperation. In: Kühl, J. (Hrsg.): Frühförderung und SGB IX (99–110). Ernst Reinhardt, München/Basel

Jensen, S., Dumontheil, I., Barker, E. (2014): Developmental Inter-Relations Between Early Maternal Depression, Contextual Risks, and Interpersonal Stress, and Their Effect on Later Child Cognitive Functioning. Depression and Anxiety, 31, 599–607

Johnson, J., Inglebret, E., Jones, C., Rax, J. (2006): Perspectives of Speech Language Pathologists Regarding Success Versus Abandonment of AAC. Augmentative and Alternative Communication, 22, 85–99

Johnson, S., Ring, W., Anderson, P., Marlow, N. (2005): Randomized Trial of Parental Support for Families with Very Preterm Children: Outcome at 5 Years. Archives of Diseases in Childhood, 90, 909–915

Jonsdottir, J., Fetters, L., Kluzik, J. (1997): Effects of Physical Therapy on Postural Control in Children with Cerebral Palsy. Pediatric Physical Therapy, 9, 68–75

Juffer, F., Bakermans-Kranenburg, M., Van Ijzendoorn, M. (2008): Promoting Positive Parenting: An Attachment-Based Intervention. Lawrence Erlbaum, Hillsdale

Jungmann, T. (2006): Unreife bei der Geburt. Ein Risikofaktor für Sprachentwicklungsstörungen? Kindheit und Entwicklung, 15, 182–194

Jungmann, T., Koch, K., Etzien, M. (2013): Effektivität alltagsintegrierter Sprachförderung bei ein- und zwei- bzw. mehrsprachig aufwachsenden Vorschulkindern. Frühe Bildung, 2, 110–121

Kaaresen, P., Ronning, J., Ulvund, S., Dahl, L. (2006): A Randomized, Controlled Trial of the Effectiveness of an Early-Intervention Program in Reducing Parenting Stress after Preterm Birth. Pediatrics, 2006, 118, e9

Kästner, R., Härtl, K., Stauber, M. (2007): Das Konzept der psychosomatischen Betreuung von drogenabhängigen Schwangeren: Bedeutung für die Mutter-Kind-Beziehung. In: Brisch, K.-H., Hellbrügge, T. (Hrsg.): Die Anfänge der Eltern-Kind-Bindung (83 – 99). Klett-Cotta, Stuttgart

Kaminsky, L., Dewey, D. (2001): Sibling Relationships of Children with Autism. Journal of Autism and Developmental Disorders, 31, 399 – 410

Kannengieser, S. (2009): Sprachentwicklungsstörungen. Grundlagen, Diagnostik und Therapie. Elsevier, Urban/Fischer, München

Karaaslan, O., Diken, I., Mahoney, G. (2011): A Randomized Control Study of Responsive Teaching with Young Turkish Children and Their Mothers. Topics in Early Childhood Special Education, 33, 18 – 27

Karaaslan, O., Mahoney, G. (2013): Effectiveness of Responsive Teaching with Children with Down Syndrome. American Journal of Intellectual and Developmental Disabilities, 51, 458 – 469

Karch, D. (2002): Bewährtes, Alternatives und Unkonventionelles in Frühförderung und Frühtherapie – Neuropädiatrische Aspekte. Frühförderung interdisziplinär, 21, 11 – 19

Kastner-Koller, U., Deimann, P. (2012): Wiener Entwicklungstest (WET). 3. Auflage, Hogrefe, Göttingen

Katz, S., Kessel, L. (2002): Grandparents of Children with Developmental Disabilities: Perceptions, Beliefs, and Involvement in Their Care. Issues in Comprehensive Pediatric Nursing, 25, 113 – 128

Katz-Bernstein, N. (2015): Selektiver Mutismus bei Kindern: Erscheinungsbilder, Diagnostik, Therapie. 4., aktual. Aufl. Ernst Reinhardt, München/Basel

Kauschke, C., Siegmüller, J. (2009): Patholinguistische Diagnostik bei Sprachentwicklungsstörungen. 2. Auflage. Elsevier, Urban/Fischer, München

Kauschke, C., Siegmüller, J. (2006): Therapie der Sprachentwicklungsstörung. Elsevier, Urban/Fischer, München

Kemp, P., Turnbull, A. (2014): Coaching with Parents in Early Intervention. An Interdisciplinary Research Synthesis. Infants/Young Children, 27, 305 – 324

Kennedy, H., Landor, M., Todd, L. (2011): Video Interaction Guidance. Jessica Kingsley, London

Kersh, J., Hedvat, T., Hauser-Cram, P., Warfield, M. (2006): The Contribution of Marital Quality to the Well-Being of Parents of Children with Developmental Disabilities. Journal of Intellectual Disability Research, 50, 883 – 893

Kersten-Alavarez, L., Hosman, C., Riksen-Walraven, M., van Doesum, K., Hoefnagels, C. (2011): Which Preventive Interventions Effectively Enhance Depressed Mothers' Sensitivity? A Meta-Analysis. Infant Mental Health Journal, 32, 362 – 376

Ketelaar, M., Volman, M., Gorter, J., Vermeer, A. (2008): Stress in Parents of Children with Cerebral Palsy: What Sources of Stress Are We Talking about? Child: Care, Health and Development, 34, 825 – 829

Keupp, H. (1992): Riskante Chancen aktueller gesellschaftlicher Umbrüche und ihre Bedeutung für den Behindertenbereich. Frühförderung interdisziplinär, 13, 145 – 156

Kiese-Himmel, C. (2006): Aktiver Wortschatztest für 3- bis 5-jährige Kinder – Revision (AWST-R). Hogrefe, Göttingen

Kim, J., Krall, J. (2006): Literature Review: Effects of Prenatal Substance Exposure on Infant and Early Childhood Outcomes. University of California, Berkeley

Kindernetzwerk (2015): Familie im Fokus. Die Lebens- und Versorgungssituation von Familien mit chronisch kranken und behinderten Kindern in Deutschland. http://aok-bv.de/imperia/md/aokbv/gesundheit/selbshilfe/33selbsthilfestudie_web.pdf, 24.01.2017

King, G., Zwaigenbaum, L., King, S., Baxter, D., Rosenbaum, P., Bates, A. (2006): A Qualitative Investigation of Changes in the Belief Systems of Families of Children with Autism or Down Syndrome. Child: Care, Health and Development, 32, 353–369

Kingston, D., Tough, S. (2014): Prenatal and Postnatal Maternal Mental Health and School-Age Child Development: A Systematic Review. Maternal Child Health Journal, 18, 1728–1741

Kiphard, E. (2009): Psychomotorische Entwicklungsförderung, Band 1: Motopädagogik. Verlag modernes Lernen, Dortmund

Kirk, S., Glendinning, C. (2004): Developing Services to Support Parents Caring for a Technology-Dependent Child at Home. Child: Care, Health and Development, 30, 209–218

Kißgen, R., Suess, G. (2005): Bindungstheoretisch fundierte Intervention in Hoch-Risiko-Familien: Das STEEP-Programm. Frühförderung interdisziplinär, 24, 124–133

Kitzerow, J., Wilker, C., Teufel, K., Soll, S., Freitag, C. (2014): Das Frankfurter Frühinterventionsprogramm (FFIP) für Vorschulkinder mit Autismus-Spektrum-Störungen. Kindheit und Entwicklung, 23, 34–41

Klein, A., Otto, Y., Fuchs, S., Zenger, M., von Klitzing, K. (2013): Psychometric Properties of the Parent-Rated SDQ in Preschoolers. European Journal of Psychological Assessment, 29, 96–104

Klein, D., Chen, D., Haney, M. (2000): PLAI – Promoting Learning through Active Interaction. A Guide to Early Communication with Young Children Who Have Multiple Disabilities. Paul Brookes, Baltimore

Klein, F. (2010): Inklusive Erziehungs- und Bildungsarbeit in der Kita. Heilpädagogische Grundlagen und Praxishilfen. Bildungsverlag EINS, Trosidorf

Klein, G. (2002): Frühförderung für Kinder mit psychosozialen Risiken. Kohlhammer, Stuttgart

Klein, M. (2006): Kinder drogenabhängiger Mütter. Risiken, Fakten, Hilfen. Roderer, Regensburg

Klein, M. (2003): Kinder drogenabhängiger Eltern. Fakten, Hintergründe, Perspektiven. Report Psychologie, 28, 358 – 371

Klein Velderman, M. (2011): VIG as a Method to Promote Sensitive Parent-Child Interaction in Infancy. In: Kennedy, H., Landor, M., Todd, L. (Eds.): Video Interaction Guidance (106–120). Jessica Kingsley, London

Kleining, D., Grohnfeldt, M. (2012): Besonderheiten in der sprachlichen Interaktion von Müttern und ihren zweijährigen Kindern mit spätem Sprechbeginn. Frühförderung interdisziplinär, 31, 15–25

Kliem, S., Foran, H., Hahlweg, K. (2014): Familienstatus, mütterliche Belastung, dysfunktionales Erziehungsverhalten und kindliche Auffälligkeiten. Kindheit und Entwicklung, 23, 113–123

Kobelt-Neuhaus, D. (2001): Qualität aus Elternsicht. Gemeinsame Erziehung von Kindern mit und Kindern ohne Behinderung. Kallmeyer, Seelze

Koester, L., Papousek, H., Smith-Gray, S. (2000): Intuitive Parenting, Communication, and Interaction with Deaf Infants. In: Spencer, P., Erting, C., Marschark, M. (Eds.): The Deaf Child in the Family and at School (55–71). Lawrence Erlbaum, Mahwah

Koglin, U., Barquero, B., Mayer, H., Scheithauer, H., Petermann, F. (2007): Deutsche Version des Strengths and Difficulties Questionnaire (SDQ-Deu): Psychometrische Qualität der Lehrer-/Erzieherversion für Kindergartenkinder. Diagnostica, 53, 175–183

Koglin, U., Petermann, F. (2006): Verhaltenstraining im Kindergarten: Ein Programm zur Förderung sozial-emotionaler Kompetenz. Hogrefe, Göttingen

Kohn, N. (2004): Delphin-Therapie: Untersuchungen zur therapeutischen Wirksamkeit. Peter Lang, Frankfurt
Kölliker Funk, M., Penner, Z. (1998): Therapie und Diagnose von Spracherwerbsstörungen. Luzern, Edition SZH.
Kötter, C., Stemmler, M., Bühler, A., Lösel, F. (2010): Mütterliche Depressivität, Erziehung und kindliche Erlebens- und Verhaltensprobleme. Kindheit und Entwicklung, 19, 109–118
Krägeloh-Mann, I. (2001): Klassifikation, Epidemiologie, Pathogenese und Klinik. In: Heinen, F., Bartens, W. (Hrsg.): Das Kind und die Spastik (37–48). Huber, Bern
Krägeloh-Mann, I., Horber, V. (2007): The Role of Magnetic Resonance Imaging in Elucidating the Pathogenesis of Cerebral Palsy: a Systematic Review. Developmental Medicine and Child Neurology, 49, 144–151
Krajewski, K. (2003): Vorhersage von Rechenschwäche in der Grundschule. Kovac, Hamburg
Krajewski, K., Nieding, G., Schneider, W. (2008): Kurz- und langfristige Effekte mathematischer Frühförderung im Kindergarten durch das Programm „Mengen, zählen, Zahlen", Zeitschrift für Entwicklungspsychologie und Pädagogische Psychologie, 40, 135–146
Krajewski, K., Nieding, G., Schneider, W. (2007): Mengen, Zählen, Zahlen, die Welt der Mathematik verstehen. Cornelsen, Berlin
Krajewski, K., Schneider, W. (2006): Mathematische Vorläuferfertigkeiten im Vorschulalter und ihre Vorhersagekraft für die Mathematikleistungen bis zum Ende der Grundschulzeit. Psychologie in Erziehung und Unterricht, 53, 246–262
Krampen, G. (2007): Kaseler Konzentrationsaufgabe für 3- bis 8-Jährige (KKA). Hogrefe, Göttingen
Kraus de Camargo, O., Simon, L. (2015): Die ICF-CY in der Praxis., Huber, Bern
Krause, M. (2012): Verliert die Frühförderung die Familien? Eine explorative Studie zur Umsetzung von Elternarbeit. Frühförderung interdisziplinär, 31, 164–177
Krause, M. (2013): Elterngespräche Schritt für Schritt. Praxisbuch für Kindergarten und Frühförderung. 2. Aufl. Ernst Reinhardt, München/Basel
Krause, M., Petermann, F. (1997): Soziale Orientierungen von Eltern behinderter Kinder (SOEBEK). Hogrefe, Göttingen
Kresak, K., Gallagher, P., Rhodes, C. (2009): Siblings of Infants and Toddlers with Disabilities in Early Intervention. Topics in Early Childhood Special Education, 29, 143–154
Kreuzer, M. (2013): Beteiligung von Kindern mit einer Behinderung in integrative Gruppen – 200 Stunden Beobachtung im Alltag. In: Kreuzer, M., Ytterhus, B. (Hrsg.): Dabeisein ist nicht alles. Inklusion und Zusammenleben im Kindergarten (169–189). 3. Aufl. Ernst Reinhardt, München/Basel
Kreuzer, M., Klaverkamp, A. (2012): "Dabeisein ist nicht alles" – Pädagogische Ansätze zur Förderung der sozialen Inklusion in Kindertagesstätten. In: Gebhard, B., Hennig, B., Leyendecker, C. (Hrsg.): Interdisziplinäre Frühförderung. Exklusiv – kooperativ – inklusiv (331–339). Kohlhammer, Stuttgart
Kreuzer, M., Ytterhus, B. (2013): Dabeisein ist nicht alles. Inklusion und Zusammenleben im Kindergarten. 3. Aufl. Ernst Reinhardt, München/Basel
Kresak, K., Gallagher, P., Kelley, S. (2014): Grandmothers Raising Grandchildren with Disabilities. Journal of Early Intervention, 20, 1–17
Kritzer, K. (2009): Barely Started and Already Left Behind: a Descriptive Analysis of the Mathematics Ability Demonstrated by Young Deaf Children. Journal of Deaf Studies and Deaf Education, 14, 409–21
Kritzer, K., Pagliaro, C. (2013): An Intervention for Early Mathematical Success: Outcomes from the Hybrid Version of the Building Math Readiness Parents as Partners (MRPP) project. Journal of Deaf Studies and Deaf Education, 18, 30–46

Kron, M. (2006): 25 Jahre Integration im Elementarbereich – ein Blick zurück, ein Blick nach vorn. Zeitschrift für Inklusion, 1 (www.inklusion-online.net/index.php/inklusion-online/issue/view/1-2006, 03.02.17)

Kronmüller, K.-T., Postelnicu, I., Hartmann, M., Steffini, A., Geiser-Elze, A. (2005): Zur Wirksamkeit psychodynamischer Kurzzeitpsychotherapie bei Kindern und Jugendlichen mit Angststörungen. Praxis der Kinderpsychologie und Kinderpsychiatrie, 54, 559–577

Krowatschek, D., Albrecht, S., Krowatschek, G. (2013): Marburger Konzentrationstraining für Kindergarten, Vorschule und Eingangsstufe. 4. Aufl., Verlag Modernes Lernen, Dortmund

Kruijsen-Terpstra, A., Ketelaar, M., Boeije, H., Verschuren, O. (2013): Parents' Experiences with Physical and Occupational Therapy for Their Young Child with Cerebral Palsy: a Mixed Studies Review. Child: Care, Health and Development, 40, 878–796

Kubesch, S. (2014): Exekutive Funktionen und Selbstregulation: Neurowissenschaftliche Grundlagen und Transfer in die pädagogische Praxis. Huber, Bern

Kuger, S., Sechtig, J., Anders, Y. (2012): Kompensatorische (Sprach-)Förderung. Was lässt sich aus US-amerikanischen Projekten lernen? Frühe Bildung, 1, 181–193

Kühl, J. (2003): Kann das Konzept der „Resilienz" die Handlungsperspektiven in der Frühförderung erweitern? Frühförderung interdisziplinär, 22, 51–60

Kühn, P., Sachse, S., von Suchodoletz, W. (2016): Sprachentwicklung bei Late Talkern. LOGOS, 24, 256–264

Küpelikilinc, N. (2004): Behinderung und ihre Bedeutung für Migrantenfamilien. Blind – sehbehindert, 125, 73–81

Kull-Sadacharam, K. (2006): Sensorische Integration 1965-2005. Frühförderung interdisziplinär, 25, 100–102

Küspert, P., Schneider, W. (2008) Hören, lauschen, lernen – Sprachspiele für Vorschulkinder. Vandenhoeck, Ruprecht, Göttingen

Kurstjens, S., Wolke, D. (2001): Postnatale und später auftretende Depressionen bei Müttern: Prävalenz und Zusammenhänge mit obstetrischen, soziodemographischen sowie psychosozialen Faktoren. Zeitschrift für Klinische Psychologie und Psychotherapie, 30, 33–41

Kuschel, A., Lübke, A., Köppe, E., Miller, Y., Hahlweg, K., Sanders, M. (2004): Häufigkeit psychischer Auffälligkeiten und Begleitsymptome bei drei- bis sechsjährigen Kindern: Ergebnisse der Braunschweiger Kindergartenstudie. Zeitschrift für Kinder- und Jugendpsychiatrie und Psychotherapie, 32, 97–106

Kyle, F., Harris, M. (2011): Longitudinal Patterns of Emerging Literacy in Beginning Deaf and Hearing Readers. Journal of Deaf Studies and Deaf Education, 16, 289–304

Kyle, F., Harris, M. (2010): Predictors of Reading Development in Deaf Children: a 3-Year Longitudinal Study. Journal of Experimental Child Psychology, 107, 229–243

Lambert, J.-L. (2001): Früherziehung von Kindern mit einer geistigen Behinderung: Ist die kindliche Entwicklung ein valides Kriterium für deren Wirksamkeit? Vierteljahresschrift für Heilpädagogik und ihre Nachbargebiete, 70, 1–13

Lam-Cassettari, C., Wadnerkar-Kamble, M., James, D. (2015): Enhancing Parent-Child Communication and Parental Self-Esteem with a Video-Feedback Intervention: Outcomes with Prelingual Deaf and Hard-of-Hearing Children. Journal of Deaf Studies and Deaf Education, 20, 266–274

Lampert, T., Kurth, B.-M. (2007): Sozialer Status und Gesundheit von Kindern und Jugendlichen. Deutsches Ärzteblatt, 104, A2944–A2949

Landa, R., Holman, K., O'Neill, A., Stuart, E. (2011): Intervention Targeting Development of Socially Synchronous Engagement in Toddlers with Autism Spectrum Disorder: a Randomized Controlled Trial. Journal of Child Psychology and Psychiatry, 52, 13–21

Landgraf, M., Heinen, F. (2013): Fetales Alkoholsyndrom. S3 – Leitlinie zur Diagnostik. Kohlhammer, Stuttgart

Lanfranchi, A. (1998): Vom Kulturschock zum Behinderungsschock. Beratung in der Frühförderung mit „Fremden". Frühförderung interdisziplinär, 17, 116—124

Lanfranchi, A., Neuhauser, A. (2013): ZEPPELIN 0-3: Theoretische Grundlagen, Konzept und Implementation des frühkindlichen Förderprogramms „PAT — Mit Eltern lernen". Frühe Bildung, 2, 3—11

Lang, M., Hintermair, M., Sarimski, K. (2012): Belastung von Eltern behinderter Kleinkinder — eine vergleichende Studie an Frühförderstellen für geistig behinderte, hörgeschädigte und blinde bzw. sehgeschädigte Kinder. Vierteljahresschrift für Heilpädagogik und ihre Nachbargebiete (VHN), 81, 112—123

Lang, M., Keesen, E., Sarimski, K. (2015a): Prävalenz von Taubblindheit und Hörsehbehinderung im Kindes- und Jugendalter. Zeitschrift für Heilpädagogik, 66, 142—150

Lang, M., Keesen, E., Sarimski, K. (2015b): Kinder mit Taubblindheit und Hörsehbehinderung in der Frühförderung. Frühförderung interdisziplinär, 34, 194—205

Langevin, M., Packman, A., Onslow, M. (2009): Peer Responses to Stuttering in the Preschool Setting. American Journal of Speech-Language Pathology, 18, 264—276

Lanners, R., Carolillo, C., Cappelli, M., Lambert, J.-L. (2003): Die Wirksamkeit der Heilpädagogischen Früherziehung aus Sicht der Eltern. Vierteljahresschrift für Heilpädagogik und ihre Nachbargebiete, 72, 311—324

Lanners, R., Mombaerts, D. (2000): Evaluation of Parents' Satisfaction with Early Intervention Services within and among European Countries: Construction and Application of a New Parent Satisfaction Scale. Infants/Young Children 12, 61—70

Lattermann, C., (2003): Das Lidcombe-Programm — ein Therapieverfahren zur Behandlung frühkindlichen Stotterns. Forum Logopädie, 17, Heft 2, 20—25

Laucht, M. (2012): Resilienz im Entwicklungsverlauf von der frühen Kindheit bis zum Erwachsenenalter. Frühförderung interdisziplinär, 31, 111—119

Laucht, M., Schmidt, M., Esser, G. (2004): Frühkindliche Regulationsprobleme: Vorläufer von Verhaltensauffälligkeiten des späteren Kindesalters? In: Papousek, M., Schieche, M., Wurmser, H. (Hrsg.): Regulationsstörungen der frühen Kindheit: Frühe Risiken und Hilfen im Entwicklungskontext der Eltern-Kind-Beziehungen (339—356), Huber, Bern

Laugen, N. (2013): Providing Information to Families in Newborn Hearing Screening Follow-up: Professional Challenges. Seminars in Hearing, 34, 11—18

Law, J., Garrett, Z., Nye, C. (2010): Speech and Language Therapy Interventions for Children with Primary Speech and Language Delay or Disorder. Cochrane Database of Systematic Reviews, 2010 (5), CD 004110

Law, J., Garrett, Z., Nye, C. (2004): The Efficacy of Treatment for Children with Developmental Speech and Language Delay/Disorder: a Meta-Analysis. Journal of Speech, Language, and Hearing Research, 47, 924—943

Law, M., Russell, D., Pollock, N. et al. (1997): A Comparison of Intensive Neurodevelopmental Therapy Plus Casting and a Regular Occupational Therapy Program for Children with Cerebral Palsy. Developmental Medicine and Child Neurology, 39, 664—667

Laws, G. (2004): Contributions of Phonological Memory, Language Comprehension and Hearing to the Expressive Language of Adolescents and Young Adults with Down Syndrome. Journal of Child Psychology and Psychiatry, 45, 1085—1095

Lechmann, C., Diepers-Perez, I., Grass, H., Pfeiffer, F. (2009): Das Picture Exchange Communication System (PECS). In: Bölte, S. (Hrsg.): Autismus (375—386). Huber, Bern

Lederberg, A., Miller, E., Easterbrooks, S., McDonald Connor, C. (2014): Foundations for Literacy: an Early Literacy Intervention for Deaf and Hard-of-Hearing Children. Journal of Deaf Studies and Deaf Education, 19, 438—455

Lederer, S., Battaglia, D. (2015): Using Signs to Facilitate Vocabulary in Children with Language Delays. Infants/Young Children, 28, 18—31

Leigh, G., Ching, T., Crowe, K., Cupples, L., Marnane, V., Seeto, M. (2015): Factors Affecting Psychosocial and Motor Development in 3-Year-Old Children Who Are Deaf or Hard-of-Hearing. Journal of Deaf Studies and Deaf Education, 20, 331–342

Lenhard, W., Breitenbach, E., Ebert, H., Schindelhauer-Deutscher, H., Henn, W. (2005): Psychological Benefit of Diagnostic Certainty for Mothers of Children With Disabilities. American Journal of Medical Genetics, 133A, 170–175

Lenz, A. (2014): Kinder psychisch kranker Eltern – Risiken, Resilienzfaktoren und Interventionen. In: Kölch, M., Ziegenhain, U., Fegert, J. (Hrsg.): Kinder psychisch kranker Eltern (40–78). Beltz Juventa, Weinheim

Lenz, A. (2009): Riskante Lebensbedingungen von Kindern psychisch und suchtkranker Eltern – Stärkung ihrer Resilienzressourcen durch Angebote der Jugendhilfe. Expertise im Rahmen des 13. Kinder- und Jugendberichts der Bundesregierung. Berlin

Lenz, A. (2008): Interventionen bei Kindern psychisch kranker Eltern. Grundlagen, Diagnostik und therapeutische Maßnahmen. Hogrefe, Göttingen

Lenz, A. (2005): Kinder psychisch kranker Eltern. Hogrefe, Göttingen

Leong, H. M., Carter, M., Stephenson, J. (2015): Meta-Analysis of Research on Sensory Integration Therapy for Individuals with Developmental and Learning Disabilities. Journal of Developmental and Physical Disabilities, 27, 183–206

Leonhardt, A. (2012): Frühes Hören: Hörschädigungen ab dem ersten Lebenstag erkennen und therapieren. Ernst Reinhardt, München/Basel

Lester, B., Boukydis, C., Twomey, J. (2000): Maternal Substance Abuse and Child Outcome. In: Zeanah: C. (Ed.): Handbook of infant mental health. 2nd ed. (161–175). Guilford, New York

Leuzinger-Bohleber, M., Lebiger-Vogel, J. (2016): Migration, frühe Elternschaft und die Weitergabe von Traumatisierungen: Das Integrationsprojekt „Erste Schritte". Klett-Cotta, Stuttgart

Leybaert, J., Aparicio, M., Alegria, J. (2011): The Role of Cued Speech and Language Development of Deaf Children. In: Marschark, M., Spencer, P. E. (Eds.): The Oxford Handbook of Deaf Studies, Language, and Education (Vol. 1, 2nd ed., pp. 276–289). Oxford University Press, Oxford, NY

Lifshitz, H., Shtein, S., Weiss, I., Vakil, E. (2011): Meta-Analysis of Explicit Memory Studies in Populations with Intellectual Disability. European Journal of Special Needs Education, 26, 93–111

Liiva, C., Cleave, P. (2005): Role of Initiation and Responsiveness in Access and Participation for Children with Specific Language Impairment. Journal of Speech, Language, and Hearing Research, 48, 868–883

Linkert, C., Bäuerlein, K., Stumpf, E., Schneider, W. (2013): Effekte außerfamiliärer Betreuung im Kleinkindalter auf die Bindungssicherheit und die sozial-emotionale Entwicklung. Kindheit und Entwicklung, 22, 5–13

Lohrey-Rohrbach, R., Sann, A., Thrum, K. (2008): Opstapje – Schritt für Schritt – ein präventives Spiel- und Lernprogramm für Kleinkinder aus sozial benachteiligten Familien und deren Eltern. In: Leyendecker, C. (Hrsg.): Gefährdete Kindheit. Risiken früh erkennen – Ressourcen früh fördern (339–343). Kohlhammer, Stuttgart

Loots, G., Devise, I., Sermijn, J. (2003): The Interaction Between Mothers and Their Visually Impaired Infants: an Intersubjective Developmental Perspective. Journal of Visual Impairment/Blindness, 97, 403–417

Lovaas, I. (1981): Teaching Developmentally Disabled Children: The Me Book. Pro-Ed, Austin

Luby, J. (2013): Treatment of Anxiety and Depression in the Preschool Period. Journal of the American Academy of Child/Adolescent Psychiatry, 52, 346–358

Lueck, A. (2010): Cortical or Cerebral Visual Impairment in Children: a brief Overview. Journal of Visual Impairment/Blindness, 104, 585–592

Lücke, L. (2012): Logopädie bei Kindern mit Down-Syndrom. Forum Logopädie, 26, Heft 6, 24–31
Lüke, C., Ritterfeld, U. (2011): Mehrsprachige Kinder in sprachtherapeutischer Behandlung: eine Bestandsaufnahme. Heilpädagogische Forschung, 37, 188–196
Lundahl, B., Risser, H., Lovejoy, M. (2006): A Meta-Analysis of Parent Trainings: Moderators and Follow-up Effects. Clinical Psychology Review, 26, 86–104
Ly, A., Goldberg, W. (2014): New Measure for Fathers of Children with Developmental Challenges. Journal of Intellectual Disability Research, 58, 471–484
Lyytinen, P., Eklund, K., Lyytinen, H. (2005): Language Development and Literacy Skills in Late-Talking Toddlers with and without Familial Risk for Dyslexia. Annals of Dyslexia, 55, 166–192
Macha, T., Proske, A., Petermann, F. (2005): Allgemeine Entwicklungsdiagnostik. Validität von Entwicklungstests. Kindheit und Entwicklung, 14, 150–162
Magiati, I., Charman, T., Howlin, P. (2007): A Two-Year Prospective Follow-up Study of Community-Based Early Intensive Behavioral Intervention and Specialist Nursery Provision for Children with Autism Spectrum Disorders. Journal of Child Psychology and Psychiatry, 48, 803–811
Mahoney, G. (2001): Maternal/Child Behavior Rating Form. University of Michigan, Unpublished Manual
Mahoney, G., Boyce, G., Fewell, R., Spiker, D., Wheeden, C. (1998): The Relationship of Parent-child Interaction to the Effectiveness of Early Intervention Services for At-risk Children and Children with Disabilities. Topics in Early Childhood Special Education, 18, 5–17
Mahoney, G., Filer, J. (1996): How Responsive is Early Intervention to the Priorities and Needs of Families? Topics in Early Childhood Special Education, 16, 437–457
Mahoney, G., Kim, J.-M., Lin, C. (2007): Pivotal Behavior Model of Developmental Learning. Infants/Young Children, 20, 311–325
Mahoney, G., Perales, F., Wiggers, B., Herman, B. (2006): Responsive Teaching: Early Intervention for Children with Down Syndrome and Other Disabilities. Down Syndrome: Research and Practice, 11, 18–28
Mahoney, G., Perales, F. (2003): Using Relationship-Focused Intervention to Enhance the Social-Emotional Functioning of Young Children with Autism Spectrum Disorders. Topics of Early Childhood Special Education, 23, 74–86
Margalit, M., Kleitman, T. (2006): Mothers' Stress, Resilience and Early Intervention. European Journal of Special Education, 21, 269–283
Marlow, N., Wolke, D., Bradwell, M., Samara, M. (2005): Neurologic and Developmental Disability at Six Years of Age after Extremely Preterm Birth. New England Journal of Medicine, 352, 9–19
Marschke, B., Brinkmann, H. (2011): Handbuch Migrationsarbeit. VS Verlag, Wiesbaden
Martin, D., Bat-Chava, Y., Lalwami, A., Waltzman, S. B. (2010): Peer Relationships of Deaf Children with Cochlear Implants: Predictors of Peer Entry and Peer Interaction Success. Journal of Deaf Studies and Deaf Education, 16, 108–120
Marvin, R., Pianta, R. (1996): Mothers' Reactions to Their Child's Diagnosis: Relations with Security of Attachment. Journal of Clinical Child Psychology, 25, 436–445
Marx, P., Lenhard, W. (2010): Diagnostische Merkmale von Screening-Verfahren zur Früherkennung möglicher Probleme beim Schriftspracherwerb. In: Petermann, U., Petermann, F.: Diagnostik sonderpädagogischen Förderbedarfs. Hogrefe, Göttingen
Mathieu, S. (2013): Therapie des Sprachverstehens im Kleinkindalter. Sprachförderung und Sprachtherapie, 4, 209–215
Matsuba, C., Jan, J. (2006): Long-Term Outcome of Children with Cortical Visual Impairment. Developmental Medicine/Child Neurology, 48, 508–512

Mattern-Baxter, K., McNeil, S., Mansoor, J. (2013): Effects of Home-Based Locomotor Treadmill Training on Gross Motor Function in Young Children with Cerebral Palsy: a Quasi-Randomized Controlled Trial. Archives of Physical Medical Rehabilitation, 94, 2061–2067

Maurice, J. von, Artelt, C., Blossfeld, H.-P., Faust, G., Roßbach, H.-G., Weinert, S. (2007): Bildungsprozesse, Kompetenzentwicklung und Formation von Selektionsentscheidungen im Vor- und Grundschulalter. (http://psydok.sulb.uni-saarland.de/volltexte/2007/1008, 24.01.2017)

May-Benson, T., Koomar, J. (2010): Systematic Review of the Research Evidence Examining the Effectiveness of Interventions Using a Sensory Integrative Approach for Children. American Journal of Occupational Therapy, 64, 403–414

Mayberry, R., del Giudice, A., Lieberman, A. (2010): Reading Achievement in Relation to Phonological Coding and Awareness in Deaf Readers: a Meta-Analysis. Journal of Deaf Studies and Deaf Education, 16, 164–88

Mayr, T. (1998): Problemkinder im Kindergarten – ein neues Aufgabenfeld für die Frühförderung. Teil II: Ansatzpunkte und Perspektiven für die Kooperation. Frühförderung interdisziplinär, 17, 97–115

Mayr, T., Bauer, C., Krause, M., Irskens, B. (2011): KOMPIK. Anleitung zum Beobachtungs- und Einschätzbogen für Kinder von 3,5 bis 6 Jahre. Bertelsmann Stiftung, Gütersloh

McBride, S., Peterson, C. (1997): Home-Based Interventions with Families of Children with Disabilities: Who Is Doing What? Topics in Early Childhood Special Education, 17, 209–233

McCallion, P., Janicki, M., Kolomer, S. (2004): Controlled Evaluation of Support Groups for Grandparent Caregivers of Children with Developmental Disabilities and Delays. American Journal on Mental Retardation, 109, 352–361

McCarton, C., Brooks-Gunn, J., Wallace, I. et al. (1997): Results of Age 8 Years of Early Intervention for Low-Birth-Weight Premature Infants. The Infant Health and Development Program. JAMA, 277, 126–132

McConachie, H., Diggle, T. (2007): Parent Implemented Early Intervention for Young Children with Autism Spectrum Disorder: a Systematic Review. Journal of Evaluation in Clinical Practice, 13, 120–129

McCormick, M., Brooks-Gunn, J., Buka, S., Goldman, J., Yu, J., Salganik, M., Scott, D. T., Bennett, F. C., Kay, L. L., Bernbaum, J. C., Bauer, C. R., Martin, C., Woods, E. R., Martin, A., Casey, P. H. (2006): Early Intervention in Low Birth Weight Premature Infants. Results at 18 Years for the Infant Health and Development Program. Pediatrics, 117, 771–780

McGowan, J., Alderdice, F., Homes, V., Johnston, L. (2011): Early Childhood Development of Late-Preterm Infants: a Systematic Review. Pediatrics, 127, 1111–1124

McIntyre, S., Morgan, C., Walker, K., Novak, I. (2011): Cerebral Palsy – Don't Delay. Mental Retardation and Developmental Disabilities Research Reviews 17, 114–129

McKillop, E., Bennett, D., McDaid, G., Holland, B., Smith, G., Spowart, K., Dutton, G. (2006): Problems Experienced by Children with Cognitive Visual Dysfunction Due to Cerebral Visual Impairment – and the Approaches Which Parents Have Adopted to Deal with these Problems. The British Journal of Visual Impairment, 24, 121–127

McWilliam, R. (2012): Implementing and Preparing for Home Visits. Topics in Early Childhood Special Education, 31, 224–231

McWilliam, R. (2010): Working with Families of Young Children with Special Needs. Guilford Press, New York

Meadan, H., Ostrosky, M., Triplett, B., Michna, M., Fettig, A. (2011): Using Visual Support with Young Children with Autism Spectrum Disorder. Teaching Exceptional Children, 43, 28–35

Meinzen-Derr, J., Wiley, S., Choo, D. (2011): Impact of Early Intervention on Expressive and Receptive Language Development among Young Children with Permanent Hearing Loss. American Annals of the Deaf, 155, 580–591

Melchers, P., Melchers, M. (2015): Kaufman Assessment Battery for Children – II. (engl. Original: Kaufman/Kaufman, 2004). Pearson Assessment, Frankfurt

Merkt, J., Petermann, F. (2015): Klinische Diagnostik der ADHS im Vorschulalter. Zeitschrift für Kinder- und Jugendpsychiatrie und Psychotherapie, 43, 133–144

Meurs, P., Jullian, G. (2016): Das Projekt „Erste Schritte" – kultursensible und bindungsgerichtete präventive Entwicklungsberatung für Migranteneltern und Kleinkinder. In: K.-H. Brisch (Hrsg.): Bindung und Migration (222–248). Klett-Cotta, Stuttgart

Mikkola, K., Ritari, N., Tommiska, V., Salokorpi, T., Lehtonen, L., Tammela, O., Pääkkönen, L., Olsen, P., Korkman, M., Fellman, V. (2005): Neurodevelopmental Outcome at 5 Years of Age of a National Cohort of Extremely Low Birth Weight Infants Who Were Born in 1996-1997. Pediatrics, 116, 1391–1400

Miles, M., Holditch-Davis, D., Schwartz, T., Scher, M. (2007): Depressive Symptoms in Mothers of Prematurely Born Infants. Journal of Developmental and Behavioral Pediatrics, 28, 36–44

Millar, D., Light, J., Schlosser, R. (2006): The Impact of Augmentative and Alternative Communication Intervention on the Speech Production of Individuals with Developmental Disabilities: a Research Review. Journal of Speech, Language, and Hearing Research, 49, 248–264

Miller, E., Buys, L., Woodbridge, S. (2012): Impact of Disability on Families: Grandparents' Perspectives. Journal of Intellectual Disability Research, 56, 102–110

Millenet, S., Hohmann, S., Poustka, L., Petermann, F., Banaschewski, T. (2013): Risikofaktoren und frühe Vorläufersymptome der Aufmerksamkeitsdefizit-/Hyperaktivitätsstörung (ADHS). Kindheit und Entwicklung, 22, 201–208

Milne, S., McDonald, J. (2015): Assessing Adaptive Functioning in Preschoolers Referred for Diagnosis of Developmental Disabilities. Infants/Young Children, 28, 248–261.

Milshtein, S., Yirmiya, N., Oppenheim, D., Koren-Karie, N., Levi, S. (2010): Resolution of the Diagnosis among Parents of Children with Autism Spectrum Disorder: Associations with Child and Parent Characteristics. Journal of Autism and Developmental Disorders, 40, 89–99

Moeller, M., Cole, E. (2016): Family-Centered Early Intervention: Supporting Spoken Language Development in Infants and Young Children. In: Moeller, M., Ertmer, D., Stoel-Gammon, C. (Eds.): Promoting Language and Literacy in Children Who Are Deaf or Hard of Hearing (107–149). Paul Brookes, Baltimore

Moeller, M. P., Carr, G., Seaver, L., Stredler-Brown, A., Holzinger, D. (2013): Best Practices in Family-Centered Early Intervention for Children Who Are Deaf or Hard of Hearing: An International Consensus Statement. Journal of Deaf Studies and Deaf Education, 18, 429–445

Molitor, A., Mayes, L. (2010): Problematic Dyadic Interaction among Toddlers and Their Polydrug-Cocaine-Using Mothers. Infant Mental Health Journal, 31, 121–140

Möller, D. (2013): Schritte in den Dialog – frühe elternbasierte Therapie für Kinder mit pragmatisch-kommunikativen Einschränkungen. Sprachförderung und Sprachtherapie, 2, 92–100

Möller, D., Spreen-Rauscher, M. (2009): Schritte in den Dialog. Frühe Sprachintervention mit Eltern. Thieme, Stuttgart

Morgan, G., Meristo, M., Mann, W., Hjelmquist, E., Surian, L., Siegal, M. (2014): Mental State Language and Quality of Conversational Experience in Deaf and Hearing Children. Cognitive Development, 29, 41–49

Mortensen, J., Mastergeorge, A. (2014): A Meta-Analytic Review of Relationship-Based Interventions for Low-Income Families with Infants and Toddlers: Facilitating Supportive Parent-Child Interactions. Infant Mental Health Journal, 35, 336–353

Most, D., Fidler, D., Booth-LaForce, C., Kelley, J. (2006): Stress Trajectories in Families of Young Children with Down Syndrome. Journal of Intellectual Disability Research, 50, 501–514

Most, T., Zaidman-Zait, A. (2003): The Need of Parents of Children With Cochlear Implants. The Volta Review, 103, 99–113

Motsch, H.-J. (2009): ESGRAF–R: Modularisierte Diagnostik grammatischer Störungen. Ernst Reinhardt, München/Basel

Motsch, H.-J. (2010): Kontextoptimierung. Förderung grammatischer Fähigkeiten in Therapie und Unterricht. 3., völlig überarb. und erw. Aufl. Ernst Reinhardt, München/Basel

Motsch, H.-J., Schmidt, M. (2009): Frühtherapie grammatisch gestörter Kinder in Gruppen – Interventionsstudie in Luxemburg. Frühförderung interdisziplinär, 28, 115–123

Mudford, O., Cross, B., Breen, C., Reeves, D., Gould, J., Douglas, J. (2000): Auditory Integration Training for Children with Autism: No Behavioral Benefits Detected. American Journal on Mental Retardation, 105, 118–129

Muhlenhaupt, M., Pizur-Barnekow, K., Schefind, S., Chandler, B., Harvison, N. (2015): Occupational Therapy Contributions in Early Intervention. Implications for Personnel Preparation and Interprofessional Practice. Infants/Young Children, 28, 123–132

Murray, J., Goldbart, J. (2009): Cognitive and Language Acquisition in Typical and Aided Language Learning: a Review of Recent Evidence from an Aided Communication Perspective. Child Language Teaching and Therapy, 25, 31–58

Müller, W. (2004): Das Vojta-Prinzip. Frühförderung interdisziplinär, 23, 122–126

Müller-Nix, C., Forcada-Guex, M., Pierrehumbert, B., Jaunin, L., Borghini, A., Ansermet, F. (2004): Prematurity, Maternal Stress and Mother-Child Interactions. Early Human Development, 79, 148–158

Murphy, M., Abbeduto, L. (2005): Indirect Genetic Effects and the Early Language Development of Children with Genetic Mental Retardation Syndromes. Infants/Young Children, 18, 47–59

Naggl, M., Thurmair, M. (2000): Frühförderung für Kinder in Armutslagen: Handlungsmöglichkeiten und bewährte Praxis. In: Weiß, H. (Hrsg.): Frühförderung mit Kindern und Familien in Armutslagen (209–235). Ernst Reinhardt, München/Basel

Nathanson, D. (1998): Long-Term Effectiveness of Dolphin Assisted Therapy for Children with Severe Disabilities. Anthrozoos, 11, 22–32

Neece, C., Blacher, J., Baker, B. (2010): Impact on Siblings of Children with Intellectual Disability: The Role of Child Behavior Problems. American Journal on Intellectual and Developmental Disabilities, 115, 291–306

Ni, T., Huang, C., Guo, N. (2011): Executive Function Deficit in Preschool Children Born Very Low Birth Weight with Normal Early Development. Early Human Development, 87, 137–141

Nielsen, L. (2002): Beobachtungsbogen für mehrfachbehinderte Kinder. edition bentheim, Würzburg

Nielsen, L. (1996): Schritt für Schritt: Frühes Lernen von sehgeschädigten und mehrfachbehinderten Kindern. edition bentheim, Würzburg

Nielsen, L. (1992): Bist Du blind? Entwicklungsförderung sehgeschädigter Kinder. edition bentheim, Würzburg

Nievar, A., van Egeren, L., Pollard, S. (2010): A Meta-Analysis of Home Visiting Programs: Moderators of Improvements in Maternal Behavior. Infant Mental Health Journal, 31, 499–520

Niklas, F., Schmiedeler, S., Pröstler, N., Schneider, W. (2011): Die Bedeutung des Migrationshintergrunds, des Kindergartenbesuchs sowie der Zusammensetzung der Kindergartengruppe für sprachliche Leistungen von Vorschulkindern. Zeitschrift für Pädagogische Psychologie, 25, 115–130

Nind, M., Hewett, D. (2005): Access to Communication: Developing the Basics of Communication for People with Severe Learning Difficulties. Fulton, London

Niparko, J., Tobey, E., Thal, D., Eisenberg, L., Wang, N., Quittner, A. (2010): Spoken Language Development in Children Following Cochlear Implementation. Journal of the American Medical Association 303, 1498–1506

Nolan, K., Young, E., Hebert, E., Wilding, G. (2005): Service Coordination for Children with Complex Healthcare Needs in an Early Intervention Program. Infants/Young Children, 18, 161–170

Norbury, C. (2014): Practiner Review: Social (Pragmatic) Communication Disorder Conceptualization, Evidence and Clinical Implications. Journal of Child Psychology and Psychiatry, 55, 204–216

Nosarti, C., Murray, R., Hack, M. (2010): Neurodevelopmental Outcomes of Preterm Birth. From Childhood to Adult Life. Cambridge University Press, Cambridge

Novak, I., McIntyre, S., Morgan, C., Campbell, L., Dark, L., Morton, N., Stumbles, E., Wilson, S. A., Goldsmith, S. (2013): A systematic Review of Interventions of Children with Cerebral Palsy: State of the Evidence. Developmental Medicine/Child Neurology, 55, 885–910

Ntourou, K., Conture, E., Lipsey, M. (2011): Language Abilities of Children Who Stutter: a Meta-Analytical Review. American Journal of Speech and Language Pathology, 20, 163–179

Nußbeck, S. (2009): Umstrittene und alternative Therapien. In: Bölte, S. (Hrsg.): Autismus (444–464). Huber, Bern

Nußbeck, S. (2003): Wahrnehmungsstörungen – häufig zitiert, schlecht definiert. Frühförderung interdisziplinär, 22, 20–27

Nye, C., Vanryckeghem, M., Schwartz, J., Herder, C., Turner, H., Howard, C. (2013): Behavioral Stuttering Interventions for Children and Adolescents: a Systematic Review and Meta-Analysis. Journal of Speech, Language, and Hearing Research, 56, 921–932

Nylen, K., Moran, T., Franklin, C., O'Hara, M. (2006): Maternal Depression: a Review of Relevant Treatment Approaches for Mothers and Infants. Infant Mental Health Journal, 27, 327–343

Odom, S., Beckman, P., Hanson, M. (2002): Widening the Circle. Including Children with Disabilities in Preschool Programs. Teachers College Press, New York

Odom, S., Buysse, V., Soukakou, E. (2011): Inclusion for Young Children with Disabilities: a Quarter Century of Research Perspectives. Journal of Early Intervention, 33, 344–356

Oelwein, P. (2007): Kinder mit Down-Syndrom lernen lesen. Ein Praxisbuch für Eltern und Lehrer. G/S-Verlag, Zirndorf

Ohrt, B., Geenen, R. (2004): Das Bobath-Konzept. Frühförderung interdisziplinär, 23, 86–89

Olds, D. (2006): The Nurse-Family Partnership: an Evidence-Based Preventive Intervention. Infant Mental Health Journal, 27, 5–25

Olds, D., Henderson, C., Kitzman, H., Eckenrode, J., Cole, R., Tatelbaum, R. (1999): Prenatal and Infancy Home Visitation by Nurses: Recent Findings. The Future of Children, 9, 44–63

Olsson, M., Hwang, C. (2002): Sense of Coherence in Parents of Children with Different Developmental Disabilities. Journal of Intellectual Disability Research, 46, 548–559

Olsson, M., Hwang, C. (2001): Depression in Mothers and Fathers of Children with Intellectual Disabilities. Journal of Intellectual Disability Research, 45, 535–543

Oppenheim, D., Koren-Karie, N., Dolev, S., Yirmiya, N. (2009): Maternal Insightfulness and Resolution of the Diagnosis are Associated with Secure Attachment in Preschoolers with Autism Spectrum Disorders. Child Development, 80, 519–527

Ornstein Davis, N., Carter, A. (2008): Parenting Stress in Mothers and Fathers of Toddlers with Autism Spectrum Disorders: Associations with Child Characteristics. Journal of Autism and Developmental Disorders, 38, 1278–1291

Orton, J., Spittle, A., Doyle, L., Anderson, P., Boyd, R. (2009): Do Early Intervention Programmes Improve Cognitive and Motor Outcomes for Preterm Infants after Discharge? A Systematic Review. Developmental Medicine / Child Neurology, 51, 851–859

Paczkowski, E., Baker, B. (2007): Parenting Children with and without Developmental Delay: the Role of Self-Mastery. Journal of Intellectual Disability Research, 51, 435–446

Pajulo, M., Pyykkönen, N., Kalland, M., Sinkkonen, J., Helenius, H., Punamäki, R., Suchman, N. (2012): Substance-Abusing Mothers in Residential Treatment with Their Babies: Importance of Pre- and Postnatal Maternal Reflective Functioning. Infant Mental Health Journal, 33, 70–81

Palmer, F., Shapiro, B., Wachtel, R. et al. (1988): The Effects of Physical Therapy on Cerebral Palsy: a Controlled Trial in Infants with Spastic Diplegia. New England Journal of Medicine, 318, 803–808

Papadopoulos, K., Metsiou, K., Agaliotis, I. (2011): Adaptive Behavior of Children and Adolescents with Visual Impairments. Research in Developmental Disabilities, 32, 1086–1096

Papousek, M. (2006): Adaptive Funktionen der vorsprachlichen Kommunikations- und Beziehungserfahrungen. Frühförderung interdisziplinär, 25, 14–25

Papousek, M. (1994): Vom ersten Schrei zum ersten Wort: Anfänge der Sprachentwicklung in der vorsprachlichen Kommunikation. Bern, Huber

Papousek, M., Schieche, M., Wurmser, H. (2004): Regulationsstörungen der frühen Kindheit: Frühe Risiken und Hilfen im Entwicklungskontext der Eltern-Kind-Beziehungen. Huber, Bern

Patterson, S., Smith, V., Mirenda, P. (2011): A Systematic Review of Training Programs for Parents of Children with Autism Spectrum Disorders: Single subject contributions. Autism, 16, 498–522

Pelchat, D., Bisson, J., Ricard, N., Perreault, M., Bouchard, J. (1999): Longitudinal Effects of an Early Family Intervention Programme on the Adaptation of a Parents of Children with a Disability. International Journal of Nursing Studies, 36, 465–477

Pelchat, D., Lefebvre, H., Perreault, M. (2003): Differences and Similarities Between Mothers' and Fathers' Experiences of Parenting a Child with a Disability. Journal of Child Health Care, 7, 231–247

Pennington, B., Moon, J., Edgin, J., Stedron, J., Nadel, L. (2003): The Neuropsychology of Down syndrome: Evidence for Hippocampal Dysfunction. Child Development, 74, 75–93

Pennington, L., McConachie, H. (2001): Predicting Patterns of Interaction Between Children with Cerebral Palsy and Their Mothers. Developmental Medicine and Child Neurology, 43, 83–90

Pennington, L., McConachie, H. (1999): Mother-Child Interaction Revisited: Communication with Non-Speaking Physically Disabled Children. International Journal of Language/Communication Disorders, 34, 391–416

Pennington, L., Thomson, K. (2007): It Takes Two to Talk – the Hanen Program and Families of Children with Motor Disorders: a UK Perspective. Child: Care, Health and Development, 33, 691–702

Petalas, M., Hastings, R., Nash, S., Lloyd, T., Dowey, A. (2009): Emotional and Behavioral Adjustment in Siblings of Children with Intellectual Disability with and without Autism. Autism, 13, 471–483

Peterander, F. (2008): Von der Qualitätsentwicklung zum evidenzbasierten Handeln der Frühförderung? Frühförderung interdisziplinär, 27, 107–114

Peterander, F. (2002): Qualität und Wirksamkeit der Frühförderung. Frühförderung interdisziplinär, 21, 96–106

Peterander, F. (2000): The Best Quality Cooperation Between Parents and Experts in Early Intervention. Infants & Young Children, 12, 32–45

Petermann, F. (2015): Movement Assessment Battery for Children (M-ABC-2). Pearson Assessment, Frankfurt

Petermann, F. (2014): Wechsler Nonverbal Scale of Ability (WNV). Pearson Assessment, Frankfurt

Petermann, F. (2010): Sprachstandserhebungstest für Kinder im Alter zwischen 5 und 10 Jahren (SET 5-10). Hogrefe, Göttingen

Petermann, F. (2009): Wechsler Preschool and Primary Scale of Intelligence – III. Deutsche Version (WPPSI-III). Pearson Assessment, Frankfurt

Petermann, F., Renziehausen, A. (2005): Neuropsychologischs Entwicklungsscreening (NES). Huber, Bern

Petermann, F., Stein, I., Macha, T. (2008): Entwicklungstest sechs Monate bis sechs Jahre (ET 6-6). 3. Aufl., Pearson Assessment, Frankfurt

Petermann, U., Petermann, F., Koglin, U. (2015a): Entwicklungsbeobachtung und -dokumentation (EBD): 3-48 Monate: Eine Arbeitshilfe für pädagogische Fachkräfte in Krippen und Kindergärten. Cornelsen, Hamburg

Petermann, U., Petermann, F., Koglin, U. (2015b): Entwicklungsbeobachtung und -dokumentation (EBD): 48-72 Monate: Eine Arbeitshilfe für pädagogische Fachkräfte in Kindergärten und Kindertagesstätten. Cornelsen, Hamburg

Peters-Scheffer, N., Didden, R., Mulders, M., Korzilius, H. (2010): Low Intensity Behavioral Treatment Supplementing Preschool Services for Young Children with Autism Spectrum Disorders and Severe to Mild Intellectual Disability. Research in Developmental Disabilities, 31, 1678–1684

Peterson, C., Luze, G., Eshbaugh, E., Jeon, H., Kantz, K. (2007): Enhancing Parent-Child Interactions through Home Visiting: Promising Practice or Unfulfilled Promise? Journal of Early Intervention, 29, 119–140

Petersen, M., Kedia, S., Davis, P. et al. (2006): Eating and Feeding Are Not the Same: Caregiver's Perceptions of Gastrostomy Feeding for Children with Cerebral Palsy. Developmental Medicine and Child Neurology, 48, 713–717

Pettito, L., Katerelos, M., Levy, B., Gauna, K., Tetreault, K., Ferraro, V. (2001): Bilingual Signed and Spoken Language Acquisition from Birth: Implications for the Mechanism Underlying Early Bilingual Language Acquisition. Journal of Child Language, 28, 453–496

Pfahl, N., Sarimski, K. (2015): Wortschatz blinder Kleinkinder. Blind – sehbehindert, 135, 273–279

Phaneuf, L., McIntyre, L. (2011): The Application of a Three-Tier Model of Intervention to Parent Training. Journal of Positive Behavior Interventions, 13, 198–207

Pieterse, M., Treloar, R., Cains, S., Brar, F. (2001): Kleine Schritte. Deutsches Down-Syndrom Infocenter, Nürnberg

Pighini, M., Goelman, H., Buchanan, M., Schonert-Reichl, K., Brynelsen, D. (2014): Learning from Parents' Stories about What Works in Early Intervention. International Journal of Psychology, 49, 263–270

Pittman, P., Benedict, B., Olson, S., Sass-Lehrer, M. (2015): Collaboration with Deaf and Hard-of-Hearing Communities. In: Sass-Lehrer; M. (Ed.): Early Intervention for Deaf and Hard-of-Hearing Infants, Toddlers, and Their Families (135–168). Oxford, Oxford University Press

Plant, K., Sanders, M. (2007): Predictors of Care-Giver Stress in Families of Preschool-Aged Children with Developmental Disabilities. Journal of Intellectual Disability Research, 51, 109–124

Pless, M., Carlsson, M. (2000): Effects of Motor Skill Intervention on Developmental Coordination Disorder: a Meta-Analysis. Adapted Physical Activity Quarterly, 17, 381–401

Plück, J., Wieczorrek, E., Wolff Metternich, T., Döpfner, M. (2006): Präventionsprogramm für Expansives Problemverhalten (PEP). Hogrefe, Göttingen

Plume, E., Schneider, W. (2004): Hören, lauschen, lernen, 2: Arbeitsmaterial. Vandenhoeck/ Ruprecht, Göttingen

Polatajko, H. (2008): Ergotherapie bei Kindern mit Koordinationsstörungen – der CO-OP-Ansatz. Thieme, Stuttgart

Polatajko, H., Cantin, N. (2010): Exploring the Effectiveness of Occupational Therapy Interventions, Other than the Sensory Integration Approach, with Children and Adolescents Experiencing Difficulty Processing and Integrating Sensory Information. American Journal of Occupational Therapy, 64, 415–429

Poll, G., Miller, C. (2013): Late Talking, Typical Talking, and Weak Language Skills at Middle Childhood. Learning and Individual Differences, 26, 177–184

Poobalan, A., Aucott, L., Ross, L., Cairns, W., Smith, S., Helms, P., Williams, J. (2007): Effects of Treating Postnatal Depression on Mother-Infant Interaction and Child Development: Systematic Review. The British Journal of Psychiatry, 191, 378–386

Porz, F., Podeswik, A. (2011): Frühe Begleitung und Case Management für Eltern von Frühgeborenen und kranken Neugeborenen. Frühförderung interdisziplinär, 30, 157–161

Porz, F., Erhardt, H., Podeswik, A. (2009): Case Management in der Sozialpädiatrie. Das Augsburger Nachsorgemodell. In: P. Löcherbach, W. Klug, R. Remmel-Faßbender, W. Wendt (Hrsg.): Case Management (90–113). 4., aktual. Aufl. Ernst Reinhardt, München/Basel

Potharst, E., Houtzager, B., van Sonderen, L., Tamminga, P., Kok, J., Flast, B., van Wassenaar, A. (2012): Prediction of Cognitive Abilities at the Age of 5 Years Using Developmental Follow-up Assessments at the Age of 2 and 3 Years in Very Preterm Children. Developmental Medicine and Child Neurology, 54, 240–246

Poustka, L., Rühl, D., Feineis-Matthews, S., Bölte, S., Poustka, F. et al. (2015): ADOS-2. Diagnostische Beobachtungsskala für Autistische Störungen – 2. Huber, Bern

Poustka, L., Rothermel, B., Banaschewski, T., Kamp-Becker, I. (2012): Intensive verhaltenstherapeutische Interventionsprogramme bei Autismus-Spektrum-Störungen. Kindheit und Entwicklung, 21, 81–89

Preisler, G. (1993): A Descriptive Study of Blind Children in Nurseries with Sighted Children. Child: Care, Health and Development, 19, 295–315

Preisler, G., Tvingstedt, A., Ahlström, M. (2002): A Psychological Follow-up Study on Deaf Preschool Children Using Cochlear Implants. Child: Care, Health and Development, 28, 403–418

Prekop, J. (1999): Hättest du mich festgehalten. Grundlagen und Anwendung der Festhalte-Therapie. Goldmann, München

Prelock, P., Deppe, J. (2015): Speech-language pathology. Preparing early interventionists. Infants/Young Children, 28, 150–164

Preston, D., Carter, M. (2009): A Review of the Efficacy of the Picture Exchange Communication System Intervention. Journal of Autism and Developmental Disorders, 39, 1471–1486

Pretis, M. (2016): ICF-basiertes Arbeiten in der Frühförderung. Ernst Reinhardt, München/ Basel

Pretis, M. (2015): Erlebte Fördereffekte und Familienorientierung in der Frühförderung. Frühförderung interdisziplinär, 34, 19–31

Pretis, M. (2014a): Settings und Familienorientierung in der Frühförderung. Frühförderung interdisziplinär, 33, 88–98

Pretis, M. (2014b): Frühförderung bei Kindern psychisch kranker Eltern: vom programmatischen Auftrag zur Evidenz. Sonderpädagogische Förderung heute, 59, 189–201

Pretis, M. (2002): Was ist "gute Arbeit" in der Frühförderung? 10 Thesen zur Qualität und zur Qualitätssicherung. Frühförderung interdisziplinär, 21, 29–40

Pretis, M., Dimova, A. (2016): Frühförderung mit Kindern psychisch kranker Eltern. Ernst Reinhardt, 3. überarb., Aufl. München/Basel

Pring, L. (2008): Psychological Characteristics of Children with Visual Impairments: Learning, Memory and Imagery. The British Journal of Visual Impairment, 26, 159–169

Probst, P. (2003): Entwicklung und Evaluation eines psychoedukativen Elterngruppen-Trainingsprogramms für Familien mit autistischen Kindern. Praxis der Kinderpsychologie und Kinderpsychiatrie, 52, 473–490

Quittner, A., Cruz, I., Barker, D., Tobey, E., Eisenberg, L., Niparko, J. (2013): Effects of Maternal Sensitivity and Cognitive and Linguistic Stimulation on Cochlear Implant Users' Language Development Over Four Years. The Journal of Pediatrics, 162, 343–348

Rafferty, Y., Griffin, K. (2005): Benefits and Risks of Reverse Inclusion for Preschoolers with and without Disabilities: Perspectives of Parents and Providers. Journal of Early Intervention, 27, 173–192

Rahi, J., Cable, N. et al. (2003): Severe Visual Impairment and Blindness in Children in the UK. The Lancet, 362, 1359–1365

Ratcliffe, C., Harrigan, R., Haley, J., Tse, A., Olson, T. (2002): Stress in Families with Medically Fragile Children. Issues in Comprehensive Pediatric Nursing, 25, 167–188

Rauh, H. (2014): Kindliche Behinderung und Bindungsentwicklung. In L. Ahnert (Hrsg.) Frühe Bindung (313–331). 3. Aufl. Ernst Reinhardt, München/Basel

Rauh, H. (2008): Resilienz und Bindung bei Kindern mit Behinderungen. In: Opp, G., Fingerle, M. (Hrsg.): Was Kinder stärkt (175–191). 3 Aufl. Ernst Reinhardt, München/Basel

Rauh, H. (2005): Besonderheiten der Bindungsentwicklung bei Kindern mit Down-Syndrom. Frühförderung interdisziplinär, 24, 65–73

Rauh, H., (2000): Kognitives Entwicklungstempo und Verhalten bei Kindern mit Down-Syndrom. Frühförderung interdisziplinär, 19, 130–139

Raven, J. C., Raven, J., Court, J. (2010): CPM – Coloured Progressive Matrices. Pearson Assessment, Frankfurt

Ravens-Sieberer, U., Morfeld, M., Stein, R., Jessop, D., Bullinger, M., Thyen, U. (2001): Der Familien-Belastungs-Fragebogen (FaBel-Fragebogen). Psychotherapie, Psychosomatik und medizinische Psychologie, 51, 384–393

Reck, C., Struben, K., Backenstrass, M., Stefenelli, U., Reinig, K., Sohn, C. (2008): Prevalence, Onset and Comorbidity of Postpartum Anxiety and Depressive Disorders. Acta Psychiatrica Scandinavica, 118, 459–468

Reddihough, D., Kind, J., Coleman, G., Catanese, T. (1998): Efficacy of Programs Based on Conductive Education for Young Children with Cerebral Palsy. Developmental Medicine and Child Neurology, 40, 763–770

Rehm, R., Bradley, J. (2005): Normalization in Families Raising a Child Who Is Medically Fragile/Technology Dependent and Developmentally Delayed. Qualitative Health Research, 15, 807–820

Reichmuth, K., Embacher, A. J., Matulat, P., am Zehnhoff-Dinnesen, A.,, Glanemann, R. (2013a): Responsive Parenting Intervention after Early Diagnosis of Hearing-Impairment by Universal Newborn Hearing Screening: the Concept of the Muenster Parental Program. International Journal of Pediatric and Otorhinolaryngology, 77, 2030–2039

Reichmuth, K., Glanemann, R., Embacher, A. (2013b): Kurzvorstellung des Münsteraner Elternprogramms zur Kommunikationsförderung bei Säuglingen und Kleinkindern mit Hörschädigung. Sprachförderung und Sprachtherapie, 2, 140–142

Reilly, S., Bavin, E., Bretherton, L., Conway, L., Eadie, P., Cini, E. (2009): The Early Language in Victoria Study (ELVS): a Prospective, Longitudinal Study of Communication Skills and Expressive Vocabulary Development at 8, 12 and 24 Months. International Journal of Speech-Language Pathology, 11, 344–358

Reinartz, A., Reinartz, E. (1974): Wahrnehmungstraining nach M. Frostig und D. Horne. Crüwell, Dortmund

Relikowski, I., Schneider, T., Linberg, T. (2015): Rezeptive Wortschatz- und Grammatikkompetenzen von Fünfjährigen mit und ohne Migrationshintergrund. Frühe Bildung, 4, 135-143

Renner, G., Mickley, M. (2015): Intelligenzdiagnostik im Vorschulalter. CHC-theoretisch fundierte Untersuchungsplanung und Cross-battery-assessment. Frühförderung interdisziplinär, 34, 67–83

Rentinck, I., Ketelaar, M., Jongmans, M., Lindeman, E., Gorter, J. (2009): Parental Reactions Following the Diagnosis of Cerebral Palsy in Their Young Child. Journal of Pediatric Psychology, 34, 671–676

Rentinck, I., Ketelaar, M.., Jongmans, M., Gorter, J. (2006): Parents of Children with Cerebral Palsy: a Review of Factors Related to the Process of Adaptation. Child: Care, Health and Development, 33, 161–169

Rescorla, L. (2011): Late Talkers: Do Good Predictors of Outcome Exist? Mental Retardation and Developmental Disabilities Research Reviews, 17, 141–150

Rescorla, L. (1989): The Language Development Survey: a Screening Tool for Delayed Language in Toddlers. Journal of Speech and Hearing Disorders, 54, 587–599

Retzlaff, R., Hornig, S., Müller, B., Reuner, G., Pietz, J. (2006): Kohärenz und Resilienz in Familien mit geistig und körperlich behinderten Kindern. Praxis der Kinderpsychologie und Kinderpsychiatrie, 55, 36–52

Reuner, G., Rosenkranz, J. (2014): Bayley Scales of Infant and Toddler Development - Third Edition. Dt. Version. Pearson, Frankfurt.

Reuner, G., Rosenkranz, J., Pietz, J., Horn, R. (2007): Bayley Scales of Infant Development – Deutsche Fassung. 2. Auflage, Pearson Assessment, Frankfurt

Ricci, L. (2011): Home Literacy Environments, Interest in Reading and Emergent Literacy Skills of Children with Down syndrome Versus Typical Children. Journal of Intellectual Disability Research, 55, 596–609

Ricken, G., Fritz-Stratmann, A., Balzer, L. (2013): Mathematik- und Rechenkonzepte im Vorschulalter – Diagnose (MARKO-D). Hogrefe, Göttingen

Rinaldi, P., Caselli, M., Di Renzo, A., Gulli, T., Volterra, V. (2014): Sign Vocabulary in Deaf Toddlers Exposed to Sign Language Since Birth. Journal of Deaf Studies and Deaf Education, 19, 303–318

Risdal, D., Singer, G. (2004): Marital Adjustment in Parents of Children with Disabilities: a Historical Review and Meta-Analysis. Research and Practice for Persons with Severe Disabilities, 29, 95–103

Roach, M., Barratt, M., Miller, J.,, Leavitt, L. (1998): The Structure of Mother-Child Play: Young Children with Down Syndrome and Typically Developing Children. Developmental Psychology, 34, 77–87

Robbins, A. (2003): Communication Intervention for Infants and Toddlers with Cochlear Implants. Topics in Language Disorders, 23, 16–33

Roberts, M., Kaiser, A. (2011). The Effectiveness of Parent-Implemented Language Interventions: a Meta-Analysis. American Journal of Speech and Language Pathology, 20, 180–199

Roberts, C., Mazzucchelli, T., Studman, L., Sanders, M. (2006): Behavioral Family Intervention for Children with Developmental Disabilities and Behavioral Problems. Journal of Clinical Child and Adolescent Psychology, 35, 180–193

Robertson, S., Ellis Weismer, S. (1999): Effects of Treatment on Linguistic and Social Skills in Toddlers with Delayed Language Development. Journal of Speech, Language, and Hearing Research, 42, 1234–1248

Robins, D., Fein, D., Barton, M., Green, J. (2001): The Modified Checklist for Autism in Toddlers: an Initial Study Investigating the Early Detection of Autism and Pervasive Developmental Disorders. Journal of Autism and Developmental Disorders, 31, 131–144
Rodbroe, I., Janssen, M., Souriau, J. (2014): Kommunikation und angeborene Taubblindheit (Booklet I – IV). Stiftung St. Franziskus, Heiligenbronn, edition Bentheim, Würzburg
Römer, R., Ape, P., Klein, M. (2006): Das Mütter-Unterstützungstraining MUT! In M. Klein (Hrsg.), Kinder drogenabhängiger Mütter (Teil C, 1–112). Roderer, Regensburg
Rönnau-Böse, M., Fröhlich-Gildhoff, K. (2011): Präventionsprogramme für Kindertageseinrichtungen – Förderung von seelischer Gesundheit und Resilienz. In: Zander, M. (Hrsg.): Handbuch Resilienzförderung. VS Verlag, Wiesbaden, 360–382
Roggman, L., Cook, G., Innocenti, M., Norman, V., Boyce, L., Christiansen, K., Peterson, C. (2016): Home Visit Quality Variations in Two Early Head Start Programs in Relation to Parenting and Child Vocabulary Outcomes. Infant Mental Health Journal, 37, 193–207
Roggman, L., Cook, G., Innocenti, M., Norman, V. J., Kristiansen, K. (2013a): Parenting Interactions with Children: Checklist of Observations Linked to Outcomes (PICCOLO) in Diverse Ethnic Groups. Infant Mental Health Journal, 34, 290–306
Roggman, L., Cook, G., Innocenti, M., Norman, V. J., Kristiansen, K., Anderson, S. (2013b): Parenting Interactions with Children. Checklist of Observations Linked to Outcomes. PICCOLO User's guide. Paul Brookes, Baltimore
Roman-Lantzy, C. (2007): Cortical Visual Impairment: an Approach to Assessment and Intervention. AFB Press, New York
Romski, M., Sevcik, R., Adamson, L., Cheslock, M., Smith, A., Barker, R., Bakeman, R. (2010): Randomized Comparison of Augmented and Nonaugmented Language Interventions for Toddlers with Developmental Delays and Their Parents. Journal of Speech, Language and Hearing Research, 53, 350–364
Roßbach, H.-G., Kluczniok, K., Kuger, S. (2008): Auswirkungen eines Kindergartenbesuchs auf den kognitiv-leistungsbezogenen Entwicklungsstand von Kindern – Ein Forschungsüberblick. Zeitschrift für Erziehungswissenschaft, Sonderheft 11, 139–158
Rossiter, L., Sharpe, D. (2001): The Siblings of Individuals with Mental Retardation: a Quantitative Integration of the Literature. Journal of Child and Family Studies, 10, 65–84
Rowland, C. (1983): Patterns of Interaction Between Three Blind Infants and Their Mothers. In: Mills, A. (Ed.): Language Acquisition in the Blind Child: Normal and Deficient (114–132). Croom Helm, Kent
Rothlaender, P., Kuschel, A. (2014): Elternpartizipation in der Frühförderung – Bedingungsanalyse gelingender Zusammenarbeit zwischen Eltern und Fachkräften. Empirische Sonderpädagogik, 4, 313–332
Ruiter, S., Nakken, H., Janssen, M., van der Meulen, B., Looijestijn, P. (2011): Adaptive Assessment of Young Children with Visual Impairment. The British Journal of Visual Impairment, 29, 93–112
Rush, D., Shelden, M. (2011): The Early Childhood Coaching Handbook. Paul Brookes, Baltimore
Sachse, S., Budde, N., Rinker, T., Groth, K. (2012): Evaluation einer Sprachfördermaßnahme für Vorschulkinder. Frühe Bildung, 1, 194–201
Sachse, S., Suchodoletz, W. v. (2007): Früherkennung von Sprachentwicklungsverzögerungen mit Elternfragebögen? Kinderärztliche Praxis, 78, 194–199
Salisbury, C., Copeland, C. (2013): Progress of Infants/Toddlers with Severe Disabilities: Perceived and Measured Change. Topics in Early Childhood Special Education, 33, 68–77
Sallat, S., Spreer, M. (2014): Förderung kommunikativ-pragmatischer Fähigkeiten in Unterricht und therapeutischer Praxis. Sprachförderung und Sprachtherapie, 3, 156–166

Sallows, G., Graupner, T. (2005): Intensive Behavioral Treatment for Children with Autism: Four-Year Outcome and Predictors. American Journal of Mental Retardation, 110, 417–438

Saloviita, T., Itälinna, M., Leinonen, E. (2003): Explaining the Parental Stress of Fathers and Mothers Caring for a Child with Intellectual Disability: a Double ABCX Model. Journal of Intellectual Disability Research, 47, 300–312

Sammons, P., Anders, Y., Sylva, K., Melhuish, E., Siraj-Blatchford, I., Taggert, B., Barreau, S. (2008): Children's Cognitive Attainment and Progress in English Primary Schools during Key Stage 2: Investigating the Potential Continuing Influences of Pre-School Education. Zeitschrift für Erziehungswissenschaft, Sonderheft 11, 179–198

Sampon, M., Wollenburg, K. (o. J.): Portage Project/CESA 5. Portage, Wisconsin (https://sites.google.com/a/cesa5.org/portage-project/home, 24.01.2017)

Sanders, M. (1999): Triple P-Positive Parenting Program: Towards an Empirically Validated Multilevel Parenting and Family Support Strategy for the Prevention of Behavior and Emotional Problems in Children. Clinical Child and Family Psychology Review, 2, 71–90

Sanders, M. (o. J.): www.triplep.de, 12.01.2017

Sanders, M., Turner, K., Markie-Dadds, C. (2004): Stepping Stones/Triple P Gruppenarbeitsbuch für Eltern von Kindern mit Behinderungen (Deutsche Bearbeitung: PAG Institut für Psychologie). Verlag für Psychologie, Münster

Sandrieser, P., Schneider, P. (2008): Stottern im Kindesalter. Thieme, Stuttgart

Sann, A., Thrum K. (2005): Opstapje – Schritt für Schritt. Abschlussbericht des Modellprojektes. DJI, München

Sansavini, A., Guarini, A., Caselli, M. (2011): Preterm Birth: Neuropsychological Profiles and Atypical Developmental Pathways. Mental Retardation and Developmental Disabilities Research Reviews, 17, 102–113

Sansavini, A., Guarini, A., Justice, L., Savini, S., Broccoli, S., Alessandroni, R., Faldella, G. (2010): Does Preterm Birth Increase a Child's Risk for Language Impairment? Early Human Development, 86, 765–772

Sapp, W. (2001): Maternal Perceptions of Preverbal Communication in Children with Visual Impairments. RE: view, 33, 133–144

Sarimski, K. (2016b): Soziale Teilhabe von Kindern mit komplexer Behinderung in der Kita. Ernst Reinhardt, München/Basel

Sarimski, K. (2016a): Belastung von Müttern bei Autismus-Spektrum-Störungen und intellektuellen Behinderungen – eine vergleichende Analyse mit dem Eltern-Belastungs-Inventar (EBI). Heilpädagogische Forschung, 42, 2–12

Sarimski, K. (2015): Entwicklungsprofil, Verhaltensmerkmale und Familienerleben bei Kindern mit Down-Syndrom – Erste Ergebnisse der Heidelberger Down-Syndrom-Studie. Empirische Sonderpädagogik, 7, 5–23

Sarimski, K. (2014b): Verhaltensauffälligkeiten und exekutive Funktionen bei Kindern mit Fetalem Alkoholsyndrom. Heilpädagogische Forschung, 40, 2–11

Sarimski, K. (2014a): Entwicklungspsychologie genetischer Syndrome. 4. überarbeitete und erweiterte Auflage. Hogrefe, Göttingen

Sarimski, K. (2014c): Entwicklungsrisiken bei Kleinkindern drogenabhängiger Eltern – Herausforderung für Fachkräfte der Frühförderung. Vierteljahrsschrift für Heilpädagogik und ihre Nachbargebiete, 83, 221–231

Sarimski, K. (2013a): Frühförderung in Baden-Württemberg. Unveröffentlichte Erhebung

Sarimski, K. (2013b): Soziale Risiken im frühen Kindesalter. Grundlagen und frühe Interventionen. Hogrefe, Göttingen

Sarimski, K. (2013c): Wahrnehmung einer drohenden geistigen Behinderung und Einstellungen zur Frühförderung bei Eltern mit türkischem Migrationshintergrund. Frühförderung interdisziplinär, 32, 3–16

Sarimski, K. (2013d): Frühförderung in Familien mit alkoholabhängigen Eltern — Erfahrungen von Fachkräften. Zeitschrift für Heilpädagogik, 64, 228—236
Sarimski, K. (2012a): Normalität und Handlungsspielräume zurückerobern. Mütter von Kindern mit drohender schwerer Behinderung in der Frühförderung. Frühförderung interdisziplinär, 31, 3—14
Sarimski, K. (2012b): Frühförderung und Beratung bei schwerer Behinderung. Winter, Heidelberg
Sarimski, K. (2009): Frühförderung bei behinderten Kleinkindern. Hogrefe, Göttingen
Sarimski, K. (1993): Belastung von Müttern behinderter Kleinkinder. Frühförderung interdisziplinär, 12, 156—164
Sarimski, K., Hintermair, M. (2015): Individuelle Variabilität der Aufmerksamkeitsabstimmung bei Kleinkindern mit einem Hörverlust und ihren Eltern. Hörgeschädigtenpädagogik, 69, 60—68
Sarimski, K., Hintermair, M., Lang, M. (2013a): „Auf die Familie kommt es an." Familienorientierte Frühförderung und inklusive Krippenförderung. Frühförderung interdisziplinär, 32, 195—205
Sarimski, K., Hintermair, M., Lang, M. (2013b): Familienorientierte Frühförderung von Kindern mit Behinderung. Ernst Reinhardt, München/Basel
Sarimski, K., Hintermair, M., Lang, M. (2012a): Zufriedenheit mit familienorientierter Frühförderung. Frühförderung interdisziplinär, 31, 56—70
Sarimski, K., Hintermair, M., Lang, M. (2012b): Zutrauen in die eigene Kompetenz als bedeutsames Merkmal familienorientierter Frühförderung. Praxis der Kinderpsychologie und Kinderpsychiatrie, 61, 183—197
Sarimski, K., Braunstein, S., Weisshaupt, L. (2012c): Einstellungen, Kompetenzen und Unterstützungssysteme bei der Integration behinderter Kinder: eine Pilotstudie aus Baden-Württemberg. Gemeinsam leben — gemeinsam lernen, 20, 101—109
Sarimski, K., Lang, M. (2016): Form und Zusammenhänge von Verhaltensauffälligkeiten bei Kindern mit Hörsehschädigung. Zeitschrift für Heilpädagogik, 67, 29—37
Sarimski, K., Steinhausen, H.-C. (2007): KIDS 2 — Geistige Behinderung und schwere Entwicklungsstörung. Hogrefe, Göttingen
Sawyer, B., Campbell, P. (2012): Early Interventionists' Perspectives on Teaching Caregivers. Journal of Early Intervention, 34, 104—124
Sayre, J., Pianta, R., Marvin, R., Saft, E. (2001): Mothers' Representations of Relationships with Their Children: Relations with Mother Characteristics and Feeding Sensitivity. Journal of Pediatric Psychology, 26, 375—384
Schaarschmidt, U., Ricken, G., Kieschke, U., Preuß, U. (2004): Bildbasierter Intelligenztest für das Vorschulalter (BIVA). Hogrefe, Göttingen
Schartner, F. (2004): Migrantenfamilien in der Frühförderung — Ergebnisse einer Umfrage an Frühförderstellen in Baden-Württemberg. Frühförderung interdisziplinär, 23, 69—78
Schelten-Cornish, S., Wirths, C. (2008): Beobachtungsbogen für vorsprachliche Fähigkeiten und Eltern-Kind-Interaktion (BFI). LOGOS interdisziplinär, 16, 262—270
Schleicher (2017): Pflegegrade 1,2,3,4 & 5 — die neuen Pflegestufen 2017. In: www.jedermann-gruppe.de/pflegegrade-1-2-3-4-5-2017/, 03.02.17
Schlesiger, C. (2009): Sprachtherapeutische Frühintervention für Late Talkers. Eine randomisierte und kontrollierte Studie zur Effektivität eines direkten und kindzentrierten Konzepts. Idstein, Schulz-Kirchner
Schmid-Krammer, M., Naggl, M. (2010): Leitlinien zur Diagnostik in der Interdisziplinären Frühförderung. Arbeitsstelle Frühförderung Bayern (www.fruehfoerderung-bayern.de/fileadmin/files/PDFs/Informations-_und_Arbeits-Papiere/Leitlinien_Diagnostik/Leitlinien_UEbersicht.pdf, 24.01.2017)

Schneider, A. (2003): „Unterstützte Kommunikation" – eine Chance für die Frühförderung. Frühförderung interdisziplinär, 22, 156–165

Schneider, W. (2014): Lese- und Rechtschreibkompetenz. In: Lohaus, A., Glüer, M. (Hrsg.): Entwicklungsförderung im Kindesalter. Grundlagen, Diagnostik und Intervention (183–202). Hogrefe, Göttingen

Schneider, W., Marx, P. (2008): Früherkennung und Prävention von Lese-Rechtschreibschwierigkeiten. In: Petermann F., Schneider, W. (Hrsg.): Angewandte Entwicklungspsychologie (237–273), Hogrefe, Göttingen

Schöler, H., Brunner, M. (2008): HASE-Heidelberger Auditives Screening in der Einschulungsuntersuchung. Westra, Binswangen

Schott, C., Broghammer, N., Poets, C. (2011): Fortschritte in der Neonatologie – vom Sicherstellen des Überlebens hin zu einer guten Lebensqualität. Frühförderung interdisziplinär, 30, 128–136

Schreyer-Mehlhop, I., Petermann, U. (2011): Mütterliche Erziehungspraktiken und Verhaltensauffälligkeiten im Vorschulalter. Zeitschrift für Entwicklungspsychologie und Pädagogische Psychologie, 43, 39–48

Schuchardt, E. (1985): Jede Krise ist ein neuer Anfang. Aus Lebensgeschichten lernen. Patmos Verlag, Düsseldorf

Schuler, M., Nair, P., Black, M. (2002): Ongoing Maternal Drug Use, Parenting Attitudes, and a Home Intervention: Effects on Mother-Child Interaction at 18 Months. Journal of Developmental and Behavioral Pediatrics, 23, 87–95

Schulz, P., Tracy, R. (2012): LiSe-DaZ® Linguistische Sprachstandserhebung – Deutsch als Zweitsprache. Hogrefe, Göttingen

Sealy, J., Glovinsky, I. (2016): Strengthening the Reflective Functioning Capacities of Parents Who Have a Child with a Neurodevelopmental Disability through a Brief, Relationship-Focused Intervention. Infant Mental Health Journal, 37, 115–124

Seelhorst, C., Wiedebusch, S., Zalpour, C., Behnen, J., Patock, J. (2012): Zusammenarbeit zwischen Frühförderstellen und Kindertageseinrichtungen bei der Diagnostik und Förderung von Kindern mit besonderem Förderbedarf. Frühförderung interdisziplinär, 31, 178–186

Seitz, S. (2012): Frühförderung inklusive? Inklusive Pädagogik in Kindertageseinrichtungen mit Kindern bis zu drei Jahren. In: Gebhard, B., Hennig, B., Leyendecker, C. (Hrsg.): Interdisziplinäre Frühförderung. Exklusiv – kooperativ – inklusiv (315–322). Kohlhammer, Stuttgart

Seitz, S., Korff, N. (2008): Förderung von Kindern mit Behinderung unter drei Jahren in Kindertageseinrichtungen. Münster, Landschaftsverband Westfalen-Lippe

Senf, D. (2004): Cochlea-Implantat – mit dem CI leben, hören und sprechen. Ein Ratgeber für Eltern. Schulz-Kirchner, Idstein

Senkpiel, A., Sarimski, K. (2016): Väter von Kindern mit Down-Syndrom in der Frühförderung. Leben mit Down-Syndrom, 81, 12–16

Shah, P., Robbins, N., Coelho, R., Poehlmann, J. (2013): The Paradox of Prematurity: the Behavioral Vulnerability of Late Preterm Infants and the Cognitive Susceptibility of Very Preterm Infants at 36 Months Post-Term. Infant Behavior and Development, 36, 50–62

Shaw, D., Shelleby, E. (2014): Early-Onset Conduct Problems: Intersection of Conduct Problems and Poverty. Annual Review of Clinical Psychology, 10, 503–528

Sheeran, T., Marvin, R., Pianta, R. (1997): Mothers' Resolution of Their Child's Diagnosis and Self-Reported Measures of Parenting Stress, Marital Relations, and Social Support. Journal of Pediatric Psychology, 22, 197–212

Sherer, M., Schreibman, L. (2005): Individual Behavioral Profiles and Predictors of Treatment Effectiveness for Children with Autism. Journal of Consulting and Clinical Psychology, 73, 525–538

Shonkoff, J., Hauser-Cram, P., Krauss, M., Upshur, C. (1992): Development of Infants with Disabilities and Their Families. Monographs of the Society for Research in Child Development, 57, 6

Shonkoff, J., Hauser-Cram, P. (1987): Early Intervention for Disabled Infants and Their Families: a Quantitative Analysis. Pediatrics, 80, 650–658

Siegmüller, J. (2014): Wie wirkt mein therapeutischer Input? Vergleich der beiden Präsentationsformen der Inputspezifizierung nach PLAN. Forum Logopädie, 28, 22–29

Siegmüller, J., Beier, J. (2015): Kindersprachstörungen und ihre Therapie. Forum Logopädie, 29, Heft 1, 6–11

Siegmüller, J., Kauschke, C. (2006): Patholinguistische Therapie bei Sprachentwicklungsstörungen. Elsevier, München

Sigman, M., Ruskin, E., Arbeile, S., Corona, R., Dissanayake, C. (1999): Continuity and Change in the Social Competence of Children with Autism, Down Syndrome, and Developmental Delays. Monographs of the Society for Research in Child Development, 64, 1–114

Simard, V., Nielsen, T., Tremblay, R. (2009): Longitudinal Study of Preschool Sleep Disturbance. Archives of Pediatric and Adolescent Medicine, 162, 360–367

Simmerman, S., Blacher, J., Baker, B. (2001): Fathers' and Mothers' Perceptions of Other Involvement in Families with Young Children with a Disability. Journal of Intellectual and Developmental Disability, 26, 325–338

Simon, L., Seidel, A. (2016): Implementierung der ICF in der Frühförderung in Deutschland – Aus- und Fortbildungsaspekte. Frühförderung interdisziplinär, 36, 138–145

Sindbert, R. (2010): PAT – Mit Eltern lernen. Bessere Bildungschancen für Kinder aus sozial benachteiligten Familien durch frühe Förderung und Elternempowerment. In C. Leyendecker (Hrsg.) Gefährdete Kindheit. Risiken früh erkennen, Ressourcen früh fördern (344–349): Kohlhammer, Stuttgart

Singer, G. (2006): Meta-Analysis of Comparative Studies of Depression in Mothers of Children with and without Developmental Disabilities. American Journal on Mental Retardation, 111, 155–169

Singer, G., Ethridge, B., Aldana, S. (2007): Primary and Secondary Effects of Parenting and Stress Management Interventions for Parents of Children with Developmental Disabilities: a Meta-Analysis. Mental Retardation und Developmental Disabilities Research Reviews, 13, 357–369

Singer, L., Arendt, R., Minnes, S., Farkas, K., Salvator, A., Kirchner, H. (2002): Cognitive and Motor Outcomes of Cocaine-Exposed Infants. Journal of the American Medical Association, 287, 1952–1960

Skellenger, A., Rosenblum, L., Jager, B. (1997): Behaviors of Preschoolers with Visual Impairments in Indoor Play Settings. Journal of Visual Impairment/Blindness, 91, 519–530

Skoluda, S., Holz, G. (2003): Armut im frühen Kindesalter – Lebenssituation und Ressourcen der Kinder. Frühförderung interdisziplinär, 22, 111–120

Skotko, B., Bedia, R. (2005): Postnatal Support for Mothers of Children with Down Syndrome. Mental Retardation, 43, 196–212

Skotko, B., Capone, G., Kishnani, P. (2009): Postnatal Diagnosis of Down Syndrome: Synthesis of the Evidence of How Best to Deliver the News. Pediatrics, 124, e751–e758

Slonims, V., McConachie, H. (2006): Analysis of Mother-Infant Interaction in Infants with Down Syndrome and Typically Developing Infants. American Journal on Mental Retardation, 111, 273–289

Smidts, D., Oosterlaan, J. (2007): How Common are Symptoms of ADHD in Typically Developing Preschoolers? A Study on Prevalence Rates and Prenatal/Demographic Risk Factors. Cortex, 43, 710–717

Snyder, P., Hemmeter, M., Fox, L. (2015b): Supporting Implementation of Evidence-Based Practices through Practice-Based Coaching. Topics in Early Childhood Special Education, 35, 133–143

Snyder, P., Rakap, S., Hemmeter, M., McLaughlin, T., Sandall, S., McLean, M. (2015a): Naturalistic Instructional Approaches in Early Learning: a Systematic Review. Journal of Early Intervention, 37, 69–97

Sohns, A. (2010): Frühförderung. Ein Hilfesystem im Wandel. Kohlhammer, Stuttgart

Sparrow, S., Cicchetti, D., Balla, D. (2005): Vineland Adaptive Behavior Scales. 2nd edition (Vineland-II). American Guidance Service, Circle Pines

Spencer, P., Bodner-Johnson, B., Gutfreund, M. (1992): Interacting with Infants with Hearing Loss: What Can We Learn from Mothers Who Are Deaf? Journal of Early Intervention, 16, 64–78

Spiker, D., Hebbeler, K., Mallik, S. (2005): Developing and Implementing Early Intervention Programs for Children with Established Disabilities. In M. Guralnick (Ed.) The developmental Systems Approach to Early Intervention (305–350). Paul Brookes, Baltimore

Spittle, A., Treyvaud, K., Doyle, L. et al. (2009): Early Emergence of Behavior and Social-Emotional Problems in Very Preterm Infants. Journal of the American Academy of Child and Adolescent Psychiatry, 48, 909–918

Spittle, A., Anderson, P., Lee, K. et al. (2010): Preventive Care at Home for Very Preterm Infants Improves Infant and Caregiver Outcomes at 2 Years. Pediatrics, 126, e171–e178

Spreen-Rauscher, M. (2003): Die „Children's Communication Checklist" (Bishop 1998) – ein orientierendes Verfahren zur Erfassung kommunikativer Fähigkeiten von Kindern. Die Sprachheilarbeit, 48, 91–104

Sprenger, L., Becker, K., Heinzel-Gutenbrunner, M., Mingebach, T., Otterbach, S., Peters, M., Kamp-Becker, I. (2015): Ist das „Stepping-Stones/Triple P"-Elterntraining eine sinnvolle, ergänzende Intervention in der Behandlung von Kindern mit Autismus-Spektrum-Störung? Kindheit und Entwicklung, 24, 28–36

Sroufe, A., Egeland, B., Carlson, E., Collins, A. (2005): The Development of the Person. The Minnesota Study of Risk and Adaptation from Birth to Adulthood. Guilford, New York

Stafford, B., Zeanah, C. (2006): Attachment Disorders. In: Luby, J. (Ed.): Handbook of Preschool Mental Health (231–251). Guilford, New York

Stanton-Chapman, T., Dening, C., Roorbach, J. (2012): Communication Skill Building in Young Children with and without Disabilities in a Preschool Classroom. Journal of Special Education, 46, 78–93

Stevenson, J., Kreppner, J., Pimperton, H., Worsfold, S., Kennedy, C. (2015): Emotional and Behavioural Difficulties in Children and Adolescents with Hearing Impairment: a Systematic Review and Meta-Analysis. European Child and Adolescence + Psychiatry, 24, 477–496

Stika, C., Eisenberg, L., Johnson, K., Henning, S., Colson, B. Ganguly, D., DesJardin, J. (2015): Developmental Outcomes of Early-Identified Children Who Are Hard of Hearing at 12 to 18 Months of Age. Early Human Development, 91, 47–55

Stoneman, Z. (2007): Examining the Down Syndrome Advantage: Mothers and Fathers of Young Children with Disabilities. Journal of Intellectual Disability Research, 51, 1006–1017

Stoneman, Z., Gavidia-Payne, S. (2006): Marital Adjustment in Families of Young Children with Disabilities: Associations Between Daily Hassles and Problem-Focused Coping. American Journal on Mental Retardation, 111, 1–14

Stoneman, Z. (2005): Siblings of Children with Disabilities: Research Themes. Mental Retardation, 43, 339–350

Stoneman, Z. (2001): Supporting Positive Sibling Relationships during Childhood. Mental Retardation and Developmental Disabilities Research Reviews, 7, 134–142

Strain, P., Schwartz, I. (2001): Applied Behavior Analysis and the Development of Meaningful Social Relations for Young Children with Autism. Focus on Autism and Developmental Disabilities, 16, 120–128

Strain, P., Schwartz, I., Barton, E. (2011): Providing Interventions for Young Children with Autism Spectrum Disorders: What We Still Need to Accomplish. Infants/Young Children, 33, 321–332

Straßburg, H.-M. (2010): Therapie motorischer Störungen – was ist gesichert? In: v. Suchodoletz, W. (Hrsg.): Therapie von Entwicklungsstörungen (17–32). Hogrefe, Göttingen

Streicher, B. (2014): Sprachentwicklung nach Cochlea-Implantation – Status Quo zur Einschulung bei Kindern mit CI. Hörpädagogik, Heft 2, 56–61

Stromme, P., Hagberg, G. (2000): Aetiology in Severe and Mild Mental Retardation: a Population-Based Study of Norwegian Children. Developmental Medicine/Child Neurology, 42, 76–86

Subellok, K., Katz-Bernstein, N., Barfeck-Wichitill, K., Starke, A. (2012): DortMuT (Dortmunder Mutismus-Therapie): eine (sprach-) therapeutische Konzeption für Kinder und Jugendliche mit selektivem Mutismus. LOGOS interdisziplinär, 20, 84–96

Suchman, N., DeCoste, C., Castiglioni, N., McMahon, T., Rounsaville, B., Mayes, L. (2010): The Mothers and Toddlers Program. An Attachment Based Parenting Intervention for Substance Using Women: Post-Treatment Results from a Randomized Clinical Trial. Attachment and Human Development, 12, 483–504

Suchman, N., DeCoste, C., Mayes, L. (2009): The Mothers and Toddlers Program: an Attachment-Based Intervention for Mothers in Substance Abuse Treatment. In C. Zeanah (Ed.) Handbook of Infant Mental Health. 3rd edition (485–499). Guilford, New York

Suchodoletz, W. v. (2011): Früherkennung von umschriebenen Sprachentwicklungsstörungen. Wann und wie? Zeitschrift für Kinder- und Jugendpsychiatrie und Psychotherapie, 39, 377–385

Suchodoletz, W. v. (2010): Therapie von Sprech- und Sprachentwicklungsstörungen. In: v. Suchodoletz, W. (Hrsg.): Therapie von Entwicklungsstörungen. Was wirkt wirklich? (57–88). Hogrefe, Göttingen

Suchodoletz, W. v., Sachse, S. (2009): SBE-2-KT. Sprachbeurteilung durch Eltern. Kurztest für die U7. (www.kjp.uni-muenchen.de/sprachstoerungen/SBE-2-KT.php, 24.01.2017)

Suess, G., Bohlen, U., Mali, A., Frumentia Maier, M. (2010): Erste Ergebnisse zur Wirksamkeit früher Hilfen aus dem STEEP-Praxisforschungsprojekt „WiEge". Bundesgesundheitsblatt, 53, 1143–1149

Sullivan, P. (2008): Gastrointestinal Disorders in Children with Neurodevelopmental Disabilities. Developmental Disabilities Research Reviews, 14, 128–136

Sulzer, A., Wagner, P. (2011): Inklusion in Kindertageseinrichtungen – Qualifikationsanforderungen an die Fachkräfte. Deutsches Jugendinstitut e. V., München

Swafford, M., Wingate, K., Zagumny, L., Richey, D.(2015): Families Living in Poverty: Perceptions of Family-Centered Practices. Journal of Early Intervention, 37, 138–154

Svanberg, P. (2009) Promoting Secure Attachment through Early Screening and Interventions. In: Barlow, J., Svanberg, P. (Eds.): Keeping the Baby in Mind: Infant Mental Health in Practice. Routledge, London

Szagun, G. (2010): Einflüsse aus den Spracherwerb bei Kindern mit Cochlea-Implantat: Implantationsalter, soziale Faktoren und die Sprache der Eltern. hörgeschädigte kinder – erwachsene hörgeschädigte, 47, 8–36

Szagun, G., Stumper, B., Schramm, S. (2009): Fragebogen zur frühkindlichen Sprachentwicklung im Altersbereich von 1 bis 2 Jahren (FRAKIS). Hogrefe, Göttingen

Tadema, A., Vlascamp, C., Ruijssenaars, W. (2007): The Validity of Support Profiles for Children with Profound Multiple Learning Difficulties. European Journal of Special Needs Education, 22, 147–160

Tadema, A., Vlaskamp, C., Ruijssenaars, W. (2005): The Development of a Checklist of Child Characteristics for Assessment Purposes. European Journal of Special Needs Education, 20, 403–417

Tadic, V., Pring, L., Dale, N. (2010): Are Language and Social Communication Intact in Children with Congenital Visual Impairment at School Age? Journal of Child Psychology and Psychiatry, 51, 696–705

Tadic, V., Pring, L., Dale, N. (2009): Attentional Processes in Young Children with Congenital Visual Impairment. British Journal of Developmental Psychology, 27, 311–330

Taubner, S., Munder, T., Unger, A., Wolter, S. (2013): Wirksamkeitsstudien zu Frühen Hilfen in Deutschland. Ein narratives Review. Kindheit und Entwicklung, 22, 232–243

Taylor, C., Zubrick, S., Rice, M. (2011): Population and Public Health Perspectives on Late Language Emergence at 24 Months as a Risk Indicator for Language Impairment at 7 Years. In L. Rescorla, P. Dale (Eds.) Late talkers (23–40). Paul Brookes, Baltimore

Taylor, H., Klein, N., Drotar, D. (2006): Consequences and Risks for < 1000-g Birth Weight for Neuropsychological Skills, Achievement, and Adaptive Functioning. Developmental and Behavioral Pediatrics, 27, 459–469

Tellegen, C., Sanders, M. (2013): Stepping Stones Triple P-Positive Parenting Program for Children with Disability: a Systematic Review and Meta-Analysis. Research in Developmental Disabilities, 34, 1556–1571

Tellegen, P., Laros, J., Petermann, F. (2007): Non-verbaler Intelligenztest (SON 2 ½ – 7). Hogrefe, Göttingen

Testa, M., Quigley, B., Eiden, R. (2003): The Effect of Prenatal Alcohol Exposure on Infant Mental Development: a Meta-analytic Review. Alcohol and Alcoholism, 38, 295–304

Thätner, K., Vogel, D. (2012): Frühförderung und die Vereinbarkeit von Familie und Berufstätigkeit. Frühförderung interdisziplinär, 31, 71–79

The American Academy of Pediatrics (2012): Sensory Integration Therapies for Children with Developmental and Behavioral Disorders. Pediatrics, 129, 6, 1186–1189

Thomaidis, L., Kaderoglou, E., Stefou, M., Damianou, S., Bakoula, C. (2000): Does Early Intervention Work? A Controlled Trial. Infants/Young Children, 12, 17–22

Thurmair, M. (2013): Auf dem Schirm: Interdisziplinarität in der Frühförderung. Frühförderung interdisziplinär, 32, 17–34

Thurmair, M., Held, L., Höck, S., Wolf, H.-G. (2010): FranzL – Fragen zur Lage. Systemanalyse Interdisziplinäre Frühförderung in Bayern. Arbeitsstelle Frühförderung Bayern, München

Tietze, W. (2005): Krippen-Skala (KRIPS-R). Feststellung und Unterstützung pädagogischer Qualität in Krippen. Beltz, Weinheim

Tietze, W., Becker-Stoll, F., Bensel, J., Eckhart, A., Haus-Schnabel, G., Kalicki, B., Keller, H., Leyendecker, B. (2012): NUBBEK. Nationale Untersuchung zur Bildung, Betreuung und Erziehung in der frühen Kindheit. das netz, Weimar

Tietze, W., Schuster, K., Grenner, K., Rossbach, H. (2001): Kindergarten-Skala. Revidierte Fassung. Luchterhand, Neuwied

Timler, G. (2008): Social Knowledge in Children with Language Impairments. Examination of Strategies, Predicted Consequences, and Goals in Peer Conflict Situations. Clinical Linguistics, Phonetics, 22, 741–763

Timler, G., Olswang, L., Coggins, T. (2005): Social Communication Interventions for Preschoolers: Targeting Peer Interactions during Peer Group Entry and Cooperative Play. Seminars in Speech and Language, 26, 170–180

Toll, S., van Luit, J. (2013): Early Numeracy Intervention for Low-Performing Kindergartners. Journal of Early Intervention, 34, 243–264

Tomblin, J., Oleson, J., Ambrose, S. Walker, E., Moeller, M. (2014): The Influence of Hearing Aids on Speech and Language Development in Children with Hearing Loss. JAMA Otolaryngology – Head, Neck Surgery, 140, 403–409

Trefz, A., Sarimski, K. (2013): Kommunikativ-pragmatische Auffälligkeiten bei Kindern mit Sehschädigungen. Sprache-Stimme-Gehör, 37, 157–163

Trivette, C., Dunst, C., Hamby, D. (2010): Influences of Family Systems Intervention Practices on Parent-Child Interactions and Child Development. Topics in Early Childhood Special Education, 30, 3–19

Trivette, C., Dunst, C., Hamby, D., O'Herin, C. (2009): Characteristics and Consequences of Adult Learning Methods and Strategies. Practical Evaluation Reports, 2, 1–32. (www.buildinitiative.org/portals/0/uploads/documents/resource-center/diversity-and-equity-toolkit/adultlearning_rev7-04-09.pdf, 24.01.2017)

Trost, A. (2010): Interaktion und Regulation bei Säuglingen drogenkranker Mütter – Risiken und Chancen für die Frühförderung. In: Leyendecker, C. (Hrsg.): Gefährdete Kindheit (79–92): Kohlhammer, Stuttgart

Tröster, H. (2011): Eltern-Belastungs-Inventar (EBI). Hogrefe, Göttingen

Tröster, H. (2001): Die Beziehung zwischen behinderten und nichtbehinderten Geschwistern. Zeitschrift für Entwicklungspsychologie und Pädagogische Psychologie, 33, 2–19

Tröster, H. (1999a): Anforderungen und Belastungen in Familien mit anfallskranken Kindern. Zeitschrift für Medizinische Psychologie, 2, 53–64

Tröster, H. (1999b): Anforderungen und Belastungen von Müttern mit blinden und sehbehinderten Kindern im Vorschulalter. Heilpädagogische Forschung, 15, 159–173

Tröster, H. (1999c): Sind die Geschwister behinderter oder chronisch kranker Kinder in ihrer Entwicklung gefährdet? Ein Überblick über den Stand der Forschung. Zeitschrift für klinische Psychologie und Psychotherapie, 28, 160–176

Tröster, H., Brambring, M. (1994): The play behavior and play materials of blind and sighted infants and preschoolers. Journal of Visual Impairment/Blindness, 88, 421–432

Tröster, H., Flender, J., Reineke, D., Wolf, S. (2015): Dortmunder Entwicklungsscreening für den Kindergarten – Revision (DESK-R), Hogrefe, Göttingen

Trute, B. (2003): Grandparents of Children with Developmental Disabilities: Intergenerational Support and Family Well-Being. Families in Society, 84, 119–126

Trute, B., Hiebert-Murphy, D., Levine, K. (2007): Parent Appraisal of the Family Impact of Childhood Developmental Disability: Times of Sadness and Times of Joy. Journal of Intellectual Developmental Disability, 32, 1–9

Tsirigotis, C. (2011): Zwischen Ressourcen und doppelter Belastung. Praxis der Kinderpsychologie und Kinderpsychiatrie, 60, 544–560

Tsirigotis, C. (2002): Ankommen im Alltag – Eltern in der CI-Rehabilitation. Hörpädagogik, (2), 54–65

Tsirigotis, C., Beer, S., Jürgensen, C., Krumbach, B. (2004): Frühförderung hörgeschädigter Kinder: einen Rahmen für förderliche Entwicklungsbedingungen schaffen. Hörpädagogik, (2), 236–245

Turbiville, V., Marquis, J. (2001): Father Participation in Early Education Programs. Topics in Early Childhood Special Education, 21, 223–231

Türk, C., Söhlemann, S., Rummel, H. (2012): Das Castillo Morales-Konzept. Thieme, Stuttgart

Udry-Jorgensen, L., Pierrehumbert, B., Borghini, A., Habersaat, S., Forcada-Guex, M., Ansermet, F., Muller-Nix, C. (2011): Quality of Attachment, Perinatal Risk, and Mother-Infant Interaction in a High-Risk Premature Sample. Infant Mental Health Journal, 32, 305–318

Ullherr, A.-K., Ludwig, K. (2014): Die Lautsprachentwicklung hörgeschädigter Kinder im deutschen Sprachraum – Eine systematische Übersichtsarbeit. Hörpädagogik, (3), 98–104, (4) 138–142, (5) 182–185

Urbano, R., Hodapp, R. (2007): Divorce in Families of Children with Down Syndrome: a Population-Based Study. American Journal on Mental Retardation, 112, 261–274

Van der Putten, A., Vlaskamp, C., Reynders, K., Nakken, H. (2005): Children with Profound Intellectual and Multiple Disabilities: the Effects of Functional Movement Activities. Clinical Rehabilitation, 19, 613–620

Viernickel, S. (2014): Die NUBBEK-Studie: Ihre Relevanz für die Aus- und Fortbildung frühpädagogischer Fachkräfte. Frühe Bildung, 3, 104–115

Vigil, D., Hodges, J., Klee, T. (2005): Quantity and Quality of Parental Language Input to Late-Talking Talkers during Play. Child Language Teaching and Therapy, 21, 107–122

Visser, L., Ruiter, S., van der Meulen, B., Ruijssenaars, W., Timmerman, M. (2013): Validity and Suitability of the Bayley-III Low Motor/Vision Version: a Comparative Study among Young Children with and without Motor and/or Visual Impairments. Research in Developmental Disabilities. 34, 3736–3745

Vohr, B. (2014): Speech and Language Outcomes of Very Preterm Infants. Seminars in Fetal, Neonatal Medicine, 19, 78–83

Vohr, B. (2010): Cognitive and Functional Outcomes of Children Born Preterm. In C. Nosarti, R. Murray, M. Hack (Eds.) Neurodevelopmental Outcomes of Preterm Birth: from Childhood to Adult Life (141–63). University Park Press, Cambridge

Vojta, V. (2000): Die zerebralen Bewegungsstörungen im Säuglingsalter. 6. Auflage, Hippokrates, Stuttgart

Vollmer, B., Roth, S., Baudin, J., Stewart, A., Neville, B., Wyatt, J. (2003): Predictors of Long-Term Outcome in Very Preterm Infants: Gestational Age Versus Neonatal Cranial Ultrasound. Pediatrics, 112, 1108–114

Von der Wense, A., Bindt, C. (2013): Risikofaktor Frühgeburt. Beltz, Weinheim

Von Gontard, A., Backes, M., Laufersweiler-Plass, C., Wendland, C., Lehmkuhl, G., Zerres, K., Rudnik-Schöneborn, S. (2002): Psychopathology and Family Stress – Comparison of Boys with Fragile X Syndrome and Spinal Muscular Atrophy. Journal of Child Psychology and Psychiatry, 43, 949–957

Von Maydell, D., Vogt, S. (2013): Anwendung lautsprachunterstützender Gebärden durch Eltern global entwicklungsgestörter Kinder nach einem Interaktionstraining. Sprache-Stimme-Gehör, 37, 30–35

Wachtel, K., Carter, A. (2008): Reaction to Diagnosis and Parenting Styles among Mothers of Young Children with ASDs. Autism, 12, 575–594

Wadepohl, H., Koglin, U., Vonderlin, E., Petermann, F. (2011): Förderung sozial-emotionaler Kompetenz im Kindergarten. Kindheit und Entwicklung, 20, 219–228

Wagner, M., Haibach, P., Lieberman, L. (2013): Gross Motor Skill Performance in Children with and without Visual Impairments – Research to Practice. Research in Developmental Disabilities, 34, 3246–3252

Wagner, S., Sarimski, K. (2012): Entwicklung des Wortschatzes für Gebärden und Worte bei Kindern mit Down-Syndrom im Verlauf. Uk & Forschung, 2, 19–22

Walk, L., Evers, W. (2013): Förderung exekutiver Funktionen: Wissenschaft Praxis Förderspiele. Wehrfritz/ZNL, Bad Rodach

Walper, S., Kruse, J. (2006): Kindheit und Armut. In: Hasselhorn, M., Silbereisen, R. (Hrsg.): Entwicklungspsychologie des Säuglings- und Kindesalters (Enzyklopädie der Psychologie, Serie Entwicklungspsychologie, Bd. 4). Hogrefe, Göttingen 431–488

Walthes, R. (2013): Sehen – Anderssehen – Nichtsehen? Frühförderung interdisziplinär, 32, 131–138

Warren, S., Brady, N., Sterling, A., Fleming, K., Marquis, J. (2010): Maternal Responsivity Predicts Language Development in Young Children with Fragile X Syndrome. American Journal on Intellectual and Developmental Disabilities, 115, 54–75

Warren, S., Brady, N. (2007): The Role of Maternal Responsivity in the Development of Children with Intellectual Disabilities. Mental Retardation and Developmental Disabilities Research Reviews, 13, 330–338

Warren, S., Fey, M., Finestack, L., Brady, N., Bredin-Oja, S., Fleming, K. (2008): A Randomized Trial of Longitudinal Effects of Low-Intensity Responsivity Education/Prelinguistic Milieu Teaching. Journal of Speech, Language, and Hearing Research, 51, 451–470

Weber-Börgmann, I., Burdach, S., Barchfeld, P., Wurmser, H. (2014): ADHS und das Ausmaß der elterlichen Stressbelastung bei mangelnder Spielfähigkeit im Säuglings- und Kleinkindalter. Zeitschrift für Kinder- und Jugendpsychiatrie und Psychotherapie, 42, 147–155

Weigl, I., Reddemann-Tschaikner, M. (2002): HOT – ein handlungsorientierter Therapieansatz für Kinder mit Sprachentwicklungsstörungen. Thieme, Stuttgart

Weiß, H. (2010): Was schützt Kinder vor Risiken: Resilienz im Kleinkind- und Vorschulalter und ihre Bedeutung für die Frühförderung. In: Leyendecker, C. (Hrsg.): Gefährdete Kindheit. Risiken früh erkennen, Ressourcen früh fördern (39–47). Kohlhammer, Stuttgart

Weiß, H. (2005): Frühförderung: Woher und Wohin – Entwicklungslinien und Perspektiven. Sonderpädagogische Förderung, 50, 81–90

Weiß, H. (2002): Was wirkt in der Frühförderung? – Eine Analyse aus einem pädagogischen Blickwinkel. Frühförderung interdisziplinär, 21, 74–87

Weiß, H. (2000): Frühförderung mit Kindern und Familien in Armutslagen. Ernst Reinhardt, München/Basel

Weiß, H., Neuhäuser, G., Sohns, A. (2004): Soziale Arbeit in der Frühförderung und Sozialpädiatrie. Ernst Reinhardt, München/Basel

Weiß, H., Sann, A. (2013): Interdisziplinäre Frühförderung und Frühe Hilfen – Wege zu einer intensiveren Kooperation und Vernetzung. Nationales Zentrum Frühe Hilfen (NZFH), Köln

Weisz, J., Weiss, B., Han, S., Granger, D., Morton, T. (1995): Effects of Psychotherapy with Children and Adolescents Revisited: a Meta-Analysis of Treatment Outcome Studies. Psychological Bulletin, 117, 450–468

Werner, E. (2011): Risiko und Resilienz im Leben von Kindern aus multiethnischen Familien. Ein Forschungsbericht. In: Zander, M. (Hrsg.): Handbuch Resilienzförderung (32–46). VS Verlag, Wiesbaden

Werner, M. (2004): Interdisziplinäre Frühförderung mit Migrantenfamilien als interkulturelle Aufgabe. Frühförderung interdisziplinär, 23, 25–30

Whitaker, R., Orzol, S., Kahn, R. (2006): Maternal Mental Health, Substance Use, and Domestic Violence in the Year after Delivery and Subsequent Behaviour Problems in Children at Age 3 Years. Archives of General Psychiatry, 63, 551–560

Whitehouse, A., Robinson, M., Zubrick, S. (2011): Late Talking and the Risk for Psychosocial Problems during Childhood and Adolescence. Pediatrics, 128, 324–332

WHO (2011): ICF-CY. Internationale Klassifikation der Funktionsfähigkeit, Behinderung und Gesundheit bei Kindern und Jugendlichen. Huber, Bern

Wiedebusch, S., Lohmann, A., Tasche, H., Thye, M., Hensen, G. (2015): Inklusion von Kindern mit Beeinträchtigungen im Spiegel pädagogischer Konzeptionen von Kindertageseinrichtungen. Frühe Bildung, 4, 203–210

Wiegand-Grefe, S., Geers, P., Plass, A., Petermann, F., Riedesser, P. (2009): Kinder psychisch kranker Eltern: Zusammenhänge zwischen subjektiver elterlicher Beeinträchtigung und psychischer Auffälligkeit der Kinder aus Elternsicht. Kindheit und Entwicklung, 18, 111–121

Wiegand-Grefe, S., Halverscheid, S., Plass, A. (2011): Kinder und ihre psychisch kranken Eltern: Familienorientierte Prävention – Der CHIMPs-Beratungsansatz. Hogrefe, Göttingen

Wilder, J., Granlund, M. (2003): Behaviour Style and Interaction Between Seven Children with Multiple Disabilities and Their Caregivers. Child: Care, Health and Development, 29, 559–567

Wilken, E. (2014): Sprachförderung bei Kindern mit Down-Syndrom. Kohlhammer, Stuttgart

Williams, M., Fink, C., Zamora, I., Borchert, M. (2014): Autism Assessment in Children with Optic Nerve Hypoplasia and Other vision Impairments. Developmental Medicine and Child Neurology, 56, 66–72

Wilson-Costello, D., Friedman, H., Minich, N., Siner, B., Taylor, G., Schluchter, M., Hack, M. (2007): Improved Neurodevelopmental Outcomes for Extremely Low Birth Weight Infants in 2000–2002. Pediatrics, 119, 37–45

Wintruff, Y., Orlando, A., Gumpert, M. (2011): Diagnostische Praxis bei mehrsprachigen Kindern. Forum Logopädie, Heft 1, 6–13

Wippermann, C., Flaig, B. (2009): Lebenswelten von Migrantinnen und Migranten. Aus Politik und Zeitgeschichte, 5, 3–10

Wolf, H., Berger, R., Allwang, N. (2016): Der Charme der ICF-CY für die interdisziplinäre Frühförderung. Frühförderung interdisziplinär, 35, 127–137

Wolfberg, P., Zercher, C., Lieber, J., Capell, K., Matias, S., Hanson, M., Odom, S. (1999): „Can I Play with You?" Peer Culture in Inclusive Preschool Programs. The Journal of the Association for Persons with Severe Handicaps, 24, 69–84

Wolff Metternich, T., Plück, J., Wieczorrek, E., Freund-Braier, I., Hautmann, C., Brix, G., Döpfner, M. (2002): PEP – Ein Präventionsprogramm für drei- bis sechsjährige Kinder mit expansivem Problemverhalten. Kindheit und Entwicklung, 11, 98–106

Wolke, D., Jaekel, J., Hall, J., Baumann, N. (2013): Effects of Sensitive Parenting on the Academic Resilience of Very Preterm and Very Low Birth Weight Adolescents. Journal of Adolescent Health, 53, 642–647

Wolke, D., Meyer, R. (1999): Ergebnisse der Bayrischen Entwicklungsstudie: Implikationen für Theorie und Praxis. Kindheit und Entwicklung, 8, 23–35

Wolke, D., Rizzo, P., Woods, S. (2002): Persistent Crying and Hyperactivity Problems in Middle Childhood. Pediatrics, 109, 1054–1060

Wollwerth de Chuquisengo, R., Papousek, M. (2004): Das Münchner Konzept einer kommunikationszentrierten Eltern-Säuglings-/Kleinkind-Beratung und –Psychotherapie. In: Papousek, M., Schieche, M., Wurmser, H. (Hrsg.): Regulationsstörungen der frühen Kindheit: Frühe Risiken und Hilfen im Entwicklungskontext der Eltern-Kind-Beziehungen (281–309): Huber, Bern

Wortmann-Fleischer, S., Downing, G., Hornstein, C. (2006): Postpartale psychische Störungen. Ein interaktionszentrierter Therapieleitfaden. Kohlhammer, Stuttgart

Xie, Y.-H., Potmesil, M., Peters, B. (2014): Children Who Are Deaf or Hard of Hearing in Inclusive Educational Settings: a Literature Review on Interaction with Peers. Journal of Deaf Studies and Deaf Education, 19, 423–437

Yang, C.-H., Hossain, S., Sitharthan, G. (2013): Collaborative Practice in Early Childhood Intervention from the Perspective of Service Providers. Infants/Young Children, 26, 57–73

Ylven, R., Björck-Akesson, E., Granlund, M. (2006): Literature Review of Positive Functioning in Families with Children with a Disability. Journal of Policy and Practice in Intellectual Disabilities, 3, 253–270

Yoder, P., Woynaroski, T., Fey, M., Warren, S., Gardner, E. (2015): Why Dose Frequency Affects Spoken Vocabulary in Preschoolers with Down Syndrome. American Journal on Intellectual and Developmental Disabilities, 120, 302–314

Yoshinaga-Itano, C. (2013): Principles and Guidelines for Early Intervention after Confirmation that a Child Is Deaf or Hard of Hearing. Journal of Deaf Studies and Deaf Education, 19, 143–175

Yoshinaga-Itano, C. (2003): From Screening to Early Identification and Intervention: Discovering Predictors to Successful Outcomes for Children with Significant Hearing Loss. Journal of Deaf Studies and Deaf Education, 8, 11–30

Young Kong, N., Carta, J. (2011): Responsive Interaction Interventions for Children with or at Risk for Developmental Delays: a Research Synthesis. Topics in Early Childhood Special Education, 20, 1 – 14

Ytterhus, B. (2013): "Das Kinderkollektiv" – Eine Analyse der sozialen Position und Teilnahme von behinderten Kindern in der Gleichaltrigengruppe. In M. Kreuzer, B. Ytterhus (Hrsg.): „Dabeisein ist nicht alles". Inklusion und Zusammenleben im Kindergarten (112 – 131). 3. Aufl. Ernst Reinhardt, München/Basel

Zaidman-Zait, A., Curle, D., Jamieson, J., Chia, R., Kozak, Fr. (2015): Cochlear Implantation among Deaf children with Additional Disabilities: Parental Perceptions of Benefits, Challenges, and Service Provision. Deaf Studies and Deaf Education, 2015, 41 – 50

Zelkowitz, P., Papageorgiou, A., Bardin, C., Wang, T. (2009): Persistent Maternal Anxiety Affects the Interaction Between Mothers and Their Very Low Birthweight Children at 24 Months. Early Human Development, 85, 51 – 58

Zenglein, Y., Beyer, A., Freitag, C., Schwenck, C. (2013): ADHS im Vorschulalter. Subgruppen, Diagnostik und gezielte Therapieansätze. Kindheit und Entwicklung, 22, 193 – 200

Zercher, C., Hunt, P., Schuler, A., Webster, J. (2001): Increasing Joint Attention, Play and Language through Peer Supported Play. Autism, 5, 374 – 398

Zeschitz, M., Viereck, T. (2003): Besonderheiten beim Spiel blinder Kinder. In Arbeitsgemeinschaft Frühförderung sehgeschädigter Kinder (Hrsg.), Frühförderung zwischen Erwartung und Realität (37 – 50). edition bentheim, Würzburg

Ziegenhain, U., Deneke, C. (2014): Entwicklungspsychopathologische Voraussetzungen der Erlebens- und Verarbeitungsweisen von Kindern psychisch kranker Eltern. In: Kölch, M., Ziegenhain, U., Fegert, J. (Hrsg.): Kinder psychisch kranker Eltern (14 – 39). Beltz Juventa, Weinheim

Ziegenhain, U., Fries, M., Bütow, B., Derksen, B. (2004): Entwicklungspsychologische Beratung für junge Eltern. Juventa, Weinheim

Ziviani, J., Cuskelly, M., Feeney, R. (2010): Parent Satisfaction with Early Intervention Services for Children with Physical Disabilities. Infants and Young Children, 23, 184 – 194

Ziviani, J., Feeney, R., Khan, A. (2011): Early Intervention Services for Children with Physical Disability. Parents' Perceptions of Family-Centeredness and Service Satisfaction. Infants/Young Children, 24, 364 – 382

Zijlstra, H., Vlaskamp, C. (2005): The Impact of Medical Conditions on the Support of Children with Profound Intellectual and Multiple Disabilities. Journal of Applied Research in Intellectual Disabilities, 18, 151 – 161

Zobel, M. (2006): Kinder aus alkoholbelasteten Familien: Entwicklungsrisiken und – chancen. Hogrefe, Göttingen

Zollinger, B. (1995): Die Entdeckung der Sprache. Haupt, Bern

Sachregister

A

adaptive Kompetenzskalen 74, 100, 241
Alkoholexposition 343
Arbeitsgedächtnis 84
Aufmerksamkeits-/Hyperaktivitätsstörung 186
Autismus-Spektrum-Störung 196, 198, 208, 221, 252, 376
Autismus-spezifische Verhaltenstherapie 200
AWO-ISS-Studie 302

B

Basale Stimulation 259
Belastung 37
Bindung 179, 227, 240, 287, 345
Bindungsstörungen 180
Bunter Kreis 295

C

Case-Management 295, 296, 347
Cerebralparese 148, 151, 152, 153, 154, 156, 169, 171, 277
Coaching 39, 40, 370
Cochlea-Implantat 213, 221

D

Depression 287, 306, 333, 334, 337, 339, 380
Deutsch als Zweitsprache 132, 321, 322
Diagnosemitteilung 375
Down-Syndrom 83, 106, 155, 376, 379
drogenabhängige Mütter 349

Dysarthrie 172

E

Eingliederungshilfe 23
Elternbelastung 71, 290, 378
– ,ABC-X-Modell 378
– ,Bewältigungsstile 382
– ,Frühgeburt 290
– ,Partnerschaftsqualität 382
– ,persönliche Ressourcen 381
– ,soziale Ressourcen 386
– ,Väter 397
Elterntraining 204
– ,Erziehungskompetenzen 191, 192, 388
– ,Heidelberger 98
– ,Hörschädigung 224
– ,Sprachförderung 126
Emotionale Störungen 189
Empowerment 29, 40, 226, 383
Entwicklungsdiagnostik 61
entwicklungspsychologische Beratung 41, 297
Entwicklungsstörung 79, 83, 86, 221
Entwicklungstest 73, 166, 241, 257, 281
Evidenz 50
– ,Korrelationsanalysen 53
– ,Prä-Post-Design 50
– ,randomisiertes Kontrollgruppendesign 51
– ,Treatment as usual 51
exekutive Funktionen 83, 85, 117, 133, 143, 232, 281

F

Familienorientierung 28, 33, 37, 57, 153, 226, 312, 316
Familienzentrum 316
Faustlos 194
Fetale Alkohol-Spektrumstörung 108, 343
Flüchtlinge und Asylbewerber 330
Förderplanung 16, 32, 73, 76, 242
Fragebögen
– ‚Elternbelastung 71
– ‚Verhalten 65
Frequenz-Modulations-(FM-)Anlage 214
Frostig-Programm 111, 171
Frühförderstellen
– ‚allgemeine 10, 12, 18
– ‚interdisziplinäre 15, 22, 46, 76
– ‚sonderpädagogische 21, 46
– ‚spezifische 11, 19
Frühförderverordnung 15

G

Gebärden 84, 97, 98
– ‚bilinguale Förderung 218, 220
– ‚lautsprachunterstützende 218, 223, 231
Gebärdensprache 214, 218, 219
Gebärdenunterstützende Kommunikation 98
Geschwister
– ‚Beziehung 400
– ‚Entwicklungsrisiken 401
Gesprächsführung 31, 317, 389
Grammatikerwerb 135

H

Harl.e.kin-Nachsorge 296
Hausfrühförderung 16
Heroin-Exposition 345
Hörsehbehinderung 222

I

ICF 56, 58
Inklusion 353, 365
Inputspezifizierung 128, 134, 139
Intelligenzdiagnostik 63, 107, 215
– ‚CHC-Theorie 62
Intensive Interaction 264
Interaktions- und Beziehungsberatung 38, 39, 43, 92, 96, 183, 224, 284, 290, 292, 312, 339
– ‚videogestützte 40, 44
interdisziplinäre Kooperation 46, 75
interkulturelle Kompetenz 327

K

Kindeswohlgefährdung 338, 351
Kleine Schritte-Programm 90, 91
kognitive Prozesse 83
Kohärenzgefühl 30, 382
Kokain-Exposition 345
Kommunikationsberatung 41
Komplexleistung 14, 15, 23, 48
Kon-Lab 136
konsultative Beratung 366
Kontextoptimierung 136
Kooperation 47
korrektives Feedback 135

L

Late Bloomer 122
Late Talker 121, 124
Lautassoziationsmethode 138
lautsprachlich-hörgerichtete Förderung 218, 224
Lebenslagen-Konzept 302
Lidcombe-Programm 144

M

Marburger Konzentrationstraining 110
Marte-Meo-Beratung 41

Mengen, zählen, Zahlen 116
Meta-Analysen 52
Metaphon 137
Migration
– ,Dolmetscher 328
– ,Einstellungen 326
– ,Erziehungsvorstellungen 326
– ,Sprachbarrieren 326, 328
Minimalpaartherapie 137
Mobilitätsförderung 244
MOVE 261
Mutismus 145

N

Netzwerkkarte 70
Neugeborenen-Hörscreening 212, 376
NUBBEK-Studie 305, 321
Nurse Family Partnership 312

O

Opstapje 313

P

PAT 315
Patholinguistische Therapie 128, 134, 135
personenzentrierte Spieltherapie 193
Phonologie-Therapie 137
phonologische Bewusstheit 113, 231
Phonologische Störungen 136
Physiotherapie
– ,CO-OP-Ansatz 165
– ,COPCA-Konzept 162
– ,nach Bobath 153
– ,nach Castillo-Morales 155
– ,nach Petö 156
– ,nach Vojta 154
Picture Exchange Communication System 206
Portage-Programm 90
Positive Verhaltensunterstützung 363

Präventionsprogramme
– ,Drogenabhängigkeit 349
– ,Resilienzförderung 310
– ,soziale Benachteiligung 310
– ,soziale Kompetenz 194
Psychomotorische Übungsbehandlung 164

Q

Qualitätssicherung 54

R

Ratingskala 68
Ratingverfahren 69
Rechenfertigkeiten 115, 232
Regulationsstörungen 181, 183, 187, 268, 283, 293
– ,Ein- und Durchschlafprobleme 182, 184
– ,exzessives Schreien 181
– ,Fütterprobleme 182, 184
Resilienz 24, 308, 310
Response-to-Intervention 109, 355
Responsivität 45, 69, 88, 89, 93, 94, 97, 124, 224, 243, 284, 289, 290, 335, 339

S

Schallempfindungsschwerhörigkeit 213
Schlüsselkompetenzen 26, 53, 68, 89, 95, 202, 311
Schriftspracherwerb 106, 113, 245
Screening 61, 354
Sehschädigung
– ,funktionales Sehvermögen 236
– ,peripher 235
– ,zentral 235, 236, 245
Sensorische Integrationstherapie 112, 163
Sonderpädagogische Beratungsstellen 11
soziale Kompetenzen 103, 105, 141, 209, 227, 250, 360

sozial-emotionale Störungen 142, 185, 282, 336
soziale (pragmatische) Kommunikationsstörung 142, 197
soziale Unterstützung 37
Sozialhilfe 23
Sozialpädiatrische Zentren 10, 12, 19, 76
sozialrechtliche Hilfen 35, 297, 391
– ‚Eingliederungshilfe 395
– ‚Krankenkasse 392
– ‚Nachteilsausgleich 395
– ‚Pflegeversicherung 393
Spina bifida 150
Sprachbeherrschung 129, 322
Sprachentwicklungsstörung 281
– ‚rezeptive 131
– ‚spezifische 129, 130
Sprachförderprogramme 322
STEEP 41
Störungen des Sozialverhaltens 187
Stottern 143
Supervision 318, 350
Syndrome 82, 85, 108, 197, 213, 235, 255, 376

T

TEACCH-Konzept 208
Team
– ‚interdisziplinäres 46, 49
– ‚multidisziplinäres 46
– ‚transdisziplinäres 47, 94
Testverfahren 60
– ‚Gütekriterien 60
– ‚Profilanalyse 60
Tools of the Mind 118
Traumatisierung
– ‚Diagnosemitteilung 375
– ‚Frühgeburt 294
Triple-P-Programm 191, 194, 205

U

Unterstützte Kommunikation 99, 152, 172, 206, 248
– ‚elektronische Kommunikationsgeräte 100, 173

V

Verhaltensbeobachtungen 68
Video-Home-Training 225

W

Wahrnehmungsstörungen 111, 137
Wortschatzaufbau 134, 172, 217, 239
Wortschatzerwerb 84, 97
Würzburger Trainingsprogramm 114

Z

Zufriedenheit 34, 36
Zutrauen 41, 92, 226, 380, 382
Zuversicht 295

Ich gehöre dazu!

Klaus Sarimski
Soziale Teilhabe von Kindern mit komplexer Behinderung in der Kita
(Beiträge zur Frühförderung interdisziplinär; 18)
2016. 214 Seiten. 14 Abb. 6 Tab.
(978-3-497-02588-6) kt

Können Kinder mit schwerer und mehrfacher Behinderung in eine Kita gehen, auch wenn sie vielleicht Arme und Beine nicht bewegen können, nicht sprechen können, nicht selbstständig essen können – also rundherum betreut werden müssen? Können Fachkräfte in der Kita diese Herausforderung meistern?

Der Autor dieses Buchs ist ein Experte in der Frühförderung und er sagt: „Ja, das ist möglich – erfordert aber spezielle pädagogische Kompetenzen". Wie dies gelingen kann, zeigt dieses Buch. Zahlreiche Fallbeispiele aus dem Kita-Alltag führen vor Augen, vor welchen Herausforderungen die Fachkräfte stehen. Anhand konkreter Fallbeschreibungen gibt der Autor hilfreiche Tipps für eine gelungene Inklusion von Kindern mit komplexer Behinderung.

www.reinhardt-verlag.de

Frühförderung im Alltag der Familien

Klaus Sarimski / Manfred Hintermair / Markus Lang
Familienorientierte Frühförderung von Kindern mit Behinderung
(Beiträge zur Frühförderung interdisziplinär; 17)
2013. 156 Seiten. 11 Abb.
(978-3-497-02354-7) kt

Familienorientierung und Lebensweltbezug gelten in der Frühförderung von Kindern mit Behinderung seit längerem als handlungsleitende Konzepte. Beziehungen zwischen Eltern und Kind sollen unterstützt und die Ressourcen der Eltern gestärkt werden. Wie gelingt es jedoch, familienorientierte Prinzipien konsequent in die Praxis zu übertragen?

Die erfahrenen Autoren stellen die Erfolgsbedingungen einer Frühförderung in und mit der Familie dar. Dabei gehen sie auf die besondere Situation der betroffenen Familien ein, nennen spezifische Herausforderungen und arbeiten die wichtigsten Bausteine einer familienorientierten Frühförderpraxis heraus – von der Gestaltung des Erstgesprächs bis zum Ablauf eines Hausbesuchs.
Mit vielen Fallbeispielen, Tipps und Checklisten!

www.reinhardt-verlag.de

Smarte Ziele in der Frühförderung

Manfred Pretis
ICF-basiertes Arbeiten in der Frühförderung
(Beiträge zur Frühförderung interdisziplinär; 19)
2016. 197 S. 18 Abb. 43 Tab.
(978-3-497-02589-3) kt

„Innerhalb von sechs Monaten kennt und benennt Sabine vier Grundfarben". Was eine simple Aussage zu sein scheint, ist in diesem Beispiel ein sorgfältig erarbeitetes und ICF-basiertes Förderziel in der Frühtherapie. Förderziele spezifisch, messbar, akzeptabel, realistisch und terminierbar zu formulieren, stellt für Fachkräfte häufig eine große Herausforderung dar.

Doch warum sollten Förderziele überhaupt „smart" formuliert werden? Smarte, ICF-basierte Ziele in der Frühförderung bilden die Basis für fachliche Transparenz und Qualität von therapeutischen Maßnahmen. Ziel ist es, den betroffenen Kindern und Familien die bestmögliche Förderung und Behandlung angedeihen zu lassen.

ɛ⁄ reinhardt
www.reinhardt-verlag.de

Frühförderung im Alltag der Familien

Klaus Sarimski / Manfred Hintermair / Markus Lang
Familienorientierte Frühförderung von Kindern mit Behinderung
(Beiträge zur Frühförderung interdisziplinär; 17)
2013. 156 Seiten. 11 Abb.
(978-3-497-02354-7) kt

Familienorientierung und Lebensweltbezug gelten in der Frühförderung von Kindern mit Behinderung seit längerem als handlungsleitende Konzepte. Beziehungen zwischen Eltern und Kind sollen unterstützt und die Ressourcen der Eltern gestärkt werden. Wie gelingt es jedoch, familienorientierte Prinzipien konsequent in die Praxis zu übertragen?

Die erfahrenen Autoren stellen die Erfolgsbedingungen einer Frühförderung in und mit der Familie dar. Dabei gehen sie auf die besondere Situation der betroffenen Familien ein, nennen spezifische Herausforderungen und arbeiten die wichtigsten Bausteine einer familienorientierten Frühförderpraxis heraus – von der Gestaltung des Erstgesprächs bis zum Ablauf eines Hausbesuchs.
Mit vielen Fallbeispielen, Tipps und Checklisten!

www.reinhardt-verlag.de

Smarte Ziele in der Frühförderung

Manfred Pretis
ICF-basiertes Arbeiten in der Frühförderung
(Beiträge zur Frühförderung interdisziplinär; 19)
2016. 197 S. 18 Abb. 43 Tab.
(978-3-497-02589-3) kt

„Innerhalb von sechs Monaten kennt und benennt Sabine vier Grundfarben". Was eine simple Aussage zu sein scheint, ist in diesem Beispiel ein sorgfältig erarbeitetes und ICF-basiertes Förderziel in der Frühtherapie. Förderziele spezifisch, messbar, akzeptabel, realistisch und terminierbar zu formulieren, stellt für Fachkräfte häufig eine große Herausforderung dar.

Doch warum sollten Förderziele überhaupt „smart" formuliert werden? Smarte, ICF-basierte Ziele in der Frühförderung bilden die Basis für fachliche Transparenz und Qualität von therapeutischen Maßnahmen. Ziel ist es, den betroffenen Kindern und Familien die bestmögliche Förderung und Behandlung angedeihen zu lassen.

E⁄ reinhardt
www.reinhardt-verlag.de